Friedrich Back

Die evangelische Kirche im Lande zwischen Rhein, Mosel, Nahe und Glan

Friedrich Back

Die evangelische Kirche im Lande zwischen Rhein, Mosel, Nahe und Glan

ISBN/EAN: 9783743302631

Hergestellt in Europa, USA, Kanada, Australien, Japan

Cover: Foto ©Lupo / pixelio.de

Manufactured and distributed by brebook publishing software
(www.brebook.com)

Friedrich Back

Die evangelische Kirche im Lande zwischen Rhein, Mosel, Nahe und Glan

Die
evangelische Kirche
im Lande
zwischen Rhein, Mosel, Nahe und Glan
bis zum Beginn des dreißigjährigen Krieges

von

Friedrich Back,
Pfarrer der evangelischen Gemeinde Kastellaun, Superintendent der Synode Simmern.

III. Theil.

Die Reformation der Kirche, sowie der Kirche Schicksale und Gestaltung bis zum Jahre 1620.

Abtheilung II.

Bonn,
bei Adolph Marcus.
1874.

Gewidmet

den werthen Freunden

den Herren

Geh. Oberstudienrath Dr. Carl Wagner

in Darmstadt,

Rektor L. Götz

in Neuwied,

Pfarrer Heinrich Weinmann

in Heddesheim

als ein Zeichen andauernder Liebe und Verehrung.

Der Verfasser.

Inhalt.

Seite

II. Abschnitt.

III. Abschnitt.

IV. Abschnitt.

V. Abschnitt.

Einleitung.

Der zweite Band unserer Schrift hat in seinen Blättern dargelegt, zu welcher Zeit und in welcher Weise in dem Lande zwischen Rhein, Mosel, Nahe und Glan die Reformation der Kirche ihren Anfang genommen, sodann veranschaulicht, wie allda das große Gotteswerk tieferen Boden gewann und immer weiter sich ausbreitete. Darnach wurden in ihm die inneren Kämpfe und die äußeren Nöthen geschildert, durch welche in dem bezeichneten Bezirke die evangelische Kirche bis zum Eintritt des verheerungsvollen dreißigjährigen Krieges gegangen ist. Den Blättern dieses dritten und letzten Bandes der Schrift blieb es vorbehalten, näher darzulegen, in welcher Weise durch die Reformation sich die Verfassung der Kirche änderte, welchen Aufschwung die Schule nahm, wie der Gottesdienst geordnet wurde, wie das christliche Leben sich gestaltete und wie es um die Armen- und Krankenpflege stand. Es theilt sich somit die Darstellung in die fünf Abschnitte:

I. Die Verfassung der Kirche.
II. Die Schule.
III. Der Gottesdienst.
IV. Das christliche Leben.
V. Die Armen- und Krankenpflege.

I. Abschnitt.

Die Verfassung der Kirche.

Bei Darlegung der Aenderungen, welche mit der Reformation in der Verfassung der Kirche eintraten, erscheint es angemessen, den Gang einzuhalten, der bei Schilderung der dahin einschlägigen Verhältnisse im Band I eingeschlagen wurde. Demzufolge ist zu erörtern:

1. Wie in der Pfarrgemeinde die Kirchsprengel, das Patronat und die kirchlichen Aemter sich gestaltet haben, desgleichen in welcher Weise die kirchlichen Bedürfnisse beschafft und das Kirchenvermögen verwaltet worden, endlich wie es um die Kirchen- und Pfarrhausbauten stand.
2. Welche Aufsichtsbehörden an die Stelle der Bischöfe, Archidiakonen, Erzpriester oder Landdechanten traten.
3. Welche Einrichtungen zur Förderung christlicher Zucht und Erkenntniß getroffen wurden.

A. Die Pfarrgemeinde.

1. Der Pfarrsprengel.

Während in der Zeit vor der Reformation die Pfarrsprengel unseres Bezirks in der Mehrheit den ursprünglichen Umfang behalten und ihre äußere Gestalt nur in soweit geändert haben, daß in ihnen im Laufe der Zeit neben der Mutterkirche eine größere oder kleinere Zahl Nebenkirchen erbaut wurde, ist mit Einführung der Reformation bei nicht wenigen Gestalt und Umfang anders geworden. Solches zunächst dadurch, daß viele Tochterkirchen ganz oder bis auf ein Geringes aus dem Verband mit ihrer Mutterkirche heraustraten, und die Ortschaften, deren Bewohner in ihnen ihre gottesdienstliche Erbauung gesucht hatten, fortan selbstständige Pfarrgemeinden bildeten. Zu den Kirchen, welche auf diese Weise aus Tochterkirchen Pfarrkirchen geworden, gehören die Kirchen Pfeffelbach, eine der vielen Tochterkirchen der alten Kirche Kusel, Irmenach und Trarbach im ehemaligen Pfarrsprengel Traben, Lötzbeuren und Raversbeuren im Pfarrsprengel Enkirch, Alterkülz und Kastellaun im Pfarrsprengel Bell, Diebach, Mannebach, Steeg und Rheinböllen im Pfarrsprengel Bacharach, desgleichen die Mehrzahl der Kapellen in den ausgedehnten Pfarrsprengeln Kirchberg und Simmern. Bei den Kirchen Alterkülz, Kastellaun und Trarbach wurde die Erinnerung an die Mutterkirche dadurch festgehalten, daß sie auch nach Einführung der Reformation gewisse Lieferungen, die sie an die Mutterkirche zu machen hatten, fort leisteten, während nicht überall der Pfarrer der Mutterkirche noch irgend welchen Dienst leistete, wie solches seitens des Pfarrers von Bell geschah. Dieser hatte früher in der Kirche Kastellaun an den vier Fronfasten das Hochamt gehalten, nachher half er an den hohen Festen das Abendmahl austheilen. Wenn hier und da eine zur Pfarrkirche erhobene Tochterkirche einen größern Sprengel empfing, als die Mutterkirche behielt, so lag der Grund in den örtlichen Verhältnissen. Dieweil in dem zur hintern Grafschaft Sponheim gehörenden Pfarrsprengel Pferdsfeld die Orte Winterbach, Ippenschied und Rehbach der Tochterkirche Winterburg näher lagen als der Mutterkirche, so suchten deren Bewohner schon vor der Reformation ihre gottesdienstliche Erbauung in der Kirche Winterburg und fanden sich in der von Pferdsfeld nur zur Beichte und zum Abendmahle ein, desgleichen wenn sie auf dem dortigen Kirchhofe eine Leiche zu beerdigen hatten*). Es geschah auch, daß Tochterkirchen nach Einführung

*) Den Visitatoren der Jahre 1567 und 1575 erschien es zweckmäßig, daß die Leute dahin, wohin sie zur Predigt gingen, auch gepfarrt würden, und ward darauf hin dem Pfarrer von Winterburg befohlen, er solle die Einwohner der genannten Orte als seine Pfarrkinder ansehen, wogegen er auch von ihnen das Pfarrgefälle beziehen solle. Dieweil aber trotz dieser Abtrennung die von Winterbach, Ippenschied und Rehbach das Begräbniß in Pferdsfeld behielten, so entspann sich zwischen den Pfarrern von Pferdsfeld und Winterburg ein langdauernder Streit, wer den in jenen Orten Ver-

der Reformation von ihrer Mutterkirche unabhängig wurden, aber in Ermangelung eines ausreichenden Gefälles keinen eignen Pfarrer erhielten. Dies war der Fall in Betreff der Kirche Uhler, welche zum Sprengel der Pfarrei Mannebach gehörte, deren Gifter die Gemeiner der Burg Waldeck waren. Zur Zeit, da es Herzog Wolfgang gelang, die Reformation im Dorfe Uhler einzuführen obwohl dasselbe zu dem dreiherrischen Gerichte Beltheim gehörte, in welchem Kurtrier die Oberhand hatte, hingen die Besitzer der Burg Waldeck noch dem Papstthum an und waren nicht geneigt, das Gehalt ihres Pfarrers in Mannebach zu schmälern, damit für die Tochtergemeinde Uhler ein evangelischer Pfarrer bestellt werde. Es wurde deßhalb Seitens der Sponheimischen Regierung die Bedienung der Kirche Uhler anfänglich dem Pfarrer von Bell, darnach dem Pfarrer zu Roth und später dem Pfarrer von Kastellaun zugewiesen, von welchem sie nach Ablauf einiger Zeit an den dasigen Diakon überging. Die Vergütung, welche diese Nachbargeistlichen dafür empfingen, war sehr gering, und dieweil inzwischen auch die Rittergeschlechter der Boosen, welche nach Aussterben der andern Gauerben-Familien sich mit Kurpfalz in den Besitz der Herrschaft Waldeck theilten*), das Augsburger Bekenntniß angenommen, gab man sich in Birkenfeld der Hoffnung hin, dieselben möchten sich bewegen lassen, dem Geistlichen, der die Kirche Uhler versah, einen Theil der dasigen Pastoreigefälle zu überlassen. Herzog Karl wandte sich zu dem Ende unterm 12. Sept. 1594 an Hans Ruprecht Boos, der als der Aelteste unter den Boosen Erbamtmann auf dem Thurm zu Waldeck war und sich Collator der Kirchen Waldeck und Uhler nannte**). Nachdem der Herzog im Eingang seines Schreibens dem Erbamtmann ge-

storbenen die Leichenpredigt thun solle, und ebenso war es für die Gemeinde Winterburg der Gegenstand oft erneuerter Beschwerde, daß die Bewohner der genannten Orte fortwährend zum Kirchen- und Pfarrhausbau in Pferdsfeld herangezogen wurden, und deßhalb in Winterburg weder Kirche noch Pfarrhaus wollten bauen helfen.

*) Außer den Boosen hatte um jene Zeit auch ein Glied des Hauses Metzenhausen Theil an Waldeck, daß dasselbe aber auch dem evangelischen Bekenntniß sich zugewendet habe, ist sehr zweifelhaft.

**) Wahrscheinlich wohnte um jene Zeit der Pfarrer von Mannebach auf Waldeck.

sagt, wie er nicht daran zweifle, daß er gern Gottes Ehre befördere, hebt er hervor, daß seit langer Zeit der Pfarrer von Kastellaun die Kirche Uhler versehe, aber von dem Pfarrzehnten nichts empfange, indem derselbe vollständig bei dem Pfarrer zu Waldeck eingebracht werde. Daran reiht er an den Junker das Gesinnen, in Betracht des Geringen, so ein Pfarrer von Kastellaun für die Bedienung der Kirche Uhler eingenommen, wolle er sich einer Addition halber bedenken, damit geschehe, was Gott gefällig und an sich billig sei. Dem Gesinnen des Herzogs wurde jedoch Seitens der Gemeiner von Waldeck nicht entsprochen*).

---

*) Die von Hans Ruprecht Boos unterm 1. Oktober eingesandte Antwort lautete: Des Fürsten Schreiben habe er alsbald sämmtlichen Gemeinern des Hauses Waldeck zu wissen gemacht und hätten sie darauf mit gemeinem Rath die Sendschöffen der Pfarrkirche Mannebach vor sich erfordert und von denselben erfraget, was es mit der Kirche Uhler und deren Gefälle für eine Gelegenheit habe. Diese hätten darauf folgenden Bericht gethan. Die Kirche Uhler sei allezeit mit der Kirche Mannebach vereinigt gewesen, und habe der Pfarrer von Mannebach sie bedient. Wie die von Uhler ihre Kindlein in der Kirche Mannebach hätten taufen lassen, so hätten sie auch gleiche Bürde und Beschwerung an Bauung der Kirche Mannebach und Offenthalt des Pfarrers getragen. Seit ungefähr 40 Jahren aber seien sie von den Kastellauner Kirchendienern mit Predigt und Sakrament versehen worden, und zwar aus der Ursach, weil weiland der durchlauchtige und hochgeborene Fürst, Herr Wolfgang Pfalzgraf, Sr. Fürstl. Gnaden Herr Vatter, die Augsburgische Confession eher als die Gemeiner des Hauses Waldeck angenommen. Damals habe hochgedachter Pfalzgraf begehrweise erhalten, daß deren Unterthanen zu Uhler Gottes Wort lauter und rein gepredigt werde, doch mit dem Beding, wenn die Gemeiner des Hauses Waldeck ihre Kirchen gleichfalls reformiren würden, alsdann sollte derselbigen Kirchendiener auch wieder freien Zutritt zur Kirche Uhler haben. Demgemäß bitte er in seinem und Mitgemeiner Namen J. F. Gnaden ganz unterthänigst, daß die Kirche Uhler mit dem ganzen ministerio verbi divini et sacramentorum ihrem Pfarrherrn, „dem sie antiquitus angehörich“, wiederum möchte eingeräumt werden. Derselbe solle die Unterthanen in Uhler jederzeit mit reiner göttlicher Wahrheit und ungefälschter Administration der hochwürdigen Sakramente treulich versorgen. Darein, daß man die Kirchengefälle der Pfarrei Waldeck oder Mannebach noch weiter verringere und daher dem Pfarrer zu Kastellaun sein Gehalt mehre, wollten seine Mitgemeiner nicht willigen, und er für seine Person könne in der Sache nichts verfügen. Nach Eingang dieser Antwort brach Herzog Karl die Verhandlungen ab und ließ dem Pfarrer Cratzer in Kastel-

Wie die evangelischen Gebietsherrn unseres Bezirks es als Gewissenspflicht ansahen, zu dem von ihnen bekannten Glauben auch ihre Unterthanen zu bekehren, so hielten sich auch die katholischen Fürsten und Herrn verpflichtet, von denen, die ihrer Botmäßigkeit unterworfen waren, die lutherische und calvinische Ketzerei fern zu halten. Welche Anstrengungen die Kurfürsten von Trier gemacht, um zu verhüten, daß das ketzerische Gift nicht in die ihnen mit Sponheim gemeinsamen Herrschaften dringe, ist Abth. I ausführlich dargelegt. Auch daraus sind mancherlei Aenderungen der Pfarrsprengel erwachsen. Das ohnfern des stumpfen Thurmes gelegene Dorf Wederath gehörte wie in das Zentgericht, so auch in den Pfarrsprengel Kleinich, es waren aber seine Bewohner sämmtlich Leibsangehörige von Trier. Da fast überall den Herrn über ihre Leibsangehörigen die niedere Gerichtsbarkeit zustand, so hatten die Trierer Kurfürsten den Ort nicht bloß in das Innergericht der Burg Baldenau gezogen, sondern nahmen auch die Landeshoheit über ihn in Anspruch. Sponheim, welches in Gemeinschaft mit den Junkern von Steinkallenfels Gerichtsherr durch das ganze Zentink Kleinich war, wollte Trier dies nicht zugestehn, und nachdem in demselben die Reformation eingeführt war, sollte sie auch auf das Dorf Wederath ausgedehnt werden. Um dem vorzubeugen, wies Trier die Bewohner von Wederath in die Pfarrei Bischofsthron. Herzog Wolfgangs Räthe waren der Ansicht, dieweil das Dorf im Kleinicher Gericht und somit in Sponheimischer hoher Obrigkeit liege, seien die von Wederath anzuhalten, dem Pfarrer von Kleinich ihre Kapelle zu öffnen und die 4 Gulden zu reichen, die derselbe für

---

kaun durch den dasigen Amtmann bei Vermeidung seiner Ungnade befehlen, sich die Kirche Uhler mit Ernst befohlen sein zu lassen und keinerlei Aenderung vorzunehmen, damit man nicht daraus ein Gewirre zu erwarten habe. Er erachtete es bedenklich, den Glauben seiner Unterthanen in die Hände der Boosen auf Waldeck zu geben, und seine Besorgniß hat die Zeit gerechtfertigt. Es hat das auf Waldeck gesessene Rittergeschlecht der Boosen nicht am evangelischen Bekenntniß festgehalten, und wie es später selber in den Schooß der römischen Kirche zurückkehrte, hat es auch die Bewohner des Waldecker Burgfriedens d. h. der zur Kirche Mannebach gepfarrten Orte Mannebach, Korweiler und Dorweiler in denselben zu ziehen gewußt. In der Kirche Mannebach mußte die Predigt des lautern Evangeliums wiederum der Messe weichen.

die dort gehaltene Wochenmesse empfangen hatte, wogegen er eine Wochenpredigt daselbst halten solle. Simon Molenstein, der Pfarrer, befolgte den Befehl, fand aber, so oft er zur Kapelle kam, dieselbe verschlossen. Darauf hin ließ Sponheim denen zu Wederath Wasser und Weid im Kleinicher Zentink verbieten, und bewirkte dadurch, daß der Pfarrer drei Wochen hindurch seine Predigt ungehindert in der Kapelle verrichten konnte. In der vierten Woche dagegen, am 15. Sept. 1564, griff man den Pfarrer, nachdem er den Gottesdienst gehalten, und führte ihn nach der Burg Baldenau. Um sich der Gefangenschaft zu entledigen, stellte Molenstein schon am darauffolgenden Tag dem Oberamtmann zu Bernkastel, der auch Amtmann zu Baldenau war, eine Urphede aus, d. h. er gab das eidliche Versprechen, die Predigten in der Kapelle Wederath zu unterlassen. Wolfgangs Räthe stellten darauf dem Gemeinsherrn, Markgrafen Philibert vor, der Triersche Amtmann müsse angehalten werden, von wegen der Gefangennehmung des Pfarrers einen Abtrag zu thun und die ausgestellte Urphede herauszugeben, geschähe dies nicht, so habe man auf die zu fahnden, welche den Pfarrer gegriffen und gen Baldenau geführt; zugleich sei dem Pfarrer zu befehlen, aufs Neue Gottesdienst zu Wederath zu halten, und so der Glöckner oder sonst wer ihm dabei Verhinderung thue, der sei deshalb zu strafen. Der Markgraf erklärte sich am 3. Oktober 1564 von dem Schlosse Scheibenhard aus mit Allem einverstanden, nur nicht damit, daß der Pfarrer vor Zurückgabe der Urphede in Wederath predige, indem es ihm nicht wohl anstehn würde, wider seinen Eid zu handeln. In den Verhandlungen, die darauf zwischen dem Trierschen Oberamtmann und dem Oberamtmann der Grafschaft Friedrich Schenk von Schmidtburg geführt wurden, sagte der Erstere: Er habe den Pfarrer mit Recht eingezogen, weil Wederath im Kurfürstenthum Trier liege, und er denselben gewarnt habe, allda keine andere Religion einzuführen. Die vier Gulden, wegen deren der Streit entstanden, hätten fromme Christen zu einer Wochenmesse gestiftet, so Simon diese halte, werde das Geld ihm gefolgt werden. Sponheimischer Seits schloß man die in Wederath aufs neue vom Kleinicher Weidgang aus, der Triersche Amtmann erhob dagegen Beschwerde und sagte: Die Religion sei nicht dem Hochgericht angehörig, sondern der landesfürstlichen Oberkeit, und die besitze in Wederath Kurtrier. Der Kurfürst selbst, — es war Johann von der Leyen — ließ dem Sponheimischen Oberamtmann ein Schreiben zugehn und erbot sich dazu, daß man die Sache bei einer Zusammenkunft ausgleiche, des Friedens wegen wolle er, was billig sei, gewähren. Es blieb jedoch Wederath von seiner alten Pfarrkirche losgerissen, denn bei ihrer innerlichen Gespaltenheit waren die Gemeinsherrn der H. Gr. Sponheim*) nicht stark genug, Triers Macht gegenüber etwas Erkleckliches zu thun.

Die Kirche Goedenroth war eine Nebenkirche der alten Kirche Beltheim, aber nach Einführung der Reformation in der H. Gr. Sponheim bildete das Sponheimische Dorf Goedenroth und der pfalzsimmernsche Weiler Erbscheit, heute Ebschied genannt, eine besondere Pfarrei. Dieses Verhältniß dauerte an, so lange das Fürstenthum Simmern unter den Herzogen Georg und Reichard stand, als aber dasselbe nach Reichards Tod mit der Kurpfalz vereinigt worden, sollten die von Erbscheit nicht mehr die Predigten eines Ubiquitisten hören, sondern wurden in die nahegelegene reformirte Kirche Laubach gewiesen. Daß die Ortschaften eines und desselben Pfarrsprengels in verschiedenen Herrschaftsgebieten lagen, gab gar oft Anlaß zur Zerstückelung derselben und zur Mehrung anderer oder auch zur Bildung neuer Pfarreien, zumal wenn die Gebietsherrn nicht desselben Glaubens waren. Die Pfarrei Waldlaubersheim, deren Verleihung nach Aufhebung des Klosters Rodenkirchen an die Herrn des Dorfes, die Grafen von Nassau-Saarbrücken, heimgefallen war, hatte einen sehr beträchtlichen Umfang. Es gehörten in ihren Sprengel neben dem Dorfe Waldlaubersheim die Orte Genheim, Roth, Schweppenhausen und Oeckenroth, von welchen jeder seine besondere Kapelle hatte. Dagegen war Stromberg vor der Reformation nicht Hauptort einer Pfarrei, sondern in die Pfarrei Warmsroth gepfarrt. Mit Einführung der Reformation wurde das Pfarrecht der Kirche Warmsroth auf die Nebenkirche Stromberg übertragen, und als mit dem Tode des Pfalzgrafen Reichard Kurfürst Friedrich IV. von der Pfalz den ungetheilten Besitz des Amtes Strom-

*) H. Gr. abgekürzt für hintere Grafschaft; V. Gr. für vordere Grafschaft.

berg erlangte, riß er, der streng Reformirte, die pfälzischen Dörfer Genheim, Roth und Oedenroth von der Pfarrei Waldlaubersheim, in der die Grafen von Nassau das lutherische Bekenntniß festhielten, los, und übergab die Bedienung der Kirchen Genheim und Roth dem Diakonus in Stromberg, die der Kirche Oedenroth dem dasigen Pfarrer. Auch der Verband der Pfarrkirche Waldlaubersheim mit der Gemeinde Schweppenhausen, deren Kapelle schon vor der Reformation durch einen besonderen Priester bedient worden, lockerte sich sehr und war zu wiederholten Malen in Gefahr, völlig zu zerreißen, indem die Gerichtsjunker, die Herrn von Ingelheim, zumal, wenn der eine oder der andere von ihnen in Schweppenhausen seinen Wohnsitz genommen, gern daselbst ihren eignen Pfarrer hatten. Dadurch, daß die Bevollmächtigten Friedrichs des Frommen das Dorf Bockenau von seiner Pfarrkirche, der Nunkirche, losgerissen, wurde die gleichnamige Pfarrei ihrer völligen Auflösung entgegengeführt. Nur die Bewohner des gleichnamigen Hofes und des Dörfleins Allenfeld blieben noch zu ihr gepfarrt. Schon früher reichte das Gefälle der Kirche nicht mehr zur Unterhaltung eines besonderen Geistlichen aus, und war deshalb die Versehung der Pfarrei dem Pfarrer in Gebroth übertragen worden. Da Allenfeld dem Dorfe Gebroth näher lag als der Nunkirche, so war die Sponheimische Regierung der Ansicht, es sollten die Pfarrgenossen des Sonntags nach Gebroth zum Gottesdienst kommen, die Bewohner des Hofes Nunkirch verlangten aber, je am 2. Sonntag müsse der Pfarrer von Gebroth in ihre Kirche kommen, und selbst bei den Leuten in Allenfeld war die Anhänglichkeit an ihre alte Pfarrkirche so groß, daß sie nur den einen Sonntag nach Gebroth zur Kirche kamen, den andern dagegen, wo der Pfarrer in der Nunkirche predigen sollte, zu Hause blieben. Die Sponheimischen Visitatoren sahen dieses als Trotz an und wollten die von Allenfeld mit Strafe belegt wissen, hiergegen erhoben jedoch die von Allenfeld Beschwerde und in Folge dessen wurde im Jahre 1580 dem Pfarrer von Gebroth aufgegeben, alle Woche in der Nunkirche eine Predigt zu thun*). Die Pfarrei Gebroth, deren Sprengel ursprünglich

*) Diese Wochenpredigt kam mit der Zeit in Abgang, und hielt der Pfarrer von Gebroth in der Nunkirche später nur noch eine Predigt am

auf das gleichnamige Dorf beschränkt war, erhielt noch einen weitern Zuwachs, dadurch, daß ihr der Weiler Spall einverleibt wurde, welcher zur H. Gr. Sponheim gehörte, aber zu der in der Herrschaft Dalberg gelegenen Kirche Spachbrücken gepfarrt war. Schon im J. 1575, wo man zur Visitation in Gebroth auch die von Spall erfordert hatte, wurde diesen befohlen, sich fortan gen Gebroth zur Predigt zu begeben, indem man bei dem Katechismusverhör befunden, daß der Mehrtheil ihrer Kinder nicht beten konnte und solches Versäumniß dem Unfleiß des Pfarrers in Spachbrücken zuschrieb. Dieser Befehl kam jedoch während der nächsten Jahrzehnte nicht zur Ausführung, denn noch im J. 1608 besuchten die von Spall die Kirche Spachbrücken, und erst nachdem in der Herrschaft Dalberg der evangelische Gottesdienst aufgehört hatte, wurde Spall dem Pfarrsprengel Gebroth im vollen Sinne des Worts einverleibt.

Wie die Nunkirche bei Bockenau allmählig aus der Reihe der Pfarrkirchen verschwunden ist, so auch die Kirche Getzbach, die von Erzbischof Willigis erbaute Gehinkirche. Im J. 1560 waren noch zu ihr gepfarrt die Orte Eckweiler, Daubach, Seesbach und Gehlweiler. Nur Eckweiler und Daubach lagen in der H. Gr. Sponheim, die Obrigkeit von Seesbach waren die von Leyen und Sickingen, und Gehlweiler gehörte zum Amt Koppenstein in der V. Gr. Sponheim. Da Gehlweiler fast zwei Meilen Wegs von der Gehinkirche entfernt lag, so besuchten die Insassen schon lange Zeit vor der Reformation die Gottesdienste in der nahen Kirche Gemünden, und endlich gelang es ihnen, in diese Kirche eingepfarrt zu werden. Um dieselbige Zeit, da Gehlweiler in Folge eines durch die Junker von Schmidtburg vermittelten Vergleichs aus dem Verband der Gehinkirche schied, strebten dieses auch die Junker von Leyen und Sickingen für die Gemeinde Seesbach an, hauptsächlich darum, weil sie das Pfarrgefälle der Kirche Seesbach gern dem Pfarrer zu Weiler zugewendet hätten. Der darob ent=

Osterfeste, und so Jemand auf dem Hofe oder zu Allenfeld verstarb. Die Kirche ist erst zu Anfang dieses Jahrhunderts verfallen, und es wurde noch bis zum Eintritt der französischen Herrschaft in ihr alljährlich ein Gottesdienst gehalten, bei dem sich die alten Pfarrgenossen, die Reformirten aus Bockenau und die Lutheraner von Allenfeld, zusammenfanden.

standene Streit wurde jedoch im J. 1570 dahin verglichen, daß es dem Junker von Schmidtburg auf Gemünden als Collator der Pfarrei Getzbach ins Ermessen gestellt blieb, wem er die Kirche verleihen wolle, nur müsse der Geistliche für Ausrichtung des Amtes tauglich sein. Daraufhin haben die von Schmidtburg die Kirche Seesbach bis zum Eintritt des dreißigjährigen Kriegs durch den Pfarrer von Getzbach versehen lassen. Es löste sich jedoch der Pfarrverband mehr und mehr dadurch, daß in der Kirche Getzbach wegen ihrer Baufälligkeit kaum mehr Gottesdienste gehalten werden konnten, und man das bei ihr gelegene Pfarrhaus, als es abbrannte, in Eckweiler aufbaute. In Folge dessen ging das Pfarrrecht der alten Gehinkirche auf die Kapelle über, die schon vor der Reformation im Dorfe Eckweiler erbaut war.

Von den Burgkapellen der hintern Grafschaft Sponheim waren die zu Dill und Starkenburg der Gerichtsbarkeit des Erzpriesters und des Archidiakonus gefreit und unmittelbar unter die Aufsicht des Bischofs gestellt. Solche Ehre war ihnen deshalb geworden, weil sie zu den Stammburgen des Sponheimischen Hauses gehörten. Beide Kapellen waren nur für die gottesdienstliche Erbauung der gräflichen Familie, sowie der Burgmannen und deren Gesinde erbaut, nicht aber für die leibeignen Leute, die im Laufe der Zeit sich um die Burg herum ansiedelten. Die Thalleute von Dill waren zur Kirche Sohren gepfarrt, die Bewohner der Vorburg auf Starkenburg gen Enkirch. Nachdem die Grafen von Sponheim ausgestorben, und die Fürsten, auf die sich die Grafschaft vererbte, sich nur zeitweilig auf den genannten Burgen aufhielten, wurde es der Gemeinde in Dill wie der zu Starkenburg verstattet, dem Gottesdienst in der Burgkapelle anzuwohnen, und den Burggeistlichen als ihren Pfarrer anzusehen, nur behielten dieselben in Sohren und Enkirch noch das Begräbniß für ihre Todten. Mit Einführung der Reformation wurde die Burgkapelle in Dill als das Gotteshaus der Gemeinde anerkannt, und ein Gleiches geschah in Betreff der Kapelle auf Starkenburg. Gewiß wäre es für das religiöse Leben der evangelischen Gemeinden förderlich gewesen, wenn hier und da die Um- und Neubildung der Pfarrsprengel in anderer Weise wäre vollzogen worden, als es geschehen ist. An manchen Orten wohnten die Leute ganz nahe bei einer Kirche und mußten Predigt und Sakrament in einer entlegenen Kirche suchen. Die oft erwähnte Gehinkirche lag auf der Gemarkung des Dörfleins Auen, und die Bewohner desselben wurden genöthigt nach Monzingen zur Predigt zu gehen. In dem Dorfe Neuerkirch bei Simmern fand sich, wie schon der Name sagt, eine Kirche, die Leute aber, die auf dem rechten Ufer des durch das Dorf fließenden Baches wohnten, hatten als Sponheimische Unterthanen ihr Gotteshaus in Alterkülz. Während einzelne Kirchsprengel, z. B. die von Baumholder, Birkenfeld, Brombach und Wolfersweiler auch nach Einführung der Reformation ihren über viele Ortschaften sich ausdehnenden Sprengel behielten, wurde anderwärts der alte Pfarrsprengel in so viele Pfarreien getheilt, daß diese oft nicht mehr denn 20 bis 30 Hausgesäße in sich faßten. Eine durchgreifende Umgestaltung dieser Verhältnisse war Bedürfniß für viele Gemeinden unseres Bezirks, aber es fehlte die Hand, die stark genug war, solches zu vollbringen. Das Sponheimische Kirchspiel Brombach, in welchem die Pfalzgrafen von Veldenz die Collatur besaßen, bestand aus siebenzehn Dörfern und zwei Höfen. Es war dem Pfarrer auch bei der Hülfe eines Diakons nicht möglich, neben der Verrichtung der Gottesdienste die Seelsorge treulich zu üben, und somit die Scheidung des Sprengels in zwei Pfarreien deutlich angezeigt, aber erst im J. 1744 fand dieselbige statt. Gleicherweise fällt die Abtrennung der Kirche Nohfelden von dem Pfarrsprengel Wolfersweiler in eine spätere Zeit, als die, welche in unserer Schrift geschildert wird. Im pfälzischen Amte Simmern, welches kaum die Hälfte des heutigen Kreises Simmern in sich begriffen, fanden sich nach der Reformation siebenzehn Pfarreien mit achtzehn Predigern. Die jetzige Pfarrei Horn hatte damals vier Pfarrer, von welchen der eine in Horn, der zweite in Chumbd, der dritte in Laubach und der vierte in Bubach seinen Sitz hatte. Aehnlich war das Verhältniß im Pfarrsprengel Kirchberg, wo von den eingepfarrten Orten zwölf bei der Pfarrkirche blieben, die Nebenkirchen dagegen, für deren Altäre in der Zeit vor der Reformation besondere Priester bestellt gewesen, meist Pfarrkirchen wurden*). Diese Vielheit und Kleinheit der Pfarrsprengel hatte

---

*) Es sind dieses die Kirchen Gemünden, Dickenschied, Womrath, Oberlostenz, Kappel und Würrich.

für Pfarrer und Pfarrgenossen mancherlei Nachtheile; es stellten sich aber der zweckmäßigen Gestaltung der Pfarrverbände hier und da so viele Schwierigkeiten entgegen, daß man, auch wo daran gedacht worden, wiederum davon abstand, und es der Macht der Zeit überließ, eine bessere Ordnung herbeizuführen. Die Ortschaften, die ihrer natürlichen Lage nach hätten zu einer Pfarrei verbunden werden sollen, gehörten nicht selten verschiedenen Herrn an, und da wollte keiner seine Unterthanen in eine Kirche gepfarrt wissen, die unter anderer Obrigkeit lag. War gar das Glaubensbekenntniß der Gebietsherrn ein verschiedenes, so wurde schon dadurch die Vereinigung eine Sache der Unmöglichkeit. In vielen Pfarreien besaßen nicht die Gebietsherrn, sondern adlige Familien die Kirchengift, und da dieselben in jeder Veränderung der Pfarrverhältnisse eine Gefahr für ihr Collaturrecht sahen, gaben sie nicht leicht ihre Zustimmung zu Abänderungen des Pfarrsprengels. Ein anderes Hinderniß der Umgestaltung der Pfarrverbände war die zähe Anhänglichkeit der Pfarrgenossen an ihr altes Gotteshaus. Es war ihnen ein schmerzlicher Gedanke, losgerissen zu werden von der Kirche, darin sie die Taufe empfangen und das Abendmahl gefeiert hatten, ihr Grab nicht an der Stätte zu finden, wo ihre Angehörigen ruhten. Bisweilen war es auch nur der Stolz und die Eifersucht, die sich gegen die Vereinigung von zwei kleinen Pfarrsprengeln zu einer Pfarrei sträubten *). Daß man im Kloster Wolf einem Pfarrer Wohnung gab, war eine Nothwendigkeit, denn die Kirche Wolf war, ehe sie eine Klosterkirche geworden, die Pfarrkirche des gleichnamigen Dorfs, — eine solche Nothwendigkeit aber war nicht

*) So hätten im Kirchsprengel Kirchberg die jetzt zu einer Pfarrei vereinigten Kirchen Dickenschied und Womrath schon zur Zeit der Reformation zusammengeschlagen werden sollen, aber es wollte keine Gemeinde auf das Recht verzichten, daß der Pfarrer in ihrer Mitte wohne. Im Amte Simmern wäre es angemessen gewesen, aus den nahe gelegenen Orten Ellern und Schnorbach eine Pfarrei zu bilden, aber die in Schnorbach waren nicht geneigt, ihr altes Pfarrecht zu Gunsten eines Ortes zu opfern, dessen Gotteshaus vor der Reformation nur die Nebenkapelle einer Nebenkirche gewesen, und Ellern wieder, das größere mit Mauern und Thoren umschlossene Dorf, hätte es nicht ertragen, daß der Pfarrer in dem kleinen Weiler Schnorbach seinen Sitz habe.

vorhanden in Betreff der Klosterkirchen Ravengirsburg und Chumbd, denn der Leute, die bei diesen Klöstern wohnten, waren sehr wenige, aber man wollte schon zur Vermeidung übler Nachrede bei den Römischen den Gottesdienst nicht stille stehen lassen in Kirchen, die Jahrhunderte hindurch vielbesuchte Andachtsstätten gewesen, und aus deren Vermögen man die Kirchen- und Schuldiener in andern Gemeinden unterhielt. Ein Gleiches war der Fall mit dem ohnweit Kreuznach gelegenen Kloster St. Katharinen, dessen Gemeinde höchst gering war, selbst wenn dazu die Bewohner des Dörfleins Brauweiler gehört haben. Die Klosterkirche Sponheim war schon vor der Reformation die Pfarrkirche des gleichnamigen Dorfes. Daß in ihren Sprengel nach der Reformation nicht auch die Gemeinde Burgsponheim gezogen wurde, rührt daher, daß diese Gemeinde zur hintern Grafschaft Sponheim gehörte und deßhalb bei dem lutherischen Bekenntniß verbleiben mußte, während das reformirte im Kloster Sponheim eingeführt wurde. Im J. 1575 wurde die Pfarrei Nohen mit der von Reichenbach vereinigt, und um dieselbe Zeit dachte man auch an die Vereinigung der Pfarreien Allenbach und Würschweiler. Seinen Sitz sollte der Pfarrer in Würschweiler haben, und insofern er die Arbeit nicht allein bewältigen könnte, wollte man ihm einen Gehülfen geben, der zugleich Schule halte. Hans von Franken, der damalige Amtmann von Allenbach, erklärte sich dagegen, und die Vereinigung unterblieb *).

Die Verschiedenartigkeit, welche in Bezug auf Rang, Rechte und Gebrauch zwischen den einzelnen Gotteshäusern in der Zeit vor der Reformation bestanden hat, verschwand mit derselben nicht

*) In seinem im Oktober 1575 abgegebenen Gutachten sagte er: Der Plan sei schon darum nicht ausführbar, weil zur Pfarrei Würschweiler das in der Rheingrafschaft gelegene Filial Bruchweiler gehöre, und in diesem Filiale, welches das Meiste zu dem Pfarreinkommen liefere, alle Sonntag müsse Gottesdienst gehalten werden. Es könne aber ein Pfarrer nicht zwei Frühpredigten und des Nachmittags noch Katechismuslehre halten, und dem Pfarrer einen Diakonus in dem Schulmeister beizugeben, habe auch seine Bedenken. Wenn die Pfarrer wollten fleißig sein, habe jeder seine Arbeit, dazu grenzten die Pfarreien an das Trierische, woraus allsonntäglich Leute nach Allenbach zur Kirche kämen, und dieses würde sich mehren, wenn man feine, gelehrte, züchtige Leute als Pfarrer bestelle.

ganz, minderte sich aber sehr. Die drei Stiftskirchen unseres Bezirks, St. Goar, Johannisberg und Kirn wurden einfache Pfarrkirchen, den Kirchen von St. Goar und Johannisberg wurde jedoch die Auszeichnung zu Theil, daß ihre Pfarrer jederzeit das Amt des Superintendenten bekleideten, und zwar der von St. Goar in der Niedergrafschaft Katzenelnbogen, der von Johannisberg in der Wild- und Rheingrafschaft. In der Pastorei Kirchberg wurden die Kapellengemeinden Oberkostenz und Metzenhausen, gleicherweise die von Würich und Altley je zu einer Pfarrei vereinigt. Als Tochterkirchen einer und derselben Mutterkirche waren sie Schwesterkirchen, die zusammengeschlagenen Gemeinden somit Schwestergemeinden, aber die Namen Schwesterkirchen und Schwestergemeinden wurden nicht gebräuchlich, sondern die neue Pfarrei empfing ihren Namen von dem Orte, in welchem der Pfarrer seinen Wohnsitz hatte, und die andere Kirche mit ihrer Gemeinde nannte man das Filial. Die Nunkirche ohnweit Simmern war ursprünglich eine Wallfahrtskirche. Mit Einführung der Reformation änderte sich dieses Verhältniß. Die Nunkirche wurde die Pfarrkirche für die Bewohner von Sargenroth, Belchweiler und Tiefenbach, die wohl auch früher schon in in ihr ihre gottesdienstliche Erbauung gesucht hatten. Der Pfarrer erhielt seinen Wohnsitz im Dorf Sargenroth, und mußte von da aus auch die Gemeinde Mengerschied bedienen. In Folge dessen wurde diese frühere Pfarrgemeinde, obgleich sie in Betreff der Gottesdienste und der andern Rechte der Gemeinde Sargenroth gleichgestellt wurde, als ein Filial bezeichnet*).

Von den vielen Nebenkirchen, welche die mittelalterliche Frömmigkeit erbaut hatte, nicht aus wirklichem Bedürfniß, etwa weil kein Gotteshaus in der Nähe war, sondern in der Meinung, Gott zu ehren und seines Segens an irdischen und himmlischen Gütern reichlicher theilhaftig zu werden, sind nicht wenige alsbald nach Einführung der Reformation abgebrochen worden, so die h. Kreuzkapelle in Kastellaun, die Kapelle zum h. Geist bei Rhaunen,

*) In dem Verzeichniß des Amtes Simmern aus der Zeit vor dem 30jährigen Kriege heißt es bei der Pfarrei Sargenroth: Filialis ecclesia: Est pagus Mengerschied, ubi pastor munere suo ut et in Ecclesia materna fungitur.

die Kirche unserer lieben Frauen zu Meisenheim und andere. Zeichnete sich jedoch eine solche Nebenkirche durch die Schönheit des Baues aus, wie die St. Wernerskirche zu Bacharach, oder hing aus sonstigen Gründen das Volk an ihr mit besonderer Verehrung, so ließ man sie stehen, und wurden in ihr von Zeit zu Zeit noch Gottesdienste gehalten.

---

2. Das Kirchen-Patronat oder die Collatur.

Das Wesen des Patronats oder der Collatur, zu deutsch der Kirchengift oder des Leihungsrechts der geistlichen Lehen, findet sich im ersten Theil dieser Schrift ausführlich dargelegt, und ist dabei nicht unberührt geblieben, wie man in der Zeit, in der die Kirche sich immer mehr verweltlichte, die kirchlichen Pfründen sowie das Recht ihrer Verleihung wie anderes weltliches Gut behandelte, sie kaufte und verkaufte, vertauschte und verschenkte. So blieb es bis in die Reformationszeit hinein. Das Licht des Evangeliums war an einzelnen Punkten unserer Landschaft bereits hell aufgestrahlt, und noch kam es vor, daß Fürsten Pfarreien an Knaben verschenkten, um damit die Dienste der Väter zu belohnen, oder daß geldbedürftige Junker Pfarrstellen an Väter verkauften, die einen ihrer Söhne für den geistlichen Stand bestimmt hatten *).

*) So hat in der Reformationszeit Herzog Johann von Simmern die Pfarrei Allenbach an einen Knaben verschenkt. In dem Briefe, welchen er im J. 1556 über diese Schenkung in seinem Schlosse zu Simmern gegeben, sagt er: Als ältester Graf zu Sponheim habe er im J. 1531 den Priester Matheißen von Reidenbach mit der Pfarrei Allenbach begabt, und als derselbe solche Pfarrei nicht mehr länger habe versehen können und wollen, habe er sie mit allen ihren Nutzungen geliehen luterlich und um Gottes willen Casparn, dem Sohne Michels von Dill seelig, so sein Truchsaß im Reiche zu Kröv gewesen, und zwar dazu, damit derselbe stattlicher zur Lehr angehalten würde. Solche Pfarre solle Caspar sein Leben lang inne haben und genießen, dagegen aber auch sie laut der Fundation versehen oder verschaffen, daß solches geschehe. Am Schlusse des Briefs besiehlt der Herzog allen seinen Amtsleuten und Schultheißen, Caspern von Dill im Genusse der Pfarrei zu handhaben und zu schützen. Als in der gesammten hintern Grafschaft Spon-

Von den Regenten der Kurpfalz hat Otto Heinrich vom Andreasstift zu Köln die Pfarrei Bacharach, und Friedrich der

---

heim die Reformation eingeführt wurde, bestellte Hans von Koppenstein, des Knaben Großvater, der damalige Amtmann in Allenbach, Gerhard Boer zum Vikar seines Enkels. Boer wurde schon im J. 1559 als Pfarrer von Allenbach durch die Landesherrschaft anerkannt, und als er bei der Kirchenvisitation von 1560 im Examen wohl bestanden wär, und die über ihn abgehörten Gerichtspersonen und Kirchmeister ihm seiner Lehr und seines Lebens halber ein gutes Zeugniß ertheilet, hielt er sich berechtigt, das gesammte Pfarreinkommen in Anspruch zu nehmen, und führte bei der Regierung in Zweibrücken darüber Klage, daß der Amtmann von den Pfarrgefällen seinen Enkel, so noch ein kleiner Bub, wolle studiren lassen und zwar im Babstthum. Die Visitatoren, sagt er weiter in seinem Klageschreiben, hätten dem Amtmann dieses untersagt, aber trotzdem habe derselbe ihm bei der letzten Erndte zwei Wagen Kornzehnten weggenommen und dadurch ihn gedrungen, 20 Gulden an ihn für seinen Enkel zu zahlen. Herzog Wolfgang forderte den Amtmann zur Verantwortung auf. Dieser theilte darauf mit: Nachdem Herzog Johann von Simmern seinen Enkel, damit er sein angefangenes Studium besser vollführen möge, mit der Pfarrei Allenbach begnadet, habe er die Pfarrei zu Gunsten desselben mit geringen Kosten versehen lassen, dem jetzigen Pfarrherrn aber, als er ihn zur Versehung der Pfarre angenommen, außer der Kost noch eine Belohnung gegeben, mit der er gar wohl zufrieden gewesen. Später sei derselbe in sein Vaterland gereiset und habe bei seiner Rückkehr eines ehrlichen Landmanns Tochter, die er demselben entführet, mit sich gebracht. Er habe Boer genöthigt, sich mit derselben zu verehelichen, und da es ihm beschwerlich gewesen, Beide in seinem Hause zu haben, sei er im Beisein ehrbarer Männer mit ihm eins geworden, er solle alle Pfarrgefälle einziehen und daraus seinem Enkel jährlich 10 Gulden geben. Diesem Vergleich sei aber der Pfarrer, trotzdem es der Oberamtmann im Auftrage des gemeinen Tages von ihm verlangt, nicht nachgekommen, und darauf sei ihm vom Oberamt die Weisung zugegangen, dem Pfarrer so viel am Zehnten zurückzuhalten, als der zweijährige Rückstand betrage. Schließlich bat der Amtmann den Herzog, doch seinen Enkel bei der Begnadigung zu schützen. Auch Boers Nachfolger, Peter Holdenfeld, mußte sich den Abzug gefallen lassen, und dieweil er, freilich nicht ohne seine Schuld, in tiefster Armuth saß, verwandte sich der Superintendent Henning für ihn bei dem Generalsuperintendenten Fliesbach um Versetzung auf eine einträglichere Stelle. Henning bemerkte dabei, der Amtmann, der ein Geizhals höchsten Grades sei, ziehe noch immer einen Theil der Pfarrgefälle an sich unter dem Vorgeben, er unterstütze damit einen armen Jüngling auf der Akademie, dem sei aber nicht so, denn der Jüngling sei reich. Um die nämliche Zeit, da Herzog Johann von Simmern die Pfarrei Allenbach an einen Knaben verschenkte,

Fromme von dem Mainzer Domstift die Pfarrei Sobernheim erkauft. Weder von dem Einen noch von dem Andern ist bekannt, daß sie die Collatur einer Pfarrei verkauft haben. Seitens ihres Vetters, des Herzogs Wolfgang von Zweibrücken, ist solches geschehen. Nachdem derselbe das Kloster Disibodenberg eingezogen, verkaufte er am 19. Aug. 1564 des Klosters großen und kleinen Zehnten zu Eckweiler, Daubach, Seesbach und Bockenau, um die Summe von 2400 Gulden an seinen lieben getreuen Niklasen von Schmidtburg und dessen Erben. In dem desfallsigen Vertrage wird dem Käufer, der die Kaufsumme baar erlegte, der Zehnte mit allen seinen Gerechtigkeiten übergeben, desgleichen werden die Zehntpflichtigen angewiesen, fortan Niklasen von Schmidtburg und seinen Erben gewärtig zu sein, wogegen dieselben auch die Beschwerniß mit Haltung des Faselviehs und Anderm, was dem Zehntherrn obliegt, zu tragen haben. Wolfgang sagt in dem Vertrag, die Kaufsumme habe er in des Klosters und seiner Schulen merklichen Nutzen verwendet. War der Verkauf des Zehntens, mit dem auch die Verleihung der Pfarrei Gebbach an das Haus Schmidtburg übergegangen ist, ein Mißgriff, so hat sein Sohn und Nachfolger, Herzog Johann I., denselben dadurch ausgeglichen, daß er die Gift der Pfarrei Traben an die hintere Grafschaft Sponheim brachte. Es ist Abtheilung I berichtet, welche Irrungen zu der Zeit, da Friedrich der Fromme als Herzog von Simmern Gemeinsherr der hintern Grafschaft Sponheim war, zwischen ihm und dem Marienstift in Aachen stattgefunden, indem Friedrich darauf drang, daß es seinen Verpflichtungen als Zehntherr in Betreff der Pfarrgehälter und Bauten besser nachkomme, das Stift aber nicht geneigt war zu Gunsten der ketzerischen Prädikanten und Gemeinden sich sein bisheriges Einkommen schmälern zu lassen. Die desfallsigen Spänne und Irrungen wiederholten sich auch in der Zeit, da Herzog Wolfgang und sein Sohn Johann in Gemeinschaft mit den Markgrafen Philibert und Philipp die Grafschaft regierten. Da auch diese Fürsten, wenn das Stift ihnen in Aufbesserung der Pfarrgehälter und Herstellung der kirchlichen

haben zu Gunsten eines Knaben die Edlen und Ehrenvesten Johann von Hunoltstein und Andreas von Leyen ihre Pfarrei Rohen bei Birkenfeld zeitweilig verkauft. Der Käufer war Hans Wigand, Schultheiß in Birkenfeld.

Gebäude nicht zu Willen war, ihm seine Zehnten in Beschlag legten oder bei Einsammlung seiner Gefälle nicht die obrigkeitliche Hülfe gewährten, so erachteten es die Stiftsherrn zuletzt vortheilhaft, die Verleihung der Kirchen Traben, Trarbach und Irmenach an die Gemeinsherrn der Grafschaft abzutreten und ihnen den Theil des Zehntens, der ursprünglich zur Pastorei gehörte, zu überlassen. Als im Juli des Jahres 1579 Herzog Johann dem gemeinen Tag in Trarbach persönlich anwohnte, erschienen bei demselben die Stiftsherrn Konrad Horst und Rutger von Hoengen Wassenberg, der zugleich Probst des Stiftes Münstereifel war, um Beschwerde zu führen von wegen der Competenzen der Kirchendiener zu Traben, Trarbach und Irmenach, als ob dieselben etwas zu hoch gesetzt wären und dabei „täglich gesteigert würden", desgleichen des Weinzehntens halben, daß der ihrem Stift nicht vollkommen geliefert werde. Nachdem man beiderseits berathen, wie solchen Irrungen abzuhelfen sei, haben sich Herzog Johann und des Markgrafen Räthe mit obgemeldten Canonicis eines Abschieds verglichen *).

---

*) In seinen wesentlichen Punkten lautet derselbe also:

1. Das ehrwürdige Kapitel des Stifts Unser lieben Frauen zu Aachen soll die Collation der Kirchen Traben, Trarbach und Irmenach an Herzog Johann und Markgraf Philipp für sie und ihre Erben übergeben und denselben zur Unterhaltung der Pfarrherrn, Kapläne, Schulmeister und anderer Kirchendiener den dritten Theil des Wein- und Fruchtzehnten zu Traben, Trarbach, Starkenburg, Rißbach, Litzig, Irmenach und Beuren erb- und eigenthümlich einräumen, auch daran zu ewigen Tagen nimmermehr irgend welchen Anspruch machen.

2. Dagegen sollen dem Stift verbleiben zwei Drittel der obgedachten Wein- und Fruchtzehnten samt ihrem andern Weinwachsthum, desgleichen alle ihre sonstigen Renten, Zinsen, Gefälle, Kurmuden oder Besthäupter, ferner außer der Zollfreiung auch ihre sonstigen Gerechtigkeiten beim Lesen und bei der Ausführung ihrer Weine.

3. Gleicherweise sollen die Stiftsherrn in den obgenannten Pfarren aller Besoldungen an derselben Pfarrherrn, Prädikanten, Rectoren und Schulmeister, desgleichen der Kirchen und Häuserbauten zu ewigen Zeiten überhoben sein, und dagegen die Fürsten, so Grafen von Sponheim, solche Besoldungen und Beschwerden ohne Zuthun der Herrn von Aachen verrichten. Doch sollen diese gehalten sein, die 19 Goldgulden, welche sie alljährlich zum Baue der Kirche Traben gegeben, sowie den Betrag, den sie von Alters her pro vigiliis gen Starkenburg geliefert, auch ferner zu reichen. Schließlich

Waren schon vor der Reformation Kriege wegen der Kirchengift, wie man die Collaturstreitigkeiten nannte, keine seltene Erscheinung, so mehrten sich dieselben beträchtlich mit Einführung der Reformation. Die katholischen Fürsten, Stifter und Herrn, welche in dem evangelischen Theile unseres Bezirks Pfarreien zu verleihen hatten, kam es schwer an, diese an ketzerische Prädikanten zu geben. Aus diesem Grunde suchten sie ihre Collaturgerechtigkeit auszudehnen und über die von ihnen zu verleihenden Pfarreien die Bischofsrechte, wie sie an die evangelischen Landesherrn übergegangen waren, sich zuzueignen; umgekehrt waren die evangelischen Landesherrn bemüht, die Gerechtigkeit der Collatoren mehr und mehr zu beschränken, ihnen gleichsam nur noch den Schatten derselben zu belassen, und so konnte es nicht ausbleiben, daß die evangelischen Gebietsherrn nicht bloß mit den katholischen Collatoren, sondern auch mit denen ihres Bekenntnisses in mannigfache Irrungen geriethen. Die Collatur der Pfarrei Kleinich war, wie Abth. I berichtet worden, sehr lange Zeit als erzbischöfliches Trierisches Lehen im Besitze der Edlen von Esch. Mit dem Tode Jörgs von Esch, des Letzten seines Stammes, fiel sie im J. 1564 an das Erzstift zurück. Die Kurfürsten von Trier ließen sich nicht daran genügen, daß ihr Einkommen durch die zwei Dritttheile des Zehntens, den sie in dem ausgedehnten Kirchspiel als Collatoren bezogen, eine beträchtliche Mehrung empfing, sondern wie sie die Gemeinsherrn von Sponheim, dieweil die Eingesessenen des Kirchspiels theilweise Trierische Leibeigene waren, in ihren landesherrlichen Rechten zu schmälern suchten, wollten sie auch die Bischofsrechte derselben an sich ziehen, um womöglich die Gemeinde in

---

wurde bestimmt, insofern die vereinbarten Artikel dem Stiftskapitel annehmlich seien, so hätte es sich deshalb bis zum 6. September zu erklären, und auf diese Zeit einen Abgeordneten an Herzog Johann nach Bergzabern und von da zu Markgraf Philipp nach Baden abzufertigen, wie denn auch den Fürsten freistehen solle, sich ferner zu bedenken und zu der festgesetzten Zeit die Vereinbarung zu vollziehen oder davon abzustehen. Kein Theil fand das Letztere rathsam, sondern nachdem einzelne Punkte noch näher bestimmt worden, haben das Stift und die Fürsten am 22. Sept. 1579 den Vertrag durch ihre Unterschrift genehmigt. Dabei verzichteten Dechant und Kapitel des kaiserlichen Stifts Unser lieben Frauen Münster zu Ach auf alle ihre weltlichen und geistlichen Privilegien, so etwa dem Abschied entgegenständen.

die römische Kirche zurückzuführen. Besonders eifrig in diesem Streben erwies sich wiederum der erbitterte Gegner der evangelischen Kirche Jacob von Elz. So lange er auf dem Bischofsstuhle von Trier saß, hatten die Gemeinsherrn von Sponheim wegen ihres Bischofsrechts im Pfarrsprengel Kleinich mit ihm zu kämpfen. Der Anfang des Kampfes war folgender. Unterm 18. Juli 1571 meldete der damalige Oberamtmann der Grafschaft, Freiherr Philipp von Wunnenberg, im Namen seiner Fürsten dem Trierer Kurfürsten: Bei dem jüngst zu Trarbach gehaltenen gemeinen Tage seien durch die Unterthanen zu Kleinich wider ihren Pfarrer Simon Molenstein allerhand Klagen eingebracht worden, und da man denselben wegen seiner Ungeschicklichkeit wie auch wegen seines zankhaften und ärgerlichen Thuns nicht mehr länger im Amte lassen könne, so sei ihm, dem Amtmann, befohlen worden, dem Pfarrer den Kirchendienst zu künden und ihn, den Kurfürsten, zu bitten, er wolle vermöge seines Patronatrechtes eine andere Person präsentiren, welche in prophetischer und apostolischer Lehre gegründet sei, dabei auch ein christliches unärgerliches Leben führe, und sich bereit erkläre, sich jederzeit der Grafschaft Kirchenordnung und Visitation zu unterwerfen. Wenn man solches bei der präsentirten Person in examine befinde, solle dieselbe angenommen und als Pfarrherr in Kleinich bestätigt werden. Des Erzbischofs Antwort lautete: Es sei ihm seltsam, daß man sich Sponheimischer Seits in der Pfarre Kleinich wider das Herkommen der kirchlichen Administration annehmen wolle, und gedenke er bei der verabredeten Zusammenkunft seiner und der Sponheimischen Räthe solchen Bericht zu thun, daß es anderer Weiterung nicht bedürfen würde. Sollte man aber etwas Weiteres gegen seinen Pfarrer vornehmen, würde er „uff gebürlich Defension denken.“ Inzwischen war noch ein Anderes eingetreten. Philipp von Nassau, der damalige Oberamtmann in Bernkastel, war zugleich Amtmann auf Baldenau, und wie er seines Kurfürsten feindselige Gesinnung gegen die Evangelischen theilte, war er dem Pfarrer Molenstein besonders zugethan, weil derselbe mit Versäumniß seines Pfarramts für ihn im Amte Baldenau die Kellnereigeschäfte besorgte. Molenstein machte diese seine Stellung zu dem Trierer Oberamtmann immer übermüthiger, und bei der Heftigkeit seines Charakters ließ er sich eines Tages hinreißen, einen im Kleinicher Gericht gesessenen Trierischen Leibeignen ohne einige erhebliche Ursache, wie der Trarbacher Amtmann berichtet, auf freier kaiserlicher Straße zu argwilligen, zu schmähen und zu schlagen, ja dessen noch nicht ersättigt, habe er denselben in das Trierische Gebiet gen Baldenau führen und dort in den Thurm werfen lassen. Da im Gerichte Kleinich der Angriff nur den Grafen von Sponheim in Gemeinschaft mit den Junkern von Steinkallenfels zustand, so citirte der Trarbacher Oberamtmann Molenstein vor sich, und als derselbe der Vorladung keine Folge leistete, ließ er ihn zu Hochschied, wo die Obrigkeit Sponheim allein zustand, als er dort eben aus der Kirche kam, greifen und nach Trarbach auf das Rathhaus verstricken, bis daß er zum Abtrag seines Frevels 100 Thaler erlege. Dieser Vorgang war neben Anderem der Anlaß, daß der Erzbischof Jacob den Trarbacher Oberamtmann mit Entziehung der Trierischen Lehen bedrohte. Es meldete diesem unterm 30. Sept. 1571 sein Vater Philipp von Wunnenberg der Aeltere von der gleichnamigen Burg aus: Vor etlichen Tagen sei bei ihm der Notar Meininger aus Montabaur in Begleitung von zwei Kochemer Bürgern erschienen, und habe ihm ein zu Montabaur ausgestelltes Schreiben des Erzbischofs behändigt des Inhalts, daß ihm sein Sohn eine Zeit her viel uffsetzlichen Widerwillen erzeigt und ihn wie die Seinen je länger je mehr mit unglimpflichen Nachreden und sonstiger thätlicher Handlung beschwere. Da nun in den Rechten versehen, daß der Vater seinen dem Lehnsherrn widerwärtigen Sohn auf Ersuchen einstelle, oder sich von ihm zu separiren habe, so begehre er von ihm, daß er ihm seinen Sohn stelle, damit sich derselbe mit ihm vertrage, und daß, falls der Sohn ungehorsam blieb, er sich von demselben separire. Würde sich sein Sohn nicht stellen, so würde er und seine Nachfahren in der Kur ihn später der Lehen nicht fähig erkennen, sondern sich ihrer und des Erzstifts Rechte gebrauchen. In einem zweiten Schreiben forderte der Erzbischof von dem Oberamtmann wegen seiner Frevelthat wider den Kleinicher Pfarrer einen Abtrag von 1000 Thalern und verlangte von ihm weiter, daß er fortan den Pfarrer sammt seinem Weibe, Kaplan und Gesinde unverdrungen lasse, den dem Pfarrer aufgedrungenen Schulmeister abschaffe, und sich in Betreff der Kleinicher Kirchen-Plätze und Häuser aller Gebote enthalte, indem er, der Bischof, die ordentliche geistliche Oberkeit daselbst sei. Philipp von Wunnenberg der Jüngere sandte die erzbischöflichen Schreiben sofort nach Zweibrücken und empfing von dort die Weisung, des Erzbischofs Forderungen in keiner Weise nachzukommen. Gleichzeitig schrieben des Herzogs Räthe an den Erzbischof: Ihr Oberamtmann habe nur gethan, was ihm befohlen worden, und befremde sie das sehr, was er, der Erzbischof, des Oberamtmanns Vater zugeschrieben. Daß sich Jemand unterstehen würde, ihren Amts- und Befehlträgern Maß und Ordnung zu geben, wie sie ihr Amt auszurichten haben, dessen hätten sie sich nicht versehen, und geschehe deshalb an den Herrn Kurfürsten 2c. ihr nachbarlich Gesinnen, den Angebern des Oberamtmanns keinen Glauben zu schenken. Hierauf suchte Philipp von Nassau die Sponheimischen Räthe auf, als diese zum gemeinen Tag in Trarbach versammelt waren, um nochmals über die Gewaltthat des Oberamtmanns im Namen seines Herrn Beschwerde zu führen; es wurde ihm aber derselbe Bescheid, den kurze Zeit nachher Philipp von Branbach empfing, als der Erzbischof diesen zur Erneuerung seiner Beschwerde nach Zweibrücken sandte. Beiden wurde gesagt, Philipp von Winnenburg habe nur gethan, was er vermöge seines Amtes habe thun müssen. Inzwischen blieb auf Betreiben der Vormünder des Markgrafen Philipp, die als Katholiken dem Trierer Kirchenfürsten nicht gerne wehe thaten, der Endentscheid bis zu der mit Trier verabredeten Tagsatzung vertagt. Auf dieser sollten noch viele andere Irrungen zwischen Trier und Sponheim ausgeglichen werden, namentlich auch die Auspfändung der Sponheimischen Unterthanen in Bruttig, die zu den Kosten, welche dem Erzstifte durch den Kriegszug gegen die Ketzer in Trier erwachsen waren, nichts zahlen wollten. Die Tagsatzung wurde in Kröv gehalten und währte vom 24. bis zum 27. September*). Die Sponheimer ließen es nicht ungerügt, daß die beiden Letzteren erst am 25. September sich einfanden. Die Verhandlung an diesem Tage war ein stetes Hin-

*) Sponheimischer Seits fanden sich dazu ein: Dr. Jacob Varnbüler aus Baden, Junker Friedrich von Steinkallenfels, der Trarbacher Oberamtmann, der Zweibrückische Dr. Gall Tuschelin und der Grafschaft Advokat, der pfalzsimmersche Kanzler Matthias Rodler. Die Vertreter Triers waren: Johann Wimpfel der Kanzler, Philipp von Nassau und Karl von Kesselstatt, der Obervogt im Gerichte Kröv.

und Herstreiten, wobei namentlich Philipp von Nassau sich sehr „affectionirt“ zeigte. Er wollte den Sponheimern über die Trierischen Leibeignen im Kleinicher Gericht keinerlei Recht zugestehen, und drang darauf, daß man sich nach Kleinich begebe, auf daß dort in ihrer Aller Beisein das Weisthum geschehe. Sponheimischer Seits willigte man ungern darein, in der Besorgniß, die Trierischen im Gericht möchten zu Gunsten Triers sich aussprechen. Aber es geschah das Gegentheil. Als die Glieder der Kröver Tagsatzung am 27. des Morgens sich in Kleinich zusammengefunden, und man im Namen der Grafen von Sponheim und der Junker von Steinkallenfells dem Gericht auferlegte, das Weisthum zu thun aller Maaßen, wie es von Alters hergebracht sei, hat der ganze Aid, d. h. alle Insassen des Gerichts, sie mochten Sponheimisch, Trierisch, Pfalzgräflich, Schmidtburgisch oder Kallenfelsisch sein, einstimmig und ausführlich gewiesen, wie die hohe Oberkeit so stehe auch die niedere Gerichtsbarkeit allein Sponheim und Steinkallenfels zu; diese allein hätten alle Frevel zu strafen, Trier dagegen habe nichts damit zu schaffen. Philipp von Nassau hat dieses gar unbescheidentlich aufgenommen und fuhr fort zu behaupten, Sponheim und Steinkallenfels hätten über die Trierischen nichts zu gebieten, es hätte denn einer seinen Leib und sein Leben verwirkt. Ein Abschied kam nicht zu Stande, doch erklärten sich die Trierischen Beamten bereit, Philipp von Wunnenberg wegen Verhaftung des Kleinicher Pfarrers bei ihrem Kurfürsten zu excusiren. Auch den Pfarrer Molenstein hatte man nach dem Weisthum verhört und sagte dieser den Sponheimern unter die Augen, in spiritualibus erkenne er nur den Bischof von Trier an, und weil dieser es ihm verboten, sei er nicht zu den Sponheimischen synodis, d. h. Pfarrconventen gekommen. In Folge dessen beschieden ihn die Sponheimischen Räthe für den andern Morgen zu sich nach Trarbach, aber er blieb aus. Da man Sponheimischer Seits diesen Ungehorsam nicht länger zu dulden gemeint war, wurde er beschieden, am 23. Oktober des Morgens zu Zweibrücken in der herzoglichen Kanzlei zu erscheinen. Er antwortete, die Sponheimischen Herrn hätten ihn ja als eine untaugliche Person des Kirchenamts enthoben und somit ihn seiner Pflichten gegen sie enthoben, sein Herr sei der Kurfürst von Trier, und bis dieser sich mit dem Trarbacher Oberamtmann über eine qualificirte Person geeinigt, versehe er die Pfarrei. Damit aber hatte er die Geduld des Herzogs erschöpft. Desselben Räthe erließen ein Schreiben an Hans von Franken, den Amtmann zu Allenbach, worin sie sagten: Dieweil der Pfarrer muthwilligerweise sich weigere, den Befehlen der Zweibrücker Regierung nachzukommen, so solle er ihn greifen und gefänglich nach Allenbach führen, dort von ihm die Ursache seines Ausbleibens erfragen und ihn bis auf weitern Befehl gefangen halten. Den Oberamtmann habe man mit diesem Geschäft nicht beauftragen können, damit es ihm nicht bei dem Kurfürsten von Trier zum Schaden gereiche. Nachdem von Franken sich dessen vergewissert, daß der Oberamtmann, der Vertreter Badens wie Zweibrückens, um die Sache wisse, brach er mit etlichen Reisigen nach Kleinich auf. Unterwegs stieß er auf Philipp von Nassau, der vier Reisige bei sich hatte, und als dieser ihn fragte, wohin er reise, antwortete er ihm, an die Mosel. Es gelang ihm Molenstein gefangen zu nehmen*). Nachdem man ihn ergriffen, ließ Franken, um sich gegen einen Angriff des Baldenauer Amtmanns sicher zu stellen, die Bauern der nächsten Ortschaften durch die Sturmglocke zusammenrufen, entließ sie jedoch wieder, nachdem er vernommen, daß Philipp von Nassau die Trierischen ringsumher zu seiner Verfolgung aufbiete. Um die Verfolger zu täuschen, schlug Franken mit dem Gefangenen nicht den Weg nach Allenbach, sondern den nach der Starkenburg ein und begünstigt durch das neblichte Wetter gelang es ihm, unbehelligt von den Streifpartien der Trierer, den Schafhof bei Trarbach zu erreichen. Von da ritt er auf etliche Stunden nach Trarbach zu dem Oberamtmann und erbat sich den der Wege kundigen Amtsboten als Führer. Nachdem er beim Eintritt der Nacht zu seinen Leuten, die mit dem Pfarrer auf dem Schafhofe geblieben, zurück-

*) Die Art und Weise, in der dieses geschah, gaben Molensteins Verwandte in Bernkastel, als sie deshalb verhört wurden, also an. Am 17. November, einige Stunden vor Tag hätten etliche zu Roß und zu Fuß den Pfarrhof umgeben und seien darauf mit ihren Büchsen unter viel Gepolter und Schießen in denselben eingedrungen. Als sie den Pfarrer nicht gefunden, hätten sie gedroht, das Haus anzuzünden, und wie er darauf erschienen, habe man ihn im Hemde über die Gasse geschleift, sodann auf ein Pferd gebunden und ihn als einen Missethätigen zwei Tage mit vielfältigem Schmähen, Schlagen und Stoßen erbärmlich umgeführt.

gekommen, zog er, während die Trierischen um Trarbach und Starkenburg herumstreiften, an Kleinich vorüber nach Hochschied und von da nach Allenbach. In dem Schreiben, darin er den Zweibrücker Räthen den ganzen Hergang berichtet, sagt er, es sei bereits ruchtbar, daß er den Pfarrer nach Allenbach gebracht habe, griffen nun die Trierischen Allenbach an, so habe er keine Hülfe und Entsetzung. Er bitte um Schutz und zugleich darum, daß man ihn wie Andere mit solchen Geschäften verschone, denn auch er habe seine Nahrung d. h. seine Güter im Trierer Stifte. Der Pfarrer sei seines Ausbleibens halber von ihm gefragt worden und sei seine Antwort gewesen, der Erzbischof habe ihm verboten, denen in Trarbach zu gehorchen, und zugleich ihm zugesichert, daß er ihn schirmen werde. Indessen habe er durch Handgelübde versprochen, in Haft zu bleiben. Die Räthe rügten in ihrem Antwortschreiben, daß bei der Sache so viel Geschrei gemacht worden, was nicht nöthig gewesen, und daß der Pfarrer bloß auf Handgelübde in Haft gehalten werde, da sie befohlen, ihn in den Thurm zu legen. Er, der Amtmann, solle nun von demselben verlangen, daß er schriftlich erkläre, wie er bloß auf der Grafen von Sponheim Befehl in das Gefängniß gekommen und gegen Niemand anders deshalb Verdacht hege, und zugleich geloben, Sponheim sich zu stellen, so oft er dazu gemahnt werde. Gebe er diese Schrift, so sei er zu entlassen, gebe er sie nicht, so sei er bis auf weiteren Befehl bei Wasser und Brod einzusperren. Sei er in Allenbach nicht sicher, so habe er, der Amtmann, ihn in aller Stille zur Nachtzeit nach Birkenfeld zu bringen und den dortigen Amtleuten zu überliefern, von welchen er nach dem beiliegenden Schreiben bei Wasser und Brod bis auf Weiteres festgehalten werden solle. Ehe diese Weisung bei Franken eintraf, hatte dieser ein zweites Schreiben an die Räthe gesendet mit der Meldung: Den Amtsknecht von Trarbach habe er drei Tage bei sich behalten, und sodann ihm gerathen, seiner Sicherheit wegen mit dem Amtmann von Kastellaun, der in Allenbach gewesen, eine Strecke Wegs zu reiten, nun gehe ihm die Meldung zu, der Amtsknecht sei von den Bauern zu Morbach festgenommen und gen Bernkastel ins Gefängniß geschleppt worden. Der Pfarrer sei wacker und unerschrocken und verließe sich fest darauf, der Kurfürst werde ihn ohne seinen Schaden ledig machen.

Wenige Tage nach diesen Vorgängen, am 27. November, erschien Karl von Kesselstatt in Zweibrücken, um im Namen seines Kurfürsten Aufschluß über die Gefangennehmung des Pfarrers zu begehren und dessen Freilassung zu erwirken. Man antwortete ihm, der Pfarrer sei verhaftet worden, weil er auf mehrmalige Citation nicht erschienen, was die Freilassung belange, so würden sie, die Räthe, da etliche von ihnen abwesend seien, später dem Kurfürsten Bescheid zugehen lassen. Zudem habe man ja Trierscher Seits einen Gegenangriff gethan. Zur selbigen Zeit berichtete Franken: Obgleich der Pfarrer sich bereit erklärt, die geforderte Schrift zu geben, habe er ihn doch nicht frei gelassen, da er glaube, daß die inzwischen eingetretene Gefangennehmung des Amtsknechts die Sache ändere. Die Verwandten des Pfarrers hätten gegen Peter den Amtsknecht eine Klageschrift eingereicht, in welcher dieser als Räuber und Landfriedenbrecher angeklagt und behauptet werde, er habe den Pfarrer mit gefangen nehmen helfen, und es sei bereits der Tag bestimmt, an dem Peter vor Gericht gestellt werden solle. Der Pfarrer jedoch habe die Klageschrift nicht verfaßt. Was Philipp von Nassau in dem Handel gethan, habe er allein für sich fürgenommen, denn bis jetzt sei weder der Burggraf auf Hunoltstein, den er zum Kurfürsten nach Koblenz geschickt, von da zurück, noch sei sonstige Botschaft gekommen. Schließlich bittet er, die Sache doch bald zu Ende zu führen, damit er, der seine Nahrung im Erzstift habe, nicht in Gefahr und Schaden komme. Etliche Tage später meldete Franken: Zum Gehorsam gegen die Sponheimische Herrschaft wolle sich der Pfarrer nicht verpflichten, da er dem Erzbischof gelobt, der Pastorei halben Niemand anders denn ihm zu gehorchen, dagegen sei er erbötig, behufs der Freilassung des Amtsknechts zu bezeugen, daß derselbe an seiner Gefangennehmung keinen Theil genommen. Den beiden Gefangenen wurde darauf angesonnen, Urphede zu schwören. Als der Pfarrer dessen sich weigerte, wurde er von Allenbach weggebracht und eine Zeit lang bei einem Förster verstrickt gehalten; um seiner los zu werden, begnügte man sich zuletzt damit, daß er gelobte, sein Gefängniß nicht rächen zu wollen.

Am 9. Jan. 1572 fand zu Kröv eine neue Tagsatzung von Trier und Sponheim statt, und war der erste Gegenstand, über den man verhandelte, die Wegführung des Pfarrers von Kleinich.

Auch jetzt zeigte sich Philipp von Nassau*) wiederum sehr affectionirt und höhnisch, doch einigte man sich zuletzt dahin, der Pfarrer solle beurlaubt bleiben und der Kurfürst einen andern präsentiren, so der Augsburgischen Confession sei. Der Triersche Kanzler räumte ein, der präsentirte Geistliche habe sich bei Sponheim zum Examen zu stellen, den synodis anzuwohnen und sich der Visitation zu unterziehen, der von Nassau widersprach jedoch dem und ließ hören, der künftige Pfarrer werde die Competenz des jetzigen nicht bekommen. Obgleich bei einer neuen Tagsatzung im Mai 1572, wo man den ersten Tag in Trarbach, den andern in Kröv zusammenkam, nach vielfachen Verhandlungen ein Abschied vereinbart wurde, kam es dennoch zwischen Trier und Sponheim nicht zum Frieden, es mehrten sich vielmehr die Irrungen**). Dieweil sich Jacob von Elz auch in andern Gerichten allerlei Anmaßung erlaubte, selbst in Winningen, so wurde er in einem Sammtschreiben der Fürsten von Baden und Zweibrücken um die Abstellung der Beschwerden ersucht. In seinem Antwortschreiben sprach sich der Erzbischof zunächst in Betreff seines Patronatrechtes

---

*) Neben Philipp von Nassau, der wieder sehr spät sich einfand, wurde Trier durch den Kanzler Dr. Wimpfel vertreten, die Vertreter Sponheims waren Dr. Gall, Kanzler Rodler, der Oberamtmann und der Landschreiber von Trarbach, der Oberamtmann von Kreuznach, Carsilius von Bellenhofen und der Badische Rath Hans Töpfer.

**) Philipp von Nassau verbot den Trierischen, die im Kleinicher Aid saßen, vor dem dasigen Gericht Recht zu nehmen, schnitt den Sponheimischen durch das Erzstift den Paß ab und untersagte den Insassen der Aemter Baldenau und Bernkastel, etwas auf den Markt nach Trarbach zu bringen, es sollten dieselben nicht einmal ihre dortigen Schulden zahlen. Ebenso ließ er das halbe Malter Korn, das bis zum Tode des Junkers Jörg von Esch aus dem Patronatzehnten zur Unterhaltung der Kirche in Kleinich gereicht worden, nicht mehr liefern, und als man darauf es am Zehnten zurückhielt, ließ Molenstein, der von jetzt ab das Kelleramt in Baldenau versah, einem Sponheimischen sein Heu wegnehmen, zugleich wurden einem Trarbacher 10 Stück Wein, die er nach Köln fahren wollte, weggenommen. Als ein Sponheimischer Unterthan bei einem Holzfrevel im Walde ohnfern Baldenau den Tod gefunden, und seine Verwandten ihn zum Begräbniß nach Kleinich brachten, forderten die Trierer den Leichnam zurück, doch verglich man sich endlich dahin, daß statt des Todten eine Todtenlade nebst dem Pferd und dem Wagen des Verstorbenen auf den Platz, da der Frevel verübt worden, gebracht und daselbst den Trierschen überantwortet wurde.

zu Kleinich aus. Er sagte: Daß sich die Fürsten zu Kleinich der Kirche, des Kirchhofs und der geistlichen Häuser anmaßten, könne er nicht zugeben. Daß Alles das vor Zeiten sein Eigenthum gewesen, sei daraus klar, daß seine Vorfahren die patroni gewesen. Von undenklicher Zeit her habe der Pastor zu Kleinich samt der Gemeinde den Glöckner angenommen und die Kirchenrechnungen verhört, was man jetzt Alles nach Trarbach ziehe. Er sei nicht schuldig, eine andere als die alte katholische Religion zu dulden, Friedlebens jedoch habe er daselbst den Augsburgischen Pfarrer geduldet. Molenstein sei bisweilen ziemlich grob gegen die alte katholische Religion herausgefahren, doch habe es den Oberamtmann bedünken wollen, es hätte noch viel feiner gestanden, wenn der Pfarrer den Bischof, die Mönche und Pfaffen frei herausgescholten hätte, wie es denn bei ihm gewöhnlich gewesen, seinen Hunden Mönchnamen zu geben. Philipp von Winnenburg stellte es in Abrede, daß er seinen Hunden Mönchnamen zu geben pflege *) und Molenstein angereizt habe, über den Bischof und seine Geistlichen zu schimpfen, auch habe er denselben nicht mit Processen gedrängt, im Gegentheil, als der Naumichel des Pfarrers Hausfrau eine Zauberin gescholten und der Pfarrer denselben einen Schelm genannt, einen Vergleich zu Wege zu bringen gesucht. Zu Zweibrücken war man längst der Ansicht, die gegen Trier aus verschiedenen Aemtern eingelaufenen Beschwerden dem Erzbischof durch eine besondere Gesandtschaft vortragen zu lassen, in Baden sträubte man sich längere Zeit dagegen, zuletzt willigte man ein. Im März 1573 gingen Dr. Gall und ein Badischer Gesandter an das Hoflager des Kurfürsten ab. Nach ihrer Ankunft fragten sie bei dem Kanzler an, ob der Kurfürst zu sprechen sei; die Antwort lautete, es könne der Bischof in der österlichen Zeit keine Welthändel vornehmen, er wolle dagegen einen Abgeordneten nach Kröv senden, um der Sponheimischen Bericht zu vernehmen. Nach der Beurlaubung Molensteins versah

---

*) Was die Namen seiner Hunde betreffe, so habe ihm einer von Adel, Münch genannt, der zu Marmagen in der Eifel wohne, zwei junge Windhunde geschenkt, diese hätten sein Gesinde, doch ohne Injurien der Geistlichen, Münch genannt. Es nenneten ja auch die Kurfürsten und andere Fürsten ihre Hunde Kaiser und König.

der von ihm angenommene Kaplan die Pfarrei, als aber nach einiger Zeit die Pest in das Kleinicher Kirchspiel eindrang, entwich derselbe nach Sohren. Philipp von Wunnenberg meldete dem Erzbischof, wie nunmehr das arme Kirchspielsvolk, das mit der sterbenden Luft umfangen sei, in dieser Noth des geistlichen Trostes entbehre und reihte daran oberamtshalber die unterthänigste Bitte, Kurfürstliche Gnaden möchten doch bald für die Pfarrei eine der Augsburgischen Confession zugethanene Person präsentiren. Der Erzbischof antwortete unterm $^{17}/_{9}$ 1572, er wolle deshalb Vorsehung thun, und nachdem etliche Zeit verlaufen, präsentirte er Balthasar Novanus, so zuvor Pfarrer in Wöllstein gewesen. Er wurde Sponheimischer Seits tauglich befunden und trat das Amt an. Es wurde ihm aber dasselbe in allerlei Weise erschwert. Während er von Wöllstein seinen Hausrath holte, erbrach der Triersche Amtmann den Pfarrhof und führte einen Theil der Frucht weg, die auf dem Speicher lag. Als er nach seiner Rückkehr in Horbruch predigen wollte, stellte sich Molenstein daselbst ein und erklärte, durch den Amtmann von Baldenau sei ihm die Pfarrstelle Kleinich aufs Neue übertragen worden, und habe er zu ihrer Versehung bereits einen Kaplan angenommen. Der Oberamtmann von Trarbach empfing darauf Befehl, Molenstein aus der Grafschaft auszubieten und ihn, so er nicht Folge leiste, gefänglich einzuziehen. Man sah ihn darauf in der Grafschaft nicht mehr und hörte, er halte sich zu Kus an der Mosel auf*). Bei der

*) Einen neuen Anstoß zum Streite gab das dem Novanus behändigte Präsentationsschreiben, desgleichen die Schmälerung des Pfarreinkommens. Das Präsentationsschreiben hielt man zu Zweibrücken nach Form wie Inhalt höchst bedenklich und mußte der Oberamtmann um ein anderes bitten. Es wurde ihm geantwortet, augenblicklich sei der Amtmann zu Baldenau nicht zur Hand, wenn derselbe zu Hofe komme, wolle man die Sache bedenken. Als der Oberamtmann den Räthen diese Antwort mittheilte, klagte er zugleich, daß man dem Pfarrer die ihm geordnete Besoldung aufhalte, so daß er Hunger leide, auch ihm bereits den Dienst gekündet habe, und daß der Pfarrer von Olweiler, Lampertus Faber, die Stelle gegen eine geringere Besoldung versehe. Man war in Zweibrücken der Ansicht, dem Bischof stehe als Collator nicht das Recht zu, einen Pfarrer, der wegen seines Wandels und seiner Lehre von der Gemeinde gelobt worden, zu amoviren und befahl dem Oberamtmann, Novan bei der Pfarre zu handhaben, und so ihm der Kurfürst keine nothwendige Unterhaltung gebe, in desselben Zehnten zu greifen.

Visitation des Jahres 1580 wurde Faber, des Novanus Nachfolger im Pfarramte, der Art befunden, daß er nicht länger zu gedulden war, deshalb wurde der Oberamtmann angewiesen, den Kurfürsten zu bitten, er möge für die Stelle Werner Wiltperger, den bisherigen Pfarrer in Reichenbach, präsentiren. Wiltperger trug das Bittschreiben in Person nach Trier, erhielt jedoch durch den Diener, dem er es übergeben, den Bescheid, dieweil Kurfürstliche Gnaden derzeit mit vielen Geschäften beladen, möge er ein andermal nachsuchen. Wiltperger gehörte zu den tüchtigeren Geistlichen der Grafschaft, den katholischen Fürsten aber waren für die evangelischen Pfarreien in der Regel die minder tüchtigen, ja die Untüchtigen die genehmeren, und deßhalb sollte Faber auf der Pfarrei Kleinich bleiben. Herzog Johann I. von Zweibrücken, der im J. 1574 mündig geworden, war nicht der Mann, der in

---

Als Novan 1574 die Sache an den gemeinen Tag brachte, theilte Kanzler Rodler mit, als der Amtmann von Baldenau ohnlängst in Simmern gewesen, habe er berichtet, als sollte Novanus ein Ehebrecher und Weinsäufer sein. Es wurde beschlossen, deshalb bei den Censoren und dem Gericht zu Kleinich Erkundigung einzuziehen und auch den Pfarrer darüber zur Rede zu stellen. Da der Simmerer Kanzler, lautet der Beschluß weiter, doch ehestens nach Koblenz reise, solle er dem Trierischen Kanzler anzeigen, man würde des Pfarrers Wandel untersuchen und ihn, so er schuldig befunden würde, nicht allein des Dienstes entsetzen, sondern auch gebührend strafen; der Trierische Kanzler möge jedoch daran sein, daß dem Pfarrer einstweilen seine verdiente Competenz gefolgt werde. Das Ergebniß der Untersuchung liegt nicht zu Tage, sondern nur, daß Novanus Kleinich verließ und auf die Pfarrstelle in Thalfang übersiedelte, auf die ihn Rheingraf Otto berufen. Faber hat in der Prüfung, die man mit ihm zunächst in Trarbach, darnach in Zweibrücken abhielt, ziemlich bestanden, und da er sich bereit zeigte, seiner Landesobrigkeit zu gehorsamen, ließ man ihn auf der Stelle. Das Präsentationsschreiben fand man abermals nicht in Ordnung, und führte deshalb bei dem Erzbischof Beschwerde, es gab derselbe aber darauf keine Antwort. Auf Anstehen der Gemeinde ersuchte man ihn, die alte Pfarrcompetenz, sowie den baufälligen Pfarrhof herzustellen, desgleichen dem Pfarrer behufs Versehung der sechs auswärtigen Kapellen und damit die Gemeinde Hirschfeld sonntäglich Predigt erhalte, zur Unterhaltung eines Kaplans das Nöthige zu reichen. Darauf antwortete er nach Ablauf eines Jahrs, er wisse nicht anders, als daß der Pfarrer mit genugsamer Competenz versehen und damit zufrieden sei, den Pfarrhof wolle er bei gelegener Zeit besehen lassen und gebührliche Versehung thun.

Dingen, zu deren Durchführung er sich berechtigt hielt, sich lange hinhalten ließ. Der Oberamtmann mußte die Bitte erneuern und dem Erzbischof zugleich eröffnen, falls er Wiltperger nicht die Pfarrei verleihe oder bis Michaelis eine andere taugliche Person dahin ordne, so würde solches von Seiten der Gemeinsfürsten geschehen. Auch von Markgraf Philipp, der kurz zuvor Herzog Johann in Zweibrücken besucht hatte, war die Beurlaubung Fabers genehmigt worden. Als der Erzbischof die Bitte unberücksichtigt ließ, befahl der Herzog die Einführung Wiltpergers und nachdem dieser dem Herzog mitgetheilt, der Oberamtmann habe ihn „durch den Superattendenten und den Amtsknecht zu Trarbach“ der Gemeinde vorstellen lassen, Faber aber sitze noch immer im Pfarrhause und getröste sich der ihm vom Kurfürsten zugesicherten Handhabung, empfing der Oberamtmann unterm 3. Januar 1581 den Befehl, Faber sofort nach Trarbach zu erfordern, und da er sich nicht genug verantworten könne, solle er ihn drei Tage in den Thurm setzen und mit Wasser und Brod speisen, auch nicht heraus lassen, er gebe denn eine besiegelte Urphede, daß er nicht allein sein Gefängniß nicht rächen, sondern auch des weitern Ansuchens an den Bischof müßig geben wolle. Faber fügte sich nicht, im Gegentheil that er, auch nachdem Wiltperger aufgezogen war*), demselben noch immer Eintrag an seiner Competenz, drohte sogar, ihm an seinem Leibe Schaden zu thun, wie denn auch Hans von Elz, der Nachfolger von Philipp von Nassau in der Amtmannsstelle, Trierscher Seits angewiesen wurde, Wiltperger, wo er auf Trierschem Gebiete sich betreten lasse, gefänglich einzuziehen. Darauf hin wurde der Sponheimische Oberamtmann aufs Neue angewiesen, Faber, wo er ihn bekomme, gefänglich nach Trarbach zu führen, und den Trierer Amtmann zu ersuchen, nichts Thätliches gegen Wiltperger vorzunehmen, zugleich solle er den Erzbischof nochmals bitten, Wiltperger zu präsentiren und die Competenz ihm folgen zu lassen. Das Letztere war jedoch im J. 1586 noch nicht ge-

*) Auf Geheiß des Amtmanns von Elz weigerten sich die Trierschen, zur Abholung des Wiltperger Fuhren zu stellen. Der Herzog befahl darauf unterm 9/3 1581, dieselben anzuhalten und nöthigenfalls die Kosten auf sie umzulegen. Als Wiltperger am 26/3 noch nicht aufgeführt war, und ohne Dienst zu Reichenbach saß, wurde die Ausführung des herzoglichen Befehls dem Oberamtmann aufs Neue eingeschärft, und fand darauf hin die Abholung statt.

schehen, dem Johann von Schönburg, dem Nachfolger des Jacob von Elz auf dem Bischofsstuhle Trier, war es nicht minder schmerzlich als seinem Vorgänger, einem ketzerischen Prädikanten Gehalt reichen zu müssen, und ebenso mußte Wiltperger den Pfarrhof selbst bauen, um darin wohnen zu können. In Folge dessen befahl Herzog Karl, an den inzwischen die Regierung der hintern Grafschaft übergegangen war, in Gemeinschaft mit Markgraf Philipp dem Oberamtmann, da der Kurfürst die Competenz nicht reiche, auch den Pfarrhof nicht in nothwendigen Bau stelle, solle er dazu behülflich sein, desgleichen dazu, daß der Pfarrer im Pfarrort seinen Gehalt erhalte und nicht zu Bernkastel oder Graach, und so es noth, solle er sich an des Kurfürsten Zehnten ergreifen. Dieser am 24/11 1586 ertheilte Befehl ist die letzte Nachricht über den Collaturkampf aus der Amtsperiode des Pfarrers Wiltperger *).

---

*) Nachdem Wiltperger im J. 1597 verstorben war, bat der dem Trunk ergebene Pfarrer Hauth in Wolf ohne Vorwissen des Herzogs Karl den Kurfürsten von Trier um die erledigte Stelle. Herzog Karl dagegen hatte sie Burkhard Trarbach, dem Sohne des in Simmern verstorbenen Bildhauers Trarbach, der damals als Diakonus in Trarbach stand, zugedacht. Dieser wurde veranlaßt, deshalb sofort eine Bittschrift Eduard Fortunats Räthen in Kastellaun einzureichen, desgleichen setzte man für ihn in der Kanzlei zu Birkenfeld eine Bittschrift an den Kurfürsten von Trier auf, und ließ sie ihn persönlich nach Trier tragen. Da Eduard Fortunat damals aus der Grafschaft abwesend war, bat Karl desselben Räthe in einem besonderen Schreiben, die Ernennung zu beschleunigen, dieweil es wegen der bösen Lust mit der Besetzung der Stelle Eile habe, auch zu besorgen stehe, Trier wolle allerlei ins Werk setzen. Die Räthe kamen dem Wunsche des Herzogs nach, der Landhofmeister Karl von Orscelar unterzeichnete sofort im Namen seines Markgrafen die in Birkenfeld ausgefertigte Ernennungsurkunde, und wenige Tage darauf führte der Inspector Jacobi Burkhard Trarbach im öffentlichen Gottesdienst in das Pfarramt ein. Aber wenn dieses auch Seitens Trier nicht gehindert wurde, so führte doch Erzbischof Johann unterm 8/11 1597 über den Vorgang starke Beschwerde, zumal er Jacob Hauthen kraft habender juris patronatus mit der Pfarrei Kleinich providirt. Herzog Karl erwiderte: Hauth hätte nicht als Pfarrer von Kleinich bestätigt werden können, dieweil er ohne Vorwissen seines Fürsten und ohne seines jetzigen Dienstes entlassen zu sein um die Stelle angehalten. Zudem habe man seinen Dienst und Wandel also geschaffen gefunden, daß genugsamlich Ursach gewesen, ihn seines Dienstes zu entsetzen. Des Erzbischofs Gegenantwort lautete: Für seine Person möchte er gern sehen, daß der Pfalzgraf etwas bedachtsamer ginge

Es ist Abtheilung I dessen gedacht, daß die Walpotten von Bassenheim als Träger des Marschalkamtes der H. Gr. Sponheim das Dorf Sevenich einschließlich des dasigen Pfarrsatzes besaßen. Die Glieder dieses alt adlichen Geschlechts, die seit lange her im Erzstift Trier hohe geistliche und weltliche Aemter bekleideten, sind bei Ausbreitung der Reformation in der römischen Kirche geblieben, und deshalb war es für sie kein geringer Schmerz, daß die Gemeinsherrn der H. Gr. Sponheim vermöge der ihnen über Sevenich verbliebenen Landeshoheit allda die Messe abschafften und den evangelischen Gottesdienst einführten. Wie sie als Mitglieder der rheinischen Reichsritterschaft ihre Gerichtsrechte in Sevenich zu erweitern und sich von den Lehnsherrn unabhängig zu machen suchten, so waren sie auch bemüht, ihr Patronatrecht immer weiter auszudehnen und die Ausübung des evangelischen Gottesdienstes, den sie noch zur Zeit nicht hindern konnten, zu erschweren. Daraus erzeugten sich zwischen ihnen und den Fürsten von Sponheim vielfache Irrungen, und da diese für beide Theile ihr Lästiges hatten, kam man überein, es sollten alle aufgelaufenen Streitigkeiten auf einer Tagsatzung in Kastellaun geschlichtet werden. Dieselbe fand im August 1584 statt. Antonius Walpott, der damalige Besitzer des Lehens Sevenich — er bekleidete im Erzstift Trier das Amt des Landhofmeisters und die Amtmannsstelle in Koblenz — kam persönlich, ebenso scheint Herzog Karl der Tagsatzung in Person angewohnt zu haben, sein Mitgemeinsherr, der katholische Markgraf Philipp, ließ sich durch seine rechtskundigen Räthe die Doctoren Wolfgang Hungern und Christoph Aschmann vertreten. Sämmtliche strittigen Punkte wurden verglichen, und verpflichtete

und sich besserer Nachbarschaft befleißigte, als bisher gespürt worden. Er wolle indessen zur Erzeigung freundlicher Ehre und seines nachbarlichen Gemüths dero Kaplan die Stelle bewilligt haben und könne derselbe seine Collation dem Herkommen gemäß zu Trier erheben. Als darauf Trarbach seine Bittschrift dem Suplikenmeister Dr. Krautmann zu Trier überreichte, gab dieser ihm ein Schreiben an den Kelner in Bernkastel mit, der ihm eröffnete, er habe sich mit der Kanzleitax von 8 Gulden nach Trier zu begeben, um dorten die Investitur — so nannte man Seitens Trier die Collation — zu empfangen. Auf seine Anfrage bei der Kanzlei in Birkenfeld, wie er sich deshalb zu verhalten, wurde ihm der Bescheid, es werde sich darin nichts ändern lassen, doch solle er dessen sich beschweren, damit kein Präjudiz erwachse.

sich Antonius Walpott im letzten Vergleichsartikel für sich und seine Erben, die Religion Augsburgischer Confession, wie dieselbe nun mehr über 20 Jahre zu Sevenich in Brauch gewesen, unverändert zu lassen und die Unterthanen mit keiner andern Religion zu beschweren. Zugleich versprach er, es solle durch ihn und seine Erben als die Collatores und Obrigkeit zu Sevenich jederzeit die Verordnung geschehen, daß die Unterthanen mit einem christlichen, geschickten und tauglichen Pfarrherrn und Seelsorger Augsb. Confession versehen werden. Markgraf Philipp hieß den Vergleich, als er ihm von seinen Räthen vorgelegt wurde, in allen Punkten gut, in Betreff des letzteren erklärte er aber, den lasse er unberührt und möge man mit diesem ihn unbemüht lassen. Darauf verweigerte Herzog Karl dem Vergleich seine Genehmigung und ertheilte dieselbe erst, nachdem sich Antonius Walpott durch eine besondere Urkunde nochmals für sich und seine Erben zur Beobachtung auch des letzteren Punktes verpflichtet und versprochen hatte, von dieser Verpflichtung wolle er sich weder durch irgend welche Dispensation oder Absolution, noch in anderer Weise entbinden lassen. Es waren aber kaum zwei Jahre verflossen, so tauchten wegen des Religionspunktes Irrungen auf und haben die Walpotten den Pfarrer zu Goedenroth, der die Kirche bediente, in der ihm dafür verwilligten Vergütung immer mehr geschmälert *).

---

*) Bis dahin war es so gehalten worden, daß die Walpotten die Bedienung der Kirche Sevenich, zu welcher auch die Einwohner des nicht in das Marschalklehen gehörenden sponheimischen Weilers Heiweiler gepfarrt waren, dem zeitlichen Pfarrer in Goedenroth übertrugen und ihn dafür das sogenannte Pastorei-Drittel am Zehnten, der in mittleren Jahren 38 Malter Roggen und Hafer ertrug, genießen ließen. Nun hatten die Walpotten schon früher den Versuch gemacht, den Pastoreizehnten gegen eine geringe Geldentschädigung dem Pfarrer zu entziehen, und was damals nicht gelungen, suchte man jetzo durchzuführen. Im Jahre 1586 beschied Junker Anthonius den Pfarrer Merkel von Goedenroth zu sich nach Sevenich und eröffnete ihm, falls er ihm nicht den Pastoreizehnten überlasse und dafür jährlich 50 Gulden nehme, werde er für die Kirche Sevenich einen andern Geistlichen bestellen. Herzog Karl, dessen Hülfe der bedrängte Pfarrer sofort anrief, erinnerte den Lehnträger an sein im J. 1584 gegebenes Versprechen, aber die Erinnerung blieb fruchtlos, und dieweil Herzog Karl in dieser Sache nicht auf die Unterstützung seines katholischen Gemeinsherrn rechnen durfte, mußte er geschehen

Im J. 1607, um welche Zeit die Herzöge Philipp Ludwig und Johann II. von Zweibrücken über die minderjährigen Söhne des Herzogs Karl die Vormundschaft führten, und der lutherische Markgraf Georg Friedrich Gemeinsherr in den Grafschaften Sponheim geworden war, berichtete der Amtmann in Kastellaun, Daniel Schmalkalder, zur Birkenfelder Kanzlei: die Vormünder des derzeitigen Lehnträgers von Sevenich hätten dem Pfarrer von Goedenroth die Bedienung der Kirche Sevenich entzogen und dieselbe gegen einen sehr geringen Lohn dem Geistlichen der Boosen auf Waldeck übertragen. Da dieser sich nicht allein des Predigens, sondern auch der Austheilung der Sakramente unterfange, ohnangesehen er sich der Sponheimischen Herrschaft noch nicht zum Examen gestellt und von dieser als Prediger des Orts bestätigt worden, so habe er denen von Heiweiler, die alle Sponheimische Leibeigne seien, verboten, bei ihm zu communiciren, und sie dieserhalb nach Goedenroth gewiesen. Woher der etwa 50 Jahre alte Waldecker Pfarrer sei, wisse Niemand, er bekenne sich jedoch zur Augsburgischen Confession, und gebe vor, er sei der Religion wegen durch den Bischof von Mainz aus seiner Heimath vertrieben worden. Nach Eingang dieses Berichts forderten die Birkenfelder Räthe unter Berufung auf den Vertrag von 1584 die Vormünder des Lehnträgers auf, den neuen Pfarrer nach Birkenfeld zum Examen zu senden, auch ihm aufzugeben, daß er seine Testimonien mitbringe, damit man sowohl wegen seines Bekenntnisses und seiner Lehre als seines zuvor geführten Wandels Gewißheit erlange. Zu gleicher Zeit ging wie von Birkenfeld, so auch vom Markgrafen Georg Friedrich dem Amtmann in Kastellaun der Befehl zu, den in Heiweiler fallenden Pastoreizehnten mit Beschlag zu belegen. Die Vormünder des jungen Walpott gaben auf die erste Anmahnung keine Antwort. Auf die zweite, welche von Kastellaun aus durch einen besonderen Boten zu Damian Walpott nach

---

lassen, daß der Junker den Zehnten an sich zog und dem Pfarrer dafür jährlich 60 Gulden reichte. Als Anthonius im J. 1587 starb, bat der Pfarrer den Herzog, doch darauf bedacht zu sein, daß ihm der entrissene Zehnte wiederum werde, und des Fürsten Verwendung hatte den Erfolg, daß dem Pfarrer statt 60 fortan 75 Gulden gereicht wurden. In der Folgezeit aber wurden daran wieder 21 Gulden abgestrickt.

Bassenheim getragen wurde, erwiderte dieser, er könne für sich allein nicht in der Sache handeln, er müsse dazu sämmtliche Vormünder ziehen, dieselben wohnten an verschiedenen Orten, auch sei einer von ihnen, Johann von Dalberg, ohnlängst verstorben, es würde jedoch in Kürze eine Versammlung stattfinden. Nach Ablauf einiger Zeit folgte diesem ersten Schreiben ein zweites, worin Damian Walpott und der Mainzer Domsänger Anthonius Walpott den Räthen in Birkenfeld erklärten: die Bestellung des Pfarrers von Sevenich stehe seit unvordenklichen Jahren den Walpotten zu und habe man nie von ihnen gefordert, die Prediger zum Examen nach Birkenfeld zu senden. Sei eine Confirmation desselben von Nöthen, so habe diese nicht von den Räthen in Birkenfeld, sondern von dem Trierschen Chorbischof des Archidiakonats Karden zu geschehen. Die Verträge sagten nichts von einem Examen, und was den Zehnten betreffe, so hätten ihre Vorfahren einem Pfarrer soviel gegeben, daß derselbe nicht zu klagen gehabt. Als zum freien Reichsadel gehörend könnten sie sich ihre Competenz nicht schmälern lassen. Die Räthe in Birkenfeld waren der Meinung, man solle durchgreifen, und wenn sich der Prediger nach nochmaliger Citation nicht stelle, solle man ihn beim Kopf nehmen, ihn nach Kastellaun oder an einen andern Ort der Grafschaft in Verwahr bringen, und allda das Examen mit ihm anstellen. Aber weder der Herzog von Zweibrücken, noch der Markgraf theilte diese Ansicht, sondern waren für Fortsetzung der schriftlichen Verhandlung *). Mit Zustimmung des Herzogs Johann

---

*) Sie waren jedoch damit einverstanden, daß der Kastellauner Amtmann eines Sonntags sich in die Kirche zu Sevenich begebe und sehe, wie es mit dem Prediger beschaffen sei. Der Amtmann war kurz zuvor mit demselben bei dem Kelner der Walpotten in Sevenich zusammen getroffen und hatte in ihm einen versoffenen Mann gefunden. Die von Heiweiler klagten, so sie diesen Mann behalten sollten, wollten sie nimmer in die Predigt gehen, denn er unterweise weder sie noch ihre Kinder in Gottes Wort. Diese Klagen fand der Amtmann vollkommen bestätigt, als er eines Sonntags dem Gottesdienst in Sevenich anwohnte. Der Prediger, berichtet er, sei ein Clamant und Postillant, seine Predigt sei nichts anders gewesen, denn ein Geschrei. Die Einwohner, die er über ihn verhört, hätten erklärt, man sei mit seinen Predigten gar nicht zufrieden, die papistischen Irrthümer ziehe er gar nicht an, dagegen sei er ein guter Zechbruder, sie dürften aber nicht klagen, sonst

schrieben darauf die Birkenfelder Räthe im Mai 1608 den Walpotten zu: Sie hätten in ihrer Antwort wohl den Revers, aber nicht den Nebenrevers (den Anthonius dem Herzog Karl im J. 1584 ausgestellet) in Betracht gezogen. Dem Lehenträger stehe wohl die Präsentation, aber nicht die Confirmation des Pfarrers zu und zu der letztern gehöre das Examen. Die Walpotten antworteten trotzig, das Lehen sei ohne Vorbehalt gegeben, dabei beschwerten sie sich, daß man ihren Zehnten zu Heiweiler in Beschlag genommen, und daß der Amtmann von Kastellaun dem Glöckner zu Sevenich das Wetterläuten verboten habe. Inzwischen hatten die Boosen auf Waldeck, die es nicht gerne mit den Fürsten von Sponheim verdarben, ihrem Prediger die weitere Versehung der Pfarrei Sevenich untersagt. Die Walpotten nahmen darauf zum Prediger in Sevenich einen ganz jungen Menschen an und zwar ohne die Bestätigung desselben nachzusuchen. Die Birkenfelder Räthe meldeten dieses sofort Herzog Johann, und indem sie es unzulässig erklärten, daß man einen vagirenden Schüler als Pfarrer in Sevenich aufstelle, berichteten sie, daß die Walpotten ohnlängst auf öffentlicher Reichsstraße ein Crucifix aufgerichtet hätten. Dabei bemerkten sie, die von Heiweiler beschwerten sich nicht bloß dessen, daß sie die seit zwei Jahren arrestirte Frucht länger verwahren sollen, sondern auch darüber, daß sie seit der Anstellung des neuen Predigers in Sevenich ihre gottesdienstliche Erbauung zu Goedenroth, wohin der Weg weit sei, suchen müßten. Herzog Johann war der Ansicht, man dürfe nicht zugeben, daß die Gemeinde Sevenich in Predigt, Unterweisung der Jugend und Sakrament verwahrlost werde, und man solle deshalb eine Anmahnung an die Walpotten senden. Betreffend das neu aufge-

---

litten sie durch der Walpotten Kelner, der sie ohnedieß schwer bedränge. Daß in der Gemeinde, heißt es in des Amtmanns Bericht weiter, noch viele papistische Irrthümer vorhanden, davon habe er sich selber überzeugt. Als er nach dem Gottesdienst noch etwas auf dem Kirchhof stehen geblieben, habe er gesehen, wie etliche Weiber an der Stätte, da früher ein Bild gestanden, gebetet und ihre papistische Reverenz gemacht, der Pfarrer stehe auf der Kanzel in einem weißen Chorkiddel, der in der Grafschaft abgeschafft sei und den auch die vorigen Pfarrer nicht gebraucht. Auch sei das Wetterläuten noch in Uebung, was er dem Glöckner untersagt habe.

richtete Kreuz, so solle es der Amtmann niederhauen lassen, wenn sein Bruder in Neuburg und Markgraf Georg Friedrich damit einverstanden wären. Daß Herzog Philipp Ludwig in das Niederhauen des Kreuzes gewilliget, ist nicht anzunehmen, hatte er es doch nicht gut geheißen, daß man aus den evangelischen Kirchen der Grafschaft mit den andern Bildern auch die Crucifixe hinweggenommen hatte, und in Betreff des von den Walpotten neu angestellten Predigers lautete seine Erklärung dahin: Man könne die Junker nicht zwingen, ihren Prediger zum Examen zu senden, da ihnen nicht allein die Collatur, sondern auch als der Ortsobrigkeit die Besetzung der Pfarrstelle zugelassen sei. Dieweil nun auch die jüngst verrichtete Kirchenvisitation in Sevenich nicht fürgenommen worden, so halte er dafür, daß wenn der neu angenommene Pfarrer von unparteiischen und unverdächtigen Orten Zeugnisse bringe, daß er nicht allein auf die wahre Augsburger Confession ordinirt, sondern auch denselben syncere zugethan, desgleichen so er in seinem Wandel sich als einen christlichen Prädikanten erweise und dabei gegen die Sponheimische Herrschaft sich reversire, das Pfarramt zu Sevenich so zu verwalten, wie es seit Einführung der Reformation daselbst üblich gewesen und wie es die sponheimische Kirchenordnung aufweise, könne man es dabei bewenden lassen. Auch die Walpotten hielten es damals noch nicht gerathen, die Sache auf die Spitze zu treiben, und während sie Merkels Nachfolger im Pfarramt zu Goedenroth jederzeit abschläglich beschieden haben, wenn er sie bat, ihm zu seiner Pfarrstelle auch noch die in Sevenich zu leihen, haben sie sich endlich im J. 1609 dazu verstanden, Andreä, der im Pfarramte Goedenroth auf Apiarius folgte, auch zum Pfarrer in Sevenich anzunehmen. Andreä mußte aber deshalb manchen sauren Gang machen, bald nach Koblenz, wo Damian Walpott wohnte, bald nach Mainz und Rüdesheim, allwo der Domsänger Anthonius abwechselnd seinen Wohnsitz hatte, wie sie ihm denn auch durch ihren Kelner die Bestallung erst aushändigen ließen, nachdem demselben die von Sponheim in Beschlag genommene Zehntfrucht war ausgeliefert worden. Hundert Jahre später gelang es den Walpotten, den evangelischen Gottesdienst in der Kirche Sevenich ganz stille zu stellen und die dortigen Einwohner in den Schooß der römischen Kirche zurückzuführen. So lohnten die Walpotten ihren Lehnsherrn, denen sie seit der Mitte des 16. Jahrhunderts keine Lehndienste mehr leisteten, die Güte, die sie von ihnen durch Zutheilung einer einträglichen Herrschaft empfangen hatten.

Daß Herzog Wolfgang während der ersten Jahre, da er Gemeinsherr in der H. Gr. Sponheim gewesen, bei Besetzung der Pfarrstellen nicht eben viel Rücksicht auf die Collatoren nahm, und namentlich der Grafschaftsamtmann sehr rücksichtslos verfuhr, dafür finden sich der Belege manche. Namentlich bietet einen solchen die Pfarrei Bell, deren Pastor Herzog Reichard von Simmern auch nach seinem Uebertritt zur evangelischen Kirche geblieben war. Als Anthonius Lutz, welcher schon vor der Einführung der Reformation Pfarrherr in Bell gewesen, im J. 1564 verstorben war, präsentirte Balthasar Diez, des Herzogs Befehlshaber bei den Pastoreien zu Kirchberg und Bell, im Namen seines Herrn, der damals noch zu Waldsachsen in der Oberpfalz wohnte, dem Oberamtmann der Grafschaft, Friedrich Schenk von Schmidtburg, den Pfarrer zu Bibern, Johann Donsbach, für die erledigte Stelle, und sprach dabei die Hoffnung aus, daß derselbe dem von den Gemeinsfürsten verordneten Examen genugthun werde, im entgegengesetzten Falle wolle er eine andere Person fürstellen. Es hatte indessen, als Donsbach das Präsentationsschreiben dem Oberamtmann überbrachte, dieser schon Winand Gallus, der sich bei seinem Bruder Abraham Gallus in Roth aufgehalten, auf die Stelle befördert. Herzog Reichard rügte solches scharf und sagte dem Oberamtmann in dem ihm von Waldsachsen aus unterm 5. Januar 1565 zugefertigten Schreiben: Sein Kelner habe den Pfarrer Donsbach präsentirt, damit das Pfarrvolk in solch gefährlichen Zeiten nicht ohne Seelsorger sei, er aber habe dem Präsentirten rundlich die Antwort gegeben, die Pfarre sei schon mit einem Anderen versehen, und wenn er der Herzog die Collatur habe, sollte sich derselbe mit ihm vertragen. Es hätte aber ihm als Beamten wohl bewußt sein müssen, daß er Collator der Pfarrei Bell sei, und wie er nie weder seiner Herrschaft noch ihm Anlaß zu solchem Ingriff gegeben, so habe auch er sich zu ihm nicht versehen, daß er solche Feindschaft zwischen ihn und seinen Fürsten pflanzen wolle, zumal er der Herzog ihm wie seinem Vater viel Gnade erwiesen. Daß er unberichtet gewesen, daß ihm dem Herzog die Collatur gehöre, seien Ausflüchte, und darum sei Winand, den er wohl mehr aus Gunst als anderer Ursach nach Bell geordnet, abzuschaffen und die Pfarrei dem von ihm Präsentirten zu geben. Der Oberamtmann nahm die Hülfe seiner Fürsten in Anspruch, und Markgraf Philipp sowohl als Wolfgangs heimgelassene Räthe entschuldigten den Amtmann und baten Reichard, davon abzustehen, daß Winandus Gallus, dem sowohl die Pfarrverwandten als die Amtleute seiner Lehr und seines Wandels halben gut Zeugniß gaben, abgeschafft werde. Auch Schmidtburg entschuldigte sich in einem besonderen Schreiben. In der späteren Zeit wurde das Verleihungsrecht Reichards, das auch bei Besetzung der Pfarrstelle Alterkülz gekränkt worden war, geachtet, und hielt man sich hierzu um so mehr verpflichtet, als der Herzog sich immer gnädig erwies, wenn man ihn zur Aufbesserung des geringen Pfarreinkommens in Alterkülz anging*).

Einen weiteren Einblick in die Collatur-Verhältnisse, namentlich in die Stellung der Pfarrer zu den die Collatur besitzenden Adlichen, welche auch da, wo diese der evangelischen Kirche angehörten, häufig eine die Würde des geistlichen Standes und Amtes tief verletzende gewesen, gewähren die Nachrichten, die sich über die Collatur der Pfarreien Getzbach und Pferdsfeld erhalten haben. Nachdem um das J. 1586 die Pfarrei Getzbach, deren Collatur die Schenken von Schmidtburg auf Gemünden von Herzog Wolfgang erkauft hatten, durch das Absterben des alten Remigius von Kröv zur Erledigung gekommen, ließ sich Hans Henrich von Schmidtburg durch die Räthe des Herzogs Karl in Birkenfeld bestimmen, sie an Johann Ries aus Augsburg zu verleihen, welcher seiner Stelle in Kreuznach verlustig gegangen, als daselbst Pfalzgraf Johann Kasimir seines Vaters Bekenntniß wieder einführte.

*) Als Johann von Essen im J. 1579 gestorben, schrieb Pfalzgraf Johann von Zweibrücken dem Graffschaftsamtmann zu, Herzog Reichard sein lieber Vetter habe für die Pfarrstelle Alterkülz Petrum Spannagel von Griebelschiedt präsentirt und habe er denselben dahin ernannt. Winand Gallus in Bell wurde im J. 1594 wegen hohen Alters ein Gehülfe und zwar mit dem Recht der Nachfolge beigeordnet. Diese Stelle erhielt ein Geistlicher aus Reichards Fürstenthum, Wenzeslaus Mengerschied, so zuvor Pfarrer in Neuerkirch und darnach in Pleizenhausen gewesen.

Ries zog auf Weisung der Birkenfelder Räthe auf, bevor des Junkers Bestallungsurkunde in seinen Händen war, und diese händigte derselbe ihm erst aus, nachdem er sich gegen ihn in einem besonderen Reverse verpflichtet hatte, daß er ihm den Pfarrzehnten zu Gehlweiler gegen die geringe Vergütung von 19 Gulden 6-Albus überlassen wolle. Als dieses bei der Visitation 1590 zur Kenntniß der Visitatoren kam, empfing er darüber einen scharfen Verweis. Ries beschränkte sich nicht auf das, was er über die Sache bei der Visitation mittheilte, er verantwortete sich auch noch nachher in einem sehr ausführlichen, äußerst devot gehaltenen Schreiben*).

*) In demselben sagt er: Daß er solche Verpflichtung eingegangen, könne er nicht läugnen, aber er habe es gethan, zunächst um wieder ins Brod zu kommen, indem er den ganzen Winter über ohne Dienst mit großer Zehrung zu Trarbach gesessen, und daneben in der Hoffnung, den Collator gegen sich günstig zu stimmen und zu bewegen, daß er die Kapelle Seesbach, deren Bedienung des Junkers Vater dem Pfarrer in Weiler zugewiesen, ihm einräumen, desgleichen ihm behülflich sei zur Wiedererlangung des Widdemhofes in Auen, von dem er einen äußerst geringen Pacht beziehe. Habe er mit Ausstellung der Schrift Unrecht gethan, so sei die vehementia collatoris, mit der derselbe gleich anfangs an ihn gesetzt habe, daran schuld. Als er bei seinem Ueberzug von Trarbach nach Eckweiler durch Gemünden gekommen, sei ihm der Junker nach Eckweiler nachgeeilet und hier mit ganz groben bösen Worten über ihn hergefahren, namentlich habe er es ihm als großen Hochmuth und Verachtung seiner des Collators ausgelegt, daß er ohne ihn zu begrüßen, sei durch Gemünden gezogen. In seiner Heftigkeit, die um so stärker sich gezeiget, dieweil er wohl bezecht gewesen, habe er ihn nicht einmal seine Habseligkeit abladen, sondern dieselbe arrestiren lassen wollen, so daß er der Pfarrer schon deshalb die Hülfe des Winterburger Amtmanns habe anrufen müssen. Zugleich habe er ihm verboten zu predigen und geäußert, er werde auch nicht leiden, daß ein anderer Pfarrer für ihn predige, sondern er wolle einen andern Prediger bringen und in der Kirche aufstellen, worauf der Amtmann dem Glöckner befohlen, wo solches geschehen wollte, dürfe er dem Junker die Kirche nicht aufschließen. Später habe ihm der Junker einen heftigen Brief gesendet und darin gesagt, so er sein Liedlein nicht singe, habe er ihn auch nicht anzunehmen. Als er darauf zu ihm nach Gemünden gegangen, sei seine Rede die gewesen: die Fürsten hätten ihm keinen Pfarrer nach Eckweiler zu setzen und werde er wissen, wen er annehmen wolle. Deswegen solle er, Ries, sich kurz und rund erklären, ob er mit dem fürlieb nehmen wolle, was Remigius für die beiden Zehnten empfangen, wolle er das nicht, so möge er wieder hinziehen, woher er gekommen. Er

Als Herzog Karl im J. 1599 Valentin Faber, den früheren Pfarrer zu Ellern, auf markgräfliches Genehmhalten zum Pfarrer der Kirche Getzbach annahm, sollte der Amtmann von Winterburg daran sein, daß demselben der Competenz wegen nicht wie seinen Vorgängern ein Revers abgedrungen werde. Dennoch wußte sich Hans Henrich von Schmidtburg denselben zu verschaffen. Am 3. März 1599 stellte ihm Faber auf dem Schlosse zu Gemünden folgende Erklärung aus: Nachdem der Edel und Veste Hans Heinrich Schenk von Schmidtburg auf sein unterthäniges Bitten ihn mit der Pfarre Götzenbach sampt adhärenten Filialen, dessen er sich unterthänig bedanken thue, benefizirt, so obligire er sich, sich in seinem Pfarrdienst also treulich und fleißig zu verhalten, daß, so Gott will, seine Pfarrkinder wie seine Oberkeit unklagbar damit zufrieden seien, auch soviel ihm möglich einen unsträflichen Wandel zu führen, damit seine Pfarr-

---

merke nun, fährt Ries in seinem Schreiben an die Visitatoren fort, daß er mit Weib und Kind sei hinters Licht geführt worden, denn nicht bloß, daß ihm der Junker die Zehntvergütung nicht zur festgesetzten Zeit zahle, er schicke ihm auch unrichtig Geld, und wenn er sich dessen beschwere, gebe er ihm bösen Bescheid. Die von Gehlweiler wollten allein für das Stroh 20 Gulden geben und er empfange für den ganzen Zehnten 14 Gulden. Desgleichen erhalte er für den Zehnten in Seesbach 5 Gulden, während derselbe jährlich 5 Mltr. Korn und ebensoviel Hafer ertrage. Der Satz sei festgestellt worden vor 40 Jahren, als die Frucht ganz wohlfeil gewesen und der Feldbau in den Ortschaften nicht so groß wie jetzt. Unter den Pfarren des Amtes Winterburg habe die seine die größte Mühe aber die geringste Competenz. Ob denn des Junkers Collatur so weit sich erstrecke, daß er, was des Pfarrers sei, in seinen Seckel stecken dürfe. Der Junker bekomme (als Collator) im Pfarrsprengel jährlich über 450 Mltr. Frucht, halb Korn, halb Hafer, damit aber noch nicht vergnügt, habe er ihn zu dem nachtheiligen Vertrag gezwungen. Nach seiner Meinung müsse die Obrigkeit schon der Nachkömmlinge (der Amtsnachfolger) wegen den Vertrag aufheben, denn einen erzwungenen Vertrag habe man nicht zu halten, ein erzwungener Eid sei Gott leid. Derohalber bitte er, man wolle ihm, was aus Furcht und Unwissenheit geschehn, zu gut halten und befohlen sein, daß er seine Competenz ganz bekomme. Damit würden die edlen Junker und Herrn (die Visitatoren), nicht allein ihm mit Weib und Kindern, sondern auch allen seinen Nachfolgern und Gott selber wie auch der christlichen Kirchenordnung gemäß ein christlich günstig Gefallen thun. Daß sich der hier ausgesprochene Wunsch dem Pfarrer Ries erfüllet habe, ist nicht wahrscheinlich.

kinder nicht geärgert, sondern vielmehr gebessert würden. Weiter verspreche er bei seiner Ehre, mit der Competenz, wie sie sein Vorgänger Michael Beerwein gehabt, zufrieden sein, und an seine Vesten und deren Erben nichts weiter zu suchen, wogegen aber auch sein großgünstiger Junker die zugesicherte Competenz ihm ohne Aufenthalt solle reichen lassen und er derselben wegen nicht umgetrieben werde. Als die Ausstellung dieses Reverses, wahrscheinlich bei der Visitation von 1607 durch Fabers Klagen, daß er sein Auskommen nicht habe, zur Kenntniß der vormundschaftlichen Regierung in Birkenfeld gekommen, begannen zwischen dieser und Hans Henrich von Schmidtburg, der ums Jahr 1602 Amtmann in Birkenfeld und als solcher Mitglied der Regierung gewesen, weitläufige Verhandlungen. Die Regierung empfing im J. 1608 von Heinrich Tuschelin, dem Amtmann zu Winterburg, näheren Aufschluß über das Sachverhältniß, und stellte darauf an den Junker zu wiederholten Malen die Forderung, die Zehnten zu Gehlweiler und Seesbach, so er bisher den Pfarrern entzogen, solle er Faber einräumen und sie ihn ruhig genießen lassen. Darauf gab Hans Henrich, doch erst am 13. November 1609, folgende Antwort: Des Pfarrers Beschwerde sei ihm befremdlich und hätte er ihn für verständiger gehalten; auch spüre er daraus sein dankbar Gemüth, da er doch von ihm das Benefizium habe und nicht beibringen könne, daß seit Menschengedenken ein Pfarrer das Drittel am Zehnten zu Seesbach und Gehlweiler empfangen habe. Noch ehe er von Herzog Wolfgang den Zehnten erkauft, sei durch das Oberamt zu Kreuznach dahin gehandelt worden, daß die von Gehlweiler die Kirche Gemünden, so ihnen vor der Thür liege, besuchen, und seit Menschengedenken habe kein Pfarrer von Eckweiler diese Gemeinde bedient, noch haben sie ihre alte Pfarrkirche besucht. Die frühern Pfarrer hätten für den Gehlweiler Zehnten 7, hernach 8, letztlich 16 Gulden empfangen, und wären, wie ihre Quittungen auswiesen, damit dankbarlichst zufrieden gewesen. Das Dorf habe nicht über 12 gute Hausgesäß und hätten davon die wenigsten Güter in der Gemarkung. Als der jetzige Pfarrer des ihm zugesicherten Betrags nicht ersättigt gewesen, habe er ihm vor dem Amtmann in Winterburg 20 Gulden zugesichert. An den Zehnten zu Seesbach habe der Pfarrer gar keinen Anspruch, denn dieses Filial liege unter Leyenscher und Sickingscher Herrschaft, und seien die Unterthanen fast alle kurpfälzische Leibeigne. Dasselbe habe sein besonderes Pfarrhaus und seine nutzbare Aecker und Wiesen, davon der Pfarrer über 20 Mltr. Korn empfange. Es sei nicht allezeit vom Pfarrer zu Eckweiler bedient worden, sondern durch den Pfarrer von Weiler, und er sei es, der es wiederum der Pfarrei habe adjungirt. Wie die Regierung in Birkenfeld, so forschte auch der Collator nach Urkunden, welche die Sache besser aufhellten. Junker Hans Henrich machte zu dem Ende sogar eine Reise nach Heidelberg; zuletzt wurde der Amtmann zu Winterburg von der Kanzlei in Birkenfeld angewiesen, er solle mit dem Junker dahin handeln, daß er dem Pfarrer für die strittigen Zehnten mindestens 25 Gulden gebe, denn wenn auch des Pfarrers Begehren wegen des Seesbacher Zehntens nicht wohl fundirt seie, so sei es doch billig und sowohl dem gemeinen Recht als auch der fast allenthalben üblichen Observanz gemäß, daß die Collatores den Kirchendienern solche Unterhaltung ordnen, daß sie dabei sich mit den Ihrigen einigermaßen ausbringen können.

In der unmittelbar an den Pfarrsprengel Getzbach oder Eckweiler grenzenden Pfarrei Pferdsfeld handelten die Collatoren, — es waren die Junker von Sickingen und von der Leyen — gegen ihre Pfarrer nicht anders und wollten die desfallsigen Irrungen zwischen ihnen und den Pfarrern sowie mit den Gemeinsherrn der H. Gr. Sponheim kein Ende nehmen.

Streitigkeiten wegen der Verleihung von Pfarreien und Altarpfründen fanden jedoch nicht bloß statt zwischen der Landesherrschaft und den Collatoren, sondern auch zwischen einzelnen adlichen Familien, desgleichen zwischen diesen und den Pfarrgemeinden. So brachten im J. 1560 Georg Wilhelm von Sickingen und die Gebrüder Melchior und Friedrich von der Leyen auf Martinstein als Collatoren der Pfarrei Pferdsfeld an den gemeinen Tag der H. Gr. Sponheim die Klage, sie seien durch Bürgermeister und Brudermeister zu Winterburg der Clamansgült beraubt, welchen Namen eine Gült des Liebfrauenaltars in der Winterburger Kirche führte*); desgleichen sei ihnen zu

*) Die Gült hieß die Clamansgült, weil ein gewisser Claman sie zu dem Altar gestiftet hatte; sie bestand in 5 Mltr. Korn, 10 Sr. Hafer, $8^1/_2$ Gulden Geld und 4 Wagen Heu.

Pferdsfeld der Frauenaltar mit den kleinen Zehnten zu Ippenschied, Rehbach und Winterbach genommen. Vielfach hätten sie um die Erstattung der Pfründen angehalten, aber man habe die Sache auf die lange Bank geschoben. Die Räthe erkannten, die beiden Altäre gehörten den Gemeinden zu und hätten keine Beziehung zur Pfarrcollatur. Mit diesem Urtheile gaben sich aber die Collatoren, als es ihnen unterm 25. November 1560 durch die Kanzleien von Baden und Zweibrücken mitgetheilt wurde, nicht zufrieden, sondern verklagten die Gemeinden Winterburg und Pferdsfeld am Reichshofgericht zu Rottweil. Dieses Gericht nahm die Klage an und in Folge dessen gebot der dasige Reichshofrichter, Graf Wilhelm von Sulz, den ehr- und achtsamen Bürger- und Kirchmeistern zu Winterburg, desgleichen dem Schultheißen zu Pferdsfeld, Zinstag d. h. Dienstag nach Viti und Modesti auf dem Hofe zu Rottweil zu erscheinen und auf die Klage der Kläger zu antworten. Die Vorgeladenen übermachten die Ladung dem Oberamt in Trarbach und dieses sandte sie an Wolfgangs Statthalter und Räthe nach Zweibrücken. Da des Herzogs Unterthanen dem Banne des Hofgerichts zu Rottweil entnommen waren, so wurde den Verklagten ein Abhaischungsbrief übermittelt mit der Anzeige, wie sie diesen Brief an das Gericht zu senden hätten. In der Abhaischung entbietet Herzog Wolfgang dem Hofrichter seinen Gruß und sagt ihm, den Klägern solle ihr Recht durch ihn den Herzog zugetheilt werden, und möge er in Betracht der Regalien und Freiheiten, welche die Herzöge von Zweibrücken besitzen, die Kläger von sich weg und an ihn weisen. Gleichzeitig theilte man den Junkern mit, der Gemeinsherrn Unterthanen könnten sie nicht am Hofgericht zu Rottweil belangen, dagegen sei man zum Rechte gegen sie erbötig, und solle beim nächsten gemeinen Tag die Sache zu Ende geführt werden. Die Junker schrieben darauf den Beklagten zu, sie würden die Abhaischung nicht beachten, und dem Boten des Rottweiler Gerichtshofs, sobald er wieder komme, fortzufahren befehlen. Der Oberamtmann ließ sie darauf wissen, man hätte von ihnen erwartet, sie würden die Gemeinden nicht mit weiteren Citationen nach Rottweil beschweren, sondern Recht nehmen beim gemeinen Tag, der am 14. August in Trarbach stattfinde. Aber trotzdem, daß das Reichshofgericht auf des Herzogs Einsprache die Klage von sich abwies und man Sponheimischer Seits die Junker am 4. August an das Hofgericht, wie man den gemeinen Tag wegen seiner Entscheidungen von Rechtssachen nannte, förmlich vorlud, unter Zusicherung sicheren Geleites für sie, ihren Anwalt und alle die Personen, die sie mitbringen würden, scheinen sie nicht erschienen zu sein. Da es nicht in der Macht der Gemeinsherrn stand, sie hierzu zu nöthigen, erachtete man es als das Angemessenste, die Sache durch Schiedsrichter zum Austrag zu bringen, und wurden als solche erwählt die Oberamtleute von Trarbach und Kreuznach, Friedrich von Schönburg und Carsilius Beyer von Bellenhofen. Vor diesen Schiedsrichtern erschienen zu Kreuznach am festgesetzten Tage die Gebrüder Friedrich und Melchior von der Leyen und Georg Wilhelm von Sickingen, andererseits die Schultheißen, Bürger- und Kirchenmeister von Winterburg und Pferdsfeld. Der Schiedsspruch lautete: Da die von Winterburg zugestanden, daß der dasige Liebfrauenaltar den Junkern zustehe, und nur die Verleihung der Clamansgült in Anspruch nehmen, so sollten die Junker dessen sich erkundigen, und wäre es billig, daß jeder Theil bei seiner Gerechtigkeit bleibe. Betreffend das Stipendium, das zum Liebfrauenaltar in Pferdsfeld gehöre, so habe man befunden, daß nach einer vor hundert und mehr Jahren zu Winterburg aufgerichteten Verschreibung die Gift der Gemeinde zustehe. Deshalb solle dieselbe auch der Gemeinde verbleiben, doch daß die Gemeinde das Stipendium jederzeit dem Pastor auf sein Ersuchen verleihe, wogegen aber auch derselbe ihr auf einen gelegenen Tag in der Woche das Wort Gottes zu verkündigen habe. Während daraufhin die Gemeinde Pferdsfeld am 20. Febr. 1563 durch ihren Bürger- und Brudermeister den Pfarrer Bodenrod mit der Pfründe belieh, unter der Bedingung, daß er eine Wochenpredigt thue, setzte sich der Streit wegen der Clamansgülte weiter fort. Friedrich Schenk von Schmidtburg und Carsilius Beyer, die Oberamtleute der V. u. H. Gr. Sponheim, bemühten im J. 1565 sich vergeblich, eine Einigung herbeizuführen, es gelang dieses erst am 8. April 1566 den neu erwählten Schiedsrichtern, dem Zweibrückischen Rathe Dr. Gall und dem Badischen Kanzler Varnbüler. Diese entschieden: Da die Junker, — die Kinder des inzwischen verstorbenen Melchiors von der Leyen vertrat Johann von Hunolstein — den Altar Unser lieben Frauen in der Kapelle Winterburg zu leihen haben, sollen sie ihn auch fürder leihen, doch mit Wissen der Gemeinde, und so zu Winterburg ein Geistlicher seßhaft sei, nach der alten Fundation stets an diesen.

Nicht minder häufig als in der H. Gr. Sponheim waren die Collaturstreitigkeiten in der Rheingrafschaft. Den Beleg dafür liefert die Pfarrei Rhaunen. Die Hochgerichtsherrn im Gericht Rhaunen waren die Rheingrafen auf Dhaun zu drei Viertel und Kurtrier als Inhaber der Schmidtburg zu einem Viertel. Trier hatte deshalb über die zur Pfarrei Rhaunen gehörenden Orte neben dem Rheingrafen die Landeshoheit, und wie man ihm Seitens Dhaun die Mitbesorgung der äußern Kirchenangelegenheiten, namentlich der Pfarrbesetzung zuerkannte, so wußte im J. 1574 der rheingräfliche Rath Molitor dem Junker Niklas von Schmidtburg, der um jene Zeit die zur Schmidtburg gehörende Herrschaft von Trier amtsweise inne hatte, obgleich Trier katholisch, von dem Examen der Rhauner Pfarrer nicht auszuschließen, war vielmehr der Ansicht, dem Junker Niklas müsse als Amtsinhaber der Tag des Examens angekündet und anheimgegeben werden, ob er demselben anwohnen oder Jemand abordnen wolle. Der Pfarrsatz in Rhaunen hatte sich von den Grafen von Veldenz auf die Herzöge von Zweibrücken vererbt, war aber von diesen wie der Pfarrsatz in Hennweiler an die von Schwarzenberg als Lehen gegeben. Durch die Präsentation Ludwigs von Schwarzenberg war Georg von Haßborn Pfarrer in Rhaunen geworden. In Betreff dieses Pfarrers zeigte Niklas von Schmidtburg dem Dhaunischen Rath Dreyß im J. 1565 an, man sage, er lebe im Ehebruch, und im Mai 1567 schrieb Schwarzenberg an denselben, obwohl er Georgen habe wohl leiden mögen, habe er ihm doch die Pfarre gekündet und ihn ersucht, sich sonst nach seiner Nothdurft umzusehen, denn was gegen ihn vorbracht worden, — neben der Ehebruchsünde beschuldigte man ihn, auf dem Heuchelheimer Markt habe er einem Gerber zwei Felle entwendet — stehe keinem frommen Menschen, viel weniger einem Priester zu, der eine Pfarre dirigiren und Gottesfurcht lehren solle. Damit nun die Unterthanen nicht versäumt, sondern bei christlicher Lehr erhalten blieben, wolle er von nächstem Johanni ab einen andern gelehrten Mann, den

Pfarrer Vollmer in Hennweiler nach Rhaunen als Pfarrer stellen. Dreyßens Antwort an den Junker vom 10. Juni 1567 lautete: Die Sache verhalte sich nicht wie angezeigt. Wegen des Weibes sei Georg wohl bei ihm verantwortet. Ihr Mann sei vor zehn Jahren von ihr gegangen und im Hurenleben umhergezogen, deshalb sei ihr nach vorhergegangener Citation des Desertors von der Obrigkeit erlaubt worden, sich zu verheirathen, Georg habe in der Sache ordentlich fürgefahren. Was den Diebstahl belange, so möge man ihm die Anschuldiger nennen und wolle er es sodann Georgen zuerst unter vier Augen fürstellen, ungehört aber solle er nicht zu solchem Schaden verdammt werden. Mag auch nicht ohne sein, schreibt Dreyß weiter, daß eine so große Pfarrei wie Rhaunen durch eine besser qualifizirte Person sollte regiert werden, längst hätte er dieses gerne gesehen, aber allezeit gespürt, daß bei Sr. Edlen die Competenz so schmal falle, daß nicht leicht etwas Rechtschaffnes dahin zu bringen seie, und werde sein gn. Herr versucht sein, von Oberkeit wegen in der Sache Insehens zu thun. Daß man statt Georgs Herrn Vollmer setzen wolle, daraus vermerke er auch nit viel Besserung, er wolle denselben in seinem Werthe lassen, sorge aber seines studii halben und werde deshalb im Examen ungestoßen hindurchfahren, er meine durch den Korb, wie man zu sagen pflege. Wie dem Allem aber auch sei, so möchten Sr. Edlen bedenken, daß nicht ihm, sondern seinem Herrn als der Oberkeit solche Strafversetzung gebühre, doch erst auf vorausgegangene Klag und Ausführung. Wollte Sr. Edlen die Klag fürnehmen, so solle dieselbe gehört und was recht und billig exequirt werden*). Schwarzenberg antwortete

*) Der Rath Molitor, so Dreyß verschwägert war, hatte ihm geschrieben: Schwarzenberg drohe, Georg aus eigner Macht zu entsetzen, aber destituere est jurisdictionis und die dürfe er sich nicht anmaßen. Bei aller Entschiedenheit, mit welcher hier Dreyß die Rechte seines Grafen vertrat, stand er mit Schwarzenberg auf freundlichem Fuße. Er schloß seine Antwort mit den Worten: des Cyprischen Königs Belagerung halben werde er je länger je mehr baufällig, würde ihn sonst gerne besuchen. Wenn dagegen Sr. Edlen nach seinem Schlosse Wartenstein komme, möge er den kleinen Umweg nicht scheuen, er solle alsdann allerlei vernehmen, was ihm sicherlich nicht verdrießlich. Schwarzenberg bedauert ihn in seiner Antwort wegen des Cyprischen Königs, d. h. des Zipperleins nnd sagt ihm seinen Besuch zu.

von St. Nabor in Lothringen aus: Vollmer sei zu Zweibrücken examinirt und qualifizirt befunden worden, er werde deshalb auch wohl das Examen für Rhaunen bestehn. Sollten die Nachbarn d. h. die Pfarrgenossen mit ihm kein Genügen haben, sei er erbötig, einen Andern dahin zu vermögen. Was Georgs Fehler betreffe, so werde Dreyß wohl thun, sie von ihm selber zu erfahren und hoffe er, man würde von hoher Obrigkeit wegen ein Einsehens haben. In seiner Gegenantwort sagte Dreyß: Die Entsetzung des Pfarrers gebühre der Oberkeit und werde er diese amtshalben nicht zulassen, es geschehe denn ordentlicher Weise. Der Pfarrer fordere, daß man ihm seine Kläger entgegenstelle und seine Schuld ausführe. Georg verstarb im J. 1571 als Pfarrer von Rhaunen. Ludwig von Schwarzenberg empfing darauf von Rheingraf Friedrich folgende Zuschrift: Da durch Schickung des Allmächtigen Georg von Haßborn Todes verfahren, und der Oberkeit Pflicht sei zu verschaffen, daß die Pfarrei mit einem Kirchendiener versehen werde, sonderlich bei den jetzigen sterbenden Läuften, so habe er Nikolaus, dem Ueberbringer des Schreibens, dasselbe mitgegeben, um ihn zur Präsentation zu empfehlen. Nikolaus sei zu Rhaunen geboren und erzogen, habe sich sein Lebtag eines ehrbaren Wandels beflissen und sich bisher mit geringer Competenz in Pfarrdiensten erhalten. Wie es scheint, hat der von Schwarzenberg nicht den ihm vom Grafen empfohlenen Nikolaus präsentirt, sondern ist Johann Vitellius, den man schwerer Verbrechen halber im J. 1574 in Haftung genommen, Haßborns unmittelbarer Nachfolger geworden. Gleich die Versehung der Pfarrei während der Haft des Vitellius brachte zwischen dem Collator und dem Rheingrafen neuen Streit. Unterm 1. Juli 1574 schrieb an den Dhaunischen Amtmann Ende der Schwarzenbergische Amtmann Weiß auf Wartenstein: Als er auf Peter und Paul zu Rhaunen den Zehnten versteigert, und das Pfarrvolk sich beschwert habe, daß die Pfarre unversehen sei, habe er Johann Streit dahin verordnet, doch mit solcher Condition, so Vitellius der Haft entlassen werde, müsse Streit ihm Platz machen. Auch die Frau des Gefangenen habe bis zum Ausgang der Sache Streit als Verweser angenommen, und da die Gemeinde, wie sein Herr, der von Schwarzenberg, damit zufrieden, bitte er das Gebot, wonach Streit die Kirche nicht geöffnet werden solle, wieder aufzuheben. Noch am selbigen Tage antwortete Amtmann Ende den Amtmann Weiß: Als er vernommen, Streit sei von ihm als Prediger zu Rhaunen aufgestellt worden, habe er es nicht glauben wollen, daß er seinem Herrn in dessen Oberkeit solchen Hochmuth beweisen könne, zumal man ihm oft gesagt, daß Streit für eine so große Pfarrei nicht tauglich sei und er sich erst auf einer kleineren versuchen möchte. Er der Amtmann werde dieserhalb einem Abtrag gegen den Rheingrafen nicht entgehen, denn dieser wolle dem Herrn von Schwarzenberg sein Präsentationsrecht nicht kränken, aber auch nicht dulden, daß man sein Recht nicht achte. Ludwig von Schwarzenberg schrieb darauf an den Dhauner Amtmann, Streit sei abgewiesen, und er möge doch persönlich zu ihm nach Wartenstein kommen, damit man die Pfarre mit einem Pfarrer versehe. Nachdem durch die Verurtheilung des Vitellius, welche später mitgetheilt werden wird, die Pfarrei zur Erledigung gekommen, wollte der Rheingraf den Geistlichen, welchen Weiß im Namen seines Herrn präsentirt, nicht annehmen, und rief darauf der von Schwarzenberg die Hülfe seines Lehnsherrn, des Herzogs von Zweibrücken, an. In Folge dessen schrieben die Zweibrücker Räthe unterm 4. November 1571 an den Rheingrafen Friedrich: David Leutsmann, welchen auf Schwarzenbergs Wunsch Kanzler Stieber im Namen des Herzogs präsentirt habe, sei Schulmeister in Rockenhausen gewesen und der Augsburgischen Confession anhängig. Sie hätten ihn zu Zweibrücken examiniren, und, da man ihn für die Stelle tauglich befunden, auch ordiniren lassen. Man versehe sich zu demselben, er werde seinem anbefohlenen Pfarrvolk christlich fürstehn, und wo das nicht geschehe, solle auf beschehene Anzeig Besserung oder Aenderung geschehen. Der Rheingraf gab zur Antwort: Sein Amtmann wolle dem von Schwarzenberg in seiner Gerechtigkeit keinen Eintrag thun, der Präsentirte habe aber in seiner zu Kirn gehaltenen Predigt nicht also bestanden, daß zu hoffen, er werde der Gemeinde mit Erbauung fürstehn, und darum könne er sich nicht bereden, daß derselbe, weil sie ihn examinirt und ordinirt, alles ferneren Examinirens und Erforschung seiner Person überhoben bleibe. Indessen wolle er seinen Verordneten Befehl thun, Leutsmann einem weiteren Verhör und Probe zu subjiciren, würde er aus der Relation ersehen, daß er zur Pfarre tauglich, sei er es zufrieden, wo nicht, sei er verursacht, ihn abzuschaffen und dem von Schwarzenberg um eine baß qualifizirte Person zuzuschreiben. Leutsmann bestand in dem mit ihm abgehaltenen Examen nicht und dachte man deshalb Seitens Dhaun daran, sofort einen Anderen zum Pfarrer in Rhaunen zu ernennen. Der Kyrburgische Rath Molitor warnte davor und bemerkte, da dem von Schwarzenberg mora praesentationis nicht zur Last gelegt werden könne, müsse man ihm das Recht lassen, einen Andern zu präsentiren, sonst hätte der Rheingraf mehr jus nominandi als der Collator *).

*) Auch nachdem die von Schwarzenberg in männlicher Linie ausgestorben waren, und sich mit den andern Besitzthümern ihres Hauses auch die Kirchengift in Rhaunen auf Johann von Warsberg vererbt hatte, nahmen die Streitigkeiten kein Ende. Als Pfarrer Faulstich, den der Rheingraf auf die Stelle geschafft hatte, seines übeln Verhaltens wegen mußte abgeschafft werden, präsentirte der von Warsberg am 8. März 1583 Hieronymus Kestner und da derselbe in der Probepredigt tauglich befunden worden, empfing er die Bestätigung des Rheingrafen. Seitens des Collators hoffte man, die Pfarrgemeinde würde wohl mit ihm versehen sein, aber schon im April desselben Jahres schrieb sein eigner Amtmann an den Rheingrafen Hans Christophel auf Dhaun, Hieronymus habe sich der Art angelassen, daß mit ihm seines Lebens wegen weder Gott noch der Gemeinde gedient gewesen, man habe leider den Empfehlungen zu viel getraut, insbesondere denen der Theologen in Straßburg. Kurze Zeit danach, während welcher der Pfarrer von Wickenrod die Pfarrei versehen, präsentirte Amtmann Weiß im Namen seines Junkers Johann Reinhard, mit dem Bemerken, derselbe sei drei Jahre Prediger zu St. Katharinen bei Kreuznach gewesen und ihm vom dortigen Oberamtmann empfohlen, man befand ihn aber im rheingräflichen Examen für die Stelle nicht brauchbar. Ebenso ging es mit mehreren Andern. Weiß schrieb darauf an den Rheingrafen: Etliche Pfarrer habe er ihm und seinem Superintendenten ins Examen gesendet, und dieweil man keinen derselben qualifizirt befunden, habe die Pfarrei ohne ständigen Pfarrer bleiben müssen. Um diesem Uebelstande abzuhelfen, präsentire er nunmehr den würdigen und wohl gelehrten Herrn Heinrich Polei, und da derselbe in seinem Wandel unsträflich, hoffe er dessen Annahme. Des Rheingrafen Antwort war, es sei von ihm ein Anderer auf die Stelle vertröstet. Da rief auch Warsberg den Schutz des Lehnsherrn an, und Herzog Johann säumte nicht seinen Lehnsmann zu vertreten. Er schrieb dem Rheingrafen, sein Verfahren befremde ihn, er habe Henricum nach Vorschrift seiner Kirchenordnung examiniren lassen und man habe ihn hinlänglich qualifizirt befunden. Deshalb präsentire er denselben nochmals und sei sein Gesinnen an ihn den Grafen,

In der Pfarrei Thalfang hatten, wie Abth. I ausführlich dargelegt ist, die Rheingrafen viel Mühe nud Noth, um die Kirchenreformation durchzusetzen. Die Gifter der Pfarrei, die Aebte von St. Maximin, leisteten ihnen darin beharrlichen Widerstand, und die Kurfürsten von Trier ließen es ihnen an ihrer Unterstützung nicht fehlen. Der Streit spann sich bis in das letzte Viertel des 16. Jahrhunderts fort, und worüber man sich wundern mag, es war Erzbischof Jakob von Elz, der im J. 1576 den Rheingrafen Otto einlud, seinen Bevollmächtigten nach Throneden in Theißen Michels Haus zu senden, damit neben Anderm erwogen werde, wie mit der Pfarrei Thalfang aller Irrthum hinzulegen. Ob dieses damals vollständig erreicht worden, liegt nicht zu Tage, wohl aber, daß der Abt Reiner von Maximin sich mit den Rheingrafen auf freundlichem Fuß hielt, und dieweil er als Katholik sich nicht dazu verstehen konnte, einen Nichtkatholiken zu präsentiren, die Besetzung der Stelle den Rheingrafen überließ. So schrieb er am 1. Juli 1592 dem rheingräflichen Amtmann in Throneden zu: Er habe das Schreiben seines lieben Freundes des Wild- und Rheingrafen Otto empfangen, worin derselbe anzeige, wie er den Pfarrer zu Thalfang an einen andern Ort befördert habe, und ihn ersuche, Jodocum Melander zum Pfarrer zu präsentiren. Wiewohl er nun nichts Lieberes sähe, als daß er sich seines Patronatrechtes, wie von Alters und so noch vor 26

Polei für die Pfarrei anzunehmen und so er einen Anderen dahin gethan, denselben abzuschaffen, auch fürder seiner von Alters her continuirten Collationsgerechtigkeit keinen Eintrag zu thun, sondern den von Warsberg ungeirrt darin zu lassen. Als Weiß den Präsentirten mit des Herzogs Schreiben an den Rheingrafen sandte, bemerkte er in seinem Begleitschreiben, von den Zurückgewiesenen hätten etliche inzwischen Pfarrdienste bei Fürsten, Grafen und andern Standespersonen erlangt. Polei wurde nun Pfarrer in Rhaunen, aber die Freude über seinen Sieg wurde ihm alsbald wieder getrübt. Denn nun versuchten die Junker von Metzenhausen und Schmidtburg, welche die Gerichtsherrn in Stiebshausen waren, dieses Filial von seiner Mutterkirche loszureißen, wollten derentwegen Polei nicht in der dortigen Kirche predigen lassen, sondern stellten allda einen Prediger Namens Arnold auf, der in Lauferswieler Pfarrer gewesen und von dem Rheingrafen auf Dhaun seines Amtes entsetzt worden war. In welcher Weise die Anmaßung der Gerichtsjunker zurückgewiesen wurde, kann nicht angegeben werden.

Jahren, gebrauchen könne, so wolle er doch solche Veränderung, so lange es Gott gefällig, an ihren Ort stellen und das Ansuchen bloß zur Erhaltung und Erkenntniß seiner Collation angenommen haben. Als Melander verstorben war, ersuchte der Rheingraf am 1. März 1600 den Abt Reiner um die Präsentation von Johann Schlicker. Des Abtes Antwort war: Gerne wolle er demselben die Collation in gebührlicher Form ertheilt haben, könne es aber nicht thun, weil ihm bedenklich, dabei professionem fidei nach katholischem Brauch abzuthun. Er müsse die Sache gehen lassen, wie sie gehe, dieweil es ihm zur Zeit nicht möglich, es anders zu wenden. Dabei sei er willig, sonst allen angenehmen Dienst und Freundschaft zu erzeigen und befehle ihn in des Allmächtigen Schutz und Schirm. Daß Abt Reiner in gleicher Weise gehandelt hat in Betreff der Präsentation zur Pfarrei Simmern unter Dhaun, deren Verleihung gleichfalls der Abtei St. Maximin in Trier zugestanden, steht zu vermuthen.

Auch die Pfarrer von Rhaunen mußten, um bei den Herren von Schwarzenberg die Präsentation zu erlangen, denselben Reverse ausstellen, und zwar sehr ausführliche. Wolfgang Millius erklärte in dem Reverse, den er 1579 Ludwig von Schwarzenberg ausgestellt hat, Folgendes: Nachdem der Edle und Ehrenveste Ludwig von Schwarzenberg, so jetzt sein günstiger und gebietender Junker, ihm die Pfarrei Rhaunen und was dazu gehörig, auf sein fleißiges Bitten aus lauter Gnaden und um Gottes willen zugestellt, so wolle er die Pfarrgenossen in Verkündigung des reinen Evangeliums, Reichung der h. Sakramente, überhaupt mit allen Kirchendiensten und geistlicher Nothdurft versehen, wie es einem frommen Pfarrherrn und getreuen Kirchendiener gebühre, also daß deswegen und auch sonstigen Wohlhaltens halb kein Klag vor seiner Ehrenvesten oder deren Befehlhaber erscheine. Ferner trotzdem, daß er durch Fürschriften der rheingräflichen und triersche Befehlshaber, d. h. der Amtleute auf Dhaun und Schmidtburg, an seinen gebietenden Junker sei promovirt worden, und Sr. Edlen solcher Promovirung Gehör gegeben, obgleich Sie es nicht zu thun schuldig, wolle er, wie er bereits eidlich habe zugesagt, sich nicht mehr rheingräfisch als wartensteinisch erzeigen, sondern in allen Wegen seinen gebietenden Junker und dero Amtmann auf Wartenstein gehorsam sein, und wofern er darin in Worten und Werken sich übertreten und etwas hin- und hertragen würde, so ihm zu verschweigen vertraut worden, solle Sr. Ehrenvesten Macht haben, ihm die Pfarrei abzunehmen, und sie einem Andern zu geben, der Sr. Ehrenvesten gefällig. Auch so Sr. Ehrenvesten einigen Schaden an ihm erlitten, sollten dieselben befugt sein, sich dafür an aller seiner Habe zu erholen*). Wie schwer öfters die Geistlichen durch die Collaturstreitigkeiten litten, dafür nur noch einen Beleg. Die Kirchengemeinde Offenbach am Glan blieb auch nach Einführung der Reformation im Verbande der Pfarrei St. Julian und hat der dortige Pfarrer nach wie vor in ihr den Gottesdienst verrichtet, desgleichen sie seelsorgerisch bedient. Die Rheingrafen versuchten es wohl, die Gemeinde von St. Julian abzutrennen, aber zunächst ohne Erfolg. Besondern Anlaß zu dem Versuche gaben ihnen ums J. 1592 die Ritter Melchior und Friedrich von Steinkallenfels, welche wie das Dorf

---

*) Wie die Rheingrafen in Gemeinschaft mit den Inhabern der Schmidtburg den Pfarrern von Rhaunen einen Bestellungsbrief behändigen ließen, so that dieses auch der Collator. In der Urkunde, welche Ludwig von Schwarzenberg für den Pfarrer Faulstich ausstellte, wurde demselben Folgendes auferlegt:

1. Solle er auf sein vielfältig Zusagen die Gemeinde der Lehr und Predigt des göttlichen Worts und Administration der h. Sakramente zum allerfleißigsten versehen, wie er diese seine Verrichtung vor Gott hier zeitlich und dort am jüngsten Tage bei Verlust seiner Seligkeit verantworten könne. Insonderheit solle er den Unterthanen keine fremde und falsche Lehre fürtragen, sondern sie einfältig in der Wahrheit der h. Schrift „uf die Augsburgische Confession der christlichen Ständt teutscher Nation" unterweisen. 2. Soll er einen christlichen guten Wandel führen, sich freundlich und bescheiden in allen Dingen halten, seine Hausfrau und Gesinde wohl regieren, nüchtern und züchtig leben, „nit zänkisch, wannig oder hadrich", noch sonst dem Pfarrvolk ärgerlich sein, sondern sich befleißen, daß er und seine Hausfrau ein gut Exempel in allem ihrem Thun und Leben geben. 3. Soll er ohne Vorwissen des Collators nicht abziehen, auch keinen andern Collator erkennen, noch einen andern Pfarrdienst annehmen, sondern so es ihm nicht gefalle, länger auf der Pfarre zu bleiben, solle er es dem Collator ein Vierteljahr zuvor zu schreiben. Nachdem ihm in Artikel 4 gesagt worden, wie er den Pfarrhof und das Pfarrgut zu handhaben, heißt es: Letzlich soll er sich mit dem Einkommen, das für solchen Pfarrdienst verordnet sei, und wie es seine Vorgänger gehabt, auch sättigen lassen und ihn den Collator nicht weiter um eine Addition anfechten.

und Gericht, so auch den Pfarrsatz in St. Julian von ihnen zu Lehen trugen. Die Rheingrafen beanspruchten, „als Obergrund- und Eigenthumsherrn", es sollten die von Steinkallenfels ihr Patronat der Art gebrauchen, daß sie keinen Pfarrer einsetzten, ohne daß sie denselben bei ihnen präsentirt hätten, und daß der Präsentirte sich bei dem rheingräflichen Superintendenten zum Examen gestellet, desgleichen vor ihm eine Probepredigt gehalten habe. Gleicherweise sollte von den Junkern ohne ihrer Lehnsherren Bewilligung kein Pfarrer seines Amts beurlaubt werden. Deß ohngeachtet hatten die Junker den Magister Konrad Greulach, den sie mit der Rheingrafen Bewilligung zum Pfarrer in St. Julian bestellt hatten, ohne derselben Vorwissen beurlaubt und ohne Präsentation auf Johannis Baptistä 1592 einen andern Geistlichen in das Pfarramt eingesetzt. Die Rheingrafen befahlen Greulach, nicht von der Pfarre zu weichen, und als dieser dem Befehle nachkam, sind die edeln und ehrenvesten Junker bei nächtlicher Weile mit etlichen Reisigen in St. Julian eingefallen, haben Greulach aus dem Bett gerissen, „ihn nothwendiger Kleidung vast bloß" gleich dem größten Missethäter auf ein Pferd gebunden, darauf gen Bontenbach in eine andere Hoheit gefänglich hinweggeschleift und allda ihm nicht bloß eine ganz schwer verletzende Urphed, sondern auch einen Frevel von 200 Thlr. abgedrungen. Die Rheingrafen erboten sich, was Rechtens sei, geschehen zu lassen, wenn die Ritter nach Loslassung des Gefangenen gegen denselben eine erhebliche Ursache der Beurlaubung vorbrächten. Die von Steinkallenfels beachteten dieses Erbieten nicht. In Folge dessen brachten die Rheingrafen die Sache an das Reichskammergericht, und verfügte dieses, die Junker hätten den verstrickten Pfarrer auf eine alte gewöhnliche Urphed und gegen das Versprechen, sich wiederzustellen, falls solches mit Recht erkannt würde, seiner Haft zu entledigen, in seine Pfarrei wieder einzusetzen, das abgedrungene Geld ihm wieder zu erstatten, desgleichen wegen des Geschehenen sich vor dem Reichskammergericht an dem dazu bestimmten Termin zu verantworten und den Entscheid desselben abzuwarten. Der Entscheid des Reichskammergerichts fiel gegen die von Steinkallenfels aus. Sie mußten Greulach wieder in das Pfarramt einsetzen*).

*) Dieses erweist sich dadurch, daß Greulach 1594 bei der Abtheilung

Bei den Collaturstreitigkeiten handelte es sich nicht immer bloß um die Besetzung und Bedienung der Pfarreien, sondern auch um mancherlei andere Gegenstände. So führte Ludwig von Schwarzenberg 1571 am 25. Mai bei Eberhard Flach von Schwarzenberg, dem damaligen Oberamtmann auf Dhaun, nachstehende Beschwerde. Auf sein, des Oberamtmanns Geheiß sei der Thurm zu Rhannen, jedenfalls der der Kirche, abgebrochen worden, gleicherweise hätten seine Vorgänger im Amt die Kapelle zu Heuchelheim *), desgleichen die Kapelle zum h. Geist, so bei Rhaunen gelegen und der Pfarre incorporirt gewesen, verwüstet und alles hinweggenommen, was darin sich befunden. Zum andern hätten sie jetzt noch die Rechnungen der zwei Kapellen hinter sich, und geböten den Fürsehern d. h. den Rechnern, die Rechnung vor ihnen allein zu thun. Da solches zum Abbruch seines Lehens geschehe, so begehre er, der Oberamtmann solle den weggenommenen Thurm wieder an seine Stelle schaffen und den Kapellenmeistern nicht wehren, die Rechnung da zu thun, wo es sich gebühre. Geschähe dieses nicht, würde er Eids und Pflicht halben sich höhern Orts beklagen, das er doch lieber der Nachbarschaft wegen umgehen möchte.

In den pfalzzweibrückischen Pfarreien, die in dem Bereich unserer Darstellung lagen, hatte der Herzog den Pfarrsatz, nur nicht in der Pfarrei Achtelsbach, wo er den Junkern von Sötern zustand. Ebenso vergaben die Landgrafen von Hessen alle Kirchen- und Schuldienste im Amte Rheinfels mit alleiniger Ausnahme der Pfarrei Werlau, allwo sich auch nach der Einführung der Reformation bis zum Eintritt der französischen Herrschaft die Stiftsherrn von St. Kastor in Koblenz im Besitz des Collatur- und Zehntrechtes behaupteten. Weder in der Pfarrei Achtelsbach noch in der von Werlau wird es an Irrungen zwischen den Landesherrn und den Collatoren gefehlt haben, daß dieselben aber

---

der Ilgesheimer Pfarrgefälle, der er anwohnte, ausdrücklich als Pfarrer von St. Julian bezeichnet wird. Nachdem er später einige Zeit die rheingräfliche Pfarrei Sien, deren Collatur die von Sickingen besaßen, bedient hatte, wurde ihm im J. 1613 die Sponheimische Pfarrstelle Winningen zu Theil. Allda starb er 1623 an der Pest.

*) Heuchelheim gehört zu den untergegangenen Orten.

sehr schwer und langdauernd gewesen, erweisen die Nachrichten nicht, die sich über diese Pfarreien erhalten haben.

Betreffend die Ausübung des Collaturrechtes in der Kurpfalz so enthält die Kirchenrechtsordnung des Kurfürsten Friedrichs III. darüber folgende Bestimmung: Wo sich ein Collator seines juris Collationis, das er unzweifelhaft und rechtmäßig hergebracht hat, gebrauchen wollte, dem solle kein Eintrag beschehen, doch dergestalt, daß der, dem die erledigte Stelle conferirt werden sollte, dem Kirchenrathe zum Examen geschickt werde. Im Fall er tauglich, auch in Lehr und Leben rechtschaffen und das vacirend Ort genugsam zu versehen annehmlich befunden werde, solle er von den Kirchenräthen angenommen und confirmirt werden. Im Fall aber Einer sein jus nit gebrauchen wollte, oder zu gebrauchen nit hergebracht hätte, oder eine untaugliche Person präsentirte, solle der Kirchenrath an des abgegangenen oder untauglichen Kirchen- oder Schuldieners statt eine taugliche Person verordnen, ungehindert, daß ein Anderer jus collationis habe.

Unter den 18 Pfarreien, die sich vor dem Beginn des 30jährigen Krieges im Amte Simmern fanden, waren nur zwei, in welchen den Kurfürsten die Collatur nicht zustand, es waren dies die Pfarreien Gundershausen und Mersbach. Den Pfarrsatz und Pfarrzehnten in der umfangreichen Pfarrei Gundershausen besaß bis zum Anfang des siebzehnten Jahrhunderts das zwischen Waldesch und Winningen gelegene Frauenkloster Marienrode. Die Gifter der von Erzbischof Willigis geweihten Kirche Mersbach waren die Stiftsherrn zu St. Martin in Bingen. Im J. 1607 verkaufte das Kloster Marienrode Pfarrsatz und Zehnten in der Pfarrei Gundershausen an den Junker Bernhard von Metzenhausen, und scheint derselbe von dieser Zeit ab sein Präsentationsrecht ausgeübt zu haben. Die Stiftsherrn in Bingen dagegen konnten sich nicht entschließen, evangelische Geistlichen für ihre Pfarrei zu präsentiren und haben die Besetzung derselben, ohne auf ihr Recht förmlich Verzicht zu leisten, den Pfalzgrafen überlassen.

Wird schließlich die Frage aufgeworfen, ob denn nicht in einzelnen Pfarreien der Pfarrgemeinde das Recht zugestanden habe, ihren Pfarrer und Seelsorger zu wählen, so muß darauf geantwortet werden, keiner. Nicht einmal die Gemeinde der größten Stadt unseres Bezirks, die der Stadt Kreuznach, hat sich in der Zeit, die hier geschildert wird, eines Wahlrechtes erfreut. Man nahm wohl bisweilen Rücksicht auf die Wünsche der Gemeinde, aber eine Verpflichtung dazu erkannten die Gebietsherrn und Collatoren nicht an. Nur die Gemeinde Uhler übte längere Zeit eine Art Wahlrecht damit aus, daß es ihr anheimgegeben war, durch welchen der beiden Geistlichen in Kastellaun sie ihre Kirche wollte bedienen lassen, und daß sie für diesen Dienst bald den Pfarrer, bald den Kaplan dingte, wie es in den Kirchenrechnungen heißt. War aber abgesehen von dem Verhältniß in Uhler keiner Gemeinde auch nur ein bedingtes Wahlrecht zugetheilt, so besaßen doch die Gemeinden des hessischen Amtes Rheinfels das Recht, daß der Pfarrer zuvor bei ihnen predigen mußte, und sie darauf zu erklären hatten, ob sie gegen seine Ernennung etwas einzuwenden haben. Als im J. 1608 das Consistorium zu Marburg dem Magister Thomas Kruch den Oberschuldienst zu St. Goar und die Pfarrei Bibernheim verlieh, bestimmte es, die Gemeinde Bibernheim solle zuerst ihn hören, ob sie mit seiner Person und seinen Gaben zufrieden sei. Daraus, daß Kruch ihr Pfarrer geworden, ist zu schließen, daß sie nichts gegen ihn zu erinnern hatte, wie man denn auch bei der Visitation im J. 1619 befunden, daß er die Predigt und die Katechismuslehre fleißig verrichte.

3. Die Aemter in der Pfarrgemeinde.

Dieselben waren das Pfarr- und Pfarrgehülfenamt, das Censorenamt, das Schulamt, das Glockamt und das Kirchmeisteramt. Die Gestaltung des Censoren-, Schul- und Kirchmeisteramts wird in den Abschnitten, die von der Censur, der Schule und der Verwaltung des Kirchenvermögens handeln, dargelegt werden. Somit kommen hier nur zur Erörterung das Pfarr- und Pfarrgehülfenamt, das Glockamt und anhangsweise das Amt des Todtengräbers.

1. Das Pfarr- und Pfarrgehülfenamt.

Was die dem Prälaten- und Adelsstand angehörenden Pastore belangt, welche in den ihnen beliehenen Pastoreien das Pfarramt nicht in Person, sondern durch Vikare, die sogenannten Plebane und Vizeplebane, ausrichteten, so hat der Mehrtheil derselben auch nach Einführung der Reformation Namen und Rechte des Pastors behalten, und zwar nicht bloß diejenigen, welche sich dem evangelischen Bekenntniß zuwandten, sondern auch die, welche in der römischen Kirche verblieben. Johannes Mul, der Dechant des Koblenzer Florinsstifts, der durch die von Esch mit dem Pastorate Kleinich beliehen war, hat allda bis zu seinem Absterben die Pastoreigefälle bezogen und, so oft das Pfarramt zur Erledigung kam, den Gemeinsherrn der H. Gr. Sponheim Pfarrer evangelischen Bekenntnisses präsentirt. Ein Gleiches geschah seitens der Stiftsherrn von St. Kastor zu Koblenz in Betreff der Pfarrei Werlau. Herzog Reichard von Simmern blieb, auch nachdem er dem geistlichen Stand entsagt hatte, Pastor der Pfarreien Bell und Kirchberg, und sammelte in denselben sein in Kirchberg gesessener Kellner nach wie vor die ihm als Pastor zustehenden Gefälle. Ebenso geschah es an andern Orten, namentlich in Kreuznach, wo die Rheingrafen den Pfarrsatz hatten und die Pastorei dem blödsinnigen Bruder des Rheingrafen Philipp Franz zugetheilt war. Nach dem Tod von Herzog Reichard zogen die Gemeinsherrn der Grafschaft Sponheim die Pastorei Bell an sich, die Pastorei Kirchberg dagegen ging an Friedrich, den jüngern Sohn des Herzogs Karl von Birkenfeld über, aber nur mit dem Genusse der Gefälle, nicht mit dem Rechte, die kirchlichen Aemter zu verleihen. In dem Pfarrsprengel Kirchberg und auch anderwärts hatte der Pastor die Kaplane zu bestellen, durch welche die Nebenkirchen bedient worden, und wenn auch einige derselben, wie die der Kirchen Bibern, Gemünden und Kappel Pfarrer, pherner, genannt wurden, so waren ihre Rechte doch durch die des Pastors mannigfach beschränkt. Dies hörte nach Einführung der Reformation auf, die Geistlichen der Nebenkirchen wurden selbstständige Pfarrer mit vollem Pfarrrecht, und wie in den evangelischen Kirchspielen die Namen Plebane und Vizeplebane verschwanden, so auch die der Altaristen und Stipendiaten. Konnte ein Geistlicher in seiner Pfarre nicht den ganzen Dienst ausrichten, so wurden ihm Gehülfen beigeordnet, für die man in den lutherischen Gemeinden meist den alten Namen Kaplan beibehielt, während bei den Gemeinden des reformirten Bekenntnisses mehr der Name Diakon gebräuchlich wurde. In den Pfarrgemeinden Bacharach, Kreuznach, Meisenheim und Simmern nannte man die Pfarrgehülfen Kaplane nur während der Zeit, da in denselben das lutherische Bekenntniß herrschte; als dieses dem reformirten wich, ward ihnen der Name Diakonus gegeben. Zu St. Goar hatte vom J. 1570 ab auch der zweite Geistliche Namen und Rang des Pfarrers, dieses darum, weil der erste Geistliche jederzeit Superintendent der Niedergrafschaft Katzenelnbogen war, und deshalb, namentlich in Folge häufiger Geschäftsreisen, das Pfarramt in der Gemeinde nicht vollständig ausrichten konnte. Aus eben diesem Grunde war für die Gemeinde St. Goar längere Zeit ein zweiter Pfarrgehülfe bestellt, der als dritter Geistlicher den Namen Tertius führte. Es ging diese Stelle später ein, als man auch die Lehrerstellen mit Theologen besetzte und diese zu Kirchendiensten heranzog. Zu Meisenheim, wo wie in Kreuznach dem Pfarrer zwei Gehülfen beigegeben waren, hieß der zweite Gehülfe Subdiakon.

Wo und in welcher Weise wurden diese Geistlichen für den Kirchendienst, den man ministerium nannte, vor- und ausgebildet? Wie wurde es mit ihrer Prüfung, ihrer Ordination und Amtseinführung gehalten? Welches waren ihre Amtspflichten? Wie war ihr Diensteinkommen beschaffen? Wie wurde bei Erledigung der Stellen und in Betreff des Aufzugs verfahren? Wie war für ihr Alter und ihre Hinterbliebenen gesorgt? Welches war ihre rechtliche und gesellschaftliche Stellung? Alles dieses soll, soweit es nach den vorhandenen Quellen geschehen kann, auf den folgenden Blättern veranschaulicht werden.

2. Die Vorbildung für das geistliche Amt.

Wir fassen dabei zunächst wieder die hintere Grafschaft Sponheim ins Auge. Daß in derselben nur sehr wenige von den Geistlichen, welche bei Einführung der Reformation in Besitz der kirchlichen Aemter waren, dafür befähigt gewesen, erweist das Abth. I darüber Gegebene. Friedrich der Fromme und seine evangelischen Nachfolger in der Grafschaft, waren deshalb bemüht, aus den Ländern, in welchen das lautere Evangelium schon längere Zeit gepredigt wurde, gottesfürchtige und gutgeschulte Prediger in die Grafschaft zu ziehen, um mit ihnen zunächst die Pfarrstellen in den Hauptorten zu besetzen. Auf diesem Wege wurden für etliche Kirchen tüchtige Geistliche gewonnen, aber es blieb daran immer noch Mangel, zumal nicht alle die Männer, die man von Außen her berufen, in Lehre und Wandel den von ihnen gehegten Erwartungen entsprachen. Um so eifriger waren die Fürsten darauf bedacht, aus den Söhnen des eigenen Landes tüchtige Diener der Kirche heranzubilden. Dieses Ziel hatte Herzog Wolfgang vorzugsweise im Auge, als er für das Herzogthum Zweibrücken eine Landesschule im Kloster Hornbach einrichtete, und eben dasselbe verfolgte sein Sohn Johann, indem er für jene Landesschule eine Vorschule in Trarbach gründete. Nicht minder ließen es beide Fürsten sich angelegen sein, talentvollen Jünglingen durch Gewährung von Stipendien ihre Studien zu erleichtern und sind hierzu auch die Gefälle des Klosters Wolf theilweise verwendet worden *). Während der Jahre, welche die Grafschaft unter der Regierung des Herzogs Johann gestanden, befanden sich aus derselben in der Regel vier bis fünf Stipendiaten in Hornbach, und immer haben etliche derselben das ihnen bewilligte Stipendium auch während der Universitätszeit genossen. Dagegen waren sie verpflichtet alljährlich eine schriftliche Arbeit einzusenden. Nachdem Herzog Karl in die Ge-

*) So empfing aus denselben unter Herzog Wolfgang Matthias Wendalin aus Trarbach während seiner Studienzeit in Heidelberg jährlich 45 Gulden, Jakob Hauth, der Sohn einer armen Wittwe in Litzig, um das auf der Schule Düsseldorf begonnene Studium auf der Hochschule Wittenberg fortsetzen zu können, eine jährliche Unterstützung von 40 Gulden. Heinrich Becker, der Sohn eines Sponheimischen Leibsangehörigen auf dem pfälzischen Hofe zur Huben bei Bibern, deshalb Huben genannt, wollte man zu Heidelberg in die Sapienz aufnehmen, weil man an ihm indolem et felix ingenium verspüret, aber damit er hinter den gnädigen Herrn von Sponheim verbliebe, zog ihn Herzog Johann von dem mit dem Calvinismus befleckten Heidelberg weg und nahm ihn unter Zutheilung eines Stipendiums von 20 Thalern in die Schule Hornbach auf.

meinsherrschaft eingetreten war, beklagte er sich bei Markgraf Philipp, daß man der Ordnung, welche er und sein Bruder Johann in Betreff der Stipendien früher gemacht hatten, nicht getreulich nachkomme, und erachtete es rathsam, daß man außer den Stipendien, welche nach jener Ordnung die Lateinschule Trarbach zu beanspruchen hatte, an löblichen Universitäten drei Stipendiaten, zwei Theologen und einen Juristen, unterhalte. Denselben solle man das Stipendium 3 bis 4 Jahre gönnen, sie müßten aber, wie auch früher angeordnet gewesen, eine von ihrem Vater oder Vormund mit unterzeichnete Obligation ausstellen, daß, wenn sie mit Gottes Gnade geschickt geworden, einem Dienste vorzustehen, sie den beiden Fürsten sich zum Dienst erbieten wollten, so aber dem Einen und Andern solches ungelegen sei, habe er das genossene Stipendium zurückzuzahlen. Jetzund, sagt der Herzog in seinem Schreiben vom 3. Dezember 1587 weiter, werden 8 Stipendiaten unterhalten, welche das Stipendium 6 bis 8 Jahre gehabt, dieselben hätten sich aber nicht immer auf die von der Herrschaft bezeichneten Hochschulen begeben, sondern Universitäten ihres eigenen Gefallens besucht. Das Letztere hielt Herzog Karl hauptsächlich darum für unstatthaft, weil die Stipendiaten auf den von ihnen erwählten Schulen leicht dem lutherischen Bekenntniß entfremdet und mit dem Calvinismus befleckt werden konnten. Aus eben diesem Grunde sandte er, nachdem durch seinen Bruder Johann in der Schule Hornbach das reformirte Bekenntniß eingeführt worden, seine Stipendiaten nicht mehr dorthin, sondern trat mit seinem Bruder Philipp Ludwig in Unterhandlung wegen ihrer Aufnahme in die weit entlegene Schule Lauingen *). Aber welche große Zahl von

*) Man habe, schrieb Karl an denselben am 17. August 1588, in diesen Tagen mit seinen Stipendiaten ein Examen abgehalten und etliche also beschaffen gefunden, daß sie zu Kirchen und Schulen wohl zu gebrauchen seien, wenn sie in Schulen, so der Lehr und der Disciplin halben ohne Verdacht seien, ihre Studien fortsetzten. Daher sähe er und sein Gemeinsherr, der Markgraf Philipp, es gerne, wenn man zwei oder drei in Lauingen unterbringen könne, zumal es in Straßburg, wohin sich bis jetzt die Mehrzahl ihrer Stipendiaten zur Vollendung der Studien begeben, über alle Maßen theuer seie. Ludwig Philipp schrieb zurück: Es könnten welche aufgenommen werden. Dieselben hätten für den trockenen Tisch die Woche 29

Jünglingen die Stipendien der Grafschaft genoß, nur wenige derselben erblickt man später in ihr als Kirchendiener. Etliche starben vor Beendigung ihrer Studien, Andere gaben das theologische Studium auf, und Andere wieder erhielten darum keinen Dienst, weil sie sich mit dem Calvinismus befleckt hatten *). Zu keiner Zeit konnten die Pfarreien der Grafschaft sämmtlich mit Grafschaftssöhnen besetzt werden, die Zahl der eingeborenen Geistlichen war jederzeit geringer als die der von auswärts gekommenen, und aus welch verschiedenen Ländern waren die Letztern gekommen. Vom Nieder- und vom Mittelrhein, aus Hessen und aus Thüringen, aus Franken und aus Schwaben. In besonders

---

Kreuzer zu entrichten und daneben ein Geringes als Stubenzins. Mit Holz und Licht müßten sie sich selbst versehen. Das Getränk, das einer über Tisch trinken wolle, müsse er besonders zahlen. Sonst seien die Kostgänger mit den andern Collegiaten unter einerlei Disciplin und Inspection. Karl meldete darauf am 14. Oktober 1588 dem Bruder, er werde ehestens zwei oder drei Stipendiaten senden, und habe bereits dem Schaffner in Wolf befohlen, das Kostgeld zu schicken. Er empfing darauf von Philipp Ludwig die Antwort, nicht bloß in diesem, sondern auch in Mehrerem sei er ihm zu willfahren geneigt, und wolle er die Verordnung thun, daß die Stipendiaten sofort ins Collegium aufgenommen und mit Kost, Wohnung und Disciplin gebührlich versorgt würden.

*) Das Letztere war der Fall in Betreff des Stipendiaten Wendalin. Als der Zweibrückische Statthalter von Wambold in Heidelberg, wohin er Geschäfte wegen gereist war, hörte, Wendalin pflege vertrauten Umgang mit einem, der mit der Zwinglischen Opinion stark befleckt sei, wurde dem Oberamtmann in Trarbach befohlen, er solle Wendalin, damit er nicht verführt werde, aufgeben, sofort nach Wittenberg zu ziehen, dahin er sich schon in der letzten Herbstmesse hätte begeben sollen, und so er von Heidelberg nicht weiche, solle ihm bis auf Weiteres aus den Kirchengefällen der Grafschaft nichts mehr gereicht werden. Nach einiger Zeit berief man Wendalin nach Zweibrücken und befand in dem dort mit ihm angestellten Examen, daß er seine Zeit ziemlichermaßen in studiis verbracht habe, aber de praesentia Christi in coena et de manducatione impiorum mit Calvin übereinstimme Man schlug ihm darauf vor, er solle entweder eine Pfarre nach der Fürsten Kirchenordnung versehen, oder nach Wittenberg oder auch nach Tübingen gehen, damit er vielleicht aus Gottes Schickung auf andre Wege gebracht würde. Als ihm der keins annehmlich sein wollte, wurde ihm das Stipendium gekündigt und zugleich auferlegt, was er empfangen hatte, in fünf Jahren zurückzuzahlen.

reicher Zahl waren die Landschaften Sachsen und Meißen vertreten, gering dagegen Baiern und Böhmen. Ebenso verschiedenartig als die Heimathslande der Geistlichen waren auch die Vor- und Hochschulen, auf welchen sie ihre Bildung empfangen hatten. Es gab welche, die vor dem Besuch der Hochschule drei bis vier Pädagogien und Gymnasien durchlaufen hatten, während andere sechs bis acht Jahre in einer und derselben Schule sich befunden. Von den älteren Geistlichen hatten viele sich in Wittenberg für das Amt vorbereitet, und fanden sich unter ihnen solche, die, wenn auch nicht mehr zu den Füßen Luthers, doch zu denen von Melanchthon, Bugenhagen und Cruziger gesessen hatten. Neben Wittenberg waren es besonders die Hochschulen Leipzig, Tübingen und Marburg, welche die Geistlichen der Grafschaft als ihre geistigen Geburtsstätten ansahen. Während der späteren Jahrzehnte aber war es ganz besonders Straßburg, wohin die Stipendiaten zur Vollendung ihrer Studien gesendet wurden und von wo aus die Ausländer in die Grafschaft einrückten. Wen die Doctoren Pappus und Marbach empfahlen, der fand bei Herzog Karl günstige Aufnahme, und auch nach dem Tode dieses Fürsten wurden die Sendlinge aus Straßburg vor andern bei Verleihung der Stellen berücksichtigt. Von den Geistlichen, welche ums J. 1607 die Kirchen- und Schulämter der Grafschaft bekleideten, hatten einundzwanzig in Straßburg, sechs in Marburg, drei in Wittenberg und drei in Leipzig studirt, dagegen keiner in Heidelberg. Unter den vom Niederrhein gekommenen Geistlichen haben mehrere, wie die Pfarrer Johann Essen und Peter Spannagel in Alterkülz, desgleichen der Pfarrer Theodor Pistorius in Gebrod keine Hochschule besucht, sondern ihre theologische Bildung auf der Schule zu Düsseldorf empfangen, die unter der Leitung des ehrwürdigen Monheim eine der blühendsten Lehranstalten am Rhein gewesen. Winand Gallus, der Pfarrer in Bell, erklärte bei der Visitation von 1567, er sei durch seinen Vater, der Schulmeister in Kaiserswerth gewesen und in Wittenberg die Reformatoren gehört habe, für das Predigtamt vorbereitet worden, und dasselbe dürfte der Fall gewesen sein bei seinen Brüdern Abraham und Heinrich. Auch in der spätern Zeit kam es noch vor, daß welche ohne den Besuch einer Hochschule zu geistlichen Aemtern gelangten. Es gehört dazu der als Pfarrer in Pferdsfeld verstorbene Matthias Sahm.

Wie sehr die Kurfürsten der Pfalz und die Landgrafen von Hessen es sich haben anliegen lassen, ihren Landen geschickte Kirchen- und Schuldiener zu erziehen, und wie vorzugsweise zu diesem Zweck die Sapienz in Heidelberg, die Schule im Stift Neuhausen bei Worms, die Akademie zu Neustadt an der Hardt, sowie die Hochschule Marburg und das mit ihr verbundene Pädagogium gegründet worden, ist Abth. I dargelegt, sowie daß auch Herzog Reichard von Simmern, desgleichen die Rheingrafen solche, die sich dem geistlichen Stand gewidmet, mit Stipendien bedachten. Trotz dieser Fürsorge für die Theologiestudirenden kam es selbst in der Kurpfalz vor, daß Einzelne Armuth halber das theologische Studium auf der Hochschule nicht vollenden konnten, und wurden solche wie in der H. Gr. Sponheim häufig mit Schulstellen betraut, auf denen sie unter Leitung des Pfarrers oder des Inspectors das theologische Studium fortsetzen, namentlich im Predigen und Katechisiren sich üben konnten. In allen Gebietsherrschaften unseres Bezirks waren viele Geistliche vor dem Eintritt in das Pfarramt Lehrer an Volks- oder Mittelschulen, und in kleinern Städten war sehr oft das Amt des Schulmeisters mit dem des Diakonus verbunden. Es gereichte den Geistlichen jederzeit zur Empfehlung, wenn sie sich auf der Hochschule die Magisterwürde erworben oder baccalaureirt hatten. Dasselbe war der Fall bei den Geistlichen des Herzogthums Zweibrücken, der Kurpfalz, der Rheingrafschaft 2c. Wenn in dem ritterschaftlichen Flecken Merxheim auf den Magister Nikolaus Böler aus Kreuznach, der während der Jahre 1597—1611 allda das Pfarramt bekleidete, wiederum ein Magister, David Breulerus aus Marburg, folgte, so deutet dieses darauf, daß auch die adligen Herrn es gerne sahen, wenn ihre Pfarrer graduirt waren. Wie viele Magister aber auch unter den Geistlichen unseres Bezirks erscheinen, ein Doctor der Theologie zeigt sich unter ihnen dem Auge nicht.

3. Die Prüfung und Ordination der Prediger.

In Hessen wurden die Geistlichen durch die Superintendenten, die anfänglich fast mit allen Rechten der früheren Bischöfe und Archidiakonen ausgerüstet waren, geprüft und ordinirt. Ebenso theilte Herzog Wolfgang in seiner Kirchenordnung die Prüfung und Ordination der zum Predigtamt Berufenen den Superintendenten zu. So einer, sagt er, zum Predigtamt berufen wird, soll er dem Superattendenten, den wir dazu ordnen werden, auch eines Theils bereits geordnet haben, präsentirt werden, und soll an sie Zeugniß von seiner Berufung und Sitten bringen, denn die päpstliche Gewohnheit, daß die Bischöfe Personen geweihet, nicht zu dem Predigtamt, sondern allein dem Bauch zu gut, Meß zu halten, war Ursach vieler großen Irrthümer und Abgöttereien. So einer die genannten Zeugnisse gebracht, soll er von obbemeldten Superattendenten und von etlichen mehr Prädikanten, auch Andern, so er der Herzog etwa verordne, ordentlich und sächtiglich verhört werden, von den fürnehmsten Artikeln christlicher Lehr, und so die Verhörer befunden, daß er ziemlichen Verstand christlicher Lehr hat und nicht mit falscher Lehr befleckt ist, darauf er ausdrücklich gefragt werden soll und sein Bekenntniß thun, sonderlich der Wiedertäufer, Zwinglischen und Schwenkfelder Irrthumb halben, sollen sie ihn zur Ordination zulassen. So sie ihn aber ungeschickt oder sträflich in der Lehr befunden, sollen sie ihn zu der Ordination nit zulassen, und ihm der Gelegenheit nach ihr Bedenken anzeigen, ob er noch zu unterrichten wäre oder stracks wegzuweisen. Unmittelbar auf die Ordination folgte die Communion *). Diesen Bestimmungen gemäß hat man denn wie im Fürstenthum Zweibrücken, so auch in der H. Grafschaft Sponheim bei der Prüfung verfahren. Als es sich nach der Visitation von 1567 aufs Neue darum handelte, welche von den aus dem Papstthum herübergekommenen Pfarrern man im Amt belassen könne, und welche ihrer Untauglichkeit wegen müßten entfernt werden, hielten die Superintendenten Flinsbach und Henning im J. 1571 mit denselben zu Trarbach nochmals ein Examen ab, und dieweil man dabei nicht Alle gelehrt und zu ihrem Amte wohl befähigt befunden, manche dagegen sich gar rüde erzeigt

*) Hernach sollten den Ordinatis geschriebene oder gedruckte öffentliche Testimonia gegeben werden, unterschrieben durch den Superattendenten und etliche mehr Personen, so dazu verordnet worden, daß man wisse, daß sie zum Predigtamt zugelassen und nicht falsche Lehrer sind.

hatten, ward für gut angesehen, daß Henning mit denen, so man im Unfleiß befunden, das Jahr hindurch etlichemal privata examina halte und die Einzelnen dazu nach seiner Gelegenheit erfordere. Dabei sollte er ihnen den einen und andern Glaubensartikel gründlich zu lernen aufgeben, und um zu erfahren, ob sie solches gethan, sie längstens nach zwei Monaten wiederum einberufen und sie zugleich eine Probepredigt halten lassen. Gleicherweise hielt man es später mit den Geistlichen, die man bei der Kirchenvisitation in ihren Kenntnissen schwach befunden.

Belangend die Ordination, so bestimmte Wolfgangs Kirchenordnung: Es sollten die, welche im Verhör tüchtig befunden worden, den darauffolgenden Sonntag nach der Predigt öffentlich ordinirt und nicht durch den Verzug mit großer Zehrung beladen werden. So man aber etliche, so gering bestanden, noch besser unterrichten wolle, möge man sie eine Woche oder auch zwei oder drei aufhalten. Dieses möchten die Patroni bedenken und den armen Männern, die sie präsentiren, Zehrung geben, denn es solle das heilige Amt züchtiglich angefangen werden. Jeder Ordinand solle sich zum Gebet und zur Communion bereiten, und soll die Form gehalten werden, wie sie Dr. Martinus Luther gestellet, nämlich lectio, Gebet, Auflegung der Hände und Befehlung des ministerii. Lange Zeit wurden diese Bestimmungen in der H. Gr. Sponheim und wohl auch im Fürstenthum Zweibrücken nicht genau befolgt. Nicht selten haben Geistliche eine Reihe von Jahren das Pfarramt bekleidet und sämmtliche Kirchendienste verrichtet, ohne daß sie ordinirt waren. Heinrich Huben war während der Jahre, die er als Pfarrer in Dill stand, nicht ordinirt und erst als dieses bei seiner Versetzung auf die Pfarrstelle Traben zur Kenntniß des Herzogs Johann kam, ließ dieser ihn nach Zweibrücken rufen, dort predigen und darnach ordiniren. Gleicherweise hat dieser Fürst, als er aus dem Bericht über die Visitation von 1575 ersehen, daß Pfarrer Fuchs in Wirichsbach noch der Ordination ermangele, ihm dieselbe in Zweibrücken ertheilen lassen. Wenn die Visitatoren des Jahres 1580, als sie erfahren, daß die Pfarrer Peter Kassel in Pferdsfeld und Nikolaus Pistorius in Gebrod noch nicht ordinirt seien, obwohl der erstere schon zehn, der andere drei Jahre im Amt stand, sofort nach der Predigt, welche sie in ihren Kirchen hielten, die Ordination mit ihnen celebrirten, so geschah dieses jedenfalls auf des Herzogs Anweisung. Wie streng Herzog Karl darauf hielt, daß in seinem Herrschaftsgebiet der Kirchenordnung seines Vaters nachgekommen werde, in Betreff der Ordination geschah dieses während der ersten Jahre seiner Regierung nicht. Dr. Gall Tuschelin machte ihm deshalb im J. 1590 ernste Vorstellungen und drang darauf, daß Jakobi, der neue Pfarrherr in Trarbach, sowie die andern Pfarrherrn der Grafschaft, welche noch nicht ordinirt seien, die Ordination nach Vorschrift der Kirchenordnung empfingen. Als Karl erwiderte, er erachte solches unnöthig, dieweil dieselben bereits längere Zeit im Kirchendienst seien, war Galls Gegenantwort, die Ordination sei gewissermaßen ein Mysterium und als solches nicht allein den Pfarrherrn ein Trost und Autorität in ihrem Beruf, sondern auch dem gemeinen Mann eine Anweisung, die ministros ecclesiae in Ehren zu halten, und möge der Herzog nicht, was er ihm sage, in den Wind schlagen. Nach seiner Ansicht, schrieb er schließlich, seien alle Ordinanden entweder auf ihre oder der Kirchen Kosten nach Birkenfeld oder Trarbach zu berufen, auf daß sie durch die nächsten ältesten Pfarrer, — das Amt des Superintendenten war nach Wackers Tod nicht mehr besetzt worden, — ordinirt würden, obwohl es besser wäre, wenn jeder an dem Ort, da er Pfarrer sei, die Ordination empfange. Karls Räthe theilten diese Ansicht nicht und meinten, der Sache würde ein Genüge geschehen, wenn man bei der nächsten Visitation die noch nicht ordinirten Geistlichen ihren Pfarrkindern von Neuem präsentirte, denn wollte man sie feierlich ordiniren, so würde dies ein gar seltsam Ansehen haben, und würden Viele denken, ihr Pfarrer sei bisher kein Pfarrer gewesen. Was dagegen die neu anzustellenden Pfarrer belange, so könne man die Anordnung treffen, daß sie vor Antritt ihres Amtes in der Hofkapelle zu Birkenfeld ordinirt würden. Zuletzt schlug man einen Mittelweg ein. Als bei der Visitation von 1594 zu Wolf visitirt wurde, sind sämmtliche Geistliche, die der Ordination noch ermangelten, aufs dortige Kloster beschieden und durch Conon unter Zuziehung der Pfarrer von Wolf, Traben und Enkirch in Anwesenheit des Oberamtmanns Senft von Sulburg und des Kanzlers Zeuger am 16. Februar ordinirt worden*).

*) Außer dem Magister Jakobi, der neben Conon noch im nämlichen

In den Generalpunkten, welche nach der Visitation von 1607 in sämmtliche Pfarreien der Grafschaft gesendet worden, lautet

---

Jahre zum geistlichen Inspector der Grafschaft ernannt wurde, empfingen die Ordination die Pfarrer Heinrich Armbruster von Reichenbach, Johannes Porta von Irmenach, Jakob Kesselboth von Wirichsbach, Kaplan Burkard von Trarbach und der gewesene Kaplan von Enkirch, Andreas Trinkel. Bei der Feier sang die Gemeinde, wie bei dem Sonntagsgottesdienst, das Lied: Komm heiliger Geist ꝛc.; der Ortspfarrer Hauth las darnach die Liturgie, sodann predigte Conon über Matth. 9, 37 u. 38: Die Erndte ist groß, aber der Arbeiter sind wenig. Bei der Ordination verlas Conon zunächst aus der Kirchenordnung, was das Amt des Bischofs ist 1 Timoth. 3, 1—7 und Apostelgeschichte 20, 28—32. Darauf sprach er zu den Ordinanden: hier höret ihr, daß uns, die wir als Bischoffe d. h. als Prediger und Pfarrherrn berufen sind, nicht wird befohlen, Gäns oder Küh zu hüten, sondern die Gemeinde, so Gott durch sein eigen Blut erworben hat, daß wir die weiden sollen mit dem reinen Wort Gottes, auch wachen und zusehen, daß nicht Wölfe und Rotten unter die armen Schafe einreißen, darum nennet es der Apostel ein köstlich Werk ꝛc. Nach dieser Vermahnung stellte Conon an die Ordinanden die Frage, ob sie bereit seien zu thun, was sie gehört, und nachdem sie diese Frage bejaht, legte er ihnen in Gemeinschaft mit den Pfarrern die Hände auf und betete über ihnen das vorgeschriebene Gebet. Als solches geschehen war, wurde den Ordinirten das h. Nachtmahl gereicht und die Feier mit nochmaligem Gebet beschlossen. Später empfingen die neuen Prediger meist unmittelbar nach bestandener Prüfung die feierliche Einsegnung zum Amte. So wurden 1594 ihrer sechs auf den 23. April nach Trarbach zum Examen beschieden und des folgenden Tages ordinirt. Es waren die Kaplane Johann Senf zu Enkirch, Konrad Daniel Orth zu Winningen, Johannes Range zu Kastellaun, Paul Haff zu Birkenfeld und die Pfarrer Tilmann Liernur und Melchior Berwein. Die Ordination vollzog der Inspector Jakobi unter Beistand der Pfarrer von Enkirch und Traben. Nach der Ordination wurden die Ordinirten in die Kellerei berufen und hat sie hier der Kanzler Zeuger in Beisein des Oberamtmanns und des Landschreibers ermahnt, ihr Amt in Gottesfurcht, herzlichem Ernst und Bescheidenheit auszurichten und insonderheit ihre Zuhörer ohne Verhinderung und Aergerniß den Katechismus zu lehren, damit die gn. Fürsten weiter Ursach gewönnen, sie in Gnaden zu bedenken. Darauf wurde ihnen auf dem Rathhaus ein Imbs gegeben, dem neben den Geistlichen auch die Amtleute anwohnten. Die Kosten des Imbses wurden aus den Gefällen des Klosters Wolf bestritten. In den nächstfolgenden Jahren fand die Prüfung und Ordination der angehenden Prediger meist zu Birkenfeld statt, und hat Herzog Karl nicht bloß jederzeit mit seiner ganzen Familie der Ordinationsfeier angewohnt, sondern ist bisweilen auch mit seinen Prinzen zu dem Examen gekommen.

Artikel 3: Als man in Erkundigung gebracht, daß bisher etlichen angehenden Theologen, so noch nicht ordinirt, von den Pastoren eigens Gefallens zugelassen, Beicht zu hören, das h. Nachtmahl zu spenden, Kinder zu taufen und dergleichen andern Gottesdienst zu verrichten, so soll solches den Pfarrern gänzlich verboten, und Niemand, er sei denn zuvor der Gebühr und der Sponheimischen christlichen Kirchenordnung gemäß ordinirt, zur Verrichtung evangelischer Kirchenakte zugelassen werden, wie denn auch ein jeder Geistliche zu den Kanzleien Bericht thun soll, wo, wann und von wem er ordinirt worden. Von da ab scheint man sorgsamer darüber gewacht zu haben, daß die Sakramente nur durch ordinirte Geistliche gespendet wurden. Bei Manchen, welche zur Ordination zugelassen wurden, fand man bei der Visitation von 1607 die theologischen Kenntnisse sehr gering, und gab dies Anlaß, daß in die Generalpunkte auch der aufgenommen wurde: Bei den examinibus möge man daran sein, daß die Kirche nicht mit ungelehrten ministris beschwert werde.

Vor der Reformation wurde, nachdem die Investitur der Geistlichen bei dem Bischofe oder dem Archidiakon erfolgt war, die feierliche Einführung derselben in das Amt durch den Erzpriester oder den Dechanten des Kapitels vollzogen. Nach der Reformation haben in der H. Gr. Sponheim längere Zeit die weltlichen Amtleute die Pfarrer in ihr Amt eingeführt, oder nach dem dafür gebräuchlichen Ausdruck der Gemeinde fürgestellt. Als 1575 Herzog Johann Heinrich Huben von der Pfarrstelle Dill auf die in Traben versetzte, empfing von ihm der Landschreiber als Vertreter des abwesenden Oberamtmanns den Befehl, denselben in seinem und seines Gemeinsherrn Namen der Gemeinde zu präsentiren, und dieweil er noch jung, auf seine Lehre und Leben gut Acht zu haben, damit er seinem Amt der Gebühr nach abwarte und durch fleißiges Lesen der Schrift und anderer guten Bücher, so ihm ohnlängst durch die Visitators aufgezeichnet worden, je länger je mehr sich bessere. Nachdem Huben im Juli 1586 „an der abscheulichen Seuche pestis aus diesem Jammerthal verschieden", erließ Herzog Karl an den Oberamtmann Bernhard von Walbronn und den Landschreiber Boltzing den Befehl, da bei diesen geschwinden Zeiten die Nothdurft erfordere, daß die Gemeinde bald wieder mit einem Geistlichen versehen werde, so hätten sie Martinum Kaiser, den er zu einem Pfarrer in Traben angenommen, einstweilen dahin zu weisen, und ihn, sobald die Luft etwas besser, der Gemeinde fürzustellen. Daß die Gemeinsfürsten von Sponheim die Pfarrer ihren Gemeinden ohne Zuziehung der Superintendenten präsentiren ließen, mochte mit daher rühren, daß sie die Präsentation nicht zu ihren bischöflichen sondern zu ihren landesherrlichen Rechten zählten. Es machte sich jedoch je länger je mehr das Bedürfniß fühlbar, daß bei der Einführung der Prediger auch eine Ansprache des geistlichen Aufsehers stattfinde, und nachdem die beiden Inspectoren dieses Bedürfniß, dem man zuweilen Rechnung getragen hatte, bei dem Colloquium, welches Herzog Karl gegen Ende seines Lebens durch Dr. Philipp Marbach mit der Geistlichkeit der Grafschaft abhalten lassen, zur Sprache gebracht, haben es Sr. Durchlaucht sich gnädig wohlgefallen lassen, daß die neu aufgenommenen Kirchendiener in Zukunft jederzeit in Gegenwart des Inspectors sollen präsentirt werden, damit durch denselben eine Vermahnung gehalten und in derselben Pfarrer wie Zuhörer ihres Amtes erinnert würden. In der Inspectionsordnung der Kurpfalz lautet die Bestimmung in Betreff der Amtseinführung also: Es solle der Inspector die Kirchendiener, die ihn von dem Kurfürsten oder von dessen Kirchenrath mit Praesentationibus*) zukommen, an jedem Ort, dahin sie verordnet, der Gemeinde präsentiren. Zunächst solle er solchen Kirchendiener eine Predigt thun lassen, danach selbst auf die Kanzel treten, um ihn mit dem gemeinen Gebete zu confirmiren und darnach aus Gottes Wort darthun, wie der Kirchendiener sich gegen seine Pfarrkinder und diese gegen ihn verhalten sollen. Wenn der Kirchendiener also confirmirt, solle er ihn in Gemeinschaft mit den Amtleuten jeden Orts in die Pfarrbehausung, Güter und Competenz (nach Anweisung der Präsentationsschrift) einsetzen helfen. Die Prüfung der Kirchen- und Schuldiener in der Kurpfalz war wie derselben Anstellung dem Kirchenrathe zugetheilt**).

---

*) Praesentationes hießen die für die Pfarrer ausgestellten Bestallungsurkunden. Das Formular für diese Präsentationen oder Ernennungsurkunden findet sich der Kirchenrathsordnung von 1564 angefügt. Ebendaselbst ist auch über die Amtseinführung Ausführliches gegeben.

**) Die Kirchenrathsordnung Friedrichs des Frommen bestimmte dar-

In der Rheingrafschaft hielt der Superintendent unter Beistand von zwei oder drei Pfarrern das theologische Examen ab.

über Folgendes: Es sollten die Kirchenräthe keine Kirchen- und Schuldiener annehmen, über deren Leben ihnen nicht gute glaubhafte Zeugnisse fürbracht worden, auf daß nicht leichtfertige verlaufene Leute, die ihres Bauchs willen umschweifen oder um Mißhandlung willen vertrieben worden, noch solche, die unverständlicher Sprache sind, zu solchen Aemtern gebraucht werden. Wo dann Wandels, Lebens und Alters halben kein Mangel erscheine, sollen die Kirchenräthe zum Examen fortschreiten und den Examinanden durch die fürnehmste capita der christlichen Religion, sonderlich aber von den schwebenden Irrthumben befragen. So der examinatus wohl geantwortet, soll ihm eine Probepredigt auferlegt, daraus die Kirchenräthe abzunehmen haben, wie er das gemeine Volk aus der Schrift zur Besserung vermahnen und trösten könne, und aus seiner Aussprache sowie aus seiner Action urtheilen mögen, welches Ort ihm zu befehlen. Die Mängel, die man an ihm befunden, sollen ihm freundlich untersagt werden mit Vermahnung sie zu verbessern. Darauf sollen ihm der Katechismus und die Kirchenordnung vorgelegt, und nachdem er sie gelesen, soll er befragt werden, ob er die approbire oder was er darin zu strafen wisse. Falls er dieselben approbirt, soll ihm ernstlich befohlen werden, den Katechismus oder desselbigen kurze Summa den Jungen und Alten fleißig einzubilden und in den Caeremonien sich der Kirchenordnung gemäß zu verhalten, insonderheit keine Neuerung weder in der Lehre noch in den Caeremonien fürzunehmen. Einem Neuling, der zuvor noch nicht im Ministerium gewesen, soll nicht leichtlich eine Pfarre befohlen werden, es sei denn Sache, daß einer so geschickt, alt und erfahren, daß aus den Umständen und seinem Wesen erscheine, daß er eine Pfarre versehen könne, sonst soll er zuvor zu einem Diacono gebraucht und nach etlicher Zeit, wenn man ihm eine Pfarre befehlen wollte, wieder examinirt werden, auf daß man daraus judiciren möge, ob er in der Lehre zugenommen und zur Translation genugsam sei. Das Kapitel 5 der Kirchenrathsordnung handelt ausschließlich davon, wie die Kirchendiener, ehe und bevor sie auf Pfarren oder Diakonate präsentirt werden, sollen durch die Kirchenräthe ermahnt werden. Nach erfolgter Ermahnung sollen die Kirchenräthe ihnen den Ort, dahin sie sollen geschickt werden, desgleichen dieses Ortes Gelegenheit anzeigen, darauf ihnen die Bestallung darlegen, und so sie dieselbe durchgelesen und die Annahme bewilliget, sie angeloben lassen, Allem und Jedem, so darin begriffen, getreulich nachzukommen. In dieser Vermahnung und Angelobung scheint die Ordination der Geistlichen bestanden zu haben, wobei jedenfalls Gebet und Segensspruch nicht gefehlt hat. Ob dabei auch Handauflegung stattgefunden, steht in Frage, gedacht ist derselben in dem bezeichneten Kapitel nicht. Nicht immer ward die Vermahnung durch den gesammten Kirchenrath ertheilt, sondern es

In der Regel fand dasselbe erst statt, wenn sich ein Geistlicher um einen Kirchendienst meldete oder von den Collatoren dazu präsentirt wurde. Häufig haben die Rheingrafen selber es angeordnet, und wohnten ihre Oberamtleute demselben nicht bloß an, sondern führten dabei auch den Vorsitz*). Die Ordination vollzog der Superintendent wahrscheinlich wie bei der Prüfung unter dem Beistand etlicher Nachbarpfarrer. So hat, als Pfarrer Sahm die Pfarrei Ilgesheim, so nunmehr der Pfarrei Herrensulzbach einverleibt ist, verliehen worden, der Superintendent Andreas Hartmann ihn ordinirt, gleicherweise der Superintendent Philipp Felsenius 1588 den Pfarrer Hellbach in Laufersweiler. Daß die Ordinationsfeier jedesmal in der Kirche auf Johannisberg, welche durch den Superintendenten bedient wurde, stattgefunden habe, ist nicht wahrscheinlich, indem die Kirchenordnung von 1693 bestimmt, sie solle, wo es immer möglich, vor der Gemeinde, die

---

ertheilte dieselbe bisweilen ein dazu beauftragtes Mitglied des Raths, welches alsdann auch das Gelöbniß des Candidaten entgegennahm

*) So schrieb der rheingräfliche Rath Molitor am 16. Juni 1574 von Bingen aus an den Dhaunischen Amtmann Ende. Was Johann Streit durch vielfältig Laufen nach Wartenstein wegen der Pfarr Rhaunen für Vertröstung bekommen, wolle er aus dem Schreiben des Wartensteiner Amtmanns ersehen. Da er — Molitor — wegen seiner Leibesschwachheit der Sache nicht nachkommen könne, so solle er die Pfarrer von Simmern und Hausen (die Stelle des Superintendenten scheint damals nicht besetzt gewesen zu sein) zu sich fordern und ihnen auferlegen, sich einiger quaestionum eines Examinandi ad ministerium zu vergleichen, alsdann soll er seiner Gelegenheit den Examinatoren und dem Examinanden einen Tag ansetzen, und den Examinatoren einbinden, daß sie rc. Streit die Fragestücke nicht vor dem Verhör eröffneten. Nach Eröffnung der Handlung soll er der Amtmann dem Examinanden sofort juramentum simoniae abnehmen, daß er zur Erlangung der Pfarre Rhaunen Niemanden etwas geschenkt oder zu schenken verheißen, weder Geld noch Geldeswerth, auch kein Korn noch andere Früchte; wo solches von ihm erfahren würde, wolle er ein Ehrloser und kein Pfarrer zu Rhaunen noch anderswo sein Leben lang sein. Nachdem der Examinand diesen Eid geleistet, solle er durch die Pfarrer verhört und dabei, soweit möglich, Frag und Antwort niedergeschrieben werden. Sei das Examen gehalten, so solle er der Amtmann nach Befindung der Sache richten (urtheilen), womit er sein und der Examinatoren Gewissen wolle beladen. Von einer Probepredigt schreibe er nichts, da er der Amtmann rc. Streit öfters gehört habe und wisse, was er auf der Kanzel leiste.

ihm anvertraut werde, durch den Superintendenten, oder in Ermangelung desselben von dem Senior des ministerii im Beisein zweier anderer Pfarrer vollzogen werden. Nach eben dieser Kirchenordnung hatte der Superintendent auch die schon zuvor ordinirten Kirchendiener einzuführen, und ist die Theilnahme der weltlichen Beamten darin nicht vorgeschrieben. Auch im Herzogthum Simmern gehörte die Ordination, desgleichen die Prüfung der Geistlichen zu den Amtsobliegenheiten des Superintendenten. So sind die Pfarrer Wenzeslaus Mengerschied und Valentin Faber, desgleichen der Stromberger Kaplan Sebastian Wigel durch Magister Rösner, den langjährigen Superintendenten des Fürstenthums Simmern, ordinirt worden, ebenso Andere durch desselben Vorgänger im Superintendentenamte. Wenn die Besitzer ritterschaftlicher Orte Geistliche anstellten, die nicht zuvor an andern Orten Kirchendiener gewesen, so ließen sie dieselben durch den Superintendenten eines Herrschaftgebietes, das ihnen nahe lag, examiniren und ordiniren. Als Hans Wolfgang von der Leyen, des römischen Reichs Ritter und kurmainzischer Hauptmann, im J. 1619 den Candidaten Nikolaus Mohr aus Gemünden zu seinem Pfarrer auf Martinstein berufen, ward derselbe auf des Ritters Ersuchen durch den rheingräflichen Superintendenten Bachmann auf Johannisberg unter Zuziehung der Pfarrer von Hausen und Simmern unter Dhaun examinirt und ordinirt.

4. Die Pflichten der Pfarrer und Pfarrgehülfen.

Die Pflichten der Pfarrer und Pfarrgehülfen finden sich in den älteren Kirchenordnungen nicht wie in manchen neueren der Reihe nach aufgezählt, sondern müssen in verschiedenen Abschnitten der Kirchenordnungen, in den Bestallungsurkunden und anderen Schriftstücken gesucht werden. Im Wesentlichen lag den Kirchendienern, lateinisch ministris ecclesiae, Folgendes ob: 1. Daß sie die ihnen anvertraute Gemeinde durch Predigt und Katechisation das Wort lehren. 2. Daß sie ihr die h. Sakramente spenden und die andern heiligen Handlungen, als Trauung, Begräbniß &c. vollziehen. 3. Daß sie an den Gliedern ihrer Gemeinde treulich Seelsorge üben und in Gemeinschaft mit den Aeltesten die

Kirchenzucht handhaben. 4. Daß sie die Schulen des Orts beaufsichtigen. 5. Daß sie die Kirchenbücher führen. 6. Daß sie sich die Erhaltung der zeitigen Güter ihrer Kirche anliegen lassen. 7. Daß sie die Gemeinde wie durch ihre Predigt so auch durch ihren Wandel erbauen.

In der Urkunde, durch welche die Wild- und Rheingrafen Otto und Adolph Heinrich den würdigen und gelehrten Christophorum Stadelberg zu ihrem Pfarrherrn in ihrem gemeinheitlichen Flecken Kirn bestellen, sagen sie: Sie hätten ihn vocirt, daß er neben dem ihm zugeordneten Kaplan Gottes Wort lehre und predige ohne allen menschlichen ungegründeten Wahn und Zusatz, wie dasselbe sich finde in den prophetischen und apostolischen Schriften, und daß er es lehre gemäß den alten bewährten Symbolis Apostolico, Nicaeno et Athanasiano, ferner der ersten ungeänderten Augsburger Confession und deren Anhang, der Apologie, wie es weiland Otto Heinrichs Kirchenordnung vorschreibe. Auch habe er die Sakramente nach christlicher Ordnung, Befehl und Einsetzung zu administriren, und demnach sie neben dem lieben Ministerio Gott zu Ehren und zu der heranwachsenden Jugend zeitlicher und ewiger Wohlfahrt eine feine Schule in dem Flecken Kirn angestellt und dieselbe mit zwei gelehrten Personen versehen, so soll dem Pfarrer auferlegt sein, daß er neben dem Kaplan und gemeinen Schultheißen, wo nit monatlich doch alle Quartal sich in die Schule verfüge und der Schuldiener Fleiß und wie mit der Jugend gehandelt werde, erfahre, alle vorfallenden Gebrechen der Schuldiener verzeichne und an sie die Grafen gelangen lasse. Von den Generalpunkten, so im Herzogthum Zweibrücken den Pfarrherrn des Lichtenberger Amts 1579 vorgehalten und 1589 wiederholt worden sind, lautet der erste: Sie sollen fleißig studiren und nicht faule ventres (Bäuche) sein, auch fleißig sein in Verrichtung ihres Amts, sonderlich den Katechismus mit der Jugend fleißig üben und ein ehrbar züchtig und christliches Leben führen, die Bibel und Augsburgische Confession, sowie die Kirchenordnung fleißig lesen und der Zankschriften müßig gehen. Die Gerichtsjunker des Dorfes Lauschied bei Meisenheim ließen im J. 1602 bei Abhaltung des Weisthums den dasigen Pfarrer vor sich bescheiden und legten ihm ernstlich auf, daß er seinen Pfarrkindern in Lehr und Leben mit guten Exempeln vorgehe und sonderlich alle von Gott verordneten Sonntage nach gehaltener Predigt der Jugend den Katechismus Luthers mit treuem Fleiß vorhalte und darin unterweise, und versprach der Pfarrer solchem Allem getreulich nachzusetzen, als einem getreuen Pfarrer gebühren wolle. Was die Vertheilung der Amtsgeschäfte zwischen dem Pfarrer und seinen Gehülfen belangt, so hielt in Trarbach, dem Hauptort der H. Gr. Sponheim, an den Sonn- und Feiertagen der Pfarrer die Morgenpredigt, der Diakon des Nachmittags die Katechismuspredigt nebst der daran sich reihenden Katechisation. Von den Wochenpredigten war die am Mittwoch dem Diakon, die am Freitag dem Pfarrer zugetheilt, der auch das am Niklastage beginnende und um Fastnacht endende Abendgebet zu halten hatte. In derselben Weise waren zu Enkirch die Predigten vertheilt. Die Katechismuslehre hielten beide Geistliche und leistete dabei auch der Schulmeister Hülfe. Die Hochzeitpredigten hatte der Pfarrer allein, die Leichenpredigten wechselten zwischen Pfarrer und Kaplan. In das Verhör der Communikanten theilten sich beide. Im Kirchspiel Brombach predigte und katechisirte der Kaplan in den Kapellen Heiligenbusch und Sinsbach, desgleichen waren ihm in diesen Filialen die Hochzeit- und Leichenpredigten, die Taufen und Krankenbesuche zugetheilt, und kamen die Filialisten nur zum Abendmahl in der Pfarrkirche, woselbst der Pfarrer die Sonn- uud Festtagsgottesdienste hielt. Ueberhaupt war die Bedienung der Filiale meist den Pfarrgehülfen zugewiesen. Wie die Kaplane und Diakonen die Communikanten verhören halfen, so waren sie auch des Pfarrers Gehülfen bei der Abendmahlfeier, sie reichten den Kelch, der Pfarrer das Brod. Ebenso waren sie zur Theilnahme an der Seelsorge und Kirchenzucht verpflichtet; im Presbyterium hatten sie Sitz und Stimme, desgleichen führten sie das Präsidium, wenn kein Pfarrer da war. Nach der kurpfälzischen Kirchenordnung sollte an den Orten, wo unterschiedliche Pfarrer seien, das Direktorium bei den Zusammenkunften der Aeltesten zwischen ihnen wechseln.

Was die Führung der Kirchenbücher belangt, so hat für die Kurpfalz schon Friedrich der Fromme in seiner Kirchenordnung von 1563 dieselbe angeordnet*). Gleicherweise wurde bei der

*) Es solle, heißt es in derselben, der Prediger den Namen des Va-

Prüfung, welche mit der Geistlichen den H. Gr. Sponheim im J. 1567 abgehalten wurde, denselben zur Pflicht gemacht, indicem zu führen, darin die getauften Kinder, Communikanten, Abgestorbenen und neu eingesegneten Eheleute eingeschrieben werden sollten, und überreichte der Generalsuperintendent Flinsbach ihnen hierfür ein Schema. Es vergingen indessen der Jahre viele, bis dieser Anordnung in allen Gemeinden Folge geleistet wurde. Neben den Inspectoren waren auch die Amtleute angewiesen, nachzusehen, ob die Kirchenbücher ordentlich geführt werden*). Auf die Führung besonderer Communikanten-Register drangen die Visitationspunkte von 1608. Es sollen, heißt es in Punkt 14, die Pastores hinfüro ihre Kirchspielsverwandten, so sich das Jahr über bei der Communion einstellen, jedesmal aufzeichnen und darüber sonderbare Register führen. Eben daselbst wurde auch verordnet, die Amtleute wie die Inspectoren sollten darüber wachen, daß wenn Pfarrer abzögen oder tödtlich abgingen, von ihnen und ihren Erben die Kirchenbücher nicht hinweggeführt, sondern dem Nachfolger bei seiner Installirung überliefert werden. Daß man auch in den ritterschaftlichen Orten den Pfarrern die Führung von Kirchenbüchern auferlegte, dafür liefert der ritterschaftliche Flecken Merxheim den Beleg**).

ters, der Mutter, des Kindes und Gevattern ordentlich einschreiben in ein Buch, so bei jeder Kirchen dazu gereicht werden soll. So ein Kind unehelich geboren, dessen Vaters Name man sobald nicht wissen könne, solle der Mutter, des Kindes und der Gevattern Name eingeschrieben werden, und solle der Pfarrer solches an die Oberkeit gelangen lassen, gepürende christliche Ordnung damit fürzunehmen. Es sollen auch die Namen der Eheleute und Zeugen in ein besonder Buch eingeschrieben werden, welches bei jeder Kirchen bleiben soll. Die Einzeichnung der Verstorbenen findet sich nicht erwähnt.

*) Im J. 1592 zeigte der Pfarrer zu Wyrßweiler dem Amtmann seine indices vor, der von Allenbach dagegen sagte, er zeige sie dem Inspector, warum auch noch dem Amtmann? Er habe es auf Schartelen eingeschrieben, denn Niemand gebe ihm Papier.

**) Dort hat am 23. Januar 1597 der Magister Böler das Kirchenbuch angefangen mit Einzeichnung einer Taufe. Aus eben diesem Kirchenbuche erhellet, daß neben den Eltern auch die Pathen eingetragen wurden. Nach demselben befanden sich Hartmann von Cronenberg und die Wittwe Schweickards von Sickingen unter den Pathen des Sohnes, der im J. 1599 Johann Schweickard, Vogt zu Hunolstein, Herrn zu Züsch, dem gebietenden

Zahlreich waren die Mandate oder Verordnungen, welche mehr oder minder in allen Herrschaftsgebieten die Pfarrer alljährlich von den Kanzeln zu verlesen hatten. Im 13. Punkte der Zweibrückischen Generalpunkte heißt es: Es soll auch jeder Pfarrherr die Mandate von Hochzeiten, Kindtaufen, Ehebruch, Gotteslästern, Vollsaufen, Wiedertauff und was sonst bis daher zur Erhaltung guter Polizei ausgangen, verlesen und darauf Achtung geben, ob dem also gelebt werde, sonderlich sollen sie zu den geordneten Zeiten die Punkte von der Visitation und Censur dem Volk fürzulesen in kein Vergeß stellen. In den Pfarreien des Amtes Bacharach mußte die kurpfälzische Polizeiordnung, die auch Bestimmungen in Betreff der Sonntagsfeier enthielt, zweimal im Jahre verlesen werden, am Neujahrstage auf der Kanzel und am Tage Johannis des Täufers auf dem Rathhause. Zu St. Goar wurden bei der Kirchenvisitation die Ehegesetze von der Kanzel verlesen. Gleicherweise verlangt Friedrich der Fromme in der Kirchenrathsordnung, daß die Mandate, so er wider den Unfleiß in Besuchung der Kirche, auch wider andere Laster und Abgötterei, Unzucht, Trunkenheit 2c. ausgehen lassen, von den Kirchendienern vielfältig auf der Kanzel angezogen werden, damit das Volk zu Zucht, Frieden und Gehorsam gereizt und von den Lastern nicht allein durch Furcht, sondern vielmehr der Liebe Gottes halben abgezogen werde.

Betreffend den Urlaub, welchen die Pfarrer bei Reisen einzuholen hatten, heißt es in Punkt 4 der mehrerwähnten Generalpunkte: Es soll kein Pfarrer ein oder zwei Tag außerhalb seiner Pfarrei sein, sondern zuvor anzeigen, wo er zu finden und wen er an seiner statt geordnet hab, und so die Reise etwas länger sein würde 8 oder 14 Tage, soll er bei dem Amtmann und bei dem Pfarrherr zu Cuschell als dem Superintendenten Urlaub nehmen und anzeigen, wo er hinziehe, was er zu schaffen und wen er an seiner statt geordnet hab *). In der Kurpfalz hatte der

---

Junker zu Merzheim und dessen Hausfrau Barbara von Warsberg geboren wurde.

*) Weit schärfer, aber darum auch minder ausführbar, war die desfallsige Bestimmung der kurpfälzischen Inspectionsordnung. Sie lautet: Dieweil sich oft zuträgt, daß sich die Kirchen- und Schuldiener aus geringschätzigen liederlichen Ursachen von ihren Schulen und Kirchen absentiren und kei-

Inspector nach eines Pfarrers tödtlichem oder anderm Abstand dessen Kirche einem benachbarten Pfarrer zu befehlen, daß er dieselbe während des Gnadenquartals zu Gunsten der Familie versehe. Fand ein Gnadenquartal nicht statt, oder konnte nach Ablauf desselben die Stelle nicht sofort besetzt werden, so sollte dem Nachbarpfarrer für die Versehung des Dienstes wöchentlich, wie bräuchlich, aus den Gefällen ein halber Gulden gegeben, dagegen ihm nicht verstattet werden, sich der vacirenden Gefälle zu unterziehen. Der Inspector Horneck in Simmern war der Ansicht, ein halber Gulden sei für solche Arbeit keine billige Vergütung.

Zu dem christlich ehrbaren Wandel, durch den der Geistliche die ihm befohlene Gemeinde erbauen sollte, rechnete man alles das, was Paulus in seinem Brief an den Timotheus von dem Bischof fordert, nämlich daß er sei eines Weibes Mann, nüchtern, mäßig, sittig, gastfrei, nicht ein Weinsäufer, nicht haderhaftig, nicht geizig, nicht zweizüngig, sowie daß er seinem eigenen Hause wohl vorstehe und seine Kinder zur Gottesfurcht und Ehrbarkeit erziehe. In der kurpfälzischen Kirchenrathsordnung heißt es: Dieweil dem Amt des Kirchendieners gebühret, daß er der Kirche nicht allein mit reiner gesunder Lehre, sondern auch mit gutem Exempel und Vorbild diene, auch die Lehre mit seinem Leben ziere, und der heilig Apostel Paulus gebeut, daß ein Bischof oder Pfarrer soll unsträflich sein und einen züchtigen Wandel führen, so sollen alle Kirchendiener dessen fleißig erinnert werden, daß sie nicht allein ihr, sondern auch ihrer Weib, Kinder und Hausgesind Wandel, Wesen und Leben durch Gottes Gnade also gottselig, nüchtern und keusch anrichten, daß nicht allein ihr Geschäft und Handthierung, sondern auch ihre Rede, Wandel, Kleidung, Sitten und Gebehrden den andern eine Lehr und Spiegel sei. Deswegen sollen sie aller leichtfertigen Ueppigkeit

nen bestellen, der sie während ihres Abwesens vertrete, soll der Inspector ihnen anzeigen, daß keiner ohne sein Vorwissen über Nacht von dem Ort, da er seine Wohnung hat, ausbleibe, viel weniger aus dem Amt ziehe. So aber einer in nöthigen Geschäften gen Heidelberg zu dem Kirchenrathe oder sonsten wohin verreisen müßte, soll ihm ein solches freistehen, doch daß er zuvor seine Sachen in Schriften verfasse und dieselben dem Inspector vorzeige, welcher alsdann auch seinen Bericht und Gutachten dazu thun soll, damit er nicht zu vergeblichem Umlaufen und unnöthigen Kosten verursacht werde.

mit Worten, Thaten und Werken aller ärgerlichen Untugenden und Laster, bevorab der Unzucht und Völlerei, auch offenen Wirthshäuser und Gesellschaften, welche nicht ihnen dienlich, desgleichen Haderns, Zankens und Balgens müßig gehen, damit die christliche Gemeinde dadurch nicht verletzt und, was mit der Lehr erbaut worden, wiederum mit sträflichem Leben zerstört werde. Derhalben sollen die Kirchendiener die Briefe Pauli an Timotheus und Titus aufs fleißigste lesen, auf daß sie daraus lernen und ihnen stets vor Augen stellen, wie sie sich in Lehr und Leben halten, auch wie ihr Hausgesind sein und von ihnen regiert werden soll. Ferner dieweil dem Amt der Seelsorge recht für zu sein erfordert, daß die, so zu diesem Dienst berufen sind, sich aller weltlichen Geschäfte entschlagen, und der heiligen Schrift und dem Gebet mit höchstem Fleiß obliegen, so sollen sie sich aller weltlichen bevorab gerichtlichen Geschäfte und Händel gänzlich entziehen, und sollen sie mit Leibes Nothdurft treulich versehen werden, auf daß sie sich mit allem Ernst um die göttliche Schrift annehmen, des gläubigen Gebets sich befleißen, durch das sie allein rechten Verstand der Schrift, sowie Kraft und Vermögen, ihrem Amt zur Besserung der gläubigen Gemeinde auszuwarten, vom Herrn erlangen. Dieweil die Trunksucht ein gemeines Laster der Zeit war, auch durch sie nicht wenige Geistliche in Schulden geriethen und in Folge dessen in die Hände der Juden, ergingen in allen größeren Herrschaftsgebieten von Zeit zu Zeit Verwarnungen an die Geistlichen in Betreff der Trunksucht und des Schuldenmachens. So sind die Geistlichen der Klasse Bacharach auf einer der Pfarrconvente des Jahres 1590 vom Inspector ermahnt worden, sich der Gemeinschaft der Juden zu enthalten. Im Jahre 1600 verlas der Inspector auf dem Convent zu Diebach einen Erlaß des Kirchenraths, daß sich die Kirchendiener vor Trunkenheit hüten sollen. Selbst die Erheiterung durch Musik fand man in der reformirten Kurpfalz bei den Geistlichen bedenklich und wurden die Brüder der genannten Klasse im J. 1590 ermahnt, daß sie mit Schlagen auf der Laute und anderm Saitenspiel nicht möchten Andern Aergerniß geben und Ursach, übel von den Geistlichen zu reden. Auch darauf hielt man strenge, daß die Geistlichkeit durch Kleidung kein Aergerniß gebe. Unter den vielen Klagen, welche Pfarrer Cratzer in

Kastellaun gegen seinen Kaplan Gossenberger führte, findet sich auch die, er halte sich ärgerlich und gehe in Hosen und Wambs spazieren. Im Bescheide, der für die Kirchen der H. Gr. Sponheim nach der Visitation von 1590/91 ertheilt wurde, heißt es: Etliche Pfarrherrn gebrauchen sich untheologischer Kleidung. Das ist ein großer Uebelstand, sonderlich bei denen, so lang im Ministerio gewesen, und sollen sie demnach die kurzen Bürgers-Mäntel nicht mehr brauchen, sondern sich aller Ehrbarkeit und Wohlstands befleißen. Daß die Pfarrer diese Mahnung nicht unbeachtet gelassen, erhellet aus einem Bericht des Amtmannes von Winterburg, wo derselbe sagt, die Kleidung der Pfarrherrn betreffend finde er im Amte keinen Mangel, sie trügen sich, wie es Pfarrherrn gebühre.

5. Das Pfarreinkommen.

Fette Pfarrpfründen, Pfarrstellen mit überreichem Einkommen gab es in keinem Theile unseres Bezirks. War auch die Gift etlicher Pfarreien der Art, daß ihre Inhaber bei sparsamem Haushalt für die Ihrigen etwas zurücklegen konnten, die Mehrzahl der Pfarrer hatte Mühe, sich mit dem, was ihre Stellen abwarfen, durchzubringen, auch fehlte es nicht an solchen, denen das Gehalt so schmal bemessen war, daß sie mit den Ihrigen bisweilen darbten. — Stand es so um die Pfarrherrn, so war das Loos der Pfarrgehülfen meist ein noch kümmerlicheres. Melchior Schott, der langjährige Superintendent und Pfarrer in St. Goar, genoß laut seines am 20. Mai 1561 an den Landgrafen Philipp erstatteten Berichts zwei ehemalige Canonikate des St. Goarer Stifts, die des Dechanten und des Custos. Jedem der beiden Kapläne war ein Canonikat zugetheilt, und daneben dem ersten noch die Vikarie des h. Antonius, dem zweiten die der h. Barbara. Das Gefälle aller dieser Pfründen war nicht ständig, ertrug viel oder wenig, je nachdem die Früchte und Weine gerathen waren. Im J. 1560 kamen auf das einzelne Canonikat 9 Mltr. Korn, 6 Mltr. Hafer, 2 Ohm Wein und dazu 14 Gulden Geld aus der Stiftspräsenz. Bei den mannichfachen Beschwernissen, die auf den Canonikaten ruhten, war nach Schotts Berechnung der durchschnittliche Ertrag des Einzelnen nicht höher anzuschlagen denn 30 Gulden. Im J. 1560 bezog er von seinen zwei Canonikaten 18 Mltr. Korn, 12 Mltr. Hafer, 4 Ohm

Wein und 28 fl. Geld. Daneben empfing er als Superintendent laut seiner Bestellung vom J. 1555 40 fl. Geld, 12 Mltr. Hafer, 1 Wagen Stroh und 1 Wagen Heu. Was die wenigen Zinsen belangt, die vom ehemaligen Pfarrgefälle noch übrig waren, so genoß dieselben wahrscheinlich der erste Pfarrgehülfe. Schott trug darauf an, es möchten die Gefälle der Präsenz nicht unter sämmtliche Inhaber der Canonikate vertheilt werden, sondern ihrer ursprünglichen Bestimmung gemäß bloß unter die, welche die Kirche St. Goar bedienten oder zu Marburg lectiones theologicas hörten. Dabei bemerkt er, es sei den Kirchendienern zu St. Goar der Gehalt viel zu schmal bemessen; wenn sie nicht allesammt eine ziemliche Hülfe von ihren eigenen Gütern hätten, könnten sie an dem theuren Orte nicht bleiben, und so ihr Einkommen nicht aufgebessert werde, würden sie letztlich mit ihren Kindern an den Bettelstab getrieben. Die Klage hatte Erfolg. Nach der Nachweise, welche Schott auf der im J. 1585 zu Rastätten gehaltenen Diözesansynode vorlegte, waren ihm dem Superintendenten die Dechanei sammt drei Canonikaten zugetheilt, Johann Erlenbach dem ersten Amtsgehülfen zwei Canonikate nebst der Antoniusvikarie, Johann Greif dem zweiten Gehülfen eben so viele Canonikate nebst der Vikarie St. Barbara. Die Pfarrstellen in Bacharach, Diebach, Mannebach und Steeg zählten zu den minder einträglichen in der Kurpfalz, dieses daher, weil die Hofkammer die Summe, um welche dem Kölner Andreasstift diese Pfarreien abgekauft worden, erlegt hatte und in Folge dessen auch deren Gefälle an sich zog: Da die Hofkammer für die Bedürfnisse des Hofes und des Staates im Lauf der Zeit immer mehr aufbringen mußte, setzte sie die Pfarrer in keinen Ueberfluß. Die einträglichsten Stellen des kurpfälzischen Gebiets möchten die im Amte Bekkelnheim gewesen sein*). Geringer im Gehalt standen

*) Zu Sobernheim, dem Hauptort des Amtes, bezog der Pfarrer ums J. 1608 an Geld 78 fl., an Wein 2½ Fuder, an Roggen 31 Mltr., an Gerste 5 Mltr. Dazu kam der Ertrag von 17 Morgen Acker- und Wiesenland, 5 Morgen Theilwingerte und der Zehnte von 3 Morgen Weinbergen. Der Gehalt des Diakons bestand in 86 Gulden Geld, 18 Mltr. Roggen, 1 Mltr. Erbsen, 8 Mltr. Hafer, 3 Ohm Wein, sowie in dem, was ihm die 8¾ Morgen Theilwingerte und die von ihm bebauten 7½ Morgen Ackerland lieferten.

die Geistlichen von Kreuznach, der größten Stadt unseres Bezirks. Hier war der Pfarrer nur Vikar der Rheingrafen, die sich als Collatoren auch die Pfarrei zugetheilt hatten und an ihren Vertreter aus dem Pastoreigefälle nur soviel abgaben, als die Landesherrschaft ihnen abnöthigte. Das Diensteinkommen des Pfarrers bestand in 55 Mltr. Roggen, 5½ Fuder Wein, dem Zehnten in etlichen kleinen Bezirken und dem Ertrag von 2 Morgen Weinbergen. Ackerland war ihm nicht zugetheilt. Den Bedarf an Geld mußte er sich durch Verkauf von Wein und Früchten schaffen. Ungleich besser als die Kirchendiener der Stadt standen mehrere Pfarrer der Landgemeinden, namentlich die von Langenlonsheim und Weinsheim, dieweil sie ein großes Widdumsgut hatten und neben verschiedenen Zinsen und Gülten ein volles Drittheil am Frucht-, Wein- und kleinen Zehnten genossen. Die Mehrzahl der Pfarreien im Oberamt Simmern hatte einen sehr kleinen Sprengel. Es beschränkte sich derselbe bei nicht wenigen auf ein, zwei oder drei Ortschaften, die oft zusammen nicht über 30 Hausgesäße zählten. Behält man dies im Auge, so wird man die ihren Pfarrern ausgeworfenen Gehälter ziemlich hoch finden*). Das angegebene Einkommen hatten aber die Pfarrer des Oberamtes nicht schon in den ersten Jahren nach Einführung der Reformation, sondern erlangten es erst mit den Zusätzen, welche ihnen theilweise schon unter Herzog Reichard, besonders aber nach dessen Absterben im J. 1598 durch Kurfürst Friedrich IV aus den Gefällen der Klöster Chumbd und Ravengirsburg verwilligt wurden. Es ist die geistliche Güterverwaltung der Pfalz bei der Aufbesserung der Pfarrgehälter mit großer Umsicht zu Werke gegangen. Indem sie die Geistlichen und ebenso die Lehrer der kostspieligen und ärgerlichen Einsammlung der Geld- und Fruchtzinsen, sowie der Zehnten enthob, von letzteren ihnen

*) Es empfing ums J. 1606 der Pfarrer der kleinen Gemeinde Bubach 60 fl. Geld, 20 Mltr. Korn, 20 Mltr. Hafer, 3 Ohm Wein und 200 Gebund Stroh. Daneben hatte er etwas Ackerland, 3 Wagen Heu und den Genuß des kleinen Zehntens. Wenn der Pfarrherr zu Simmern, welchem ein Diakon zur Seite stand, neben 2 Fuder Wein, 25 Mltr. Korn, 15 Mltr. Spelz, 5 Mltr. Hafer und etwas Stroh, an baarem Geld 190 Gulden bezog, so rührt dies daher, daß zu der Stelle kein Ackergut gehörte und ihr Inhaber mit den Arbeiten des Inspectoramtes belastet war.

höchstens den kleinen Zehnten beließ, trug sie Sorge, daß es dem Pfarrer an dem, was er zu seinem Haushalt brauchte, nicht gebreche, und er neben einem für jene Zeit nicht unbeträchtlichen Geldbetrag auch seinen Trunk Wein habe. Für die Verrichtungen von Taufen und Begräbnissen scheint in den Pfarreien des Oberamts Simmern nirgends eine Gebühr entrichtet worden zu sein, und für die Trauung nur an wenigen Orten.

Wenn in der H. Gr. Sponheim die Pfarrgehälter nicht mit der Umsicht geordnet waren und nicht derartige Aufbesserungen empfangen haben, wie die Pfarrstellen des Oberamtes Simmern, so war die Ursache diese. In der Grafschaft lagen so reiche Klöster nicht wie die von Chumbd und Ravengirsburg, sie besaß nur das einzige Kloster Wolf, und dieses hat große Reichthümer nicht ansammeln können, dieweil ihm, wie Kanzler Zeuger eines Tages äußerte, der Luther zu früh auf den Hals gekommen. Sodann waren die katholischen Gemeinsherrn, die Markgrafen Philipp und Eduard Fortunat, nicht geneigt, das Gut des Klosters zum Besten der evangelischen Kirche zu verwenden, der bigotte Markgraf Philipp erachtete dies als Sünde, und der verschwenderische Eduard Fortunat bestritt damit lieber seine eigenen Ausgaben, die jederzeit größer gewesen denn seine Einnahmen. Beide haben nur mit Widerstreben es zugelassen, daß ihre evangelischen Gemeinsherrn bisweilen evangelischen Pfarrern und Lehrern aus den Wolfer Gefällen eine Unterstützung reichten, auch in ihrer Herrschereifersucht es gehindert, daß die Gehälter der Kirchen- und Schuldiener dem Bedürfniß entsprechend geordnet wurden. Daher kam es, daß wenn auch die Mehrzahl der Geistlichen mit dem, was ihre Stelle abwarf, sich durchbrachte, andere bis an ihr Lebensende mit Nahrungssorgen kämpften. Mit zu den ärmsten Pfarrstellen der Grafschaft gehörten die von Alterkülz und Gödenroth. Abgesehen von dem, was dem Pfarrer in Gödenroth die Walpotten für die Bedienung der Kirche Sevenich gaben, beschränkte sich sein Einkommen auf den Ertrag des Widdemhofes, der in Mißjahren sehr gering war, auf 18 fl. Geld aus der Kirche und 8 Mltr. Hafer aus dem Zehnten der Collatoren, der Stiftsherrn von Karden. Schon die Visitatoren von 1560 verlangten von den Stiftsherrn einen Zusatz von 10 Mltr. Korn, und die von 1575 wiederholten „bei ihren achtbaren lieben guten Freunden" die Forderung. Der Pfarrer, sagten sie in ihrem Schreiben, bedürfe, damit er in diesen theuren Zeiten auskomme, dringlich einer Besserung seines Einkommens. Dieweil nun sie in Gödenroth allen Zehnten aufhöben, es aber nach göttlichen und weltlichen Rechten gebührlich sei, daß die Pfarrer von den Zehnten unterhalten werden, so ersuchten sie sie freundlich, dem Pfarrer jährlich einen Zuschuß von 15 Gulden zu verordnen. Obwohl sie sich dessen keines Abschlags versähen, begehrten sie dennoch schriftliche Antwort. Erst nach langen Verhandlungen bequemten sich die Stiftsherrn, die der Sponheimischen Regierung gegenüber eine Stütze an den Erzbischöfen von Trier hatten, dazu, dem Pfarrer zu den 8 Mltrn. Hafer noch 4 Mltr. Korn zu reichen. War so das Einkommen des Pfarrers um ein Kleines gebessert, so wurde es später wieder in ungleich größerem Maße geschmälert, einmal dadurch daß die Walpotten dem Pfarrer die Bedienung der Kirche Sevenich entzogen und sodann in Folge dessen, daß Kurfürst Friedrich IV. den Weiler Erbscheit in den Sprengel der Kirche Laubach zog. Auch bei der größten Sparsamkeit war es von da ab einem Pfarrer nicht mehr möglich, sich mit Weib und Kind auf der Stelle durchzubringen*). Betreffend die Stolgebühren, so scheinen solche in der Grafschaft nicht üblich geblieben zu sein. Pfarrer Sahm zu Allenbach berichtet 1614: Zu den Kindtauf Symbola, er wollte schreiben

*) Valentin Apiarius, der früher Pfarrer in Birnbach bei Altenkirchen gewesen, dorten aber bei Einführung des Calvinismus beurlaubt worden und darauf den Pfarrdienst in Gödenroth empfangen hat, legt dieses den Räthen in Birkenfeld in einem Schreiben vom Dezember 1607 ausführlich dar. Zunächst dankt er denselben, daß sie ihn auf die Stelle befördert hatten, denn damit sei ihm nicht allein eine Thür aufgethan, mit Andern wieder ins Haus Gottes zu gehen, sondern auch Andern wiederum Gottes Wort fürtragen zu können, während er zuvor, wenn Andere zum Hause des Herrn gegangen, habe weinend mit David den Oelberg hinangehen oder als ein Stummer sein Herz in einer Kammer ausschütten müssen. Darnach sagt er: Er habe mit seiner armen und schweren Haushaltung auf der Gödenrother Stelle — er war nur Adjunkt des alten Pfarrers Merkel — das liebe Brod nicht. Zwar hätten seine lieben Pfarrkinder ihm bisher Brod und andere Kuchenspeis zukommen lassen, aber als Trunk habe er nur das liebe Wasser, während er doch auf Schulen einen nothdürftigen Biertrunk gehabt.

Symposia, gehe er nur, wenn ihn die Leute zu ehren beriefen, sonst würden ihm 1 Maß Wein und für 1 Albus Weck ins Haus geschickt. Daß die Pfarrgenossen nicht verpflichtet waren, den Pfarrer zum Hochzeitsimbs zu laden, oder statt dessen Hochzeitsspeise ins Haus zu schicken, erhellet aus einem Bericht des Inspector Conon vom J. 1594, wo er sagt: Dem Pfarrer Constantin Cäsar habe er angezeigt, daß er von Hochzeiten Speise heimzutragen nicht fordern solle, derselbe beschwere sich aber dessen. Wenn in der umfangreichen Pfarrei Rhaunen ein sehr häufiger Pfarrwechsel stattgefunden, so hatte dies allerdings seinen Grund mit darin, daß die Pfarrer theilweise höchst unwürdige Leute waren, doch war der Hauptgrund, daß die Collatoren die Pfarrer sehr schmal im Gehalte hielten und deshalb, wie Rath Dreyß dem von Schwarzenberg zuschrieb, wohlbegabte und würdige Männer sich nicht um die Stelle bewarben. Unter den Pfarrstellen der ritterschaftlichen Orte hatte wohl die von Merxheim das größte Einkommen, dieses durch ihren Reichthum an Aeckern, Weinbergen und Wiesen*).

Auch wo das Diensteinkommen der Kirchen- und Schuldiener der Art war, daß sie mit demselben sich hätten ausbringen können, wurde ihnen solches öfters dadurch unmöglich, daß sie die Gefälle nicht rechtzeitig und nicht vollständig empfingen. Zahl-

*) In dem vierherrischen Dorfe Weiler bei Monzingen wurden dem Pfarrer von der Herrschaft 2 Fuder Wein geliefert, und zwar von der Kelter, in den Pfarrwingerten zog er ungefähr 3 Fuder. Weiter empfing er 8 fl. Geld, 14 Mltr. Zinskorn, deren Sammlung viele Kosten brachte, etwa 3 Wagen Heu von Wiesen, die zu Auen, Seesbach und Weitersborn lagen. Des Ackerlandes war wenig. Die Saat wurde durch die Gemeinde bestellt, welche auch die Arbeit in den Weinbergen zu thun hatte. Die Behausung wurde als eine schöne bezeichnet und war der Frohn- und aller Gemeindedienst frei. Zur Heerde durfte der Pfarrer 1 Kuh, 1 Schwein und 3 Schafe auftreiben, hielt er des Viehs mehr, so mußte er davon seine Belohnung geben. Sonst hatte er, wie er klagt, von der Gemeinde nicht so viel Steuer, daß sein Gesinde, ohne daß man es pfändete, könnte eine Bürde Holz oder Laub holen. Von einem der öfter wechselnden Pfarrer hat sich ein Ueberschlag des Pfarreinkommens erhalten, an dessen Schlusse es heißt:

Große Schüsseln und lutzel darin
Ist wahrlich manchem schwer nach seinem Sinn.
Verum parvo etiam bene vivitur.

reich sind die Klagen, die Seitens der Kirchen- und Schuldiener darüber erhoben wurden. Es gehört dazu die Eingabe der Kirchen- und Schuldiener in Trarbach, Wolf und Traben an Herzog Karl vom 4. Juli 1598. Nachdem die Bittsteller, an ihrer Spitze der Inspector Jakobi, die Hoffnung ausgesprochen, der Herzog werde ihr unterthäniges Anbringen sich um so mehr zu Gemüth führen, als er aus Befehl Gottes und nach dem Exempel seiner Vorfahren nicht allein eine wohlgestellte, aus Gottes heiligem Wort gezogene Kirchenordnung in die Grafschaft eingeführt und auf dieselbe, um Gottes Ehr und der Unterthanen Wohlfahrt zu befördern, Kirchen- und Schuldiener bestellt, sondern auch diesen, damit sie ihres Amtes warten könnten, eine Dienstbesoldung geordnet habe, sagen sie: Schon etliche Jahre her werde ihnen ihr Dienstlohn dergestalt gehandreicht, daß sie ihr Amt nicht ohne Seufzen thun könnten. Erstlich geschehe ihnen ihre Besoldung nicht vierteljährig, wie der Herzog geordnet habe. Belangend das Korn aus der fürstlichen Kellerei und dem Kloster Wolf, so hätten sie dasselbe seit Jahren nie rechtzeitig empfangen, darum Korn entlehnen oder kaufen müssen, und würden ihrer etliche noch heute der Bezahlung wegen gedrängt. Oefters seien sie genöthigt gewesen, das Brod warm aus dem Ofen zu essen und bisweilen hätten sie drei ja acht Tage nur entlehntes Brod gehabt. Noch ärger ergehe es ihnen in Betreff des Geldes, was ihnen der Präsenzmeister, der Kirchmeister und der Klosterschaffner zu liefern habe. Wenn sie es forderten, und solches geschehe niemals, ehe es lang verdient sei, müßten sie böse Worte hören. Schickten sie ihr Gesinde, so würde es öfters so schimpflich abgewiesen, daß es den Gang nicht mehr machen wolle. Nie wurde der volle Betrag gezahlt, sondern abschläglich 2 und 4 Gulden, bisweilen nur 18 Albs, wie die Abrechnungen auswiesen. Deshalb würden sie auch ihres Liedlohnes nimmer froh. Früher hätten sie bei dem Einen und Andern etwas entlehnen und zu der verheißenen Zeit wieder geben können, dieses sei ihnen nunmehr nicht mehr möglich, sie machten sich zu Schanden, und wolle Niemand mehr ihnen etwas vorstrecken. Der Mangel sei bei ihnen oft der Art, daß sie nicht einmal einem kleinen Kinde könnten einen Weck kaufen. Von Jahr zu Jahr hätten sie auf Besserung gehofft und ihn den Herzog nicht bemühen wollen, damit sie nicht angesehen würden, als wären sie gar zu unleidentlich und wollten Alles auf der Wage haben, dieweil es aber je länger je ärger werde, hätten sie nicht länger schweigen können. Dem Herrn Oberamtmann hätten sie etlichemale ihre Noth angezeigt, derselbe habe auch befohlen und gedroht, nichts desto weniger erfolge keine richtige Auslieferung. Deshalb sei nochmals ihr unterthänig flehentlich Bitten, Ihre Gnaden wollten Anordnung thun lassen, damit sie ihren Lohn vierteljährig empfingen. Herzog Karl theilte die Klage unterm 13. Juli 1598 den Räthen Eduard Fortunats mit und fügte bei, der Kellner in Trarbach und der Schaffner in Wolf hätten sich dahin verantwortet, sie wären für ihre Person nicht abgeneigt, die Kläger klaglos zu stellen, es mangele ihnen aber, sonderlich markgräfischen Theils an Korn und Hafer. Daran reihte der Herzog das Ersuchen, die Räthe möchten doch ehestens Anordnung thun, daß aus den andern Aemtern die Nothdurft an Frucht nach Trarbach und Wolf verschafft werde, und die Kirchen- und Schuldiener nicht allein ihres Ausstandes, sondern auch hinfüro ihrer geordneten Competenz der Gebühr nach habhaft werden könnten.

Noch größer war die Beschwerniß der Pfarrer, zu deren Einkommen Zehnten gehörten. Abgesehen von den Kosten, welche das Sammeln und Ausdreschen der Zehntfrucht brachte, war oft lange Streit darüber, welche Stücke zehntflichtig und zehntfrei seien. So meinte der Amtmann Frankengrüner, ein sonst den Geistlichen wohlgesinnter Beamter, von den Herrengütern, die er zu Allenbach und Herstein in Bau habe, sei er den dasigen Pfarrern keine Zehnten schuldig, es wurde jedoch den Pfarrern von der Kanzlei der Zehnte zugesprochen. Der Baulast, welche der Zehntbezug den Pfarrern brachte, wird später gedacht werden. Sie hatten aber als Zehntherrn auch einen Theil des Faselviehs zu stellen. Die Regel war, daß der Pfarrer für den Bezug des kleinen Zehntens, und dieser war meist ihm zugetheilt, den Widder, und wenn er das Drittheil des großen Zehnten hatte, den Eber halten mußte. War er etwa im Genusse des ganzen Zehntens, so wurde verlangt, daß er das gesammte Faselvieh, Farren, Eber und Widder unterhalte. Diese Last verschlang einen großen Theil des Zehntgefälls, wenn der Zehntbezirk nicht von großem Umfang war. In einzelnen Pfarreien bauten die

Bauern den Pfarrwiddum theilweise oder auch ganz. So war die Gemeinde Ellern verpflichtet, dem Pfarrer den Acker bis zum Schnitt zu bauen, dabei auf jeden Morgen 12 Wagen Mist zu fahren, daneben fuhr sie ihm aus freiem Willen auch 2 Wagen Frucht, 6 Wagen Heu und 10 Wagen Holz heim, dagegen hatte er ihnen ziemliche Speise und Trank, die sogenannte Acker- und Holzsuppe zu reichen. Auch diese gegenseitige Leistung brachte den Pfarrern viel Verdruß und Beschwerde*). Kirchen- und Schuldiener hatten der Herrschaft und der Ortsgemeinde Frohnen nur in dem Falle zu leisten, wenn sie neben dem Pfarrwiddum eigenthümliche Güter besaßen, sonst waren sie der Last gefreit. Solche Freiheit suchte man ihnen nicht selten zu schmälern. Allgemein war es üblich, daß bei Lieferung der Zinsfrucht den Zinspflichtigen ein Trunk gegeben wurde, aber diese Sitte suchten dieselben hie und da zu einem Recht zu stempeln. So forderten die von Wahlenau vom Pfarrer Porta in Irmenach, wenn sie ihm den Pacht von dem in ihrer Gemeinde gelegenen Gut der Kapelle Starkenburg lieferten, 1 Eimer Wein, 3 Brode, wie sie aus einem Echzel Korn gebacken werden, und 3 Echzel Nüsse. Porta suchte darüber Auskunft bei Pfarrer Merkel in Gödenroth, dem letzten Kaplan auf Starkenburg, und antwortete dieser, die Leistung sei kein Brauch, sondern der Bauern eignes Fordern, wie das Pfarrbüchlein, darin die alten Bräuch bei den Lieferungen beschrieben seien, ausweise. Am kümmerlichsten erging es in der Regel den Kirchen- und Schuldienern der Gemeinden, in denen der niedere Adel den Pfarrsatz hatte. Selten begnügten sich die Junker mit den ihnen zugetheilten Zehnten, sondern drangen häufig dem Pfarrer mehr oder minder an seinem Zehnten ab**). Daß es in

*) In Hundsbach, wo die Gemeinde von den 13 Morgen des Pfarrlandes 10 Morgen baute, mußte der Pfarrer den Bauleuten, so oft sie zu Acker fuhren, zur Brach, zum Rühren ꝛc. des Morgens und des Mittags die Suppe geben, oder wie einer der Pfarrer klagte, soviel zu essen und zu trinken, daß der Kosten fast die Abnießung übertraf.

**) So verfuhren, um zu dem darüber bereits Gegebenen noch einen Beleg hinzuzufügen, die Collatoren der Pfarrei Pferdsfeld, die Junker von Sickingen und von Leyen. Im J. 1560 klagte Pfarrer Bodenrod, bei der vorigen Visitation seien die 19 Mltr. Korn, welche die Collatoren über ihren Antheil bezogen, ihm zugesprochen worden, aber nun suchten dieselben diesen Zusatz

der Rheingrafschaft mit der Lieferung der Besoldungen nicht viel besser aussah, erhellet aus dem Klageschreiben der Kirchen- und

ihm wieder zu entziehen, obschon sie auf ihren Antheil über 80 Mltr. Frucht zögen. Ihm seien nicht, wie die Junker sagten, 64 sondern nur 50 Mltr. geblieben. Davon gingen 16 Mltr. auf die Unkosten, welche das Einsammeln und Ausdreschen bringe. Daneben müsse er von dem großen Zehnten 5 Mltr. und von dem kleinen 7 Mltr. Korn an der Herrschaft Hof in Pferdsfeld liefern, desgleichen an Beed und Zins 2 fl. 3 Albs nebst 3 Sr. Korn und 1 Sr. Hafer. Von Faselvieh müsse er den Beer (Eber) halten, was ihm auch 3 Mltr. koste, der kleine Zehnte trage ihm des Jahres höchstens 4—5 fl., und sei jetzt, wo die Schafe zu Grund gegangen, nicht mehr denn 1 fl. werth. Außer der genannten Frucht habe er nur noch 8 Wagen Heu, 4½ Mltr. Korn vom Marienaltar und 3 fl. 6 Albs aus der Kirche. Ob man damit auskommen könne, zumal in mißwachsenden Jahren? Die Visitatoren hielten dieses nicht für möglich und verordneten dem Pfarrer, damit er ohne grobe Arbeit mehr der Lehr, überhaupt seinem Beruf nachkommen könne, einen Zusatz. Als die Junker, die Gebrüder Melchior und Friedrich von der Leyen und Georg Wilhelm von Sickingen den Zusatz nicht lieferten, wurde ihre Zehntfrucht in Beschlag gelegt, und als sie sich dessen bei dem Grafschaftsamtmann, Friedrich von Schönburg, beschwerten, lautete dessen Antwort, er könne darin nichts ändern und würden sie wohl thun, einen Abgeordneten an den gemeinen Tag zu schicken. Eine nachhaltige Hülfe brachte dieses Einschreiten der Obrigkeit nicht. Dies erhellet aus dem Schreiben, welches Pfarrer Hettich im J. 1568 den Junkern auf Martinstein zusandte. In demselben sagt er: Seit er auf der Pfarrei sei, habe er sich es mit Laufen und Arbeiten blutsauer werden lassen, und darüber, Gott sei es in Ewigkeit geklagt, seine Frau eingebüßt, so daß er nun allein in dem erbärmlichen Wesen stehe. Was sich während ihrer Abwesenheit zwischen ihm, ihrem armen Diener, und ihrer Schwester Barbara und deren Ehegemahl zugetragen, würden sie wohl erfahren haben, nämlich daß ihm dieselben, als er bei ihnen Hülfe gesucht, unversehens das Thor gewiesen mit den Worten: Auf Johanni werde man einen andern Pfarrer nach Pferdsfeld schicken, und ihm stünde das Thor offen. Daß es mit dieser Aufkündigung Ernst sei, spüre er daran, daß seit dieser Zeit nichts mehr am Haus gebaut werde. In Folge dessen könne er weder im Haus noch in der Scheune und in den Ställen etwas verwahrt halten, es werde ihm da Alles verwüstet, wie ihm denn auch bald Schafe, bald Kälber zu scheitern gegangen. Seiner Frau habe das, daß alle ihre Arbeit und Mühe so umsonst gewesen, nicht wenig Herzeleid gemacht. Mit Hülfe Gottes und der Förderung guter Herrn wolle er nun sein ehrlich Brod anderweits suchen. Obgleich er nicht ohne großen Schaden hinwegziehe, sei er doch viel zu gering, mit seinen Herren zu zanken, und indem er sie bitte, ihn mit nächstem Johanni zu beurlauben,

Schuldiener von Kirn, die sich aus den Jahren 1600 bis 1616 erhalten haben. Daß in den kurpfälzischen Aemtern unseres Bezirks die Klosterschaffner und die Collektoren die Kirchen- und Schuldiener, an welche sie Gehälter zu zahlen hatten, nicht allezeit richtig belieferten, erweist schon das Protokoll eines im J. 1599 zu Mannenbach gehaltenen Pfarrconvents, nach welchem die Kirchendiener der Inspection Bacharach über unrichtige Bezahlung ihrer verdienten Dienstbesoldung klagten. Wie besorgt Friedrich der Fromme gewesen, daß den Kirchen- und Schuldienern das nothdürftige Einkommen nicht fehle, erweist Kap. 6 seiner Kirchenrathsordnung.

Schließlich werde noch einer Pfarrlast gedacht. Fast überall waren die Pfarrer für eine gewisse Zahl ihres Viehes der Hut und des Hirtenlohnes gefreit. Doch mußten sie hierfür hier und da irgendwelche Vergütung leisten. Dem Pfarrer von Bell ging all sein Vieh, Kühe, Schweine, Schafe frei, dessen aber mußte er der Gemeinde an dem Tage, an welchem sie den Hirtenlohn lieferte, eine Schüssel voll mit Pfeffer und Fleisch geben, und auf Erbessonntag dem jungen Gesind, wahrscheinlich weil dasselbe dem Hirten die Wölfe abwehren half, 3 Albs zu Weißbrod. Im Amte Rheinfels zog man zur Hut die Geistlichen bis in den Anfang des siebenzehnten Jahrhunderts heran. Der Superintendent Zindel stellte deshalb in seinem Visitationsbericht von 1600 den Antrag, es möchten die ministri, so ohnedieß bei dieser argen Welt in geringer Reputation stehen, doch zu mehrerer Autorisation des Ministeriums der Viehhut entledigt werden. Der Bescheid des Landgrafen lautet: Er wolle, daß die Pfarrherrn mit der Viehhut jeder Art verschont werden, und sollten die Beamten das Ihre dazu thun. Aber es vergingen der Jahre noch viele, ehe alle Gemeinden dieser Verfügung sich fügten. Zu Pfalzfeld hieß es bei der Visitation des J. 1619, der Pfarrer sei nunmehr der Viehhut erlassen.

---

befehle er sie dem Schutz des Allmächtigen. Bei den Nachfolgern Hettichs wiederholten sich die Klagen.

6. Verfahren bei der Abtheilung der Pfarrgefälle nach Erledigung der Stelle, desgleichen in Betreff des Aufzugs der Geistlichen.

Die Abtheilung der Pfarrgefälle zwischen den auf- und abziehenden Geistlichen, desgleichen den Erben der verstorbenen Kirchendiener und deren Amtsnachfolger gab zu vielen Streitigkeiten Anlaß, insonderheit in der H. Gr. Sponheim, dieweil derselben eine Abrechnungsordnung fehlte. Mit Schlichtung dieser Streitigkeiten wurde nicht selten sogar die Person der Fürsten behelligt. Als die Wittwe des zu Traben an der Pest verstorbenen Pfarres Huben mit Martin Cäsar, dem Nachfolger ihres Mannes, wegen Abtheilung des Pfarreinkommens in Irrung gerathen, nahmen die Verwandten die Hülfe des Landgrafen Ludwig, der zu Marburg Hof hielt, in Anspruch, und hat derselbe ihnen auch sofort seine Fürsprache bei seinem lieben Freund und Vetter, dem Herzog Karl, gewährt. Obwohl er, schrieb der Landgraf dem Herzog, nicht daran zweifle, Sr. Liebden würden auch ohne seine Vorschrift der Wittwe zu dem verhelfen, was sie von wegen ihres verstorbenen Hauswirths zu fordern habe, so wolle er doch, dieweil ihr Vater und ihr Schwager seine Bürger in Marburg seien, Sr. Liebden gebeten haben, die Vorsehung thun zu lassen, daß die Wittwe von dem Nachfolger nicht beschwert werde, zumal Huben, wie seine Verwandten sagten, als ein guter Hirte sein Leben für die Gemeinde gelassen, bei der giftigen Krankheit nicht von ihr gewichen sei, sondern seinen Dienst beharrlich ausgerichtet habe. Es wurde jedoch der Herzog auch Seitens des Pfarrer Cäsar um Hülfe angegangen, und klagte dieser, die Wittwe stelle unbillige Forderungen und habe schon zu wiederholten malen die Verträge, die man abgeschlossen, umgestoßen. Zentner und Kirchmeister der Gemeinde erklärten, der Pfarrer sage damit die Wahrheit. In welcher Weise die Sache entschieden wurde, ist aus den Verhandlungen nicht zu ersehen*). Bei

*) Cäsar wechselte in dieser Sache auch Schreiben mit dem Kanzler Zeuger und beschränkte sich nicht darauf, dem einflußreichen Manne allerlei Schmeichelhaftes zu sagen, er sandte ihm auch einen Korb „voll feiner Aepfel."

dem Verhöre, welches Herzog Karl in seinem vorletzten Lebensjahre durch Dr. Marbach unter Zuziehung der beiden Inspectoren mit sämmtlichen Geistlichen der Grafschaft abhalten ließ, kamen auch die Abrechnungsstreitigkeiten zur Sprache, und erging nachher unterm 22. August 1599 ein Kanzleierlaß an sämmtliche Geistliche, in welchem es heißt: Weil J. F. Gnaden aus der von Dr. Marbach und den Inspectoren gethaner Relation befunden, daß die mehrst Ursache des Unwillens zwischen den Pfarrern die Ungleichheit sei, so sich im Auf- und Abzug derselben finde, so wollten J. F. Gnaden es so viel als möglich dahin richten, daß solche Ungleichheit abgeschafft werde, aber daneben die Pastores ganz gnädiglich erinnert haben, daß ihnen nicht gebühren wolle, wegen des Mein und Dein sich in ärgerlichen Zank und Widerwillen zu begeben, sondern sich freundlich und brüderlich zu vergleichen. Da sie der Sachen unter einander nicht einig werden könnten, hätten sie solches aufs erste vor den Inspector zu bringen und dessen Hülf und Rath zu gebrauchen, welcher sich auch bemühen solle, sie durch billige christliche Mittel sine respectu personarum oder Privataffecte zu vergleichen. Insofern sie aber durch des Orts Inspector nicht verglichen werden könnten, solle die Sache vor die Amtleute gebracht und derselben Moderation heimgestellt werden. Könnte aber auch durch diese nichts furchtbarlich ausgerichtet werden, alsdann sollten die Streitenden vor die Kanzlei gewiesen werden und von da den endlichen Entscheid erwarten. War hiermit auch geordnet, durch wen die Streitigkeiten sollten geschlichtet und endgültig entschieden werden, so fehlte doch noch immer eine Bestimmung darüber, in welchem Verhältniß die verschiedenen Ernten des Jahres getheilt, die Baukosten vergütet, die Waldbezirke benutzt werden sollten u. s. w. Nur eines war von früheren Zeiten her festgestellt, daß der Kirchen- und Schuldiener Besoldung sollte an Johannis Baptistä Tag an- und ausgehen, doch wurde auch diese Bestimmung, an die zum öftern erinnert worden, nicht überall eingehalten. Als im J. 1609 der Oberamtmann zu Trarbach unter Zuziehung des Landschreibers und des Inspectors Arlopäus das Irmenacher Pfarrgefälle zwischen den Erben des Martin Cäsar und dem Pfarrer Apiarius abtheilte, wurde Weihnachten als Anfang des Besoldungsjahres angenommen. Die sehr ausführliche Abrechnungsordnung der Kurpfalz ist erst von Kurfürst Karl Ludwig am 1. Mai 1671 gegeben worden, es ist aber nicht zu bezweifeln, daß ihre Bestimmungen sich auf das schon früher beobachtete Verfahren gründeten und dieses nur genauer faßten. In der Inspectionsordnung, welche bis in die Zeiten Friedrichs des Frommen hinaufreicht, heißt es: Damit alle Unordnung, so sich, wann ein Kirchen- und Schuldiener abgestorben, oder sonsten rechtmäßig gewichen, der Ratifikation halben zutragen möcht, vermieden bleibe, so befehle er der Kurfürst dem Inspector, daß nach tödtlichem Abgang eines Kirchen- oder Schuldieners an den Orten, so ihm befohlen, von ihm neben dem Collector und Schultheißen und Juraten jeden Orts zum längsten innerhalb 14 Tagen richtig ratifizirt werde und man den Abgetretenen oder der Verstorbenen hinterlassenen Wittwen, Kindern und Gefreundeten das Ihre folgen, das Uebrige aber der Pfarr und Schul zu gut durch Collector, Schultheiß und Juraten verrechnen lasse. Auch sei zu erkundigen, ob etwas von den Pfarr- und Schulgefällen abgelöst sei, und da der abkommende Kirchen- oder Schuldiener oder seine Erben das abgelöste Geld in Händen hätten, welches doch keineswegs geschehen soll, sei dasselbe sammt allen Registern von ihnen zu erfordern und in die Kiste, da Schultheiß und Juraten den Schlüssel dazu haben, zu hinterlegen, das hinterlegte Geld aber bei Zeiten mit Vorwissen der Amtleute oder Geistlichen der Pfarr oder Schul zu gut wieder anzulegen. Die rheingräfliche Kirchenordnung von 1690 enthält eine ausführliche Abrechnungsordnung und bestimmt, es solle die Abrechnung, insofern es nöthig sei, im Beisein des Superintendenten, des Ortsschultheißen und zweier Censoren geschehen. In der ältern Zeit geschah dieses durch die Amtleute. Die Abrechnung zwischen Pfarrer Bachmann in Kirn und der Wittwe seines Vorgängers Faber im J. 1619 haben die rheingräflichen Beamten Andreas Lüttringhausen und Ulrich Fabri vollzogen. Als in dem vierherrischen Dorfe Weiler der Pfarrer Luca mit der Wittwe seines Vorgängers Senf abrechnete, haben der Abrechnung angewohnt die Magister Johann Schlosser und Adam Lex, die damaligen Pfarrer von Sinmern unter Dhaun und Merxheim, desgleichen der Kyrburgische und der Sickingsche Kellner*).

*) In der Bestallung, welche Ludwig von Schwarzenberg als Colla-

Wie es der hintern Grafschaft Sponheim an einer Abrechnungsordnung fehlte, so mangelten ihr auch feste Bestimmungen in Betreff der Aufzugskosten der Kirchen- und Schuldiener, und auch dieser Mangel war Anlaß zu mannichfachen Streitigkeiten. Als Herzog Karl im J. 1585 den Pfarrer Glaser von Hessen bei Frankenthal auf die Pfarrstelle Pferdsfeld befördert hatte, ließ er der Gemeinde durch den Amtmann den Befehl zugehn, 4 Wagen nach Hessen zu schicken, um den Pfarrer mit seiner Familie und seinen Geräthschaften überzuführen. Die Gemeinde war der Meinung, diese Last falle den Collatoren zu, die Collatoren aber erklärten, sie seien dazu nicht verbunden, der Pfarrer habe jederzeit sich selbst aufgeführt. Endlich leistete die Gemeinde Gehorsam und gingen die geforderten Fuhren nach dem weit entlegenen Dorf ab, versehen mit einem Geleitsbrief, darin Herzog Karl allen Zollhabern und Befehlshabern Glaser als seinen Pfarrer bezeichnet und sie ersucht, ihn vermöge der Verträge an den pfälzischen Zollstätten mit seinen Wagen zollfrei passiren zu lassen. Nachdem der Aufzug stattgefunden, wurde abermals an die Collatoren und zwar Seitens des Herzogs die Forderung gestellt, die Kosten zu erstatten, es findet sich jedoch nicht, daß sie der Forderung nachgekommen sind. Die Fuhren aus dem Hersteiner Amt, welche den Pfarrer Constantin Cäsar nach Enkirch überführten, kosteten 60 Gulden. Dieweil damals die Gemeinde Enkirch viel zu bauen hatte, erachtete es Kanzler Zeuger unthunlich, sie auch noch mit diesen Kosten zu belasten, und machte dem Herzog den Vorschlag, dieselben aus den Gefällen des Klosters Wolf zahlen zu lassen, wie denn überhaupt darauf zu sehen seie,

---

tor der Pfarrei Rhaunen dem Pfarrer Faulstich zustellen ließ, war diesem Folgendes auferlegt: Ohne des Collators Vorwissen soll er nicht abziehen und so er abziehe, zuvor den Pfarrhof besichtigen lassen, ob er von ihm wohl gehandhabt worden, und was an Fenstern, Oefen, Thüren ꝛc. durch ihn oder sein Gesind zerbrochen, soll er vor seinem Abgang ergänzen und bessern ohne des Collators Kosten. Alsbald nach seinem Aufzug soll er mit seiner Hand ein Verzeichniß aller Güter und Gefälle, so zur Pfarr gehören, fertigen und alsdann solche Gefäll fleißig einbringen, nichts davon entziehen, es sei an Aeckern, Wiesen, Gärten oder anderes, sondern dieselben zum Besten handhaben, auch nichts davon verkaufen, verpfänden oder in andern Wegen beschweren.

daß die Gefälle dieses Klosters zu kirchlichen Zwecken verwendet werden. Es ist nicht daran zu zweifeln, daß der Herzog auf den Vorschlag einging und wurden später auch die Kosten des Ueberzugs des Superintendenten Rösner von Simmern nach Traben, wozu 20 Fuhren in Irmenach, Lötzbeuren und andern Orten waren gemiethet worden, auf die Wolfer Gefälle übernommen. Deshalb verlangten die von Wolf ein Gleiches, als ihnen im Jahre 1617 der Magister Johann Kirchbauer, der nach Einführung des Katholizismus im Fürstenthum Neuburg dorten seiner Stelle verlustig gegangen, zum Pfarrer gegeben wurde. Bei der Weite des Wegs beliefen sich die Kosten auf 160 Gulden und wollten die Wolfer hierzu nichts beitragen, dieweil dieses bei ihnen nicht Herkommens sei. Solches möchte wahr sein, schrieb Pfalzgraf Georg Wilhelm an den Markgrafen Georg Friedrich, da sie früher sich mit Mönchen beholfen hätten, deren sie an ihrem Ort genug gehabt. Nun sei es aber in der Grafschaft bräuchlich, daß die Gemeinde ihre Pfarrer auf etliche Meilen abhole, und darum erscheine es ihm billig, daß man die Wolfer zur Zahlung von 30 fl. anhalte, zumal der Pfarrer in seinem Exil und auf der weiten Reise sich ganz verzehrt habe. Der Markgraf erklärte sich damit einverstanden, und ging darauf dem Oberamtmann Georg von Steinkallenfels und dem Landschreiber Patrick der Befehl zu, den Wolfern nochmals die Billigkeit der Forderung vorzustellen und so sie sich zur Zahlung nicht bequemten, sie von Amts wegen dazu anzuhalten. Auch in der Rheingrafschaft hielt man die Gemeinden an, die Kirchen- und Schuldiener von den Orten, da sie gestanden, zu sich überzuführen. Waren weite Wege zurückzulegen oder konnte die Gemeinde nicht die erforderliche Zahl von Fuhren stellen, so wurde die Herrschaft um Hülfe angesprochen.

---

*) Magister Christoph Stadelberger, dem 1602 die Pfarrstelle Kirn verliehen wurde, war der Rheingrafen-Pfarrer zu Vinstingen an der Saar gewesen. Nach seinem Aufzug in Kirn trug er den Grafen auf Dhaun und Kyrburg, welche die Stelle gemeinsam vergaben, vor: Es sei zwar Alles, was die Fuhren gekostet, der Verheißung nach gezahlt worden, dagegen habe er, was er mit seinem Hausgesinde auf der weiten Reise verzehrt, selbst zahlen müssen. Da nun Gott der Präsenz in Kirn einen guten Herbst bescheert, möge man aus derselben ihm eine Steuer thun. Stadelberger verstarb im

7. In welcher Weise für die Geistlichen in ihrem Alter desgleichen für derselben Wittwen und Waisen gesorgt wurde.

Als am 18. November 1612 der Inspector Schlechtius in Meisenheim an die Kanzlei in Zweibrücken den Tod des Pfarrer Lanius in Hundsbach meldete, drückte er sich so aus: Vor wenig Tagen habe der allmächtige Gott den Pfarrherrn Lanium, nachdem derselbe seinem Pfarrvolk also fürgestanden, daß er billig von ihm beklagt werde, aus diesem Jammerthal abgefordert. Daß die Erde ein Jammerthal sei, haben nicht wenige Pfarrer unseres Bezirks erfahren, und dieses insonderheit, wenn sie wegen andauernder Kränklichkeit oder Altersschwäche nicht mehr im Stande waren, ihr Amt auszurichten. Landgraf Philipp von Hessen war alsbald nach Einführung der Reformation darauf bedacht, daß verdienten Männern der Abend ihres Lebens nicht durch Sorgen der Nahrung getrübt werde und die Gemeinden nicht zu lange mit dienstunfähigen Pfarrern beladen blieben. Die Collegiatstifter zu Kassel und Rothenburg sollten dazu fortbestehn, daß aus ihren Gefällen altersschwachen Pfarrern, desgleichen den nicht mehr dienstfähigen Lehrern an der Hochschule Marburg der nöthige Lebensunterhalt gereicht werde. Der Plan konnte nicht sofort zur Ausführung gelangen, indem der größere Theil der Stiftsgefälle noch eine lange Reihe von Jahren für die alten Stiftsglieder und die Unterhaltung der Stiftsgebäude gebraucht wurde. Als Landgraf Wilhelm zur Regierung gekommen, nahm er den Plan seines Vaters wieder auf, führte ihn aber in anderer Weise aus. Im J. 1575 bildete er aus verschiedenen Stiftungen 20 Pfründen für ausgediente Pfarrer und theilte der einzelnen

---

J. 1612 und erhielt zum Nachfolger den Magister Andreas Faber, Pfarrer in Reipolzkirchen jenseits des Glans. Die Gemeinde erkannte sich zur Abholung verpflichtet, da sie aber nicht über vier Fuhren in dem Flecken zusammenbringen konnte, baten Schultheiß und Gericht die Rheingräfin Juliane auf Dhaun, der Gemeinde mit einer oder etlichen Fuhren zu Hülf zu kommen, und bemerkten, auch ihr gn. Herr auf Kyrburg habe ihnen solche Hülfe zugesagt.

Pfründe 20 fl. Geld, 1 Viertel Waizen, 8 Viertel Roggen und 3 Viertel Hafer zu. Der Superintendent zeigte seiner Synode die der Pfründe Bedürftigen in der Jahresversammlung an und nach deren Beschluß, der jedoch der Bestätigung des Landgrafen unterlag, empfing der Bewerber eine ganze oder halbe Pfründe je nach Verdienst und Bedürftigkeit. Zu der Zeit, da Landgraf Wilhelm diese höchst wohlthätige Einrichtung für sein Herrschaftsgebiet traf, hatte die Niedergrafschaft Katzenelnbogen in seinem Bruder, dem zu Rheinfels Hof haltenden Landgrafen Philipp, ihren besondern Regenten. Wenn nun dieser mild gesinnte Fürst nicht in gleicher Weise handelte, so liegt der Grund mit darin, daß seine Grafschaft der aufgehobenen Stifter nur sehr wenige zählte. Die einzige Pfarremeritirung im Amt Rheinfels, von der wir Kenntniß haben, fällt in die Regierungszeit des Landgrafen Moritz und ist die des siebenzigjährigen Pfarrers Johann Greif in St. Goar, deren bereits gedacht worden.

Friedrich der Fromme hat bei Aufhebung der Klöster in der Kurpfalz verschiedene derselben zur Aufnahme von Landarmen, desgleichen zur Verpflegung von Gebrechlichen und Altersschwachen bestimmt, aber weder er noch seine Nachfolger haben besondere Pfründen für dienstunfähige Kirchendiener gegründet. Von keinem der Geistlichen, welche während der Jahre 1587 bis 1620 die Pfarreien der Klasse Bacharach bedient haben, findet sich in den Conventsprotokollen erwähnt, daß man ihn in den Ruhestand versetzt habe. Bei dem Convent zu Steeg im Jahre 1600 sagten die Aeltesten des Weilers Breitscheid, wegen Leibesschwachheit des Herrn Georgii d. h. des Pfarrers Georg Heberlein, werde wenig in ihrer Kapelle gepredigt; da der Schulmeister den kranken Pfarrer in der Kirche zu Steeg vertreten müsse, könne er nur selten zu ihnen kommen. Heberlein starb 1604 als Pfarrer von Steeg. Als bei dem Pfarrconvent, der am 26. Mai 1591 zu Mannebach stattfand, die Aeltesten befragt wurden, wie bei der Leibesschwachheit ihres Kirchendieners Mathias Eichler sein Amt sei verrichtet worden, war ihre Antwort: Bisher also, daß nicht darüber zu klagen, weil aber zu besorgen, daß seine Leibesschwachheit nicht sobald enden werde und der Winter zu gewarten, da nicht allein die Kürze der Tage, sondern auch Kälte und Unwetter die Amtsnachbarn hindern möchte, zu rechter Zeit in ihrer

Kirche zu predigen, wollten sie gebeten haben, daß sie mit einem andern Pfarrer versehen würden. Dessen, daß Kurfürst Friedrich IV. im Pastoreibezirk Kirchberg, nachdem er dorten die reformirte Lehre eingeführt, einem altersschwachen Pfarrer ein gutes Leibgeding gemacht, ist bereits gedacht. Daß auch im Herzogthum Zweibrücken besondere Pfründen für altersschwache und amtsunfähige Geistlichen nicht vorhanden gewesen, erweist sich daraus, daß Johannes Pistorius, als er wegen Altersschwäche nicht mehr das Pfarramt in der umfangreichen Gemeinde Baumholder versehen konnte, im Jahre 1557 auf die kleine Pfarrei Erbach versetzt wurde. Gleicherweise hat Johannes Burg trotz seiner großen Geistes- und Leibesschwäche bis zu seinem Tod die Pfarrei Hundsbach versehen. Die aus der Rheingrafschaft dem Verfasser dieses vorgelegenen Schriftstücke machen keinen Pfarrer namhaft, der im höhern Alter der Bürde des Amtes wäre entledigt und mit einem ausreichenden Ruhegehalt erfreut worden. Sämmtliche Pfarrer von Kirn mit Ausnahme eines sind allda im Amte verstorben*).

In der hintern Grafschaft Sponheim erfolgte bei mehreren Pfarrern die Versetzung in den Ruhestand; mit welchen Schwierigkeiten aber dies verbunden war, und welch ein ärmliches Alter diejenigen hatten, denen eine solche Wohlthat zu Theil geworden,

*) Der erste unter ihnen, Peter Sigel, hat, wie es in seiner Grabschrift heißt, 32 Jahre lang der Gemeinde das Evangelium Christi lauter und einfältig gepredigt und ward den Kämpfen und Mühen, die das Amt ihm brachte, erst durch den Tod entnommen, nachdem er ein Alter von 75 Jahren erreicht hatte. Man gab ihm sein Grab im Chor der Kirche. Im J. 1579 schrieb Matheiß Korich: Vor 3½ Jahren sei er zur Pfarrei Rhaunen ernannt worden, könne aber dieselbe nicht mehr länger bedienen, weil er gedrückt von Alter und geschwächt an den Füßen senio confectus defectusque pedum die Filiale nicht mehr begehen könne. Das Versprechen, das ihm der Collator und die Gemeinde wegen Besserung des Gehalts vor seinem Aufzug gegeben, sei nicht gehalten worden. Zu wiederholten Malen habe er den Herrn Collator gebeten, ihm doch etlichermaßen erschießlich zu sein, daß er sich mit Weib und Kind erhalten könne, aber keinen Bescheid erhalten, bis ihm zuletzt der Amtmann von Wartenstein eröffnet habe, im Fall er sich nicht wüßt zu erhalten, solle er abziehen. Seine Ehrenvesten der Collator wollten ihn nicht aufhalten. Er bat nach dieser Mittheilung die Rheingrafen um seine Entlassung und wurde ihm dieselbe gewährt.

möge aus nachstehenden Mittheilungen ersehen werden. Johannes Besthaupt, Sohn des Truchsessen in Enkirch, besaß die Pfarrei Würschweiler, welche die Grafen von Falkenstein zu verleihen hatten, bereits im J. 1555, also schon vor Einführung der Reformation. Seine Studien hatte er zu Trier, Düsseldorf und Heidelberg gemacht, und war seine theologische Bildung wie bei der Mehrzahl seiner Amtsbrüder eine höchst dürftige. Er war für den Messedienst vorbereitet worden, nicht aber für das evangelische Predigtamt. Die Gerichtspersonen, die man bei der Visitation 1560 über ihn vernahm, waren seiner Lehr und seines Lebens halben mit ihm als einem jungen Manne wohl zufrieden und hofften, er werde von Tag zu Tag sich bessern. Die Visitatoren theilten diese Zufriedenheit nicht, denn die Predigt, die er vor ihnen in der Kirche zu Allenbach hielt, las er von Wort zu Wort aus Spangenbergs Postille ab, und auch im Katechismus ist die Jugend nicht wohl bestanden. Wie bei der Visitation, so wurde er auch bei den Prüfungen, die mit den Geistlichen der Grafschaft in den nächstfolgenden Jahren gehalten wurden, aufs nachdrücklichste vermahnt, allen Fleiß auf seine Weiterbildung zu wenden. Ganz fruchtlos blieben diese Ermahnungen nicht. Im Gottesdienst bei der Visitation 1567, wo er mit der Gemeinde das Lied sang: Ach Gott vom Himmel sieh darein ꝛc., explizirte er die Epistel 1. Petr. 3 kurz und wohl, wie denn auch beim Katechismusexamen die Knaben und Meidlein ziemlich beten konnten. Aber schon kurze Zeit darnach erwies er sich in Folge des Trunks im Amte lässig und gab durch seine Führung in und außerhalb des Hauses der Gemeinde manches Aergerniß *).

*) Hans von Franken der Amtmann sprach sich bei der Visitation 1575 also über ihn aus: Er halte wohl die Kirchenordnung besser denn der Pfarrer von Allenbach, lese jedoch seine Predigt ex scripto, und sei dabei ziemlich versoffen, seine Hausfrau aber sei eine gute Haushälterin, die ihn soviel sie vermöge, ermahne und abhalte. Die Censoren, welche 1567 vorgebracht hatten, daß er seine Frau geschlagen, erklärten, er halte sich im Ganzen wohl, wenn er zum Wein komme, trinke er ziemlich, sei aber Niemanden lästig, er habe etliche Jahre her, — es waren die Mißjahre von 1570 bis 1575 — große Armuth gelitten, weshalb ihm der Wein bald schädlich. Die Visitatoren bemerkten dem Pfarrer, es sei seltsam zu hören, daß er, so

Das Ergebniß der Visitation von 1591 war ein höchst trauriges. Am Schlusse des Protokolls heißt es: Der Pfarrer sieht wenig und hört nit, geht in die Wirthshäuser und predigt übel. In dem Bericht, welchen die Visitatoren Senft von Sulburg und Kanzler Zeuger an die Fürsten erstatteten, sagen sie: Schon bei der vorigen Visitation sei Besthaupt seines Unfleißes halben mit harten Worten gestraft worden, und bei der jetzigen habe sich keine Besserung befunden. Des Kirchendienstes habe er nur wenig geachtet und seine Zuhörer in der Irre gehen lassen, als ob sie keinen Hirten hätten. Seine Predigten habe er gelesen und seien dieselben so übel gesetzt und in undeutschen Worten und bösen Construktionen fundirt, daß auch ein gelehrter Mann nichts daraus entnehmen könne. Zudem könne er blöden Gesichts halber nicht mehr sehen, was er lese. Nach Einsicht dieses Berichts hielt es Herzog Karl geboten, daß Besthaupt in den Ruhestand versetzt werde, fand aber weder die Gemeinde, noch den Collator, noch auch die Räthe des Markgrafen Eduard Fortunat geneigt, dies Werk zu fördern. Daß die Gemeinde den Pfarrer des Amts nicht enthoben wissen wollte, hatte seinen Grund theils in ihrer geistigen Rohheit und Verwilderung, theils in einem gewissen Mitleidsgefühl, wie es sich bisweilen auch bei rohen Gemüthern findet. Bei dem Collator, — es war dieses Philipp Franz von Falkenstein, Herr zu Oberstein, — gesellte sich zum Mitleid noch manches Andere. Auch er war, wie die Mehrzahl der adeligen Patrone, nicht eben sehr geneigt, für das Seelenheil seiner Patronatgemeinde ein Opfer zu bringen, dabei fürchtete er, man wolle ihm nur den Schein des Collaturrechts belassen und ihn nöthigen, für die Pfarrei einen Geistlichen zu präsentiren, den nicht er, sondern der Herzog oder dessen Kanzler ausgewählt habe*). Als der Graf im Herbste 1591 aufs dring-

---

nunmehr 20 Jahre im Amt, seine Predigten noch ablese, und ließen seine Entschuldigung, er habe kein Studirstüblein und daneben ein schwaches Gedächtniß, nicht gelten, sondern ermahnten ihn, sich dahin zu befleißen, daß er seine Predigt nach gelesenem Text aus dem Gedächtniß recitire. Bei der Visitation 1580 bestand er in der Predigt besser, auch an den Antworten der Kinder hatte man ein Genügen, die Censoren klagten nur darüber, daß er sich noch öfters trunken trinke.

*) Nicht unerwünscht kam ihm daher, daß die Gemeinde ihm schrieb:

lichste war ersucht worden, statt des Pfarrers Besthaupt einen andern Geistlichen zu präsentiren, beantwortete er von Hobstätten aus unterm 26. August 1591 die Zuschrift dahin, von der Gebrechlichkeit des Pfarrers habe er kein Wissen gehabt, und wolle, sobald ihm für die Stelle eine qualifizirte Person fürstehe, dieselbe präsentiren, es müsse aber dem Pfarrer wegen seines hohen Alters ein Erkleckliches aus dem Pfarreinkommen gefolgt werden. Der Graf beeilte sich nicht, eine qualifizirte Person aufzufinden. In Folge dessen erneuerte der Grafschaftsamtmann die Bitte, denn seinen Fürsten, bemerkte er, sei es sehr beschwerlich, ihre Unterthanen ohne einen rechtschaffenen Pfarrherrn zu lassen. Die Ursach zu erzählen, erachte er unnöthig, da jeden Orts Obrigkeit auch der Kirchen Nothdurft anzusehen und die Ehre Gottes zu befördern schuldig seie, in keiner andern Kirche der Grafschaft aber werde dergleichen Uebelstand und Unordnung gespürt wie in der zu Würschweiler. Seine Fürsten seien es zufrieden, daß er

---

Wie sie vernommen, supplicire der Pfarrer Bicker zu Brombach um ihre Pfarrstelle. Nun habe sich ihr Pfarrherr bei ihnen an die 37 Jahre wohl verhalten, so daß sie noch heutigen Tages zu ihm ein großes Genügen trügen, und mit seiner Predigt und seinem Kirchendienst wohl zufrieden seien. Deshalb wolle man doch seinen langwierigen Dienst erwägen und denselben ihn noch eine Zeit lang thun lassen. Der Graf sandte diese Bittschrift Pfarrer Bicker zu, dem wahrscheinlich von Birkenfeld aus Hoffnung auf die Stelle war gemacht worden, und bemerkte ihm, er möge sich daraus spiegeln, denn wenn er einmal bei seiner Herrschaft sollte weggedrungen werden, wie jetzt der liebe getreue Besthaupt, so solle ihm dies auch nicht gefallen. Daß der Graf denen in Birkenfeld auch noch in anderer Weise zu erkennen gab, wie er die Amtsenthebung Besthaupts nicht zufrieden sei, erhellt aus dem Schreiben, das ihm die dortige Kanzlei unterm 22. August 1591 zusandte. In demselben sagen die Räthe: Der Pfarrer könne nicht mehr lesen und hören, deshalb auch nicht mehr predigen. Ein gelehrter Zuhörer könne aus seiner Predigt keine Meinung schöpfen, viel weniger Bauern und Kinder. Deshalb sei es kein Wunder, wenn die Zuhörer zu Gottes Wort wenig Lust trügen und also beschaffen seien, als hätten sie nie einen Prediger gehabt. In vielen Jahren habe Besthaupt keinen Katechismus gepredigt, und was er am neulichsten gepredigt, habe bei der Visitation auch nicht ein einziger sagen können. Hoffnung der Besserung sei keine vorhanden. Deshalb ersuche man den Collator freundnachbarlich, um die Ehre Gottes und die Wohlfahrt der armen Leute zu fördern, möge er einen andern Geistlichen präsentiren.

sein Recht als Collator übe, aber ihm dem Oberamtmann sei befohlen, die Versorgung der Kirche zu Würschweiler in keinen langen Verzug mehr kommen zu lassen. Auch daraufhin erfolgte Seitens des Grafen keine Präsentation eines neuen Pfarrers, sondern man ließ durch den damaligen Schulmeister in Oberstein dem Pfarrer im Predigen aushelfen. Herzog Karl, den schon das Bittschreiben der Gemeinde an den Grafen sehr verdrossen hatte, wurde durch dieses Verfahren noch heftiger aufgebracht, und die beiderseitigen Räthe, Kanzler Zeuger und Kanzler Eisenhard in Oberstein, so alte Schulfreunde waren, hatten große Mühe, daß es zwischen ihren Herrn nicht zum völligen Bruch kam. Man verglich sich vorläufig dahin, daß der Schulmeister von Oberstein vier Tage in der Woche seiner Schule abwarten, dagegen den Freitag, Sonnabend und Sonntag in Würschweiler verbringen solle, um allda den Pfarrdienst zu versehen. Dem Bedürfniß der Gemeinde war damit nicht abgeholfen. Kein Schulmeister hielt die Beschwerden eines solchen Doppelamtes lange aus, und in Folge dessen kamen immer wieder Zeiten, wo Besthaupt den Dienst in den Kirchen seiner Pfarrei allein versehen sollte. Erst im J. 1594 nahm Herzog Karl die Sache wieder in Angriff. Unterm 11. Oktober schrieb er dem Amtmann zu: Aufs Neue kämen ihm vielfältig Klagen für, daß Besthaupt seiner Kirche aus Unvermöglichkeit übel abwarte. Da derselbe auch viele Schulden und nicht so viele Nahrung habe, daß er einen Adjunkten zu halten vermöge, so sei sein Gedanke, ihn fortan in der Klause zu Enkirch zu alimentiren und dem Grafen vorzuschlagen, er solle Gordianus Hasselbach, den Schulmeister in Trarbach, für die Pfarrei präsentiren. Insofern er der Oberamtmann damit einverstanden sei, möge er Gordianus nach Oberstein schicken, damit er persönlich dem Grafen seine Supplik überreiche. Der Oberamtmann antwortete, auch er halte die Emeritirung Besthaupts für eine hohe Nothdurft, es sei ihm aber Seitens des Markgrafen nicht solche Macht eingeräumt,, daß er ohne desselben Befehl Kirchen- oder andere Diener ändern könne, er wolle jedoch den Vorschlag bei dem Markgrafen befürworten. Nachdem er die markgräfliche Zustimmung erwirkt, ersuchte er den Grafen, Gordianus für die Pfarrei zu präsentiren. Des Grafen Antwort lautete, er könne dem Gesuch nicht willfahren, da er für die

Stelle bereits eine andere qualifizirte Person ausersehen. Diese Person war Vitus Schott, der sich alsbald auch in Birkenfeld zur Prüfung und Probepredigt einstellte. Er predigte in Anwesenheit des Herzogs in der Hofkapelle. Bei der Prüfung, welche der Inspector Conon mit ihm abhielt, befand man ihn rechtgläubig, und als ihm durch den Kanzler Zeuger eröffnet wurde, der Nachfolger Besthaupts müsse behufs Unterhaltung desselben in der Klause zu Enkirch an diese jährlich 3 Mltr. Korn und 1 Mltr. Hafer abgeben, war er auch dieses zufrieden. Aber Vitus Schott war nicht die dem Herzog genehme Person und darum unterblieb seine Bestallung. Zeuger mußte Besthaupt, der früher in die Klauß von Enkirch sich nur begeben wollte, wenn man ihm dorten das Amt des Probstes zutheile, nun aber diese Bedingung nicht mehr festhielt, eröffnen, es sei augenblicklich kein Platz in der Klause frei und deshalb solle er seinen Dienst noch behalten und fleißig ausrichten. Besthaupt blieb darauf noch vier Jahr im Besitze des Pfarramts, und wenn er auch in Ausrichtung desselben zeitweilig unterstützt wurde durch studirte Schulmeister, die in Würschweiler wohnten, war doch die Gemeinde diese Zeit hindurch gleichsam hirtenlos. Erst am 13. April 1599 geschah Seitens des Herzogs an den Collator neue Anmahnung, für die Pfarrei einen andern Geistlichen zu präsentiren, und als etliche Monate darauf Besthaupt selbst um einen Coadjutor bat, präsentirte der Graf Johannes Schwab, den damaligen Kaplan zu Grumbach, der sich kurz zuvor mit Besthaupts Tochter verlobt hatte. Besthaupt wurde später die Aufnahme in die Klause zu Enkirch angeboten, doch unter der Bedingung, daß sein Tochtermann der Klaus mit etwas Frucht zu Hülfe komme. Nachdem Schwab erklärt, er habe in Folge der mißwachsenden Jahre Mühe bei Tag durch den Wald zu kommen, und man an Besthaupt merkte, daß er gern in Würschweiler sein Leben beschließe, wurde ihm aus der Klaus für das Jahr 5 Gulden und 1½ Ohm Wein bewilligt.

Noch trauriger als der Lebensabend des Pfarrers Besthaupt war der des Pfarrers Franz Merkel in Gödenroth. Derselbe stammte gleichfalls aus Enkirch und hatte drei Jahre in Trier, zwei in Heidelberg studirt. An letzterm Ort war neben Andern auch Heinrich Stoll sein Lehrer gewesen. Nach der Heimkehr von der Schule empfing er die Priesterweihe und begnadete ihn Herzog Johann von Simmern mit der Kaplanei auf der Starkenburg. Als Herzog Friedrich nach seines Vaters Absterben die Reformation einführte, trat Merkel zur evangelischen Kirche über und ertheilte ihm der Simmerner Superintendent Beukius die Ordination. Im J. 1560 wurde er Pfarrer in Gödenroth und hatte neben dieser kleinen aus den Ortschaften Gödenroth und Ebschied bestehenden Pfarrei auch die Kirche Sevenich zu bedienen. Sein theologisches Wissen war weder tief noch umfassend, doch ist er nicht ohne Predigergabe gewesen, wie man denn bei mehreren Visitationen mit seiner Predigt, desgleichen mit seiner Katechismuslehre zufrieden war. Bei der Visitation 1580 gaben Schultheiß und Censoren ihm das Zeugniß, er sei fleißig in seinem Amt mit Predigen, Kinderlehre und Krankenbesuchen, dabei sei er freundlich und friedlich, halte sich mit seinem Weib und Kindern unsträflich. Gleicherweise rühmten die Censoren bei der Visitation 1591, die Gemeinde sei mit dem Pfarrer wohl zufrieden, er predige verständig und werde nicht viel in Wirthshäusern gefunden. Allmählich traten auch bei ihm die Gebrechen des Alters ein. Am 24. Mai 1604, wo Merkel ein Alter von 68 Jahren erreicht hatte, schrieben die Birkenfelder Räthe an den Amtmann in Kastellaun: Aus des Inspectors Bericht hätten sie erfahren, daß Merkel wegen auf sich habenden Alters nicht mehr im Stand sei, seinen Dienst zu versehen, deshalb hätten sie beschlossen, ihn desselben zu entlassen, ihm zur Ruhe und der Kirche zu Nutz. Er möge Merkel glimpflich zusprechen, daß er sich dem unterwerfe, und solle ihm die ungleichen Gedanken, die er sich etwa einbilden und zu Gemüth ziehen möchte, möglichst ausreden. Der Pfarrer solle der Herrschaft Affection verspüren und solle es nicht das Ansehen haben, als wolle man ihn gar verstoßen, man werde ihm aus dem Pfarreinkommen etwas Korn und Hafer verwilligen, auch solle es ihm unbenommen sein, seinem Nachfolger bisweilen eine Kinderlehr zu halten oder sonst Handreichung zu thun. Des Amtmanns Bericht lautet: Der Räthe Vorhaben habe er Merkel durch Pfarrer Cratzer in Kastellaun mit allem Glimpf anzeigen lassen, darauf sei derselbe alsbald zu ihm gekommen und habe mit Weinen und Klagen sich der Art verhalten, — der Berichterstatter ist der katholische Amtmann Karl von Hornung, — daß er sich in Wahrheit des armen Mannes erbarmt. Man möge, habe er gebeten, seine geleisteten Dienste ansehen und seiner noch ein oder zwei Jahre schonen, zumal seine Amtsnachbaren ihm Hülfe leisten wollten. Gleichzeitig wendeten sich die Gemeinden Gödenroth und Sevenich an die Räthe und sagten, sie seien mit ihrem Pfarrer noch wohl zufrieden, und an seiner Lehre wäre kein Mangel, er vollbringe sein Predigen fast noch wie vor 40 Jahren, deshalb möge man den treuen Lehrer noch im Amt belassen. Die Räthe antworteten dem Amtmann: Schon vor 10 Jahren habe man bei der Visitation befunden, daß Merkel wegen verlorenen Gesichts und Gehörs, sowie anderer Leibesblödigkeit nicht mehr leisten könne, was er solle, und dasselbe habe ohnlängst der Inspector berichtet. Deshalb könne man von dem gegebenen Befehl nicht abspringen. Es sei bereits Battenfeld zum Pfarrer ernannt, demselben aber hoch anbefohlen, sich aller Bescheidenheit, nachbarlichen Einigkeit und stillen Wesens zu befleißen, und auf den widrigen Fall sei er ja Amtmann und werde ein ernstliches Einsehen haben. Deshalb habe er einen Tag zu bestimmen, an dem sich Battenfeld mit Merkel vergleiche und könnte der Pfarrer in Kastellaun, etwan auch der Pfarrer von Alterkülz als Schiedsrichter zugezogen werden. Nach einiger Zeit berichtete Karl von Hornung: Er habe die Censoren von Gödenroth vor sich kommen lassen und ihnen in Beisein des alten Pfarrers Battenfeld als Pfarrer vorgestellt, auch Befehl gethan, daß demselben das Pfarrhaus und die Widdemsgüter, nachdem Merkel die Blum geerntet, eingeräumt werden. Es sei aber das Einkommen so geschaffen, daß Merkel auf der Stelle sein Patrimonium zugesetzet, denn die Widdemsgüter ertrügen, wenn sie die Bauern um Lohn baueten, bei mißwachsenden Jahren, deren leider mehr fielen denn der fruchtbaren, die Unkosten nicht. Das Dorf Erbscheit, da etliche Gefälle gewesen, habe der Pfälzer Kurfürst aus dem Pfarrsprengel gezogen, dasselbe wollten nach Merkels Abgang auch die Walpotten mit Sevenich thun. Daher würde sich weder Battenfeld durchbringen, noch Merkel gereicht werden können, was man ihm aus dem Pfarreinkommen geschöpfet. Derselbe habe wohl das ihm Zugetheilte*) mit Dank angenommen, doch sich zum höchsten

*) Zugetheilt wurden ihm aus den Pfarrgefällen von Gödenroth

beklagt, daß er, nachdem er 40 Jahre im Amt gestanden, in seinem Alter noch Mangel leiden solle. Alle bei der Präsentation anwesenden Geistliche hätten mit dem Hochbetagten ein tiefes Mitleiden gehabt und gebeten in Betracht, daß Herr Franz von Anbeginn der hier eingeführten Religion dem Ministerio vorgestanden und in seinem Amt fleißig gewesen, möge ihm aus den Gefällen anderer Kirchen ein solcher Zuschuß gemacht werden, daß er die noch wenigen Tage seines Lebens mit Ehren sich ausbringen und nicht an den Bettelstab oder in andere beschwerliche Stände gerathen möge. Als der Amtmann die Gehaltsvergleichung vornahm, bat Merkel, man wolle ihm doch in die Klaus nach Enkirch verhelfen, damit er dort sein Alter in aller Stille vollenden möge. Der Amtmann brachte dieses zur Kenntniß der Räthe und erwiderten dieselben, sie wollten ihres Theils gerne dazu behülflich sein, wenn eine Stelle frei würde. Sie bedachten ihn im J. 1605 mit einer Unterstützung von 20 fl. aus den Kastellauner Kirchengefällen und fügten dazu im J. 1606 noch 10 fl. aus dem Rother Pfarrüberschuß. Letzteres geschah mit besonderer Bewilligung des Markgrafen Georg Friedrich, an den inzwischen der badische Antheil an der Grafschaft Sponheim übergegangen war. Im August des J. 1607 stellte Merkel den Räthen aufs Neue seinen Nothstand vor. In seiner Eingabe, die ihm Pfarrer Orth in Kastellaun verfaßt hatte, hebt er zunächst hervor, wie er die Pfarrei Gödenroth 45 Jahre verwaltet und 52 Jahre der Herrschaft gedient habe, erinnert sodann an des Heilands Ruf: Selig sind die Barmherzigen, denn sie werden Barmherzigkeit erlangen, desgleichen an desselben Verheißung, daß es dem, der der Geringsten einen mit einem Becher frischen Wassers labe, nicht unbelohnt bleiben werde, und reihet daran die flehentliche Bitte, ihm doch die Unterstützung von 20 fl., die er bisher aus den Kirchengefällen von Kastellaun empfangen, noch fürder zu belassen. Die Räthe bedauern in ihrer Antwort, daß solches nicht geschehen könne, indem man in Kastellaun selbst einen Ueberschuß zur Unterhaltung eines Schulmeisters nöthig habe, dagegen erbieten sie sich, ihm, wenn der Markgraf zustimme, 10 fl. jährlich aus dem

und Sevenich 20 fl. Geld, 2 Malter Korn, 4 Malter Hafer und 1 Wagen Heu.

Rother Ueberschuß in die Klaus zu geben, damit er dorten bis an sein Lebensende alimentirt werde, doch müsse er, dieweil er noch ein Haus und etliche Gärten besitze, sich dorten mit 100 fl. einkaufen. Merkel wiederholte seine Bitte um Belassung der 20 fl. und wollte sich nicht erinnern, daß er früher um Aufnahme in die Klaus gebeten habe, jedenfalls wolle er sich bedankt haben, sintemal er seines hohen Alters und seiner Leibesgebrechen halb in der Klaus nit dienlich, lieber wolle er bei seinem geringen Gütlein bleiben und, wenn er Mangel leiden sollte, gutherzige Leute um eine Steuer ansprechen. Daraufhin entzog man ihm auch die 10 fl. aus dem Rother Ueberschuß und theilte sie Apiarius, Battenfelds Nachfolger, zu, der wegen seines geringen Einkommens mit Weib und Kind in großer Dürftigkeit lebte. Wenige Tage darnach als diese Entscheidung ergangen, am 10. Febr. 1608, berichtete der Amtmann Schmalkalder zur Kanzlei: Es sei Herr Franz Merkel, der alte Pfarrer zu Gödenroth, nachdem er etliche Tage traurig und bekümmert gesehen worden, am verschienenen Sonntag des Nachts aus seinem Bette aufgestanden und habe sich nicht weit von seinem Hause in einen Brunnen gestürzt *).

In der Pfarrei Niederhosenbach hatte man dem Pfarrer Kuno Stiebshausen, als er dienstunfähig geworden, das Glockamt zugetheilt, das Gefälle desselben bestand in einem etwa 10 Mltr.

*) Als etliche Nachbarn, heißt es weiter in des Amtmanns Bericht, den Fall gehört, seien sie herbeigelaufen und hätten ihn herausgezogen, verhoffend ihn noch beim Leben zu erhalten, er habe sich aber nur noch ein wenig geregt und sei sofort todt gewesen. Nach Anzeig etlicher Nachbarn (Pfarrgenossen) sei Merkel den Abend zuvor an etliche Brunnen im Dorfe gegangen und habe sie mit einem Stecken gemessen, es habe aber Niemand bei ihm solchen bösen Vorwand geahnet, sondern man habe gemeint, daß er es aus Verkindheit gethan. Ingleichen soll er den Abend vor dem Schlafengehen eines seiner Enkelkinder in den Arm genommen und zu ihm gesagt haben, es soll ihn küssen, denn morgen werde es dies nicht mehr können In das Haus, das er zu Gödenroth besessen, habe sich eine seiner Töchter verheirathet, und sei es deren Mann gewesen, welcher ohne zu ahnen, was er thue, dem Unglücklichen die Thür geöffnet habe, und sei derselbe ihm nachgeeilet, als er von dem Fall im Brunnen gehört. Dieser Mittheilung fügte der Amtmann hinzu, den Körper habe er den Kindern und Freunden überlassen, um ihn auf dem Kirchhof zu beerdigen, doch ohne Caeremonien.

Frucht ertragenden Zehnten, der im Wartensteinischen gelegen war. Sein Nachfolger im Pfarramt war der ehemalige Trierer Briefträger Lampertus Thol. Er gehörte mit zu denjenigen Pfarrern, die nie mit einem geistlichen Amt hätten betraut werden sollen. Nikolaus Schenk von Schmidtburg, der Collator der Pfarrei Niederhosenbach, äußerte eines Tags, er wundere sich, daß die Fürsten von Sponheim den elenden Menschen so lange hätten dulden mögen, und doch war gerade er es, der denselben für die Stelle präsentirt hatte. Im Visitationsbericht 1591 heißt es: Zu Niederhosenbach ist ein Pfarrer Lambertus Thol, so über 60 Jahre alt, welcher die Zeit seines Lebens haderhaftig, im Amte unfleißig und eines bösen Namens gewesen, wie er denn auch schon bei der Visitation von 1580 hat sollen abgeschafft werden. Den letzten Winter war er todtkrank und ist jetzt noch also zugerichtet, daß Niemand mit ihm reden kann, denn er so viel als nichts hört. So kann er auch auf der Kanzel nicht mehr aus gedruckten Büchern lesen und ist zum Predigen, Besuchung der Kranken, Unterrichten der Kinder, Administration der Sakramente ganz und gar nicht qualifizirt. So wäre demnach, sagen schließlich die Visitatoren, unsere Meinung, Fürstliche Gnaden wollten befehlen, daß ein anderer an seine Stelle angenommen werde. Der Collator sei erbötig einen andern zu präsentiren. Thol mußte sich, als man ihn noch im J. 1591 des Amtes entband, mit einem Ruhegehalt von etlichen Maltern Frucht begnügen und war Vater von elf Kindern*). Als in dem ritterschaftlichen Flecken Merx-

*) Im J. 1598 wurde Bartholomäus Fiedler oder Chelius, wie er nach damaligem Brauch sich nannte, zum Kaplan in Enkirch angenommen. Geboren war er in Reichenbach bei Zwickau, kam aber schon als Knabe nach Straßburg und hatte während der letzten Jahre seiner dortigen Studienzeit sich eines Sponheimischen Stipendiums erfreut. Nach Vollendung seiner Studien hat er das Schulamt in Birkenfeld bekleidet und dem Pfarrer auch im Predigen ausgeholfen, überhaupt sich sehr brav gehalten. Leider aber war er kränklich und im Winter 1611 lähmte ihm die Gicht Füße und Hände. Man verzweifelte in der Kanzlei an seiner Herstellung und forderte den Amtmann auf, anzugeben, wie man ihm für die übrige Zeit seines Lebens möge ein Leibgeding ordnen, denn da er sich im Amt so erwiesen, daß seinethalben nie sondere Klage vorgekommen, so wäre es etwas unfreundlich, so er ohne allen Gehalt verstoßen werden sollte. Der Oberamtmann wußte

heim der Pfarrer Pistorius ums J. 1588 seiner Altersschwachheit halben den Pfarrdienst nicht mehr versehen konnte, verwilligte ihm Hans Adam Vogt zu Hunolstein ad dies vitae ein Gnadengehalt von 9 Mltr. Korn und einem halben Fuder Wein.

Nachdem Herzog Wolfgang in seiner Kirchenordnung daran erinnert hat, wie die Prediger für die Zeit ihres Lebens und Wirkens Essen und Trinken, Kleidung und Obdach, desgleichen Hülfe zum Studiren bedürfen, und wie, wenn Gott um der Menschen willen, die alle lebendige Gliedmaßen an dem Leib Christi werden sollen, alljährlich die Erde gnädiglich mit Früchten segne, es billig sei, daß treue Lehrer und Prediger als Bauleute des geistlichen Ackerfeldes solchen Segen mitgenießen, hebt er schließlich hervor, daß es eine schwere Versündigung wider Gottes Gebot wäre, so man die armen Weiber und Kinder der Prediger wollte verhungern lassen. Um an ihrem Theil das zu verhüten, beschlossen die Pfarrer des Zweibrückischen Amtes Lichtenberg in ihrem 1561 zu Kusel gehaltenen Convente: Wenn Gott einen der Brüder aus diesem sterblichen Leben in die himmlischen Wohnungen berufe, und Niemand da sei, dem der Collator die erledigte Stelle zuweisen könne, sollen die benachbarten Pfarrer mit Wissen der Obrigkeit, wenigstens bis der Nachfolger aufziehe, die Stelle versehen, auf daß die Gefälle der Wittwe und den Waisen ohne Schmälerung bleiben, doch so, daß die Erben diejenigen Kosten tragen, die nicht vermieden werden können. In den demselben Convent im J. 1589 zugefertigten Generalpunkten heißt es: Zum dritten, so ein Pfarrherr krank ist, sollen die nächstgesessenen Kirchendiener willig sein zu dienen und dasselbige gratis. Item wenn ein Pfarrherr stirbt, der hinterlassenen Wittfrauen und Kinder zu gut ein Vierteljahr auch gratis und fleißig ohne Klag des Pfarrvolks nothdürftiglich die Pfarr helfen versehen. In der kurpfälzischen Inspectionsordnung sagt der Kurfürst: So ein Kirchendiener mit Tod abgangen wäre und Weib und Kinder

---

keine andere Hülfe, als die des Klosters Wolf. Durch Gebrauch des Emser Bads besserte sich Fiedlers Gesundheit der Art, daß er sein Amt wieder nothdürftig versehen konnte, aber die Besserung währte nur kurze Zeit. Nach längerer Krankheit starb er den 13. März 1613 sanft und stille in Gott, wie es im Berichte heißt.

oder arme Freund hinterlassen, so soll denselben ein Vierteljahr von der Zeit, da sie gestorben, die Pfarrbesoldung aus Gnaden nachgefolget werden. Zu dem Ende soll nach eines Pfarrers tödlichem Abgang Unser Inspector einem Benachbarten das vacirend Ort befehlen, es so viel ihm möglich nothdürftiglich mit der Predigt des Wortes Gottes und Administrirung der h. Sakramente zu versehen und mit demselben dahin handeln, daß er das Vierteljahr der Wittfrau, den Kindern und armen Befreunden zu gut, solche Kirche vergebens versehe, wie hergegen auf den Fall seinem Weib, Kindern und andern Befreunden auch beschehen soll, daneben aber soll er, wie die Kirche bestellt, auch wie des Abgestorbenen Weib und Kinder beschaffen, Unserm Kirchenrathe fürderlich berichten. In der Rheingrafschaft erhielten die Wittwen und Waisen der Kirchen- und Schuldiener gesetzlichen Anspruch an das Gnadenquartal erst mit der Kirchenordnung von 1690, wie denn in dieser zugleich auch die Errichtung einer Wittwenkasse angeordnet ist. In der früheren Zeit war das Gnadenquartal eine besondere Vergünstigung, die erbeten werden mußte *).

---

*) Als im J. 1613 zu Kirn der Kaplan Goeser verstorben war, theilte der Rheingraf Johann Kasimir auf Kyrburg dem Pfarrer Faber, dieweil er ein Vierteljahr die Kaplanei versehen, das Gehalt derselben zu. Dessen beschwerte sich aber der Vormund von Glasers Kindern und sagte in seiner Schrift: Fast aller Orten sei das Sterbequartal in Brauch, wie denn auch der Verstorbene während seiner dreißigjährigen Amtszeit zum öftern die Pfarrstelle unentgeldlich versehen habe. Zudem sei es wohl bekannt, welch ein wohlverdienter fleißiger Mann der Kaplan gewesen, und deshalb habe er um so mehr verhofft, es werde seinen Kindern, deren noch zwei unerzogen, das Quartal zugetheilt werden. Faber erklärte, Glasers Erben selbst hätten ihn in dieser Sache an die Herrschaft gewiesen. Darauf wandte sich der Vormund an die Gräfin Juliane auf Dhaun, die als Vormünderin ihrer Kinder die Kirchen- und Schulämter in Kirn mitzubestellen hatte, und führte in seiner Bittschrift an, des Kaplans jüngster Söhne einer, der das Küferhandwerk zu erlernen gesonnen, sei so armuthselig, zerrissen und elend umgangen, daß sich desselben wohl zu erbarmen gewesen, die Kinder hätten zwar noch ein Hüttlein, aber dasselbe werde nicht bewohnt, von ihren übrigen Gütlein empfingen sie 10 fl. Zins, und nachdem davon Schatzung und andere Beschwerung ausgerichtet sei, bleibe ihnen nur ein Geringes. Die Gräfin antwortete dem Vormund, der Schaffner sei angewiesen, die Quota, über welche sie zu verfügen habe, an die Kinder zu zahlen, und werde wohl der Pfarrer, welcher

Das Loos der Pfarrwittwen und Pfarrwaisen war, da man Wittwenkassen noch gar nicht kannte, und selbst das Gnadenquartal nicht überall gesetzlich verordnet war, vielfach das der Armuth. Nach Einführung der Reformation haben selten mehr Söhne aus wohlhabenden Familien den geistlichen Stand erwählt. Groß zeitlich Vermögen ließ sich auf den Pfarrstellen unseres Bezirks nicht sammeln, und häufig ist die Klage der Geistlichen, daß sie auf ihren Stellen ihr und ihrer Frau Erbe hätten zusetzen müssen. Bei den Gemeinden war wenig Erbarmen gegen die Wittwen und Waisen ihrer Kirchen- und Schuldiener, sie waren dazu theils zu roh, theils zu mittellos. Wenn die Censoren zu Niederhosenbach bei der Visitation 1591 darauf drangen, daß ihnen statt des Lambertus Thol ein anderer Pfarrer gegeben werde, so bewog sie dazu vorzugsweise der Hinblick auf seine elf Kinder, von denen sie besorgten, daß sie bei ihrer Armuth der Gemeinde zur Last fallen möchten. Nicht wenige Pfarrtöchter haben sich an Bauern verheirathet und die Söhne mußten öfters froh sein, wenn sie nur die Mittel zur Erlernung eines Handwerkes hatten. Seitens der Gebietsherrschaften geschah wohl das Eine und das Andere, die Noth der Pfarrwittwen zu lindern, dennoch blieb dieselbe oft groß. Der Diakonus Balthasar Orth in Kirn hinterließ, als er im Jahre 1569 „aus diesem elenden Jammerthale zur ewigen Kirche hinweggeführt wurde", seiner Wittwe acht unberathene Kinder. Eines derselben nahm Graf Otto auf Kyrburg zu sich, zugleich erbot er sich, Jakob den ältesten Sohn zum halben Theil im Studium zu erhalten und zu dem Ende aus den Gefällen der Kirche Kirn ihm jährlich 10 fl. reichen zu lassen. Molitor, des Grafen Rath, meldete dieses seinem Schwager Dreiß und indem er diesen bat, zu veranlassen, daß ein Gleiches Seitens Dhaun geschehe, bemerkte er, von denen, welche des Jungen Condiscipel zu Marburg gewesen, höre er sein trefflich Ingenium rühmen und wäre es daher schade, wenn er im Studium nicht fortfahren könne. Dreiß wies sofort in seiner Grafen Namen auch 10 fl. an und ließ der Wittwe mittheilen, sofern der Sohn nach Ausgang des Jahres über seinen Fleiß Urkund von den

---

mit christlicher Lieb bei seinem tragenden Amt armen Waisen sonderlich wohl gewillt sein sollte, sich auch zur Ruhe begeben.

Professoren auflegen könne, würden sich seine Herrn gegen ihn weiter gnädig erzeigen. Jakob Orth wurde später Pfarrer in Kirn, und um sein Einkommen zu besseren, wurde ihm auch die Bedienung der nahe gelegenen Kirche Meckenbach übertragen, trotzdem ist auch er kein vermögender Mann geworden. Dafür, daß auch in der H. Gr. Sponheim die Wittwen und Waisen armer Pfarrer mit Unterstützungen bedacht wurden, soweit es die geringen Mittel der Kirche erlaubten, sind der Belege manche vorhanden. Als zu Alterkülz der Pfarrer Johann Essen verstorben war, verwilligten die Gemeinsherrn der Witttwe zur Erhaltung ihrer Kinder aus den Gefällen des Klosters Wolf eine Steuer von 20 fl., jedoch ein für allemal*). Unter den Stipendiaten der Grafschaft finden sich Söhne der an der Pest verstorbenen Pfarrer Christoph Creych von Traben und Stephan Ruhelin von Trarbach, desgleichen von Nikolaus Maulburch, welcher bei Einführung der Reformation Pfarrer in Enkirch gewesen, aber wegen seiner geringen Tüchtigkeit als Kaplan daselbst verstorben ist**).

---

*) Als im J. 1597 der Kaplan Range in Kastellaun der Pest erlegen war, wollte die Regierung die Stelle alsbald wieder besetzen und deshalb von der Wittwe das Haus geräumt wissen. Sie bat, ihr doch die Behausung noch bis Martini zu belassen und sagte in ihrer Bittschrift, sofern man ihr den Sitz im Kaplaneihaus nehme, habe sie zu besorgen, daß die Bürgerschaft sie vor das Thor setze, denn es verlaute bereits, bei der Bürgerschaft solle ihr kein Unterschleif gegeben werden. Diese Hartherzigkeit der Bürger gegen die Wittwe hatte ihren Grund mit darin, daß sie wie ihr verstorbener Mann durch ihre Zanksucht sich die Herzen verfeindet hatte. Als die Birkenfelder Regierung Römer, den früheren Amtmann, aufforderte anzugeben, was man der Wittwe etwa als Steuer reichen könne, schlug derselbe vor, man solle ihr das erlassen, was sie noch der Kirche schulde. Der am 1. November 1597 von Eduard Fortunat eingesetzte katholische Amtmann Karl von Hornung bat, man solle die Wittwe doch nicht so bald aus dem Hause treiben und auf die Straße setzen, auf daß nicht die Tiefbetrübte noch mehr betrübt werde. Zudem sei der Kaplan an der jetzt regierenden Krankheit verstorben und darum gar nicht rathsam, daß der neue Kaplan sofort in das Haus ziehe. Der Entscheid der Regierung fehlt und kann nur angegeben werden, daß die Wittwe bei dem Amtmann Hornung als Wartfrau seiner Kinder zunächst einen Unterschleif fand.

**) In Betreff des Sohnes von Ruhelin, dessen Ehefrau gleichfalls der Pest erlegen war, heißt es im Stipendiaten-Verzeichniß: Burkard Ruhelin

8. Die rechtliche und gesellschaftliche Stellung der Geistlichen.

In wieweit nach Einführung der Reformation den Geistlichen unseres Bezirks ein besonderer Gerichtsstand, privilegium fori, verblieben, darüber kann Zuverlässiges nicht mitgetheilt werden. Weitgehend war auch in dieser Beziehung die Gewalt

---

ist 1577 wegen seines Vaters und seiner Mutter Absterben in letzter Pestilenz ein extraordinarium stipendium von 10 fl. verwilligt worden. Im J. 1580 rügte es Herzog Johann, daß demselben das verwilligte Stipendium noch nicht gezahlt sei, und befahl, es sollten ihm alsbald 30 fl. gereicht werden. Burkard war noch im J. 1587 Stipendiat in Hornbach. Die Wittwe des Pfarrers Crepch hatte sich in ihrer Vaterstadt Marburg niedergelassen, woselbst ihr ältester Sohn Friedrich das Pädagogium besuchte. Nachdem er in dieser Schule zwei Jahre verbracht, bewarb er sich bei Herzog Johann um ein Stipendium an der Schule Hornbach. Egidius Hunnius, der damals an der Hochschule Marburg lehrte, empfahl den Knaben dem Hofprediger des Herzogs, Dr. Heilbronner, der gleich ihm ein Hyperlutheraner war. Ferrarius, der Vorsteher des Marburger Pädagogiums, lobte des Knaben Fleiß und Gaben und hob wie Hunnius hervor, daß dieser Sohn eines um die Kirche verdienten Mannes sich bisher sehr kümmerlich habe durchschlagen müssen. Als er in dem mit ihm zu Hornbach angestellten Examen wohl bestand, schrieb der Herzog an Markgraf Philipp, dieweil an dem Bittsteller es werde wohl angelegt sein und um seines Vaters treuer Dienste willen wollten sie ihm auf 2 Jahre 20 fl. aus dem Kloster Wolf bewilligen. Der Markgraf gab seine Zustimmung, aber schon nach einer Kürze mußte der Stipendiat in Folge seiner Kränklichkeit die Schule Hornbach verlassen und ist bald darauf bei seiner Mutter gestorben. Auch der Pfarrfrauen, welche, obwohl sie nicht Wittwen waren, doch die Noth der Wittwen zu tragen hatten, nahm sich die Sponheimer Regierung hülfreich an. Melchior Beerwein war zum Pfarrer in Eschweiler angenommen worden, bekleidete jedoch das Amt nur kurze Zeit. Er lebte lüderlich, machte Schulden, und als er durch eine Weibsperson in Argwohn war gebracht worden, ergriff er die Flucht und ließ seine Frau mit vier Kindern im Elend zurück. Der Amtmann Heinrich Tuschelin schilderte in rührender Weise die Noth der Frau und erwirkte dadurch im April 1599 den Befehl, die zwei Kühe und Kälber, welche die Verlassene noch besitze, dürften ihr nicht genommen werden, auch solle ihr verstattet sein, sich dahin zu begeben, wo sie sich besser ausbringen könne. Beerwein dagegen sei zu verhaften, wenn er sich auf sponheimischem Gebiet betreten lasse.

der hessischen Superintendenten. In der hessischen Kirchenordnung von 1566 lautet der darauf bezügliche Artikel: So ein Pfarrer durch Unfleiß oder anderer Sünden halben seines Amtes sich unwürdig macht, soll er durch die Aeltesten als seine Mitbrüder etlichemal freundlich ermahnt, darnach schärfer durch den Superintendenten mit der Drohung, daß er werde abgesetzt werden. Insofern darauf keine Besserung erfolge, soll der Superintendent im Beisein etlicher Pfarrer, und so es geschehen kann, in dem Synodo nach fleißiger Erkenntniß der Sachen pronunciren, daß ein solcher nicht länger im Amt bleiben könne. Diese Sentenz soll am nächstfolgenden Sonntag ein anderer Pfarrer von wegen des Superintendenten oder des ganzen Synodi in der Kirche, darin der Beurlaubte zuvor gelehrt hat, verkünden, nachdem das ganze Amt der Kirche, d. h. der Gottesdienst verrichtet worden. So aber einer durch Anregung des Satans ein Laster begangen, durch welches eine ganze Gemeinde geärgert worden, solle der Superintendent, dieweil eine solche Sache nicht auf den Synodum mag aufgeschoben werden, von Stund an etliche Pfarrer der nächstgelegenen Kirchen an den Ort, da das Laster vollbracht, oder anderswohin berufen, und wenn sie bei einander sind, den ganzen Handel vorsichtiglich und fleißig erkunden, und soll der Superintendent, er sei zugegen oder nicht, die Sentenz ergehen lassen, d. h. das Urtheil fällen. Zudem dieweil sich bisweilen ein Laster zutrage, derhalben man den Thäter dem Satan übergeben müsse, sollen der Superintendent und die Pfarrherrn verkündigen, daß er so lange aus der Gemeinschaft der Kirche ausgeschlossen sei, bis er vor der ganzen Gemeinde, die er zuvor geärgert, Buße thue. Wie lange diese Ordnung, nach welcher der Geistliche, der sich irgendwie vergangen, durch den Superintendenten gerichtet wurde, jedoch nicht ohne die Gegenwart und ohne das Gutachten von seines Gleichen, bestanden hat, kann nicht angegeben werden. Es liegt bloß zu Tage, daß in der Zeit ihrer Geltung schwere Verbrechen nur mit Wissen des Landesherrn bestraft werden sollten, und sonderlich, so ein Prädikant ein Verbrechen begangen, das eine Leibesstrafe auf sich hatte, als Mord, Todtschlag, Ehebruch u. dgl., die Beamten Macht hatten, den Missethäter zu greifen und in Verwahrung zu bringen, darnach aber den Bescheid des Landgrafen erwarten sollten.

Welche Befugnisse in dieser Beziehung in der Kurpfalz den Superintendenten oder Inspectoren zugetheilt waren, und wie dorten die Amtsentsetzung erfolgte, darüber wird Näheres gegeben werden in dem Abschnitt, der von den oberen Kirchenbehörden handelt. Im Herzogthum Zweibrücken, wo das von Herzog Wolfgang beabsichtigte Consistorium erst nach dem dreißigjährigen Kriege errichtet wurde, stand das Endurtheil in Betreff der Vergehen der Geistlichen dem Herzoge zu, häufig aber ließ er es durch seinen Statthalter und Räthe fällen, und so er es etwa in Person fällte, geschah dieses nicht ohne Zuziehung derselben. Zu den Sitzungen, da die Räthe zu Gericht über einen Geistlichen saßen, oder in Betreff seiner Bestrafung ihr Urtheil abgaben, wurde jederzeit der Superintendent von Zweibrücken zugezogen. Dieses war nicht der Fall in der H. Gr. Sponheim. Hier hat der Oberamtmann nicht selten die Geistlichen mit schweren Strafen belegt, ohne sich zuvor mit den geistlichen Aufsehern der Grafschaft zu benehmen, und gleicherweise haben der gemeine Tag, das Hofgericht der Grafschaft, sowie die Gemeinsfürsten und ihre Kanzler verfahren. Chyträus zählt in der von ihm auf Herzog Wolfgang gehaltenen Gedächtnißrede zu dem vielen Löblichen, das dieser Fürst vollbracht habe, auch das, dieweil ihm bewußt gewesen, wie verächtlich und unfreundlich die Pfarrherrn häufig von den weltlichen Beamten behandelt wurden, habe er sie von deren Gerichtsbarkeit befreit und unter geistliche Inspectoren und den Kirchenrath gestellt. Aber diese Angabe des großen Theologen ist in mehrfacher Beziehung eine irrige, es haben auch unter Wolfgangs Regierung, wie unter der seiner Söhne im Herzogthum Zweibrücken und in der H. Gr. Sponheim die Geistlichen viel Verachtung und mannigfache Gewalthat von Seiten der weltlichen Amtleute erlitten. Allerdings sind diese Leiden nicht immer ohne Verschulden über die Geistlichen ergangen, denn nur zu viele von ihnen haben vergessen, wie in der Predigt so auch in ihrem Wandel die Tugenden dessen zu verkünden, der mit der Reformation die Seelen aufs Neue von der Finsterniß zu seinem himmlischen Licht berufen hat. Wie roh und gewalthätig der Junker Cratz von Scharfenstein, der unter Herzog Wolfgang die Amtmannsstelle in Kastellaun mehrere Jahre bekleidete, sich den Geistlichen gegenüber benahm; ist Abth. I. mitgetheilt. Auch aus der Regierungszeit seiner Söhne Johann und Karl fehlt es nicht an Amtleuten, die ähnlich handelten. Im Jahre 1577 reichte Philipp Wurzel aus Schmalkalden bei Herzog Johann die flehentliche Bitte ein, ihn mit einem geringen Pfarrdienst zu begnaden. Dabei gab er an, er sei 47 Jahre alt und habe bereits 26 Jahre der Kirche gedient, aber Alles verlassen, um bei Gottes Wort zu bleiben. Sollte im Herzogthum kein Dienst ledig sein, bitte er um ein Viatikum. Es erging darauf aus der herzoglichen Kanzlei der Befehl, der Supplikant solle examinirt und fleißig vorgenommen werden, ob er nicht mit der calvinischen Secte befleckt sei, dieweil er in St. Lambrecht ohnfern Neustadt an der Hardt gewesen, auch sollten seine Testimonien gelesen und der Theologen Gutbedünken dem Herzog referirt werden. Wurzel bestand in der Prüfung, auch seine Zeugnisse befand man gut, und daraufhin wurde er am 28. Februar 1577 zum Pfarrer in Allenbach ernannt, auch ihm wegen seiner Armuth und der mißwachsenden Jahre von beiden Gemeinsherrn sofort eine Steuer von 2 Mltr. Korn verwilligt. Aber schon nach 8 Monaten lief bei dem Oberamtmann in Trarbach ein höchst ungünstiger Bericht des Amtmanns von Franken über Wurzel ein. Es habe sich derselbe, heißt es in dem Schreiben, bereits bei der Abrechnung mit seinem Vorgänger sehr ungebührlich erzeigt, und seitdem sich ärgerlich gehalten. Trotz alles Vermahnens schließe er Markgraf Philipp, den katholischen Gemeinsherrn, nicht ins Kirchengebet ein, und sei er der Amtmann deshalb Willens gewesen, ihm die Besoldung einzuhalten. Obgleich er sehr bloß gekommen, habe er dennoch im Wirthshaus und im Pfarrhof übermäßig große Gesellschaft gehalten und einmal an einem Tag mit seinem Anhang 25 Maß Wein im Pfarrhause vertrunken. Vornämlich verkehre er mit den Schmelzern und Hüttenburschen, lade dieselben sogar in sein Haus ein, wie er denn auch seine Tochter an den Schmelzer Stoffel und seinen Sohn, der noch ein Junge, an die Tochter des Schmelzers Eifler habe verkuppeln wollen. Der Pfarrer habe selbst sein eigen Weib, da sie hoch schwanger gewesen, geschlagen, und als ihm der anwesende Pfarrer Besthaupt in Güte eingeredet, habe er auch diesen zu Boden schlagen wollen. Alle seine Streitigkeiten bringe er auf die Kanzel. So habe er bei einem Gottesdienst statt des Evangelium desselbigen Tags das auf Maria Magdalena verlesen, und als er ein Mägdlein, das wohl müde von der Arbeit gewesen, habe schlafen sehen, demselben zugerufen, es werde ihr mit ihren gelben Haaren auch noch ergehen, wie Maria Magdalena, die habe auch ein so schönes Haar gehabt, welches sie zur Hurerei verführt und darum habe sie mit eben den Haaren, mit welchen sie Hoffart getrieben, des Herrn Füße trocknen müssen. Die daran gerichtete Warnung vor Hurerei war nach des Amtmanns Bericht in solche Bilder und Gleichnisse gefaßt, daß die Feder sie nicht nachschreiben könne. Auch der Kirchenordnung unterwerfe er sich nicht. Statt der darin vorgeschriebenen Gebete spreche er solche, die er sich aufgeschrieben, und wolle dieserhalb sich weder von den Censoren unterrichten lassen, noch von ihm gütliche Vermahnung annehmen. Der Oberamtmann sandte Frankens Schreiben an den Herzog und erfolgte darauf von den Räthen unterm 12. Oktober 1578 der Bescheid: Da sich Wurzel weder in Lehr und Wandel der Kirchenordnung gemäß erweise, und nicht allein im Haus und bei den Nachbarn (Pfarrgenossen) sich mit nächtlichem Zechen, Verkuppelung und Schmähung seiner Kinder, sondern auch öffentlich mit ungestümigen Worten und unerbaulichen Predigten der Art erzeigt, daß er weder in seinem Hause, noch in seiner Gemeinde Gottesfurcht schaffe, vielmehr Aergerniß und Aufruhr stifte, so solle er der Oberamtmann ihn sofort 8 Tage in den Thurm legen und mit Wasser und Brod speisen, und darnach ihm anzeigen, obwohl genugsam Ursach vorhanden, ihn des Kirchendienstes zu entsetzen, wolle man ihm dennoch ein Vierteljahr zur Besserung gönnen, da er aber im Geringsten wider die Kirchenordnung thue oder sonst sich ungebührlich halte, solle er mit größter Ungnad angesehen werden. Zugleich wurde dem Oberamtmann befohlen, gut Aufsehens auf ihn zu haben. Franken, der in dieser Sache nur seiner Amtspflicht nachgekommen, bekleidete die Amtmannsstelle in Allenbach nur noch kurze Zeit und erhielt zum Nachfolger Michael Richter. Dieser hatte früher bei des Herzogs Bruder zu Neuburg in Diensten gestanden, und dieweil der Bezirk des Amtes Allenbach sehr klein gewesen, hatte er in der Grafschaft zugleich die Forstmeisterstelle zu versehen. Unterm 8. November 1579 erstattete Richter über Wurzel Bericht und lautete dieser: Er könne nicht sagen, daß der Pfarrer der

Kirchenordnung zuwider handle. Mit seiner Tochter habe er Unglück gehabt, es habe sie aber nunmehr ein Knappe genommen und sei mit ihr weggezogen. Er halte ziemlich wohl Haus, habe aber keinen Pfennig um Wein zu kaufen, und das komme ihn sauer an. Mit des Pfarrers Lehre sei er zufrieden, derselbe treibe auch mit dem jungen Volk fleißig Katechismus, das Volk aber schicke die Kinder fahrlässig. Diese günstige Stimmung des Amtmanns änderte sich in Kürze, und zwar in Folge der Klagen, welche Wurzel gegen ihn unmittelbar beim Herzog führte. Pfalzgraf Wolfgang, des Herzogs seliger Vater, schrieb er, habe den Ausspruch gethan, wo der Feldpflug hinkomme und wo das Feld geäscht werde, solle der Pfarrer den Zehnten haben. So habe auch der Oberamtmann gesprochen, aber der Amtmann mit den Schöffen nähme ihm jährlich 4 Mltr. Korn am Zehnten weg. Es regne ihm in die Stube und Kammer, und darin könne er bei dem Amtmann ebenso wenig Hülfe erlangen als in Betreff der Holzfuhren, die ihm die Gemeinde zu leisten habe. Alles Holz müsse er auf seinem Hals heimtragen, Tag und Nacht müsse er laufen und schleppen und könne er nicht eine Stunde über seinen Büchern sitzen. Der Herzog befahl, wegen des Pfarrzehntens solle der Amtmann die ältesten Leute vernehmen und bei 10 fl. Strafe den Unterthanen die Herstellung des Hauses gebieten, auch sorgen, daß dem Pfarrer sein Holz gefahren werde. Darauf wurden wegen den Zehntgrenzen verschiedene Leute, darunter auch der alte Amtmann Hans von Koppenstein, vernommen und befand man, daß der Pfarrer bisher nicht zu wenig, sondern zu viel bezogen habe. Herzog Johann war in seinem desfallsigen Schreiben an Markgraf Philipp der Ansicht, da die Frucht übel gerathen, soll man dem Pfarrer das zuviel Bezogene belassen und ihm aus den Kirchengefällen des Amts noch 10 fl. zur Steuer verwilligen, wogegen er sich künftig in den Grenzen seines Zehntens zu halten habe. Wie der Pfarrer gegen den Amtmann, so trat nun dieser gegen den Pfarrer mit allerlei Klagen auf*). Den-

---

*) Er berichtete: Die Gemeinde habe ihre Schweine einem Manne aus Wadern in die Eckher verdingt und als derselbe die Schweine wieder lieferte, habe der Pfarrer das Schwein eines seiner Nachbarn heimgetrieben, trotzdem dieser mit seinem Weib und Kindern ihm zugerufen, er solle das

selben fügte der Amtmann schließlich bei, es sei keine Kyrbe an der Musel oder sonst wo, der Pfarrer laufe sie aus und gebe bös Exempel gegenüber den Papisten. Darauf hin empfing Richter den Befehl, Wurzel den Dienst zu künden und Acht zu haben, daß derselbe von der Besoldung nicht mehr mitnehme als ihm gebühre. Es sandte nun Wurzel dem Herzog neue Klagepunkte ein gegen den Amtmann, der ihn nur aus Neid verkleinert habe, und bemerkte, wo man die Punkte nicht wahr erfinde, möge man ihn an Leib und Gut strafen. Die Hauptklagepunkte waren folgende: Der Amtmann und sein Schwieger Johann Bör hätten bei Tag und Nacht 20 Stück Wildpret, Hirsche und Schweine geschossen und hätten des Wildprets oft mehr denn der Herzog

Schwein gehen lassen, es werde seinen Stall wohl finden. Der Bauer habe darauf bei seinem des Amtmanns Schwäher den Befehl erwirkt, der Pfarrer solle das Schwein nicht verenden bis zu seiner des Amtmanns Heimkunft von Zweibrücken, trotzdem habe es der Pfarrer am andern Morgen in der Frühe abgestochen. Als er darnach verurtheilt worden, dem Kläger ein Schwein von gleicher Güte zu liefern, habe er sich mit demselben verglichen, den Vergleich aber nicht gehalten. Von einem Manne zu Morbach habe er 15 Schafe entlehnt um die halbe Zucht und als er eins davon verloren, habe er die Magd ein anderes aus der Heerde holen lassen, dasselbe ohne des Hirten Beisein mit seinem Zeichen gezeichnet, darauf es unter die Heerde geschlagen, und als das Schaf des Abends in seinen alten Stall gelaufen, es daraus geholt. Am zweiten Tage habe sich dieses wiederholt und seien darauf er und der Eigenthümer des Lammes vor der Gemeinde also an einander gerathen, daß es eine Schand gewesen. Wie die Sache vor ihn den Amtmann sei gebracht worden, habe der Hirte gemeldet, es finde sich bei der Heerde ein fremd Schaf, das wohl des Pfarrers sein könne, dieser sei aber darüber wie rasend geworden. Darauf seien ein Schöffe und der Büttel mit dem Schafe nach Morbach gezogen, und als der Mann, von dem der Pfarrer seine Schafe entlehnt gehabt, das Zeichen als sein Zeichen erkannt, habe der Pfarrer Alles auf die Magd schieben wollen. Behufs Entscheidung der Sache habe er denselben an den Oberamtmann gewiesen, aber von ihm die Antwort erhalten, er kenne den Weg nach Zweibrücken, die Pfarrherrn gehörten unter die Superintendenz. Weiter berichtet der Amtmann: Als in Allenbach ein Mann verstorben, sei der Pfarrer mit einer Hippen zum Dorf hinausgelaufen, und als ihn etliche angerufen: Herr Philipps, wo hinaus? wollet Ihr nicht mit zur Leiche gehen? habe er geantwortet: Wer ist gestorben? Man hat mir nichts davon gesagt, ich gehe nicht mit. Er der Amtmann habe ihm dieses verwiesen und es auch dem Superintendenten in Trarbach angezeigt.

in seinem Schlosse. Noch ohnlängst habe der Amtmann einen Hirsch von 14 Enden erlegt und mit dem Förster getheilt, man möge sich nur bei dem Gerber Jost in Baumholder nach den Häuten erkundigen. Sie seien ungerechte Haushalter, und weil er das auf der Kanzel rüge, wolle man ihn mit Weib und Kind ins Elend treiben. Wenn er zur Predigt läuten lasse, lasse auch der Amtmann läuten, und müßten die Leute mit auf die Jagd. Wer nicht mitgehe, auf den versöffen die Förster 3 Albs, und so einer nicht zahle, lasse ihn der Amtmann durch den Büttel pfänden. Vor einiger Zeit habe der Amtmann etlicher Leute Söhne und Töchter, ohne daß dieselben etwas verbrochen, mit Ruthen streichen lassen, und als der Schöffen einer dies als ein Unrecht erklärt, habe er ihn aufs Maul geschlagen. Das Töchterlein des Pfarrers von Würschweiler, so 17 Jahre alt, habe er wollen mit Ruthen streichen lassen und sei das Mädlein darüber in solche Furcht gefallen, daß die große, schwere Krankheit, die fallende Sucht, siebenmal bei ihr angeschlagen, also daß sich ein Stein hätte erbarmen mögen. In Gemeinschaft mit dem Büttel habe er zwei Weibsbilder von Würschweiler zusammen gekoppelt, die eine mit dem Hals, die andere mit dem Arm wie Hunde und in solchen Spott ihren Männern und kleinen Kindern heimgeschickt. Als Herzog Johann nach Empfang dieser Punkte dem Amtmann befahl, dem Pfarrer seine Besoldung nicht vorzuenthalten und ihn bis auf Weiteres auf der Pfarre zu belassen, bat Richter, der von dem gegen ihn eingereichten Libell gehört, sich dasselbe behufs der Verantwortung aus und erhob zugleich neue Klagen gegen den Pfarrer*).

---

*) Abgesehen davon, schrieb der Amtmann, daß der Pfarrer ihn schmähe, habe er sich ohnlängst mit dem Weib des Wirths in Würschweiler zerschlagen, sie eine Hure gescholten und Worte geführt, wie sie mehr den lenonibus als den pastoribus ziemten. Gleicherweise habe er Streit mit einem Sautreiber gehabt und habe dieser ihm den Schenkel so zerschlagen, daß er nicht reisen könne. In Betreff der vom Pfarrer gegen ihn erhobenen Beschuldigungen lautete seine Verantwortung also: Ob er jemals durchs Jagen die Leute von der Predigt abgehalten, wisse er nicht, er berufe sich deshalb auf die Gemeinde, aber das wisse er, daß viel mehr Aposteltage durch den Pfarrer versäumt worden, damit er nur seiner Kyrben habe auswarten können. Vor 4 oder 5 Jahren habe der Landschreiber Hans von Franken ihm zuge-

In Folge eines herzoglichen Befehls hielt der Oberamtmann in Gemeinschaft mit dem Landschreiber ein Verhör ab, wobei der

---

schrieben, er solle, damit er ihm für das Mahl am Hofgerichtstage Wildpret liefern könne, ein Jagen anstellen, da seien etliche Allenbacher ausgeblieben und die habe er, um den Wirth zufrieden zu stellen wegen der Zeche, welche die Förster auf sie gemacht, pfänden lassen. Zum Machen des Wildhags, dessen vom Pfarrer auch gedacht worden, habe er die Gemeinde nicht gezwungen, sondern dazu sei dieselbe willig gewesen wegen der Wölfe, welche in diesem Jahre drei Kühe an einem Tag zerrissen. Betreffend die Klage wegen der Ruthenstreiche, so habe er einen ungezogenen Burschen, der den Mann seiner Schwester mit einem Stein auf das Knie geschlagen, einen Tag in den Thurm gesetzt, und dieweil es kalt gewesen, habe ihn der Vater des Burschen um dessen Entlassung aus dem Thurm gebeten, damit ihm nicht die Füße erkalteten und er hernach nichtsnutz wäre. Diese Bitte habe er gewährt unter der Bedingung, daß dem Burschen ein gut Prozent mit der Ruthen abgestrichen werde. Der Vater sei dessen wohl zufrieden gewesen und habe ihm ein gut Fell abgestrichen. Es sei also der Junge durch seinen eigenen Vater gezüchtigt worden, und welcher Vater seinen Sohn züchtige, der bewahre ihn vor dem Henker, auch habe sich seines Wissens von da ab der Junge wohl verhalten. Zwei andere Jungen hätten einander die Frevel ihrer Eltern vorgehalten, wie deren Eltern auch gethan. Da habe er in Beisein von drei Schöffen den Alten auferlegt, dergleichen Schmähung sich zu enthalten, und da die Uneinigkeit hauptsächlich durch die Kinder erregt worden, ihnen aufgegeben, dieselben mit Ruthen zu streichen. Nun habe Schicht Hans das gethan, Weirichs Paul aber nicht, und da habe er des Letzteren Buben, der seiner Mutter ihre eigene Schande vorgeworfen, im Beisein der Schöffen mit Ruthen streichen lassen. Darüber habe sich einer der Schöffen, der etwas bezecht gewesen, ungebührlich gegen ihn geäußert, und dies habe ihn dermaßen commovirt, daß er ihm einen Maulstreich gegeben. Derselbe Schöffe aber habe ihn des andern Morgens um Verzeihung gebeten. Was die Pfarrtochter von Würschweiler anlange, so habe der Pfarrer zu Allenbach eines Tags die jungen Mägd gescholten, daß sie in der Kirche nicht die Psalmen mitsängen, da sie doch, wenn sie draußen auf dem Feld wären, wohl Lieder singen konnten, als: Gutt Hanse über die Heid ausreit und schoß nach einer Taube &c., item das neue Lied vom Bräutigam und der Braut in Würschweiler, und wäre es eine Schand, daß die Oberkeit solch schandbare Lieder gestatte. Von letztem Lied, das man auf Bechers Wittwe und ihren Bräutigam gedichtet, sei ihm nichts bekannt gewesen, und da man nachgeforscht, habe sich befunden, daß des Pfarrers zu Allenbach Magd und des Pfarrers Tochter zu Würschweiler dasselbe unter die Leut gebracht. Dieweil nun die Freundschaft der Wittwe des Liedes wegen Klage geführt, habe er dieselben vor sich erfordert und sie, nachdem sie auf sein Geheiß das Liedlein wacker

Pfarrer und der Amtmann einander gegenüber gestellt wurden. Dem Amtmann wurde auf Grund des Verhörs eröffnet, des Schießens der Hirsche und Wildschweine habe er sich für seine Person zu enthalten und seines Amtes zu warten, dem nach zu leben, hat der Amtmann sich erboten. Dem Pfarrer wurde aufs Neue der Dienst gekündet, und obwohl er mit der Aufkündigung zufrieden gewesen, bot er doch Alles auf, um sich im Amt zu erhalten. So veranlaßte er, daß etliche Gemeindeglieder eine von Pfarrer Besthaupt verfaßte Schrift unterzeichneten, in welcher die Gemeinde bat, ihr den Pfarrer zu belassen. Besthaupt erhielt wegen Abfassung der Schrift einen scharfen Verweis. Wurzel mußte die Pfarrei räumen und kam in den Dienst der Grafen von Löwenstein. Auf einem den Akten eingelegten Zettel ist vermerkt, er habe sich an andern Orten ebenso gehalten, namentlich als er unter dem Grafen von Löwenstein gewesen. Während der Jahre 1591 bis gegen 1600 bekleidete Peter Neumann die Amtmannsstelle in Allenbach, dagegen erscheint Michael Richter wiederum von 1601 bis 1617 als Inhaber der Stelle. Ob Richter in der Zeit von 1591 bis 1600 des Amtes entsetzt war, oder anderwärts in Diensten stand, liegt nicht im Klaren. Dagegen füllen die Streitigkeiten, die er mit dem zur Strafe von Traben nach Allenbach versetzten Pfarrer Wenzeslaus Fend hatte, viele Bogen.

Der Amtmann Franz Römer in Kastellaun ist uns Abth. I

---

gesungen, nach dem Autor gefragt. Da habe die Pfarrtochter geantwortet, sie habe es einen Krämer in Reuter Philipps Haus singen hören. Darauf habe er ihr gesagt, sie habe einen feinen Kopf, wenn sie das Gute, als die Psalmen und Anderes so leicht fassete, wäre sie ein fein Mägdlein. In diesem Augenblick habe sie angefangen zu schreien, daß er sein Leben lang nicht so erschrocken sei, und habe doch mit ihr weiter nichts geredet, weder Gutes noch Böses. Was die zwei Weiber aus Würschweiler betreffe, so hätten dieselben einander aufs häßlichste ausgescholten, und weil die Censoren nichts hätten bei ihnen ausrichten können, habe er sie auf des Pfarrers Anzeig vor sich beschieden und sie ermahnt, einander zu vergeben. Als sie sich dessen geweigert, habe er ihnen gesagt, er wolle sie bald eins machen und sie in die Geige schlagen lassen. Schon einen Büchsenschuß vom Ort seien sie umgekehrt und hätten ihm durch Herrn Jost, den Pfarrer von Sensweiler, den sie des Weges troffen, sagen lassen, sie hätten einander verziehen und darauf seien sie des Jochs entledigt, einig mit einander heimgezogen.

zu wiederholten Malen ins Auge getreten. Herzog Karl und seine Räthe betrauten ihn bisweilen mit Aufträgen, deren Erledigung einen klugen geschäftsgewandten Mann erforderte. Die Grundzüge seines Charakters aber waren Hochmuth, Habgier und Zweizüngigkeit. Alles dieses trat in greller Weise zu Tage in dem Streit, in den er mit dem Pfarrer Fuchs in Roth gerathen war. Den Anfang des Streits erzählt Römer in dem Bericht, den er unterm 4. Oktober 1595 dem katholischen Markgrafen Eduard Fortunat erstattet hat, also: Es habe dem Allmächtigen gefallen, seinen Schwager Handeln, so 20 Jahre Sponheimischer Vogt zu Senheim gewesen, aus diesem arbeitsamen Leben abzufordern, und dieweil er durch eine Geschäftsreise verhindert gewesen, dem Begräbniß anzuwohnen, habe ihn sein Sohn Reichard dabei vertreten. Nun habe Pfarrer Fuchs, als er mit andern Pfarrern bei ihm im Hause gewesen, seinen Sohn wegen Theilnahme an diesem katholischen Begräbniß so ungestüm mit ehrenrührigen Worten überfahren, daß er und die andern Kirchendiener ihn vermahnet, sich solcher groben Reden zu enthalten, und sein Sohn habe ihm gesagt, was er gethan, wolle er verantworten vor seiner Oberkeit und seinem Seelsorger, und dürfe er deshalb ihn nicht dem bösen Feind übergeben, wie er gethan. Es habe aber kein Vermahnen geholfen, und habe sein Sohn nebst dessen Frau aus seinem Hause weichen müssen. Darob sei er der Amtmann auch in Zorn gerathen und habe dem Pfarrer gesagt, es wäre ihm lieber, daß er aus seinem Hause bliebe, denn daß seine Kinder daraus weichen müßten. Darauf habe sich der Pfarrer zuletzt entfernt, aber mit so ungestümen Reden, daß er ihm in den Thurm gemußt hätte, wenn man ihn, — den Berichterstatter — davon nicht zurückgehalten hätte. Dieses ungebührliche Verhalten des Pfarrers, der ihn noch im Hausgang einen Lecker gescholten, habe er Pfalzgraf Karl geklagt, als derselbe ohnlängst wie in der ganzen Grafschaft, so auch in Kastellaun gewesen, und darauf habe der Pfarrer ihm zum Nachtheil die Schrift erdichtet, die er in der Anlage Sr. fürstl. Gnaden einreiche. Er der Amtmann sei in der Grafschaft auferzogen und trage sein Amt, wie er hoffe zur Zufriedenheit der Gemeinsfürsten, über 40 Jahre. Dagegen habe sich der Ehrendieb so verhalten, daß seine Pfarrkinder ihn öfters schon verklagt hätten wie beim Amt so auch bei der Kanzlei in Birkenfeld. Es habe keine Warnung bei dem aufgeblasenen Kopfe geholfen. Sonderlich habe man ihn vermahnt, doch mit Bescheidenheit von der katholischen Religion zu reden, da man mit den Anverwandten derselben zusammen wohne, aber der Tollkopf gebe nichts darauf, wie er auch der großen Wohlthaten nicht gedenke, die er von ihm dem Markgrafen habe. Er der Amtmann gedenke nicht, die Schmähung hinzunehmen, und bitte um Untersuchung der Sache durch Räthe aus der B. Gr. unter Zuziehung des Trarbacher Oberamtmannes, und zugleich beantrage er, daß dem ehrlosen Manne inmittelst wie billig die Kanzel eingestellt werde. Fuchs stellte in seiner Eingabe an den evangelischen Gemeinsherrn, den Herzog Karl, den Vorgang folgender Gestalt dar. Am 29. Juli 1593 sei er wegen Vergleichung etlicher Zehnten auf des Amtsverwalters Begehren in dessen Haus gekommen, da sich der Pfarrer von Bell auch beigesellet. Dieser habe über Tisch fürbracht, daß des Amtmanns Sohn nicht allein auf des verstorbenen Vogts Begräbniß gewesen, sondern auch mit den Papisten um den Altar gegangen sei und papistico more geopfert habe. Dies habe ihm — Fuchs — wehe gethan und habe er dem Sohne bezeuget, solches habe er wider Gott, dessen h. Wort, sein Gewissen und der Grafschaft Kirchenordnung gethan, denn damit daß er die überteufelten todten Caeremonien suo facto et praesentia confirmirt, habe er seine Religion gleichsam verachtet und so ein schrecklich Aergerniß gegeben. Diese seine christliche Erinnerung habe des Amtmanns Sohn nicht bloß zu keinem Dank aufgenommen, sondern sei darob voll Zorn gegen ihn zur Stube hinausgelaufen. Darauf habe der Vater angefangen, mit ihm feindselig zu handeln und ihm in aller Teufel Namen hinweggehen heißen, und als das seinerseits sofort geschehen, sei er ihm bis vor die Hausthür nachgelaufen mit gräulichem gotteslästerlichen Fluchen und Schelten. Dieweil dieses die Leute mit angehört, habe er ihm geantwortet, wie er ihn schelte und unehre, so solle es ihm, bis er ihn einer Schuld überwiesen, wieder zugerufen sein. Auch nachher habe Römer ihm heftige Drohung zugehen und durch den Büttel sagen lassen, er sei nicht würdig irgend eine Kanzel zu besteigen, es reue ihn, daß er ihn nicht in Kastellaun zurückgehalten und mit Wasser und Brod gespeiset habe. Fuchs schreit darüber um Rache zu Gott und bittet um gnädige Inquisition über seine Lehre und Wandel. Daß Römer bei dem katholischen Markgrafen erlangte, was er wünschte, erhellet aus einer Eingabe des Pfarrers Fuchs an Herzog Karl vom 18. Dezember 1593, wo er sagt: Der Pfarrdienst zu Roth, zu dem des Herzogs vielgeliebter Bruder Johann vor 18 Jahren ihn berufen, sei ihm durch den Herrn Oberamtmann zu Trarbach im Namen des Markgrafen Eduard Fortunat gekündet worden, und zwar so, daß er augenblicklich das Predigen einstellen solle, und dies ohne Anzeige, ob seine Lehre oder Wandel die Ursache seiner Beurlaubung sei, nicht einmal habe man ihm erlaubt, die acht Tage zuvor angekündete Communion zu halten und seinen lieben Pfarrkindern eine Valetpredigt zu thun, als wenn er als homo haereticus, schismaticus aut vitae obscurae überführt wäre. Er habe dem Allem sich gefügt mit der Erklärung, daß er es Sr. Durchlaucht referiren wolle. In elendem Wetter (Monat Dezember) sei er nach Birkenfeld gegangen, um bei Herrn Zeugern zu erfahren, ob er in des Herzogs Namen in seinem Amte fortfahren solle oder nicht, habe aber eine deutliche Antwort nicht erlangen mögen. Hierüber sei er gar betrübt nach Hause gegangen und habe sich auf Rath frommer Leute des Pfarramts, doch nicht ohne Schmerz und Thränen enthalten, damit er nicht als ein gegen den Markgrafen Ungehorsamer angegriffen werde. Deshalb bitte er armer Kirchendiener &c. durch Christum den Erlöser, Sr. fürstlichen Gnaden wollten doch gnädiglich mit ihm handeln und genaue Nachforschung anwenden, ob er mit Leben oder Lehre solch Exilium verwirkt habe. Indem er sich dieselbe Gunst in einer Eingabe an den Markgrafen erbittet, gibt er alle Punkte an, darauf man die Untersuchung richten möge. Seine Bittschriften hatten keinen Erfolg. Kanzler Zeuger hatte sofort für seinen Gevatter Römer gegen den Pfaffen in Roth, wie er in seinem Schreiben Fuchs betitelt, Partei genommen, und unterm 2. Januar 1594 wurde demselben auch seitens des Herzogs Karl der Dienst gekündet*). Die

*) Unterm 8. März 1594 erließ Herzog Karl ein von Hans Magnus von Wolfsramsdorf und Zeuger gezeichnetes Schreiben an den Oberamtmann Senft von Sulburg: Sein Getreuer, der Amtmann Römer habe bei der

gegen ihn ergriffenen, scharfen Maßregeln bestimmten Fuchs, Herzog Karl, der damals für den Markgrafen von Brandenburg-Onolzbach die Regierung führte, in seiner Residenz, dem Kloster Heilsbruck, persönlich aufzusuchen, aber diese weite Reise hatte für ihn keinen weitern Erfolg, als daß der Herzog den Kanzler Zeuger nebst dem Inspector Jakobi nach Kastellaun sandte, damit sie erkundeten, ob die Angabe des Pfarrers, daß seine Pfarrkinder ihn ungern verlören, gegründet sei. Fuchs war bei dieser Angabe in einer Täuschung befangen. Die von Roth erklärten bei dem Verhör am 6. April, es ginge nicht, daß er bei ihnen wieder Pfarrer werde, er sei zu geschwind, schelte und schlage. Kanzler Zeuger berichtete dem Herzog Karl, auf sein Anregen sei der Inspector Jakobi zu Fuchs gegangen, um eine Versöhnung zwischen ihm und Römer zu versuchen, habe aber nichts ausgerichtet. Etliche Wochen später sei Fuchs bei ihm erschienen, mit dem Wunsche, es möge der Streit in Güte verglichen werden, aber dieweil derselbe nach wie vor allein habe Recht haben wollen, habe er die Sache dem Oberamtmann überlassen. Auch dieser war gegen Fuchs sehr ungünstig gestimmt, dieses mit darum, weil er meinte, Fuchs habe dem Herzog Karl angezeigt, er der Oberamtmann habe ihn aus sich selbst beurlaubt. Um dem Oberamtmann diesen Verdacht zu nehmen, sandte ihm Fuchs eine Abschrift seiner Eingabe an den Fürsten und bat ihm sein günstiger Junker zu bleiben. Dabei bemerkte er, ihm wäre es erwünscht gewesen, daß die Sache wäre vor ihm verhandelt worden, aber sein Widerpart habe es gleich an andern Orten hinbracht und Commissionen ausbracht. Unterm 10. Mai 1594 ging dem Oberamtmann aus der Kanzlei Birkenfeld im Namen des Herzogs

---

Kanzlei Klage geführt, wie Fuchs, gewesener Pfarrherr in Roth, in währender Rechtfertigung ihrer Zwietracht sich allerlei unziemlicher Reden und anderer Unbescheidenheit wider ihn gelüsten lasse. Da Römer in der Sache Partei, solle er der Oberamtmann sich derselben erkunden, und im Falle, daß er die Klage richtig befinde, dem Pfarrer eine starke Strafe bis zu 100 Thlr. abfordern, auch ihm gebieten, sich bei höchster fürstlicher Ungnade bis zum Austrag der Sachen still und eingezogen zu halten. Insofern Fuchs seine Quote zum Pfarrhausbau nicht erlege, solle er sie mit aller Strenge beitreiben und sich zugleich von ihm durch Handtreue versprechen lassen, daß er nichts an einem andern Ort verschleifen noch sonst veralieniren wolle.

die Weisung zu, da Fuchs sich trotz seiner Beurlaubung noch nicht zum Abzug schicke, solle er Jemand zu ihm senden und das Pfarrhaus erledigen lassen. Darauf erschien am 16. Mai zu Kastellaun ein gewisser Jakob Pistorius als Bevollmächtigter des Oberamtmannes und kündigte Fuchs an, er habe der mit ihm gemachten Abrechnung Folge zu leisten und binnen 14 Tagen den Pfarrhof zu räumen 2c. Fuchs erklärte: Obwohl er verhofft, man werde ihm die Competenz, welche er verdient, nicht so ganz abstricken, wolle er doch dem Befehle sich nicht widersetzen, und was ihm pfalzgräflichen Theils verwilligt worden, nehme er mit unterthäniger Reverenz und Danksagung an*). Betreffend die Pfarrwohnung, wolle man ihm die Gnade erweisen und ihn bis Johannis künftigen Jahrs darin wohnen lassen, sollte jedoch vor dieser Zeit ein anderer Pfarrer aufziehen, wolle er das Haus räumen. Weiter bat er, man möge ihm gestatten, seine Frucht, soweit er sie verkauft habe, an den Käufer abzuliefern, zumal er bereits 21 Königsthaler darauf empfangen. Seine Quote zum Pfarrhausbau sei er bereit, sofort zu zahlen. Es wurde ihm verstattet, die verkaufte Frucht abzuliefern, dagegen auferlegt, schon am nächsten Johannistag den Pfarrhof zu räumen und in die Behausung, die er zu Kastellaun besaß, überzuziehen. Fuchs wiederholte seine Bitte, ihn doch bis zum Ende des Streits im Pfarrhof zu belassen, er wisse nicht, wohin mit seinem Vieh, und nach Kastellaun zu ziehen, sei ihm bedenklich, da er damit seinem Widerpart ins Maul zöge. Diese Gnade möge man ihm doch erweisen, da er 27 Jahre hinter seiner hohen Oberkeit gesessen, auch gegen Gott in vita et doctrina nichts verschuldet. Römer suchte die Bewilligung dieser Gnade zu hintertreiben. Er berichtete unterm 18. Juni, die Gemeinden Roth und Hollnich hätten ihn ersucht, darauf zu dringen, daß der Pfarrer aus dem Pfarrhof weiche, und bemerkte dabei, ihm habe der Pfarrer gedroht, wenn er fort müsse, wolle er ihm für die Nasen ziehen in sein Häuslein, das werde er ihm aber lang nit gestatten. Auch bei Beitreibung seiner Schulden machte Römer dem Pfarrer

*) Markgräflichen Theils war ihm die jährliche Besoldung ganz, Pfalzgräflichen Theils dagegen nur zur Hälfte abgestrickt worden, so daß ihm durch die Gunst des Herzogs Karl $^1/_4$ seines Einkommens verblieben.

allerlei Schwierigkeit, und als Fuchs das Geld forderte, welches er selbst, desgleichen sein Sohn ihm schuldete, gab er ihm anfänglich gar keine Antwort. Fuchs führte aufs Neue Beschwerde bei dem Herzog, und erließ dieser im September 1594 den Befehl, da sich Fuchs erboten, bis Martini mit Weib und Kind aus dem Amt Kastellaun zu ziehen, so solle man ihn bis dahin im Pfarrhause wohnen lassen, auch sollte ihm zur Einbringung seiner Ausstände die Amtshülfe gewährt werden. Dagegen solle er ihm dem Herzog keine weitere Molestation mehr machen und ihn überlaufen. Der Oberamtmann Senft ermahnte darauf Römer, Fuchs zur Einbringung seiner Ausstände die nöthige Hülfe zu leisten, und hoffte, er werde seine affectus in dieser Sache etlichermaßen zu moderiren wissen. Damit sei dem Pfarrer zu viel geschehen, daß ihm der Büttel den Speicher auf seinem Hause wie auf der Kirche zugeschlossen und so ihn gehindert habe, seine Frucht zu verkaufen. Wer die Commissarien gewesen, die den Streit des Pfarrers mit Römer untersucht und das Urtheil*) gefällt, kann nicht angegeben werden.

*) Das Urtheil sollte in Trarbach eröffnet werden, es bat jedoch Römer den Oberamtmann, auf einen Nachmittag nach Kastellaun zu kommen und allda den Endbescheid zu verkünden, sowie die Vergleichung d. h. die Schlußabrechnung zwischen Pfarrer Fuchs und der Gemeinde zu halten, denn bei der Heuernte falle es männiglich schwer, die Reise nach Trarbach zu machen. Etliche Tage später schrieb er an denselben: Derselben jüngsten Begehren nach hab ich nichts Gutes von Hämmeln bekommen können, denn diesen so gut er unter der Rohder Heerd gewesen, den wollten die Pfarrgenossen von Roth Sr. Gnaden gerne hiermit verehrt haben und bäten wie zuvor, ob doch dieselben die Vergleichung zwischen ihnen und ihrem gewesenen Pfarrer wolt alhie zu Kastellaun vornehmen, damit sie der lieben Früchte besser abwarten könnten. Daß der Endbescheid gegen Fuchs ausgefallen, erhellet aus der Kostenrechnung. Nach derselben hatte er zu zahlen an die Herrschaft als Frevel 30 Thaler, an die Comissarien für deren Zehrung 108 fl., an dieselben als Belohnung 114 fl. 16 Albs 2 Pfg., an Censoren und Gemeinde zu Roth 32 fl., dem Amtsbüttel zu Kastellaun 1 fl., dem Amtmann Römer dessen Unkosten 49 fl., des Oberamtmanns Zehrung bei Eröffnung des Urtheils 7 fl., endlich 4 fl. 10 Albs Schreiber- und Botenlohn in die Kanzlei Birkenfeld. Die Kosten, mit denen man Fuchs belastete, verschlangen drei Jahresbesoldungen eines Pfarrers von Roth und kamen hierzu noch die Kosten, die er bei seinen Reisen nach Onolzbach, Trarbach &c. hatte, sowie die 27 fl., die er zum Pfarrhausbau geben mußte.

Friedrich Fuchs stammte aus Veldenz und hatte seine Studien in Braunschweig, Erfurt und Jena gemacht. Nachdem er eine kurze Zeit die Kaplaneistelle zu Brombach bekleidet hatte, wurde ihm 1572 die Pfarrei Niederwörresbach verliehen. Bei der Visitation von 1575 gaben ihm die dortigen Censoren das Zeugniß, er halte sich in Lehre und Wandel unsträflich, das Gutachten der Visitatoren lautete, er sei ein feiner gelehrter junger Mann, in seinem Amt fleißig und eifrig und werde an andern fürnehmen Orten zu gebrauchen sein. Die Visitatoren des Jahres 1580 fanden ihn als Pfarrer bei der Gemeinde Roth. In der Prüfung, die sie mit ihm abhielten, — er war damals 29 Jahre alt, — ergab sich, daß er die Bibel fleißig gelesen und mit keiner irrigen Meinung behaftet sei. Die Censoren erklärten, er versäume keine Predigt noch Kinderlehre, besuche fleißig die Kranken und warte seines Berufs, in Wirthshäusern lasse er sich wenig finden und auch sein Weib und seine Kinder hielten sich eines ehrbaren Lebens. Seine Predigt über Jesajas 8 fand man wohl disponirt und ausgeführt. „Also", heißt es weiter im Visitationsprotokoll, „seint auch die Kinder wohl bestanden, haben klein und groß iren Katechismus durchaus gelernt und richtige Antwort uf alle Fragstück geben." Als im Jahre 1592 am 23. März die Gemeinde aufs Neue visitirt wurde, führte dieselbe gegen Fuchs Beschwerde wegen der Holzlieferung, desgleichen klagten sie über seinen geschwinden und strengen Kopf. Fuchs machte wie sein Vorgänger im Amte, bei der Visitation eine sehr traurige Schilderung von den kirchlichen Zuständen in der Gemeinde, und daß dieselbe um jene Zeit auch auf einer sehr niedrigen Stufe christlicher Erkenntniß und Lebens stand, erweisen die vielen Hexenprozesse, die in ihr stattgefunden haben. Als im J. 1598 die Pfarrstelle Allenbach zur Erledigung kam, bewarb sich neben Porta auch Fuchs um die Stelle, fand aber ebensowenig Berücksichtigung wie zuvor. Wo er sein Leben beschlossen hat, darüber hat sich keine Nachricht erhalten. Daß der mildgesinnte fromme Herzog in die harte Behandlung des Pfarrers Fuchs willigte, ist wohl darin zu suchen, daß er damals als Statthalter des Fürstenthums Anspach den Dingen zu fern stand und sich überhaupt von seinem früheren Präzeptor, dem Kanzler Zenger, zu viel leiten ließ. Dazu kam vielleicht, daß ihn Fuchs, als er persönlich ihn in Heilsbruck aufsuchte, durch seine Leidenschaftlichkeit gegen sich einnahm. Römer, welcher sich Herzog Carl gegenüber immer als einen Eiferer für den evangelischen Glauben gebehrdete, sicherte sich durch sein Verfahren gegen Fuchs die Gunst des Markgrafen Eduard Fortunat nicht. Als dieser Fürst seinen Wohnsitz in Kastellaun nahm, beurlaubte er ihn, und an seine Stelle trat der Katholik Karl von Hornung.

Daß auch in anderen Herrschaftsgebieten das Benehmen der weltlichen Beamten den Geistlichen gegenüber bisweilen ein sehr rohes und leidenschaftliches war, erweist sich aus Nachstehendem. Im Mai 1611 vollzog der Pfarrer Schwab von Würschweiler eine Trauung in der Tochtergemeinde Bruchweiler, woselbst nicht die Grafen von Sponheim, sondern die Rhein- und Wildgrafen die Landeshoheit besaßen. Nach der Trauung nahm er mit Frau und Kindern an dem Mahle Theil. Während desselben stellte sich der Koch, so in Oberstein ansässig war, mit einem Löffel ein, um in denselben bei den Gästen eine Verehrung zu sammeln. Der rheingräfliche Amtmann von Wildenburg, zu dessen Amt das Dorf Bruchweiler gehörte, reichte dem Koche, der ihm kurz zuvor bei seiner Kindtaufe gedient, etliche Albus, der neben ihm sitzende Pfarrer wies den Koch an seine Frau, die statt seiner den Spielleuten und Köchen die Gebühr zu verrichten pflegte. Als die Pfarrerin gleich den andern Frauen dem Koche nur 4 Pfg. reichte, fing derselbe zu tumultiren an und rief, der Pfarrer und sein Weib vergönnten keinem Obersteinischen etwas, trotzdem daß ihr Graf Collator der Pfarrei sei. Alsbald mischte sich der Amtmann in den Zank und rief über den Tisch hin der Pfarrerin zu, was sie für einen Aufruhr mache. Darauf fragte der Pfarrer den Amtmann, ob es recht wäre, daß der Koch sich ihm zu einem Herrn aufdränge, er habe der Herrn genug an seinem Collator, an einer löblichen Rheingrafschaft und an seinen Sponheimischen Herrn. Nach dieser Rede faßte er seinen Mantel und sein Buch an, um sich nach Würschweiler zu verfügen, als ihm aber auf dem Wege durch das Dorf ein rheingräfischer Hintersaß Nachtherberge anbot, nahm er das Anerbieten an. Nachdem der Amtmann, gab Schwab später an, dies vernommen, habe er ihn zwei bis dreimal zu sich entboten mit dem Beifügen, er wolle ein Schelm und ein Dieb sein, wenn ihm ein Leid widerführe, wogegen er sich aber gegen Andere geäußert haben solle, er müsse den Pfarrer haben, wenn er schon verbrannt wäre, wolle er die Aesch von ihm haben. Der Pfarrer folgte der Einladung und setzte sich wiederum neben den Amtmann. Als er darauf bei dem Trunk, dieweil bei solchen Bauernzechen sich immer eine Grünsuppe in den Gläsern finde, sein Glas ausleerte, sagte ihm der Amtmann, in seiner Gegenwart dürfe er das Glas nicht ausschwenken und warf ihm nicht bloß sein Glas ins Gesicht, sondern schlug zugleich auf ihn los. Des Amtmanns Beispiel folgte sofort der Trommeter und der Jäger auf Wildenburg, sowie andere rheingräfliche, darunter auch der Schultheiß von Veitsrod. Alsbald floß dem Pfarrer das Blut aus der Nase, und als er während der Mißhandlung rief, sie handelten an ihm wie Diebe und Mörder, wollten sie ihn um dieser Worte willen auf die Wildenburg führen, oder er solle Bürgen stellen. Des Pfarrers Antwort war, ehe das geschehe, müßten sie ihn mit Gewalt dahin tragen, sie sollten lieber gleich den Henker holen und ihn zu Bruchweiler hinrichten. Als der Pfarrer dieses der Sponheimischen Herrschaft berichtete, bemerkte er, seine Gegner hätten ihm bald die Achseln aus den Schultern gerissen und damit sein Weib und seine Kinder in ein solch Weinen getrieben, daß sich ein Stein hätte erbarmen mögen. Weiter berichtete er, der Amtmann fordere von ihm, er solle das Aufgebot der Brautleute von Bruchweiler fortan in der dortigen Kapelle verrichten, nicht mehr in der Pfarrkirche zu Würschweiler, und da das Geschrei kommen, man wolle ihn fahen und auf die Wildenburg führen, so habe er am Peter- und Paulstage, desgleichen am letzten Sonntage den Gottesdienst zu Bruchweiler ausgesetzt, denn ihm sei es gangen, wie dem Esel, wenn derselbe auf dem Eise glitsche so hüte er sich. Dabei sprach er die Meinung aus, die Bruchweiler müßten den Zehnten fortgeben, auch wenn sie keinen Gottesdienst von Würschweiler aus erhielten. Die Kanzlei in Birkenfeld gab dem Pfarrer auf diesen Bericht ihr tiefes Mißfallen an dem ganzen Handel zu erkennen, und hielt es für gut, daß zwischen ihm und dem Amtmann eine gütliche Vergleichung zu Stande komme. Zugleich legte sie ihm auf, den Gottesdienst zu Bruchweiler nach wie vor pünktlich zu halten, damit man rheingräfischer Seits nicht Ursache habe, die Kapelle Bruchweiler von der Mutterkirche in Würschweiler zu trennen und ihm den dortigen Zehnten zu entziehen. Welchen Ausgang dieser Streit hatte, liegt nicht zu Tage. Schwab gerieth später auch in allerlei Streitigkeiten mit seiner Gemeinde, wozu sich noch ein Zwist zwischen ihm und dem Sohn des Amtmanns Richter gesellte. Der Amtmann Christoph Frankengrüner in Herstein wurde mit der Untersuchung der Sache beauftragt und bewies schon bei Erledigung dieses Auftrages große Milde. Ebenso verfuhr er gegen Schwab schonend, als er ihm das Urtheil, das auf Amtsentsetzung lautete, verkündete und dabei ihn und den Sohn des Amtmanns Richter wegen ihres Streits nochmals verhören mußte. Er beschied sie zu sich nach Herstein und brachte sie dahin, daß Jeder dem Andern seine Ungebühr abbat und die Hand zur Versöhnung reichte. Darauf behielt er beide zum Mittagimbiß und hat sie durch Mittheilung eines Trunks dergestalt versöhnt, daß sie erklärten, es reue sie, die Sache soweit getrieben zu haben. Etliche Tage darnach begab er sich nach Allenbach, um den Prozeß zwischen Schwab und seiner Gemeinde beizulegen. Auch hier sprach er beiden Theilen so beweglich zu, daß sie mit einander Frieden machten, und daß zuerst der Pfarrer die Gemeinde um Verzeihung bat, darnach die Gemeinde den Pfarrer. Die Gemeinde blieb dabei der Ansicht, „den ufgeloffenen Kosten" habe der Pfarrer allein zu tragen.

Solche gegen die Geistlichen freundlich gesinnte Amtleute hat es wohl in allen Herrschaftsgebieten unseres Bezirks gegeben, es dürfte jedoch ihre Zahl gegen die der störrischen und gewaltthätigen die geringere gewesen sein.

9. Das Glockamt.

In der Kurpfalz war eine für alle Gemeinden gültige Glöcknerordnung vorhanden. Dieselbe lautete: Zum ersten sollen die Inspectors auch an den Orten, da die Gemeinde das Glockampt zu bestellen habe, darauf halten, daß zu solchem Ampte ehrbare Männer, welche dem Pfarrer in Kirchengeschäften gehorsam seien, angenommen werden. Zum andern soll ein Glöckner, wo der Pfarrer ihn zu bestellen habe, nur mit Zustimmung des Inspectors angenommen werden. Zum dritten soll sowohl in

Städten als in Dörfern dieses eines Glöckners Amt sein: 1. Soll er wo möglich seinen Stuhl nahe an der Kanzel haben. 2. Soll er zur Predigt und zu den Betstunden mit Wissen des Pfarrers zur rechten Stunde läuten und allezeit nach Verrichtung des Gottesdienstes die Kirche beschließen. 3. Soll er die ornamenta ecclesiastica, die Kirchenbücher, Taufkannen und Becken, Tischtücher und anderes sauber halten und aufs beste verwahren. So er sich nicht getraue den Becher zu verwahren, habe er sich deshalb mit dem Pfarrer zu bereden. 4. Soll er die Kirche sauber halten und zur gewissen Zeit kehren und räuchern. 5. Soll er die Mandata und Ausschreiben der Obrigkeit, wie auch des Inspectors und des Pfarrherrn Schreiben, soweit sie Kirchensachen betreffen, nicht an die Pforten, da sie manchmal aufgebrochen werden, sondern dahin die Ueberschrift laute, fortbringen. 6. Soll er darauf, was etwa während der Predigt mit Hunden und viellaufenden Kindern vorgehe, Acht haben. 7. Soll er, wie gebräuchlich und herkommen, das Morgen-, Mittag und Abendgeläute verrichten. 8. Soll er diejenigen, so, weil sie in Lehr und Wandel sträflich, vor dem Presbyterium zu erscheinen haben, wie auch die Catechumenos selber vorbescheiden, damit die Eltesten nicht, wenn Schulbuben solches verrichten, ihr Ansehen verlieren und die Vorbeschiedenen das Presbyterium verachten, inmaßen die Kurfürsten, Pfalzgrafen laut Eltestenordnung sich selber dem Consistorio, d. h. dem Presbyterium unterwerfen.

In der hintern Grafschaft Sponheim war in denjenigen Gemeinden, da die Pfarrer ein geringes Einkommen hatten, das Glockamt dem Pfarramt einverleibt. Wo dieses der Fall war, ließ der Pfarrer den Dienst durch ein Gemeindeglied ausrichten und empfing dieses dafür einen Theil der Glöcknerbesoldung. Anderwärts wurde der Glöckner durch die Gemeinde oder den Collator bestellt, und nachdem das Kirchenregiment an die Landesherrn gekommen, eigneten sich diese hier und da die Verleihung des Glockamts zu. Um die Mitte des 16. Jahrhunderts hatte an nicht wenigen Orten die Gemeinde auch da, wo der Pfarrer den Glöckner zu erwählen hatte, die Bestellung des Amtes an sich gezogen und zwar in der Weise, daß sie es jährlich an den Wenigstnehmenden versteigerte, oder es dem zutheilte, der ihr einen Theil des Glöcknereinkommens zum Vertrinken überließ. Die Visitatoren des Jahres 1567 hörten in dieser Beziehung viele Klagen*). In Folge dieser Klagen befahlen Herzog Johann von Zweibrücken und Markgraf Philipp von Baden, es solle fürterhin in Städten und Dörfern mit Annehmung und Besoldung der Glöckner folgende Ordnung gehalten werden. So in einer Stadt oder einem Dorf Noth seie, einen Glöckner anzunehmen, solle der Pfarrherr desselbigen Orts zween aus der Gemeinde dem Amtmann vorschlagen, die er zu solchem Dienst tauglich erachte, und wo es sein könne, soll er einen oder zween dazu benamen, die lesen, schreiben und Psalmen singen könnten, auch dabei einen christlichen Wandel und ein ehrbar Leben führten. Alsdann soll der Amtmann die Wahl thun und denjenigen zum Glöckneramt bestätigen, welchen er und der Pfarrer zum tauglichsten erkennen. Der also bestätigt worden, soll bei dem Dienst gelassen werden, so lang er sich fleißig, gehorsam und willfährig halte, und das Amt Leibstemmigkeit halben genugsam versehen könne. Für solche Müh und Arbeit soll er die Besoldung genießen, die bisher in Brauch gewesen, es gebe sie die Herrschaft desselbigen Orts oder der Collator oder die Unterthanen und Pfarrkinder, und soll man

*) Im Amt Kastellaun berichtete der Pfarrer von Alterkülz, es sei der Brauch gewesen, daß jedes Hausgesäß einem Glöckner zwei Simmer Hafer und ein Brod gegeben, das habe der Pfarrer mit dem Glöckner getheilt, ihm dem Pfarrer werde noch sein Theil, aber nicht dem Glöckner, denn der müsse von seinem Hafer wieder 21 Simmer an die Gemeinde zurückgeben, welche sie verkaufe. Die Erklärung des Pfarrers in Roth lautete, die Gemeinde setze nach ihrem Gefallen Glöckner an, die ihm nit tauglich. Zu Pferdsfeld im Amt Winterburg hatte Herzog Wolfgang als Inhaber des Kirchenregiments das Glockamt einem Manne zugetheilt, dem bei den von ihm angeordneten Waffenübungen im Büchsenschießen die eine Hand war zerschlagen worden, mit dieser Anordnung war aber die Gemeinde nicht zufrieden. Diese war gewohnt, wie der Pfarrer bei der Visitation 1567 klagte, alle drei Jahre das Glockamt auf Steigerung zu verleihen und von dem Ansteigerer einen Königsthaler zu empfangen, dieweil nun der vom Herzog bestellte Glöckner den Thaler nicht geben wolle, gehe sie damit um, ihn vom Amt abzustoßen. Die Visitatoren zeigten der Gemeinde an, daß sie den Glöckner müßten im Amt lassen und verordneten zugleich im Allgemeinen, die Amtleute sollten verschaffen, daß die Versteigerung des Glockamts abgeschafft und kein Glöckner ohne des Pfarrers Wissen und der demselben nicht tauglich und mit ihm verträglich sei, angestellt werde.

ihm nichts daran abbrechen, sondern mit gutem Willen dasjenige reichen, was der gewesene Glöckner vor ihm gehabt hat. Die Gemeinden beeilten sich nicht, dieser Verordnung nach zu leben, die Unsitte, daß man das Amt versteigerte, dauerte in vielen Gemeinden fort und lange Zeit war die Regierung nicht stark genug, sie gänzlich zu beseitigen*).

Um den Schulmeistern ihr geringes Gehalt zu bessern, vereinigte man an nicht wenigen Orten der Grafschaft das Glockamt mit dem Schulamt, so zu Enkirch, Traben, Winningen, später auch in Kastellaun. Ebenso wurde zu Monzingen, wo der Diakonus zugleich Schulmeister gewesen, als man beide Dienste trennte, dieweil des Schulmeisters Einkommen sehr gering, demselben durch einen ehrsamen Rath und Bürgerschaft das Glockamt verwilligt, doch unter dem Beding, daß er bei Hochzeiten und Leichen das Geläute durch einen andern Mann versehen lasse. Im Herzogthum Simmern hatten außer der Stadt Simmern nur wenige Gemeinden besondere Glöckner, in der Mehrzahl der Gemeinden wurde das Amt der Reihe nach durch die Pfarrgenossen versehen. In den Gemeinden Chumbd, Ohlweiler und Rheinböllen war es mit dem Schulamt verbunden, in den Gemeinden Ellern und Kisselbach mit dem Pfarramt. Wo das Amt seine besondere Person hatte, wurde dieselbe, jedoch unter Zustimmung des Pfarrers, durch die Gemeinde erwählt. Zu Mörsbach, wo der Glöckner immer auf ein Jahr erwählt ward, sammelte er an jeder Thür ein Sr. Korn und ein kleines Brod, daneben bezog er einen Wagen Heu. Zu Schnorbach genoß er den Zehnten von gewissen Aeckern (den sogenannten Glockenzehnten), zu Argenthal stand ihm der Zehnte eines Bauerngutes zu und durfte er sich den reichsten Bauer auswählen**).

---

*) Bei der Visitation 1580 theilte der Pfarrer Bicker in Brombach mit, er habe einen Glöckner in seinem Haus, denn die Gemeinde sei schuldig, ihm einen Glöckner zu halten, der ihm auch den Dienst in seinem Hause thue. Sein Nachfolger Schweder gab bei der Visitation 1608 dem Glöckner das Zeugniß, er sei in seinem Amt fleißig, aber obwohl er ihm das Brennholz zu besorgen schuldig, verrichte er das so fahrlässig, daß er der Pfarrer verschienen Winter neben den Seinen schier erfroren sei. Der Glöckner meinte, der Pfarrer fordre mehr von ihm, als er zu leisten schuldig sei.

**) Der Pfarrer zu Kisselbach gab an den Mann, der das Geläute

Während nach altem Herkommen nur die Censoren der Glockenhafer und der Glockenbrode gefreit waren, doch nicht an allen Orten, nahmen hier und da auch andere Personen solche Freiung in Anspruch. Im Jahre 1594 klagte der Inspector Conon bei Herzog Karl, daß der Amtsknecht in Birkenfeld sich der Lieferung der Glockenhafer weigere, weil er keine Güter habe, und der Rechenschreiber folge seinem Beispiel, es werde aber die Glockenhafer von jeder Ehe und nicht von den Gütern geliefert. In Fischbach hatte man zur Zeit, da eine pestartige Krankheit viele Leute wegraffte, um der Kranken willen das Geläute bei den Beerdigungen eingestellt. Daraufhin wollte die Gemeinde dem Glöckner einen Abzug an seinem Gefälle machen, dieweil er in jener Zeit nicht die volle Arbeit gethan. Die zur Pastorei Kirchberg gehörenden Tochtergemeinden mußten auch, nachdem sie selbstständige Pfarrgemeinden geworden, an die Kirche Kirchberg behufs ihrer baulichen Unterhaltung Glockenhafer und Glockenbrode fortliefern. Gleicherweise mußte in den Dörfern Lötzbeuren und Raversbeuren, den Tochtergemeinden der Pfarrei Enkirch, Jeder, der da Roß und Wagen hatte, an den Schulmeister zu Enkirch

---

ihm besorgte, die Hälfte der Glockenbrode ab. Wo die Gemeindeglieder der Reihe nach den Dienst versahen, waren sie der Lieferung der Glockenhafer und Glockenbrode gefreit, empfingen daneben wohl auch noch ein Geringes an Frucht und Geld. Der Wollscheerer Nikolaus Weis, der ums J. 1616 das Glockamt in Simmern bekleidete, bezog an festem Gehalt 10 Gulden und von jedem Haus ein Brod, auf den Dörfern sammelte er etwas an Geld, das nach der Angabe des Inspector Horneck selten mehr denn 2 fl. betrug. Ungleich höher denn im Amt Simmern war das Gehalt der Glöckner in den Aemtern Bekkelnheim und Kreuznach. Zu Langenlonsheim bezog der Glöckner den Glockenzehnten mit etwa 4 Mltr. Korn, an Zehntweinen 1 Fuder und außerdem von der Gemeinde 14 Mltr. Korn. Der Glöckner in Sobernheim empfing aus der Schaffnei und Collatur 1 fl. Geld, 1 Ohm Wein, 6 Mltr. Korn, 4 Mltr. Hafer, ½ Mltr. Erbsen, aus der Kirche 1½ Mltr. Korn. Gebühren bei Taufen, Hochzeiten und Begräbnissen werden nicht erwähnt. In der H. Gr. Sponheim wird solcher gedacht. Zu Herstein empfing der Glöckner bei dem Begräbniß eines Erwachsenen 2 Brode, bei dem eines Kindes 1 Brod; im Kirchspiel Brombach beim Begräbniß eines Mannes 3 Brode, eines Weibes 2 Brode, eines getauften Kindes 1 Brod. Zu Rheinböllen erhielt der Lehrer als Glöckner Leichenbrode, desgleichen etliche Brode für das Aufziehen der Uhr.

das eine Jahr 1 Korngarbe, das andere 1 Hafergarbe, und von den übrigen jeder 4 Heller geben, dagegen hatte der Schulmeister alljährlich den zwei Gemeinden 1 Bürde Wein und einen halben Gulden zu reichen. Anders verfuhr man im Fürstenthum Simmern. Als dorten Friedrichs des Frommen Bruder, Herzog Georg, zur Regierung gekommen war, brachten ihm seine Bürger zu Ellern unterthänig vor: Dieweil von Alters her der Kaplan zu Rheinböllen die Kaplanei Ellern habe versehen und der dortige Glöckner, so oft der Kaplan nach Ellern erfordert worden, habe mitgehen müssen, hätte demselben jedes Haus in Ellern 2 Garben Hafer und 2 Brode gegeben. Nunmehr habe Ellern einen eigenen Kirchendiener und Glöckner, die sie mit schweren Kosten erhalten müßten, und dieweil ein Glöckner zu Rheinböllen mit ihnen nichts mehr zu thun, so möge der Herzog die Abscheidung thun und gestatten, daß sie das Glockengefälle ihrem Pfarrer zutheilten, der eine gar geringe Besoldung habe, und auf den Fall, daß ihm keine Beisteuer werde, hinwegziehen wolle. Der Herzog bewilligte die Bitte, doch ungehindert der Kirchen zu Rheinböllen aller andern Gerechtigkeit, so sie als die Mutterkirche zu der Kaplanei Ellern bisher gehabt habe. Der Brief des Herzogs ist gegeben und besiegelt zu Simmern am 12. Dezember 1559.

10. Das Amt der Todtengräber.

Der Visitationsabschied vom 1590/91 bestimmt, an welchen Orten keine feste Ordnung sei, durch wen die Gräber und die Todtenladen der Verstorbenen zu machen seien, wer die Leiche zu Grabe zu tragen und zu begraben habe, da sollten die Beamten eine solche Ordnung ins Werk richten, damit Niemand verlassen noch versäumt werde. Zugleich wurde den Amtleuten aufgegeben, nach einiger Zeit zu berichten, was in der Sache geschehen. Der Amtmann von Winterburg berichtete darauf im Jahre 1593, in seinem Amt bestehe die Ordnung, daß jederzeit, wenn eine Leiche vorhanden, es sei Mann oder Weibsperson oder Gesindlin außerhalb der sechswöchentlichen Kinder, die zween nächsten Nachbarn oben und unten dem Hause, darin der Sterbefall eingetreten, das Grab machen und die Leiche zum Begräbniß tragen. Da bei ansteckenden Krankheiten nicht selten die Nachbarn sich weigerten, beim Begräbniß der Verstorbenen die Dienste zu thun, welche das Ortsherkommen forderte, hatten die Visitatoren von 1591 es als ein Bedürfniß erkannt, daß Todtengräber bestellt würden. Aber dazu wollten weder die Dorf- noch die Stadtgemeinden sich verstehen. Gewisse Todtengräber, berichtet Inspector Conon am 21. Januar 1594, sind nirgends bestellt, sondern die nächsten Nachbarn machen das Grab und ist hierin kein Mangel. Wenn aber Sterbensläufte einfallen, geht oft Jammer und Elend für, da Niemand bei denjenigen, so Gott heimgesucht hat, in die Häuser gehen will. Es sei daher vonnöthen, daß die Obrigkeit bei guter Zeit darin Ordnung mache oder der gemachten Ordnung mit Ernst nachsetze. Aehnlich lautet der im selbigen Monat erstattete Bericht des Inspector Jakobi. Der Artikel 23 des Visitationsabschieds, sagt er, hat weder zu Trarbach noch in den andern Aemtern ins Werk mögen gerichtet werden, darum daß auch um bittliche Belohnung sich Niemand will gebrauchen lassen. Der Bürgermeister von Trarbach, mit dem er darüber schriftlich und mündlich verhandelt, habe es der Gemeinde vorgehalten, und habe sich Niemand dazu verstanden. Es sei aber doch sehr nöthig, sonderlich in Sterbensläuften, daß man gewisse Leute habe, denen man trauen könne, auf daß nicht etwa Eheleut oder Eltern die Ihrigen selber zu Grabe tragen müssen, dessen genugsam schreckliche Exempel fürgangen seien.

4. Die Verwaltung des Kirchenvermögens.

Betreffend die Verwaltung des Kirchenvermögens in unserm Bezirk beginnen wir die Ueberschau mit demjenigen Gebiet, darinnen die evangelische Kirche am frühesten eine festere Gestalt gewonnen hat, nämlich mit der zu Hessen gehörenden Niedergrafschaft Katzenelnbogen. Das bedeutendste Vermögen in derselben besaß die Kirche zu St. Goar. Dasselbe bestand in den Pfründen ihrer ehemaligen zwölf Canonikate und neun Vikarien, in dem Gefälle der Präsenz und der Stiftsfabrik. Der Landgraf betrachtete sich als Eigenthümer dieser Pfründen und verwendete sie theils zur Besoldung der Geistlichen und Lehrer in St. Goar, theils zur Unterstützung der Söhne von Kirchendienern und weltlichen Beamten in ihren Studien*). Die Gefälle des Stifts einschließlich

*) Der Stipendien an Söhne der Geistlichen ist gedacht. Gleicher-

der Präsenz lagen an verschiedenen Orten, zum nicht geringen Theil im Gebiet des Erzbischofs von Trier. War schon dieses ein nicht geringer Uebelstand, so gereichte auch das dem Stiftsvermögen zum Abbruch, daß die Inhaber der einzelnen Pfründen ihr Gefälle selbst einziehen mußten. Als im J. 1554 der Superintendent Nivergall und der Oberamtmann Reinhard Schenk von Kaufungen dem Landgrafen Philipp auf dessen Erfordern ihr Gutachten einreichten, wie die Sachen des Stifts zu St. Gewehr zu ordnen seien, hoben sie hervor, daß die Kirchendiener durch die Erhebung ihrer Gefälle gar sehr in ihren Studien und Amtsgeschäften gehindert seien, wie es denn auch einer Rente zu größerm Abbruch gereiche, wenn sich in die Erhebung Viele theilten, als wenn sie eine Person besorge. Daran reihten sie den Antrag, es möge dem Präsenzmeister die Erhebung der Pfründen zugewiesen werden. Landgraf Philipp genehmigte den Antrag und theilte dem Präsenzmeister für diese Mehrarbeit die 5. Canonikatspfründe zu, die zuvor Doctor Rodus genossen. Das Vermögen der Kirchen Pfalzfeld und Werlau wurde wie in der Zeit vor der Reformation durch die Kirchenmeister verwaltet, welche in der ganzen Grafschaft Katzenelnbogen den Namen Kastenmeister führten, dieses daher, weil sie Verwalter des Gotteskastens waren. Wie sehr Landgraf Philipp I. und später sein Sohn Wilhelm sich bemühten, in die Verwaltung des Kirchenvermögens gute Ordnung zu bringen, so verging doch eine lange Zeit, bevor dieses an allen Orten gelang. Bei der Visitation 1598 ermahnte der Superintendent Zindel in höherem Auftrage alle Pfarrherrn, dafür besorgt zu sein, daß die Pfarrhäuser samt den dazu gehörenden Gütern nicht verfielen noch geschmälert würden, auch die Kastenrechnungen sorgfältiger zu schreiben und in eine bessere Ordnung zu bringen. Auch sollten fernerhin nicht die ministri, sondern die Kastenmeister selbst die Rechnung thun, und wo keine Pfandverschreibungen seien, sollten solche gefertigt

---

weise hatte im J. 1585 Wendel Ros, gewesener Küchenmeister, eine Präbend auf seinen Sohn, der zu Helmstätt jura studirte, Ludwig Zollner, gewesener Kammerschreiber, eine solche auf seine Kinder, die Vikarie zum h. Geist war verliehen an Anton Textor, so als armer Schüler sich zu Regensburg in der Poetenschule befand.

und in einem verschlossenen Kasten niedergelegt werden. Da die Kastenmeister für ihre Dienstleistungen nur einen sehr mäßigen Gehalt bezogen, beantragte Zindel eine Erhöhung desselben, damit sie sich fleißiger in ihrem Amte erzeigten. Der Antrag wurde wohl genehmigt, wie denn auch Landgraf Moriz den Oberamtmann anwies, behülflich zu sein, daß den Kirchen ihre Gefälle mit besserem Fleiß eingebracht werden. Solche Anordnungen aber wurden nicht allerwärts beharrlich durchgeführt *).

Herzog Wolfgang hat auch der Erhaltung und christlichen Verwendung der Kirchengüter seine Sorgfalt zugewendet und sich darüber in seiner Kirchenordnung also ausgesprochen: So viel Kirchengüter unter seiner Herrschaft seien, Stifft, Klöster, Prebenden, wollen wir dieselbigen nicht zerreißen lassen, sondern dazu erhalten, daß nach Gelegenheit der Stätt und Dörfer daraus den Kirchen mit gutem Rathe Zulag verordnet werde. Denn dies ist christlich und den geschriebenen Rechten gemäß, daß diese Gaben, die vor Zeiten zur Erhaltung der christlichen Empter **) gewidmet sind, zur Erhaltung christlicher Lehr, Kirchen, Schulen,

*) Bei der Visitation von 1598 war den Pfarrherrn befohlen worden, übermäßige Verzehrungen und Zechen sollten nicht allein sie selbsten nicht verursachen, sondern auch den Kastenmeistern nicht gestatten, aber noch im Visitationsbericht von 1619 findet sich die Klage: Bei Abhör der Kirchenrechnungen gingen wie bei der Einführung der Pfarrer viele Unkosten darauf, weil auch die Kastenmeister und Senioren bei der Mahlzeit sein wollten. Denen in Badenhart und Utzenhain, heißt es weiter im Bericht, sei aufgegeben, die 36½ fl., die sie der Kirche versoffen, ihr zu refundiren oder zu verpensioniren und hätten sie versprochen solches zu thun. Das Amt der Kirchenmeister ging jedes Jahr an andere Gemeindeglieder über, und hatte dies zur Folge, daß die Mehrzahl derselben sich in Beitreibung der Gefälle sehr säumig erwies. Erst während des 30jährigen Kriegs trat darin eine Aenderung ein. In dem Bericht über die Visitation, welche im J. 1628 in den Gemeinden St. Gewehr, Bibernheim und Werlau gehalten worden, heißt es: Bisher habe man in der ganzen niedern Grafschaft alle Jahre neue Kastenmeister geordnet. Der kurzen Bedienung wegen hätten aber diese keinen Fleiß angewendet, so daß die Reste nunmehr mit großer Mühe und theilweise gar nicht beizubringen seien. Zur Verhütung größerer Gefahr sei deshalb angeordnet worden, es sollen in nächster Visitation ständige Kastenmeister zum wenigsten auf 5 Jahre bestellt werden und zwar mit Caution und Eidesleistung.

**) Empter in der Bedeutung von Gottesdiensten.

Consistorien und Hospitalen angewendet werden, und sollen die Visitatores von den Kirchen Anzeigung thun, die fürnehmlich Hülf bedürfen. Es ist auch unser ernstlicher Will, daß in allen Stätten und Dörfern das Pfarrgut treulich erhalten und gebessert werde, daß man auch hinfürter nichts von den Kirchen, Hospital, Pfründen und dergleichen Gütern hinweg gebe oder in einigen Weg veräußere, sondern allen möglichen Fleiß ankehre, damit dasjenige, so einmal zu milden Werken verordnet, beständiglich dabei bleibe und den Kirchen, Schulen und Hospitalen zum Besten angewendet werde. Trüge es sich zu, daß es an einem oder dem andern Ort der Kirche, Schule oder Hospital nützlich wäre, ein liegend oder ander Gut zu veräußern, oder anders zu bestellen, so soll solches nicht anders, denn mit vorhergehender genugsamer Erkenntniß, welche die Kirchengeschworenen und andere verordnete Personen bei ihren Eiden und Pflichten thun sollen, sowie mit seines des Landesfürsten Vorwissen und zeitlicher Berathschlagung geschehen und hierinnen nichts denn der Kirchen, Schulen und Hospitale augenscheinlicher Nutz angesehen werden. Behufs der sorgfältigeren Beaufsichtigung der Kirchengefälle, welche wie allerwärts vornämlich den Oberamtleuten zugetheilt war, bestellte er für jedes der vier Oberämter Bergzabern, Lichtenberg, Meisenheim und Zweibrücken einen Kirchschaffner. Vollständiger als die Verwaltung des Kirchenvermögens im Fürstenthum Zweibrücken ist uns die Art und Weise aufgehellt, in welcher unter Wolfgangs Söhnen das Kirchengut in der H. Gr. Sponheim verwaltet und verwendet worden. Hier darüber Folgendes. Friedrich der Fromme hatte, nachdem er als Herzog von Simmern die Reformation auch in der H. Gr. Sponheim eingeführt, in Betracht, daß in den einzelnen Kirchgemeinden des Schreibens und Rechnens kundige Leute sich nur in geringer Zahl, oft gar nicht fanden, den Gedanken, das Kirchmeisteramt eingehen zu lassen, und für die Kirchen der einzelnen Aemter einen gemeinsamen Pfleger zu bestellen. Da er jedoch bei näherer Ueberlegung erkannte, daß es einer einzelnen Person nicht leicht möglich sei, für eine größere Zahl von Kirchen alle die kleinen Gefälle an Geld, Wein, Oel, Wachs und dergleichen zu sammeln, in denen um jene Zeit noch ein großer Theil des Vermögens der Kirchen und Kapellen bestand, schrieb er dem

Oberamtmann der Grafschaft, Friedrich von Schönburg, zu: Die Kirchmeister der einzelnen Gemeinden sollten bleiben und wie von Alters die Gefälle der Kirchen und Kapellen einsammeln, dieweil aber dieselben bisher viel unnütze Ausgaben verrechnet, wogegen die Kirchendiener ihre Jahresbesoldung nicht rechtzeitig hätten bekommen, solle für die Kirchen der einzelnen Amtsbezirke ein Kirchenpfleger bestellt und an diesen von den Kirchmeistern die nach den Hebregistern vereinnahmten Gefälle geliefert werden. Mit den Ausgaben sollten die Kirchmeister fortan nichts mehr zu schaffen haben, sondern der Kirchpfleger solle den Kirchendienern ihre Besoldung ausrichten, desgleichen die Bauten und die andern Ausgaben der Kirchen besorgen. Dadurch werde abgeschnitten, was die Kirchmeister jährlich bei Aufstellung der Rechnungen verzehrten, was sie an Schreiberlohn ausgegeben und andere Unkosten mehr. Damit die Kirchmeister desto fleißiger in Einsammlung der Gefälle sich erwiesen, sollte ihnen der Lohn etwas gebessert, und den Unterthanen befohlen werden, an einem bestimmten Tage des Jahrs, den der Kirchmeister durch den Pfarrer könne verkünden lassen, ihre Kirchenlieferung thun. Die Ablösung von Grundzinsen und Kapitalien sollte fortan nicht mehr bei den Kirchmeistern sondern bei dem Kirchenpfleger geschehen und habe dieser, was eingegangen, wieder rentbar anzulegen. Seine Rechnung habe der Kirchpfleger vor dem Amtmann zu thun. Der Oberamtmann sandte des Herzogs Schreiben an den Markgrafen Philibert und lautete die von diesem unterm 20. Januar 1559 gegebene Antwort dahin: So viel die Kirchpflegschaften belange, so wolle er, daß dieselben wie von Alters durch die Kirchenpfleger jedes Orts (d. h. die bisherigen Kirchmeister) versehen und die Gefälle vermöge der Hebregister eingezogen, in Rechnung gestellt und darnach die Rechnung vor dem Oberamtmann und gemeinen Amtsschreiber verhört werde, und solle man dabei so viel als möglich keine in die andere anstehen lassen. Wo dem Pfleger etwas einzubringen beschwerlich, oder etwas ungiebig, soll er, wie solches in seine Amptung gehöre, verholfen sein, damit es richtig eingebracht und verrechnet, desgleichen das, was abgelöst worden, wieder angelegt werde. Zu Pflegschaffnern d. i. Kirchmeistern sollten gute ehrbare Männer, die dem Werke vorsein möchten, gezogen werden, insofern die jetzigen Pfleger dermaßen nit geschaffen seien, dagegen solle man ihnen auch ziemlicher Maßen Lohn ordnen. Betreffend die andern Punkte, so werde er seinen Räthen, die von ihm nächstens nach Trarbach würden abgeordnet werden, Befehl geben, wie sie darüber verhandeln sollten, den Pfarrern dürfe jedoch nur nach gemeiner Vergleichung etwas aus den Kirchengefällen addirt werden. Herzog Friedrich erfuhr damit aufs Neue, daß er an dem Gemeinsherrn keinen Förderer seines Strebens habe, in die Verwaltung des Kirchenvermögens bessere Ordnung zu bringen und auf diesem Wege Mittel zur Aufbesserung der geringen evangelischen Pfarrgehälter zu gewinnen.

Herzog Johann ließ während der Zeit, da er für seinen minderjährigen Bruder Karl die H. Grafschaft regierte, es sich angelegen sein, daß das Kirchen- und Armenvermögen sorgsam verwaltet und seiner Bestimmung gemäß verwendet wurde. Ein Beweis für seine Sorgfalt ist sein Befehl an den Oberamtmann im J. 1575, ihm die letzte Rechnung aller Kirchengeschworenen in der Grafschaft, desgleichen die des Schaffners zu Wolf, der Schule Trarbach und des Spitals zu Enkirch im Original einzuschicken und daneben ein gründlich Verzeichniß aller Güter, so die Unterthanen hin und wieder von den Kirchen inne haben und was von jedem Stück an Geld stehe. Bei der auf sein Betreiben im J. 1575 gehaltenen Visitation mußten die Visitatoren sorgfältig das Einkommen der einzelnen Kirchen erforschen und haben dieselben mit Nachdruck darauf gedrungen, daß die Ausstände der Kirchen beigetrieben, und Ausgaben, zu denen sie widerrechtlich waren genöthigt worden, ihnen erstattet werden*). Nicht minder

*) Bei der Visitation in Birkenfeld verfügten sie, was der frühere Birkenfelder Amtmann Godfried von Schmidburg an Gefällen zu Enkirch habe, solle man wegen der 100 Gulden, die er an die Kirche zu Birkenfeld schulde, arrestiren und nicht folgen lassen, bis daß er die Kirche an Hauptsumme, Pension und Unkosten consentirt habe. Als sie zu Reichenbach hörten, die Zehrung, so beim Reuterdurchzug im vorigen Jahr aufgangen, solle aus den Kirchengefällen gezahlt werden, verordneten sie, der Amtmann solle damit die Kirche nicht beschweren lassen. Nachdem sie in Traben vernommen, daß das, was Elisabeth von Osburg in ihrem Testament dem Predigtstuhle zu Traben und den dortigen Armen legirt habe, noch nicht vollständig erledigt sei, empfing der Oberamtmann Befehl, den Rest beitreiben, das Ganze der Stif-

sorgfältig war Herzog Karl, nachdem er die Regierung angetreten hatte, dafür bemüht, daß der Kirche die Mittel zu ihrem äußern Bestehen nicht gemindert, sondern wo möglich gemehret werden. Zu dem Ende wurde Johann Pelen, der während der Jahre 1585—1588 in der H. Gr. Sponheim dieselbe Stelle bekleidet zu haben scheint, welche den Kirchschaffnern der vier Zweibrückischen Oberämter zugetheilt war, alljährlich in die einzelnen Aemter der Grafschaft geschickt, um unter Zuziehung der Amtleute und der Pfarrer die Kirchenrechnungen abzuhören und in Einnahme wie in Ausgabe gründlich zu prüfen. Eine solche gründliche Prüfung that um so mehr noth, als in nicht wenigen Gemeinden die Kirchmeister starke Rezesse hatten und für Beibringung derselben nicht überall das Erforderliche geschah. Die großen Rückstände der Kirchmeister rührten bisweilen daher, daß die Gültbücher nicht erneuert worden und es von vielen Posten zweifelhaft war, wer den Zins zu entrichten habe. So klagte der Präsenzmeister Küs von Trarbach bei dem im J. 1597 zu Birkenfeld gehaltenen gemeinen Tag, es sei ihm ohnmöglich, die Präsenzgefälle zu erheben und die Geistlichen zu bezahlen, weil die im J. 1583 durch Landschreiber Boltzinger und Heinrich Schimpfen begonnene Renovation der Gefälle nicht vollendet worden. Dabei bat er um Entlassung von dem Amte. Darauf befahl Herzog Karl, die Renovation solle vollendet werden, und Markgraf Eduard Fortunat gab dazu seine Zustimmung unterm 22. Okt. 1597 *). In Betreff der Vertheilung der Verlassenschaft von

---

tung gemäß anlegen und verwenden zu lassen. Gleicherweise erkundigten sie sich an allen Orten darnach, wie die Kirchen- und Schuldiener ihre Pfarr- und Schulgüter handhabten.

*) Die Kirchen erlitten Verluste an ihrem Vermögen in mancherlei Weise. Weil in Winterburg die Einnahme der Kirche nicht ausreichte, um die Kosten des Rechtstreites zu bestreiten, in den die Gemeinde mit den Collatoren gerathen war, griff sie das Altargut an und veräußerte aus demselben eine Wiese. Bei der Visitation 1575 klagten die Censoren von Eckweiler, ihre Kirche Getzbach besitze einen Wald, da derselbe aber auf der Gemarkung von Auen in der V. Gr. Sponheim liege, habe sie von demselben wenig Nutzen, deshalb dünke es ihnen rathsam, den Wald zu verkaufen und das Geld auf Pension auszuleihen. Zu Irmenach gingen der Präsenz Trarbach 4 Mltr. Korn verloren, obschon der Landschreiber Boltzinger die Zins-

unzahlfähig gewordenen Schuldnern war den Kirchen der Vorrang vor den andern Gläubigern eingeräumt. Seitens der Gemeinsherrn von Sponheim hielt man darauf, daß dieses Recht geachtet werde. Den Beleg hiefür liefert ein Erlaß der Badischen Kanzlei vom J. 1593 an den Grafschaftsamtmann, worin es heißt: Weil es sich gebühre, daß die Kirchen, Almusen und andere Stiftungen vor allen andern Gläubigern den Vorzug haben, so habe er Vorsehung zu thun, daß in Enkirch die 30 Thlr., welche der verstorbene Pfarrer Siderikus der Kirche schulde, ihr aus desselben Hinterlassenschaft erstattet werde. Herzog Karl hat in seinem letzten Willen befohlen, das Kirchengut solle nach seinem Heimgang sorgsam in Acht genommen und nur der Kirche zum Besten verwendet werden. Dieser Mahnung ist die vormundschaftliche Regierung in Birkenfeld getreulich nachgekommen und der Gemeinsherr Markgraf Georg Friedrich hat sie nicht, wie früher Markgraf Eduard Fortunat darin gehindert, vielmehr kräftigst unterstützt. Fraglich bleibt, ob Alles, was um jene Zeit von den Oberverwaltern des Kirchenguts geschah, zweckmäßig gewesen, und ob dabei auch das Recht der Gemeinde jederzeit geachtet wurde. Wenn die Kanzlei in Birkenfeld unter Zustimmung des nächstgesessenen Vormunds der Kinder von Herzog Karl, des Herzogs Johann II. von Zweibrücken, gut hieß, daß

pflichtigen auf ihren Eid gemahnt, ihrer Pflicht nachzukommen. Bei der Visitation 1580 klagte der Pfarrer von Birkenfeld, die Aecker und Wiesen seiner Stelle seien zum Mehrtheil so lange verpachtet gewesen, daß die Pachter sie bald als ihr Eigenthum angesehen, auch seien sie an vielen Orten nicht abgesteint, man möge deshalb die Absteinung verordnen. Wenn, was um jene Zeit öfters geschah, Orte durch Freibeuterschaaren oder gemeine Räuber geplündert wurden, so haben diese auch der Kirchen nicht geschont. Als der Kaplan Orth in Winningen im J. 1597 nach Birkenfeld zum Predigtverhör gekommen, klagte er des Herzogs Räthen, sehr vielen Schaden habe er von dem wälschen und ungarischen Kriegsvolk erlitten, und dazu sei noch der Kettichische Einfall gekommen. Bei dem letzteren seien ihm und seiner Frauen Kleider genommen worden, desgleichen habe Kettich aus der Kirche einen Kelch mitgenommen, der soviel das corpus belange, ganz gülden gewesen und am Fuß drei mit schönen Edelsteinen besetzte Knöpflein gehabt, einen zweiten noch bessern Kelch habe man der Kirche dadurch erhalten, daß man ihn nach Koblenz gebracht.

von den Pfarrwiesen der Kirche Gezbach diejenigen, welche unter fremden Herrschaften lagen, veräußert und aus dem Erlös dem Pfarrort näher gelegene Grundstücke angekauft wurden, so war solches in jeder Beziehung zweckmäßig. Auch dagegen möchte nichts einzuwenden sein, daß als dem Giebel der Kirche Gödenroth der Einsturz drohte, und die durch Abtrennung des Dorfes Ebschied sehr klein gewordene Gemeinde das Kirchengebäude nicht herzustellen vermochte, die Regierung den Vorschlag des Amtmanns Schmalkalder genehmigte, daß die Kirchenwiesen veräußert und mit dem Erlös, der sich auf 1120 fl. belief, zunächst der Bau bestritten und der Rest verzinslich angelegt werde. Dagegen bleibt es zweifelhaft, ob man wohlgethan, auch an Orten, wo die Noth es nicht forderte, das feste Grundeigenthum zu veräußern und dafür der Kirche ein leicht verlierbares Geldkapital zu schaffen. Weise hat die Birkenfelder Kanzlei darin gehandelt, daß sie, um die Gültbriefe der Kirchen gegen Feuer und Kriegsgefahr zu schützen, dieselben ins gemeine Sponheimische Gewölb auf der Grevinburg bringen, zugleich aber von denselben Abschriften nehmen ließ, die soweit sie den Kirchen des Amtes Kastellaun angehörten, nebst andern werthvollen Sachen dieser Kirchen, in der Kirche Kastellaun in einem eigens dazu gefertigten Schrank aufbewahrt wurden*).

*) Ein großes Verdienst erwarb sich die Sponheimische Regierung durch das Verbot der Wuchercontracte, nach welchen der Bauersmann als Zins für ein geringes Kapital ein großes Maß Frucht lieferte, und dieweil auch die Kirchen dergleichen Wucherzinsen empfingen, war der Amtmann Schmalkalder der Ansicht, es könnte die Sache ohne Schaden der Kirche geordnet werden, wenn man alle Fruchtzinsen in Geldzinsen umwandelte. Den Gulden könne man zu 12 Pfg., also zu 6 Procent ausleihen, was dieser Ort gebräuchlich, und den Pfarrern die Frucht entweder mit Geld zahlen oder auch erkaufen, was ihnen ganz annehmlich sein würde, besonders wenn mißwachsende Jahre kommen, in welchen die Leute die Früchte weder liefern noch bezahlen könnten. Als Herzog Friedrich für sämmtliche Kirchen eines Amts einen gemeinsamen Pfleger bestellen wollte, hoffte er damit den großen Unkosten abzuschneiden, welchen die zahlreichen Kirchmeister bei Hebung und Verrechnung der Gefälle machten. Gegen diesen Krebsschaden, der sich aus der römischen Kirche auf die evangelische vererbt hatte, schritt man leider lange Zeit nicht mit beharrlichem Ernste ein, und hatte dieses seinen Grund einerseits darin, daß an die Abhör der Rechnungen sich immer ein Imbs reihte,

Schon auf dem gemeinen Tage zu Trarbach wurde auf Betreiben Friedrichs des Frommen verabschiedet, es sollten die Kelche, Monstranzen, Kreuze und andere Kirchenzierden, desgleichen die Meßgewänder und alles, dessen die Kirchen nicht mehr bedurften, von den Gemeinden eingeliefert und durch ihre Verwerthung ein sämmtlichen Kirchen der Grafschaft gemeinsamer Fonds gebildet werden. Friedrich konnte in Folge seiner Erhebung auf den Kurfürstenstuhl der Pfalz den Beschluß nicht vollziehen. Derselbe blieb aber darum nicht unausgeführt. Nachdem er auf den gemeinen Tagen von 1560 und 1561 erneuert worden, begab sich Max Dormersheimer, der Oberkirchenpfleger der Grafschaft, in die einzelnen Aemter und zeichnete das bewegliche Eigenthum aller Kirchen und Kapellen auf. Was an Geräthe und Gezierde für die Gotteshäuser entbehrlich erachtet wurde, mußte auf das Kloster Wolf geliefert werden. Was sich bei den Kirchen an abgenutzten Meßkleidern und alter Leinwand fand, wurde an arme Leute gegeben. Den größeren Gemeinden beließ man zwei Kelche, den kleineren einen. Von den Kelchen der Kapelle Ainschiedt bei Birkenfeld gab man einen in die Kirche Gödenroth, aus der Kelch und Monstranz waren gestohlen worden. Auch das Sabinenhaupt, die kostbare Reliquie der Kapelle Ainschiedt, die so lange Zeit ein Gegenstand des Streites zwischen Herzog Georg von Simmern und den Gemeinsherrn der H. Gr. Sponheim gewesen, wanderte nach dem Kloster Wolf. Das an den Gefäßen und Gezierden befindliche Silber wurde an Balthasar Rodten in Trarbach verkauft und daraus erlöst die Summe von 1652 fl. 10 Albs. Das Silberwerk des Klosters Wolf lieferte dazu den Betrag von 368 fl., das der Kirche Trarbach den von 114 fl. und das Gezierde am Sabinenhaupte 167 fl. Von dem Gesammtertrag wurden 1026 fl. durch die Amtleute in ihren Amtsbezirken verzinslich angelegt gegen der Amtleute und Schultheißen Handschrift. Aus dem Reste wurden die Kosten der durch den Superintendenten Flinsbach und Dr. Gall gehaltenen Kirchenvisitation bestritten, desgleichen die Kosten der hin und wieder in

---

und die mit der Abhör betrauten Beamten auf diesen Genuß nicht gern verzichteten, wie denn andererseits auch die Gemeinden selbst gerne auf Rechnung der Kirche eine Zeche hielten.

die Kirchen gegebenen Bücher sowie des silbernen Kelches und der zwei silbernen Kannen, die man für die Kirche Trarbach hatte fertigen lassen, um sie für das ihr weggenommene Geräthe zu entschädigen. Die Hoffnung, daß man das gemeinsame Kirchengut der Grafschaft durch die Gefälle der eingegangenen Altäre um ein Bedeutendes vermehren könne, erfüllte sich nicht. Die Gefälle des St. Stephansaltars in der Pfarrkirche Enkirch zog die Linie der Cratzen von Scharfenstein, die in der römischen Kirche verblieben war, an sich, „denn ihre Voraltern hätten den Altar nur für den katholischen Gottesdienst gestiftet." Zu Dill waren die Gefälle des in der Schloßkapelle befindlichen St. Annen-Altars nicht zu ermitteln, und scheinen die Nachforschungen des dortigen Amtmanns keinen Erfolg gehabt zu haben. Als die Zweibrücker Räthe nach der Visitation 1560 in Baden anfragten, wer im Besitz der Altargefälle auf der Grevinburg, in der Kellerei zu Trarbach und auf dem Schlosse Winterburg seie, antwortete der Kanzler Varnbüler, diese Altäre seien vor mehr denn 20 Jahren den Söhnen der Simmernschen und Badischen Beamten als Steuer in ihren Studien verliehen worden, um nachmals der Herrschaft zu dienen. Unter der Regierung des Herzogs Johann I. und des Markgrafen Philipp wurden die Altargefälle halbirt, und gab Philipp die Badische Hälfte 1572 an die Wittwe des Sekretär Greiß als Hülfe zu den Studien ihrer Söhne, sein Nachfolger Eduard Fortunat brauchte sie für sich selbst, Herzog Johann und Karl bedachten mit ihrer Hälfte die Söhne ihrer Amtleute*). Den Hauptbestandtheil des gemeinsamen Kirchenguts bildeten die Gefälle des Klosters Wolf. Im Jahre 1572 schlug man sie nach Abzug der Haus- und anderen Verwaltungskosten, sowie dessen, was der Pfarrer in Wolf daraus an Geld und Früchten bezog,

---

*) Im J. 1615 erachtete es Kanzler Zeuger rathsam, daß man die Birkenfelder Hälfte, wenn auch nicht ganz doch zum Theil zur Erhaltung eines Hofpredigers auf Schloß Birkenfeld verwende, in Betracht, daß sie zuvor den Schloßkaplanen auf Grevinburg und Winterburg zugehöret, und man bei solcher Mehrung des Gehalts einen gelehrten Hofprediger bekommen könnte, während man jetzt alle zwei Jahre eines Wechsels müsse gewärtig sein. Mit der Badischen hatte Markgraf Georg Friedrich von 1608 ab den Gehalt seines Rathes Dr. Ruprecht Tuschelin und den seines Kammerrathes Kessel gemehrt.

an zu 120 fl. Geld, 20 Fuder Wein, 36 Mltr. Korn und 30 Mltr. Hafer. Auch der Ueberschuß dieser Gefälle wurde während der Zeit, welche die Markgrafschaft Baden durch katholische Fürsten regiert worden, halbirt, und hatte es jederzeit große Schwierigkeiten, aus der Badischen Hälfte etwas zur Besserung der Kirchen und Schulen in der Grafschaft zu erlangen.

In der Pfalzgrafschaft Veldenz, zu der neben den Aemtern Veldenz und Lauterecken das Kloster Remigiusberg und verschiedene Herrschaften im Elsaß gehörten, war für das Amt Veldenz ein Kirchschaffner bestellt, der die Gefälle sämmtlicher Kirchen und Kapellen des Amtsbezirkes sammelte und davon neben dem, was Pfarrer und Lehrer zu beziehen hatten, die verschiedenen gottesdienstlichen Bedürfnisse bestritt, sowie die Kirchen- und Pfarrhausbauten, soweit sie dem Kirchenvermögen zur Last lagen. Abgeschlossen wurden die Rechnungen von 1619 und 1620 zu Rothau im Steinthal durch den dortigen Burgvogt David Antelin und den Verwalter Michael Fischer. Daß die Rechnungen an einem von Veldenz so entfernten Ort ihren Abschluß fanden, rührt daher, daß Pfalzgraf Georg Hans II., der nach dem Tode seines älteren Bruders Johann August dessen Besitzungen im Elsaß geerbt hatte, sich damals in diesen vom Krieg noch verschonten Landestheilen aufhielt.

Musterhaft war in der Kurpfalz die Verwaltung des Kirchenvermögens geordnet schon durch Friedrich den Frommen, und Kurfürst Ludwig VI. sein Sohn, desgleichen Friedrich IV. sein Enkel haben seine desfallsigen Verordnungen nicht bloß aufrecht erhalten, sondern auch nach Bedürfniß erweitert und gebessert. Die Güter der eingezogenen Klöster und Stiftskirchen wurden durch besondere Schaffner, die hier und da auch den Namen Pfleger führten, verwaltet und zur Beaufsichtigung der Verwaltung eine Oberbehörde bestellt, die unter dem Namen „die geistliche Güterverwaltung" in Heidelberg ihren Sitz hatte. Zu gleicher Zeit brachte Friedrich in der Kurpfalz das zur Ausführung, was er schon als Herzog von Simmern für die H. Gr. ins Werk setzen wollte, nämlich die Einrichtung der Collecturen. In Betracht, daß in der Mehrheit der Landgemeinden sich selten Leute fanden, welche für das Kirchenrechneramt wahrhaft tüchtig waren, ordnete er an, daß in jedem Amte, oder wo die Aemter von geringem

Umfange waren, für mehrere zusammen ein Rechner bestellt werde, der die Gefälle sämmtlicher im Amtsbezirk gelegenen Kirchen und Kapellen einsammele, davon die laufenden und außerordentlichen Ausgaben bestreite, was an Hauptgeld (Kapital) abgetragen wurde oder sonst der Kirche zufloß, etwa durch Veräußerung von Gütern und Gülten, verzinslich anlege und es dabei sich anliegen lasse, daß den Kirchen ihr Vermögen nicht bloß erhalten bleibe, sondern auch sich mehre. Dieweil das Einsammeln der mannigfachen Gefälle, als da waren Zehnten, Geld und Fruchtzinsen, Wein und Oelgülten, die Hauptarbeit der Rechner war, wurde ihnen der Name Collector gegeben, und dieweil sie das Umreisen in ihrem Bezirk meist zu Pferd machten, in älterer Zeit auch wohl der Name Kirchen-Bereuter. Der Collector hatte bei Erledigung der Pfarr- und Schulstellen der Gefälleabtheilung anzuwohnen und darauf zu sehen, daß richtig getheilt werde, und dasjenige, was der Pfarr- oder Schulstelle zufiel, auch der Pfarre und Schule zu gut komme. Die einzelnen Collecturen wurden benannt nach den Orten, wo dem Collector sein Wohnsitz angewiesen war. Als nach dem Tod des Herzogs Reichard das Fürstenthum Simmern auf einige Zeit an die Kurpfalz zurückfiel, wurde sofort für die Kirchen des Amtes Simmern in Simmern eine Collectur errichtet und ebenso in Kirchberg für die Landgemeinden des gleichnamigen Amts, während das Kirchenvermögen der Stadtgemeinde, d. h. die Gefälle der Präsenz und der sogenannten Klaußenschaffnei, wie auch das Gefälle der Pastorei, an dem alle Gemeinden des ehemaligen Pfarrsprengels betheiligt blieben, von der Collectur getrennt, besonders verrechnet wurden. Die Oberaufsichtsbehörde der kurpfälzischen Collecturen war die der Stiftsschaffneien, nämlich die geistliche Güterverwaltung. Bei ihr mußten die Collectoren wie die Stiftsschaffner in allen wichtigen Angelegenheiten sich Raths erholen, ohne deren Bewilligung durften Güter und Gefälle weder veräußert noch erkauft werden, und ihr wurden nach Ablauf des Rechnungsjahres, das in der früheren Zeit nicht mit dem ersten Januar, sondern mit Cathedra Petri, an andern Orten mit einem andern Tage anfing, zur Prüfung und zum Abschlusse eingereicht*).

---

*) Welchen Gehalt die Collectoren neben freier Dienstwohnung hatten,

Um festzustellen, inwieweit die verschiedenen Gefälle der Kirchen noch giebig seien und derselben Giebigkeit zu sichern, wurden sie von Zeit zu Zeit renovirt und waren dazu in der Kurpfalz besondere Beamte, Renovatoren genannt, bestellt, welche unter Zuziehung der Collectoren und Ortsvorstände das schwierige Werk vollzogen. So wurden im Jahre 1608 die Gefälle und Besitzthümer der Kirchen des Amtes Kirchberg neu festgestellt durch den kurpfälzischen Verwaltungs-Renovatar Balthasar Castelhun und den Kirchberger Collector Franz Castelhun unter Zuziehung der Beed- und Sendschöffen. In Sobernheim wurden die der dasigen Pfarrkirche zuständigen Zins, Gülten und Gefälle an Geld, Wein und Allem, was der Pfarrei zugehörte, erneuert im Jahre 1616 durch Philipp Wolfgang Birnußen, Beckelnheimer Amts Collectoren in Beisein Wolfgang Schwarzenbergers Schultheißen zu Sobernheim und zweier andern Gerichtsverwandten. Die Renovatoren der Kurpfalz stellten jedoch nicht bloß fest, was die Kirchen an Grundstücken und Gülten besaßen, sondern nahmen in die Erneuerung auch auf, in welcher Weise in den Pfarreien, darin Schwester- oder Tochterkirchen vorhanden waren, die Gottesdienste wechselten, ferner wer die Collatores der Kirche, wer die Zehntherrn und wie die Zehntherrn sich in den Zehnten theilten, betreffend den Blutzehnten, wie viel die Zehntpflichtigen für jedes Füllen, Kalb ꝛc. an Geld zu entrichten hatten, und belangend den Fruchtzehnten, welche Felder und Häuser nur die 30te Garbe gaben ꝛc. Gleicherweise wurde in den Renovationen bestimmt, wer das

---

kann für die ältere Zeit nicht angegeben werden. Die Klosterschaffner waren in der Regel gut gestellt. Der Schaffner Römer in Ravengirsburg bezog im J. 1600 an jährlichem Gehalt 20 fl., 5 fl. für ein Kleid, 1 Fuder Wein, 24 Mltr. Korn, 25 Mltr. Hafer, 3 Wagen Heu und 200 Gebund Stroh. Weiter empfing er für die Unterhaltung eines Pförtners 20 fl. Geld, 3 Mltr. Korn und 1 Mltr. Hafer. Er hatte zugleich das Amt des Klosterschultheißen gegen die Hälfte der früheren Besoldung übernommen und trug ihm dasselbe ein 20 fl. Geld, 6 Mltr. Korn und 15 Mltr. Hafer. Seine Wohnung hatte er im Kloster und gehörten zu derselben verschiedene Gärten und Aecker, wie er denn auch aus den ausgedehnten Klosterwaldungen seinen Holzbedarf bezog. Daneben hatte er noch gegen einen jährlichen Zins von 38 Mltr. Korn die Bannmühle des Klosters in Pacht.

Faselvieh zu stellen und wer die Kirche, den Kirchhof und das Pfarrhaus im Bau zu halten habe*).

5. Die Kirchen- und Pfarrhausbauten.

Daß während der Jahre, die zwischen der Reformation und dem dreißigjährigen Kriege liegen, irgendwo in unserm Bezirke eine prachtvolle Kirche wäre erbaut worden, davon melden die auf uns gekommenen Nachrichten nichts. Zu solchen Werken war die Zeit zu arm, zu arm an Mitteln und zu arm an Herzensfrömmigkeit. Zum Neubau von Kirchen schritt man nur, wo das alte Gotteshaus entweder durch eine Feuersbrunst eingeäschert worden, oder wo es in Folge seiner Baufälligkeit den Einsturz drohte. War das Kirchengebäude bloß baufällig, so vermied man, so lange es möglich war, den Neubau und beschränkte sich auf Ausbesserung, schritt höchstens zu einem Umbau. Die Scheu vor kostspieligen Kirchenbauten hatten ihren Grund vornämlich darin, daß die Gemeinden verlangten, wer im Kirchsprengel den Zehnten

*) In welcher Weise das Kirchenvermögen in der Rheingrafschaft verwaltet wurde, darüber sind wir aus der Zeit, welche unsere Darstellung umfaßt, nur unvollständig unterrichtet. Betreffend die ritterschaftlichen Pfarreien, so wurde die Rechnung der Kirche Seesbach, der ältesten Nebenkirche der alten Gehinkirche, durch den Amtmann derer von Leyen auf dem Schlosse Martinstein abgehört. Wenn in dem ohnweit Martinstein gelegenen Dorfe Weiler sich die vier Gerichtsherrn oder deren Beamte im Laufe des Jahres zur Erledigung der ihnen gemeinsamen Angelegenheiten zusammen fanden, hörten sie auch die Kirchenrechnung ab, und wurden die abgetragenen Kapitalien durch ihre vier Schultheißen neu angelegt. Zu Kellenbach, das gleichfalls vier Gerichtsherrn hatte, entstand im J. 1610 wegen Abhör der Kirchenrechnung Streit, indem der Junker von Kellenbach dieses Recht für sich allein in Anspruch nahm. Einträchtiger erwiesen sich in dieser Beziehung die Gerichtsjunker des ohnweit Sobernheim gelegenen Dorfes Lauschied. Als dieselben, — es waren Bernhard von Koppenstein, Cratz von Scharfenstein, Hans Dietrich von Ellenbach und die von Elz —, im J. 1602 das Weisthum halten ließen, beschlossen sie, in Betreff der Kirchengefälle gewisse Ordnung zu treffen, welcher gestalt dieselben der Kirche zu Nutz und Gutem sollen angewendet werden, und daß deswegen jedes Jahr gebührende Rechnung beschehe. Außerdem wurde noch verabschiedet, es sollten alle Kirchengefälle, desgleichen die unbeweglichen Güter der Kirche renovirt und einem jeden der Gerichtsjunker eine beglaubigte Designation zu Händen gestellt werden.

empfange, solle sich auch mit dem Baue der Kirche belasten, und daß die Zehntherrn sich unter allerei Vorwand dieser Last so lange als möglich zu entziehen suchten. Höchst selten hatten die Zehntherrn im Kirchsprengel ihren Sitz, die gottesdienstliche Erbauung suchten sie mit ihrer Familie gewöhnlich in ganz anderen Kirchen, und weil ihnen der öftere Anblick der Armseligkeit des unter ihrem Patronate stehenden Gotteshauses mangelte, war bei ihnen auch der Eifer geringer, dieser Armseligkeit an ihrem Theile abzuhelfen. Häufig waren die Zehntherrn nicht einmal Landesangehörige, sondern benachbarte Gebietsherrn und als solche bisweilen mächtiger denn der Landesherr. Diesen gegenüber mußte mit großer Schonung verfahren werden, und so vergingen oft Jahrzehnte, ehe der Bau in Angriff genommen wurde. Daß es dabei an gehässigen Streitigkeiten nicht gefehlt hat, dafür liefert allein die H. Gr. Sponheim in reichlichstem Maße die Belege. Bei der Feuersbrunst, welche zwischen den Jahren 1550 und 1560 das Dorf Birkenfeld verwüstete, ist auch die Kirche sowie das Pfarrhaus ein Raub der Flammen geworden. Der Erzbischof von Trier bezog im Pfarrsprengel den Zehnten zu zwei Drittel, während das dritte Drittel dem Pfarrer zugetheilt war. Deshalb stellte man an jenen die Forderung, das Schiff der Kirche herzustellen. Er beeilte sich nicht dem Begehren nachzukommen. Es wurde deshalb bei der Visitation 1560 nicht bloß gutgeheißen, daß der Amtmann des Bischofs Zehnten mit Beschlag belegt hatte, sondern zugleich verordnet, es solle die Frucht den trierschen Amtleuten nicht eher gefolgt werden, es sei denn die Kirche nach Nothdurft hergerichtet. Die Visitatoren des Jahres 1567 fanden das Schiff gebaut, auch das Dach gut gedeckt, aber den Fußboden nicht geplattet. Des Erzbischofs Beamte sahen wahrscheinlich das Platten des Fußbodens als zum Inbau gehörend an, und dieser sowie der Aufbau des Thurms lag nach den alten Rechten der Pfarrgemeinde ob. Die Visitatoren rechneten zum Inbau nur das Tünchen der Wände sowie das Stuhlwerk und gaben deshalb dem Schultheißen auf, wegen des Plattens der Kirche seine Zuschrift an die erzbischöflichen Amtleute zu erneuern. Nach Ablauf einiger Zeit berichtete der Schultheiß, die Kirche sei gepflastert. Aber auch nach diesem muß der Bau mangelhaft geblieben sein, denn bei der Visitation von 1608 heißt es: Trier, so das corpus

(Schiff) zu bauen schuldig, habe sich bisher etwas schwierig gezeigt, die Nothdurft zu bauen, doch habe sich neulich der Keller zu St. Wendel erboten, die Mängel zu bessern. Auch sei der Chor, den ein Pfarrer im Bau zu halten schuldig, nunmehr gedeckt, weil aber dem jetzigen Pfarrer der Bau zu schwer, habe man diesmal die Kosten aus der Kapelle Ainschiedt gezahlt, und solle der Kapelle der Betrag in der Weise erstattet werden, daß der jetzige und der künftige Pfarrer an dieselbe alljährlich 4 fl. zahlten. Somit verflossen fast volle fünfzig Jahre, ehe der Bau des abgebrannten Gotteshauses vollendet war. In ähnliche Weiterungen gerieth die Gemeinsherrschaft der H. Gr. Sponheim mit dem Erzbischof von Trier, als ums Jahr 1587 zu Kleinich ein Umbau der Kirche nöthig geworden. Obgleich der Bischof auch im Kirchspiel Kleinich zwei Drittheile des Zehntens bezog, ließ er durch seinen Keller in Bernkastel dem Oberamtmann in Trarbach erklären, das corpus der Kirche werde er nicht bauen, denn das müsse aus den Kirchengefällen gebaut werden, dagegen halte er sich, denn die Pastorei hatte er auch an sich gezogen, zum Bau des Chors verpflichtet, die Gemeinde müsse jedoch dabei die Wagen- und Handfron leisten. Ob es der Sponheimischen Regierung gelungen ist, den Bischof zur vollen Erfüllung seiner Baupflicht zu bringen, liegt nicht zu Tage, dagegen, daß Herzog Karl und Markgraf Eduard Fortunat der Gemeinde 8 Stämme aus dem Allenbacher Gewäldt geschenkt haben zum Gestühl und anderer Nothdurft in der Kirche*). Welche Mühe es öfters

---

*) Ein gleich schwieriges Werk für die Sponheimische Regierung war der Wiederaufbau der Kirche in Gebroth. Bei der Feuersbrunst, welche im J. 1568 dieses Dorf bis auf drei Häuser verzehrte, waren auch Kirche und Pfarrhaus eingeäschert worden. Nun besaßen die Nonnen von St. Kathrinen bei Kreuznach den Pfarrsatz, hatten aber keinen Antheil am Zehnten, indem derselbe dem Pfarrer zugetheilt war. Sie weigerten sich deshalb, etwas zum Neubau der Kirche zu leisten, und erklärten, so man sie zum Baue wolle anhalten, würde ihnen das zum Verderben gereichen. Da Markgraf Philibert Mitbesitzer wie der hintern so auch der vordern Grafschaft Sponheim war, wandten sich Wolfgangs Räthe dieser Sache wegen an die Räthe in Baden. Diese antworteten 1569, die 50 Gulden, welche die Nonnen zum Baue der Kirche zahlen sollten, seien schwer zu bekommen, vielleicht nur durch Abnutzung ihrer Wiesen in Gebroth. Ehestens aber komme der pfälzische Oberamtmann,

kostete, die adeligen Zehntherrn zur Leistung ihrer Baupflicht zu bewegen, erwies sich bei der oft erwähnten Kirche Getzbach. Von derselben berichtete der Amtmann zu Winterburg im Jahre 1608, sie werde in Kürze zusammenstürzen, weil der Collator Junker Hans Heinrich von Schmidtburg das Dach nicht decke. In Folge dieses Berichts wurde derselbe wiederholt erinnert das Dach herzustellen, und als er die Erinnerungen nicht beachtete, legte man seinen Zehnten in Beschlag. Darauf begab derselbe sich in Person nach Birkenfeld und erklärte den Räthen, man habe ihm seit 10 Jahren keine Nachricht über den Zustand der Kirche gegeben, sonst würde er seine Schuldigkeit gethan haben. Aber wie kam er derselben nach? Unterm 3. Juli 1609 berichtete der Amtmann: Der Collator habe nunmehr das Dach reparirt, es sei aber die Kirche an allen Orten offen, daß Jedermann bei Tag und Nacht darein kommen könne, weil weder Thür noch Schloß vorhanden, und sei die Kirche im Ganzen so zugerüstet, daß sie mehr einem Stalle denn einer Kirche gleich sehe. Georg Hans von Veldenz, der dem Zweibrückischen Hause so nahe verwandte Pfalzgraf, erwies sich in dieser Beziehung nicht minder säumig, denn der eben erwähnte Junker. Er war Collator und Zehntherr in der Pfarrei Brombach. Nun klagten bei der Visitation 1575 die Censoren, die Kirche sei mit Fenstern und auch sonst so mangelhaft, daß sich im Winter Schnee und Kälte halber das Volk nicht darin erhalten könne, deßhalb möge man den

---

Carfilius von Bellenhofen, zum Gebrauche des Bades nach Baden, da wolle man sich mit diesem benehmen, denn ohne den Kurfürsten Friedrich lasse sich wegen der Nonnen nichts machen. Dabei ist nicht zu übersehen, daß der Kurfürst wie die übrigen Klöster der V. Gr. Sponheim, so auch das zu St. Kathrinen bereits eingezogen hatte, die Nonnen aber die ihnen bewilligte Leibzucht, wozu auch der Genuß der Gebrother Wiesen gehörte, im Kloster verzehren ließ. Ob man den Nonnen jeden Beitrag erließ, und wie die Kosten des Baues bestritten wurden, denn auch dem Pfarrer konnte man wegen der beim Brand erlittenen Verluste nichts abfordern, ist nicht überliefert. Die Visitatoren des J. 1575 fanden den Bau der Kirche wie des Pfarrhauses in vollem Gange, und bei der Visitation von 1580 waren die beiden Bauten vollendet. Da das damals erbaute Gotteshaus keinenfalls geräumiger war als das heutige, so können die Kosten nicht sehr bedeutend gewesen sein.

Collator doch anhalten, solches zu bessern, zu den Frohnden sei das Kirchspiel erbötig. Bei der Visitation von 1580 fand man den Schaden nicht bloß nicht gebessert, sondern gemehrt. Da die Kirche übel gedeckt und die Fenster zerbrochen waren, belästigten Regen und Schnee den Pfarrer auf der Kanzel und die Gemeinde in den Stühlen. Darauf forderten die Visitatoren des Pfalzgrafen Amtmann in Veldenz auf, seiner Verpflichtung nachzukommen, aber erst kurz vor der Visitation von 1608 hatte sich Gustav Georg, der Sohn des inzwischen verstorbenen Pfalzgrafen erboten, die Kirche nach Nothdurft herzustellen. Die Fenster waren etliche Jahre zuvor gemacht worden, aber erst als man dem Herzog 11 Mltr. Zehntkorn aufhielt und damit die Fensterarbeit bezahlte.

Waren die Collatoren selten geneigt, durch Kirchenbauten ihr Zehntgefälle sich schmälern zu lassen, noch weniger Bereitwilligkeit war bei den Gemeinden, ein Opfer zu bringen, daß ihr Gotteshaus eine solche Gestalt empfange, wie es seine Würde erheischte. Wie groß die geistige Verdumpfung und Versumpfung gewesen, in welche die Gemeinden unter dem Pabstthum gerathen waren, und in der sie der Mehrzahl nach noch lange verharrten, tritt auch an ihren Gotteshäusern zu Tage. Was der Herr seiner Zeit von den Gräbern in Juda sagte, sie seien innerlich voll Moder und Unrath, gilt für die Zeiten des 16. und 17. Jahrhunderts auch von der Mehrzahl der Kirchengebäude unseres Bezirks. Die meisten Kirchen, namentlich die der Landgemeinden waren im Innern dumpf und düster, dieweil durch die kleinen Fenster und deren oft ganz erblindete Scheiben das Licht nur spärlich eindrang, und dabei war auch ihr Aeußeres nicht wie das jener Gräber voll Prunk und Zier, sondern in der Mehrzahl waren die Gotteshäuser unansehnliche und theilweise sehr unförmige Gebäude ohne jeden architektonischen Schmuck. Wie das Innengebäude so war auch der Bau der Ringmauer und des Thurmes Sache der Gemeinde. Aber wo wäre die Gemeinde gewesen, die aus eigenem Antrieb ihr Gotteshaus mit einem schönen Thurm geschmückt, den Platz vor der Kirche freigestellt und ihn mit Bäumen geziert hätte? Höchstens geschah es, daß wenn die alte Linde, unter deren Schatten die Kirchgänger vor dem Beginn des

Gottesdienstes ruhten, morsch geworden war und endlich zusammenbrach, man eine neue pflanzte*).

Dadurch daß in der H. Gr. Sponheim alsbald nach der Reformation verordnet wurde, es sollten die Neben- und Winkelaltäre abgebrochen, auch Bilder und Taufsteine sammt allem hinderlichen Gerembs hinweggethan werden, wollte man den engen Kirchen mehr Raum und Licht schaffen, aber es vergingen Jahrzehnte, bis man allerwärts dieser Verordnung nachkam, und wo es geschehen, geschah es öfters nur halb. Man brach die Altäre ab, ließ aber Steine und Holzwerk im Kirchenraum liegen. Manchen Gotteshäusern gereichte auch das zur Verunstaltung und war für die Gemeinden kein geringes Hinderniß der Andacht, daß der Altar nicht an der richtigen Stelle stand, daß das nöthige Stuhlwerk mangelte, daß einzelne Gemeindemitglieder besondere sehr hohe Stühle hatten und diese so aufgestellt waren, daß den dahinter Sitzenden der Blick auf Kanzel und Altar genommen war. Die Kirchen-Visitatoren waren bemüht, derartige Mißstände zu beseitigen, aber die auf ihren Antrag erlassenen Verordnungen kamen langsam zur Ausführung**). Die Visitatoren des Jahres

*) Schon um jene Zeit mag der Verfall der über Bacharach gelegenen St. Wernerskirche begonnen haben. Wer hätte auch für die Erhaltung des edlen Baues Sorge tragen sollen? Die Opfer der Tausende, die früher aus der Ferne und Nähe zu diesem Gotteshause wallfahrteten, hatten aufgehört. Das an sich nicht reiche Gefälle desselben war sehr geringe geworden, die Gemeinde Bacharach meinte Last genug an dem zu haben, was ihr in Betreff der Unterhaltung ihrer alten Pfarrkirche zugetheilt war, und was die Landesherren, die Kurfürsten der Pfalz belangt, so war bei Friedrich dem Frommen keine Neigung, zur Erhaltung einer ehemaligen Wallfahrtkirche eine Steuer zu reichen, er wandte solche lieber den verfolgten Glaubensgenossen in Frankreich und den Niederlanden zu, und diese Gesinnung hat sich durch seinen Sohn Johann Kasimir auch auf seinen Enkel, den Kurfürsten Friedrich IV. vererbt.

**) Noch in den Visitationspunkten von 1608 finden sich in dieser Beziehung scharfe Rügen. In etlichen Kirchen heißt es, ist das Gestühl übel geordnet, liegen Pflöck, Stein, Klötzer durch und über einander, darauf die Leut sitzen. So hat man aber Gottlob so viel Holz im Lande und Handwerker, daß ein ordentlich Gestühl gemacht werden kann, welches die Beamten billig hätten bedenken sollen. Es ist auch befohlen, die alten abgeschafften Taufsteine und Winkelmeßaltäre auszuräumen, dennoch liegen noch in etli-

1591 fanden in vielen Gemeinden der H. Gr. Sponheim das Kirchengeräthe sehr mangelhaft und wurde deßhalb in den Abschied folgende Verordnung aufgenommen: Um Gleichheit und Wohlstand willen sollen in allen Pfarr- und Filialkirchen folgende Stück von Kirchengeräthen vorhanden sein und wo Mangel ist, durch die Kirchenknecht ergänzt werden: 1. eine Bibel, 2. biblische Summarien Viti Theodori, 3. eine große Kirchenordnung, 4. ein Kelch mit Patene, 5. eine Kapsel zu den Oblaten, 6. eine oder zwo zinnerne Kannen für den Abendmahlwein, 7. ein schwarz oder grün Tuch auf dem Altar, 8. ein weiß Tuch für den Altar beim Nachtmahl, 9. ein Becken und Handzweel beim Taufen, 10. eine Deck auf die Kanzel, 11. eine Todtenbahre. Obbemeldte Kirchenstück, heißt es weiter, sollen die Pfarrer, Schulmeister und Glöckner nicht in ihre Behausung schleifen, sondern in der Kirche in guter Gewahrschaft halten. Nach der Visitation von 1608 wurde den Amtleuten auferlegt, über den Kirchenornat, Kelche, Bücher, Getüch ꝛc. ein Inventar zu führen und gut Aufsehens zu haben, damit im Ab- und Aufziehen der Geistlichen nichts entwendet oder verloren werde, wie bisher oft beschehen. Nicht in allen Gemeinden kam die Verordnung von 1591 sofort zur Ausführung. In Wolf waren im Jahr 1598 weder Taufkanne noch Handzweel, noch Bahrtuch vorhanden. Die Censoren sagten, der Klosterschaffner wolle diese Stücke nicht kaufen, es müsse sie aber das Kloster stellen und wäre solches auch nöthig wegen des anstoßenden Pabstthums, wo man ohnedies des Lästerns nit satt werde.

Daß in der Zeit, die zwischen der Einführung der Reformation und dem Beginn des dreißigjährigen Kriegs verlaufen, irgend eine Kirche den Schmuck einer Orgel erhalten habe, davon findet sich keine Spur. Die ehemalige Stiftskirche Kirn besaß eine solche, und als dieselbe schadhaft geworden, ließ der Rheingraf Johann Kasimir auf Kirburg sie herstellen. Darauf stellte

---

chen Kirchen solche Steine, geben den einfältigen Leuten ein bös unnöthig Nachdenken. Auch soll Niemand einig Gestühl für sich und die Seinen bauen ohne der Beamten und des Pfarrherrn, sowie des Kirchspiels Bewilligung, vornämlich aber soll mitten in der Kirche kein Stuhl höher bewilligt, sondern hohe Stühle nur um das gemeine Gestühl herum gesetzt werden.

er an die Rheingräfin Julianne auf Dhaun das Ersuchen, zu bewilligen, daß dem Schuladjunkten in Kirn für die Bedienung der Orgel 20 fl. aus dem Spitalgefälle verwilligt werde, bis die Präsenz sich mehr erhole und die Last übernehmen könne. Die Antwort der Gräfin, welche es verdrossen hatte, daß der Graf ohne ihre Zustimmung das Orgelwerk hatte herstellen lassen, lautete: Das Spital und die Orgel seien beide gute Werke, aber Sr. Liebden möchten bedenken, mit welchen von beiden Gott mehr gedient werde. Das Orgelwerk wäre ein gut Werk, aber daß man darüber ein ander gut Werk abschaffte, d. h. die Spitalgefälle den Armen schmälere, halte sie nicht für rathsam, denn es werde Gott ebenso wohl gelobt mit dem christlichen Gesang. Der Graf erwiderte: Die Orgel wäre von den Voreltern vor urdenklicher Zeit gesetzt und sei es billig, daß sie auch zu Gottes Ehre gebraucht werde. Obgleich die Gräfin ihre gottesdienstliche Erbauung nicht in der Pfarrkirche Kirn, sondern in der Kirche auf Johannisberg oder in der Kapelle ihres Schlosses suchte, willigte sie doch zuletzt in das Ersuchen des Grafen.

Nicht minder wüst wie im Innern der Kirche sah es an vielen Orten vor derselben aus. Dem Kirchhofe, der fast überall die Begräbnißstätte oder der Friedhof der Gemeinde war, fehlte nur zu oft die Befriedung. Thore und Ringmauern waren häufig der Art zerfallen, daß die Gräber jeder Verwüstung preisgegeben waren. Die Todtenkärndtner, in welche man früher die ausgegrabenen Todtenbeine sammelte, standen dachlos und mit offenen Seitenwänden da, so daß sich ihr grausiger Inhalt jedem Auge darbot. An einzelnen Orten war der Kirchhof noch mit jenen Kasten und Schuppen angefüllt, in welchen die Dorfbewohner ihre Früchte und andere werthvolle Sachen besser gegen Raub gesichert hielten, als in ihren Häusern. Alle diese Mißstände faßten die Visitatoren der H. Gr. Sponheim ins Auge: In den Visitationspunkten von 1591 heißt es: Auf dem Kirchhof zu Wirichsbach haben ihrer etliche unförmlich Holzwerk und Schoppen aufgerichtet, allerlei Gerümpel und Hausgeräth hinein zu thun, etliche hin und wieder Fruchtkasten gesetzt, also daß der ganze Kirchhof versperrt und fast eingenommen ist, soll demnach der Amtmann solch Unförmlichkeit abschaffen und die Leute mit ihren Fruchtkasten und Hausgeräthen in die Häuser weisen. Da solches auch in andern Kirchen und Kirchhöfen befunden würde, so soll ebenfalls Aenderung beschehen. Als man bei der Visitation 1562 den Mehrtheil der Kirchhöfe nicht befriedet befunden, ward den Amtleuten befohlen, die Gemeinden mit hohem Ernst anzuhalten, daß solches geschehe. Als im Kirchspiel Brombach diejenigen Ortschaften, welche sich um das Jahr 1591 bei der Kapelle heiligen Busch eine Begräbnißstätte angelegt hatten, sich dessen beschwerten, daß sie zur Unterhaltung der Kirchhofmauer in Brombach beitragen sollten, wurde ihnen der Bescheid, der Wohlstand erfordere, daß der Kirchhof mit einer Mauer versehen bleibe und möchten sie bedenken, daß auch ihre Eltern darauf begraben seien. Die Generalpunkte des Herzogthums Zweibrücken bestimmten: Ein jeder Pfarrherr soll verschaffen und das Pfarrvolk dazu aufreizen, daß sie die Kirchhöf als ihre Ruh- und Schlafkammer sauber und rein halten, dieselben befriedigen und das unvernünftige Vieh nit darauf kommen lassen, gleichergestalt auch die Kirchen. Die Todtenbeine sollen nicht mehr auf dem Kirchhof wie vor Alters geschehen, aufgestellt, sondern, was aus den Gräbern ausgegraben werde, sogleich wieder in die Gräber geworfen und zugegraben werden. Deßgleichen sollen „die holzin oder steinen Creutzlein" auf den Gräbern nicht gestattet werden. und wo noch Todtenbein vorhanden, die soll man alsbald begraben. Aber die Amtleute hatten Mühe diesen Anordnungen Gehorsam zu verschaffen *). Schon nach der Visitation von 1575 drang die Regierung der H. Gr. Sponheim darauf, daß die Begräbnißstätten vor die Ortschaften verlegt würden. Dieweil man, heißt es im Visitationsabschied, befunden, daß der Kirchhof zu Enkirch übel befriedet, auch mitten im Dorfe gelegen sei, solle der Oberamtmann außerhalb des Dorfs einen gelegenen Platz aus den Kirchengefällen zu

*) Daß solche Rohheit in Betreff der leiblichen Reste der Verstorbenen allgemein herrschend war, erweisen auch die Verhandlungen der Pfarrconvente des Amtes Bacharach. Bei dem Convent des Jahres 1602 hörte man zu Bacharach die Klage: Die Todtenbein liegen auf dem Kirchhof im Regen und Schnee, auch ein Theil hin und her zerstreut, weßhalb rathsam, daß sie entweder begraben oder ein Gebäu darüber gemacht werde. Als der Pfarrer von Mannebach dieselbe Klage führte, wurde dem Orts-Bürgermeister gesagt, doch die Todtenbeine besser in Ehren zu halten, und sei das die beste Ehre, daß man ein groß Loch mache und sie darein begrabe.

einem Friedhof kaufen, ihn mit einer Mauer umfangen und sonst aller Nothdurft nach zurichten lassen. In Allenbach war es der im dortigen Schlosse wohnende Amtmann, welcher die Verlegung des Gottesackers eifrig betrieb, denn derselbe liege, berichtete er, allernächst an dem Schlosse neben der Kirche, was bei sterbender Luft gar gefährlich, so daß die Krankheit entweder des Gestanks oder des Abschreckens halben weiter einreiße. Zu Enkirch war der Gottesacker bereits im J. 1591 vor den Flecken verlegt, und im J. 1598 war man nach dem Bericht des Inspector Jakobi an allen Orten des Amtes Trarbach damit im Werke mit Ausnahme von Irmenach und Traben, allwo die Kirchen außerhalb des Dorfes gelegen seien. In der Zeit vor der Reformation herrschte der Glaube, auch damit sichere man den Seelen die himmlische Seligkeit, daß der Leib in oder doch neben dem Gotteshause beerdigt werde. Wer es daher ermöglichen konnte, bestellte sich das Grab im Innern der Kirche und wandte daran große Kosten, denn unentgeldlich wurde ein solches Grab nur den Geistlichen der Gemeinde und den Amtleuten gewährt. Das neu aufgegangene Licht des Evangeliums hätte aber diesen Wahnglauben nicht so bald überwunden, wenn es dabei nicht eine Hülfe gehabt hätte in den Krankheiten jener Zeit, die man mit den Namen Pest und sterbende Luft belegte. Die Einsichtsvolleren erkannten, daß die Begräbnisse in der Kirche nicht wenig zur Ausbreitung dieser Krankheiten beitrugen und drangen darauf, daß wo sie nicht völlig beseitigt werden könnten, man sie doch möglichst beschränke. Der Inspector Conon berichtete im Jahre 1594: Zu Pestilenzzeiten würden die Kirchen gescheut wegen der darin befindlichen Gräber und sei nicht ohne, daß durch dieselben die Luft corrumpirt werde. Als er zu Wirichsbach, wo die Kirche tief im Kirchhof stehe, am 15. Juli bei großer Hitze die Visitation gehalten und die Kirche voll Volks gewesen, sei ein ganz tödtlicher unleidlicher Geschmack befunden worden, darüber er beinahe in Ohnmacht gerathen. Nun war schon im Jahre 1591 von beiden Gemeinsherrn verordnet worden, es solle in den Kirchen, darinnen man Gottes Wort höre und andern Gottesdienst verrichte, und die gemeiniglich eng und verdumpfen seien, um fernerem bösem Geschmack vorzubeugen, keine Person mehr begraben werden. Da Jemand solches zu thun Vorhabens, soll es bei der Herrschaft anbracht und für ein solches Grab etwa zehn Gulden bezahlt werden. Da dieser Verordnung nicht allerwärts nachgesetzt wurde, ward sie im Jahre 1608 wiederholt.

Betreffend die Pfarrhäuser unseres Bezirks, so befanden sich dieselben bei Einführung der Reformation in einem sehr ärmlichen Zustand, und ist dieser nicht überall alsbald ein besserer geworden. Der Pfarrer zu Gödenroth klagte bei der Visitation 1575, sein Haus sei übel gebaut, er hab allein das kleine Stüble, darin er wohne, und sonst keine Gelegenheit etwas an Frucht oder sonst zu legen. Diese Klage wiederholte sich vielfach in der H. Gr. Sponheim. Häufig hat die Gemeinsherrschaft an die Amtleute den Befehl erlassen, doch zu sorgen, daß dem Pfarrer ein Museum oder Studirstüblein gebaut, und das Haus sonst nach Nothdurft hergerichtet werde, aber die Ausführung solcher Befehle verzögerte sich oft lange. Der Inspector Conon sagt in seinem Jahresbericht von 1594, die Pfarrhäuser zu Würschweiler, Wirichsbach und Herstein seien so übel gebaut, daß die Pfarrer nicht darin wohnen könnten, und ähnliche Klagen erhebt der Inspector Jakobi in Betreff der Pfarrhäuser von Kleinich und Dill, sowie des Kaplaneihauses in Enkirch. Winterburg besaß gar kein Pfarrhaus und hielt der Inspector Artopäus im Jahresbericht 1614 die Gemeinde für zu arm, als daß sie ein Haus bauen könne, der Pfarrer wohne gegen einen Zins von 8 fl. zur Miethe. Brannte ein Pfarrhaus ab oder gerieth es sonstwie in argen Verfall, so vergingen nicht selten mehrere Jahrzehnte, bis der Streit, wer dasselbe bauen solle, zu Ende lief, und waren es namentlich diejenigen Pfarrsprengel, darin der niedere Adel das Kirchenpatronat nebst dem Zehnten besaß, welche in Folge dieser Streitigkeiten oft eine sehr lange Zeit hindurch einer wohnlichen Pfarrwohnung ermangelten.

Noch größere Schwierigkeiten aber stellten sich den Pfarrhausbauten in denjenigen Pfarrsprengeln entgegen, in welchen ein mächtiger katholischer Gebietsherr der Zehntherr war. Dieses erfuhren die Pfarrer des Kirchsprengels Kleinich. Schon im J. 1580 war das Pfarrhaus also baufällig, daß der Pfarrer seine Frucht auf fremde Speicher legen mußte. Er beklagte sich dessen Jahr um Jahr, und Herzog Karl ließ durch den Oberamtmann in Trarbach bei dem Trierschen Amtmann in Bernkastel wiederholt Anmahnung thun. Die Antwort desselben war, der Kurfürst sei nicht gesonnen, das Pfarrhaus zu bauen, das liege der Pfarrgemeinde ob. Der Oberamtmann wurde darauf durch Erlaß des Herzogs Karl vom 24. Februar 1589 angewiesen, dem Kurfürsten mitzutheilen, wenn er den Bau nicht besorge, werde man in seinen Zehnten greifen. Hiergegen legte der Kurfürst Verwahrung ein, und nachdem man mit ihm weitere fünf Jahre verhandelt, berichtete Senft von Sulburg, er sei bereits daran gewesen, den Bau verständigen Leuten zu verdingen, glaube jedoch in Folge der widerwärtigen Schreiben des Kurfürsten bis auf weiteren Befehl damit einhalten zu müssen. Der Kurfürst beschuldige ihn, er trachte darnach, die Fürsten aneinander zu hetzen. Dabei behaupte er, laut des kundlichen Herkommens und der Kapitel-Statuten sei nicht der Collator, sondern die Gemeinde verbunden, den Pfarrhof zu bauen, während die Gemeinde sage, nicht einmal die Frohn sei sie schuldig. Der Bau komme auf 600 und wenn man das Holz kaufen und die Frohn bezahlen müsse, auf 1000 fl. So viel könne man aus des Kurfürsten Zehnten in vielen Jahren nicht gewinnen, und Baden würde in dieser Sache entweder keine Antwort geben oder sagen, man solle so wenig als möglich bauen. Im darauffolgenden Jahre machte der Pfarrer Wiltperger die Anzeige, er müsse alle Stunden besorgen, daß das Haus einfalle. In Folge dessen suchte man den Giebel auszubessern, aber während man damit beschäftigt war, stürzte der Giebel zusammen und der mit herabstürzende Zimmermann erlitt einen Beinbruch. Nun schritt Senft zur Verdingung des Baues und fragte beim Herzog an, woher er den Kosten nehmen solle. Der Streit zwischen Trier und Sponheim erneuerte sich. Trier berief sich auf das Kapitelstatut, nach welchem jede Gemeinde ihr Pfarrhaus in Dach und Fach stellen müsse, und als Sponheim erwiderte, diese Statute seien in der Grafschaft ungültig, war die Gegenantwort Triers, es seien die Statuten im römischen Reich wie bei den Katholischen so auch bei den Widerwärtigen undisputirlich. Endlich bedachte man Seitens Trier, daß nach den angeführten Statuten die Gemeinde nur den Hauptbau, der Pastor dagegen den Inbau zu bestreiten habe, und da der Kurfürst sich auch als Pastor in Kleinich ansah, erklärte er sich bereit den Inbau zu stellen. Unter dem Inbau aber, bemerkte er, verstehe man, daß, wenn der Giebel aufgerichtet sei, man die Wände ausfülle, desgleichen Fenster, Thüren und Läden beschaffe. In Birkenfeld fand man dies nicht genügend, bezweifelte auch, daß das Erbieten ernstlich gemeint sei. Zeuger bemerkte in seinem Berichte an den Herzog, Summa Summarum Trierschen Erbietens ist, daß man nichts thue. Der Streit wurde fortgesetzt. Der Einsturz des Hauses erfolgte kurze Zeit nachher, als die Wittwe des Pfarrer Wiltperger aus ihm ausgezogen war, und der neue Pfarrer Burkard Trarbach, der Sohn des berühmten Simmerer Bildhauers, mußte sich eine Wohnung miethen. Er ließ es nicht an Bitt- und Klageschreiben fehlen. Er hob in denselben hervor, wie er von dem Vormund der Kinder, in deren Haus er wohne, des Zinses wegen gedrängt werde, ferner wie er, was er an Heu und Frucht erndte, gleichsam auf die Gasse und in den Regen legen müsse, und will es mit seinem Gebet zu Gott um die Gemeinsfürsten verdienen, wenn sie ihm Hülfe schafften*). Die neuen Anmahnungen an Trier hatten den Erfolg, daß im J. 1599 zu Kröv nach dem Schlusse des gemeinen Tags durch Senft von Sulburg und den Trierschen Amtmann von Wittlich, Dietrich von Metternich, aus dem Kirchspiel Kleinich eine große Zahl Zeugen darüber vernommen wurde, wie es in früherer Zeit mit dem Baue des Pfarrhauses sei gehalten worden. Auf Grund dieses Zeugenverhörs verabschiedete man auf einer Tagsatzung zu Bacharach, die Amtleute von Trarbach und Wittlich sollten die Sache zum Austrage bringen. Es starben jedoch Eduard Fortunat und Herzog Karl, desgleichen Dietrich von Metternich, der es befördern wollte, daß Trier einen bestimmten Pfennig zu dem Bau gebe, bevor dieser Pfennig gericht wurde. Als die vormundschaftliche Regierung in Birkenfeld im J. 1602 an Lothar von Metternich, den damaligen Kurfürsten, neue Anmahnung that, sagte sie: Schon im J. 1586 hätten die

*) Auf eine von Trarbachs Bittschriften machte Zeuger die Bemerkung: Der pastor superior Hans Bischof zu Trier (Kurfürst von Trier war damals Johann von Schönburg) soll diese Ding befördern und die Pfarrhäuser bauen an den Orten, da er collator und decimator ist, hat aber Lust dazu wie der Teufel zum Kreuz, und muß diese Sache zu Kröv auf dem gemeinen Tag weiter angeregt werden.

damaligen Fürsten, Herzog Karl und Markgraf Philipps, den Befehl ertheilt, in den Trierer Zehnten zu greifen, aber dieweil man sich Seitens Trier jederzeit zur Gebühr erboten, habe man in Hoffnung gestanden, es würde solches geschehen. Der Erzbischof sandte nunmehr der Regierung in Birkenfeld aus dem Statut des Zeller Ruralkapitels den die Pfarrhausbauten betreffenden Artikel in wörtlicher Abschrift zu, und weil derselbe bestimmte, so der Widdemhof verfalle, habe ihn die Pfarrgemeinde unter Dach zu bringen und darnach der Pfarrpriester pastoralis sacerdos ihn auszubauen, verweigerte er jede Hülfe zu dem Baue, indem er in der evangelischen Pfarrei Kleinich nicht der pastoralis sacerdos sei, und doch zog er den Zehnten dieses Pastors, auf welchem die Verpflichtung zum Inbau des Pfarrhauses ruhte. Auf das Gutachten hin, welches Dr. Melchior Koch, der rechtskundige Rath der Grafschaft, ausgearbeitet, einigten sich die vier Vormünder von Karls Kindern, die Pfalzgrafen von Neuburg und Zweibrücken, der Herzog von Braunschweig-Lüneburg und der Graf von Leiningen-Hartenburg nach längeren Verhandlungen dahin, man solle den Bau unternehmen und des Kostens wegen sich an dem Zehnten des Erzbischofs erholen. Als sie die Ausführung dieses Beschlusses dem Oberamtmann Senft und dem Landschreiber Patrick auftrugen, bemerkten sie, den Arrest der Früchte möchte man vermeiden und das Geld einstweilen bei dem Kloster Wolf oder sonstwo aufnehmen. Trotzdem schritt der Bau nicht vorwärts. Als man den Zehntbeständern gebot, die Zehntfrucht nicht nach Bernkastel, sondern nach Trarbach zu liefern, fürchteten diese, in ihrem Gewerbe auf Trierschem Boden nicht mehr sicher zu sein, und als sie doch zuletzt dem Gebote nachkommen, wußte man in Trarbach nicht, wo man die Frucht aufspeichern sollte, zumal als im J. 1606 dieselbe naß eingekommen war und deshalb sich keine Käufer meldeten. Dabei machten gerade um jene Zeit die Räthe des Kurfürsten den Räthen in Birkenfeld Hoffnung, man wolle zu Kleinich ein freistehendes Bauernhaus zur Pfarrwohnung erkaufen. Aber darin besann sich der Erzbischof schon nach einer Kürze eines Andern. Am 11. Mai 1608 meldete der Oberamtmann von Trarbach der Regierung in Birkenfeld, gestern Abend habe ein Speirischer Kammerbote ihm wegen des Kleinicher Pfarrhausbaues ein Mandat des

Reichskammergerichts zugestellt mit dem Bemerken, er sei mit einem solchen auch bei Markgraf Georg Friedrich gewesen. Dieser Fürst war schon früher für eine gütliche Ausgleichung mit Trier, während Pfalzgraf Johann II. von Zweibrücken, der nächst gesessene Vormund von Karls Kindern, anders gesinnt war. Vornämlich auf dessen Betreiben wurde, als am 12. Juli 1609 die Trarbacher Amtleute berichteten, das Pfarrhaus sei bis auf die Schlosser- und Schreinerarbeit fertig, ihm abermals befohlen, behufs Vollführung des Baues in den Trierschen Zehnten zu greifen. Dieses geschah im Ganzen dreimal und jedesmal brachte der Erzbischof bei dem Kammergericht ein Mandat aus, das die Rückerstattung der Frucht anordnete. Dr. Melchior Koch wunderte sich darüber, daß es dem Erzbischof so leicht werde, diese Mandate bei dem Kammergerichte auszubringen, indem die Fürsten der Pfalz, wenn sie solche forderten, nicht leicht durchdrängen, aber das Reichsoberhaupt war ja noch Glied und Schirmherr der römischen Kirche, und eben dieser Kirche gehörte auch die Mehrzahl der Richter an. Was gegenüber den Mandaten des Reichskammergerichts zu thun sei, wurde aufs weitläufigste zwischen den fürstlichen Vormündern und dem Markgrafen Georg Friedrich verhandelt. Dr. Koch rieth, das beneficium revisionis zu gebrauchen, und obwohl Herzog Christian von Lüneburg sich davon wenig versprach, wurde doch zuletzt Kochs Rath angenommen. Im J. 1615 meldete man Sponheimischer Seits die Revisionsklage bei dem Reichserzkanzler, dem Kurfürsten von Mainz an. Deshalb wanderte der Bote, dem man in Birkenfeld die Anmeldungsschrift zur Bestellung übergeben, nach Aschaffenburg und von da nach Speier, um dem Procurator Wolf, der für Sponheim die Sache am Reichskammergericht führte, die Bescheinigung des Erzkanzlers zu überbringen, daß die Revisionsklage bei ihm angemeldet worden. Ueber den weiteren Verlauf und Ausgang der Sache fehlt der Bericht.

Daß wie bei den Collatoren so auch bei den Gemeinden wenig Willigkeit war, die Wohnung ihrer Pfarrer in baulichem Stand zu erhalten, dafür folgender Beleg. Als zu Herstein ein neues Pfarrhaus gebaut werden mußte, weil das alte zusammengefallen war, wurde dem Pfarrer Klein angemuthet, ein Drittheil der Kosten des Neubaus zu tragen. Dessen beschwerte sich Klein und mit ihm die andern Pfarrer des Conventbezirks. Nach seiner Rückkehr von dem im J. 1594 zu Herstein gehaltenen Convente berichtete der Inspector zur Kanzlei: Klein sage, er habe nichts an ihm erwinden lassen, und die Zeit über, die er im Pfarrhaus gewohnt, mehr denn 80 fl. in dasselbe verflickt. Da aber das Pfarrvolk nichts gethan, sei es nimmer zu erhalten gewesen, und eine Mauer eingefallen, welche, so der Einsturz bei Nacht geschehen, ihn mit Weib und Kind im Bett erschlagen hätte. Die Conventsglieder, bemerkte Conon, seien der Ansicht, so dem Pfarrer von Herstein solche Last aufgelegt werde, würden auch ihre Pfarrkinder von ihnen fordern, daß sie bei den Pfarrhausbauten das Drittheil der Kosten tragen, solches aber sei ihnen unmöglich, da sie bei ihrem Pfarreinkommen kaum das liebe Brod hätten. Die Gemeinden, so den Viehhirten Häuser stellten, hätten dieses in Gemeinschaft mit des Orts Collatoren auch ihren Pfarrern zu thun. Es sei jetzt nicht die Zeit, wie etwan im Papstthum, da die Meßpfaffen ad dies vitae in summo otio et rerum copia viel accidentialia gehabt, die gingen ihnen ab. Was von ihnen und den Ihrigen während der Zeit, da sie die Pfarrwohnung inne hätten, an den Fenstern, Thüren und dergleichen verärgert werde, das zu bessern erklärten sie sich schuldig, das corpus aber, d. h. die vier Wänd und das Dachwerk, Schwellen und Balken zu bauen könne ihnen mit Fug nicht zugemuthet werden. In der vorigen Visitation sei verabschiedet worden, es solle jedem Pfarrer behufs Unterhaltung des Pfarrhauses ein jährlicher Betrag auferlegt werden, dazu wollten sie sich erboten haben, bäten aber, daß man es leidentlich ordnen und ihr Unvermögen und ihre Nothdurft gehörig bedenken wolle. Die Sponheimische Regierung erkannte es mit der Zeit immer mehr als eine Unbilligkeit, daß der Geistliche, welcher zur Zeit des Neu- oder Umbaues des Pfarrhauses die Pfarrstelle inne habe, nach Verhältniß seines Zehntbezugs die Kosten des Baues tragen solle, und Vorgänger wie Nachfolger bei gleichem Genusse frei ausgingen. Deshalb und in Betracht, daß die nach dem Zehntbezug aufgelegte Bauquote leicht das ganze Jahreseinkommen eines Pfarrers verschlingen könne, war sie darauf bedacht, den Mißstand zu beseitigen. In dem Abschied, der nach der Visitation von 1607 in alle Aemter der H. Gr. Sponheim gesendet wurde, heißt es: Dieweil an etlichen Orten die Kirchen-, Pfarr- und Schulhäuser sehr baufällig, sollen die Amtleute die, so den Bau schuldig, mit Ernst dazu anhalten, daß die Nothdurft geschehe. Dieweil auch etwan die Pfarrherrn und Schulmeister etlich Stück zu bauen und zu handhaben schuldig und oft viele Jahre an einem Ort in Diensten sind, und nichts bauen, wodurch ihre Nachfolger oft hoch beschwert werden, und auf einmal einen großen Baukosten ausstehen müssen, unangesehen, daß sie den Dienst noch nicht lange haben, so sollen die Amtleute zwischen Pfarrern und Schulmeistern und der Gemeind eine Vergleichung machen, damit die Pfarrer oder Schulmeister alle Jahr nach ihrer Competenz etwas in Geld den Kirchmeistern liefern, das in die Kirchspielseinnahme zu bringen und zum Bau zu verwenden sei *).

Wie sehr Kurfürst Friedrich IV. von der Pfalz es sich anliegen ließ, den Kirchendienern neben des Leibes Nothdurft auch eine angemessene Wohnung zu schaffen, erweist der Neubau des Pfarrhauses in Bibern. Als ein solcher ums Jahr 1600 nothwendig geworden, verlangte man pfälzischer Seits, dieweil die Gemeinde Bibern im Pastoreibezirk Kirchberg lag, Pfalzgraf Friedrich von Birkenfeld, welchem der Kurfürst die Gefälle der Pastorei als Pathenweck verliehen hatte, solle die Kosten des Baues tragen. Die Vormünder des jungen Pfalzgrafen waren dagegen der Ansicht, ihr Mündel sei als Inhaber der Pastorei wohl verpflichtet, die Pfarrhäuser bei der Pfarrkirche zu stellen, nicht aber die Häuser der Geistlichen, welche die Nebenkirchen bedienten. Um Klarheit darüber zu erlangen, wer bisher das Biberer Pfarrhaus

*) In der vordern Grafschaft Sponheim scheint es in Betreff der Pfarrhäuser ebenso gestanden zu haben wie in der hintern. Zu Kreuznach, der Hauptstadt, hatten die Rheingrafen das Pfarrhaus zu stellen. Die Wohnung, welche dieselben nach Einführung der Reformation dem Pfarrer Stollberger eingeräumt, war nicht sehr wohnlich, und erst im J. 1575 ließ Rheingraf Friedrich von Dhaun, der für seinen blödsinnigen Bruder die Pastoreigefälle einzog, dem Pfarrer auf seine dringende Bitte noch eine Stube einrichten und die Zimmer mit Glasfenstern und eisernen Oefen versehen. Daß aber auch damals das Haus nicht vollständig dem Bedürfniß gemäß eingerichtet worden, geht daraus hervor, daß der Oberamtmann von Botzheim im J. 1583 von der kurpfälzischen Regierung den gemessenen Befehl empfing, darauf zu halten, daß der Pfarrhof der Nothdurft nach gebaut werde.

gebaut, begab sich der Pastoreikellner nach Bibern*). Nach den Mittheilungen, welche der Pastoreikellner von dem Schultheißen in Bibern empfangen, blieben die Birkenfelder Räthe der Ansicht, der Bau des Pfarrhauses könne dem Pastor nicht zugemuthet werden, dennoch hielt man es rathsam zu erklären, der Pastor wolle das Haus bauen, insoweit dies herkömmlich sei. Der Kurfürst befahl darauf unterm 18. Juni 1602, der Oberamtmann von Kreuznach, zu dessen Bezirk das Unteramt Kirchberg gehörte, solle an Ort und Stelle das Sachverhältniß ermitteln und noch vor Winter das Nöthige wegen des Baues ordnen. Der Oberamtmann hielt darauf zu Bibern den Augenschein ab, verhörte neben andern Leuten auch den betagten Pfarrer Donsbach, erfuhr aber ein Weiteres nicht als das, was der Schultheiß dem Pastoreikellner mitgetheilt hatte. Dem pfalzgräflichen Pastor hatte man gleich Anfangs nur angemuthet, daß er die Kosten des Baues nach dem Verhältniß seines Zehntbezugs im Kirchsprengel Bibern trage, und die gleiche Aufforderung war an die andern Zehntinhaber gestellt worden. Pfalzgraf Friedrich bezog als Pastor ein Drittel

---

*) Als er den alten Pfarrer Donsbach nicht zu Hause traf, begab er sich zum Schultheißen. Dessen Erinnerung reichte 40 Jahre zurück und daneben stützten sich seine Aussagen noch auf die Mittheilungen seines Altvaters. Seine Aussage lautete: Seit undenklicher Zeit seien die Gefälle der Kirche Bibern durch zwei Kirchenknechte, so von den Sendschöffen geordnet, erhoben und daraus neben Anderm die Bauten an der Kirche und an dem Pfarrhause bestritten worden. Die Frohnden hätten dabei die zur Kirche gepfarrten Unterthanen geleistet, und das Bauholz hätten, dieweil die Ortschaften zum Gebiet des Klosters Ravengirsburg gehört, die Mönche aus den Klosterwaldungen geliefert. So sei es auch nach der Aufhebung des Klosters unter Herzog Reichard gehalten worden. Nach dessen Tode aber sei der Simmerische Collector gekommen, und habe alle Rechnungen und Dokumente aus den Händen der Kirchenknechte genommen, deßgleichen die Gefälle der Kirche nebst denen der Bruderschaften Unser lieben Frauen und St. Nicolai an sich gezogen, und darum werde jetzt nichts an dem Pfarrhause gebaut. Wären ihnen wie von Alters her die Gefälle gelassen worden, wollten sie das gerne reparirt haben, und so ihnen der Simmerische Collector jetzt noch mit einer Steuer zu Hülfe käme, wollten sie das Ihrige gerne thun. Soviel hätten sie bereits von ihm erhalten, daß ein Leiendecker geordnet worden, das Haus zu besteigen, auch seien von dem Collector dem Pfarrer neue Scheuer und Ställe ohne Zuthun des Pastors gebaut worden.

des Zehntens, das zweite Drittel empfingen die Junker von Schmidtburg und Koppenstein, das dritte Drittel war getheilt in fünf Theile, wovon zwei Theile die Junker von Lewenstein, anderthalb Theile die Gemeinsfürsten der H. Gr. Sponheim von wegen der Burg Kastellaun und ein halbes die Junker von Wiltperk bezogen. Bei der Zusammenkunft der Vormünder von Karls Kindern, welche im August 1602 zu Zweibrücken stattfand, beschloß man, dem Pfarrhausbau in Bibern keinen Eintrag zu thun, weil er nöthig und man ihn schuldig sei, dagegen aber wolle man den Kurfürsten bitten, es möge der Vertrag mit den Handwerksleuten so moderirt werden, daß es ihrem Pflegesohn, dem durch die Aufbesserung der Pfarrgehälter seine Pastoreigefälle schon sehr geschmälert worden, erträglich wäre. Der Bau wurde begonnen und die Collectur Simmern schoß die Kosten vor. Im Februar 1605 meldete der Pastoreikellner nach Birkenfeld, es sei dieser Tage der Simmerische Collector bei ihm erschienen und habe ihm einen Befehl von Kurpfalz vorgezeigt, durch welchen dem Oberamtmann in Simmern aufgegeben worden, den Bau vollenden zu lassen und alle Zehnten des Biberthals in Verbot zu legen, um daraus der Collectur den geleisteten Vorschuß zu erstatten. Des Pfalzgrafen Vormünder baten darauf den Kurfürsten, das Verbot aufzuheben, sie seien bereit, sich wegen des Baues in Güte zu vergleichen und Caution zu stellen. Nachdem der Kurfürst dieser Bitte willfahrt, verflossen wieder etliche Jahre, da ging im November 1613 der Kanzlei Birkenfeld Seitens Kurpfalz die Aufforderung zu, die 380 Gulden, welche die Pastorei Kirchberg der Collectur Simmern für den Pfarrhausbau in Bibern schulde, in Bälde abzuzahlen, denn es scheine das Werk solle auf die lange Bank geschoben werden. Die Räthe antworteten, des Kurfürsten Durchlaucht hätten ja längst eine gütliche Beilegung der Differenz versprochen und darum wollten sie nochmals gebeten haben. Im Jahr 1618 forderte Kurpfalz durch den Simmerer Collector Balthasar Meißner von den Zehntherrn auch die Summe ein, welche die Collectur schon vor dem Pfarrhausbau für den Bau der Scheune und Ställe vorgeschossen hatte. Derselbe betrug auf den Antheil des Pastors 53 Gulden 6 Kreuzer 1 Heller und somit das Doppelte für die Herren, welche die zwei andern Drittel des Zehntens bezogen. Da schrieb Niklas Schenk von Schmidtburg, der damalige Sponheimische Amtmann in Kastellaun, an Pfalzgraf Georg Wilhelm, den Bruder des Pastors Friedrich: Im Jahr 1605 hätte Kurpfalz die starken Baukosten des Pfarrhauses in Bibern wie an Sponheim, so auch an die übrigen Dezimatores im Biberthal gesonnen. Man habe dessen sich beschwert und die Zahlung verweigert, da sei in allen zur Kirche Bibern gepfarrten Orten der Zehnte in Verbot gelegt, thätlich angegriffen, verkauft und damit die Kosten bezahlt worden. Es sei in Vorschlag gewesen, sämmtliche Dezimatoren sollten zusammenstehen und ihr Recht beim Kammergerichte suchen, dieweil es aber auf fürstlich Sponheimischer Seite am Zusammenstehen gemangelt und sich die andern Theile zu schwach gefühlt, so habe jeder sich ergeben und die Zehntfrucht fallen lassen. Auch jetzt werde man wieder an der Zehntfrucht sich erholen wollen und darum möchte es gut gewesen sein, wenn der Prozeß vor sich gegangen wäre. Friedrich der Pastor hatte damals die Mündigkeit erlangt, und als der Simmerer Collector den Vorschuß für die Pfarrscheune von ihm verlangte, wandte er sich an Kurfürst Friedrich V., dessen verstorbener Vater ihn mit der Pastorei Kirchberg begnadet hatte, und bat um gütlichen Ausgleich. Kurfürst Friedrich V. sprach sich in einem Schreiben vom 17. August 1619 dahin aus, es seien die Kosten wegen des Pfarrhausbaues von den Zehntnießern schwerlich in der Güte zu bekommen gewesen, deßhalb habe man sich aus den Zehnten müssen bezahlt machen. Dem alten Rechte nach konnte allerdings von den Zehntherrn nicht gefordert werden, neben dem Pfarrhaus des Pfarrortes auch die Häuser der Geistlichen zu bauen, welche die Nebenkirchen bedienten, aber die Kurfürsten hielten sich zu ihrem Verfahren deßhalb berechtigt, weil die Zehnten ursprünglich geordnet waren zur Bestreitung der kirchlichen Bedürfnisse und nicht zur Vergabung an Adliche, um damit Reuter- und andere Dienste zu lohnen, welche die Lehnsträger zu jener Zeit nicht mehr oder doch nur sehr selten leisteten.

B. Die kirchlichen Aufsichtsbehörden.

Die Aufsichtsbehörden der Kirchgemeinden während der mittelalterlichen Zeit waren die Erzpriester oder die Dechanten der Landkapitel, in der höhern Stufe die Archidiakonen und die Bischöfe, in der höchsten und letzten Stufe der Papst. Dieses änderte sich mit der Reformation. Die Herrschermacht des Papstes hörte für die evangelischen Gemeinden auf, ebenso die Gewalt der Archidiakonen und der Bischöfe. Die Rechte der Letztern gingen an Gebietsherrn über. Hatte das Gebiet einen größern Umfang, so wurden in demselben Kirchenkreise gebildet, welche in einem der in ihnen seßhaften Pfarrer ihren Inspector empfingen. Die Oberaufsicht über die Kirchen, sowie die Leitung des gesammten Kirchenwesens führten in den einzelnen Herrschaftsgebieten die Gebietsherrn selbst, theils unter Beihülfe ihrer Räthe und Oberamtleute, theils in der Weise, daß sie für die kirchlichen Angelegenheiten besondere Behörden errichteten. Demzufolge wird hier zunächst der Wirkungskreis der Inspectoren und sodann der der obern Kirchenbehörden dargelegt.

1. Das Amt der Inspectoren.

Nachdem Herzog Wolfgang in die Gemeinschaft der H. Gr. Sponheim eingetreten, hat er nicht sofort für diesen neuen Theil seiner Herrschaft einen Superintendenten bestellt, sondern es wurden die Kirchen und ihre Diener auch in den rein geistlichen Angelegenheiten unter die Aufsicht der Amtleute der Grafschaft und besonders unter die des Oberamtmanns gestellt. Als der Herzog im J. 1564 am 23. April dem Oberamtmann Friedrich Schenk von Schmidtburg mittheilte, er habe seinem Stipendiaten Peter Enkirch, die Versehung der Pfarrei Alterkülz übertragen, schreibt er weiter: Ist deshalb an dich unser Geheiß, daß du ihn dahin ordnest, dem Pfarrvolk commendirst, ihn für ihren Pfarrer zu halten. Item daß du auf seine Lehr und Wandel gut Achtung thust, und da er sich anders, denn ihm gebührt, erzeigen würde, dasselbige zeitlich berichtest. Insonderheit dieweil er noch jung und zum Predigen nit angeführt, so wollest dem Pfarrherrn von Kastellaun, — es war dieses Heinrich von Kempen, — wenn derselbe von Essen wieder heim kommt, von Unsertwegen befehlen, daß er ihn dazu anführe und zum Besten instituiren helfe. Gerade der Pfarrer von Kastellaun aber, durch welchen der Herzog seinen früheren Stipendiaten zur Verkündigung des göttlichen Wortes angeführt wissen wollte, war es, der im Frühjahr 1566 in Gemeinschaft mit Heinrich Henning, Pfarrer in Trarbach, Christoph Kreych, Pfarrer in Traben und Abraham Gallus, Pfarrer in Roth, an des Herzogs Statthalter und Räthe in Zweibrücken die dringliche Bitte richtete, zu helfen, daß für die Kirchen der Grafschaft ein geistlicher Aufseher bestellt werde. Seit die Grafschaft, sagen sie in ihrer Eingabe, vom Herzogthum Simmern abgetrennt worden, hätten sie keinen Inspector mehr gehabt. Zwar sei in den Gemeinden eine Kirchenvisitation und von Herrn Chunemann, — dem Superintendenten Flinsbach, — die eine und andere Prüfung mit den Geistlichen gehalten worden, aber nach Herrn Chunemanns Heimgang habe sich Niemand mehr um sie bekümmert. Da habe denn, wie solches zu geschehen pflege, bei vielen Kirchendienern die Trägheit überhand genommen, und geschehe in den Kirchen nicht Alles, wie es die Ordnung erheische. Bei dem Mangel eines Inspectors thue Jeder, was ihm recht dünke, sei Jeder Papst in seinem Dorfe, daneben gäben Maß und Ordnung Leute, welche die Lehren Christi kaum mit dem Rand ihrer Lippen berührt hätten und von denen man bezweifeln könne, ob sie Glieder der wahren Kirche seien. Deshalb sei in Betreff der Leitung der Kirche eine Scheidung nöthig, in der Weise, daß die rein kirchlichen Angelegenheiten, namentlich das, was die Kirchendiener und die Lehre belange, von solchen besorgt würden, welche über die Lehre auch richtig zu urtheilen vermögen, desgleichen sorgfältig darum sich bemühen, daß nach der Anweisung Pauli Alles in der Kirche ordentlich zugehe, und denen es am Herzen liege, daß dem Volk Gottes Wort lauter und schlicht gepredigt und alles Aergerniß vermieden werde. Dagegen möge, was sich auf die äußere Ordnung beziehe, den weltlichen Beamten befohlen, und das weltliche und kirchliche Regiment in der Art abgetheilt werden, daß jeder was ihm zugewiesen sei, getreulich besorgen könne. Ihre Bitte sei deshalb, es möge für die Grafschaft ein Inspector oder Superintendent bestellt und dazu ein Geistlicher erwählt werden, bei welchem sich Gelehrsamkeit und gesundes Urtheil mit Gottesfurcht und frommem Eifer vereinigen. Geschähe solches nicht, so wäre es an vielen Orten fast besser, die Kirchen wären nicht reformirt, denn in so übler Weise umgestaltet worden. Nicht lange darnach wurde Heinrich Henning, der Pfarrer von Trarbach, zum Superintendenten der Grafschaft bestellt, und hat derselbe in dieser Eigenschaft an der Kirchenvisitation von 1567 Theil genommen. Es blieben aber neben ihm auch die Amtleute Aufseher der Pfarrer, und zwar nicht bloß in den äußern, sondern auch in den innern Angelegenheiten. In dem Befehle, der nach der Visitation von 1567 in sämmtliche Aemter der Grafschaft gesendet worden, heißt es: Zum vierten sollen die Amtleute gut Achtung haben, ob die Pfarrer alle Sonntag, wie ihnen eingebunden worden, den Katechismus exerziren und da es nicht geschähe, sie zu Red setzen und strafen. Sonderlich sollen sie daran sein, daß die Pfarrer den Kindern die sechs Stück christlicher Lehr, desgleichen die Gebetlein vor und nach dem Essen, und wie man beten soll Morgens und Abends, wenn man ufsteht und niedergeht, einbilden. Dem Amtmann von Winterburg wurde noch besonders aufgegeben, er solle ein fleißiges Aufsehen haben, daß der dortige Pfarrer die Summa des Evangeliums nicht vor Verlesung des Evangeliums angebe, auch nicht das Evangelium auswendig mit Unterschiebung fremder Worte lese. Daß die Amtleute dem ihnen zugegangenen Befehl nachkamen, erhellet daraus, daß der Amtmann von Dill, Hans Philipp von Koppenstein, nachdem die Pfarrei Dill dem Trarbacher Diakonus Conon war übertragen worden, unterm 12. Oktober 1575 an die Gemeinsfürsten der Grafschaft schrieb: Was Herrn Johann Conon, Pfarrherrn zu Dill, anlangt, will ich ihn auf E. F. Gnaden Befehl annehmen, auch auf sein Thun, Lehr und Leben gute Achtung haben. Daß Derartiges nach Bestellung eines Superintendenten noch den weltlichen Amtleuten befohlen wurde, hatte seinen Grund wohl mit darin, daß bei der Zerstreutheit und theilweise weiten Entlegenheit der Pfarreien es dem Superintendenten nicht möglich war, eine genaue Aufsicht über die Geistlichen zu führen, zumal ihm zum öfteren Umreisen die Mittel nicht gewährt wurden.

Während uns über Hennings Thätigkeit als Superintendent das Eine und Andre überliefert ist, wissen wir von seinen Nachfolgern im Amt, — es waren dies immer die Pfarrherrn von Trarbach*) — nichts anzuführen, woraus hervorginge, wie und was sie als Superintendenten der Grafschaft gewirkt haben. Es muß diese Wirksamkeit nach und nach eine sehr geringe geworden sein, ja zuletzt gänzlich aufgehört haben, dieweil Kanzler Zeuger in dem Berichte vom 5. Februar 1592, in welchem er unter Zustimmung des Oberamtmanns Albrecht Senft von Sulburg bei Herzog Karl darauf anträgt, daß für die Grafschaft zwei geistliche Inspectoren bestellt, und dem Einen die Kirchen der Aemter Allenbach, Birkenfeld und Herstein, dem Andern die der Aemter Trarbach, Dill, Winterburg und Kastellaun untergeben werden, sagt, in Betreff der kirchlichen Dinge, von welchen die herzogliche Kanzlei Kenntniß zu nehmen habe, geschehe ihr zum öftern keine Meldung, weil Niemand die Mühe des Schreibens auf sich nehmen und den Undank haben wolle. Nachdem Zeuger berührt, wie die Pfarrer Niemanden hätten, den sie in ihren dubiis und fürfallenden Fragen ansprechen können, fügt er hinzu: Einem Pfarrer von Trarbach sei eine sonderlich gute Besoldung zu dem Ende geordnet, daß er Inspector und Visitator der andern Kirchen seye. Da nun der jetzige Pfarrer Jakobi diese Besoldung einnehme, so hielten er und der Oberamtmann dafür, man könne ihm befehlen, daß er sich der andern Kirchen annehme, von Zeit zu Zeit auch die äußeren Convente besuche und, wo Mangel gespürt werde, deshalb Relation zur Kanzlei thue. Durch solche Mittel (Behörde) der Inspection könne viel Unordnung verhütet werden, so sonst vorgehe und vertuscht bleibe, wie denn im Amte Winterburg wüste Händel vorgangen, die sie in der Kanzlei erst jetzt erfahren hätten. Wenn Herzog Karl auf diesen Vorschlag einging und von dem Vorhaben abstand, das Amt eines Grafschaft-Superintendenten wieder aufzurichten, so geschah es auf den Rath Zeugers, der, als der Herzog sein Gutachten darüber forderte, sich dahin erklärte, den Superintendenten betreffend wolle es ihm

*) Die Nachfolger waren Rütger Spey, Johannes Brycher, Bartholomäus Hexamer und Hermann Wacker.

nicht rathsam scheinen, Einem zu viel Gewalt einzuräumen. In Folge dessen einigte sich Herzog Karl mit Markgraf Eduard Fortunat dahin, Jakobi zum geistlichen Inspector der Aemter Trarbach, Dill, Winterburg und Kastellaun, und Pfarrer Conon in Birkenfeld zum Inspector der Aemter Birkenfeld, Allenbach und Herstein zu bestellen. Beiden Inspectoren wurde bei ihrer Bestallung, die am 1. Mai 1592 ausgefertigt worden, im Namen der beiden Gemeinsherrn eine von dem Kanzler Zeuger entworfene und von dem Oberamtmann mit unterzeichnete Anweisung behändigt, die sie über ihre Amtsobliegenheiten und ihre Amtsbefugnisse belehrte. Die wesentlichen Punkte derselben sind folgende: Zum ersten sollen die Inspectoren Acht haben, daß die löbliche Kirchenordnung, so die Fürsten angenommen, desgleichen die Artikel, so man in jüngst gehaltener Visitation extrahirt, vollzogen und denselben nach Gelegenheit des Orts nachgelebt werde. Zum andern sollen sie gute Ordnung thun, daß die Convente so, wie man sie angefangen, gehalten werden, und sollen für ihre Person in dem Amte, darin sie wohnen, keinen Convent versäumen, damit sie in denselben, was sie an den Kirchen- und Schuldienern zu klagen haben, der Gebühr nach vorbringen und um Besserung anhalten, wie auch umgekehrt die Klagen der Kirchen- und Schuldiener hören können. Ebenmäßiger Gestalt sollen sie auch in den andern Aemtern jährlich einmal den Conventen anwohnen und hören, wie in denselben conversirt, die loci theologici tractirt und die disciplina ecclesiastica gehandhabt werde. Zugleich sollten sie alsdann in den Gemeinden des Amts die Kirchenvisitation halten. Zum dritten sollen sie die Schulen des Amts, darin sie gesessen, zum öftern visitiren und was Unordnung sie finden, der Gebühr nach mit Amtshülf abschaffen lassen. So oft in den äußern Aemtern von ihnen ein Convent besucht werde, sollten sie daselbst unter Zuziehung des Ortspfarrers und der Beamten auch die Schule visitiren und Erkundigung einziehen, ob man allenthalben gute Zucht übe. Zum vierten, welche Pfarrer ihres Rathes pflegen wollen, denen sollen sie mit Bescheidenheit begegnen und gute Antwort auf vorgebrachte Frag widerfahren lassen. Zum fünften, was sie mit Hülfe der anwesenden Amtleute nicht verbessern könnten und was der Kirche zum großen Aergerniß im Wege liege, sollen sie an die verordneten Visitatores gelangen lassen und dabei rathsames Gutachten vermelden, damit Unordnung zeitlich verhütet werde. Zum sechsten sollen sie immer wissen, wann und wo Conventus gehalten werden, desgleichen ob irgend etwas Aergerliches unter den Kirchendienern vorgefallen, damit solches forderlich abgeschafft werde. Die Erfahrung gebe es, daß verhaltene simultates und dissidia endlich mit großem Ungestüm und scheinlicherem Aergerniß hervorbrechen, auch nichts Gutes bei verbitterten und in böse Gewohnheit verstrickten Gemüthern zu erhalten sei. Schließlich wird den Amtleuten befohlen, den Inspectoren Beistand zu thun und die Hoffnung ausgesprochen, daß durch die neue Anordnung Gottes Ehre und der armen Kirche Wohlfahrt desto baß in Aufnahme gebracht werde. Den damals noch jugendlichen Pfarrer Jakobi ergriff ein Gefühl des Bangens, als ihm eröffnet wurde, ihm solle neben dem viel ältern Pfarrer Conon die geistliche Aufsicht über die Kirchen der Grafschaft übertragen werden. In einem Schreiben an den Oberamtmann Senft äußerte er sich dahin: Was ihm in jüngst übergebener Instruction befohlen und auf dem Rathhause bei der von dem Amtmann gehaltenen Kindtaufe von Herrn Balthasar (dem Kanzler Zeuger) mit großem Ernst wiederholt worden, sei ihm hart angelegen. Gern wolle er seinem Herrn Christo zu Ehren und dessen Kirche zur Auferbauung das Amt also verrichten, daß so viel an ihm sei, nichts versäumt werde, aber er müsse sich zu solchem hohen und schweren wie auch mühseligen Werk viel zu gering erkennen*).

*) Der schweren Werke gab es allerdings für ihn in dem neuen Amte viele. Kurze Zeit, nachdem er es angetreten, traf bei dem Oberamtmann ein Schreiben Zeugers ein, worin dieser meldete: Der Amtmann Tuschelin zu Winterburg habe dem Herzog angezeigt, der dortige Pfarrer Pistorius habe das Kind des Schulmeisters, desgleichen ein anderes Kind ganz elendiglich getauft, indem er dabei also trunken gewesen, daß er kaum auf den Füßen habe stehen können. Auch habe er des Theißen Ehefrau im Sterben nicht besucht, obschon sie seine nächste Nachbarin gewesen. Dieweil solches gegen Gott und die Obrigkeit nicht zu verantworten, habe er Nikolaum Jakobi zu veranlassen, daß er diesen Sakramentschänder erinnern wolle, vom Sakrament hoch disputiren und auf lutherische Weise reden können, das mache noch keinen orthodoxum doctorem, sondern neben der einfältigen Confession die Thaten und Exempel üben, die einem Christen wohl anstehen. Jakobi reiste sofort nach Winterburg und berichtete unterm 3. Februar 1593, er habe den

Der Geschäftskreis des geistlichen Inspectors war dem der weltlichen Beamten gegenüber nicht scharf abgegrenzt. Während

Pfarrer wegen seiner Gottlosigkeit sehr stark getadelt und namentlich darüber, daß er zum höchsten Aergerniß trunken eine Tauf verrichtet habe, der Pfarrer aber lege sich aufs Leugnen und berufe sich auf das Zeugniß aller seiner Zuhörer. Eine nicht minder schwierige Arbeit war es für ihn, wenn er bei den Visitationen im Amte Kastellaun mit den dortigen katholischen Beamten die kirchlichen Verhältnisse der Gemeinde zu regeln und die Klagen zu untersuchen hatte, welche Markgraf Eduard Fortunat und seine streng katholische Gemahlin über die Predigten des evangelischen Pfarrers führte. Schon bei einer im J. 1596 gehaltenen Visitation wurde ihm mitgetheilt, wie sich des Markgrafen Kaplan habe vernehmen lassen, es sei zur Kenntniß seines Herrn gekommen, daß man auf der Kanzel zu Kastellaun höchst unbescheiden wider das Pabstthum handle und der Fürst wolle dagegen einschreiten. Als Jakobi deshalb die Censoren vernahm und von diesen hörte, daß es in diesem Stück oftmals sehr rauh auf der Kanzel zugegangen, hat er es, wie er in seinem dem Herzog Karl erstatteten Visitationsbericht sagt, für eine hohe Nothdurft erachtet, den Pfarrer zu warnen und ihm zu befehlen, so die Nothdurft fürfalle, vom Papstthum zu reden, so habe er dies mit Bescheidenheit zu thun, damit man der Kirche nicht unnöthig Unruhe und Sr. F. Gnaden Arbeit mache, deren man wohl überhoben sein könne. Als Jakobi am 31. März 1598 nach Kastellaun kam, um die Kirchen des Amts zu visitiren, begab er sich zunächst zu dem katholischen Amtmann Hornung, um ihn zu ersuchen, daß er ihm bei der Visitation nach Vorschrift der Kirchenordnung Handbietung thue. Des Amtmanns Antwort lautete: Dieweil beide Fürsten (Markgraf Eduard Fortunat und Herzog Karl) die Kirchenordnung angenommen, erkenne er sich schuldig, dieselbe zu handhaben und bei der Visitation Hülfe zu erzeigen, doch wolle er nicht bergen, daß er von seiner gn. Frauen der Markgräfin Befehl habe, dem Pfarrer von Kastellaun, — es war dies David Kratzer, — zu verweisen, daß er mit aller Ungestümigkeit und Lästerung das Papstthum auf der Kanzel angreife, es eine babylonische Hure und dergl. nenne, ihre Gnaden wollten deshalb aufmerken lassen, und so der Pfarrer ferner so unbescheiden handle, solle es ihm nicht ungestraft hingehen. Jakobi theilte die Klage den Censoren und dem Pfarrer mit. Die Censoren wußten sich einer solchen Unbescheidenheit des Pfarrers nicht zu entsinnen, der Pfarrer erklärte, seit Herbst habe er die Worte Papst und Papstthum kaum gebraucht, in der Summaria Viti Theodori aber, die er bisweilen brauche, kämen solche Epitheta wider das Papstthum vor, aber da könne er nit für, weil gemelte Summaria in der Kirche zu gebrauchen geordnet seye. Der Inspector ermahnte darauf wie den Pfarrer so auch den Diakonus zu christlicher Bescheidenheit und bemerkte dem Pfarrer, daß er wider sein Gewissen schweige und die Zuhörer nicht vor Abgötterei warne, würde ihn Niemand heißen und

Jakobi zwischen den Pfarrern Merkel und Porta einen Vertrag über die Versehung der Kapelle Starkenburg vermittelte, zwischen denselben das Gefälle der Stelle abtheilte und dergleichen äußere Dinge besorgte, hat in Birkenfeld der Amtmann von Bernstein den dasigen Schulmeister Opitz vor sich beschieden, um ihn zu befragen, ob er gemeint sei beim Ministerium zu bleiben, und ihm zu erklären, wenn das seine Meinung sei, so habe er sich zum Examen gefaßt zu machen, auch sich ordiniren zu lassen, sintemal es ein großer Uebelstand sei, daß er, der noch nicht ordinirt sei, Taufen vollziehe und das Abendmahl austheile. Die Ursache, daß mit dieser rein geistlichen Sache der Amtmann beauftragt worden, ist nicht darin zu suchen, daß in Birkenfeld kein Inspector vorhanden war, — derselbe war da in dem Pfarrer Adam Kolb, — sondern vielmehr darin, daß neben den geistlichen Inspectoren auch die Amtleute Kirchen- und Schulinspectoren innerhalb ihres Amtsbezirks geblieben. Den Amtleuten waren nicht bloß die Kirchen- und Pfarrhausbauten, die Abrechnung zwischen den ab- und aufziehenden Geistlichen, die Abhör der Kirchenrechnungen und dergleichen zugewiesen, es war ihnen auch wiederholt befohlen worden, jährlich jede Kirche ihres Amtes zu besuchen

---

würden solches auch die Markgräfischen nicht begehren, damit aber, daß er beim Gebrauch der Summarien lästerliche Epitheta weglasse, verletze er sein Gewissen nicht. Vor seiner Abreise aus dem Amt begab sich Jakobi wiederum zum Amtmann, und da derselbe noch zu Bette lag, theilte er dem markgräflichen Secretar die Verantwortung des Pfarrers mit und bat, man wolle doch künftig den Pfarrer wegen der gegen ihn eingebrachten Klagen verhören, was nicht geschehen sei, und nicht jedem leichtfertigen Gesellen, der Lust habe, Uneinigkeit und Unglück zu stiften, Glauben zustellen. Der Secretar versprach, das ihm Mitgetheilte dem Amtmann getreulich zu hinterbringen. Im Jahre 1598 wüthete die Pest, d. h. eine ruhrartige Krankheit, in vielen Gemeinden der Grafschaft und drang sogar in Jakobis Haus. Trotzdem hat er auch in jenem Jahre eine große Zahl Kirchen visitirt und an verschiedenen Orten den Pfarrconventen angewohnt. Tief wehe hat es ihm gethan, daß er gleich im Anfange seiner Inspectorthätigkeit bei Herzog Karl verdächtigt wurde, als ob das, was er in seinen Berichten gebe, nicht immer der Wahrheit gemäß sei. Er wies die Verdächtigung mit aller Entschiedenheit, doch ohne bittere Ausfälle gegen die, von welchen sie ausgegangen, zurück und schloß seine Verantwortung mit den Worten, es würde der Herzog an ihm nicht einen Mann haben, der anders berichte, als er es funden.

und dem Gottesdienste anzuwohnen, ob derselbe der Kirchenordnung gemäß verrichtet werde und ob der Pfarrer auf seine Predigt, wie auf die Katechismuslehre Fleiß verwende. Ferner sollten sie bei diesem ihrem Besuche erforschen, wie die Censoren, deren Wahl sie und nicht der geistliche Inspector zu bestätigen hatte, desgleichen die Schulmeister und Glöckner ihres Amtes warteten, wie das Kirchengebäu und das Pfarrhaus beschaffen sei und sollten zur Abstellung der Mängel ihre Hand bieten. Auch das wurde von ihnen gefordert, daß sie, insoweit es ihre sonstigen Amtsgeschäfte erlaubten, den Pfarrconventen anwohnten, und den Pfarrern und Kirchenältesten Hülfe und Schutz gewährten, wenn diese bei Durchführung der kirchlichen Verordnungen auf Widerstand stießen. Daß die Amtleute diesen Anforderungen nachzukommen suchten, dafür bietet der Verwaltungsbericht, welchen der Inspector Conon im J. 1594 an Herzog Karl eingesendet hat, den Beleg*).

*) In demselben heißt es: Von den Amtleuten werden die ihnen anbefohlenen Kirchen jährlich besucht und die Predigt gehört, auch geschieht von ihnen Erinnerung an die Pfarrer, Schulmeister und Senioren, daß sie ihres Amtes treulich abwarten. Wo Ungehorsam, Verachtung oder Verkleinerung der Pfarrkinder gegen ihre Pfarrer, Schulmeister oder Seniores gespürt werde, geschehe Bericht an die Aemter und begehre man deren Schutz. Ihren jährlichen Verwaltungsbericht sandten die Inspectoren an den Herzog ein, wie sie sich denn auch häufig in schwierigen Fällen unmittelbar bei ihm Raths erholten, oder für die Durchführung dessen, was der Kirche noth that, seine Hülfe erbaten. Des Herzogs Bescheide gingen ihnen bald unmittelbar, bald durch die Kanzlei in Birkenfeld zu. Jakobi theilte 1593 am 3. Februar dem Kanzler Zeuger mit, die Punkte seines letzten Berichts habe ihm der Herzog von Onolzbach aus der Reihe nach beantwortet, wegen des vacirenden Pfarrdienstes zu Enkirch aber ihm aufgegeben, sich Raths bei seinen Räthen in Birkenfeld zu erholen, denen er dieserhalb Befehl habe zugehen lassen. Die Form und Sprache der Schreiben, welche die Inspectoren unmittelbar an den Fürsten richteten, war höchst ehrerbietig und die Titulatur sowie die Begrüßung nach der Sitte der Zeit sehr weitschweifig. „Gottes Gnade und Segen mit Erbietung meines Gebets und unterthänigen gehorsamen Dienstes zuvor. Hochgeborener Fürst, Gnädiger Herr! Euer Fürstlichen Gnaden ꝛc.“ also lautet in Jakobis Schreiben in der Regel der Eingang, der Schluß aber folgender Gestalt: „Befehl hiermit Euer Fürstliche Gnaden, deroselben geliebte Gemahlin und junge Herrn und Fräulein durch Christum in Schutz des Allmächtigen, der sie allesamt und sonders bei Leib und Seelen Wohl-

Im Herzogthum Zweibrücken, von welchem die H. Gr. Sponheim nur eine Abzweigung gewesen, war das geistliche Aufseheramt in ähnlicher Weise geordnet. Auch in ihm verging eine lange Zeit, bis daß jedes der vier Oberämter seinen besondern Superintendenten erhielt. Die drei ersten Superintendenten in Zweibrücken, der Reformator Johann Schwebel, Kaspar Glaser und Chunemann Flinsbach, waren mit der Aufsicht sämmtlicher Pfarreien betraut, es war aber dieses eine Last, der ein Einzelner auch bei großer geistiger und körperlicher Kraft nicht gewachsen war. Deshalb hat sich der Hofprediger Georg Codonius ein Verdienst um die Zweibrückische Kirche erworben, als er in seinem Herzog Wolfgang im März 1564 eingereichten Memorial darauf drang, daß neben dem Superintendenten in Zweibrücken besondere Superintendenten für die Oberämter Bergzabern, Lichtenberg und Meisenheim bestellt würden. Auch hier trat später

---

fahrt zu seiner Ehre, Erhaltung und Verpflegung seines heiligen Worts und gottseliger christlicher Regierung lang erhalten wolle. Amen."

Jakobi war in der Bestallungsurkunde gesagt: Er sei zum Amt eines Inspectors ratione loci et salarii verpflichtet, und deshalb mußte er froh sein, wenn man ihm bei seinen Reisen, die er meist zu Fuß machte, die baaren Ausgaben erstattete. Bei einer im Amte Winterburg gehaltenen Kirchenvisitation hatte er nebst dem Knaben, der ihm sein Gepäck getragen, 16 Albs verzehrt. Am Schlusse des über diese Visitation eingereichten Berichts bemerkt er, er verhoffe, daß man ihm diesen Betrag ersetzen werde. Uebrigens wurden den Inspectoren ihre Arbeiten nicht selten in anderer Weise einigermaßen vergütet. So verwandte sich Herzog Karl bei seinem Gemeinsherrn Eduard Fortunat dafür, daß dem Inspector Conon eine Herrschaftswiese, welche die Birkenfelder Amtleute längere Zeit um 6 Gulden in Pacht gehabt, unentgeldlich zur Nutznießung überlassen wurde. Der Sohn des Inspector Jakobi wurde in Rücksicht auf die Verdienste des Vaters frühzeitig mit einem Dienst versehen. Als im Frühling des Jahres 1624 durch den Tod des Kanzler Zeuger die von demselben genossenen Altargefälle fällig wurden, erbat sie der Trarbacher Inspector Michael Artopäus für seine drei Söhne, von denen der älteste in Wittenberg studirte, und bemerkte in seiner Bittschrift, an die 23 Jahre habe er den Kirchen Traben und Trarbach vorgestanden, auch ratione Inspectoris gedient, und bei der böslichen Zahlung seines Gehalts mit Weib und Kind in der theuren Zeit viel gelitten. Auch Corvinus der Inspector zu Birkenfeld meldete sich für seine Söhne um die Gefälle und Herzog Georg Wilhelm verwilligte sie den beiden Bittstellern jedem zur Hälfte.

der Name Inspector an die Stelle des Namens Superintendent, und verblieb dieser Titel nur dem in Zweibrücken ansässigen Superintendenten, der als Inspector des Oberamtes Zweibrücken zugleich der oberste geistliche Aufseher, somit, ohne daß er immer den Namen führte, der Generalsuperintendent des Herzogthums war. Auch die geistlichen Inspectoren des Herzogthums Zweibrücken hatten ihre Mitinspectoren in den Amtleuten und erlitt dieses Verhältniß im Laufe der Zeit keine Aenderung. Als Herzog Johann unterm 25. März 1592 dem Amtmann Wolfgang Blicker und dem Landschreiber Simon Glaser auf Lichtenberg die neue Conventsordnung zusandte, befahl er: Sie hätten die Ordnung dem Superintendenten in Kusel und durch diesen den Pfarrern zuzustellen und dabei dieselben zu ermahnen, der Ordnung getreulich nachzusetzen. Auch sollten sie dem Superintendenten die Hand bieten, auf daß die Dorfpfarrer zu fleißigem Studiren und treulicher Versehung ihres Amts verursacht würden. Auch sollten sie dem Superintendenten als des Herzogs ernstlichen Befehl anzeigen, daß er nicht allein bisweilen auf die in seiner Superintendenz gehörigen Dörfer gehe, derselbigen Pfarrer Predigten höre und sie zur Besserung der darin wahrgenommenen Mängel ermahne, sondern auch eine Woche um die andere einen und den andern Dorfpfarrer auf den Mittwoch oder Freitag nach Kusel erfordere und denselben seine am letzten Sonntag gehaltene Predigt nochmals thun lasse.

Wieweit die Befugnisse und Rechte der Geistlichen gegangen, welche im Fürstenthum Simmern unter der Regierung der Herzoge Friedrich, Georg und Reichard das Amt des Superintendenten bekleidet haben, darüber fehlt es an näherer Nachricht*) und stehet nur soviel fest, daß vorzugsweise ihnen die Prüfung sowie die Ordination der Geistlichen zugewiesen war. Nicht viel mehr wissen wir aus der Zeit, auf welche sich unsere Darstellung ausdehnt, von den Superintendenten, die für die Wild- und Rheingrafschaft bestellt waren und auf Johannisberg an der Nahe ihren Sitz hatten**).

*) Die Superintendenten des Fürstenthums Simmern während der Regierung der genannten Herzoge waren: 1. Nikolaus Beuckius, 2. Johannes Bentz, 3. Gerhardi, 4. Georg Rösner.

**) Von den Superintendenten auf Johannisberg vollzieht 1582 An-

Die Pflichten und Rechte der geistlichen Inspectoren in der Kurpfalz, welche unter der Regierung der Kurfürsten Otto Heinrich und Ludwig Superintendenten genannt wurden, liegen in klarer Zeichnung vor in der Inspectionsordnung, welche, wie es an ihrem Schlusse heißt, von Kurfürst Friedrich III. glorwürdigster Gedächtniß fundirt, von seinen Nachfolgern den Kurfürsten Friedrich IV. und Friedrich V. confirmirt und letztens von Kurfürstl. Durchlaucht dem Kurfürsten Karl Ludwig stricte observirt worden. Nach derselben soll der Inspector vor allen Dingen darnach trachten, daß er für seine Person in der Lehre rein und richtig, in seinem Beruf und Amt fleißig, in seinem Wandel für sich und in den Seinigen christlich, ehrbar und unsträflich sei, damit er Andern als ein lebendiges Fürbild mit gutem Exempel fürleuchte. Zum andern soll er auf die Pastores und Prediger seiner Inspection fleißig Acht haben, damit von ihnen die allein seligmachende Lehre und göttliche Wahrheit unverfälscht und fleißig getrieben, und alle Artikel der wahren christlichen Religion in rebus, phrasibus et verbis rein gepredigt werden. Dieweil fürs dritte gar viel daran gelegen, daß die Kinder in ihrer blühenden Jugend nicht versäumt, sondern zeitlich zur Erkenntniß Gottes und seines Sohnes Jesu Christi mit ernster stetiger Institution angehalten werden, so soll er daran sein, daß die Jugend allenthalben vor allen Dingen die fünf Hauptstücke christlicher

---

dreas Hartmann die Ordination des Pfarrers Sahm von Ilgesheim. Philipp Felsenius hat 1587 den Geistlichen Holbach ordinirt, der von 1587 ab, etwa 12 Jahre lang, Pfarrer in Laufersweiler gewesen. Im J. 1591 erscheint Eisenberger als Superintendent, in den Jahren 1597 bis 1616 Albert Helbach. Die rheingräfliche Kirchenordnung von 1690, die jedenfalls in ihren wesentlichen Punkten nur das näher bestimmt, was bereits früher verordnet oder herkömmlich war, theilt dem Superintendenten neben der Prüfung und Ordination der Geistlichen zu: 1. die Amtseinführung der Pfarrer; 2. die Aufsicht über der Kirchen- und Schuldiener Lehre und Wandel; 3. die Mitwirkung bei Besetzung der Kirchen- und Schuldienste, sowie bei der Beurlaubung ihrer Inhaber; 4. die Bestätigung der erwählten Censoren, sowie deren Einführung, die er jedoch dem Ortspfarrer übertragen konnte; 5. die Visitation der Pfarreien in zweijährigem Turnus; 6. die Leitung der Synoden und Pfarrconvente; 7. die Mitaufsicht über das Kirchenvermögen; 8. die Abtheilung der Pfarrgefälle zwischen den ab- und aufziehenden Pfarrern, sowie die Sorge für die Versehung der Pfarrstellen während ihrer Erledigung.

Religion nicht allein gewiß erzählen lerne, sondern auch daran von Tag zu Tag einen ziemlichen Verstand aus dem täglichen Trieb und Unterricht treuer Kirchendiener fasse. Nicht minder soll er sich angelegen sein lassen, daß die aus hochnöthigen Ursachen angestellte wöchentliche Unterweisung der erwachsenen Jugend, wie in der ihm befohlenen Pfarrkirche, so bei allen seiner Inspection befohlenen Ministris strak gehalten werde. Zum vierten soll er daran sein, daß man die h. Sakramente nach des Herrn Christi Einsetzung reiche und dabei in Caeremonien keinerlei Neuerung vornehme, wie er denn auch darauf halten soll, daß allen die Kirche berührenden Mandaten, so ausgegangen sind oder noch ausgehen werden, gehorsamlich nachgelebt werde. Zum fünften soll er die angeordneten Conventus classicos vermöge der deshalb gegebenen Ordnung fleißig handhaben und besuchen. Nicht weniger soll ihm fürs sechste befohlen sein die Inspection auf die Schulen und Schuldiener und soll er die letzteren anhalten, daß sie ihres Amtes fleißig abwarten. Ingleichen soll er auf die Bestallung der Glockner Achtung geben, damit zu solchem Dienst nicht unehrbare Leute, sondern solche, die eines ehrbaren Wandels sind, gezogen werden*).

---

*) Damit er desto gewisser erfahre, wie sich Kirchen- und Schuldiener in ihrem Amte halten, soll er bisweilen unvermerkter Dinge sich an deren Wohnort verfügen, sie predigen und unterrichten hören, auch sonsten ihres Wandels halben sich vertraulich erkundigen. Nicht minder soll er zu gelegener Zeit die jungen Kirchendiener einen oder zwei zu sich erfordern und aus h. Schrift einen oder zwei Artikel mit ihnen fürnehmen, auch erforschen, was ihre täglichen Lectiones und Studia seien, und da es vonnöthen, sie in einer Predigt privatim oder publice hören, damit er ihren methodum und Aussprechen, Besserung oder Unfleiß soviel mehr spüren könne, und sie hierdurch in Sorgen und guter Uebung erhalten werden. Dieweil auch sonderlich viel daran gelegen, daß die Pfarrer reine und nutzbare Autores lesen, dieselben neben der Bibel, die ihnen mit besonderm Ernst fleißig zu lesen befohlen werden soll, sich gemein machen, daraus ihre Predigten zu formiren, so soll der Inspector ihre Bibliotheken fleißig besichtigen, ihnen zu guten Büchern rathen und die Jungen und Ungeübten soviel immer möglich unterweisen, wie sie das Wort Gottes in seinem rechten Verstand ihren Zuhörern zur Auferbauung fürtragen, desgleichen wie sie Alte und Junge in der Gottesfurcht und Katchismo üben sollen.

Fänden sich bei einem Kirchen- oder Schuldiener geringe Mängel, seltsame Weise die Schrift zu handeln, ohngewöhnliche Fragen in den Predigten vorzubringen, Nachlässigkeit im Studiren und Verrichtung des Amtes, Leichtfertigkeit in Geberden, Worten und Kleidung, ohnziemlicher Zorn und dergleichen mehr, so soll der Inspector gradus admonitionis an die Hand nehmen, sie freundlich vermahnen, ihrer Pflicht erinnern und auf die Bestallungspunkte verweisen, die sie zu halten gelobt. Wolle bei ihnen solches nicht verfangen, alsdann solle er sie in Beisein anderer Kirchendiener zu Rede setzen mit der Bedrohung, da dieses bei ihnen nicht verfange, werde er solches an den Kirchenrath berichten. Würde auch dann keine Besserung geschehen, alsdann habe er es an den Kurfürsten oder an den Kirchenrath schriftlich zu bringen. Sollten sich aber Exzeß zutragen, die grob und ärgerlich, als falsche gotteslästerliche Lehre, Anstiftung einer Secte, Trennung in der Kirche, öffentliche Gotteslästerung, Simonie, heimliche Anstiftung, um einen Andern aus dem Amt zu setzen und sich in dasselbe zu drängen, muthwillige Verlassung seiner Kirche, Meineid, Blutschand, Ehebruch, Diebstahl, Völlerei, Spielen, Geiz, Wucher, Schlägerei, Ehrenschändung und dergleichen Handlungen, darum einer nicht bei der Kirchen zu dulden und die politischer Weise strafbar, so habe der Inspector solches ohn einigen Verzug an den Kurfürsten oder Kirchenrath mit allen Umständen gelangen zu lassen, damit fernerem Unrath zeitlich vorkommen, das Laster gestraft und all Aergerniß soviel als möglich verhütet werde, wie denn Kurfürstliche Durchlaucht gemeint seien, Verbrechen der Kirchen- und Schuldiener, die andern mit gutem Exempel vorgehen sollen, keineswegs zuzusehen, sondern an ihnen härter als an den andern Unterthanen zu strafen. Nachdem noch dargelegt worden, wie der Inspector auch wegen der Hospitäler und Siechenhäuser Nachfragens haben und deren Erhaltung und Besserung sich angelegen soll sein lassen, heißt es am Schlusse: Und in Summa soll der Inspector den Kirchen- und Schuldienern, so ihm vertraut, ein Vater und Vorsteher sein, ihnen rathen und helfen, auch dieses seines tragenden Amts sich nicht zur Herrschung über die Kirchen- und Schuldiener, sondern zu ihrer Besserung gebrauchen, auch nicht aus Gunst und andern Affecten handeln, noch Gab oder Geschenk, sonderlich von den

Kirchen- und Schuldienern nehmen, sondern handeln, wie er es vor Gott und der ihm vorgesetzten Obrigkeit zu verantworten gedenkt. Nach der Kirchenrathsordnung Friedrich des Frommen sollten die Superintendenten oder Inspectoren durch den Kirchenrath, jedoch mit Vorwissen des Fürsten bestellt werden. Es sollen dieselben fürnehme, gelehrte und erfahrene, ziemlich betagte und ansehnliche Leute sein und zu dem Amt nicht angenommen werden, sie seien denn dem Kirchenrath wohl probirt. Den mit dem Amt Betrauten soll einer der Kirchenräthe den Amtleuten und Kirchendienern präsentiren, d. h. ins Amt einführen. Für ihre Arbeit und Mühe wurden die Träger des Superintendenten oder Inspectoramtes dadurch entschädigt, daß ihnen aus den kirchlichen Stiftungen ein höherer Satz an Geld, Frucht und Wein zugetheilt war, als den andern Pfarrern.

Der Pfarrer des nassauischen Dorfes Waldlaubersheim ohnfern Stromberg war der Aufsicht des nassauischen Superintendenten in Kirchheim-Bolanden untergeben, wie umgekehrt die Pfarrer des zum Fürstenthum Simmern gehörenden Amtes Bolanden durch den Superintendenten in Simmern sind beaufsichtigt worden. Die ritterschaftlichen Gemeinden entbehrten zu ihrem wie ihrer Geistlichen Schaden solcher Beaufsichtigung, insofern nicht der Fürst, von welchem der Ort zu Lehen ging oder erkauft worden, das Episkopalrecht sich vorbehalten hatte. Selbst von den Pfarreien der Grafen von Dhaun und Falkenstein, — es gehörten dazu außer den Pfarreien Oberstein und Idar die von Bretzenheim an der Nahe, von Marienthal am Fuße des Donnersberges, — ist nicht bekannt, daß einer ihrer Geistlichen mit dem Inspectoramt wäre betraut gewesen.

In dem Land zwischen Rhein, Mosel und Nahe erscheint das Amt des Superintendenten am frühesten in St. Goar, dem Hauptort der Niedergrafschaft Katzenelnbogen. Wenn trotzdem desselben erst jetzt gedacht wird, so rührt dies daher, daß der Superintendent dieser Grafschaft, wie die fünf andern Superintendenten Hessens, einen höheren Rang und umfassendere Befugnisse hatte, als die Superintendenten der andern Gebietsherrschaften unseres Bezirks. Auf sie war, doch in beschränkter Weise, die bischöfliche Gewalt übergegangen, und war ihre Stellung mehr die eines Generalsuperintendenten, zumal in den Sprengeln, wo für die Beaufsichtigung der einzelnen Kirchkreise noch Dekane unter dem Namen Metropolitane bestellt waren*). Was die Amtsbefugnisse und Verpflichtungen der hessischen Superintendenten anbelangt, so waren dieselben im Wesentlichen folgende: Die Geistlichen ihres Bezirks wurden von ihnen geprüft, geweiht, sowie in Lehre und Wandel beaufsichtigt. Bei Pfarreien, welche adlichen oder andern Patronats waren, stand ihnen die Confirmation des Präsentirten zu. Alle andern Pfarrämter ihrer Diözese wurden durch sie provisorisch besetzt, die definitive Besetzung geschah auf der Generalsynode und durch Beschluß aller anwesenden Superintendenten. Es stand ihnen nicht bloß zu, Prediger, welche ihr Amt schlecht verwalteten oder durch ihren Wandel Anstoß gaben, mit Geld und Freiheitsstrafe zu belegen, sondern auch gegen sie mit Suspension, Amtsentsetzung und Excommunication vorzuschreiten. Sie waren jedoch dabei gehalten, besonders wichtige Disciplinarfälle der Generalsynode vorzulegen, oder die Bestätigung ihres Urtheils bei dem Landesherrn einzuholen. In eigner Machtvollkommenheit verwalteten sie das Bannrecht der Kirche und setzten für ihren Sprengel die jährlichen Bettage an. In den einzelnen Pfarreien ihres Bezirks hörten sie zu gewissen Zeiten, mindestens alle zwei Jahre, die Kassenrechnungen ab und überzeugten sich durch die üblichen Visitationen an Ort und Stelle, ob von den Geistlichen die kirchliche Ordnung gewahrt werde. Die Erhaltung des Kirchenguts sowie die Beaufsichtigung der Hospitäler und Siechenhäuser war ihrer besondern Aufsicht befohlen. Hatte ein Pfarrer unter der Anmaßung der Edelleute oder der weltlichen Beamten zu leiden, so war der Superintendent sein Anwalt, schien die Würde und Freiheit des geistlichen Amts durch die Zudringlichkeit der Gemeinde bedroht, so war er ihr berufener Beschirmer. Hatte umgekehrt eine Gemeinde über ihren Seelsorger Klage zu führen, so mußte bei dem Superintendenten die Klage anhängig gemacht werden, und wurde durch ihn in

*) Heppe sagt in seiner Schrift „Die hessischen Generalsynoden“: Zur Erleichterung ihrer ausgedehnten Amtsverwaltung pflegten die Superintendenten auch hin und wieder die Pfarrherrn in den Städten mit der Inspection der umliegenden Landpfarren zu beauftragen. Doch war die Stellung der späterhin eingeführten Metropolitane noch nicht zum ständigen kirchlichen Organ geworden.

erster Instanz entschieden. Der Superintendent wurde durch die Pfarrer der Diözese auf Lebenszeit erwählt, der Landesherr hatte jedoch die Wahl anzuordnen und zu bestätigen. Deshalb berichteten, sobald ein Superintendent mit Tod abgegangen war, die Pfarrer des Orts den Fall an ihn und beauftragte er darauf die beiden nächstgesessenen Superintendenten mit der Leitung der Wahl*).

*) Auf Anordnung dieser wurde alsbald in allen Kirchen des Sprengels wie in den Sonntags- so auch in den Wochengottesdiensten gebetet, daß Gott seine Kirche mit einem frommen Oberhirten begnadigen wolle und das Gebet bis zum Tage der Wahl fortgesetzt. Inzwischen wurden die Pfarrer des Sprengels durch die beiden Superintendenten zur Wahl eingeladen und fand dieselbe an dem dazu bestimmten Tage im öffentlichen Gottesdienste statt. Nach Beendigung der Predigt traten die Geistlichen im Chor der Kirche zusammen und nachdem hier der eine der beiden Superintendenten zunächst die landesherrliche Vollmacht mitgetheilt hatte, verlas er des Apostels Worte vom Amt des Bischofs und fügte dieser Verlesung eine kurze Auslegung bei. Sodann fielen die versammelten Geistlichen vor dem Altar nieder und sangen knieend das Gebet: „Komm heiliger Geist.“ Nach Beendigung dieses Gesanges erhob sich der andere Superintendent und betete zu Gott um einen Hirten, der die verlassene Kirche mit einem treuen Herzen regieren werde. Die Gemeinde respondirte mit Amen. Darauf erhoben sich die Geistlichen und traten behufs Abgabe ihrer Stimme an den Tisch, an welchem sich die beiden Superintendenten nebst dem Pfarrer, der von ihnen zum Notar ernannt worden, niedergesetzt hatten. Wer die meisten Stimmen erhielt, wurde als der Erwählte verkündet und darnach die Gemeinde mit dem Segen des Herrn entlassen. Sobald die landesherrliche Bestätigung des Erwählten erfolgt war, setzten die beiden Superintendenten den Tag seiner Ordination fest und ließen diese Feier an dem ihr vorangehenden Sonntage allen Gemeinden des Sprengels mit ernster Ermahnung zu Gebet und Fasten durch die Pfarrherrn verkünden. Bei der Feier selbst ließen sich nach angehörter Predigt die beiden Superintendenten, „umgeben von den Pfarrherrn in den Städten“ im Chore nieder, und nachdem einer der Ortspfarrer vom Altare aus die landesherrliche Ermächtigung zur Ordination des Erwählten verlesen, trat einer der Superintendenten vor den Altar, um dem Ordinanden die Pflichten seines bischöflichen Amtes vorzuhalten und das Gelübde treuer Pflichterfüllung abzunehmen. Daran reihte sich ein Gebet mit dem Amen der Gemeinde. Während des letzteren kniete der Erwählte nieder und empfing durch die Handauflegung der beiden Superintendenten die Ordination. Hierauf wurde der Gewählte der Versammlung als ihr Oberhirte vorgestellt und die Feier mit Absingen des 19. Psalms sowie mit Ertheilung des Segens ge-

Der Aufsicht des Superintendenten in St. Goar waren neben den Pfarreien der Niedergrafschaft Katzenelnbogen auch die des Amtes Homburg an der Höhe untergeben. Dieweil aber diese von St. Goar sehr weit ablagen, und der Botenlohn dorthin sehr große Kosten verursachte, stellte Superintendent Schott auf der Generalsynode von 1574 den Antrag, man möchte sie unter die Aufsicht des Superintendenten zu Darmstadt stellen. Landgraf Wilhelm genehmigte den Antrag vorbehaltlich der Zustimmung seines Bruders des Landgrafen Georg in Darmstadt. Die Pfründe, die dem zeitlichen Superintendenten in St. Goar aus dem dasigen Stift zugetheilt war verpflichtete ihn zur Ausrichtung des Superintendentenamtes, bei der Kirchenvisitation aber wurde die Fütterung seiner Pferde gemäß einer Anordnung des Landgrafen Wilhelm in den einzelnen Aemtern aus den Herrschaftsgefällen bestritten. Die Hülfe von Metropolitanen scheint er nicht gehabt zu haben.

2. Die obern Kirchenbehörden.

Trotzdem daß in Hessen die evangelische Lehre weit früher Eingang gefunden und der katholischen Kirche gegenüber den Sieg errungen hat als in der Mehrzahl der andern Herrschaftsgebiete unseres Bezirks, trat hier erst spät eine Landesoberkirchenbehörde ins Leben. Wie Philipp der Großmüthige, so haben auch seine Söhne in den auf sie vererbten Landestheilen die Oberaufsicht über die Kirchen und Schulen durch ihre Räthe, die sogenannte Kanzlei, führen lassen, dieses jedoch in der Weise, daß die Kanzlei in allen wichtigeren Sachen ihrer der Fürsten Willensmeinung und Entscheidung einholen mußte, und Bestimmungen in Betreff der Lehre und des Gottesdienstes nur unter dem Beirath der sechs Superintendenten und der Landessynoden getroffen wurden. Erst Philipps Enkel, Landgraf Moriz, errichtete, und zwar mit auf den Wunsch und Antrag der Prälaten sowie der Ritter und der Landschaft durch Erlaß vom 10. October 1610 ein Landesconsistorium. Dasselbe sollte aus zwei geistlichen und zwei welt-

---

schlossen. — Was hier über die Amtsbefugnisse der hessischen Superintendenten, sowie über derselben Wahl und Ordination gegeben worden, ist theilweise wörtlich Heppe's Schrift: „Die hessischen Generalsynoden" entnommen.

lichen Beisitzern bestehen nebst einem rechtskundigen Syndikus, dem man zugleich die Verpflichtung zutheilte, die Kirchkassen und Hospitäler bei den Gerichten zu vertreten. Zum Sitze dieser kirchlichen Oberbehörde wurde Marburg erwählt, dieses darum, daß sie um so schneller die Gutachten der theologischen wie der juristischen Facultät einholen konnte. Vieles und Wichtiges, was bis dahin den Superintendenten zugetheilt war, wurde an das unmittelbar dem Landesherrn untergeordnete Consistorium übertragen. Es hatte fortan alle Pfarr- und Schulstellen, deren Verleihung dem Landesherrn zustand, zu besetzen und die von den Patronen präsentirten Kirchen- und Schuldiener zu bestätigen. Ebenso wurden durch es die Geistlichen geprüft und ordinirt und nur ihre Einführung in das Amt verblieb den Superintendenten. Sämmtliche Kirchen- und Schuldiener des Landes standen unter seiner Oberaufsicht und Gerichtsbarkeit, bloß in bürgerlichen Sachen und in peinlichen Fällen hatten dieselben in den weltlichen Gerichten ihren Richter. Es ordnete die Kirchenvisitationen an, allgemeine Visitationen allerdings nur auf Befehl oder mit Verwilligung des Landesherrn. Die Klassenconvente empfingen von ihm Weisung und Bescheid, und war es ihm in Betreff derselben ganz besonders zur Pflicht gemacht, dahin zu wirken, daß alle Spaltung vermieden und in der Lehre wie im Gottesdienst die Einheit erhalten, oder wo solche nicht vorhanden wäre, herbeigeführt werde. Der Vorsitz im Consistorium wechselte jahrweise unter den vier Beisitzern und führte ihn im ersten Jahre Gregorius Schönfeld.

In der Kurpfalz führte die kirchliche Oberbehörde, welche schon Friedrich der Fromme errichtet hat, den Namen: Der Kurpfalz Kirchenrath *). Dieser Kirchenrath war zugleich die Ober-

*) Friedrichs des Frommen Kirchenrathsordnung von 1564, deren Verfasser wahrscheinlich Doctor Eheim ist, bestimmte: Es sollte der Kirchenrath mit sechs Personen, drei Theologen und drei gelehrten Politicis besetzt sein, und denselben ein Secretar und ein Pedell zugeordnet werden. Unter diesen Räthen soll kein Unterschied sein, ausgenommen der, daß einer der weltlichen Räthe, der Seitens des Fürsten damit beauftragt worden, an des Fürsten Statt die Vorlagen mache, die Umfrage halte, die Stimmen sammle, die Beschlüsse mit dem Secretar ausfertige und zum Vollzuge bringe, überhaupt das Werk also dirigire, daß die Sachen gefördert und nicht verzogen

aufsichtsbehörde der Schulen, und zwar wie der Volksschuleh, so auch der Mittelschulen. Zu seinen Verpflichtungen gehörte vor allen andern die, darüber zu wachen, daß in den Kirchen wie in den Schulen dem eingeführten Bekenntnisse gemäß gepredigt und gelehrt, desgleichen die von dem Landesherrn gegebene Kirchenordnung in allen Punkten gehalten werde*). Ferner war ihm die Besetzung aller zur Erledigung kommenden Pfarr- und Schul-

werden. Diese Räthe sollen zur Erledigung der Geschäfte sich nebst dem Sekretar wöchentlich dreimal im Barfüßerkloster zu Heidelberg versammeln, nämlich am Montag, Mittwoch und Freitag, häuften sich aber die Geschäfte sehr, so soll der Dirigent diejenigen Räthe, die nicht auf ihre Predigten zu studiren haben, auch an den andern Wochentagen versammeln, doch die Bescheidenheit halten, daß die wichtigsten Geschäfte an den Tagen, da der ganze Kirchenrath beisammen, verrichtet werden. Gehe einer der sechs Räthe mit Tod oder sonst ab, so sollen die übrigen alsbald auf fromme, gelehrte und für das Amt taugliche Personen denken und dem Fürsten in Vorschlag bringen, damit derselbe einem der Vorgeschlagenen das erledigte Amt übertrage. Fielen schwere Händel vor, in Betreff deren es den sechs Räthen bedenklich sei, sie allein zu verrichten, so wolle er der Kurfürst ihnen einen oder mehr seiner Räthe zuordnen, welche ihnen solche Dinge verrichten helfen. Zu allwegen sollten die alten Kirchenräthe, denen ihrer andern Aemter wegen die stetige Beiwohnung erlassen sei, in allen wichtigen Händeln zur Berathschlagung gezogen und gehört werden. Dem Kirchenrath soll zweierlei befohlen sein. Erstlich soll er die ministeria (die geistlichen Aemter einschließlich des Amtes der Superintendenten oder Inspectoren) und Schulen mit guten tauglichen Personen, die reiner Lehre und unsträflichen Wandels sind, bestellen und auf derselben Lehr und Leben Acht haben, sowie die, die in Lehr und Leben sich untauglich erweisen, abschaffen. Zum andern soll er der Disciplin und Kirchenzucht halben nothwendig Einsehens thun. Besondere Kapitel der Kirchenrathsordnung handeln von Bestellung der Ministerien, von der Kirchendisciplin, von der Aufsicht, die der Kirchenrath über die Sapienz, das theologische Seminar der Unterpfalz, desgleichen über die Synoden oder Klassenconvente zu führen hat.

*) Die Kirchenräthe hatten bei Antritt des Amtes einen besondern Eid zu schwören, in welchem sie gelobten daran zu sein, daß die reine Lehre des Worts unverfälscht gepredigt und gelehrt und keine fremde verführerische Caeremonien, so dem Worte Gottes und des Kurfürsten Kirchenordnung zuwider, oder sonsten einige Neuerung ohne des Fürsten Bewilligung eingeführt werde. Schließlich behält sich der Kurfürst vor, die Kirchenrathsordnung, die er den 21. Juli 1564 unterzeichnet und besiegelt hat, nach jederzeit Gelegenheit zu ändern, zu mindern oder zu mehren.

stellen übertragen, und wie die Kirchen- und Schuldiener durch ihn ihre Bestallung empfingen, so führte er auch die Oberaufsicht über derselben dienstliche und sittliche Führung. Die Inspectoren der einzelnen Klassen mußten ihm darüber regelmäßige Berichte einreichen und so an einem Kirchen- oder Schuldiener ein bedeutender Mangel wahrgenommen worden, oder derselben einer eines groben Versehens sich schuldig gemacht hatte, deshalb besonders berichten. In der Regel sandte er jedes Jahr einzelne seiner Glieder abwechselnd in das eine und andere Amt, daß sie allda den Klassenconventen sowie den damit verbundenen Kirchenvisitationen anwohnten, und er auf diese Weise erfahre, wie es um das christliche Leben der Gemeinden, um das Thun und Lassen der Kirchendiener, um die Schule und um die Armenpflege stehe. Wie groß aber auch die Machtbefugnisse des Kirchenraths gewesen, so war doch in allen wichtigeren Angelegenheiten die letzte Entscheidung dem Kurfürsten vorbehalten. Abänderungen der Kirchenordnung durfte der Kirchenrath nicht aus sich vornehmen und alle sie ergänzenden Ordnungen, wie die Inspectionsordnung, Abrechnungsordnung u. s. w. haben die Kurfürsten, nachdem sie im Kirchenrath waren berathen worden, in ihrem Namen erlassen. Damit der Kirchenrath mit Geschäften nicht überbürdet wäre, sondern Zeit behielte, die ihm zugewiesenen geistlichen Angelegenheiten mit Sorgfalt zu behandeln, war für die Verwaltung des großen Vermögens, welches für die Pfälzer Kirche aus den eingezogenen Stiftern und Klöstern gesammelt worden, eine eigne Behörde bestellt. Es war dieses die geistliche Gefälle-Verwaltung oder Administration. Ihre Glieder nannte man später Administrationsräthe, und befanden sich unter diesen ein Forstmann wegen der ausgedehnten Waldungen, welche der Kirche durch die Aufhebung der Stifter und Klöster zugefallen waren, deßgleichen ein Baurath wegen der vielen Bauten, die der geistlichen Gefälle-Verwaltung oblagen. Auch die Ehesachen gehörten nicht in den Geschäftskreis des Kirchenraths, sondern es war dafür ein besonderes Ehegericht errichtet, welches wie der Kirchenrath und die geistliche Gefälleverwaltung in Heidelberg seinen Sitz hatte. Im Fürstenthum Simmern bestand bis zum Tode des Herzogs Reichard ein Consistorium, aber weder die Zeit seiner Errichtung, noch die Art seiner Zusammensetzung, noch desselben Geschäftskreis sind bis jetzt aufgestellt. Es steht nur so viel fest, daß ihm neben der Aufsicht über die Kirchen und Schulen des Fürstenthums auch die Verwaltung der Güter des Klosters Chumbd, welche zur Unterhaltung der Kirchen- und Schuldiener verwendet werden sollten, zugetheilt war und daß es in Betreff dieser Güter Kauf- und Pachtverträge abgeschlossen hat. Betreffend das Kirchenregiment, so stand es im Herzogthum Zweibrücken wie in den andern Herrschaftsgebieten unsers Bezirks. Der Landesherr war die höchste Kirchenbehörde, und hat er seiner Entscheidung nicht bloß die Gegenstände unterzogen, welche von tief greifender Bedeutung für Kirche und Schule waren, sondern öfters sich auch um minder Wichtiges persönlich bekümmert. Daß es die Absicht von Herzog Wolfgang gewesen, ein Consistorium zu bestellen, ist nicht bloß durch die von ihm gegebene Kirchenordnung erwiesen, sondern erhellet auch aus der Urkunde, durch welche er unterm 1. April 1558 den berühmten Immanuel Tremellius zum Lehrer an der Landesschule Hornbach bestellte. Er sagt in ihr: Dieweil er bedacht sei, das geistliche Consistorium oder Kirchengericht zu Hornbach anzustellen, habe er, so oft man solches in fürfallenden Sachen halten würde, tamquam assessor demselben anzuwohnen. Aber weder Wolfgang, noch die Fürsten, die zunächst ihm in der Regierung folgten, haben ein Consistorium errichtet, solches geschah erst zu Anfang des Jahres 1665 durch Herzog Friedrich Ludwig. Wie unter Herzog Wolfgang so war auch unter seinem Sohn und seinem Enkel die Kanzlei die obere Kirchenbehörde, und wie die genannten Fürsten nicht selten den Sitzungen der zur Kanzlei gehörenden Räthe persönlich anwohnten, so nahm, wenn kirchliche Angelegenheiten zur Verhandlung kamen, auch der Superintendent von Zweibrücken daran Theil*).

Am klarsten zu Tage liegt die Beschaffenheit des Kirchenregiments in der H. Gr. Sponheim, und möge dem, was darüber bereits gegeben ist, zur nähern Veranschaulichung Folgendes bei-

*) So findet sich Flinsbachs Unterschrift in einem Rathsprotokoll vom September 1560. Mit unterzeichnet haben dasselbe der Statthalter Wilhelm Kranz von Geispolzheim, die Räthe Siegfried von Oberkirch, der zugleich Amtmann in Zweibrücken war, ferner Hans Landschad von Neckarsteinach, Jakob Schorr, Lizentiat Heinrich Schwebel und Kammerschreiber Hans von Franken.

gefügt werden. Auch die H. Gr. Sponheim entbehrte während der Zeit, deren kirchliche Zustände diese Schrift schildert, einer obern Kirchenbehörde, wie sie Kurpfalz in seinem Kirchenrathe und Hessen in seinem Consistorium besaß. Die Errichtung eines Consistoriums für die Grafschaft gehört dem Jahre 1673 an und ist dasselbe durch Herzog Christian II. angeordnet worden. Das frühere Verhältniß war folgendes. Erforderten Kirchen- oder Schulangelegenheiten behufs ihrer Regelung Seitens der beiden Gemeinsherrn Pfalz und Baden eine mündliche Berathung, so wurden sie meist vor dieselbe Behörde gebracht, durch welche, seit sich die Grafschaft auf die Häuser Pfalz und Zweibrücken vererbt hatte, alle wichtigern gemeinsamen Angelegenheiten verhandelt wurden. Es war dieses der sogenannte gemeine Tag. Derselbe wurde auch das Hofgericht genannt, dieweil auf ihm alle die Rechtsfälle, welche bei den Aemtern der Grafschaft ihren Abschluß nicht finden konnten, zum Abschluß sollten gebracht werden. Es war der gemeine Tag nicht eine ständige Behörde, sondern die Versammlung der Beamten, welche die Häuser Pfalz und Baden alljährlich nach Trarbach oder an einen andern Amtsort der Grafschaft abordneten, und die je nach der Zahl und Wichtigkeit der zur Berathung vorliegenden Gegenstände mehr oder weniger Tage zusammen blieben. Auch nachdem in den Geschäftskreis des gemeinen Tages die kirchlichen Angelegenheiten gezogen worden, hatten auf ihm niemals Geistliche Sitz und Stimme, sondern nur Rechtsgelehrte und Verwaltungsbeamte. Waren wichtige Rechtsfälle zu entscheiden, so zog man den Simmerischen Kanzler Rodler, in späterer Zeit den Zweibrückischen Rath Dr. Gall zu den Verhandlungen und führten dieselben deßhalb den Titel: Der Grafschaft Sponheim Advokat*).

*) Beim gemeinen Tag von 1574 waren die Hauptgegenstände die Amtsentsetzung des Pfarrers Novatian in Kleinich und die Verwendung der Altargefälle. Zugleich ward es nöthig erachtet, daß man in beiden Kanzleien, der zu Baden und der zu Zweibrücken, sich bedenke, wie eine Kirchen- und Schulvisitation einzurichten sei. Nach der Visitation des Jahres 1591 vereinigten sich der Birkenfelder Kanzler Zeuger und der Baden vertretende Oberamtmann Senft von Sulburg dahin, an den gemeinen Tag zu bringen: 1) das Begehren der Pfarrer in der Grafschaft, ihre Eckerschweine frei zu haben; 2) die Bitte des Pfarrers von Allenbach wegen des Stipendiums

Pfalz Birkenfeld nahm später Baden gegenüber das jus episcopale oder die Kirchendirektion für sich allein in Anspruch und hat sich darob zwischen den beiden Häusern ein langdauernder Streit entsponnen. Nun geschah es allerdings, daß Herzog Johann, als er für seinen minderjährigen Bruder Karl die Grafschaft regierte, wie früher sein Vater Wolfgang in Betreff des Kirchenwesens allerlei Anordnungen traf, ohne sich deßhalb vorher mit Baden zu verständigen, aber Baden erhob hiergegen häufig nachdrucksvolle Einsprache, und der Herzog sah sich nicht selten genöthigt, sein Verfahren zu entschuldigen. Markgraf Philipp, dem eifrigen Katholiken, war es etwas Lästiges, ja Gehässiges, die Kirchen der Grafschaft mit evangelischen Predigern besetzen zu helfen, oder sich an Ordnungen zu betheiligen, die wie die Kirchenvisitationen auf die Befestigung der Gemeinden im evangelischen Glauben zielten, aber wenn er darin das Eine und Andere ganz dem Ermessen des evangelischen Gemeinsherrn überließ, so schwiegen seine Räthe doch nicht, wenn andere wichtige Kirchenangelegenheiten Zweibrückischer Seits ohne vorherige Anfrage bei ihnen erledigt wurden. Beim gemeinen Tag von 1577 erklärten die Badischen Räthe: Mit der gehaltenen Visitation seien sie für diesmal zufrieden, weil sie vorüber und ebenso, daß wenn eine Pfarrstelle zu besetzen sei und Zweibrücken taugliche Personen vorzuschlagen wisse, es solches thue, dagegen müßten sie darauf bestehn, daß alsdann Herzog Johann immer nach Baden schreibe, die Pfarrei N. vacire, und dabei den benenne, welchen man dahin

---

seines Sohnes; 3) die Revision der Allenbacher Kirchenrechnung; 4) den Bau der Pfarrhöfe zu Eckweiler und Pferdsfeld; 5) des Pferdsfelder Pfarrers Beschwerde wegen unrichtiger Weinlieferung Seitens der Collatoren; 6) die harte Behandlung des Neu Konradt durch den Amtmann zu Winterburg; 7) die Widerspenstigkeit des Försters Philemon Boz, der über Befehl nicht zur Kirche komme; 8) die Noth der Roanna zu Pferdsfeld, welche nebst ihren Kindern von ihrem Ehemanne verlassen worden. Auf der Versammlung von 1592 sprach der gemeine Tag, der auch das Ehegericht der Grafschaft gewesen, die Verbannung der Ehefrau des Pfarrers Cäsar in Traben aus, desgleichen beschloß er, das alte Zinnwerk auf dem Kloster Wolf solle in die Kellerei geliefert und umgeschmolzen werden, damit man, wenn die Gemeinsfürsten nach Trarbach kommen, kein Zinnwerk bei den Bürgern zu entlehnen brauche.

ordnen wolle, mit Begehr, wenn solches dem Markgrafen nicht zuwider, solle darüber ein gemeiner Befehl an den Oberamtmann gefertigt werden und alsdann die Präsentation im Namen beider Herrn geschehen. Daß der Vorgeschlagene zum Examen nach Baden reise, sei nicht vonnöthen. Diesem Begehren kam Herzog Karl nach, als er die Regierung angetreten und war anfänglich sein Verhältniß zu Markgraf Philipp ein freundliches. Später jedoch versuchte auch er, das Regiment der Kirche mehr und mehr an sein Haus zu bringen, fand aber gleichfalls dabei bald stärkeren bald schwächeren Widerstand an dem Gemeinsherrn. Auf dem gemeinen Tag von 1581 hatte man verabschiedet, die Kirchen- und Schuldiener sollten im Namen beider Herren beurlaubt und angenommen werden und zwar nach vorangegangenem mündlichen oder schriftlichen Benehmen. Trotzdem wollte Karl diese Diener bisweilen in das Amt einführen lassen, bevor die markgräfliche Zustimmung eingegangen war*). Unbedenklich ging man von Seiten Birkenfelds mit Besetzung der Stellen vor, wenn von Baden die Antwort auf die Anträge längere Zeit ausblieb. So schrieb Herzog Karl im J. 1591 an den Oberamtmann, da auf seinen Vorschlag Johann Burkard zum Diakon in Trarbach zu bestellen, keine Antwort von Baden erfolge, die Kirche aber nicht unbestellt bleiben, Johannes auch nicht umsonst dienen könne, so habe er zu beschaffen, daß demselben die Kaplaneibesoldung

---

*) So besetzte er eines Tages die in Enkirch zur Erledigung gekommenen Aemter des Pfarrers, Diakons und Schulmeisters ohne vorausgegangene Verständigung mit Baden und befahl dem gemeinsamen Oberamtmann, dieselben der Gemeinde zu präsentiren. Der Oberamtmann schrieb darauf an Kanzler Zeuger: Die Kirche Enkirch mit einem fleißigen Prediger zu versehen, halte auch er für hohe Nothdurft, möchte auch gerne dazu helfen, es sei ihm aber aus der Badischen Kanzlei der ernstliche Befehl zugekommen, ohne gemeine Vergleichung keinen Kirchen- oder Schuldiener anzunehmen oder zu beurlauben, und da ihm auf seinen nach Baden gesandten Bericht ein Bescheid noch nicht zugekommen, wolle es ihm bedenklich erscheinen, die Einführung vorzunehmen. Zeuger erwiderte dem Amtmann: Nach seinem Ermessen wäre es gut, wenn er den Pfarrer, den Kaplan und den Schulmeister zu sich erforderte und ihnen mittheilte, es sei von Baden noch kein Bescheid ihretwegen da, sie sollten aber inzwischen ihres Berufes fleißig warten, damit ihnen bei nochmaliger Anfrag ein besser Zeugniß gegeben werden könne.

einstweilen gefolgt werde. Der gewöhnliche Gang bei Besetzung der Kirchen- und Schuldienste war der, daß Herzog Karl oder sein Kanzler unter Zuziehung des Oberamtmanns dafür die Personen ermittelte, und dieselben, wenn die desfallsigen Verhandlungen beendigt waren, dem Markgrafen namhaft machte oder sie auch mit einem Empfehlschreiben an den markgräflichen Hof nach Kastellaun schickte. Erfolgte markgräflicher Seits keine Einsprache, so wurde die Bestallung in Birkenfeld im Namen der beiden Gemeinsherren gefertigt, und nachdem diese sie unterzeichnet hatten, den Amtleuten, in deren Bezirk die Stelle gehörte, behufs der Präsentation zugesendet. Herzog Karl unterzeichnete die Bestallung meist selbst, für den fast immer aus der Grafschaft abwesenden Markgrafen Eduard zeichnete sehr häufig der Landhofmeister Karl von Orscelar oder der Kanzler Alexander Hamel. Gleicherweise ging zur Einführung in das Pfarramt der Befehl von beiden Fürsten aus.

Um die Vorbereitung zum geistlichen Amte und der Geistlichen Weiterbildung, wozu die Pfarrconvente und die Predigtverhöre gehörten, kümmerten sich der Markgraf und seine Räthe nicht, das alles, sowie die Prüfung und Ordination, deßgleichen die Beaufsichtigung von der Pfarrer Amtsthätigkeit im engern Sinne des Worts überließen sie Herzog Karl und seiner Kanzlei. Auch von den mit den Pfarrconventen verbundenen Visitationen nahmen sie kaum Kenntniß, dagegen hielten sie sorgfältig darauf, daß eine allgemeine Visitation der Kirchen nicht ohne ihre Zustimmung angeordnet, noch ohne Zuziehung ihres Bevollmächtigten abgehalten werde*). In Unzuchtssachen verfügte Herzog Karl

*) Es ist Abth. I dessen gedacht, daß die Visitatoren in den Bericht, welchen sie über die in den Jahren 1591—1593 gehaltene Visitation zur Badischen Kanzlei erstatteten, nur die sogenannten Externa aufgenommen haben und ein Gleiches Seitens aller Amtleute geschehen ist, als dieselben berichteten, in wieweit in ihren Aemtern die Visitationspunkte zur Ausführung gekommen. Als Kanzler Zeuger vernommen, der Amtmann Tuschelin in Winterburg habe in seinen Bericht an die Badische Kanzlei auch die doctrinalia und caerimonialia aufgenommen, schrieb er ihm, wenn er damit die in Baden verschont hätte, wäre es besser gewesen, denn er könne ja wohl erachten, daß man dorten von Abschaffung der Taufsteine, Winkelaltäre, Bilder, Sacramenthäuslein und dergleichen nicht gern höre noch dazu lustig sein würde. Deß-

öfters ohne Zuziehung Badens, doch bestimmte er, als er dem Oberamtmann die Liste der Personen zusandte, welche bestraft werden sollten, dieweil sie in Hurerei gelebt, die gesetzten Geldstrafen sollten ihm und dem Markgrafen gemeinschaftlich verrechnet werden.

Herzog Karl hat wohl nur selten in kirchlichen Angelegenheiten eine Anordnung oder Entscheidung getroffen, ohne sie mit Kanzler Zeuger berathen zu haben. Sein früherer Präceptor war und blieb vorzugsweise der Mann seines Vertrauens. Es kam wohl vor, daß der Herzog eine Sache anders entschied als der Kanzler es wünschte, und dieser seinen Aerger darüber einem vertrauten Freunde gegenüber aussprach, im Ganzen aber blieb das Verhältniß zwischen Beiden ein freundliches bis zu Karls Tod. Zeuger war ein Mann von scharfem Verstand, schnellem Blick und großer Thatkraft, dabei ein fleißiger Arbeiter. Daß ihm das Wohl der evangelischen Kirche am Herzen lag, und es ihn mit Sorge und Schmerz erfüllte, wenn er sie in Noth und schwerer Gefahr sah, tritt in seinen amtlichen und vertraulichen Schreiben vielfach zu Tage. Als er seinem Freunde Senft, dem Oberamtmann der Grafschaft, die Bestallung der Inspectoren Conon und Jakobi zur Aushändigung zusandte, fügte er hinzu: Gott gebe ihnen einen rechten Eifer, daß sie die Kirche und einfältigen Leut mit Ernst wahrnehmen und nicht stolz werden, noch mit Subtilitäten sich versteigen oder vertiefen. Eifrig war er bemüht, für die Pfarr- und Schulstellen der Grafschaft tüchtige Leute zu gewinnen, und wen er für den Tüchtigern hielt, dem gab er den Vorzug. In allen diesen Bestrebungen hatte Zeuger einen treuen Gehülfen an dem Grafschaftsamtmann Senft von Sulburg, von dem eben so wenig wie von Zeuger bekannt ist, welches seine Heimath und seine früheren Lebensverhältnisse gewesen. Trotz seiner vielfachen anderweitigen Arbeit erklärte er

halb wenn er seinen Bericht noch nicht abgesendet habe, so wolle er von den Visitationspunkten, die von ihm und dem Oberamtmann mit besonderm Fleiß gesondert worden, nur die die Externa betreffenden dahin gelangen lassen. Der Amtmann antwortete, betreffend die Beseitigung der Altäre habe er nach Baden im Geringsten keine Meldung gethan, da er wohl wisse, wie ungern man dorten davon höre.

sich im Februar 1592 in einem Schreiben an Zeuger bereit*), die begonnene Visitation der Kirchen und Schulen zu Ende zu führen und daran ohne Leibesnoth sich nichts hindern zu lassen. Gleicherweise war auch er bemüht, zu den Kirchen- und Schulämtern der Grafschaft wackere Leute heranzuziehen, untaugliche abzuweisen. Aber wo viel Licht ist, mangelt nicht der Schatten. Zeugers Schnellblick war nicht in allen Fällen ein richtiger Blick, mit der Derbheit seines Wesens paarte sich nicht immer Biederkeit, und der Witz, der so oft in seinem Schreiben sprudelt, war nicht immer harmlos, sondern oft verletzend. Das dunkle Bild, das er bisweilen von dem Thun und Lassen der Grafschaftsgeistlichkeit gezeichnet, mag in allen seinen Zügen wahr sein, doch scheint es bisweilen, es sei ihm nicht ein Schmerz, sondern eine Freude gewesen, recht viele Flecken an den Dienern des Worts zu entdecken. Was indessen den Charakter Zeugers und Senfts, dieser in so vieler Hinsicht trefflichen Männer, am meisten trübt, ist ihr Verhalten in dem oben erzählten Streit des Pfarrers Fuchs in Roth mit dem Amtmann Römer. An Senft bewährte sich dabei der Spruch Sirachs: „Geschenke verblenden die Weisen und legen ihnen einen Zaum in den Mund, daß sie nicht strafen können", und an Zeuger erfüllte sich das Wort Jakobi 4, 4: „Wer der Welt Freund sein will, der wird Gottes Feind sein." Der fette Hammel, welchen auf Betreiben Römers die Gemeinde Roth Senft geschenkt, stopfte ihm den Mund, daß er nur den Pfarrer strafte und nicht auch die gleich strafwürdige Gemeinde. Deßgleichen hat die enge Freundschaft, welche Zeuger mit dem rohen und rachsüchtigen, nach oben kriechenden, nach unten ge-

*) So schrieb er unterm 20. Dezember 1590 an Zeuger: Seinen Vorschlag mit dem Pfarrherrn in Wirichsbach lasse er sich gefallen und halte dafür, derselbe sei tauglich genug, die Pfarr Enkirch zu versehen, so viel er an ihm verspürt, sei er fleißig, still und eingezogen. Auch der Pfarrer Risius habe um die Stelle gebeten, er sei aber noch der Meinung, der Wein werde ihm zu lieb sein, sonst wäre er seiner Geschicklichkeit halben der Stelle wohl werth. Daß Gordianus, der Trarbacher Schulmeister, sich ernstlich zum ministerio begeben wolle, habe er nicht gewußt. Da er in examine bestanden, könnte er gen Wirichsbach befördert werden, er müßte aber fleißig studiren, in Ansehung daß er in der Kapell Fischbach seine Zuhörer an den Bergleuten habe, welche im Land Meißen und anderswo ohne Zweifel gute und gelehrte Prediger gehöret.

waltthätigen Amtmann Römer pflog, ihm die Augen geblendet, daß er Gottes warnenden Finger nicht sah. Zu den Männern, welche neben den Oberamtleuten und dem Kanzler Zeuger auf die Leitung der Landes- und Kirchen-Angelegenheiten der Grafschaft großen Einfluß übten, gehört der Zweibrückische Rath Dr. Gallus Tuschelin. Daß derselbe zum öftern Pfalzzweibrücken bei den Kirchenvisitationen in der Grafschaft vertreten hat und mit Bewilligung seines Herzogs den Pfalzgrafen Karl beim Antritt der Regierung nach Birkenfeld begleitete, um ihm eine Zeit lang mit seinem Rath zur Seite zu stehen, dessen ist Abtheilung I gedacht. Auch nachdem Dr. Gall in seine frühere Stellung in Zweibrücken zurückgekehrt war, blieb er des jungen Herzogs Rathgeber und wurde von demselben auch fürder zu allerlei wichtigen Geschäften gebraucht. Obgleich bei ihm Vor- und Zuname darauf deuten, daß er aus Frankreich stamme, war er dennoch kein Anhänger, sondern vielmehr ein Gegner von Calvins Lehre, und war sein Festhalten am Lutherthum ein Band mehr, das ihn zu Herzog Karl hinzog. Die Gunst, deren er sich bei diesem Fürsten erfreute und das freundschaftliche Verhältniß, das zwischen ihm und Zeuger bestand, benutzte er mehrfach, um hoffnungsvollen Jünglingen Stipendien zu verschaffen, und Geistliche, die wegen ihres Festhaltens an der lutherischen Lehre ihrer Aemter im Fürstenthum Zweibrücken verlustig gegangen, in der H. Gr. Sponheim unterzubringen. Wie aber seine deßfallsigen Bemühungen nicht immer den gewünschten Erfolg hatten, so blieb auch sein Verhältniß zu Herzog Karl nicht ohne zeitweilige Trübung. Im Jahre 1587 schrieb er an Zeuger: Wie er wisse, sei er angetragen, als wenn er ex quadam affectione zu Stipendiaten gerathen, die nicht qualifizirt. Das müsse er passiren lassen. Wie er es gemeint und was er gethan, wisse Gott und sei vielen ehrliebenden Leuten bekannt, er wolle Gott darüber richten lassen. Fürderhin wolle er seiner Advocation allein auswarten, so sei er vieler Calumnien und Obtrectationen überhoben. Gen Baden habe er der Kröver Tagsatzung halb nichts anders geschrieben, als was Palzgraf Karl zu Herstein ihm befohlen. Die Dienste, welche Dr. Gall der hintern Grafschaft und ihren Regenten leistete, blieben ihm nicht unvergütet, und er selbst war darauf bedacht, daß der Lohn nicht ausbleibe.

In welcher Weise die Kirche in der Wild- und Rheingrafschaft regiert wurde, hat sich uns nach manchen Seiten hin in den vorangehenden Abschnitten veranschaulicht. Wie anderwärts so haben auch hier die Gebietsherrn die Kirche regiert, bisweilen ganz nach ihrem persönlichen Ermessen, in der Regel jedoch unter Beihülfe ihrer Räthe und des zum Superintendenten bestellten Geistlichen. Die Rheingrafen, deßgleichen ihre mit der Regierung betrauten Wittwen haben öfters selbst die geringeren Kirchen- und Schulsachen persönlich erledigt und bei der Beschränktheit ihrer Herrschaftsgebiete hatten sie dazu volle Muße. Nicht selten jedoch wurden die Kirchen- und Schulangelegenheiten und zwar auch die von großer Wichtigkeit durch die Räthe geordnet und war dieses namentlich der Fall nach dem Tode des Grafen Philipp Franz. Allerdings führte desselben Wittwe Maria Egyptiaca, eine zarte weibliche Seele, als Vormünderin ihrer Söhne dem Namen nach die Regierung, der eigentliche Regent aber war Mattheiß Dreyß, der sich vom Sekretär bis zum Rathe hinaufgearbeitet hatte. Dreyß hatte in seinem Charakter und in seiner Thätigkeit viele Aehnlichkeit mit dem Kanzler Zeuger. Er war wie jener eine arbeitsame, energische und dabei sarkastische Natur. Die Rechte seiner Herrschaft wahrte er nach oben wie nach unten aufs schärfste. Am Hofe wie in der Landesverwaltung drang er auf Ordnung und Sparsamkeit. Mit innigster Liebe war er dem rheingräflichen Hause ergeben. Es war ihm eine Herzenssorge, daß dasselbe in Wohlstand erhalten bleibe, und ganz besonders war er darauf bedacht, daß die Söhne von Philipp Franz zu tüchtigen Männern erzogen würden*).

Wie das Kirchenregiment in den ritterschaftlichen Orten beschaffen war, darüber sind aus der Zeit, welche diese Darstellung umfaßt, nur dürftige Nachrichten auf uns gekommen. Auch die Herrn der kleinsten Gebiete betrachteten sich als die Oberbischöfe ihrer Unterthanen, nur daß es gar oft ihnen bald an den Mitteln,

*) Das erweist der Brief, den er noch zu Lebzeiten des Grafen an dessen ältesten Sohn, als derselbe behufs seiner Ausbildung mit seinem Lehrer Orlanus nach Paris war gesendet worden, schrieb, wie denn eben dieses Schreiben auch Zeugniß davon gibt, daß der schroffe Beamte trotz des Spottes, zu dem er sich einzelnen Geistlichen gegenüber bisweilen hinreißen ließ, kein Ungläubiger, sondern im Grunde seines Herzens ein gottesfürchtiger Mann war.

bald an der geistigen Begabung fehlte, die den Bischofsrechten anklebigen Pflichten zu erfüllen. Nicht immer erfreuten sich die Geistlichen dieser Junker Seitens derselben einer Behandlung, wie es das Amt erforderte, sie mußten für dieselben bisweilen allerlei nicht geistliche Geschäfte besorgen, doch übten sie auch, insofern sie in ihrem Amte tüchtig waren und sich in ihrem Wandel ehrbar hielten, öfters einen guten Einfluß auf ihre Herrn. Für die Tüchtigkeit des Martinsteiner Pfarrers Balthasar Schäffer spricht, daß man ihn, als im Jahre 1563 für Kirn die erste Schulordnung gemacht wurde, mit zu dieser Arbeit zog. Daß er bei dem Burgherrn Andreas von Leyen in Ansehen stand, erweist sich daraus, daß als Pfarrer Sahm sich im J. 1597 um die Sponheimische Pfarrei Pferdsfeld, deren Collatur denen von der Leyen und Hunoltstein zustand, bewarb, er Herrn Balthasars Fürsprache in Anspruch nahm und die Pfarrei erhielt. Nicht wenige ritterschaftliche Orte waren Gemeinsherrschaften, und geschah es in diesen gar häufig, wenn unter den Gemeinsherrn ein Fürst oder Graf sich fand, diese als die Stärkeren wie andere Gerechtsame, so auch die kirchliche Oberherrlichkeit an sich zu ziehen suchten, aber um so sorgfältiger hielten darum die Junker auf die Erhaltung ihrer Rechte. So schrieb ums Jahr 1603 Johann Reinhard von Sickingen an seinen Vetter Hans Heinrich von Schmidtburg, der mit ihm und den Rheingrafen sich in die Gerichtsbarkeit des Dorfes Weiler theilte: Es habe in diesen Tagen kurz vor seiner Abreise von Sien eine junge Person bei ihm um den Schuldienst in Weiler angehalten und von Seiten des Herrn Rheingrafen auf Kyrburg eine Bewilligung vorgezeigt. Da sich die Rheingrafen darin nicht auf die Zustimmung der Gerichtsjunker bezogen und eine Präeminenz suchten, so habe er Bedenken getragen, seinen Consens zu geben. Weilen denn an der Bestellung des ministerii und des Schuldienstes in Weiler ein Merkliches gelegen, so wolle er ihm die Sache zu Gemüth führen, damit sie nicht ihres Rechtes verlustig gingen. Ein solches war den Gerichtsjunkern im Hochgericht Kellenbach widerfahren, wo der Pfälzer Kurfürst als Graf von Sponheim nur Mitgerichtsherr gewesen, aber vermöge seiner größeren Macht den Kirchensatz und die Bischofsgewalt als ihm allein zugehörig ansah.

C. Die Einrichtungen zur Förderung christlicher Erkenntniß und Zucht.

Die Einrichtungen, welche abgesehen von der Schule zur Förderung christlicher Erkenntniß und Zucht in unserm Bezirke getroffen wurden, sind: 1. die Censur, 2. die Synoden, 3. die Kirchenvisitation.

1. Die Censur oder die Kirchenzucht.

Für die Landgrafschaft Hessen wurde schon im J. 1539 auf der Synode zu Ziegenhain eine Kirchenzuchtsordnung aufgerichtet und behufs ihrer Handhabung zu den Dienern des Worts etliche Presbyteri verordnet. Dazu sollten genommen werden die Verständigsten, Bescheidensten, Eifrigsten und Frömmsten im Herrn, welche auch bei der Gemeinde die Bestvertrautesten und Wohlgemeintesten seien. In der Niedergrafschaft Katzenelnbogen ist diese Kirchenzuchtordnung erst am Ende des sechszehnten Jahrhunderts in Geltung gekommen. In dem Visitationsbericht, welchen der Superintendent Zindel im J. 1598 dem Landgrafen Moriz eingereicht hat, sagt er: die Kirchenzucht sei zu St. Goar sehr gefallen, und dieses aus der Ursache, daß bei dieser Kirche niemals ordentliche Aelteste mit Handauflegung (seniores ordinarii publice cum impositione manuum) öffentlich inaugurirt gewesen. Deshalb habe er nach vorangegangener Berathschlagung mit den weltlichen und geistlichen Obern acht Männer, deren sechs aus St. Goar und zwei aus Bibernheim seien, am Freitag nach Martini feierlich vor der Gemeinde als Aelteste eingesetzt. Zu diesem Werke habe er mit gezogen die beiden Pfarrer Gryphius von St. Goar und Werlau, desgleichen den Pfarrer Markus Junior von St. Goarshausen, so mit die Hände aufgelegt. Gleicherweise seien bei der Visitation allerwärs, wo keine Aeltesten gewesen, solche verordnet worden. Gott wolle geben, daß dieses zu seines Namens Ehre und seiner Kirche Heil gereiche. Wie in St. Goar suchte man auch in den übrigen zum Amte Rheinfels gehörenden Pfarreien die Censur in einen besseren Gang zu bringen, als es zuvor gewesen. Bei der am 16. Dez. 1601 zu Werlau gehaltenen Kirchenvisitation ist die Zahl der Senioren um zwei vermehrt, Wendel Bauer dagegen „wegen seines groben Verlaufs" vom Seniorenamt removirt worden. Die neuen Senioren wurden im öffentlichen Gottesdienst durch Handauflegung in ihrem Amte bestätigt und dabei sämmtliche Senioren ermahnt, ihr Amt treulich und fleißig zu verrichten. Alle vier Wochen am Bettag sollten sie sich bei dem Pfarrer versammeln, und solle sie dieser als primarium membrum ihres Amtes unterrichten. Die Gefallenen und Schwachen, lapsi et infirmi, sollten entweder durch einen der Senioren, dem solches nach Befindung auferlegt werde, oder auch von dem sämptlichen Presbyterium ermahnt werden. Nach dem Kirchenvisitationsbericht von 1619 fanden die Zusammenkünfte der Senioren an den Sonntagen nach den monatlichen Bettagen statt, und wurde, was dabei verlaufen, protokollirt. Der Reihe nach gingen des Sonntags während des Gottesdienstes je zwei Senioren durch den Ort, um zu sehen, ob ärgerliches Wesen getrieben werde und solches dem Presbyterium vorzutragen. Bei eben dieser Visitation wurde den Senioren befohlen, den Vorbereitungspredigten fleißig anzuwohnen und auf die Communikanten Acht zu geben.

Die Kirchenordnung des Herzogs Wolfgang bestimmt: In allen Städten und Dörfern sollten, wie schon vor dieser Zeit geschehen, sechs oder aufs wenigste fünf ehrbare Männer durch die Gemeinde geordnet werden, um auf die Zucht und Ehrbarkeit des gemeinen Volks, der Männer und Frauen, der Alten und Jungen ein fleißig Aufsehens zu haben. Diese Bestimmung erlitt im Laufe der Zeit wie im Fürstenthum Zweibrücken so auch in den Gemeinden der H. Gr. Sponheim mancherlei Aenderung. Betreffend die Anzahl der Censoren, die an die Stelle der früheren Sendschöffen traten, sah man die Größe der Gemeinde und den Ortszustand an, und wurden nicht für alle Gemeinden zum wenigsten fünf geordnet, sondern dieweil für die kleineren Gemeinden so viel Aufseher kein Bedürfniß waren, man auch in ihnen nicht überall so viel für das Amt brauchbare Leute finden konnte, beschränkte man für sie die Zahl auf vier oder drei, während man für die umfangreichern Kirchsprengel die Zahl von sechs auf acht, ja zehn erhöhte. Dabei wurde darauf Bedacht genommen, daß, wenn ein Sprengel aus mehreren Dorfschaften bestand, jede derselben einen oder zwei Censoren habe. Daß die Censoren durch die Gesammtheit der Gemeinde erwählt wurden, erwies sich als unzweckmäßig. Deßhalb wählten in der H. Gr. Sponheim bei der Visitation 1560 die Visitatoren unter Beirath des Pfarrers und der vornehmsten Gemeindeglieder die Aeltesten aus, und in der Folge wurde die Neubesetzung der erledigten Stellen dem Pfarrer und den noch im Amte stehenden Aeltesten zugewiesen, somit die sogenannte Cooptation eingeführt. Die Neuerwählten bedurften der Bestätigung Seitens der kirchlichen Aufsichtsbehörde, und war diese Bestätigung nicht dem geistlichen Inspector, sondern dem Amtmann der Gemeinde zugetheilt, dies wohl deshalb, weil diesem bei dem meist sehr geringen Umfang der Amtsbezirke die Persönlichkeiten genauer bekannt waren als dem fern wohnenden Inspector*). Die Censoren bekleideten wie allerwärts das Amt lebenslänglich, es sei denn, bestimmte die Kirchen-Ordnung, daß sie ihm Alters halben nicht mehr vorstehen konnten, oder desselben wegen üblen Verhaltens müßten entsetzt werden. Wählbar zu dem Amt war jedes ehlich geborene und im Ruf der Ehrbarkeit stehende Familienhaupt von etwas vorgerücktem Alter, weshalb die Censoren an nicht wenig Orten Senioren genannt wurden. Zur Ehrbarkeit rechnete man, daß der Erwählte fleißig am Gottesdienst und heiligen Abendmahle Theil nehme und mit seinem Weibe kirchlich getraut sei**). Bei der Visitation 1608 wurde es Seitens der Visitatoren als ein Uebelstand bezeichnet, daß Wirthe und Weinzapfer Censoren seien, indem sie bei der Kinderlehre nicht in die Kirche kommen, sondern zu Haus ihren Gästen abwarten, und sei es ein doppelter Uebelstand, daß wie sie ihr Amt nicht thun, sie auch andere Leut auf-

*) Als Markgraf Eduard Fortunat die Amtmannsstelle in Kastellaun mit einem Katholiken besetzt hatte, blieben im Amtsbezirk die erledigten Censorenstellen längere Zeit unbesetzt, weil der katholische Amtmann sich dieser Sache nicht annehmen wollte.

**) Auf dem im J. 1595 zu Reichenbach gehaltenen Pfarrconvent brachte der Ortspfarrer vor, etliche seiner Pfarrverwandten verwiesen es ihm, daß er unter seinen Censoren einen Schmelzer aus Westphalen habe, der keinen Mannbrief auflegen könne, und sagten, es wolle sich nicht gebühren, daß ein solcher im Seniorenstuhl sitze. Die Conventsglieder waren der Ansicht, der Pfarrer habe deshalb den Schmelzer anzusprechen und sich mit dem Amtmann zu berathen, ob man ihn anhalten solle, seinen Mannbrief zu holen.

halten, daß dieselben nicht zur Predigt kommen. Deshalb sollten hinfüro die Beamten zusehen, daß kein Wirth ins Censorenamt gezogen werde, denn das Weinschenken könne nicht wohl neben der Censur bestehen. Der Visitationsabschied von 1608 ging noch weiter und schloß auch die Handelsleute von der Wählbarkeit aus*).

Bei der Visitation 1560 wurden die zum Censorenamt Erwählten durch den Wortführer der Visitation der Gemeinde im öffentlichen Gottesdienst vorgestellt und dabei ihnen wie der Gemeinde ihre gegenseitigen Pflichten vorbehalten. In welcher Weise in der Zeit von 1560 bis 1620 die Einführung geschah, liegt nicht zu Tage, es dürfte aber dieselbe so vollzogen worden sein, wie es die Sponheimische Kirchenordnung von 1720 vorschreibt**). Die Censoren hatten wie früher die Sendschöffen ihren Amtsgenossen ein Imbs zu geben und blieb es nicht immer dabei, daß zu denselben bloß die Kirchendiener und Mitältesten gezogen wurden, man lud dazu noch andere Gäste, auch geschah es, daß man dem neuen Censor mehrere Mahlzeiten abnöthigte, hiergegen schritt jedoch die kirchliche Behörde nachdrücklich ein.

---

*) An etlichen Orten, heißt es in demselben, seien Wirthe, Gastgeber und Handelsleute um des Vermögens und Ansehens willen, das sie vor Andern haben, zu dem Censuramte gezogen worden, dieweil sie aber oft ihren Geschäften nachreisen, zum Theil auch fremder Gäste halber zeitlich die Predigt versäumen, und demnach ihrem Amte nicht nach Gebühr abwarten können, sollten dergleichen Personen mit dem Censuramt verschont bleiben und jedesmal „uff eines oder mehrerer Censoren Absterben" nach solchen Leuten getrachtet werden, die für sich selbst den Gottesdienst gern besuchen und derohalben auf diejenigen, so guter Disziplin und Ordnung zuwider handeln, desto baß Aufsicht haben können.

**) Nach derselben las der Pfarrer dem neuen Censor in der Sakristei oder im Pfarrhause in Gegenwart der andern Censoren die Censurordnung vor und setzte ihm seine Pflichten auseinander. Nachdem darauf der Erwählte durch Handgelübde versprochen, seinem Amte getreulich nachzukommen, legte der Pfarrer, und wenn ein ordinirter Diakon bei der Gemeinde angestellt war, auch dieser die Hand auf ihn, bestätigte ihn in seinem Amte und erflehte für ihn den Beistand Gottes. Darnach wurde er von seinen Amtsbrüdern nach der Kirche geleitet und in den Seniorenstuhl eingeführt. Der Pfarrer gedachte im Eingang seiner Predigt des Vorganges und ermahnte die Gemeinde, den neuen Kirchenältesten als solchen anzuerkennen und zu achten.

Der Zweck, zu welchem das Censorenamt geordnet worden, war vornämlich die Handhabung der Kirchenzucht, sowie die Erhaltung guter Ordnung im Gottesdienst und im Wandel der Gemeinde. Es beruhet, heißt es in den Visitationspunkten von 1590—91, das Censuramt auf dem, daß die Censores auf männiglich Jung und Alt ein fleißiges Aufsehen haben, daß man fleißig zur Kirche gehe und Gottes Wort höre. Item daß christliche Zucht und ehrbarliches Leben und Wesen erhalten werde. Worinnen nun in einer Kirche und Gemeinde Verhindernisse (Störungen des Gottesdienstes und Aergernisse im Wandel) vorfallen, darauf soll von den Censoren ein fleißig Aufsehen genommen und das Hinderniß ohne Verzug abgeschafft werden. Auch was ein jeglicher Pfarrer zu verbessern weiß, das soll er seinen Censoren vermelden, welche alsdann erforschen sollen, wo die Ursachen der Mängel stecken, und alsobald die Nothdurft dagegen vornehmen. Und dieweil die Gemeine Gottes nicht allein mit Lehren, sondern auch mit gutem Exempel erbaut wird, so sollen die Censores mit allem Fleiß dahin sehen, daß sie in allen Stücken und Punkten, davon Gottes Wort und die Kirchenordnung Bericht thun, sich also verhalten, daß männiglich spüren und vor Augen sehen könne, daß ihnen die Sache, die sie trieben, ein Ernst ist. An der Verwaltung des Kirchenvermögens waren die Censoren nicht betheiligt, dagegen hatten sie darauf zu sehen, daß das kirchliche Almosen treu verwaltet werde. Im Allgemeinen erwartete man von ihnen, daß sie bemüht sein würden, jede gute Ordnung in der Gemeinde zu fördern und zu erhalten.

Was die Handhabung der Censur, die im Fürstenthum Zweibrücken auch das Kirchengericht genannt wurde, anbelangt, so bestimmte die Kirchenordnung des Herzog Wolfgang Folgendes: Wo Jemand in öffentlichen Sünden lebte, oder mit etlichen Zeugen möge überwunden werden, daß er strafbare Laster übe, soll ihn sein Pfarrherr in Beisein und mit Zuthun der Censoren freundlich und mit christlicher Bescheidenheit vermahnen, daß er sich zu Gott bekehren, das Aergerniß meiden und sich mit Gott und der Kirche versöhnen wolle. So der Vermahnte der Vermahnung Folge leiste, das Aergerniß abstelle, die unehrliche Person, die er etwan bei sich habe, von sich thue, soll er zum Pfarrer kommen, seine Beicht thun, um die Absolution bitten und darauf zur Communion wieder zugelassen werden. Wollte der Erforderte nicht kommen, soll er zum zweiten- und drittenmal erfordert werden. Insofern er auch darauf nicht erschiene, oder so er erschiene, trotz der empfangenen Vermahnung in öffentlicher Sünde verharrte, soll ihm der Pfarrer unter Zustimmung der Censoren die Gemeinschaft der h. Sakramente verbieten, und soll ihm nicht gestattet werden, zur Communion zu gehen, Kinder aus der Taufe zu heben oder bei der Vermählung, so in der Kirche geschieht, zu stehen. Stürbe er ohne Buße, solle er nicht mit christlichen Caeremonien wie andere begraben werden, damit nicht die wahre Religion zum Spotte gemacht werde, die Predigt jedoch soll ihm nicht verboten, im Gegentheil soll er zum Besuch derselben vermahnt werden, damit er durch sie zur Betrachtung des göttlichen Zorns und zur Erkenntniß seiner Undankbarkeit gegen Gott getrieben werde. Es sollen aber Pfarrherr und Censoren solchen Ausschluß von dem h. Sakrament allein gegen diejenigen vornehmen, die in öffentlichen Sünden leben und sich nicht bessern wollen, nicht aber von weltlichen Sachen als Geldschulden und dergleichen. In das Amt der weltlichen Obrigkeit sollen die Kirchendiener mit nichten eindringen, wie vor dieser Zeit ein großer Mißbrauch der bischöflichen Gerichte und des Bannes gewesen. Umgekehrt aber sollen auch die Amtleute die Bescheidenheit halten, daß sie den Pfarrern und Censoren ihr Amt nicht sperren oder in dasselbige unbilligen Eingriff thun, damit gottseliger Unterschied des geistlichen und weltlichen Regiments beiderseits erhalten werde. Damit aber die Censoren wissen, was ihres Befehls sei, sollen sie vornämlich auf folgende Stück Acht haben: 1. ob Jemand das Predigtamt, so von Gott eingesetzet, mit Vorsatz oder aus Verachtung meide, nicht in die Versammlung der Kirche noch zum Abendmahl komme; 2. ob Jemand Gottes Namen, sein heiliges Wort und Sakrament schmähe und lästere mit Fluchen und Schwören; 3. ob Jemand abergläubische Segen, Beschwörungen, Zauberei oder sonst Abgötterei brauche; 4. ob Jemand in täglicher Trunkenheit und Sauferei erfunden werde; 5. ob Jemand in öffentlichem Ehebruch oder anderer schändlicher Unzucht lebe; 6. ob Jemand seinem Nächsten wider die öffentliche Wahrheit seine Ehr und guten Leumund abschneide, Wucher treibe und dergl.; 7. so Kinder und Hausgesind irgend worin sträflich erfunden werden, soll solches durch zween der Censoren ihren Eltern und Hausherrn angezeigt werden, damit diese sie mit väterlicher Zucht vom Bösen abhalten. Geschähe dieses nicht, so sollten nicht bloß die Schuldigen, sondern auch derselben Eltern und Hausherrn vor die Censur erfordert, christlich ermahnt, überhaupt wie die K. O. es vorschreibt, mit ihnen verhandelt werden. Bei der Uebung dieser Censur sollen sich Pfarrherr und Censoren unparteiisch erzeigen, nichts aus eigenem Widerwillen, Neid oder andern Affecten vornehmen, sondern sich darin Christi Befehl gemäß halten. Fühlten sie sich in schwierigen Fällen des Raths bedürftig, sollen sie solchen bei andern verständigen Kirchendienern einholen, oder auch es ihm dem Herzog berichten, damit er bei gelehrten gottesfürchtigen Personen in andern christlichen Kirchen Rath suchen lasse. Insofern sich Jemand, der von den h. Sakramenten ausgeschlossen worden, von seinem Laster bekehre, dem Pfarrer seine Beicht thue, auch so er Jemand beleidigt, sich mit demselben versöhne, soll ihn der Pfarrer in Beisein der verordneten Censoren in der Kirchensakristei absolviren und sodann zur Communion und den andern Sakramenten wieder zulassen. Trüge sich zu, daß der Pfarrherr selbst oder ein anderer Kirchendiener in Sünden lebte und seinen Pfarrverwandten ein bös Exempel gäbe, sollen ihn seine Censores im Geheim christlich und brüderlich erinnern, daß er von solchem abstehe und nicht durch sein schändlich Leben die christliche Kirche geärgert und dem seligmachenden Wort Gottes, dessen Diener er ist, ein Schandfleck angehängt werde. Würde sich der Vermahnte an solche brüderliche Erinnerung nicht kehren, sollten die Censoren solches an des Herzogs Amtleute und im Falle der Nothdurft an desselben Statthalter und Räthe gelangen lassen, oder auch an ihn selbst, und wolle er in solchem Falle Gott dem Allmächtigen zu Ehren, zur Besserung der Kirche und möglichen Abwendung alles Aergernisses sondern Ernst fürwenden. Gleichergestalt so einer aus den Censoren sich würde in ärgerlichem Leben erfinden lassen, sollen Pfarrer und die übrigen Censoren ihn beschicken und sich aller Maßen gegen ihn erzeigen, wie es in der K. O. von andern gesetzt ist. So ein von den Sakramenten Ausgeschlossener in Todesnöthen liegen oder in Krankheit fallen würde, sollen die Kirchendiener ihm nicht bloß auf sein Begehren christlichen Trost bringen, sondern auch ihren Dienst ihm anbieten. So der Kranke über seine Sünde Reue bezeuge, solle die Absolution ihm gewährt, und sofern es die Zeit und Gelegenheit des Kranken erleiden mag, etliche Censoren dazu als Zeugen genommen werden. Wofern aber Jemandes Halsstarrigkeit auch durch den Ausschluß von den h. Sakramenten nicht gebrochen würde, soll solches den Amtleuten angezeigt und der Halsstarrige von diesen in leibliche Strafe genommen werden, dieweil nach Gottes Gebot die weltliche Obrigkeit schuldig ist, die öffentlichen Laster zu strafen. Soviel den Ehestand belanget, sollen die Pfarrherrn in ihren Predigten davon rechte Lehre fürtragen und erinnern, daß alle Vermischung außer dem Ehestand Sünde ist, auch keine uneheliche Beiwohnung gestatten. So vor oder nach dem Verlöbniß Irrung vorfällt, sollen sie die Sache an des Herzogs Statthalter und Räthe weisen, und den Verlobten verbieten, vor dem Urtheil einander zu berühren. Gleichergestalt sollen sie handeln, wenn eheliche Personen einander verlassen hätten und wollten eine andere Heirath eingehen. In solchen Fällen sollen die Pfarrer nie sich selbst zu Richtern aufwerfen, sondern bei dem Amte Anzeige machen, die Amtleute aber sollen auf solche Anzeige hin den Personen gebieten, die Sache an das Consistorium, und bis ein solches errichtet ist, an des Herzogs Statthalter und Räthe zu bringen, desgleichen vor dem Urtheil und der öffentlichen christlichen Solemnität der Hochzeit keine Beiwohnung zulassen.

Alle diese Bestimmungen erhielten Gültigkeit auch für die H. Gr. Sponheim, nachdem der pfälzische Antheil derselben an die Herzöge von Zweibrücken übergegangen war, und wurden hier noch durch mancherlei Zusätze gemehrt. Es fehlte jedoch viel, daß man dem, was in Betreff der Censur verordnet worden, in den Gemeinden der Grafschaft pünktlich nachgekommen wäre. Schon die Einführung der Censur war mit allerlei Schwierigkeiten verbunden, selbst wo sie in einen guten Gang gekommen, gerieth sie wieder in Stocken, und stand hier und da längere Zeit gänzlich stille. Die Ursachen der Stockung waren mancherlei Art. Es sollten die Censoren ihr Amt unentgeltlich ausrichten, und da erschienen ihnen die monatlichen Versammlungen als eine Last, von der sie meinten, ohne Vergütung könnten sie sich ihr nicht unterziehen. Schon bei der Visitation 1567 baten deshalb an nicht wenigen Orten die Censoren, man wolle ihnen eine Steuer thun, dieweil sie so oft zusammen kommen und ihre Arbeit stehen lassen mußten*). Die Visitatoren des J. 1567 hatten sich gegen die Verhängung von Geldstrafen ausgesprochen, und wollten, man solle die Uebertreter gütlich d. h. mit dem Wort Gottes strafen und sie nicht versaufen, d. h. nicht auf ihre Kosten eine Zeche halten. Auch Herzog Philipp Ludwig theilte diese Ansicht. Als sein Bruder Karl ihm mitgetheilt hatte, was der Censur halben in der H. Gr. Sponheim verordnet worden, erachtete er es nicht rathsam, daß man den Censoren einräume, die Straffälligen um viel oder wenig Geld zu strafen, denn Geldstrafen zu verhängen, stehe allein der Obrigkeit zu, der Pfarrer und Censoren Jurisdiction gehe nicht weiter, als den Straffälligen ernstliche Erinnerungen zu ertheilen und sie zur Buße und gottseligem Leben zu ermahnen. Dabei wies er seinen Bruder auf die K. O. ihres Vaters hin, welche den Unterschied zwischen dem geistlichen und weltlichen Regimente wohl beachte und nicht wolle, daß das

*) Bei der Visitation 1575 empfingen die Censoren der Gemeinden Kastellaun, Roth und Gödenroth das Zeugniß, sie seien fleißig in ihrem Amt; in Alterkülz erklärte der Pfarrer, es warteten die Censores wohl ihres Amtes, doch weigerten sie sich die strafbaren Personen vorzubescheiden, dieweil sie keine Belohnung davon haben. In Folge dieser Klagen erlaubte man den Censoren, diejenigen, so die Predigt ohne Ursach versäumten, unter den Gottesdiensten sich in Wirthshäusern oder auf Spielplätzen betreten ließen, oder durch andere Leichtfertigkeit Aergerniß gäben, mit einer Geldstrafe zu belegen, die jedoch bei der ersten Bestrafung nicht vier, bei der zweiten nicht acht, bei der dritten nicht zwölf Albs übersteigen solle. Diese Beträge hatte der jüngste Censor, dem in der Regel auch die Vorbescheidung der Straffälligen oblag, einzuziehen und unter die Mitglieder der Censur zu vertheilen. Man hoffte durch die Geldstrafen bei den Gemeindegliedern mehr Furcht und Gehorsam gegen die Censur zu treiben, aber es hatten dieselben an vielen Orten gerade die entgegengesetzte Wirkung, sie machten den Pfarrgenossen die Censur verhaßt und dieses zumal, wenn die Censoren mit der Geldstrafe eilig waren, etwan auch die bewilligten Strafsätze überschritten, und was an Strafgeldern einging, auf eine gemeinsame Zeche verwendeten. Häufig wurde den Censoren der Vorwurf gemacht, sie straften nur, weil sie fressen und saufen wollten, und diesen Vorwürfen that man damit nicht Einhalt, daß man die Censoren ermächtigte, solchen Schmähern den Strafgulden vollzusetzen.

eine Amt in das andere übergreife. Dennoch wurde es in dem Visitationsabschied von 1608, der vorzugsweise von Herzog Philipp Ludwig ausgegangen, um mehr Gehorsam gegen die Censur herbeizuführen, dabei belassen, daß die muthwilligen Verächter des Gottesdienstes und andere, die durch ihre Leichtfertigkeit Aergerniß gaben, mit einer Geldstrafe angesehen werden, es solle aber die höchste Strafe nicht einen halben Gulden übersteigen und das Geld zur Verhütung persönlichen Verdachts in das Almosen geliefert und nicht mehr zu einer Weinzeche zusammengespart werden. Trotzdem verstand sich die Kirchenbehörde später dazu, den Letzteren für ihre Arbeit eine Vergütung zu gewähren, und bestand dieselbe im Amte Kastellaun darin, daß sie an dem Imbs Theil nahmen, welches bei Abhör der Kirchenrechnung stattfand. Dem Hasse gegen die Censur lagen jedoch noch andere Ursachen zu Grunde. Unter denselben stand oben an die tiefe geistige und sittliche Rohheit in allen Schichten der Bevölkerung, die nur allmählig sich minderte. Bei der Visitation von 1591—92 hörten die Visitatoren allerwärts die Klage, die Leute verachteten die Censur und wollten sich ihr nicht fügen, auch zeigten die Censoren, um nicht die Leute sich zu verfeinden, die Vergehungen nicht an *).

---

*) Zu Dill erklärte der Pfarrer, die Censur sei eine Zeit lang unterblieben, denn die Leute gäben nichts darauf und er habe nur Ungunst bei den Leuten, weil er sie bisweilen strafe. Die Censoren sagten, man habe sie verlacht. Der Glöckner fügte dem bei, wenn der Pfarrer etliche strafe, spotteten sie seiner. Zu Birkenfeld klagten die Censoren, sie hätten nur Undank, wenn sie welche vor die Censur forderten. So sei Blasius von Feckweiler, ein Säufer, der sich säuisch benehme, gar nicht vor der Censur erschienen, komme auch nicht zum Abendmahl, wende vor, es geschehe, weil ihn der Pfarrer nicht habe bei der Taufe wollen stehen lassen, der Pfarrer aber habe dies ihm verwehrt, weil Blasius vor der Zeit einen Ehebruch begangen. Pfarrer Porta in Irmenach brachte vor: Schulers Clasen Frau zu Beuren, die längere Zeit mit einem Meßpfaffen in Unzucht gelebt, und jetzt noch ihr ungöttliches Leben fortsetze, wolle sich der Censur nicht unterwerfen, noch von ihm sich unterrichten lassen, bei der Beicht habe sie ihm am Altar, daß es die andern Weiber mit angehört, die St. Veitssucht gewünscht. Der Inspector Jakobi klagt in seinem Visitationsbericht von 1594: Zu Enkirch, wo die Censur wieder aufgerichtet worden, wollten auch diejenigen, so gröblich sündigten und gegen ihre Eltern heidnisch handelten, keine Warnung annehmen. Man müsse sie

Wenn die Censoren an vielen Orten für ihre Mahnungen bei der Gemeinde kein Gehör fanden, so war nicht selten daran ihr eignes Leben Schuld. In der Klageschrift, in welcher Abraham Gallus, der Pfarrer zu Roth, den Visitatoren von 1567 die Zustände seiner Gemeinde schilderte, heißt es: Es stehet, seit Censoren bestellet sind, um die Zucht schlechter denn zuvor. Trotz der lautern Lehre des Evangeliums zeiget sich keine Spur wahrer Frömmigkeit, keine Besserung des Lebens. Am Schlusse sagt er: Von ganzem Herzen wünsche ich die Erbauung der Kirche und bitte den Sohn Gottes, unsern Herrn Jesum Christum, der für uns gekreuziget und auferwecket ist, daß er sich unter uns sammle eine ewige Kirche und entzünde einen heilsamen Eifer zu seiner Lehre, daß er eure — der Visitatoren — fromme Arbeit gereichen lasse zum Preise seines allerheiligsten Namens und zum Heile vieler Seelen. Abrahams Bruder, der Pfarrer Winand Gallus in Bell, sagte bei der Visitation 1575: die Censoren seien in ihrem Amte sehr nachlässig und ungehorsam, und sei nöthig, daß auch der Gemeinde gesagt werde, was der Censoren Amt sei. Saufen, Fluchen, Schwören seien gemein und die Censoren selbst seien derselben Gesellen.

Am traurigsten sah es mit der Censur immer an denjenigen Orten aus, wo sich die Geistlichen unfleißig in ihrem Amte und unehrbar in ihrem Wandel erwiesen, oder mit der Gemeinde wegen des Gehalts und dergleichen in Streit lebten. Die kirchlichen Oberbehörden und namentlich derselben Glieder, die zu den Visitationen abgeordnet wurden, ließen es sich ernstlich angelegen sein, die Censur im Gange zu erhalten und, wo sie verfallen war, wieder aufzurichten. Die Visitationspunkte von 1608 bestimmten: Damit christliche Zucht in den Gemeinden geführt werde, sollen Beamte, Pfarrherrn und Censores fleißig über der

---

zwei bis dreimal berufen und wenn sie endlich erschienen, müsse man sich mit ihnen zerzanken, als wenn Gerichtstag wäre. Etliche hätten, nachdem sie vor der Censur gewesen, die ganze Nacht in der Trinkstube auf dem Rathhause gesessen, auch komme es vor, daß während Pfarrer und Censoren in der Sakristei berathschlagten, was sie in dieser oder jener Sache erkennen sollten, die Parteien im Chor oder im Schiff der Kirche sich mit einander zankten und sogar handgemein würden.

Censur halten und sie in keinen Abgang kommen lassen, so Mann oder Frau, Jung oder Alt sich derselben widersetzen würden, so sollten sie von der Obrigkeit gestraft werden. Falls sich welche von den Censoren nicht strafen ließen, die sollten den Beamten namhaft gemacht und von diesen angehalten werden, sich vor der Censur zu stellen. So welche schwer verschuldet, hätte sie der Amtmann außer der Censurstrafe noch in mehrere Strafen zu ziehen. Dieweil an etlichen Orten die Censur lange Zeit unterblieben aus der Ursache, daß etwan der Censoren etliche in Uneinigkeit gerathen, solche Dinge sollten die Beamten in Acht nehmen und alle Verhinderungen abschaffen. Im darauffolgenden Jahre wurden diese Bestimmungen wiederholt und gesagt: Da die Censur zur Erhaltung christlichen Wohlstandes nöthig sei, an etlichen Orten aber dadurch in Abgang und Verachtung kommen, weil diejenigen, so von Pfarrer und Censoren vorgenommen und der gegebenen Aergernisse willen gestraft werden sollten, keinen Gehorsam geleistet, sich auf die Amtleute berufen, sogar die Censoren verklagt und vor das Amt geladen hätten, wodurch dieselben in Kosten geführt und genöthigt worden, etwan eine Meile Weg vergeblich zu gehen und ihre Arbeit zu versäumen, damit nun die Kirchenordnung nicht geschwächt, und vorab der schuldige Respect des Ministerii erhalten werde, so werde zuvörderst den Censoren befohlen, sich beneben ihres Orts Pfarrern der Censurordnung, so ihnen oftmals vorgelesen werden solle, in allen Dingen gemäß zu verhalten, dabei aber auch den Beamten eingebunden, den Censoren nicht allein in ihrem Amte die Hand zu bieten, sondern auch den von denselben Bestraften ohne sonderliche Ursache kein Gehör zu geben, und da die Censoren deshalb vernommen werden müßten, die muthwilligen Kläger in allen verursachten Kosten zu verweisen und sie je nach Umständen Andern zur Warnung mit ernster Strafe anzusehen. Schon bei den früheren Visitationen wurden diejenigen, so sich gegen die Censur widerspenstig erzeigt hatten, deshalb angesehen, und wo das Wort der Vermahnung nicht fruchtete, mit Geld- oder auch Leibesstrafen belegt *). Nicht minder scharf schritten die Visitatoren gegen die

*) Blasius von Feckweiler wurde vor die Visitatoren geführt, und haben diese ihm sein ungebührliches Verhalten so scharf vorgehalten, daß er um Ver-

Censoren ein, welche ihrer Amtspflicht nicht nachkamen oder einen unehrbaren Wandel führten. Den Censoren von Uhler wurde ein guter Text gelesen, als sie nichts davon wissen wollten, daß die Eltern des Sonntags ihre Kinder draußen beim Vieh ließen statt sie zur Kirche zu schicken. Der Portenmichel zu Kleinich wurde nur darum im Amte belassen, weil er Besserung zusagte, auch vor den Visitatoren mit Schneiders Albrecht, mit welchem er in bitterem Streit gelebt, sich aussöhnte. Der Censor Jacob Becker in Gebrod, der sich zum Visitationsverhör nicht eingefunden, wurde herbeigeholt und sofort von 10 Uhr des Morgens bis an den andern Morgen in den Thurm gesetzt und darauf ihm in Beisein der andern Censoren verkündet, daß er sich fortan seines Censorenamtes zu müßigen habe. Gleicherweise mußte der Amtmann die zween Censoren in Würschweiler, welche in üblem Geruche gingen, des Amtes entsetzen, und die übrigen vier, welche man für die Pfarrei als ausreichend erachtete, ermahnen, ihres Amtes gewissenhaft zu warten. Als die weltlichen Behörden in solcher Weise die Presbyterien in Uebung der Censur unterstützten, kam dieselbe wiederum an den Orten in Gang, wo sie längere Zeit still gestanden hatte, und dieses zumal da, wo die Pfarrgenossen in angemessener Weise über Zweck und Wesen der Censur belehrt wurden *).

zeihung gebeten und Besserung zugesagt, auch versprochen hat, im Weintrinken Maß zu halten. Dem Truchseß Wagener in Enkirch wurde befohlen, er solle den Gräber Stoffel, sowie Thomas von Valwig und Simons Trine vor sich fordern und ihnen anzeigen, daß sie sich fortan fleißiger zur Predigt halten sollten; so das nicht fruchte, soll er sie um 4, 8 und 12 Albs strafen oder das Narrenhaus brauchen, gleicherweise solle er gegen diejenigen verfahren, welche von den Censoren unter der Predigt oder der Kinderlehre im Wirthshaus befunden würden. An manchen Orten ließen die Amtleute die Widerspänstigen längere oder kürzere Zeit in den Thurm bringen.

*) Jakobi der Inspector konnte im Jahresbericht 1594 sagen: Im Amte Trarbach werde nunmehr die Censurordnung gehalten, auch im Amte Kastellaun gehe sie im Schwange und sei der Amtmann den Pfarrern dabei behülflich. Gleicherweise habe der Amtmann von Winterburg seine Hülfe versprochen und dieselbe bereits an einem Unbändigen in Eckweiler erwiesen. Es hätten jedoch die dasigen Pfarrer ihn den Inspector gebeten, nochmals zu kommen und den Gemeinden darzulegen, was Censur sei und woher sie stamme.

Die Kirchenordnung des Herzog Wolfgang bestimmte: So Gemeindeglieder wegen grober Laster von den Sakramenten müßten ausgeschlossen werden, so solle solch Urtheil den Schuldigen angezeigt, noch zur Zeit aber, bis ein ordentlicher Gerichtsgang in diesen Sachen eingeführt sei, nicht öffentlich von der Kanzel verkündet werden, ebenso soll die Abbitte, welche die Gefallenen vor ihrer Wiederzulassung zum Abendmahl vor dem Pfarrer in Gegenwart der Censoren zu thun hatten, nicht im öffentlichen Gottesdienst geschehen, sondern in der Sakristei. Diesen Weg christlicher Milde hielt aber Wolfgang nicht auf die Dauer ein, sondern ordnete für die des Ehebruchs Ueberführten eine Buße an, die nicht sehr verschieden von der war, welcher sich die Ehebrecher in der römischen Kirche zu unterwerfen hatten *), nämlich das Steinetragen. Unter seinem Sohne dem Herzog Karl wurde es bräuchlich, daß man die, welche grobes Aergerniß gegeben, im öffentlichen Gottesdienst Abbitte thun ließ durch den Pfarrer, wobei sie je nach der größern oder mindern Schwere des Vergehens vor den Predigtstuhl treten mußten oder in ihrem Stuhl verbleiben durften. Die Geistlichen mußten jedoch häufig die Hülfe der weltlichen Obrigkeit in Anspruch nehmen, daß die mit dieser Buße Belegten sich derselben unterwarfen **). Die Kanzlei in Bir-

*) Die für das Erzstift Trier im J. 1589 erneuerte Sendstrafordnung bestimmte: Ehebrecher und Ehebrecherinnen sollen nach geleisteter Beicht drei Sonntage nach einander zur hohen Meß und Predigtzeit öffentlich die Steine und eine angezündete Kerze tragen oder bei der Kerze eine Ruthe und sollen bloßen Haupts und baarfuß die ganze Meß und Predigt andächtiglich auf den Knien vor dem hochwürdigen Sakramente liegen und dann den letzten Sonntag nach ergangener Beicht das hochwürdige Sakrament des Altars empfangen. Da sie diese Strafe nicht willig annehmen oder bußfertiglich verrichten wollten, sollten sie der Obrigkeit angetragen werden.

**) Pfarrer Constantin Cäsar in Enkirch und der Inspector Jakobi reichten im J. 1594 dem Oberamtmann in Trarbach eine Schrift ein, worin sie klagten: Es sei Er. Edlen bewußt, wie zu Enkirch Clara des Burkard Webers Frau sich gegen Gott und die Kirche versündigt habe, indem sie ihre Leibesfrucht habe vertuschen, ermorden, der h. Taufe berauben und soviel an ihr gewesen, dem Teufel überliefern wollen. Der Tränk dazu habe sie kein Ende sein lassen und ihre Untugend dem h. Geiste zugeschrieben, der sie sollte schwanger gemacht haben. Alle, die ihre Schwangerschaft behauptet, habe sie Schelme gescholten, auch gesagt, die Pfaffen, nämlich sie, die Klagenden, hätten

tenfeld verlangte später die öffentliche Abbitte auch von solchen Frauenspersonen, die außerehlich geschwängert worden. Sie drang aber damit nicht allerwärts durch und wollte die badische Gemeinsherrschaft dazu keine Hülfe bieten. Auch von Verhängung des großen Bannes über Verstockte nahm man Abstand*).

ihr ein Kind im Leibe gemacht. Dieser Vergehen halb sei ihr auferlegt worden, öffentlich Kirchenbuße zu thun, und nachdem der Pfarrer dazu den Pfingstmontag erwählt, habe auch er der Inspector sich dazu eingefunden. Die Clara und ihr Mann hätten sich aber dabei nicht an den dazu bestimmten Ort gestellt, der Weber sei in einer Ecke des Chors stehen geblieben und die Clara habe sich trotz ihrer (des Pfarrers und des Inspectors) Vermahnung in die vordern Stühle der Mägde gestellt, doch hätten sie mit heller Bejahung angenommen, was ihnen sei vorgehalten worden. Als um dieselbe Zeit ein Mädchen, so als Magd beim Pfarrer in Waldbekkelnheim gedient, geschwängert von demselben nach Enkirch zurückkehrte, war Pfarrer Cäsar der Meinung, bei dem groben Aergernisse, das die von dem Zwinglischen Pfarrer geschwängerte Magd gegeben, sei es, zumal sie noch keine Reue zeige, angemessen, daß man an ihr zur Abschreckung der Jugend ein Exempel mit dem Steintragen statuire. Der Oberamtmann befahl dem Truchseß, die Person anzuhalten, daß sie sich am nächsten Sonntage der Kirchenstraf vom Predigtstuhl aus unterwerfe, ging jedoch nicht darauf ein, daß sie auch zum Tragen der Steine genöthigt werde. Als der sonst so milde Inspector dieses zur Kanzlei berichtete, bemerkte er, es sei die bloße öffentliche Abbitte doch eine gar zu geringe Strafe auf öffentlichen Ehebruch, darüber Gott so heftig zürne.

*) Im J. 1592 wollte der Inspector Jakobi die Ehefrau des Michel Becker in Winterburg mit dem großen Bann belegt wissen, da sie eine große Gotteslästerin sei und viel Aergerniß gebe durch Schmähen der Obrigkeit, des Pfarrers, der Censoren und der Gemeindeglieder. Alles Verwarnen, desgleichen Geld- und Thurmstrafen seien vergeblich gewesen. Als er ihr mit dem großen Banne gedroht, sei sie erschrocken und habe angefangen zu weinen, nachher aber habe sie wiederum männiglich geärgert. Kanzler Zeuger meinte, man solle sie so oft im Thurme mit Wasser und Brod speisen, bis sie fromm werde. Auch Jakobi gab bei näherer Ueberlegung den Gedanken an den großen Bann auf und schlug einen andern Weg ein, das unbändige Weib zur Besinnung zu bringen. Als im J. 1598 bei der Kirchenvisitation gegen des Beckers Frau aufs Neue so viele Klagen vorgebracht wurden, daß wenn man eine Schmähreде nach der andern hätte fürnehmen sollen, man in etlichen Wochen hätte die Sache kaum zu Ende bringen können, ließ er die ganze Gemeinde Mann und Weib in der Kirche zusammen kommen. In seiner Ansprache verwies er es den Versammelten zunächst stark, daß in einem

Es ist Friedrich der Fromme, der in der Kurpfalz die Censur oder die Kirchenzucht einführte, und zwar nicht, ohne daß er dabei auf heftigen Widerstand gestoßen. Ueber die Nothwendigkeit der Kirchenzucht und die Art und Weise, wie dieselbe anzustellen sei, spricht er sich in seiner K. O. folgender Gestalt aus: Dieweil zur gottseligen Administration der Sakramente nicht allein gehöre, daß sie so gehalten werden, wie sie eingesetzt worden, sondern auch nicht solchen Personen gereicht werden, deren Zulassung Gott verboten, so sei von Nöthen, daß die christliche Excommunication nicht allein mit Worten geschehe, sondern auch mit der That vollzogen werde, d. h. daß so etliche in der Gemein mit gotteslästerlicher Lehr oder schweren Lastern behaftet wären, dieselben zum Nachtmahl des Herrn nicht zugelassen werden, bis daß sie Besserung erzeigen. Und dieweil die Noth erfordert, daß die christliche Kirche von dem unerträglichen Muthwillen und der greulichen Tyrannei des Bannes, womit der Papst und sein Haufe Alles unter seine Füße geworfen, entledigt werde, also weil nicht

so kleinen Orte so viele unchristliche Feindschaften und Aergernisse fürgingen, und erinnerte sie daran, wie sie bei solchem Wesen weder beten noch rechten Gottesdienst halten könnten. Nachdem er darauf hingewiesen, daß Gott sie bereits durch die erlittene Feuersbrunst ob ihres Thuns in schwere Strafe genommen, sagte er weiter, wenn sie christlich handeln wollten, dürften sie nicht alle früheren Feindschaften mit zornigem Gemüthe erneuern, sondern jedes müßte in sich selbst gehen und dem Befehle Gottes von der christlichen Versöhnung nachsetzen. Darauf fragte er die Beckerin, ob sie nicht mit Allen, die sie beleidigt habe und von denen sie beleidigt worden, möchte Frieden haben, damit sie beten, die h. Sakramente brauchen, christlich leben und sterben könne. Als sie dieses weinend bejaht, fragte er die Gemeinde, ob nicht auch sie in Betreff der Reuigen ein Gleiches thun wolle. Nachdem männiglich ja geantwortet, bat auf seine Veranlassung zunächst die Beckerin die Gemeinde um Verzeihung und gab dem Amtmann darauf die Hand, desgleichen bat die Gemeinde durch Einen aus ihrer Mitte die Beckerin, sie wolle einem Jeden von ihnen verzeihen. Als dieses geschehen, verwies der Inspector der Beckerin nochmals ihr Fluchen, Lästern und geschwinden Zorn aufs ernstlichste, und als sie Folgsamkeit zugesagt, ermahnte er unter Androhung von der Herrschaft Straf die Gemeinde, die Frau nicht zu reizen. Und hat, also lautet der Schluß von des Inspectors Bericht, unter der Action Jedermann Gott gedankt und sich zum Frieden erboten. Gott gebe, daß er beständig sei. Amen.

allein das Böse ausgerissen, sondern auch an dessen Stätte das Gute gepflanzet werden soll, ist nicht minder nothwendig, daß ein christlicher Bann von wegen des Befehl Christi Matth. 18 und der Kirche Heil in der christlichen Gemein behalten werde. Auf daß aber diese Ausschließung vom Brauch der Sakramente nicht in Mißbrauch und Unordnung gerathe, wie im Papstthum geschehen, soll darin solche Ordnung und Maß gehalten werden, daß vor allen Dingen die Ausschließung nicht in eines oder etlicher Kirchendiener oder Anderer Macht, sondern bei einer ganzen christlichen Gemein stehe und ihr die Kirchendiener sowohl wie das geringste Glied der Kirche unterworfen seien, denn so ein jeder Prädikant seines Gefallens in Bann sollte thun, wen er wollte, dies wäre nicht der von Christo eingesetzte, sondern der vom Antichrist erdachte Bann. Derhalben sollen an jedem Ort nach Gelegenheit und Nothdurft desselben etliche ehrbare und gottesfürchtige Männer aus der Gemein verordnet werden, welche im Namen der ganzen Gemein neben den Kirchendienern solche Personen, die entweder mit gefährlichen Irrthümern des Glaubens oder mit ihrem Leben ärgerlich sind, als Hurer, Geizige, Abgöttische, Lästerer, Trunkenpöltz oder die sonst einen unordentlichen Wandel führen, zum ersten, andern und dritten Mal nach Gelegenheit der Sache zur Besserung treulich und ernstlich vermahnen, und diejenigen, so sich nicht daran kehren, mit Verbietung der Sakramente von der christlichen Gemein absondern, bis sie Besserung verheißen oder erzeigen. Was Friedrich der Fromme in dem Voranstehenden wegen der Kirchenzucht und ihrer Handhabung verordnet hat, das haben seine Nachfolger in der Kur näher ausgeführt, wie das die Presbyterialordnung erweist, welche Pfalzgraf Karl, der letzte Kurfürst aus dem Simmernschen Hause, im J. 1683 veröffentlicht hat. Nach derselben hat sich in den reformirten Gemeinden der Kurpfalz die Censur im Wesentlichen ebenso gestaltet, wie in Pfalzzweibrücken und in der H. Gr. Sponheim *).

---

*) Oftmalige Aenderung der Aeltesten wurde nicht rathsam erachtet, zumal man absonderlich in den Dörfern nicht immer tüchtige Leute finden könne; welche einmal dazu verordnet, sollen dabei bleiben, es wäre denn daß sie Alters oder üblen Verhaltens wegen dem Amt nicht ferner vorstehen könnten. Je nach der Größe der Gemeinden sollen die Aeltesten alle 14 Tage,

Des Tragens der Lastersteine geschieht dabei keine Erwähnung, dagegen hatte der, welcher nach einem schweren Vergehen die Versöhnung mit der christlichen Kirche suchte, nach Befund der Umstände und auf höheren Befehl, der jedesmal zu erwarten sei, öffentliche Abbitte vor der Gemeinde zu leisten. Diese Abbitte mußte kniend geschehen, die Fragen jedoch, welche bei dieser Abbitte der Reuige zu beantworten, sowie die Mahnungen, die dabei ihm und der Gemeinde ertheilt wurden, durchweht ein ächt evangelischer Geist, und seien sie, wird bemerkt, von frommen alten Theologis gebraucht worden. Im Falle die Suspension vom h. Abendmahl und von der Gevatterschaft, heißt es in der Presbyterialordnung, nichts verfangen und der Mißhändler in seinem verruchten Wesen verharren wollte, so soll auf des Sünders gänzliche Ausschließung gedacht, jedoch hierin als dem höchsten Grad der Kirchenzucht behutsam verfahren und von den Presbyterien die Sache mit Vermeldung aller Umstände an Kurpfalz Kirchenrath berichtet werden, welcher solches alsdann an Kurpfalz Regierungsrath gelangen zu lassen und gnädigster Herrschaft Genehmhaltung darüber zu erwarten habe. Schließlich werde noch erwähnt, daß die Pfarrer der Kurpfalz alljährlich zwischen Weihnachten und Neujahr eine Predigt von der Nothwendigkeit und Würdigkeit des Aeltestenamtes zu halten und in der Woche vor den vier Hauptcommunionen des Jahres Hausbesuche zu machen hatten.

In der Rheingrafschaft wurde die Errichtung der Censur und die Bestellung von Censoren bereits im J. 1568 als ein dringendes Bedürfniß erkannt und erschien es der im genannten Jahre zu Steinbockenheim gehaltenen Synode rathsam, daß bei jeder Kirche neben den Kirchen-Juraten d. h. den Kirchmeistern

---

zum wenigsten alle Monat einmal zusammenkommen. Die Verhandlungen sollen mit Gebet begonnen und beschlossen werden, wo mehrere Pfarrer sind, soll das Directorium unter denselben monatlich umgehen, wo aber nur ein Kirchendiener sich findet, soll er dasselbe beständig führen. Was in der Aeltesten Rath verhandelt worden, soll eingetragen werden in das dazu verordnete Buch, das wohl zu verwahren und geheim zu halten sei, jedoch soll man die Namen derer, die um geringer Ursache willen angebracht worden, nicht einschreiben.

auch zwei Censoren erwählt würden. Die rheingräfliche Kirchenordnung von 1690 handelt sehr ausführlich von der Bestellung der Censoren, sowie von deren Amt, und was sie darüber gibt, wird ausdrücklich als die alte Gewohnheit bezeichnet. Die Censurordnung soll wie dem Pfarrer, so auch dem ältesten Censor schriftlich zugestellt und alljährlich zweimal von der Kanzel verlesen werden, und zwar in der Wochenpredigt vor dem Fest Philippi und Jakobi und am Feste Michaelis. Gleicherweise sollen jedem neuen Censor bei seiner Einführung, welche der Superintendent und in dessen Verhinderung der Ortspfarrer zu vollziehen hatte, die auf die Censur bezüglichen Artikel der Kirchenordnung vorgelesen werden. Hatte der Censor sich bereit erklärt, den Artikeln nachzukommen, so ließ ihn der Superintendent oder dessen Vertreter, der Pfarrer, mit zween aufgereckten Fingern den Censoreneid schwören und investirte ihn darauf mit Handauflegung*).

---

2. Die Synoden.

Die Spezialsynoden oder Pfarrconvente.

Die Generalsynoden.

Was das Herzogthum Pfalz-Zweibrücken belangt, so sagt Herzog Wolfgang in seiner K. O.: Von Synodis ist bedacht, daß jeder Superattendens, oder der, dem wir es befehlen, einmal im Jahre auf den Montag nach Michaelis alle Kirchendiener, die in seine Superattendenz gehören, zu sich erfordern soll. Dazu soll einem Jeden von den Kirchenpflegern Zehrung gegeben werden. Und soll der Supperattendens sie zur Einigkeit in der Lehre und zu guten Sitten ermahnen und hernach hören, was sie haben

---

*) Daß auch in den ritterschaftlichen Pfarreien einigermaßen Kirchendisciplin geübt wurde, erweist sich aus einer Kirchenrechnung des vierherrischen Dorfes Weiler bei Monzingen. In derselben finden sich 12 Albs Kirchenbuß vereinnahmt mit dem Vermerk: Villmanns Sohn hat den Schulmeister in der Kinderlehre mit einem Stein von der Rinnen herab uf den Kopf geworfen.

anzuzeigen von der Lehre, von den Sitten der Nachbaren, d. h. der Pfarrgenossen und sonst von ihrer Unterhaltung und Schutz. Und soll ein jeder Supperattendens dem Consistorio, wann dasselbe aufgericht, Bericht zu schreiben, und mittler Zeit solches an uns selbst oder unsere verordnete Statthalter und Räthe gelangen lassen. Wenn andere gemeine Synodi, d. h. Generalsynoden, zu erfordern sind, das soll stehen zu unserem Bedenken auf des Consistorii und anderer verordneten Aufseher Erinnerung.

Schon zwei Jahre früher, ehe die K. O. Wolfgangs den Pfarrgemeinden zukam, schon im J. 1555, hatten die Pfarrer des Oberamts Lichtenberg, zu welchen aus unserm Bezirk die von Achtelsbach, Baumholder, Bollenbach, Pfeffelbach und Wolfersweiler gehörten, die Vereinbarung getroffen, sich des Jahres zwei Mal und zwar an den Donnerstagen nach Jubilate und Bartholomäi in Kusel zu versammeln und allda nach vorangegangenem Predigtgottesdienste das Wohl der ihnen befohlenen Kirchen zu berathen, sowie durch brüderliche Besprechung und Ermahnung sich für die Ausrichtung ihres h. Amtes besser zu befähigen. Diese Pfarrconvente waren eine Erneuerung der Kapitelversammlungen, wie sie vor der Reformation in den einzelnen Erzpriester-Stühlen stattgefunden haben und wurden deshalb nicht selten Kapitel genannt. Dieweil aber, erklärten die Gründer des Convents, zu jener Zeit, da in der Kirche der Götzendienst und die Menschensatzungen herrschten, die Kapitelversammlungen häufig in Freß- und Saufgelage ausgeartet seien, wollten sie der Welt zeigen, daß sie nicht des Bauches wegen zusammenkommen, sondern allein den Ruhm Gottes und die Stärkung in seinem h. Amte anstreben. Wie die Kapitel der Erzstühle ihre besondere Statuten hatten, so faßten auch die Genannten ein solches, und zwar in lateinischer Sprache ab. Daß ihnen dabei die alten Kapitelstatuten theilweise maßgebend gewesen, erhellet daraus, daß sie nicht bloß bestimmten, an welchen Tagen des Jahres und an welchem Orte sie sich versammeln wollten, und in welcher Weise die Verhandlungen geführt und zum Abschluß gebracht werden sollen, sondern daß sie in das Statut auch Bestimmungen über den Amtsantritt und die Amtsführung, sowie über die Ordination der Geistlichen aufnahmen, desgleichen inwiefern ein Geistlicher als rechtgläubig anzusehen sei. An die Stelle der Messen, welche bei den früheren Kapitelversammlungen gelesen und gesungen wurden, traten Predigt und Gebet und gleicherweise wie in jenen Versammlungen zunächst einzelne Kapitel aus den Diözesan- und Dekanatsstatuten vorgelesen und erläutert wurden, so ging jetzt den Verhandlungen die Vorlesung eines Schriftabschnittes vom Amte und Wandel der Diener am Worte voran, der h. Geist aber wurde, wie bei den alten Kapitelversammlungen, erfleht durch den lateinischen Gesang: veni sancte spiritus. Betreffend die Rechtgläubigkeit wurde von den Conventsgliedern gefordert, daß sie keine Lehre in ihre Gemeinde einführen, die im Widerspruch stehe mit der evangelischen Wahrheit und der augsburger Confession, welche jedoch nach der h. Schrift aufzufassen sei. Was das h. Abendmahl belange, so genüge es, wenn die Glieder glauben, daß Christus nach seiner Verheißung den gläubigen Communikanten in Wahrheit seinen Leib und sein Blut darreichen wolle, und dieweil er allmächtig sei, dieses auch könne. Hegte ein Conventsglied irgend welche Zweifel, so hatte es solche den Brüdern vorzutragen, und sollten diese der Reihe nach darüber ihr Urtheil abgeben. Darnach sollten sechs aus den Brüdern erwählte Censoren dasjenige Urtheil auswählen, das ihnen als das richtige erscheine, und hiebei solle der Bruder, der die Frage gestellt, falls nicht ein offenbarer Irrthum untergelaufen, sich beruhigen. Kein Bruder soll den guten Namen des andern anschwärzen, sondern es solle jeder, ohne sich stolz über die andern zu erheben, mit dem ihm vertrauten Pfunde getreulich wuchern. Sei einer der Brüder eines Vergehens angeklagt, solle er die ihm werdende Zurechtweisung in Sanftmuth hinnehmen und sich der Besserung seines Amtes befleißen. Wäre die Entartung eines Kirchendieners der Art, daß er unehrlichen Handel triebe, ein Hurer, Säufer, Wucherer oder desgleichen wäre, so solle er, insofern er die brüderliche Vermahnung nicht achte, der Obrigkeit angezeigt werden. Wer am Kapiteltag durch ausreichende Gründe zu Hause gehalten wird, soll dieses schriftlich mittheilen. Wer das Statut irgendwie übertreten, soll in entsprechender Weise durch die Censoren bestraft werden. Bei jedem Convent soll die Lehre und der Wandel der Glieder erforscht und darnach das Mittagsmahl eingenommen werden. Die Annehmlichkeit und Würze des Mahles sollen mehr der Glieder heilige Gespräche, als die Trachten sein. Nach Vollendung des Mahles soll der Convent mit Gebet und dem Gesange: Te deum patrem ingenitum geschlossen werden. In einer späteren Versammlung schlug der Pfarrer vom Petersberg Dr. Justus Agricola den Brüdern vor, nach Sitte der ersten Kirche möge man bei dem Conventsgottesdienste auch das h. Abendmahl feiern und wurde beschlossen, es solle dieses jährlich ein Mal geschehen und zwar bei dem ersten Convent. Vom Kuseler Convent haben sich die Verhandlungen aus den Jahren 1555 bis 1573 erhalten. Nach Ausweis derselben wurden zunächst die Gegenstände erörtert, die von der höheren Kirchenbehörde zu Begutachtung vorgelegt waren, sodann die Fragen, welche einzelne Mitglieder in Betreff der Lehre, der h. Handlungen, des Pfarramts u. s. w. aufwarfen. Hielt man die Rechte der Kirche und ihrer Diener irgendwie verletzt, so vereinigte man sich zur gemeinsamen Beschwerde. Hatten Geistliche in ihrer Amtsführung oder in ihrem Wandel Aergerniß gegeben, so wurden sie deshalb zurecht gewiesen *).

Der kuseler Convent war im Besitz besonderer Gefälle, die sich wahrscheinlich vom Stuhlkapitel Hirsau, dessen Pfarreien zum Mehrtheil in ihn übergegangen waren, auf ihn vererbt hatten **).

---

*) Die Frage, ob ein getaufter, ordentlich lebender Taubstummer könne zum Abendmahl zugelassen werden, hat der Convent bejaht, dagegen konnte er sich nicht einigen in Betreff der Frage, welche Flinsbach zur Beantwortung vorgelegt, wie es bei dem Abendmahl mit denen zu halten sei, die keinen Wein vertragen. Im J. 1555 reichte der Convent durch Vermittlung des Landschreibers bei des Herzogs Statthalter eine weitläufige Vorstellung ein, worin er darüber Beschwerde führte: 1. daß Manche ihr Heil bei dem Teufel suchen, d. h. der Zauberei ergeben seien, 2. daß Gotteslästerung in allen Ständen eingerissen sei, 3. daß übermäßiger Prunk bei den Hochzeiten herrsche, zu denen man hundert bis zweihundert Gäste lade. Im Maiconvent des J. 1560 klagten etliche Pfarrer, das von Herzog Wolfgang ausgegangene Verbot der Fastnachtmummereien, des Lehenausrufens, des Umzugs junger Bursche mit Geigen und Pfeifen aus einer Pfarrei in die andere sei nicht in allen Gemeinden bekannt gemacht worden. Auf Grund dieser Beschwerde ließ das Oberamt das Verbot an allen Orten seines Bezirks neu verkünden.

**) Zu Essenau besaß er eine Rente von 4 Malter Korn und 2 Ohm Wein. Eine Fruchtrente zu Nußberg war im J. 1573 um einen Jahreszins von 12 Gulden an den Diakon Christian Heiderich und den Schulmeister Ludwig Vollrich zu Baumholder verpachtet.

Der Convent besaß darin die Mittel, Herzog Johann I. beim Antritt der Regierung ein Geschenk zu machen und für die Conventsbibliothek, deren Anlage im J. 1562 beschlossen worden, Luthers Werke anzukaufen. Im J. 1570 setzte man den zweiten Convent aus, um mit dem dadurch ersparten Gelde die Schriften Augustins zu beschaffen, wie man denn schon im J. 1566 vereinbart hatte, jedes Mitglied solle der Bibliothek ein Buch vermachen, und abwechselnd sollten die Pfarrer im Convente aus dem ihnen durchs Loos zugetheilten Buche etwas vortragen. Die Amtleute auf Lichtenberg wurden regelmäßig zum Convente eingeladen, und wie demselben während des ersten Jahrzehnts häufig ein Abgeordneter der Geistlichkeit des Zweibrücker Oberamts anwohnte, so fanden sich nicht selten auch von andern Orten her Gäste ein*). Nachdem die Pfarrconvente längere Zeit im Fürstenthum nicht mehr gehalten worden, rief sie Herzog Johann I. durch seine unterm 25. März 1592 erlassene Conventsordnung mit der Bezeichnung Spezialsynoden wiederum ins Leben**).

---

*) Dem Maiconvente des J. 1556 wohnten an: der Landschreiber auf Lichtenberg, Jobst Weidenkopf, der Pfarrer Martin von Ernstweiler als Abgeordneter der Geistlichen des Zweibrücker Amtes, der kurpfälzische Superintendent Pantaleon Blasius von Kaiserslautern und Johann Dürner, der Hofprediger des Herzog Georg zu Birkenfeld. Die Gäste beim zweiten Convent waren außer Weidenkopf und Dürner der Zweibrücker Rath Ludwig von Eschenau, der Pfarrer Nicolaus Epfel aus Waldmohr und der Pfarrer Werner von Pleiderdingen. Im Protokoll von 1560 sind als Gäste verzeichnet: Der Oberamtmann auf Lichtenberg, Konrad Kolb von Wartenberg und der dasige Landschreiber Adam Boltzinger, exul Trevericus propter evangelium Christi.

**) Nach dieser neuen Ordnung hatte jeder Kirchendiener etwas an Geld nach Verhältniß seines persönlichen Vermögens und seines Diensteinkommens pro introitu zum Kapitel zu geben, und sollte dieses Geld allein zur Vermehrung der Bibliothek verwendet werden, sowie die Strafen, welche diejenigen zu erlegen hatten, die ohne gegründete Ursache nicht im Convente erschienen waren. Jedem Synodo sollten der Amtmann und der Landschreiber, zum wenigsten der Letztere anwohnen, und sollten diese gleichwie der Superintendent gründlichen Bericht erstatten über Alles, was verhandelt worden oder dabei fürgelassen, und dieweil, heißt es schließlich, das Fürstenthum in vier Hauptämter abgetheilt, so sollen die Synodi oder Conventus folgender Gestalt angerichtet werden: des Amtes Zweibrücken Synodus soll

Herzog Wolfgang hatte in seiner K. O. die Berufung von Generalsynoden dem Ermessen des Landesherrn vorbehalten, sein Sohn Johann führte solche ein und sollten sie jährlich stattfinden. Volgends, sagt er am Schlusse der Conventsordnung vom 25. März 1592, soll ein Generalsynodus der Superintendenten und des Professors der Theologie zu Hornbach, auch der Kirchendiener allhier und noch eines aus den gelehrtesten Pfarrern in jedem Amt allhie zu Zweibrücken in der Woche nach Trium regum gehalten, die von den Spezialsynoden gefertigten Relationes und was sonsten für Religions-, Kirchen- und Schulsachen zu bedenken, durch dieselbigen fürgenommen und mit Beisein der dazu verordneten Räthe und Sekretarien bedacht, und so lang man damit zu thun, die Kirchendiener zu Hof gespeist oder ihnen nothdürftig Essen und Trinken an einen gelegenen Ort in der Stadt vom Hof aus geliefert, gemeine Kirchen aber und dero Gefäll hiermit gar nicht beschwert werden. Von einer dieser Synoden haben sich die Verhandlungen erhalten, und zwar von der, welche im J. 1593 am 10. und 11. Januar zu Zweibrücken getagt hat. Der Herzog hatte zu derselben abgeordnet: Den Kanzler Heinrich Schwebel, sowie die Räthe Silberborn, Dr. Johann Sturz und Dr. Theodor Essig, dem die Erziehung des jungen Pfalzgrafen anvertraut war. Die geistlichen Mitglieder der Synode waren

---

zu Werschweiler oder auf desselben Klosters Kosten zu Zweibrücken jährlich in der Woche nach Ostern zween Tage gehalten und in guter Bescheidenheit, Zucht und Ordnung vollbracht, auch für jede Person vier Imbiß, den Imbiß zu vier Batzen gerechnet, passirt werden. Der Synodus des Amtes Neukastel soll zu Hornbach oder auf desselben Klosters Kosten zu Bergzabern gehalten werden, und zwar in der Woche nach Pfingsten gleichfalls zwei Tage mit vier Imbiß für jede Person. Gleicherweise soll des Amtes Meisenheim Synodus zu Disibodenberg oder auf des Klosters Kosten zu Meisenheim auf Johannis Baptistä stattfinden und der des Amtes Lichtenberg im Kloster Offenbach oder auf desselben Kosten zu Kusel in der Woche nach Michaelis. Den weitentsessenen Pfarrern soll für den Abend, da sie ankommen, eine weitere Mahlzeit passirt werden, was aber jeder bei der Her- und Hinreise auf dem Weg verzehrt, soll er selbst zahlen. Insofern Kirchendiener aus benachbarten Herrschaften den Synodis anzuwohnen begehren, soll ihnen solches gestattet, aber zu verstehen gegeben werden, daß sie aus ihren Säckeln zu zehren haben.

der Generalsuperintendent Pantaleon Candidus, der Licentiat Beuther, damals Diakonus zu Zweibrücken, Bartholomäus Hegamer, Pfarrer und Professor der Theologie zu Hornbach, Johann Fabricius, Superintendent und Pfarrer zu Kusel, K. Schreier, Pfarrer zu Baumholder, W. Gebbershagen, Superintendent und Pfarrer zu Bergzabern, C. Jäger, Pfarrer zu Druschweiler, P. Bös, Superintendent und Pfarrer zu Meisenheim, P. Rickweiler, Pfarrer zu Moschel. Nachdem die Synode durch den Kanzler Schwebel eröffnet war, wurden die Verhandlungen der Spezialsynoden verlesen und in Erwägung gezogen. Aus denselben erhellet, daß um jene Zeit der Widerspruch gegen den von Herzog Johann herausgegebenen Zusatz-Katechismus hier und da noch ein sehr starker war, und zwar wie bei den Geistlichen, so auch bei den Laien. Die Synode berieth, was diesem Widerspruche gegenüber zu thun sei und wurde der Ansicht, es sei die Hülfe des Herzogs anzurufen. Der Antrag der Pfarrer im Amte Meisenheim, es möchten neben der Spezialsynode etlichemal im Jahre conventus classici abwechselnd bei dem einen und andern Pfarrer gehalten werden, fand ziemlichen Beifall. Nach Erledigung der Anträge und Beschwerden der Spezialsynoden schritt man zur Berathung der Generalpunkte, wobei das Brodbrechen beim Abendmahl eine ausführliche Erörterung veranlaßte. Bei Berathung der vorliegenden Gegenstände sprachen zuerst die Geistlichen ihre Ansicht aus, sodann die Räthe und zuletzt der Kanzler.

In der H. Gr. Sponheim sind die Pfarrconvente erst durch Wolfgangs Sohn, Herzog Karl, ins Leben gerufen worden. Unterm 3. Februar 1588 erließ dieser Fürst an den Amtsverwalter Franz Römer in Kastellaun und den Amtmann Philipp Flad in Winterburg ein Schreiben des Inhalts: Er wolle, daß man in seinen Kirchen einhellige und gleichlautende Lehr und Cärimonien nach Vorschrift der Kirchenordnung erhalte, auch daß kein Aergerniß an Lehr und Leben gespürt und zum Nachtheil der reinen Confession ausgeschrieen werde. Demnach befehle er ihnen, sie sollten sämmtlichen Pfarrern ihrer Amtsbezirke in seinem Namen auferlegen, daß sie aus beiden Aemtern viermal des Jahres an einem ihnen gelegenen Orte zusammenkommen, um nach den Bestimmungen der bei verwahrten Artikel ein christlich Colloquium zu halten. Was dabei geschehen und Wichtiges fürgelaufen, sollte jedesmal zur Kanzlei berichtet werden, denn das diene zur Einigkeit und Erbauung der Kirche*). Die von Herzog Karl gegebene Conventsordnung bestimmte in ihren 18 Artikeln im Wesentlichen Folgendes: Das Präsidium solle jedesmal der Pfarrer führen, bei welchem der Convent gehalten werde, und sollte der Präses vor Beginn der Verhandlungen einen Psalm Davids, desgleichen ein Kapitel aus den Briefen Pauli an Timotheus und Titus vorlesen und den Beistand des h. Geistes in einem kurzen Gebet unter Anreihung des Gebetes des Herrn erflehen. War in solcher Weise der Convent eröffnet, so hatte der Präses einen Artikel aus der Augustana nebst der Vertheidigung dieses Artikels in der Apologie vorzulesen, und kurz aber klärlich darzulegen, um was es sich in dem Artikel handele. Hierauf folgte die Erörterung des Artikels durch die Conventsglieder, wobei Fragen und Antworten, Bestätigung und Widerlegung vorzugsweise genommen werden sollten aus der h. Schrift, der Kirchenordnung, der Concordienformel, Luthers Thesaurus von Doctor Kirchner, Melanchthons Loci, Herbrands theologischem Lehrbuch, Wigands Syntagma und der Prüfung des Tridentiner Concils von Doctor Chemnitz. An diese theologische Uebung reihte sich die Besprechung kirchlicher Zustände. Dabei hatte jeder einzelne Pfarrer zu berichten, wie es in seiner Gemeinde in Betreff des Gottesdienstes, der Sakramentspendung, der Katechismuslehre u. s. w. gehalten werde, desgleichen wie es um den Glauben und den christlichen Wandel seiner Gemeindeglieder stehe, namentlich ob er in seiner Pfarrei nicht Leute habe, welche mit verführerischen Opinionen, als fürnämlich der Papisten, Wiedertäufer, Schwenkfelder, Sakramentirer und dergleichen vergiftet seien. War ein Pfarrer für seine eigene Person oder seiner Pfarrkinder halben eines Rathes bedürftig, so hatte er den Fall vertraulich vorzulegen und sollten

---

*) Dasselbige Schreiben ging unter Beifügung der Conventsartikel auch an die Vorsteher der übrigen Aemter der Grafschaft und wurde verordnet, daß die Geistlichen des Amtes Trarbach einschließlich des Pfarrers von Dill einen Convent bildeten, die Pfarrer der Aemter Allenbach, Birkenfeld und Herrstein einen zweiten, und die Pfarrer der Aemter Kastellaun und Winterburg den dritten. Da die letztgenannten Aemter zu weit von einander ablagen, gestattete der Herzog später, daß die Geistlichen derselben in zwei Convente sich theilten.

die Brüder berathschlagen, wie er sich zu verhalten habe. Derartiges sollte, wie die Verhandlungen überhaupt, geheim gehalten werden. War der Fall also schwierig, daß die Conventsglieder sich nicht getrauten, ihn zu entscheiden, so sollte man ihn in des Herzogs Kanzlei bringen. Da die Convente den Zweck hatten, die Kirchenvisitationen, welche immer nur nach einem Zwischenraum von mehreren Jahren durch die ganze Grafschaft gehalten werden konnten, zu ergänzen und zu ersetzen, so sollte auf ihnen genau ermittelt werden, in welcher Weise die einzelnen Pfarrer ihr Amt ausrichteten, ob sie sich dabei in allen Stücken der Kirchenordnung gemäß verhielten, auch fleißig die Concordienformel lesen, damit sie wüßten, was sie von den zur Zeit strittigen Glaubensartikeln halten und lehren sollten, desgleichen ob sie dem Nachtmahl eine Privatbeichte vorangehen ließen, fleißig Censur hielten, allmonatlich die Schule besuchten u. s. w. Nicht minder sorgfältig sollte auf den Conventen erforscht werden, wie die sittliche Führung der Pfarrer beschaffen sei, ob sich einer derselben übersehen hätte mit Völlerei oder leichtfertigem Wandel, Wort und Geberden, unehrlicher Handthierung und dergleichen, ferner ob eines jeglichen Haushaltung ehrbar und züchtig, überhaupt derart angestellt sei, daß er für sich selbst und auch mit seinem Weib, Kind und Gesinde sich seinem Stand gemäß verhalte, ohne Aergerniß und Nachrede. Welche hierin strafwürdig befunden, sollten brüderlich zur Buße und thätlicher Abschaffung der Laster und Beschwerung vermahnt werden, damit in der Gemeinde Gottes nicht allein die Aergernisse vermieden, sondern auch mit guten christlichen Exempeln des Lebens die Kirche erbaut werde. Jeder Pfarrer war verpflichtet, die ihm in Betreff seiner dienstlichen und sittlichen Führung vom Präses vorgelegten Fragen gewissenhaft zu beantworten, es sollten aber auch die Conventsglieder befragt werden, ob ihnen nicht irgendwelche Mängel an ihren Amtsbrüdern und derselben Gemeinden bekannt geworden, und wo sie deren wüßten, sollten sie dieselben vorbringen, damit derjenige, welcher in dem einen oder andern Stücke sich versäumlich erzeige, zur Besserung ermahnt, oder so er unverschuldeter Sachen halben ausgetragen werde, seiner Unschuld wahrhaftiges Zeugniß gegeben werden könne. Der Präses hatte die Conventsverhandlung zu schließen, wie er sie eröffnet hatte, mit Schriftverlesung und Gebet.

Vor dem Schlusse sollte bestimmt werden, wann und wo die Geistlichen sich das nächstemal zu versammeln haben und welchen Artikel man alsdann erörtern wolle. Die Artikel der Conventsordnung bestimmten ferner, daß die Mahlzeit, die nach dem Convente stattfand, mäßig eingerichtet und nicht über zwei Stunden ausgedehnt werde, damit die Einzelnen noch nach Hause kommen könnten. Bei der Mahlzeit solle aller unnöthige Kosten vermieden werden und habe man insbesondere sich vor Trunkenheit zu hüten, die Musika jedoch könne dabei geübt werden. Keinem Conventsgliede sollte es gestattet sein, bei dem Präses zu übernachten, damit derselbe nicht mit noch schwereren Kosten, als ihm die Conventsmahlzeit bringe, belastet oder den Gemeindegliedern Anlaß zu ärgerlichem Geschwätz gegeben werde. Wer im Convent erst nach der Lection erschien, sollte zum gemeinen Nutzen des Convents zwei Weißpfennige zahlen, einer größeren Geldbuße verfiel der, welcher ohne gewichtigen Grund gänzlich ausblieb. Wer die Gesetze des Anstandes verletzte, Streit und Zank unter den Brüdern erregte, dem sollte vom Convent eine dem Vergehen angemessene Strafe zuerkannt werden. Die Strafen hatte der Convents-Scriba, der immer auf die Dauer eines Jahres erwählt werden sollte, zu vermerken und zu verrechnen. Ueberhaupt sollte, also lautet der Schluß der Convents-Artikel, alles dahin gerichtet werden, daß die Reinheit der himmlischen Lehre in den Kirchen erhalten, eine dem Evangelium gemäße Zucht gehandhabt, Friede und Eintracht unter den Amtsbrüdern bewahrt, die Wichtigkeit des geistlichen Amtes von den Gemeindegliedern wahrgenommen und verehrt, und also Gottes Ruhm verherrlicht und die Erbauung der Kirche gefördert werde.

Die Convente, welchen nach einer spätern Bestimmung des Herzogs auch die Amtleute in ihrem Amtsbereiche anzuwohnen hatten, nahmen sofort in den verschiedenen Bezirken ihren Anfang, es zeigten sich aber alsbald allerlei Mißstände. Den Vorsitz bei den Verhandlungen sollte derjenige Pfarrer führen, bei welchem der Convent gehalten werde, aber dazu fehlte nicht wenigen die theologische Bildung, überhaupt das Geschick, und wenn auch bei dem einen und andern sich beides vereinigt fand, so mangelte ihm bisweilen wegen seiner Charakterschwäche oder seines ärgerlichen Wandels das Ansehen, welches das Amt forderte. Es war dieses für Herzog Karl ein Hauptbeweggrund, für die Kirchen der Grafschaft zwei Inspectoren zu bestellen und diesen zur Pflicht zu machen, in ihrem Aufsichtsbezirke den Conventen so oft als möglich anzuwohnen, und ihm über das, was in denselben verhandelt worden, ausführliche Mittheilung zu machen. Die Inspectoren kamen dieser Weisung nach und sind es namentlich ihre Berichte, die uns über die Pfarrconvente der H. Gr. Sponheim näher belehren*). Die Inspectoren ließen dem Herzog ihre

---

*) In dem Berichte, welchen der Inspector Jakobi unterm 19. Januar 1594 erstattete, heißt es: In den Conventen des Amtes Trarbach sei man in der Erörterung des Concordienbuchs bis zum Artikel vom Gesetz und Evangelium gekommen, und sei Gottlob keiner, welcher der in diesem Artikel verfaßten Lehre widerspräche. Aus der Augustana habe man augenblicklich unter Händen locum de ecclesia. Die Theilnahme der Geistlichen sei eine fleißige gewesen. Im Amte Kastellaun habe man früher weder einen Artikel aus der Augustana gelesen, noch die vorgeschriebenen Gebete gebraucht, sondern Stellen aus andern Compendien genommen und darüber Thesen gestellt, oft in großer Summa, nun aber traktire man auch dorten die Augustana und sei bis zum Artikel de communicatione idiomatum gekommen. Auch mit der Erklärung des Concordienbuchs sei nunmehr der Anfang gemacht, früher habe dieses nicht geschehen können, weil die Pfarrer keine Exemplare besessen, sondern jetzt erst solche erkauft hätten. In den Conventen des Winterburger Amts sei beim exercitium theologicum der Mangel gewesen, daß die Pfarrer nicht ipsum textum Augustanae durchgenommen, sondern nur darüber Thesen gestellt, wie jeder es vermocht habe, nun aber blieben sie bei dem Text und würde dieser klärlich gemacht. Die für die Convente vorgeschriebenen Gebete hätten sie noch nicht, er werde sie ihnen aber wie auch den Pfarrern des Amtes Kastellaun sofort zuschicken. Inspector Conon sagt in seinem Berichte vom J. 1594: Man habe 1588 nach Eingang des herzoglichen Befehls die Convente begonnen und würden derselben jährlich vier gehalten. Der Pfarrer seien acht, aber man ziehe auch die Schulmeister von Birkenfeld, Brombach und Würschweiler dazu, dieweil dieselben sollten zum Predigtamt angeführt werden. Im letzten Convent habe der Pfarrer von Allenbach als Präses den Artikel de causa peccati aus der Augustana behandelt und ihn wider Zwinglianer und Calvinisten nach Vermögen vertheidigt. Der vom Inspector Jakobi ihm mitgetheilte Befehl, daß man neben der Augustana und der Apologie auch die Bibel und das Concordienbuch fleißig lesen solle, sei den Pfarrern eingebildet worden. Beim Beten, Lesen, Conversiren und Umfragen halte man sich an die von Pfarrer Wacker gestellte Norm, den Beschluß mache man mit der Danksagung und dem ge-

Conventsberichte durch Vermittlung der Kanzlei zugehen und gab Kanzler Zeuger, ehe er sie dem Herzog vorlegte, zu den einzelnen Punkten seine gutachtliche Aeußerung. Nicht während aller Jahre wurden die Convente regelmäßig gehalten. Im Amte Winterburg unterblieben sie eine Zeit lang, dieweil der Präses, Pfarrer Risius in Eckweiler, in seinem verfallenen Hause keine Studirstube hatte. Im Amte Kastellaun konnten während des Jahres 1596 die Pfarrer nicht zusammen kommen wegen des Kriegswesens, das sie im Amte gehabt; im Amte Trarbach, wo längere Zeit alle sechs Wochen ein Convent gehalten worden, hinderte die Pest die Zusammenkünfte. Aber wenn auch durch derartige Hindernisse die Pfarrconvente bisweilen ins Stocken geriethen, Herzog Karl waren sie eine Herzenssache, und er hielt darauf, daß sie immer wieder in Gang kamen. In dem Colloquium, welches er gegen Ende seiner Regierung unter Zuziehung der beiden Inspectoren durch den Straßburger Professor Philipp Marbach mit sämmtlichen Geistlichen der Grafschaft halten ließ, wurde sehr sorgfältig erforscht, wie die Pfarrconvente gehalten und was in ihnen gehandelt werde. Der darüber von Marbach und den Inspectoren erstattete Bericht lautete im Ganzen günstig, und gab der Herzog der Geistlichkeit darüber in einem besondern

---

meinen Gebet. Ueber die Convente, die während des Jahres 1599 in Herstein, Wirrichsbach und Hosenbach gehalten worden, sagt derselbe Inspector in seinem Jahresbericht: Da Magister Adamus Franciscus ein Autor, aus dem man die theologischen Definitiones und Distributiones lernen könne, habe man desselben margarita unter die Hand genommen und daraus beim Convente in Hosenbach den Artikel de officio et beneficiis Christi vorgenommen.

Nach Beendigung der theologischen Uebungen ging man zur Behandlung der Kirchenangelegenheiten über. Es wurden dabei allerlei Fragen erörtert und den einzelnen Pfarrern Rath für ihr Verhalten in diesem oder jenem schwierigen Falle ertheilt, daneben auch Rügen und Ermahnungen, wenn sie in Ausrichtung ihres Amtes sich säumig erwiesen oder in ihrem Wandel Aergerniß gaben. Bei dem Convente zu Herstein im J. 1599 wurde Besthaupt von Würschweiler darüber gestraft, daß er am Gründonnerstag in Bruchweiler keinen Gottesdienst gehalten und daß er den Pfarrzehnten verhandelt habe, noch ehe derselbe fällig gewesen. Auf dem Convente zu Wirrichsbach handelte man darüber, ob Geschwisterkinder sich ehelichen dürfen und wie es bei Aussegnung der Wöchnerinnen zu halten.

Erlasse sein Wohlgefallen zu erkennen*). Auch nach Karls Tode wurden die Pfarrconvente fortgesetzt, denn sowohl die Vormundschaft von Karls minderjährigem Sohne und Nachfolger, dem Herzog Georg Wilhelm, als später dieser Fürst selbst ließen sich ihre Erhaltung angelegen sein**). Die Ordnung, daß mit dem

---

*) Es geschah dies mit folgendem Zusatz: Weil sich aber befunden, daß in den zwei Inspectionen eine Ungleichheit erscheine in Betreff der Autoren, so in den Conventen zu erklären, so sei Sr. fürstlichen Gnaden Will, daß zum ersten die Augsburgische Confession, wie bisher geschehen, erklärt werde, so dann nachdem diese zu Ende gebracht, Margarita Theologica und daß man alsdann zum dritten die articuli Concordiae tractire, damit die Pfarrer in rebus et phrasibus, wenn sie von solchen hohen Religionspunkten reden, certam formam et normam sanorum verborum haben, und nicht durch unbekannte phrases zu weiterer Trennung Anleitung geben.

**) Die Conventsmahlzeit, bei welcher zwei, höchstens drei Trachten nebst Käse und etlichen Maß Wein aufgesetzt werden sollten, hatte der Geistliche zu geben, bei welchem der Convent stattfand. Für viele Pfarrer war dieses drückend und kamen deßhalb die Convente darum ein, es möchte dem Pfarrer, welcher die Conventsglieder zu bewirthen habe, hierzu eine Steuer aus den Kirchengefällen bewilligt werden. Kanzler Zeuger war anfänglich nicht für Gewährung der Bitte. Er meinte, es gehe auf die Conventus ein großer Kosten und machten die Pfarrer ihnen selbst eine Beschwerniß, der wohl abzuhelfen. Bei Erneuerung der Bitte ließ indessen Herzog Karl sich bewegen, zu bestimmen, daß jedem Pfarrer, bei welchem der Convent gehalten werde, dazu aus den Kirchengefällen 4 Gulden sollten gesteuert werden. Die Inspectoren ermangelten nicht dem Herzog dafür ihren und der Convente ehrfurchtsvollen Dank abzustatten. Auch unter der vormundschaftlichen Regierung nach Karls Tode wurde zum öftern über die Bestreitung der Conventskosten verhandelt. In dem Abschied, der auf die Visitation von 1608 in den Pfarreien gesendet wurde, heißt es: Man habe an etlichen Orten befunden, daß die Pastores bei Haltung der Convente übermäßigen Kosten anwenden, stattliche Gastereien auf einen oder zwei Tage anstellen, und dazu neben ihren Weibern auch die Beamten sammt ihren Weibern berufen, dadurch die Pastores nicht allein sich und die Ihrigen beschweren, sondern auch zuweilen zu ärgerlicher Unordnung Anlaß geben, demjenigen aber, wozu die Conventus wohlweißlich angeordnet, sehr schlecht abwarten. Deßhalb werde besagten Kirchendienern und sonderlich den verordneten Inspectoren mit Ernst auferlegt, solchen Ueberfluß gänzlich abzuschaffen, die deßhalb vorgeschriebenen leges besser in Acht zu haben und es jedesmal dahin zu richten, daß wenn die Colloquien und sonstigen Conventsgeschäfte, dazu auch die angehenden Theologen gezogen werden sollen, der Gebühr nach verrichtet worden, sie alsdann an dem Orte,

Convente für die Gemeinde, in deren Pfarrort er stattfand, die Kirchenvisitation verbunden wurde, hielt man auch unter der vormundschaftlichen Regierung ein. Aus diesem Grunde wurde es bei der Visitation von 1608 scharf gerügt, daß etwan bei den Conventen das Examen der Jungen und Alten unterlassen worden. Daß der Amtmann zu der Convents-Mahlzeit zugezogen werde, hat man nicht improbirt, aber mit dem Zusatz, daß er auch mit in die Kirche gehe, dem Examen um mehrerer Autorität willen beiwohne, und da Pfarrer und Censores Sachen haben, die ihnen zu schwer und vor den Amtmann gebracht werden müssen, daß er denselben so viel als möglich mit richtigem Bescheide begegne, sie vergleiche und alles hinlege zur Beförderung christlichen Wohlstandes.

Als Herzog Karl das Gutachten seiner Räthe einholte, ob nicht das in Abgang gekommene Amt eines Grafschaftssuperintendenten wieder aufzurichten sei, brachte er auch zur Sprache, ob nicht jährliche Synoden einzuführen seien. Das Gutachten des Kanzler Zeuger lautete: Einen Synodum möge man in der Weise halten, daß sämmtliche Pfarrer der Grafschaft alle Jahr an einem Ort zusammenkommen. Man ließ es jedoch bei den Particular-Synoden, den Pfarrconventen bewenden, und kamen Grafschafts-Synoden nicht in Gang, dieses wohl darum, weil Kanzler Zeuger der Geistlichkeit einen nachhaltigen Einfluß auf Leitung der kirchlichen Angelegenheiten nicht eingeräumt wissen wollte.

Um dieselbige Zeit, da man in der H. Gr. Sponheim die Pfarrconvente ins Werk richtete, wurden sie wieder neu aufgerichtet im Amte Bacharach und den übrigen kurpfälzischen Gebietstheilen unseres Bezirks. Schon Kurfürst Friedrich der Fromme hatte Spezialsynoden oder Pfarrconvente für die Kurpfalz angeordnet und in Betreff derselben im 8. Kapitel seiner Kirchenrathsordnung Folgendes bestimmt: Im Monat Mai jeden Jahres solle in jedem Amt, in desselben Hauptstadt oder an einem andern gelegenen Ort ein Synodus gehalten werden und wolle er

---

da der Convent gehalten werde, für sich allein ohne Beiwesen ihrer Weiber oder anderer Personen eine Mahlzeit (frugale convivium) mit geziemender Bescheidenheit und friedlicher Conversation einnehmen.

dazu aus seinem Kirchenrathe einen Ecclesiasticum und einen Politicum nebst einem Schreiber deputiren. Dem Superintendenten des Amts solle zuvor zugeschrieben werden, daß er die Kirchen- und Schuldiener vermahne, alle der Kirche und Schule sowie ihre eigenen schwebenden Mängel samint ihrem Gutbedünken, wie dieselben zu verbessern, schriftlich zu verfassen, desgleichen sollen die Amtleute bei dem Convente erscheinen und schriftlich übergeben, was ihnen für Mängel in Kirchen und Schulen bewußt seien, und wie solche zu corrigiren. Dieweil etliche Aemter groß und nicht rathsam, alle Kirchendiener auf einmal von ihren Kirchen zu erfordern, sollen in ihnen die Synodi getheilt und die Kirchen- und Schuldiener zu unterschiedlichen Zeiten und Orten versammelt werden. In diesen Synodis soll vornämlich gehandelt werden von Lehr und Cäremonien in Kirchen und Schulen, item vom Leben und Haltung der Kirchen- und Schuldiener, ferner wie es mit dem Almosen, der Competenz, sowie mit den Kirchen- und Schulgebäuen beschaffen. Soviel die Lehre belangt, soll nach dem christlichen Gebet eine christliche Vermahnung durch einen der Kirchenräthe geschehen, und darnach mit den Kirchen- und Schuldienern, welche als fahrlässig angegeben worden, von der Lehre summarie gehandelt werden. Je nach dem Befund seien diese in Gegenwart der Andern zu strafen, oder da die Nachlässigkeit besonders groß, vor den Kirchenrath zu bescheiden. So einer in Punkten der Lehre einem Zweifel oder etwas zur Besserung im Baue der Kirche fürzutragen hätte, solle er freundlich gehört und mit ihm davon conferirt werden. Darnach sollen die Kirchendiener abtreten und der Superintendent den Kirchenräthen Bericht thun über eines Jeden Lehr und Leben, ob einer mit seltsamen opinionibus befleckt sei, ob er bei Jung und Alt den Katechismus treibe, ob er der Kirchenordnung durchaus nachkomme, ferner wie die Amtleute den Bau der Kirche fördern oder hindern, desgleichen wie die Unterthanen sich in die Lehre schicken und derselben nachleben. Darauf soll in des Superintendenten Beisein jeder Kirchendiener über die Mängel in seiner Kirche befragt werden, ob in derselben oder an andern Orten noch idola, Gemälde, Crucifix und Anderes, was die Abgötterei fördere, vorhanden seien, ob papistische, heidnische und abgöttische Bräuch und böse Gewohnheiten bei seinen Pfarrkindern noch im

Schwange gehen, ob ihnen den Pfarrern von Schultheißen und andern Befehlsleuten Widerstand oder Widerdruß geschehe, ob den Polizeiordnungen und andern Mandaten sowohl von den Amtleuten als den Unterthanen nachgesetzt werde, wie sich in den Nachbarpfarren die Kirchen- und Schuldiener halten, ob dieselben mit ihren Pfarrkindern, mit Weib und Kind, sowie mit ihnen den Nachbarn und Andern friedlich leben, oder ob sie mit Lastern, so an einem Kirchendiener nicht zu dulden, als Vollsaufen, Ehebruch, Hurerei 2c. behaftet seien. Item ob und wie die Almosen gesammelt und ausgetheilet werden, wie ihre Häuser gebauen, und wie ihnen ihre Competenzen gewährt werden oder was sie für Mängel haben. Das soll jeder Kirchendiener in einen Memorialzettel verzeichnen und denselben den Kirchenräthen zustellen. Diese sollen die Verzeichnisse durchlesen und was zu verbessern, soweit es in ihrer Macht stehe, sofort corrigiren. Dabei sollen sie jeden wegen seiner Mängel vermahnen, warnen und strafen, entweder abgesondert oder auch vor den andern, wie es am erbaulichsten angesehen werde. Was zu verrichten nicht in der Macht der abgeordneten Kirchenräthe stehe, oder so die Mängel hoch wichtig, darüber sollen dieselben nach ihrer Heimkunft an ihn den Fürsten und seine Oberräthe, desgleichen an den Kirchenrath berichten, und soll darauf von ihm dem Fürsten und seinen Oberräthen, sowie von dem Kirchenrathe das Erforderliche verfügt werden. Schließlich sagt der Kurfürst: Was bei einem solchen Synodus aufgehen werde, wolle er Verordnung thun, daß solches von den ruralibus, d. h. von den Pfarrgenossen, da man es erlangen mag, oder sonst von Kirchengefällen bezahlt werde. Es war eine Unmöglichkeit, daß der Kirchenrath alljährlich im Monat Mai zwei seiner Glieder zu den Pfarrconventen abordnete und sind wohl die von Friedrich dem Frommen in Betreff derselben gegebenen Bestimmungen nie zur vollen Ausführung gekommen. Als der Kirchenrath später, wahrscheinlich während der Regierung des Pfalzgrafen Johann Kasimir, die Convente wieder in Gang brachte, wurden sie durch die von ihm ertheilte Conventsordnung in mancher Beziehung anders gestaltet. Sie hießen nicht mehr synodi, sondern Klassen-Convente, conventus classici, und dieses darum, weil nie mehr als zehn Kirchendiener in einen Convent gezogen werden sollten, und man zu dem Ende, wenn in einem Amt oder in einer Inspection sich mehr denn zehn Geistliche fanden, die Pfarrer in zwei oder auch mehr Klassen theilte. Es hatten diese Convente viel Gemeinsames mit denen in der H. Gr. Sponheim, doch war auch manches anders geordnet. Das wissenschaftliche Exercitium beschränkte sich auf die Auswahl des Textes für die Convents-Predigten, auf die Beurtheilung dieser Predigten und auf die Lösung der Zweifel, welche einzelne Kirchendiener oder Gemeindeglieder in Betreff der wichtigen Glaubenslehren, als der Lehre von der Person Christi, vom Nachtmahl des Herrn, von der Prädestination u. s. w. hatten*).

---

*) Da mit den pfälzischen Pfarrconventen jederzeit für die Gemeinde, in der sie gehalten wurden, die Kirchenvisitation verbunden war, fand bei ihnen immer ein Gemeindegottesdienst statt. Es wurde zum Ende der Pfarrconvent, wie ehedem der heilige Send, der Gemeinde angekündigt und hatte der Pfarrer am vorangehenden Sonntage nach der Frühpredigt von der Kanzel herab Schultheißen, Gericht, Bürgermeister, Aeltesten und die ganze Gemeinde zu vermahnen, wo sie an dem Amt und Wandel der Kirchendiener, der Aeltesten, der Almosenpfleger und Schuldiener einen Mangel oder sonst etwas wüßten, dadurch der Bau der Kirche und Schule bei ihnen ihres Erachtens verhindert würde, daß sie dasselbige alsdann der ganzen Gemeinde zum Besten auf Befragung niemand zu Lieb oder zu Leid anzeigen wollen, damit solches verbessert werden möge. Weiter sollten sie ermahnt werden, daß die ganze Gemein, Mann und Weib sammt ihren Kindern, wenn man an dem bestimmten Tag zur Predigt läuten werde, sich fleißig einstellen und nach gehaltener Predigt, bis sie zu Haus gelassen würden, alle mit einander verharren wollten. War der Conventstag herbeigekommen, so sollte der Präses, welcher gleich dem Scriba am Schlusse eines jeden Convents für die nächstfolgende Versammlung aus der Mitte der Conventsglieder gewählt wurde, zunächst mit den zuerst gekommenen Conventsgliedern, bis die weiter Gesessenen sich sammelten, die Schule des Orts untersuchen, und nachdem erforscht worden, wie die Kinder in dem Katechismus und den andern Lehrgegenständen unterrichtet werden, hatte er den Schulmeister zu befragen, wie oft der Pfarrer die Schule besuche und wie er derselben sich annehme, deßgleichen ob er etwas wegen des Pfarrers in Betreff seines Amtes oder seines und der Seinigen Wandels zu erinnern hätte. Nachdem der Präses mit den Geistlichen, welche der Schulvisitation angewohnt, in das Pfarrhaus zurückgekommen, hatte der Ortspfarrer vorzubringen, was er an den Gemeindebeamten, an den Aeltesten und Almosenpflegern, Schuldienern und der Gemeinde in ihrer Gesammtheit strafbar befinde, und sollte sich der Präses so-

Dem Inspector war es zur Pflicht gemacht, die Convente seines Bezirks abwechselnd zu besuchen, um das Thun in den-

fort mit dem Inspector und nachgehends auch mit den andern Brüdern darüber besprechen: wessen die Gemeinde im Ganzen oder die Gemeindebeamten, Aeltesten, Almosenpfleger und Schuldiener zu erinnern sein möchten. War dieses geschehen, so wurde die Gemeinde durch das Geläute aller Glocken in das Gotteshaus gerufen und hatte hier der Ortspfarrer, oder so bei der Gemeinde mehrere Geistliche angestellt waren, einer derselben eine Predigt über den ihm im vorigen Convente gegebenen Text zu halten und sollte dabei sein Zweck nicht sein, seine Kunst und Geschicklichkeit vor dem Inspector und den andern Fratribus sehen zu lassen, sondern vielmehr, daß sie vernehmen, ob er auch einfältige und dennoch solche Predigten thun könne, dadurch die Unverständigen erbaut werden. Sämmtliche Glieder des Convents sollten fleißig aufmerken, damit hernach ein jeder sein Urtheil desto besser anzeigen möge. Nach vollendeter Predigt trat der Präses vor den Abendmahlstisch, um der Gemeinde in einer kurzen Ansprache die Nothwendigkeit und Nutzbarkeit der Visitation darzulegen, worauf das Katechismus-Examen begann. Dieses wurde in der Weise abgehalten, daß sich der Präses mit andern Conventsbrüdern in das Verhör der Gemeinde theilte, etliche die aus der Schule bereits ausgetretene Jugend vornahmen, andere einen Theil der Männer, oder einen Theil der Weiber, und bei ihnen erforschten, ob Jung und Alt in Betreff der Hauptstücke des Katechismus nicht allein die Worte erzählen können, sondern auch den rechten Verstand der Fragen gefasset, und den Weg der Seligkeit also wissen, daß sie sich dessen trösten und darnach das Leben anstellen können. Nachdem die einzelnen Conventsbrüder dem Präses berichtet, wie sie die, welche von ihnen verhöret worden, befunden, trat der Präses wieder vor den Tisch und theilte der Gemeinde das Ergebniß der Prüfung mit, wobei er je nach dem Befund Lob oder Tadel spendete. Nach der Ansprache des Präses wurde die Gemeinde mit dem Segen des Herrn entlassen und begleiteten Schultheiß, Bürgermeister, Aelteste und Almosenpfleger die Glieder des Convents in das Pfarrhaus. Nachdem hier der Präses ein Gebet gesprochen, trat der Ortspfarrer ab, und wurden darauf die Gemeindebeamten über die Amtsführung deßgleichen über den Wandel ihrer Kirchen- und Schuldiener verhört und zugleich aufgefordert, so sie sonst etwas wüßten, das zu verbessern sei, wollten sie es anzeigen, damit dem Unrath bei Zeiten begegnet werde. Nach diesem Verhör hielt der Präses Umfrage bei den Conventsgliedern, was wohl in der Kirche und Schule des Orts zu verbessern und insonderheit, was den Kirchen- und Schuldienern sowie dem Schultheißen, Aeltesten u. s. w. zu sagen sei und wurden die letztern, nachdem ihnen das Nöthige angezeigt worden, entlassen. Das Nächste, was darauf vorgenommen wurde, war die Censur der Predigt, wobei der Prediger abtreten

selben zu überwachen, Rath zu ertheilen und dem Kirchenrathe sowie den Amtleuten das Nöthige berichten zu können. In späterer Zeit wurde dem Inspector das Präsidium bei den Conventen übertragen, es wurden ihm jedoch hiezu ein oder zwei Beistände aus den ältern Pfarrern gegeben. Sandte der Kirchenrath einzelne seiner Räthe behufs der Visitation der Gemeinden, so besuchten diese Visitatoren jedesmal auch die Convente, welche zur Zeit ihrer Anwesenheit im Bezirk gehalten wurden, wie denn bisweilen auch die Oberbeamten des Bezirks sich bei denselben einfanden. So wohnte im Jahr 1602 der Kirchenrath Melchior Anger dem Convente in Diebach an und vermeldete nach gethaner Predigt, ehe das Katechismus-Examen begann, der Gemeinde, warum der Kurfürst also ernstlich den Katechismus zu lehren befohlen. Im selbigen Jahre fand sich auf dem zu Bacharach gehaltenen Convente „der ehrwürdige und hochgelehrte Herr Henrikus Major" ein, hörte die Predigt mit an, darin die Sakramente aus dem Katechismus erklärt wurden, und äußerte sich dahin, daß er die Predigt gut und in Gottes Wort begründet befunden. Als 1603 der Convent zu Bacharach beim Diakon

---

mußte. Es waren nicht wenige Punkte, auf die dabei geachtet werden sollte und hatte der Scriba, was vorgebracht wurde, im Protokollbuch doch zum allerglimpflichsten zu vermerken, damit später wahrgenommen werde, wie sich der Prediger in dem, dessen er ermahnt worden, verbessere. An die Censur der Predigt reihte sich die censura morum, d. h. die Prüfung der Amtsführung und des Wandels sämmtlicher Conventsglieder. Hiebei trat zunächst der Ortspfarrer ab, sodann der Präses, über den der Inspector die Umfrage hielt, darnach der Inspector selbst und hierauf die andern Geistlichen. War die censura morum beendet, so begann der gemeinsame Convent, darin in Betreff aller in den Conventsbezirk gehörenden Gemeinden, insbesondere aber in Betreff der Ortsgemeinde erforscht werden sollte, wie es um den Glauben der Pfarrgenossen stehe, um ihre Theilnahme an dem öffentlichen Gottesdienst, um die Beschaffenheit ihres sittlichen Wandels u. s. w. Zeigten sich dabei Mängel, so sollte der Convent berathen, wie denselben abzuhelfen sei, oder deßhalb seine Anträge an die Amtleute und die obere Kirchenbehörde stellen, wie denn auch einzelne Gemeindeglieder, deren Glaube oder Wandel beanstandet worden, beschickt und zur Besserung ermahnt wurden. War dieses verrichtet, so schloß der Präses die Verhandlung mit Gebet, und hatte darauf der Ortspfarrer ein Imbs zu geben, sich aber bei Strafe der Anzeige an den Kirchenrath vor übermäßigen Kosten zu hüten.

16

Hardenberg gehalten wurde, haben, wie im Protokoll vermerket ist, demselben angewohnt der Edle Heinrich Dietrich, der gebietende Herr Amtmann wie auch der Herr Bürgermeister Johann Daub und haben aller Kirchendiener Gravamina angehört, dieselben auch schriftlich verzeichnet mitgenommen und Abschaffung der Mängel versprochen.

Ob im Herzogthum Simmern schon unter Herzog Reichard Pfarrconvente eingeführt gewesen, liegt nicht zu Tage, daß solche aber sofort im Amte Simmern in Gang gebracht wurden, nachdem dasselbe durch den im J. 1598 erfolgten Tod des Herzogs Reichard an die Kurpfalz übergegangen, erhellet daraus, daß die Pfarrer dieses Amtes bereits ums J. 1614 in zwei Klassen getheilt waren.

Die evangelische Kirche der Kurpfalz kannte regelmäßige, in bestimmten Zeiträumen sich wiederholende Generalsynoden nicht. Solche fanden nur statt, wenn in Betreff der Lehre oder des Gottesdienstes Aenderungen oder neue Ordnungen von weittragender Bedeutung sollten ins Werk gesetzt werden. So hat Friedrich der Fromme, bevor er seinen Katechismus durch den Druck veröffentlichen ließ, die Superintendenten der Rheinpfalz zusammengerufen, und ihnen denselben zur Begutachtung, oder, wie seine Gegner sagten, bloß zur Unterschrift vorgelegt, wie denn diejenigen, welche die Unterschrift weigerten, sofort ihres Amtes durch den Kirchenrath entsetzt worden seien*). In der vorgedachten Kirchenrathsordnung bestimmte Friedrich in Betreff der Generalsynoden: So oft die Nothdurft erfordere, sollten alle Superintendenten gen Heidelberg zu seinem Kirchenrathe berufen und mit ihnen daselbst von nothwendigen Punkten ihrer Kirchen und der Kirchenordnung gehandelt werden, sowie von andern Mängeln, welche den Bau der Kirche hindern, auf daß in dem Kurfürstenthum der Pfalz die Lehre und die Cäremonien rein und unverfälscht, und so viel als möglich in Gleichheit erhalten werden. Was auch an jedem der Superintendenten für Mängel seien, die sollen ihm freundlich untersagt und er zur Besserung derselben ermahnt werden, es wäre denn Sach, daß er mit einem großen Laster sich befleckt hätte, in welchem Falle gegen ihn wie gegen

*) Näheres darüber findet sich Kluckhohn I, 371.

Andere mit seinem des Kurfürsten Vorwissen soll procedirt werden. Auch gedenke er zu solchen Versammlungen der Superintendenten etliche andere seiner Räthe, den Sachen beizuwohnen und auszuwarten, zu verordnen. Wie oft während seiner Regierung die Superintendenten zu gemeinsamer Berathung sind berufen worden, und ob derartige Versammlungen auch unter seinen Nachfolgern, während der Regierung der Kurfürsten Ludwig, Friedrich IV. und Friedrich V., sowie des Pfalzgrafen Johann Kasimir stattgefunden haben, hat Schreiber dieses nicht ermitteln können.

Von den verschiedenen Herrschaftsgebieten, in welche unser Bezirk zerstückt war, erfreute sich allein die Niedergrafschaft Katzenelnbogen durch ihre Zusammengehörigkeit mit der Landgrafschaft Hessen einer Synodalverfassung, in den übrigen Gebieten blieb es bei dem bloßen Ansatz zur Bildung einer solchen. Die vom Landgrafen Philipp im J. 1537 ertheilte Visitationsordnung bestimmte: Jeder Superintendent solle des Jahrs wenigstens einmal die Pfarrherrn seines Bezirks zu sich berufen oder an einem gelegenen Ort zu ihnen kommen, und mit ihnen von nothwendigen Sachen und Gebrechen handeln, damit sich die Pfarrherrn als Brüder in christlicher Liebe und Einigkeit zusammenhalten, wegen einhelliger Lehre und Cäremonien, auch zufälliger Gebrechen, so sich zwischen ihnen und ihren Gemeinden zugetragen, besprechen mögen. Darnach sollen die Superintendenten alle Jahre einmal zu Kassel oder Marburg, wo der Landgraf Hof halte oder doch am nächsten zu erlangen sei, auf Trinitatis gegen Abend zusammenkommen, und ein jeder einen oder zween der gelehrtesten und geschicktesten Pfarrherrn mit sich bringen, um allda nach gethanener Predigt und Gebet am andern Morgen von allen Sachen, wie sie der Kirchen Nothdurft verlange, desgleichen von allerlei Gebrechen, so sich das Jahr über zugetragen und unverrichtet geblieben, einhellige Verhörnng zu thun und zu entscheiden, endlich um, was Treffliches von Neuem zu berathschlagen und zu setzen sei, mit Wissen des Landgrafen zu beschließen. Nach Philipps Tod vereinbarten seine Söhne, behufs Erhaltung der kirchlichen Einigkeit solle auch fürder jährlich eine allgemeine Landessynode stattfinden, und bestimmte der von ihnen am 28. Mai 1568 zu Ziegenhain abgeschlossene Brudervergleich darüber Folgendes: Sie wollten alle Jahre zum wenigsten einen, wo nicht mehr synodos abwechselnd zu Kassel und Marburg oder an andern bequemen Orten halten, darauf alle ihre Superintendenten und etliche der vornehmsten Prädikanten neben einem oder zweien professoribus Theologiae der Universität Marburg und den Räthen, die sie jedesmal dazu abordnen würden, zusammenkommen. Bei dieser Zusammenkunft solle ein jeder Superintendent, was er in seinem Bezirk von der Prädikanten Lehre, Leben, Wesen und Wandel für Mängel gefunden, desgleichen andere eingetretene Gebrechen, als Schmälerung und Entziehung von Pfarr-, Kirchen- und Kastengütern anzeigen. Darauf soll davon wie auch von andern zum Kirchen- und Schulregiment gehörigen Sachen gerathschlagt und in alle Wege dahin gesehen werden, daß alle solche Mängel Gottes Wort und der Augsburger Confession gemäß reformirt und diesen zuwider nichts gestattet werde, namentlich auch nichts, was den Pfarrern und Almosenkasten zum Abbruch und unbilliger Beschwerung gereiche. Die Berufung zu den Generalsynoden, die in Folge des Brudervergleichs von 1568 bis 1582 stattfanden, ging in der Regel von Landgraf Wilhelm, dem Aeltesten der Brüder aus, doch erst, nachdem er darüber wie über die Vorlagen sich mit seinem Bruder Ludwig verständigt hatte. Den Vorsitz führte jedesmal der Statthalter desjenigen Landgrafen, in dessen Hauptstadt die Synode tagte. Nachdem derselbe die Synode mit einigen einleitenden Worten eröffnet hatte, sprach einer der Superintendenten das Gebet. Zuerst wurden die Punkte berathen, welche die Landgrafen durch ihre Räthe vorlegen ließen, sodann die Gebrechen und Anträge, welche die Superintendenten aus ihren Diözesen vorbrachten, zuletzt kamen die mehr äußerlichen Sachen zur Verhandlung. Dazu gehörte die Prüfung der Rechnungen des Stipendiatenkastens, weshalb von 1571 an auch der Ephorus der Stipendiaten den Synoden anwohnte. Die Beschlüsse wurden in einem so genannten Abschied zusammen gefaßt und nachdem sie durch die Bestätigung der Landgrafen Gesetzeskraft erhalten hatten, von den Superintendenten den Geistlichen ihrer Sprengel mitgetheilt. Auch nach Philipps des Großmüthigen Tod blieb es so, daß vor der Generalsynode, die immer um die Zeit von Trinitatis sich versammeln sollte, in den einzelnen Diözesen eine Spezialsynode gehalten wurde, damit der

Superintendent über die Gebrechen und Bedürfnisse in seinem Sprengel um so gründlichern Bericht erstatten könne. In Folge des beklagenswerthen Risses, der zwischen den Kirchen von Ober- und Niederhessen in Betreff der Lehre eingetreten, hörten 1582 die gemeinsamen Synoden auf. Als die Glieder der Synode von 1582 nach Erledigung der Geschäfte auf dem Schlosse zu Marburg nochmals zusammen das Mittagsmahl eingenommen, und darauf auseinander gingen, haben sie sich nie wieder zusammen gesehen. Aus der Diözese St. Goar hat dieser letzten Synode weder der Superintendent noch ein anderer Abgeordneter angewohnt. Zu den später in Kassel gehaltenen Generalsynoden sammelten sich nur die Superintendenten und Abgeordneten der Diözesen Kassel, Eschwege, Marburg und St. Goar. In dem Berichte, welchen der Superintendent Zindel von St. Goar zu Anfang des Jahres 1600 über die von ihm in den vorhergehenden Jahren abgehaltenen Kirchenvisitationen dem Landgrafen Moriz einsandte, sprach er den Wunsch aus, es möchten doch, wie in den andern Landestheilen Hessens, so auch in der Niedergrafschaft Katzenelnbogen die Provinzialsynoden, synodi provinciales, in Stand gebracht werden, desgleichen die conventus classici, damit die ministri auch zu ihren Studien nervum quendam disciplinae unter sich hätten. In dem ihm darauf zugegangenen Bescheide wurde in Betreff der Provinzialsynode sein Antrag genehmigt, nicht aber in Betreff der Klassenconvente. Der Landgraf sagt: Die General Synodi*) sollen des Jahrs zum wenigsten einmal zu St. Goar fleißig gehalten werden, die conventus classici aber sollen noch zur Zeit aus erheblichen Gründen unangestellt bleiben. Unter den erheblichen Gründen, welche den Landgrafen bestimmten, die Anordnung der Klassenconvente noch zu vertagen, war der erheblichste wohl der, daß die Geistlichen der Grafschaft der Mehrzahl nach der Ubiquitätslehre im Geheim anhingen und deshalb zu besorgen war, die Klassenconvente möchten sich für die Durchführung der von Moriz einge-

---

*) Die Provinzialsynoden werden hier generales Synodi genannt im Gegensatz zu den Klassen-Conventen, weil während auf diesen die Geistlichen eines oder zweier Aemter zusammenkamen, sich auf jenen die gesammte Geistlichkeit der Grafschaft zu versammeln hatte.

führten reformirten Lehre eher hinderlich als förderlich erweisen. Ums Jahr 1617 waren die Klassenconvente im Gange, dagegen waren die Provinzialsynoden ins Stocken gerathen, und zwar weil die Mittel zur Bestreitung ihrer Kosten fehlten*).

In der Wild- und Rheingrafschaft wurde nach Einführung der Reformation von Zeit zu Zeit eine Synode gehalten, was aber darüber überliefert ist, gewährt keinen vollen Einblick in die Zusammensetzung und den Geschäftskreis derselben. Es steht nicht einmal fest ob in der früheren Zeit neben den Synoden, die in einzelnen Bezirken gehalten wurden, es auch eine Grafschaftssynode gegeben habe. Die älteste Synode, über die wir nähere Mittheilung haben, ist die der Pfarrer des Amtes Rheingrafenstein, welche im Jahre 1568 in dem nunmehr rheinhessischen Dorfe Steinbockenheim gehalten worden. Angesagt hatte sie der Grafschafts-Superintendent Aldenhofen auf Johannisberg und war er auch mit der Leitung der Verhandlungen seitens der Rheingrafen beauftragt, eingetretene Leibesschwachheit aber machte dieses ihm unmöglich. In Betreff dieser Synode ist besonders hervorzuheben, daß auf ihr neben den Geistlichen auch die Kirchenjuraten der Gemeinden versammelt gewesen, somit auch der Laienstand vertreten war**). Daß um dieselbige Zeit auch in den

*) Superintendent Zindel sagt in einem Berichte, der von ihm wahrscheinlich nach der Visitation von 1617 erstattet worden, die conventus classici sind allenthalben (in den Aemtern der Grafschaft) angestellt und werden mit großem Nutzen gehalten. Doch möchte er es gerne sehen, daß auch ein Synodus wie früher zu St. Goar oder zu Naftätten gehalten werde. Ehedem hätten gutherzige Leute, wenn ein Synodus gehalten worden, 5 oder 10 fl. in honorem ministerii geschenkt, welcher Gabe sämmtliche bei dem Synodus erschienene Pfarrer genossen.

**) Der Gang der Verhandlungen war folgender. Nach der Eröffnung der Synode haben zuerst die ministri, d. h. die Pfarrer und darnach die Juraten angezeigt, was sie mangelhaft in ihren Gemeinden befunden, und wurde nach beiderseitigem Bericht allerwärts Unfleiß in Gottes Wort wie in der Lehr des Katechismi verspürt. Eine weitere Klage war, daß in Betreff der Feiertage nicht die vom verstorbenen Rheingrafen, dem Grafen Philipp Franz, gegebene General-Polizei- und Landesordnung gehalten werde. In Betreff dieses Punktes beschloß die Synode, wegen Jahrmärkt, Ernte, Herbst u. dgl. sollten die Feiertage nicht mehr verschoben, sondern nach der Kirchenordnung Otto Heinrichs celebrirt werden. Um dem Unfleiß in Besuchung

andern Bezirken der Wild- und Rheingrafschaft Synoden gehalten und auf denselbigen gleiche und ähnliche Gegenstände wie auf der zu Steinbockenheim verhandelt worden, ist als gewiß anzunehmen. Synoden jedoch oder Versammlungen der Geistlichen der ganzen Grafschaft scheinen erst mit der Kirchenordnung, welche die Rheingrafen im J. 1690 gegeben und im J. 1693 durch den Druck haben veröffentlichen lassen, ins Leben getreten zu sein.

Schließlich werde noch der sogenannten Predigtverhöre in der H. Gr. Sponheim gedacht. Bei den Pfarrconventen in dieser Grafschaft fehlte die Predigt, sowie die Predigtcensur. Allerdings wurde dieser Mangel einigermaßen ersetzt durch die öfter stattfindenden Kirchenvisitationen, bei welchen in der Regel der Ortspfarrer predigte und seine Predigt nachher von den Visitatoren nach Inhalt, Form und Vortrag beurtheilt wurde. Herzog Karl erachtete dies für die Vervollkommnung der Geistlichen in der Predigt nicht genügend und traf nach seinem Regierungsantritt die Ordnung, daß die Geistlichen der Grafschaft der Reihe nach an den ihnen zugetheilten Tagen, gewöhnlich einem Wochentage, auf dem Schlosse in Birkenfeld erscheinen, in der dortigen Kapelle vor ihm predigen und nach dem Gottesdienst vor seinen Räthen und einem oder zween dazu berufenen Geistlichen ein Verhör bestehen mußten, in welchem sehr scharf nach eines Jeden Rechtgläubigkeit geforscht wurde und der Verhörte zugleich mitzutheilen hatte, ob ihm irgend etwas Aergerliches von einem sei-

des Gottesdienstes zu steuern, erachtete es die Synode für rathsam, daß bei jeder Kirche des Amts zwei Censoren verordnet würden, welche auf Sonn- und hohe Festtage, sowie an den andern Feiertagen ein fleißiges Aufsehen hätten, daß zur Zeit des Vor- und Nachmittagsgottesdienstes Niemand außerhalb des Tempels seie und zu dem Ende die Leute ermahnten, die Abwesenden anmerkten. Wer ohne triftigen Grund die Kirche versäume, solle das erste- und zweitemal eine Strafe von 6 Albs an die Censoren zahlen und das drittemal in der Herrn Strafe fallen. Von den Strafen, die in eine Büchse zu legen, sollten die Censoren den dritten Theil ziehen, das Uebrige aber jährlich in Beisein des Amtmanns an die Armen ausgetheilt werden. Nachdem diese allgemeinen Kirchenangelegenheiten, wobei man zugleich die Kirchenordnung von Otto Heinrich vornahm, erledigt waren, wurden eines jeden Kirchendieners, darauf der Juraten besondere Beschwerden angehört und sodann Gericht über die Verklagten gehalten.

ner Amtsnachbaren bekannt geworden *). Nach Beantwortung der ihm vorgelegten Fragen empfing Jeder ein Urtheil über die von ihm gehaltene Predigt und häufig war es der Herzog selbst, welcher sich der Beurtheilung der Predigt unterzog und angab, in wieweit dieselbe erbaulich und worin sie mangelhaft gewesen. Während der Jahre, in welchen Herzog Karl für seinen Schwager den Markgrafen Georg die Regierung führte, haben diese Pfarrverhöre stillgestanden und auch nach seinem Tode trat eine mehrjährige Unterbrechung ein. Die vormundschaftlichen Räthe erkannten jedoch die Wiederherstellung derselben für ein Bedürfniß und sahen es schon bei ihrer Versammlung im J. 1603 für gut an, daß die Pastores nach einander nach Birkenfeld beschieden werden, damit man sie, und zwar immer an einem Mittwoch im Beisein der Räthe und Inspectores eine Predigt thun lasse und Bericht einziehe, wie es um sie, sowie ihrer Pfarrkinder Lehr, Leben und andere Sachen geschaffen sei, damit wo in Lehr, Disciplin, Salariis, auch Handhabung der Kirchengerechtigkeit, Unordnung oder Neuerung einreißen wollte, dieselbe mit nothwendigem Ernst abgeschafft würde. Diesem Beschlusse gemäß sind im J. 1607 die Pfarrer aus den Aemtern Herstein und Birkenfeld gehört worden.

3. Die Kirchenvisitation.

Daß in der Kurpfalz mit den Pfarrconventen in der Regel auch die Kirchenvisitation verbunden wurde, und welcher Art das Verfahren bei dieser Visitation war, hat sich uns im vorangehenden Abschnitte veranschaulicht. Neben dieser mit den Pfarrcon-

*) Die Fragen, welche bei diesem Verhör an Jeden gerichtet wurden, waren: Ob er das Concordienbuch gelesen und dessen Inhalt zustimme? Ob er die Kirchenordnung halte? Ob in seiner Gemeinde Disciplin geübt werde? Ob in den Kirchen seiner Nachbarschaft, soweit sie in die Grafschaft gehören, sowie bei Privatpersonen, welchen Namen sie auch haben mögen, kein Aergerniß vorgehe? Ob ihm seine Competenz richtig geliefert werde u. s. w.

venten verbundenen Visitation fand von Zeit zu Zeit auch eine Visitation statt, wobei der Landesherr angesehene Geistliche und mit denselben etliche seiner weltlichen Räthe in die einzelnen Aemter des Landes sandte, und durch diese von Gemeinde zu Gemeinde die äußeren wie inneren kirchlichen Zustände erforschen, und, insoweit es ohne vorherigen Bescheid von ihm geschehen konnte, das Nöthige anordnen ließ. Dieweil diese Visitationen sich über alle Aemter des Landes ausdehnten, wurden sie zum Unterschied von den Visitationen, welche bei den Pfarrconventen stattfanden, Generalvisitationen genannt. Die Generalvisitation, durch welche Kurfürst Otto Heinrich in der Rheinpfalz die Reformation der Kirche zur Vollendung zu bringen suchte, ist Abth. I ausführlich geschildert, desgleichen die Visitationen, durch welche Friedrich der Fromme in der H. Gr. Sponheim und sein Enkel Friedrich IV. nach dem Tod des Herzogs Reichard im Fürstenthum Simmern seine Kirchenordnung einführte. Friedrich der Fromme bestimmte in seiner Kirchenrathsordnung von 1564, so oft es noth thue solle in seinem Lande an jedem Ort jedes Amts eine Generalvisitation (generalis visitatio) fürgenommen und darin gehandelt werden, wie die vorhandene Instruction ausweise. Diese Instruction hat sich nicht erhalten, Generalvisitationen haben aber von Zeit zu Zeit stattgefunden. So hat Kurfürst Ludwig durch eine im J. 1582 gehaltene Generalvisitation den Katechismus und die Kirchenordnung seines Vaters beseitigt und mit der lutherischen Lehre auch die lutherische Weise des Gottesdienstes wiederhergestellt. Friedrich IV. dehnte im J. 1593 durch eine allgemeine Kirchenvisitation die zunächst in Heidelberg eingeführten Katechismusverhöre auf die ganze Rheinpfalz aus und ließ behufs Durchführung dieser seiner Anordnung im J. 1598 nochmals eine Kirchenvisitation durch das ganze Land halten. Von der Visitation, welche Friedrich der Fromme als Herzog von Simmern in den Gemeinden der H. Gr. Sponheim halten ließ, haben sich die Protokolle nicht erhalten; was die in derselben Grafschaft auf Anordnung des Herzog Wolfgang in den J. 1560 und 1567 gehaltenen Visitationen betrifft, so sind dieselben Abth. I geschildert. Mit der Visitation von 1575, die durch Magister Jakab Heilbronner, den Hofprediger des Herzogs Johann, Dr. Gall Tuschelin und Johann Eich, den Badischen Truchseß zu Kirchberg, vollzogen wurde, war es vornämlich auf die Unterdrückung des Calvinismus abgesehen. In der den Visitatoren von den Gemeinsherrn ertheilten Weisung heißt es: die Visitation sei angeordnet, damit die Lehre göttlichen Worts nach dem wahren Verstand der prophetischen und apostolischen Schriften, sowie der Augsburger Confession mit fremden verführerischen Irrthümern unverfälscht getrieben und die ritus ecclesiae der K. O. gemäß verrichtet, auch alle Diener bei den Kirchen und Schulen, sowie bei den politischen Aemtern in einem christlichen Wesen erhalten würden, ferner daß der Unehrbarkeit gewehrt und den Lastern gesteuert werde. Demnach hätten sie in allen Pfarreien die Kirchen- und Schuldiener vor sich zu fordern und bei jedem in Abwesenheit des andern fleißig zu inquiriren, wie es mit der Kirche, der Schule, dem Magistrate und der ganzen Gemeinde beschaffen sei, und ihn ernstlich anzusprechen: 1. ob er des h. christlichen Glaubens fürnehmste Artikel vermög prophet. und apost. Schrift, auch Augsburger Confession seiner Gemeind fürtrage. Item ob etliche falscher Lehre und Sekten als der Wiedertäufer, Schwenkfelder, Zwingler, Calvinisten oder anderer, die unsere Kirche lästern, anhängig seien und Spaltung machen, oder ob welche das Papstthum besuchen. Item ob noch Wallfahrten und andere Abgötterei in der Pfarrei seien; Item ob auch volle Zapfen und Weinsäufer vorhanden; Item da es sich zutrüge, daß welche mit falscher Religion, Aberglauben oder öffentlichen Lastern behaftet wären und das Ministerium verächtlich hielten, auch eine Zeit lang nicht communicirten, die Predigten nicht besuchten, oder mit andern ungebührlichen Dingen vergiftet worden, ob solche deshalb vom Pfarrer privatim oder wo von Nöthen in Beisein etlicher von der Obrigkeit und den Censoren treulich vermahnt worden, von der irrigen Opinion oder den öffentlichen Lastern abzustehen. Diejenigen Personen, bei welchen solche Warnung nicht gefruchtet, sollten die Visitatoren vor sich bescheiden, mit Gottes Wort sittlich und bescheidentlich unterrichten, und da sie auf ihrer irrigen Opinion oder in ihren Lastern beharrten, sollten sie solches in ihre Visitata bringen, damit die Fürsten darauf gebührenden Bescheid geben. Ferner auf daß der Katechismus Dr. Martini Lutheri allenthalben von den Kirchendienern gehalten werde und die Eltern ihre Kinder desto geflissener dazu führen, sollten die Visitatoren mit Fleiß dahin wirken, daß der Katechismus von den Kirchendienern keinen Sonn- oder Feiertag unterlassen werde. Aehnlich lautete die Anweisung für die Geistlichen und Beamten, durch welche im J. 1580 in der H. Gr. Sponheim die Visitation gehalten worden. Die Visitation, welche in eben dieser Grafschaft im J. 1590 begonnen, aber mannigfacher Hindernisse wegen erst im J. 1593 zu Ende gebracht worden, fand auf Betreiben des Herzogs Karl unter Zustimmung und auf Mitanordnung des Markgrafen Eduard Fortunat statt. Den desfallsigen gemeinsherrlichen Erlaß vom 15. April 1590 hat Kanzler Zeuger verfaßt, welcher zu dem Ende von Herzog Karl nach Onolzbach beschieden worden, wie denn ebenderselbe den Herzog und der Oberamtmann Senft von Sulburg den Markgrafen bei der Visitation vertrat*). Da die Auswahl des Theologen Zeu-

*) In der Ausfertigung des fürstlichen Erlasses, welcher Senft zugesendet wurde, heißt es: 1. Er und Zeuger sollten sich der Zeit und Reise wegen vergleichen und die Reise so viel als möglich so anstellen, daß kein großer Kosten verursacht und die Kirchen nicht beschwert werden. Zu dem Imbs sollten sie neben ihren nothwendigen Dienern und Einem Theologo nur jeden Orts-Amtmann und Pfarrer ziehen. 2. Aus der verordneten K.-O. sollten sie Artikel und Fragen verfassen und diesen gemäß an jedem Orte den Amtmann, sodann den Pfarrer, den Schulmeister, die Kirchenjuraten und den Ausschuß der Gemeinde vermög Eid und Pflicht, damit sie den Fürsten und der Kirch zugethan seien, befragen, wie es um die christliche Lehr in Kirchen und Schulen stehe, ob dieselbe mit gebührlichem Fleiß laut der K.-O. getrieben werde. 3. Soll gefragt werden, wie die Kirchendisciplin gehandhabt werde; dabei sollten sie sonderlichen Fleiß anwenden, damit nichts, was den Wandel der Prediger und Lehrer, die den andern zum Exempel vorgehen müssen, aus Gunst vertuscht und zu großem Aergerniß unangezeigt bleiben möge. 4. Sollen sie fragen und da es von Nöthen den Augenschein einnehmen, wie die Kirchen bei ihrem Einkommen, Gerechtigkeit, auch nothwendigem Bau erhalten werden, und da Mängel erschienen, nach Mitteln fragen, wie zu helfen. 5. Nachdem diese Fragen beschehen, sollten die Kinder und ganze Gemeind in die Kirche beschieden und in dem Katechismo gehört, dann eine kurze Predigt gethan und der Gemeinde befohlen werden, sich in Hörung von Gottes Wort fleißig zu erzeigen, Tugend und Ehrbarkeit zu erlernen und für ihre Obrigkeit den Allmächtigen zu bitten, daß sie lange bei Fried und Ruhe unter denselben sitzen mögen. Was sie an dem einen und andern Ort befunden, darüber sollten sie den beiden Fürsten genugsam Bericht thun

gern und Senft anheimgegeben war, so zogen sie zu der Visitation im Amt Birkenfeld den Inspector Jakobi, in den übrigen Aemtern den Inspector Conon und dieses in Rücksicht darauf, daß Jakobi sich zu solchem Werk zu jung erachtete. Die Visitation begann am 5. Juli 1590 zu Trarbach und nahm allda auch Dr. Gall Tuschelin an ihr Theil, wahrscheinlich um als der in diesem Werke Erfahrene den Visitatoren zu zeigen, wie dasselbe anzugreifen sei. Da die Visitatoren mit andern Amtsgeschäften beladen waren und hierzu mannigfache andere Hemmnisse sich gesellten, so nahm die Visitation einen sehr langsamen Verlauf. Die Zeit wurde dabei wohl ausgekauft und nicht selten an einem und demselben Tage der Zustand mehrerer Kirchgemeinden visitirt, ob immer gründlich und in rechter Weise, stehet in Frage. Allerwärts wurden nach dem Amtmann, den Geistlichen, Schulmeistern und Censoren auch Glieder des Gemeinde-Ausschusses verhört, in dem ausgedehnten Kirchspiele Brombach aus jedem Orte zwei. In Birkenfeld, wo sich viele nicht zum Visitationsgottesdienst eingefunden, wurde deshalb eine scharfe Untersuchung angestellt, und wer nicht beweisen konnte, daß ihm der Besuch des Gottesdienstes unmöglich gewesen, wurde bestraft. Sechs Einwohner von Birkenfeld, desgleichen etliche aus den Weilern Runzenberg, Ellenberg und Feckweiler erlitten Thurmstrafe. Den Bericht über die während der Jahre 1590, 1591 und 1592 gehaltenen Visitation, desgleichen die Artikel, deren Beobachtung den Gemeinden geboten werden solle, faßte Zeuger ab und fand Senft in Betreff der beiden Schriftstücke, als sie ihm zur Prüfung zugesendet wurden, nichts zu erinnern. Was die Visitationsartikel belangt, so wurden sie beiden Inspectoren zur Abschriftnahme zugestellt, und ließen diese sie darauf bei den Pfarrern gleichfalls zur Abschriftnahme umlaufen*). Während der Lebzeit des Her-

und ihrer gemeinen Vergleichung erwarten, doch solle ihnen unbenommen sein, Mängel, die ohne dies des Amts halben sollten abgeschafft werden, abzuschaffen, doch daß solches in dem Bericht vermeldet werde. Schließlich sprachen die beiden Fürsten die Hoffnung aus, daß die beiden Visitatores bei dem Werk den möglichsten Fleiß anwenden, und es zur Ehre Gottes und Wohlfahrt der armen Leut und Kirche verrichtet werde. Zur Urkund ließen die beiden Fürsten unter den gemeinsamen Erlaß ihr Siegel drücken.

*) In den Bericht, der über die Visitation an den katholischen Mark-

zogs Karl fand eine derartige Visitation in der Grafschaft nicht mehr statt, man ließ es genug sein an den Visitationen, welche die Inspectoren hielten, wenn sie den Pfarrconventen anwohnten. Der großen Visitation, welche nach Karls Tod die Vormünder seiner Kinder in Gemeinschaft mit dem lutherischen Gemeinsherrn, dem Markgrafen Georg Friedrich, in den Pfarreien der H. Gr. Sponheim halten ließen, ist Abth. I Abschn. IV gedacht. Sie fand im J. 1608 während der Monate October und November statt. Die dazu verordneten Visitatoren, — es waren dies der beiden Fürsten gemeinsame Rath Dr. Melchior Koch, der fürstlich Neuburgische Superintendent Dr. Heinrich Tettelbach und der Badische Generalsuperintendent und Pfarrer zu Durlach Anton Mylius, — trafen am 22. October in Birkenfeld zusammen und nachdem sie sich über den Gang und die Weise der Visitation geeinigt, verhörten sie zunächst den dasigen Inspector Magister Adam Kolb über Lehre, Amtsführung und Wandel der seiner Aufsicht untergebenen Geistlichen, insbesondere ob dieselben rein seien im Glauben und in der Lehre. Sie hörten zu ihrer Freude, daß dieses bei Allen der Fall sei und reisten darauf noch am selbigen Tage nach Herstein, um daselbst die Visitation der einzelnen Gemeinden zu beginnen. Dabei befolgten sie folgenden Gang. Waren sie an einen Ort angekommen, so beschieden sie die weltlichen und geistlichen Standespersonen, Amtmann, Truchseß, Pfarrer, Schuldiener und Censoren vor sich, und nachdem dieselben erschienen, theilte ihnen Koch den ihm und seinen Amtsgenossen gewordenen Auftrag mit. War dies geschehen, so hieß man sie abtreten und schritt zum Verhör. Zuerst kam der Pfarrer an die Reihe. Es wurden ihm Fragen vorgelegt in Betreff seiner

---

grafen gesendet worden, legten die Visitatoren einen Zettel ein, darin sie sagten: Conon habe es sich bei der Visitation mit Predigen und Examiniren von Alt und Jung sauer werden lassen. Wenn man an einem Tage zwei Kirchen habe visitirt, sei er zweimal auf die Kanzel getreten und habe den Vortrag gethan, wie er denn auch überall das Volk ermahnt habe, für Se. fürstl. Gnaden zu beten. Ihres Erachtens habe er dafür eine gnädige Verehrung wohl verdient, und da er keinen Wein beziehe, wäre ihm damit zu helfen, daß man ihm zu künftigem Herbst einen Trunk Wein aus der Kellerei verehrte.

Person und seiner Amtsführung, sodann in Betreff des Amtmanns, der Lehrer und der Censoren. Dieses Verfahren wiederholte sich bei Allen, die man verhörte, so daß man über eine und dieselbe Person auf vier- bis fünffachem Wege Erkundigung einzog. Nur die Censoren wurden in ihrer Gesammtheit vernommen, es sei denn, daß sie über das unziemliche Verhalten des Einen oder Andern aus ihrer Mitte nicht recht mit der Sprache herauswollten. In diesem Fall wurden sie von einander getrennt und jeder insonderheit verhört. Dieses Inquiriren, — das Protokoll führte der Birkenfelder Sekretär Faber, — nahm in der Regel den Vormittag weg. Nachdem man die Suppe gegessen, fand der Kirchenact statt. Nach Absingen eines Lieds bestieg der Ortspfarrer die Kanzel und predigte über den ihm aufgegebenen Text. War von ihm das Kirchengebet gesprochen, so trat Dr. Tettelbach auf und setzte der Gemeinde auseinander, warum sie in die Kirche berufen worden. Hierauf begann das Katechismusexamen. Nach Beendigung desselben trat der dritte Visitator Dr. Mylius auf, tadelte, was zu tadeln, und lobte, was zu loben war. Den Schluß seiner Rede bildete die Vermahnung, es möge die Gemeinde von Tag zu Tag an christlicher Erkenntniß wachsen, und das Bekenntniß der reinen Lehre zur Ehre Gottes, sowie ihrer eigenen zeitlichen und ewigen Wohlfahrt bei ihr zunehmen. Die Gemeinde sang darauf: „Erhalt uns Herr bei Deinem Wort", oder ein anderes Lied und wurde darauf mit dem Segen des Herrn entlassen. Waren dem Amtmann, dem Pfarrer, dem Lehrer oder den Censoren besondere Vorhaltungen zu machen, so geschah dieses nach dem Kirchenact*). Abgesehen davon, daß die

*) Der Fragen, welche der Pfarrer im Verhöre zu beantworten hatte, waren viele. Er mußte zunächst angeben Namen, Alter und Geburtsort, sodann wo er studirt, welche Lehrer er gehabt und welche Collegia er gehört habe, wo und durch wen er ordinirt worden ꝛc. ꝛc. An die Frage, ob er sich zur Augsburger Confession und zur formula concordiae bekenne, reihte sich ein ausführliches Colloquium, das in der Regel Dr. Tettelbach hielt, und nach dessen Ausfall festgestellt wurde, ob er sincerus in seinem Glauben sei oder nicht. Nun folgten die Fragen: Wie viel Kapitel er täglich in der Bibel lese, mit welchen Hülfsmitteln er sich weiter bilde, welche Bücher er besitze, ob er seine Predigten concipire oder nur einen Entwurf mache, ob er

Visitatoren in manchen Gemeinden gleich bei der Visitation angaben, wie dieses und jenes abzustellen oder zu bessern sei, wurde, was man für alle Gemeinden anzuordnen nöthig fand, später in 45 Artikeln zusammengestellt und mußten die Inspectoren alle halbe Jahre berichten, wie man diesen Artikeln, den sogenannten General-Visitationspuncten von 1608 in den ihrer Aufsicht untergebenen Gemeinden nachkomme.

Wie in der H. Gr. Sponheim, so fanden auch im Herzogthum Zweibrücken neben den Visitationen, welche die geistlichen Inspectoren in den Kirchen ihres Aufsichtskreises hielten, Visitationen durch das ganze Land statt. Da diese Visitationen immer speziell durch den Landesherrn angeordnet wurden, nannte man sie Spezial-Kirchenvisitationen. Solche sind aus den Jahren 1558, 1565, 1575 und 1580 namhaft gemacht. Bei der Visitation von 1558 war Dr. Johann Marbach aus Straßburg Hauptvisitator und Examinator der Pfarrer. Als Gehülfen waren ihm beigegeben die weltlichen Räthe Dr. Augustin Eck und Dr. Hieronymus Pesold, ferner der Hofprediger Veit Nuber und der Magister Kunemann Flinsbach. Bei der Visitation von 1565 waren Flinsbach, dem inzwischen das Superintendenten-Amt war zugetheilt worden, und der weltliche Rath Dr. Gall Tuschelin die

---

die Concepte vorzeigen könne, wann und wo er predige, ob er des Sonntag Nachmittags Kinderlehre und am Sonnabend Vesper halte, wie oft er das h. Abendmahl austheile und wann die Vorbereitung zu demselben stattfinde, ob er auch in der Woche predige und dabei des Freitags nach der Predigt die Litaney spreche, ob er Hochzeit- und Leichpredigten thue, wie oft der Amtmann zur Kirche komme, wie an Sonn- und Wochentagen der Kirchenbesuch der Gemeinde beschaffen, ob Personen in derselben mit irrigen Opinionen behaftet seien, ob es in ihr Wucherer und Flucher gebe, wie oft Censur gehalten werde, ob die Verhandlungen protokollirt würden, ob er ein Verzeichniß seiner Competenz habe, ob er diese richtig bekomme, wie hoch sich das Einkommen der Kirche belaufe, ob Rechner bestellt seien, wo und wann die Rechnung abgelegt werde, ob bei Abnahme der Kirchenrechnung ein Essen stattfinde, wie das Pfarrhaus beschaffen, ob die, welche Collatores und Mit-Decimatores seien, dasselbe im baulichen Stand halten, ob die Kirchengeräthe nebst dem Ornat sorgfältig in der Kirche aufbewahrt werden, ob man in der Kirche das Almosen sammele, wie die Armen der Gemeinde versorgt werden, ob ein Verzeichniß der Getauften, Gestorbenen und Copulirten vorhanden u. s. w.

von Herzog Wolfgang bestellten Visitatoren, zu welchen in jedem Oberamte noch der Amtmann und der Landschreiber traten. Bei den späteren Visitationen wurde auch der Kirchschaffner des Amtes zugezogen. Im Herzogthum Zweibrücken trat mit der Zeit in Betreff der Kirchen-Visitationen ein längerer Stillstand ein, und ist es Herzog Johann II., der, während er für den unmündigen Kurfürsten Friedrich V. von der Pfalz die Regierung führte, sie wieder ins Leben gerufen hat. Unterm 1. Mai 1609 ließ derselbe von Heidelberg aus den Oberamtleuten seines Fürstenthums folgendes Schreiben zugehn: Nachdem eine Zeit lang die Spezial-Kirchen-Visitation unterblieben, der Unterthanen Nothdurft aber erfordere, dieselbe wieder an die Hand zu nehmen, so habe er dem hochgelehrten Superintendenten und Pfarrer zu Zweibrücken Michael Philipp Beuthern, der h. Schrift Doctor, deshalb eine Generalinstruction und einen Gewaldt zustellen lassen. Wenn derselbe nun ihnen anzeigen werde, daß er Vorhabens, in ihrem Amtsbezirk die Visitation zu halten, so sollten sie alsbald bei seiner des Herzogs Strafe durch jeden Orts Schultheißen, Meyer, Büttel oder Heimburgen der Gemeind auferlegen lassen, daß sich neben Pfarrer und Schulmeister männiglich Alt und Jung auf den vom Superintendenten bestimmten Tag einheimisch halte, ohnfehlbar in der Kirche beim Examen erscheine und dem Visitator auf seine Fragen bescheidentlich Antwort gebe. Auch soll durch den Schultheißen, Meyer und Büttel jeden Orts Verordnung geschehen, daß der Superintendent samt dem bei ihm habenden Geräthe von einem Ort zum andern, wohin er zu ziehen begehre, in der Frohnd geführt werde. Schon unterm 6. Mai 1609 zeigte Heinrich Schwebel, des Herzogs Kanzler, den Amtleuten auf Lichtenberg, Albrecht von Günderode dem Amtmann und Johann Wernigk dem Landschreiber, an, daß Beuther nach Abhaltung des Kapitels in Kusel eine Spezial-Kirchenvisitation in den Kirchen des Amts halten werde und hätten sie dabei denselben die Hand zu bieten. Daß noch im nämlichen Jahre auch in den Pfarreien des Oberamts Meisenheim die Visitation gehalten worden, erweist das Protokoll, das sich darüber erhalten hat.

Ob nach der Kirchenvisitation, welche Landgraf Philipp behufs Anbahnung der Reformation im J. 1527 wie in der Stadt St. Goar, so in der ganzen Niedergrafschaft Katzenelnbogen durch

Adam Kraft hat halten lassen, auch nachher in der Grafschaft von Zeit zu Zeit Visitationen stattgefunden haben, darüber kann Gewisses nicht mitgetheilt werden. Dagegen steht fest, daß vom J. 1598 bis in die ersten Zeiten des dreißigjährigen Kriegs Jahr um Jahr etliche Kirchen durch den Superintendenten unter Zuziehung eines weltlichen Beamten, bisweilen auch eines zweiten Geistlichen visitirt wurden.

Die rheingräfliche Kirchenordnung von 1690 enthält sehr ausführliche Bestimmungen in Betreff der Kirchenvisitation, welche der Superintendent der Grafschaft in allen zu ihr gehörenden Pfarreien zum wenigsten in zweien Jahren einmal halten sollte. Daß die Bestimmungen in der Mehrheit schon in der Zeit nach der Reformation Geltung gehabt haben, erweisen verschiedene Fragen, welche der Visitator an den Pfarrer, theilweise zugleich an die Aeltesten zu stellen hatte*).

Im Wesentlichen stimmt, sowohl was den Gang der Visitation als was die Gegenstände derselben betrifft, die rheingräfliche Kirchenordnung mit den ältern Visitationsordnungen unseres Bezirkes überein. Daß in den ritterschaftlichen Pfarreien von Zeit zu Zeit eine Kirchenvisitation stattgefunden, davon hat der Verfasser dieses nichts entdecken können, und gehört auch dieser Mangel mit zu den Uebeln, an welchen die deutsche evangelische Kirche in Folge ihrer äußeren und inneren Zerstücklung gekrankt hat. Gehörte dagegen eine Gemeinde einem größeren kirchlichen Verband an, so hat sie dadurch, daß sie von den andern Gemeinden weit ablag, der Visitation nicht entbehrt. Das erweist sich an der unter den Grafen von Nassau gestandenen Pfarrei

*) Es gehören dazu folgende: Was für teutsche Lobgesänge der Pfarrer vor und nach der Predigt mit der Schule und gemeinen Kirche brauche, ob auch die Gemein mit singe, ob die Leute ohne Noth unter der Predigt vor dem Gebet aus der Kirche laufen, ferner ob unter dem Gottesdienst Zechen in Wirthshäusern, oder öffentliche und Winkelspiel mit Karten, Würfeln, Kugeln und dgl. vorgehen; ob Wiedertäufer und andre Leut, die verdammten Secten oder andern irrigen, der Augsburger Confession widrigen Opinionen anhängig oder dessen verdächtig seien, ob Wahrsager, Zauberer, Segensprecher, Crystallen-Gucker, Siebdreher oder die sonsten mit verbotenen abergläubigen Künsten umgehen, in der Gemeinde zu finden.

Waldlaubersheim, in welcher in den Jahren 1592 und 1597 eine Visitation gehalten worden. Bei der letzteren drang Lorenz Stephan, der Superintendent von Weilburg, darauf, daß ein Schulmeister angestellt werde, der auch den Pfarrer im Pfarramt unterstütze.

II. Abschnitt.

Die Schule.

Wie es in unsrer Landschaft vor der Reformation um die Schule gestanden, ist Bd. I, Abschnitt IV dargelegt. Weder seitens der Klöster und Stiftskirchen, noch seitens der Fürsten und des Adels, noch auch von den Bürgerschaften in den Städten ist darin Großes geschehen. Die Mönche des Klosters Ravengirsburg haben sich nie dazu entschlossen, in ihren Mauern eine Schule zu gründen, in welcher auch der Laienstand den ihm nöthigen Unterricht hätte finden können. Anderwärts waren solche Schulen gegründet worden von den Brüdern des gemeinsamen Lebens, welche wegen dieser Thätigkeit neben ihren vielen andern Namen auch den Namen Schulbrüder (fratres scholares) empfangen haben; aber die Brüder auf dem Berge bei Wolf konnten auf diesen Namen keinen Anspruch machen. In einer Präsenzrechnung der Stiftskirche Kirn ist des großen Missale gedacht, aus welchem ehedem die Stiftsschulmeister Messe gesungen, und gleicherweise steht es fest, daß das Stift in St. Goar einen Schulmeister unterhielt; nirgends aber ist uns etwas über den von diesen Schulmeistern ertheilten Unterricht berichtet. Ein Gleiches ist der Fall in Betreff der Schulen, die in den andern Städten unsers Bezirks vorhanden gewesen sind. Im Ganzen war die Zahl dieser Schulen sehr gering und hat sich erst von der Zeit der Reformation ab gemehrt. Luthers Mahnungen in seinem Rundschreiben an die Bürgermeister und Rathsherrn der deutschen Städte, christliche Schulen aufzurichten, fanden einen empfänglichen Boden auch in den Herzen der Fürsten, durch welche bei uns das Reformationswerk begonnen oder weiter geführt worden ist. Wie eifrig sich darin Landgraf Philipp von

Hessen, Herzog Wolfgang von Zweibrücken, Friedrich der Fromme von der Pfalz und nicht wenige ihrer Nachfolger erwiesen haben, ist Bd. II bereits berührt. Sehr ausführlich spricht sich Herzog Wolfgang in seiner K. O. darüber aus, wie nothwendig für Kirche und Staat gute Schulen seien, und ermahnt seine Unterthanen aufs dringlichste, daß sie ihre Kinder nicht allein mit Fleiß zu der Kinderschule ziehen, sondern diejenigen, „so gelürnige ingenia haben“, auf höhere Schulen schicken sollten, auf daß dieselben in christlicher Lehre, sowie in andern guten Künsten aufwüchsen und später je nach ihrem Beruf und Verstand zu nöthigen Aemtern und Sachen möchten gebraucht werden. Auch will er daran sein, daß die, welche von Gott mit züchtigen und gelürnigen ingeniis begabt seien, zu ihren Studien aber bei eigner Unvermögenheit der Hülfe bedürften, damit soviel als möglich aus den Kirchengütern und andern zu milden Zwecken gestifteten Gefällen versehen würden. Welche Opfer Friedrich der Fromme für die Erhaltung und Gründung von Schulen gebracht hat, dessen ist gedacht, und möge dem darüber Gegebenen nur noch hinzugefügt werden, daß er den für die Unterpfalz bestellten Kirchenrath in der Kirchenrathsordnung verflichtet hat, fürnehmbste Sorge zu tragen, daß nicht allein die Schulen, so bereits „angerichtet“ seien, erhalten blieben, sondern daß dieselben auch von Tag zu Tag verbessert und zu den jetzigen noch andre angerichtet würden. In keinem Theile unsers Bezirks ist es zur Gründung solcher Schulen gekommen, in welchen diejenigen, welche behufs ihrer Ausbildung für kirchliche oder weltliche Aemter Hochschulen zu besuchen hatten, die dazu nöthige Vorbildung in ausreichender Weise hätten gewinnen können. Zur Gründung von derartigen Mittelschulen fehlten die Mittel, und außerdem waren solche Schulen für die Eingesessenen unsers Bezirks vorhanden: für die in der Nieder-Grafschaft Katzenelnbogen in dem Pädagogium zu Marburg, für die im Fürstenthum Zweibrücken und der H. Gr. Sponheim in dem Gymnasium zu Hornbach, für die in der V. Gr. Sponheim und in den kurpfälzischen Gebietstheilen in dem Pädagogium zu Heidelberg, sowie in der Schule des unweit Worms gelegenen Stiftes Neuhausen. Dagegen haben alle größern Dörfer des Bezirks, deßgleichen manche kleinere Ortschaften, zumal solche, wo Amtleute saßen, Schulen erhalten, in welchen die Jugend lesen lernte und zugleich im Schreiben, Rechnen und Singen, sowie im Katechismus unterrichtet wurde. Was die Städte anbelangt, so wurden in ihnen die vor der Reformation vorhandenen Schulen erweitert, und zwar etliche dahin, daß man in der Oberklasse mit den Schülern Terenz, sowie Schriften von Cicero las, und auch einen Anfang im Griechischen machte. Im Fürstenthum Zweibrücken wurden diese Schulen als höhere Trivialschulen bezeichnet im Gegensatz zu den gemeinen Schulen in den Dörfern, in der Kurpfalz nannte man sie Partikularschulen in Betracht, daß sie als besondere Schulen neben der Gemeindeschule bestanden, in der Regel aber wurde eine solche Mittelschule wie in der Zeit vor der Reformation kurzweg Schule (schola) genannt. — Damit der Leser von der Gestaltung des Schulwesens in unserm Bezirke nach der Reformation ein anschauliches Bild gewinne, soll in Nachstehendem mitgetheilt werden, was uns aus den Jahren 1550 bis 1620 überliefert ist:

1) über die Gründung und Erweiterung der städtischen Schulen;
2) über die Gründung und Entwicklung der Dorfschulen;
3) über die Beschaffenheit des Unterrichts und der Zucht in den beiden Arten von Schulen, sowie über die Schulaufsicht;
4) über die äußere Stellung der an diesen Schulen arbeitenden Lehrer.

1. Die städtischen Schulen.

In Kreuznach, der Hauptstadt der V. Gr. Sponheim, ist die Mittelschule, welche dort zu Anfang des sechzehnten Jahrhunderts bestanden, aller Wahrscheinlichkeit nach wiederum eingegangen, vielleicht schon nach der Flucht ihres Rectors, des Georg Sabellicus, der sich Faust den Jüngern nannte. Jedenfalls that Neugründung der Schule noth, und ist es Friedrich der Fromme, der sich darum bemüht hat. Die Räthe, welche in Gemeinschaft mit den badischen Bevollmächtigten im Jahre 1565 die Kirchen der B. Grafschaft visitirt und bei dieser Visitation die noch vorhandenen Klöster aufgehoben haben, waren von ihm angewiesen, sich das Karmeliterkloster in Kreuznach darauf anzusehen, ob in demselben eine Partikularschule könnte errichtet werden. Dabei bemerkte er, die Verwendung der Klostergefälle zu solchem Zwecke sei ein christlich Werk und diene auch zur Verhütung böser Nachred, als würden die Klöster, von denen früher den Armen viel Gutes geschehen, jetzt nur zu der Fürsten Nutzen eingezogen. Carsilius Beyer von Bellenhofen, der gemeinsame Oberamtmann der Grafschaft, der neben dem badischen Landschreiber den Markgrafen Philibert bei der Visitation vertrat, hatte von demselben in Betreff dieses Punktes keinen Befehl empfangen, ließ sich jedoch willig finden an der Besichtigung des Klosters Theil zu nehmen und den von den pfälzischen Räthen darüber verfaßten Bericht zu unterzeichnen*). Die pfälzischen Räthe gaben sich wohl der Hoffnung hin, die von ihrem Kurfürsten gewünschte Partikularschule werde alsbald in dem Kloster ihren Anfang nehmen; aber diese Hoffnung hat sich nicht erfüllt. Die Art und Weise, wie diese Räthe in Betreff der Kirchen und Klöster bei der Visitation verfahren waren, hatten den von der katholischen Kirche noch nicht vollständig gelösten Markgrafen höchlich erbittert; und sein Verhalten auf dem Reichstage von 1566 war der Art, daß anzunehmen ist, er habe sich in Betreff der Umwandlung des Kreuznacher Karmeliterklosters in eine Schule nicht sofort dem Willen

*) In dem Berichte heißt es: In dem Kloster fänden sich neben einer passenden Wohnung für den Rector mit Weib und Kind etliche Stuben und Kammern für drei oder vier ledige Gesellen, so die Collaboratores wären, ferner 17 ziemlich große Zellen, in deren jeder 2, auch 3 bis 4 Knaben wohnen könnten, außerdem 3 bis 4 zu Unterrichtszimmern geeignete Räume und endlich auch ausreichender Platz für den Oekonomen. Die baulichen Veränderungen, die behufs der Einrichtung der Schule nöthig seien, möchten sich wohl mit 50 bis 100 Gulden bewerkstelligen lassen, und die erforderlichen Lebensmittel könnten für die erste Zeit zur Genüge aus dem Kloster Schwabenheim beschafft werden, wo ein großer Vorrath an Wein, Korn, Butter, Käse, Dörrfleisch, Salz u. s. w. sich finde, wie auch das nöthige Zeug zu Betten. Ferner besitze das Kloster ein eignes Backhaus, und den Brauer, der des Klosters Bierhaus in Pacht habe, könne man verpflichten, für die Knaben das Bier zu brauen.

Friedrichs gefügt. Doch scheint die Schule noch im J. 1567 ihren Anfang genommen zu haben*). Im J. 1585 war, wie die Rechnung des Klosters von 1585—86 auswirft, Wendel Gowit Rector der Schule, Magister Michael Schweikard und Cantor Gebhard Clausius seine Collaboratoren. Von den Rechnungen des Klosters hat sich neben der genannten nur noch die vom J. 1610—11 erhalten. In dieser erscheinen als Rector Herr Abraham Kümmeldongi, als Konrector Caspari Wiganth, als dritter Lehrer oder Cantor Johann Beringer und als vierter der Collaborator Georg. Die Schule hatte somit vier Klassen**), und wurde zum Unterschiede von der deutschen Knabenschule, deren Lehrer Theodori war, die große Schule genannt.

Zu Kirchberg, dem zweitgrößten Orte der V. Gr. Sponheim, hat man das dortige Augustiner-Nonnenkloster mit seinem nicht sehr bedeutenden Gefälle zur Einrichtung einer Schule verwendet, an welcher dem Rector ein Collaborator beigegeben wurde. Ob dieses auf Anordnung Friedrichs des Frommen oder erst unter seinen Nachfolgern geschehen, liegt nicht zu Tage. Dagegen verdankt dem frommen Fürsten die Schule Sobernheim ihre Erweiterung, denn auf seinen Befehl wurde ihr die neben der Pfarrkirche gelegene Beguinenklause eingeräumt, und hat man die geringen Mittel, die zur Unterhaltung der Schule vorhanden waren, dadurch in etwas gemehrt, daß man einen Theil der Klause und des dazugehörenden Platzes verkaufte. Ueber die Schule in der pfälzischen Amtsstadt Bacharach besitzen wir ausführlichere Nachrichten in den Protokollen der Pfarrconvente der reformirten Inspection Bacharach. Nach denselben war die Schule während der Jahre 1589 bis 1619 immer mit zwei Lehrern besetzt, einem Rector und einem Collaborator. Bei den in der Stadt Bacharach gehaltenen Conventen, mit welchen jederzeit auch die Kirchen- und Schulvisitation verbunden war, erhielt im

---

*) Vgl. Dr. Wulfert im Programme des Kreuznacher Gymnasiums von 1869.

**) Darauf deuten auch die vier Schulöfen, zu deren Heizung ein besondrer Calefactor bestellt war. Die Jahresrechnungen laufen nicht vom 1. Januar ab, sondern von cathedra Petri.

J. 1599 der Rector Peter Daub ein gutes Zeugniß, dagegen wurde geklagt über das leichtfertige Leben des Collaborators Ludwig Schläffen. Der Letztere erhielt bereits im J. 1602 in Valentin Heimbacher einen Nachfolger, welchem die Amtleute und die Aeltesten, wie dem Rector, wegen des in ihrem Amte angewandten Fleißes und ehrbaren Wandels ein höchst rühmliches Zeugniß ertheilten. Als man im J. 1610 die Schule visitirte, bestanden die Schüler wohl, und ebenso hat man in den Jahren 1612 und 1619 den Fleiß der Schulmeister wie der Schüler gespürt. Von der Schule der alten Herzogstadt Simmern ist uns aus der Zeit, während welcher Friedrichs des Frommen Brüder, die Herzöge Georg und Reichard, das gleichnamige Fürstenthum regierten, nur überliefert, daß der Letztere im J. 1571 der Stadt die Gefälle der St. Sebastians-Bruderschaft überwiesen hat, um davon die lateinische wie die deutsche Knaben- und Mädchenschule mit Brennholz zu versehen, und daß mehrere Geistliche der H. Gr. Sponheim in der dortigen Lateinschule ihre Studien begonnen haben. Ums Jahr 1616 war die Knabenschule in drei Klassen getheilt und mit drei Präzeptoren bestellt. Der Rector ertheilte den Unterricht in der Oberklasse, der Cantor in der Mittel- und der Collaborator in der Unterklasse. Die letztere war die Schule für sämmtliche jüngere Knaben der Stadt, während für den Unterricht der Mädchen eine Lehrerin bestellt war. In Meisenheim, wo früher die Grafen von Veldenz, später ihre Erben, die Pfalzgrafen von Zweibrücken, häufig Hof gehalten haben, wurde, wie in den Städten Bergzabern, Kusel und Zweibrücken, schon während der Regierung des Herzog Wolfgang eine sogenannte höhere Trivialschule errichtet.

Ziemlich ausführlich, wenn auch nicht vollständig, sind die Mittheilungen, die sich über die Gründung und Schicksale der in unsern Tagen neu aufgeblühten Schule Trarbach erhalten haben. Darüber ist nichts bekannt, daß schon Herzog Wolfgang sich mit dem Gedanken getragen, auch zu Trarbach, dem Hauptorte der H. Gr. Sponheim, eine Schule zu errichten, wie solche als Vorbereitungsanstalten für die Schule Hornbach in den genannten vier Oberamtsstädten seines Fürstenthums Zweibrücken in's Leben getreten waren. Es kam dieses Werk aber zur Ausführung unter der Regierung seines Sohnes, des Herzogs Johann I. von

Zweibrücken, der viele Jahre hindurch die H. Gr. Sponheim für seinen minderjährigen Bruder Carl verwaltete, und es gebührt dabei das Hauptverdienst einerseits den Räthen, die dem damals noch jugendlichen Fürsten das Land regieren halfen, und andrerseits dem Pfarrer und Superintendenten Heinrich Henning in Trarbach, sowie dem Oberamtmann der Grafschaft, dem Freiherrn Philipp von Wunnenberg-Beilstein. Es war Henning, der im Juni 1571 bei den Räthen des Herzogs die Sache in Anregung brachte. In seinem desfallsigen Schreiben erinnert er die Räthe zunächst daran, wie sie, die nunmehr dem Fürstenthum mit so großem Erfolge und Lobe dienten, früher auch in Schulen seien unterwiesen worden, und hebt sodann hervor, wie nothwendig es sei, daß die Männer, welche ihnen dereinst im Amte folgen sollten, dazu schon jetzt auf Schulen vorbereitet würden. Daran reiht er die Bitte, doch in Erwägung zu ziehen, wie auch für die H. Gr. Sponheim eine höhere Bildungsanstalt möge zu Stand gebracht werden, und ist der Ansicht, die Mittel hierzu fänden sich in den Gefällen des Klosters Wolf, woselbst kein Mönch mehr vorhanden sei. Hennings Bitte wurde durch den Oberamtmann und eine Eingabe der Amtseingesessenen unterstützt und fand bei den Räthen des Herzogs geneigtes Gehör. Dieselben brachten im J. 1572 die Sache an den gemeinen Tag, und es gelang ihnen, die badischen Räthe zur Zustimmung zu bewegen. Um dieselbe Zeit wurde das bei der Kirche Trarbach gelegene Hospital, die sogenannte Klause, mit dem Hospital in Enkirch vereinigt, und gewann man durch einen Umbau dieses früheren Armenhauses die für die Schule nöthigen Räume. Nachdem man in Johannes Wagner, einem früheren Stipendiaten der Schule Hornbach, den Rector für die Schule gefunden, nahm dieselbe im J. 1573 ihren Anfang. Bei diesem Anfange hatte die Schule nur zwei Klassen, wovon die obere durch den Rector, die untere durch den Schulmeister Kraut unterrichtet wurde. Aber schon im darauffolgenden Jahre konnte eine dritte Klasse errichtet werden, und reihte sich Adam Mathis, ein geborner Trarbacher, dem Rector Wagner und Schulmeister Kraut als Secundanus, d. h. als Lehrer der Mittelklasse, an. Im J. 1576 zählte die Schule 78 Schüler. Fast ein Drittel der Schüler waren Auswärtige; es fanden sich unter denselben die beiden adlichen Brüderpaare Simon und Friedrich Boos von Waldeck, Friedrich und Johann von Heddesdorf aus Winningen. Aber solcher Blüthe erfreute sich die Schule nicht lange. Im Herbst 1576 wurde Trarbach und die Umgegend von einer pestartigen Krankheit heimgesucht, weßhalb die Mehrzahl der auswärtigen Schüler zu ihren Eltern zurückkehrte. Mathis, der Secundanus, war wohl einige Zeit vorher gestorben; Rector Wagner begab sich mit seiner Familie nach Enkirch und später nach Sohren auf dem Hunsrücken. Nur der Schulmeister Kraut wich, trotzdem daß er während jener Tage seine Hausfrau und zwei Kinder verlor, nicht aus der Stadt, sondern hielt, soweit es ihm möglich war, mit seinen Knaben Schule; ja als auch der Pfarrer ein Opfer der Krankheit geworden und der Diakonus die Stadt verlassen hatte, versah er, da er Theologe war, einige Zeit nothdürftig auch die Kirche. Nachdem die Seuche aufgehört, kehrte Rector Wagner nach Trarbach zurück und begann seinen Unterricht von neuem; aber noch im J. 1578 zählte die Schule nicht mehr als 42 Schüler, in deren Unterweisung sich der Rector mit dem Schulmeister Kraut theilte. Um die Anstalt zu heben, wurde verordnet, Söhne der Grafschaft dürften nicht auf auswärtige Schulen gesendet werden, und die, welche sich auf solchen befänden, seien zurückzurufen. Aber damit verhalf man der Schule zu keiner neuen Blüthe. Die Anstalt blieb eine welke Pflanze, und es kamen sogar Jahre, wo sie ganz zu vergehen schien. Die Ursachen davon waren mannichfacher Art. Heinrich Henning, der Superintendent, und Freiherr Philipp von Wunnenberg, der Oberamtmann, welche sich vor Andern um die Gründung der Schule bemüht hatten, wurden mit dem Calvinismus befleckt befunden und mußten die Grafschaft verlassen. Der katholische Markgraf Philipp verwandte seinen Antheil an den Wolfer Klostergefällen lieber zum Bau neuer Klöster, als daß er daraus zur Aufbesserung der Lehrergehälter und zur Wiederanstellung eines Secundanus an der ketzerischen Schule eine erkleckliche Hülfe geleistet hätte. Der Schulmeister Kraut, der sich während der Pestzeit so aufopfernd und thatkräftig erwiesen hatte, ergab sich dem Trunke und zwar zuletzt in dem Grad, daß er seines Amtes entsetzt wurde. Wagner, der Rector, war kein Schulmann im vollen Sinne des Wortes. Es fehlte ihm an der Neigung zu seinem Beruf, und er arbeitete lieber auf der Oberamtskanzlei, als in der Schule, wie er denn auch offen erklärte, seines Herzens Wunsch sei, einen politischen Dienst zu erlangen. Herzog Karl war es bei seinem Regierungsantritt kein geringer Kummer, die einzige höhere Schule der Grafschaft in Verfall zu finden; und sie demselben zu entreißen, war sein und seiner Räthe eifrigstes Bemühen. Aber der Erfolg war gering. Der katholische Gemeinsherr blieb der evangelischen Pflanzung abgeneigt, und die Bürgerschaft von Trarbach, bei welcher um jene Zeit die äußere Wohlhabenheit gering war und noch geringer der Eifer, für ihre Kinder eine höhere Bildung zu gewinnen, zeigte keine Willigkeit, irgend welche Opfer für die Anstalt zu bringen. Das höchst mäßige Gehalt, welches Wagner als Rector bezog, steigerte bei ihm die Unlust zum Schulhalten, und zu wiederholten Malen bat er um Entbindung von dem Rectoramte. Man gewährte ihm endlich seine Bittte. Im Mai 1586 wurde er zum Truchseß von Enkirch bestellt und zugleich mit dem Propsteiamte im dasigen Grafschaftshospitale betraut. Es gelang Herzog Karl in Jodokus Root, lateinisch Justus Rhodius, aus Annweiler für die Schule einen neuen Rector zu gewinnen, aber weder unter ihm, der nach einem Berichte der Birkenfelder Räthe nichts Lieberes that, als seine Zeit mit Instituiren zubringen, noch unter seinem Amtsnachfolger Johann Ursinus aus Speyer, der wie Rhodius ein tüchtiger Schulmann war, gelangte die Schule wieder zu ihrer anfänglichen Blüthe. Zur Anstellung eines Secundanus oder Conrectors kam es erst nach dem Ende des dreißigjährigen Krieges*).

Nicht so reichhaltig, wie die Nachrichten über die Schule Trarbach sind die, welche wir über die Schulen der Hauptorte der Rheingrafschaft und der Niedergrafschaft Katzenelnbogen besitzen. Was die Schule in dem den Rheingrafen auf Dhaun und Kirburg gemeinsamen Flecken Kirn anbelangt, so schrieb im J.

---

*) Die Geschichte der Trarbacher Schule bis zum dreißigjährigen Kriege ist ausführlicher dargestellt in dem 1. Theile der Festschrift zu dem 300jährigen Jubiläum der Schule, welches am 4. und 5. Juni 1873 gefeiert wurde.

1553 die verwittwete Gräfin Anna von Dhaun an ihren damals aus der Grafschaft abwesenden Sohn, den Rheingrafen Philipp Franz, ihrem Bedünken nach sollte der Altschulmeister tauglich sein, das Amt des Präsenzmeisters nebst dem Umgelderamt zu versehen. Darin liegt ausgesprochen, daß man den Altschulmeister, der wahrscheinlich noch den frühern Stiftsgeistlichen Messe singen half, nicht mehr tauglich erachtete, einen Schulunterricht zu ertheilen, wie er nach Einführung der Reformation Bedürfniß geworden war. Wer zunächst in des Altschulmeisters Stelle getreten, stehet nicht fest. Vielleicht war es Thomas Nicovius von Trier, der das Amt im J. 1563 niederlegte. In Folge dessen nahm auf Weihnachten desselben Jahrs der Schultheiß Albrecht Streif in Kirn im Namen der Grafen den Johann Arsenarius zum Schulmeister an. Im J. 1567 kam die Stelle aufs neue zur Erledigung, und schrieb der damalige kirburgische Rath Molitor an seinen Schwager, den Rath Dreyß auf Dhaun, er habe gehofft, Orlanus, der frühere Hofmeister der Söhne des Grafen Philipp Franz, werde sich der Schule und ihres Rectorats unterziehen; nun aber lasse sich derselbe durch allerlei Geschrei davon abwendig machen, es stehe jedoch zu hoffen, daß er seiner Verpflichtung gegen das gräfliche Haus werde eingedenk sein. Ob dieses geschehen, liegt nicht zu Tage. Im J. 1584 erscheint Magister Daniel Schönwald als Rector der Schule und bekleidete dieses Amt bis zum J. 1592. Schon ihm war wegen der großen Schülerzahl ein Gehülfe beigegeben, und auf den Antrag des Pfarrer Orth wurde im J. 1594 die Gehülfenstelle eine ständige. Die ersten Gehülfen waren Leute von geringer Bildung, deren Kenntnisse bloß für die Unterweisung der jüngern Kinder ausreichten; später dagegen suchte man die Gehülfenstelle mit Männern zu besetzen, die auf höhern Schulen oder auch auf Universitäten ihre Studien gemacht hatten. Auch die der Kirner Schule von dem Rheingrafen Johann Kasimir auf Kirburg und der Rheingräfin Julianne auf Dhaun im J. 1617 gegebene Ordnung setzt gelehrte Schulmeister voraus, denn nach ihr sollte die Schule nicht allein zur Lehre der guten Künste, sondern auch zur Erhaltung der nöthigen Aemter in Kirche und weltlichem Regimente nützlich sein. Dieses scheint sie einige Zeit gewesen zu sein. Graf Johann Kasimir rühmt im J. 1617 von ihr, daß sie in starker Besuchung nicht allein der Einheimischen, sondern auch Auswärtigen, Adlichen wie Unadlichen, täglich je länger je mehr zunehme, der Obrigkeit und dem Flecken Kirn zu besonderm Ruhme. Um so mehr ist zu bedauern, daß diese Blüthe von so kurzer Dauer gewesen, und sie alsbald von dem hereinbrechenden Sturme des dreißigjährigen Krieges geknickt wurde.

Wie das Stift Kirn, so unterhielt auch das in St. Goar schon in der Zeit vor der Reformation einen Stiftsschulmeister, und verblieb es nach Einführung der Reformation zunächst dabei, daß nur ein Lehrer den Schulunterricht ertheilte. Ums Jahr 1542 erscheint Melchior Schott, der spätere Superintendent der Grafschaft, als Präceptor in St. Goar. Als derselbe im J. 1545 zum Pfarrer in Ems berufen worden, wandte sich Rath und Bürgermeister der Stadt, sowie der Superintendent Alberti an den Landgrafen Philipp mit der Bitte, die Vikarie St. Petri, welche Schott zur Aufbesserung des höchst geringen Gehalts zugetheilt war, für alle Zeit einem Schulmeister zuzuordnen, auf daß sie einen frommen, christlichen und gelehrten Mann, wie er dem Orte höchlich von Nöthen sei, bekommen und haben möchten. Landgraf Philipp, von welchem die Schule im J. 1541 mit etlichen Schulbüchern war beschenkt worden, die er durch den Kaplan Hermann Ciriarius in Homburg von Wittenberg hatte kommen lassen, gewährte unterm 2. Januar 1546 die Bitte und verwilligte, daß der Stadtrath bemeldete Vikarie zu sich nehme, damit sich ein Schulmeister desto besser unterhalten könne. Schott scheint daraufhin in St. Goar als Schulmeister geblieben zu sein, bis daß er in's dasige Pfarramt aufrückte. Seine nächsten Nachfolger im Schulamt waren Johannes Greif und Ivo Becker. Der Erstere war wie Schott in St. Goar geboren und stand später, wie bereits mitgetheilt worden, dem Superintendenten Zindel als Pfarrer zur Seite. Ivo Becker verwaltete von 1556 bis 1564 das Schulmeisteramt in St. Goar und bekleidete von da ab 50 Jahre hindurch das Pfarramt in dem nahegelegenen Patersberg *).

---

*) Goebel sagt in seiner Geschichte von St. Goar S. 392: Im Jahr 1580 kommen neben dem Mädchenlehrer drei Knabenlehrer vor, und indem er den Gehalt dieser drei Lehrer angibt, bezeichnet er den ersten als Rector, den zweiten als Conrector. Seitens des Verfassers dieser Schrift kann die Angabe weder bestätigt noch

Im Jahr 1598 war Johann Apollerus aus Fritzlar Primarius oder erster Lehrer in St. Goar und Wilhelm Colonius zweiter. In eben diesem Jahre stellte Superintendent Zindel den Antrag, es möchte Einer von diesen beiden Lehrern anders wohin gesetzt, dagegen ein Tertius, d. h. ein dritter Geistlicher angestellt und diesem neben einem Stifts-Canonicate die Besoldung des zweiten Lehrers zugetheilt werden. Zur Begründung seines Antrags sagt er: Die zwei Schulmeister haben nicht mehr denn 70 Knaben, unter denen die meisten nur deutsch lesen und schreiben lernen, gehen also fast müßig und haben ziemliche Besoldung. Zugleich bemerkt er, der Stadtrath begehre, daß die Präzeptores mit seiner Bewilligung angenommen würden, da jedoch das Stift, welches der Fürsten sei, die Schulmeister allein besolde, der Rath aber und die Stadt nichts dazu geben, habe er ohne höhern Befehl nicht darein willigen wollen. Der Bescheid des Landgrafen Moritz lautete: Er lasse sich die Anordnung eines Tertii gefallen, wenn derselbe zugleich Primarius scholae würde. Sofern der Rath zum stipendio, d. h. dem Gehalte der Lehrer nichts contribuire, solle ihm der Superintendent auch an der Bestellung derselben nichts zugestehen. Vor Ausbruch des dreißigjährigen Krieges scheint sich die Schülerzahl etwas gemehrt zu haben. Im Jahr 1617 berichtete der damalige Superintendent an den Landgrafen, die Präzeptores zu St. Goar hätten eine ziemliche Anzahl Schüler; dieweil aber die Einwohner sich ihrer Handarbeit nähren müßten, würden sie von den Eltern bisweilen der Schule entzogen, und seien ihrer wenig, die Latein lernten; die meisten lernten neben dem Catechismo nur Deutsch lesen und schreiben.

2. Die Dorfschulen.

Das Wort der Schrift, wo vom Heiland gesagt ist: „Da er das Volk sah, jammerte ihn desselben", hatte sich mit der in

---

widerlegt werden, ebenso wie Goebels Mittheilung S. 389, daß schon im J. 1482 eine Mädchenschule in St. Goar bestanden habe.

ihm beschlossenen Mahnung in das Herz mancher der Fürsten gelegt, durch welche in unserer Landschaft das Werk der Reformation begonnen oder weiter geführt wurde. Gerne hätten sie auch der Jugend des armen Landvolks sofort die Wohlthat eines guten Schulunterrichts zugewendet, aber es fehlten dazu die Mittel, und wären diese auch vorhanden gewesen, woher in jener Zeit für eine so große Zahl von Schulen die Lehrkräfte nehmen? Bei diesen Verhältnissen sahen sich die Gebietsherrn genöthigt, mit Errichtung von Schulen in den Landgemeinden langsam vorzugehn und die Forderungen nicht zu hoch zu stellen. In der H. Gr. Sponheim waren bereits die Visitatoren des Jahres 1560 eifrig bemüht, zunächst in den volkreichern Orten Schulen anzurichten, und bei der kräftigen Unterstützung, welche dem Werke Seitens der Räthe und Amtleute des Herzog Wolfgang zu Theil wurde, traten nach kurzer Zeit zu den Schulen, welche bereits zu Birkenfeld, Trarbach, Enkirch, Kastellaun und Dill vorhanden waren, solche auch in Traben, Winningen und andern Orten ins Leben. Für Winningen wurde, wie Bd. II, 220 mitgetheilt ist, schon bei der Visitation von 1560 der frühere Schaffner auf der Karthause bei Koblenz, Kaspar von Köln, wie zum Diakonus so auch zum Schulmeister bestellt. Sein Nachfolger war Lubentius von Kovern, kurzweg Kober genannt. Derselbe empfing bei der Visitation 1567 seiner Erudition, Lehr und Lebens halb ein gutes Zeugniß und theilte mit, er gehe in der Woche viermal zur Schule und habe ungefähr 10 Knaben, so alle bloß Teutsch lernten. Im Jahr 1575 waren nur 4 Schüler vorhanden, weil die Knaben mehrentheils verstorben waren; im J. 1580 dagegen wurde die Schule von 20 Knaben besucht. Zu Enkirch beginnt die Reihe der Schulmeister mit Ruprecht Jäger, der zu den Evangelischen gehörte, welche wegen ihres Glaubens aus Trier ausgetrieben worden sind. Es waren bisweilen 37 Knaben in seiner Schule. Leider waren die Männer, welche in Enkirch nach Jäger mehrere Jahrzehnte hindurch das Schulamt bekleideten, theils gering befähigte, theils leichtfertige Leute, und erst in Burkard Rihel empfing die Gemeinde einen geschickten und amtstreuen Lehrer. Während seiner Amtszeit nahm die Schule einen solchen Aufschwung, daß sie die für jene Zeit ungewöhnliche Zahl von 100 Schülern erreichte, und auf dieser Höhe hat sie sich auch unter seinem Nachfolger Johannes Korfey erhalten. Die Schule zu Traben nahm im J. 1562 ihren Anfang. Die Lehrer wechselten häufig, theils wegen des geringen Einkommens der Stelle, theils auch wegen des üblen Verhaltens von Etlichen. Als tüchtige Lehrer erwiesen sich Mathias Klick aus Wolf, bei welchem im J. 1580 44 Knaben und 18 Maidlein zur Schule gingen, Hans Burkard Trarbach, der Sohn des Simmerer Bildhauers, und Kaspar Streccius, der das Schul- und Glockamt zu Traben von 1615 ab versehen hat und beim Beginn des dreißigjährigen Kriegs auf die Pfarrstelle Lötzbeuren befördert wurde*). Die Gemeinde Wolf hatte im J. 1581 noch keinen Schulmeister, sondern nur einen Glöckner; die Censoren theilten bei der Visitation mit, der Pfarrer halte Schul und baten, ihm aus den Gefällen des Klosters eine Belohnung zu ordnen, damit er sich williger zur Schule gebrauchen lasse, zumal sich die Armen des Königthalers beschwerten, den sie von einem Jungen zahlen sollten. Nach einiger Zeit wurde ein Schulmeister angestellt und dazu der

*) Daß hier und da im Schooße der Gemeinden Verlangen nach dem Besitz einer Schule sich regte, erfuhren die Visitatoren des J. 1560 in Kleinich. Als sie im Begriff waren, von da weiter zu reisen, baten die Ortsinsassen durch einen Abgeordneten, man möge ihnen doch beholfen sein, daß sie einen Schulmeister erhielten. Nachdem das Nöthige wegen des Gehalts geordnet war, zu welchem übrigens die Gemeinde außer der bisherigen Küsterlieferung nichts beitrug, ist von den Visitatoren Salomon Bauer, „der vertriebenen Christen von Trier einer“, zur Versehung solcher Schul angenommen worden; und dieweil er gar arm und bloß, ward für gut angesehen, daß ihm aus dem Zehnten des Pastors — es war dieses Johannes Mul, der Dechant des St. Florinsstifts in Koblenz — 5 Mltr. Korn gegeben wurden. Bei der Visitation von 1567 war Bauer nicht mehr im Amte, und dieweil die Schule des Orts klein, hat sich ein Mann in der Gemeinde, der lesen und schreiben konnte, bereit finden lassen, neben dem Glockamt auch die Schule zu versehen; die Visitatoren von 1580 fanden keinen Schulmeister; später wurde jedoch der Gemeinde auf ihr dringliches Bitten wiederum ein solcher gegeben und zwar in Heinrich Scharf aus Kostheim bei Mainz, der aus der römischen Kirche in die evangelische übergetreten war. Die Gemeinde erwies sich hiefür nicht eben sehr dankbar, mußte sie doch im J. 1608 unter Androhung von Strafe dazu angehalten werden, daß sie dem genannten Lehrer auf dem gemeinen Wasumb die Weide für 2 Kälber gegen ein jährliches Weidgeld von 12 Albus gönnte.

Schulmeister Mathias Klick in Traben erwählt. Derselbe, ein Sohn des Dorfes, hatte 9 Jahre zu Düsseldorf, drei Jahre zu Niederwesel, letzlich ein halb Jahr in Straßburg studirt, und dieweil er aus Mangel an Mitteln das Studium nicht fortsetzen konnte, der Schule sich zugewendet. In dem weit ausgedehnten Kirchspiel Brombach wurden zwei Schulen eingerichtet, die eine im Pfarrorte, die andere zu Hattgenstein. Dagegen blieben andere und zwar selbst umfangreiche Pfarreien ohne Schule. Die Schule in Kastellaun war die Schule für alle im gleichnamigen Amte gelegenen Ortschaften und dasselbe war der Fall bei der Schule des Amtsortes Herrstein. Damit der letztern keine Schüler entzogen wurden, ward dem Pfarrer in Niederwörresbach nicht gestattet, in seiner Pfarrei eine Schule zu errichten. In den zu unserm Bezirke gehörenden zweibrückenschen Aemtern verhielt es sich mit den Landschulen wie in der H. Gr. Sponheim. Die Flecken Odernheim am Glan und Baumholder an der Winterhauch erfreuten sich schon früh einer Schule; dagegen steht in Frage, ob eine solche beim Ausbruche des dreißigjährigen Krieges auch in den Pfarreien Achtelsbach, Kirchenbollenbach, Nohfelden und Wolfersweiler vorhanden gewesen.

Wenn Friedrich der Fromme seinem Kirchenrathe befohlen hat, gut Aufsehens zu haben, daß an jedem Orte die Zahl der Schuldiener nicht gemindert werde, wenn er von derselben Behörde forderte, eifrig Sorge zu tragen, daß zu den bereits vorhandenen Schulen neue errichtet würden, so hatte er dabei nicht bloß die Städte, sondern auch die andern Ortschaften des Landes im Auge. Im kurpfälzischen Amte Bacharach hatten nicht bloß die Orte Diebach und Mannebach, sondern auch das ganz nahe bei Bacharach gelegene Dorf Steeg schon um's Jahr 1580 ihre Schulen. Wenn in der V. Gr. Sponheim um's Jahr 1573 nur das Dorf Langenlonsheim eine Schule besaß, in welcher der Diakonus den Unterricht ertheilte, die volkreichen Dörfer Roxheim, Rüdesheim und Weinsheim dagegen einer solchen noch entbehrten, so ist die Ursache wohl darin zu suchen, daß die katholische Gemeinsherrschaft die Errichtung evangelischer Schulen eher hinderte als förderte. Unsere Nachrichten über die Schulen zu Monzingen und Waldbekkelnheim im Amte Bekkelnheim reichen nur bis zum J. 1608 hinauf; sie finden sich in dem Competenzbuche, das in diesem Jahre für alle Pfarr- und Schulstellen des Amtes gefertigt worden. In dem kurpfälzischen Amte Simmern, das im Jahr 1616 achtzehn Pfarreien zählte, stand um diese Zeit nur in den Dörfern Argenthal, Chumbd, Holzbach und Rheinböllen neben dem Pfarrer auch ein Schulmeister. Daß das eine oder andere der genannten Dörfer schon während der Regierung der Herzoge Georg und Reichard eine Schule gehabt habe, ist nicht anzunehmen; denn die Schulmeister dieser Orte empfingen den Mehrtheil ihres schwachen Gehalts aus den Gefällen der Klöster Chumbd und Ravengirsburg, und es war erst Kurfürst Friedrich IV., der diese Gefälle ausschließlich den Kirchen und Schulen zuwandte. — In der Wild- und Rheingrafschaft gelangten während der Zeit, auf die sich unsere Darstellung ausdehnt, soweit unsere Nachrichten lauten, nur die Dörfer Rhaunen und Simmern unter Dhaun zu einer Schule; und ebenso verlief in der Niedergrafschaft Katzenelnbogen eine lange Zeit, ehe man ernstlich Hand anlegte, auch in den Landgemeinden Schulen zu gründen. Es geschah dieses erst gegen Ende des sechszehnten und zu Anfang des siebenzehnten Jahrhunderts unter der Regierung des Landgrafen Moritz. — Wie es um die Schule in den kleinern Herrschaftsgebieten unseres Bezirks gestanden, ist noch zur Zeit wenig aufgehellt. Zu Oberstein, dem Sitze der Grafen von Falkenstein, fand sich eine Schule, die meist durch angehende Theologen versehen wurde. Gleicherweise war in dem vierherrischen Dorfe Weiler eine Schule durch die Gemeinsherrn errichtet worden. Die Schule in dem, Weiler gegenüberliegenden Flecken Merxheim dürfte nächst der Schule St. Goar die älteste evangelische Schule unsers Bezirks sein.

Ein großer Uebelstand der Volksschule der Reformationszeit ist in unserm Bezirke der gewesen, daß sie mehrentheils bloß dem männlichen Theile der Jugend zu gute kam und die Mädchen, zumal in den Landgemeinden, meist ohne Schulunterricht blieben. Die pfälzische Oberamtsstadt Simmern besaß im J. 1616 in Margarethe, der Ehefrau des Bürgers Johann Dill, eine Mädchenlehrerin, und in Kreuznach, der volkreichsten Stadt unsers Bezirks, fanden sich im J. 1610 neben der deutschen Knabenschule zwei Mädchenschulen, die eine auf der Brücke, die andere in der Altstadt. In der H. Gr. Sponheim wurde hier und da die

Schule auch von Mädchen besucht, aber keine Gemeinde besaß eine besondere Mädchenschule. Kanzler Zeuger bemerkte bei Vorlage des Berichts über die Kirchenvisitationen von 1591—92, man sollte doch auch die Mägdlein zum Lesen und Schreiben anhalten, indem dieses ein gar fein wohlgefällig Werk sei, und in Folge dessen wurde im Visitationsabschied verordnet, an welchen Orten Schulmeister für die Mägdlein gehalten werden könnten, sollten sich die Amtleute deßhalb mit den Pfarrern und Gemeindepflegern vergleichen. Aber diese Verordnung hatte nicht den gewünschten Erfolg. Kanzler Zeuger bemühte sich, wenigstens in Trarbach, dem Hauptorte der Grafschaft, eine Mädchenschule in Gang zu bringen, aber es gelang nicht. Schulen für die Mägdlein, heißt es im Visitationsberichte des Jahres 1594, hat man nicht, sind auch nicht anzustellen, ohne daß man die Mägdlein läßt bei den Knaben sitzen*).

Ums Jahr 1617 hatte ein gewisser Fridericus Donatus eine Privatschule zu St. Goar errichtet; die Visitatoren des genannten Jahres schafften jedoch diese Schule ab und befahlen den Schülern, zu den von dem Konsistorium verordneten Präzeptoren

*) Aehnlich erging es in Kirn. Der dasige Pfarrer Jakob Orth sagt in einer Eingabe an den Rheingrafen Adolph Heinrich auf Thaun: Er finde das als einen großen Mangel, daß der Mehrtheil der Eltern, sonderlich die Mütter, ihre Töchter nichts im Leben unterweisen könnten, denn sie es entweder in ihrer Jugend nicht gelernt oder wieder vergessen haben. Also werden die Töchterlein, so heut oder morgen Hausmütter geben sollen, übel versäumt, daß sie ihren Katechismum nicht lernen und ihres Christenthums sehr wenig Red und Antwort geben können. Diesem schädlichen Unrath abzuhelfen, sei sein einfältig Bedenken dies: Der Schulmeister habe eine solche Anzahl Knaben, daß er sie nicht alle täglich verhören könne; er bedürfe deßhalb sehr eines Gehülfen, so die Teutschen Knaben im Lesen, Schreiben und andern nützlichen Dingen fleißig anhielte, wie denn früher dem Daniel Schönwald ein solcher Gehülfe gegeben worden. Würde man dem Schulmeister einen solchen wieder zuordnen, so könne dieser die jungen Maidlein entweder in seinem Hause oder auf andre Gelegenheit also unterweisen, daß sie bei Zeiten lernten, was sie in ihrer Taufe versprochen haben. Es wurde dem Schulmeister ein Adjunctus beigeordnet, daß dieser aber sich nicht mit dem Unterricht der Mädchen befaßte, geht daraus hervor, daß in seiner Gehaltsnachweise gesagt ist: Zu seinem Einkommen komme noch, was sein Weib durch den Unterricht der Maidlein verdienen werde.

zu gehen. Anders verfuhr die Kanzlei in Birkenfeld. Sie duldete es, daß ein in Bulenberg angesessener Schulmeister längere Zeit von da aus die Kinder der umliegenden Weiler unterrichtete, trotzdem daß damit der Schule im Pfarrdorf Birkenfeld kein geringer Abbruch geschah.

---

3. Der Unterricht, die Schulzucht und die Schulaufsicht.

Wenn wir nach den Unterrichtsgegenständen fragen, die in den Schulen behandelt wurden, so ist in Betreff der Volksschulen die Frage bald beantwortet. In der Mehrzahl derselben beschränkte sich der Unterricht auf das Erlernen des deutschen Lesens, auf Uebungen im Schreiben und im Gesang, sowie auf die Unterweisung in der Religion. Was die Religion betrifft, so hat man wohl hie und da mit den im Lesen geübteren Schülern einzelne Stücke der h. Schrift gelesen, meist aber wurde bloß der Katechismus dem Gedächtnisse eingeprägt und zwar in den lutherischen Gemeinden Luthers kleiner Katechismus, in den reformirten die oben erwähnte kürzere Fassung des Heidelberger. Wer nicht bloß Gedrucktes, sondern auch Geschriebenes zu lesen verstand, galt als ein besonders tüchtiger Schüler. Das Schreiben scheint nicht überall mit allen Schülern geübt worden zu sein. Zu Enkirch mußten die Schüler, welche neben dem Lesen auch das Schreiben erlernten, ein höheres Schulgeld zahlen. Des Rechnens geschieht nirgend Erwähnung, es mag jedoch mancher Lehrer auch dazu seinen Schülern Anleitung gegeben haben. Besaß der Lehrer einige Kenntniß der lateinischen Sprache, so unterrichtete er auch in ihr diejenigen Schüler, für die es begehrt wurde, und lernten diese Lateinschüler entweder die Grammaticam Philippi, d. h. Melanchthons oder den Donat nebst dem Katechismus in seiner lateinischen Fassung. Mit Ausnahme des Mittwochs und Samstags, an welchen des Nachmittags die Schule ausfiel, fanden täglich 5 Unterrichtsstunden statt. War der Lehrer zugleich Diakonus oder Kaplan der Gemeinde, so hatte er nur an vier Tagen Schule zu halten.

In den höhern Schulen stand nach dem Geiste jener Zeit das Latein im Vordergrund, und auf seine Erlernung wurde die Hauptkraft der Lehrer wie der Schüler verwendet. In der Kirner Schulordnung heißt es: In der Schul sollen die Knaben, besonders die obersten, lateinisch zu reden gewöhnt werden und sollen ihnen die Präzeptoren mit gutem Exempel vorgehen, auch wenn die Knaben darin fehlen, sie nit eben also hart anfahren, sondern ihre Fehler in der Güte corrigiren. Auch sollen die Schulmeister dahin sehen, daß ihre Schüler gleich im Anfang auf lateinische Bücher gewöhnt und die teutschen Bücher so viel als möglich abgeschafft werden. In den Trarbacher Schulgesetzen lautet die deßfallsige Bestimmung: das Gespräch in der Schule soll überall und bei allen lateinisch seyn. Wie an vielen Lateinschulen, so war es an der in Trarbach üblich, daß der Rector gleich bei der Aufnahme der Schüler ihren deutschen Familiennamen in's Lateinische übersetzte. Johannes Sturm, der hochberühmte, vom Kaiser in den Adelstand erhobene Schulmann *), beklagte es, daß die deutschen Kinder nicht wie die römischen von Jugend auf mit lateinisch Redenden umgingen, und eben dieser Straßburger Schulrector war es, durch welche die Zweibrücker Fürsten den Lateinschulen ihrer Lande Maß und Ordnung geben ließen. Nach dem Lectionsplan, welchen der Rector Wagner für die Schule Trarbach im J. 1575 aufgestellt hat, trieb man lateinische Grammatik nach Melanchthon und Donat schon in der Unterklasse und wurden zugleich Catonis Disticha eingeübt. Während man in der Mittel- und Oberklasse in die Grammatik tiefer eindrang und zur Prosodie fortschritt, auch die Schüler wöchentlich zwei lateinische argumenta anfertigen ließ, las man mit ihnen in der Mittelklasse Ciceros Briefe und Virgils Eclogen, in der Oberklasse Cicero de amicitia und die Andria von Terenz, zugleich wurde in dieser der Anfang mit Erlernung des Griechischen gemacht. Die Morgenstunden des Donnerstags und

*) Johannes Sturm war 1507 zu Schleiden in der Eifel geboren und wurde 1538 Rector der Schule in Straßburg. Er starb allda, in der letzten Zeit fast ganz erblindet, am 3. März 1589.

Samstags waren dem Katechismus gewidmet, die Mittagsstunde von 12 bis 1 Uhr dem Gesang. Während man mit der Unterklasse Luthers kleinen Katechismus einübte, mußten die Schüler der Mittelklasse den lateinischen Katechismus von Luther, die der Oberklasse den lateinischen von Chyträus erlernen. Der Rector Ursinus trieb mit etlichen seiner Schüler auch Rhetorik und Dialektik, und es waren wohl diese Schüler, die unmittelbar von Trarbach aus die Hochschule Gießen bezogen haben. Die Kirner Schulordnung bestimmte, die lectiones sollten alljährlich nach Beschaffenheit der Jugend durch die Lehrer in Gemeinschaft mit den Inspectoren festgestellt und sollten die Schüler in den Lectionen nicht mit trockenen Regeln gemartert, sondern ihnen auch schöne, nützliche Beispiele vorgeführt werden, damit sie immer mehr Lust zum Studium empfingen. Die Schule zu Kirn war in sechs Abtheilungen getheilt und hatte jede derselben ihren decurio, welcher mit seinen Mitschülern das Erlernte zu wiederholen hatte, während sich der Lehrer mit einer andern Klasse beschäftigte. Wie dieses auch an andern Schulen unsers Bezirks Brauch gewesen ist, so ebenfalls das, daß der Unterricht und zwar am Vor- wie Nachmittag mit Gesang und Gebet begonnen und geschlossen wurde. Von der Schule in Sobernheim ist zu erwähnen, daß bei ihr wöchentlich eine Stunde, doch nur eine einzige, für Arithmetik angesetzt war und zwar die Stunde von 12 bis 1 Uhr am Mittwoch.

Es sollte jedoch die Schule, die niedere wie die höhere, nicht bloß Unterrichts- sondern zugleich Erziehungsanstalt sein. Die Schüler, darin stimmen alle Schulordnungen überein, sollten wie zur Frömmigkeit so auch zu guten Sitten erzogen werden. Die Kirner Schulordnung schrieb vor: Beide Schulmeister sollten die wahre in Gottes Wort wohlgegründete Religion in die Jugend pflanzen, und solle von ihnen zu dem Ende der Katechismus Luthers und kein anderer exerzirt werden. Beide sollten an allen Predigttagen zur Kirche kommen und darauf halten, daß auch alle Schüler vorhanden seien. Fleißig sollen sie Aufsicht haben, daß die Knaben in der Kirche nicht Muthwillen treiben, nicht während der Predigt schlafen, sondern ihr fleißig zuhören, dieweil sie, was sie daraus behalten, nachher examinirt werden sollen. Aehnlich lauten die Gesetze der Trarbacher Schule. Nach ihnen sollen an den Feiertagen sämmtliche Schüler paarweise und in sittsamer Haltung nach der Kirche ziehen, keiner soll ohne das Psalm- und Evangelienbuch kommen, und soll durch die Lehrer erforscht werden, was sie aus der Predigt behalten. Zugleich war dem Rector Wagner in seiner Bestallung zur Pflicht gemacht, keine Predigt zu versäumen, auch keineswegs zu gestatten, daß durch die Präzeptores und die Discipul der Fürsten Kirchen-Ordnung zuwider gehandelt werde. So er das spüre, solle er es dem Superintendenten anzeigen oder, wo Noth, unmittelbar an die Fürsten berichten; auch solle er in Gemeinschaft mit den Präzeptoren darüber wachen, daß keine sektirerischen Bücher unter die Jugend kommen und dem Buchführer nicht gestatten, solche zu führen; würden solche gefunden, solle er sie mit Hülfe des Superintendenten abschaffen. Damit die Jugend lerne, was alles zur Ehrbarkeit und zum äußern Anstande gehöre, wurde zu Trarbach mit der zweiten Schulklasse die civilitas morum, das bekannte Buch von Erasmus, in besondern Stunden durchgenommen. Den Schülern war zur Pflicht gemacht, sich züchtig und ehrbar zu kleiden, auch durfte keiner ohne Erlaubniß des Rectors Schenken oder Jahrmärkte besuchen, noch Hochzeiten anwohnen*).

---

*) Die Kirner Schulordnung schärfte neben andern den Lehrern ein, auch darüber zu wachen, daß die Knaben Jedermann die gebührende Ehre erweisen, sowohl wenn Jemand zu ihnen in die Schule komme, als bei der Begegnung auf der Straße, und soll gegen die Zuwiderhandelnden das signum malorum morum (irgend ein beschämendes Strafzeichen) gebraucht werden. Gleicherweise sollen die Lehrer fleißig Acht haben, daß die Schüler beim Heimgehen aus der Schule, wie auch sonst auf der Gasse sich still und züchtig benehmen, gefährliche und leichtfertige Orte meiden und von unerlaubten Spielen sich fern halten. Eben dieses Ueberwachen der Jugend außerhalb der Schule wurde auch den Lehrern der Dorfschulen zur Pflicht gemacht. Vom Schulmeister zu Traben begehrten die Visitatoren vom J. 1598 auf den Wunsch der Censoren, wenn die Schüler aus der Schule gehen oder ferias (Spieltage) haben, so solle er ihnen bisweilen nachgehen, damit sie in der Furcht gehalten würden und man zwischen ihnen und den Knaben, die nicht zur Schule kommen, einen Unterschied spüre. Dieses Begehrens hat sich der Schulmeister nicht geweigert. Als im Jahre 1612 beim Pfarrconvente zu Bacharach die dasigen Präzeptoren erinnert worden, den Knaben muthwilligen Zeitvertreib auf der Gasse, namentlich am Trog, d. h. am Brunnen

Allerwärts wird in Visitationsprotokollen und andern Berichten die Klage laut, daß die Eltern ihre Kinder sehr fahrlässig zur Schule schickten, und an manchen Orten stand den Sommer hindurch die Schule stille. Bei den Predigtverhören zu Birkenfeld sagte im J. 1596 der Kapellan Orth von Winningen, Winterszeit habe er ziemlich Schüler, im Sommer wenig, denn sie zur Arbeit gebraucht würden. Die Erklärung des Kapellan Range von Kastellaun lautete, bei der arbeitsamen Zeit habe er oft gar keine Schüler, im Winter dagegen habe er etliche. Schulzwang und Bestrafung der Schulversäumnisse durch die Obrigkeit war der Reformationszeit fremd. In Herrstein ließ man eines Jahrs den Schulmeister ein Verzeichniß aller Kinder aufstellen, welche in die Schule gehen könnten, und wollten der Amtmann wie der Pfarrer den Eltern ernstlich zureden, die Kinder zur Schule zu schicken. Daß aber diese damit wenig ausgerichtet haben, erwies sich bei den spätern Visitationen. Bei einer Visitation der Schule Trarbach bat der Rector Ursinus, da die Bürgerschaft ihre Kinder fahrlässig in die Schule schicke und trotz der Erinnerung durch die Obrigkeit keine Besserung erfolgt sei, so möchte doch deßhalb die Gebühr verhängt werden. Ob man daraufhin die Eltern durch Geld- oder andere Strafen nöthigte, im Betreff der Schule ihrer Elternpflicht nachzukommen, kann nicht mitgetheilt werden. Manche Eltern fanden eine Entschuldigung für ihre Gleichgültigkeit gegen den Schulunterricht in dem Unfleiß der Lehrer, sowie darin, daß dieselben die Kinder unfreundlich behandelten, ja zuweilen gar gröblich mißhandelten. In Betracht dessen forderten die Visitationspunkte der H. Gr. Sponheim, die Schulmeister sollen von ihren Pfarrern dahin gewiesen werden, daß sie die Jugend mit Treue und Ernst unterrichten, sich des Polterns und der Unbescheidenheit in Streichen und Strafen enthalten, vielmehr sich der Freundlichkeit und der Sanftmuth befleißen, damit die Jugend Lust zur Schule bekomme und gerne darein gehe.

und unter der Linde nicht zu gestatten, erwiderte der Rector, wenn sie die Schüler deßhalb straften, würden sie von den Eltern verlästert. Den Lehrern wurde darauf der Bescheid, so sie in Ausrichtung ihres Amtes verlästert würden, solle solches den Thätern durch die Kirchendiener vor dem Presbyterium untersagt werden.

Auch sollen die Schulmeister ihre Schüler nicht zur Hausarbeit brauchen, sondern die Schulstunden mit Instituiren zubringen, und damit die Kinder nicht erschreckt oder irre gemacht werden, sollen sie die Stecken (baculos), Haar- und Ohrrupfen, auch schändliche Zunamen abschaffen. — Von Zeit zu Zeit fanden Schulprüfungen statt, wobei bisweilen den Kindern ein kleines Geldstück geschenkt wurde. So erhielt zu Birkenfeld am Schlusse einer Visitation jedes Kind einen Kreuzer. Rector Wagner bittet sich für denselben Zweck für die Schule Trarbach einige Königsthaler bei der Regierung aus, und bemerkt dabei, daß dies fast auf allen Partikularschulen gebräuchlich sei.

Was die Schulvisitation, überhaupt die Aufsicht über die Schulen betrifft, heißt es in der K. O. des Herzog Wolfgang: Wo Schulen sind, deutsche oder lateinische, sollen die Pfarrer und Kirchendiener des Orts schuldig sein, die Schule im Monat auf's allerwenigste einmal zu besuchen. Diese Bestimmung findet sich für die H. Gr. Sponheim in den Visitationspunkten von 1591 wiederholt, und ist da gesagt, die Schulmeister sollen alle 4 Wochen von dem Pfarrer visitirt werden und sollen die Pfarrer, da es vonnöthen, hierzu den Amtmann jeden Orts begehren, daß er mitgehe und zusehen helfe. Weiter heißt es: An welchen Orten Schulmeister sind, sollen dieselben in Kirchen- und Schulsachen ihrer Pfarrer Befehl vor Augen haben und sich gerne demselben gemäß verhalten. Aehnlich lauten die Bestimmungen in den andern Herrschaftsgebieten. Nicht alle Schulmeister aber haben sich gerne unter den Befehl des Pfarrers gestellt, und bei manchem war die Neigung vorhanden, den Pfarrern gegenüber eine mehr selbständige Stellung zu gewinnen, namentlich in Betreff ihrer Arbeit in der Schule. Umgekehrt waren manche Pfarrer höchst eifersüchtig in Betreff ihres Rechts zur Schulaufsicht und ängstlich besorgt, daß ihnen dasselbe in keiner Weise entzogen oder geschmälert werde. Obwohl dem Stadtrath zu St. Goar bei Besetzung der Lehrerstellen keine Stimme eingeräumt wurde, die Mitaufsicht über die Schule wurde ihm zugestanden, und hat er dieselbe durch etliche seiner Glieder ausgeübt. In höherer Instanz führten die Superintendenten und geistlichen Inspectoren in Gemeinschaft mit den Oberamtleuten die Aufsicht über die Schulen. Was in dieser Beziehung den geistlichen Inspectoren der

H. Gr. Sponheim anbefohlen war, ist bereits mitgetheilt. Die desfallsige Bestimmung in der kurpfälzischen Inspections-Ordnung lautet: Nicht weniger soll ihm, dem Inspector, auch befohlen sein, die Inspection auf die Schulen und Schuldiener zu haben und diese anzuhalten, daß sie ihres Amtes fleißig abwarten; er selbsten auch soll dieselbige d. h. die Schule, sonderlich an dem Ort, da er seßhaft, vielmals visitiren, besonders aber dahin sehen, daß in den Städten die Examina scholae um Verbesserung der fürfallenden Mängel willen zum wenigsten des Jahrs zweimal gehalten werden, um dadurch der Praeceptorum und Discipulorum Fleiß desto mehr zu spüren. — Mit der Oberaufsicht waren in Hessen das Konsistorium, in der Kurpfalz der Kirchenrath, in dem Herzogthum Zweibrücken und in der H. Gr. Sponheim die fürstlichen Kanzleien betraut, doch in der Weise, daß wichtigere Angelegenheiten durch die Fürsten in eigner Person entschieden und geordnet wurden. Daß bei den Generalvisitationen, sowie bei der Kirchenvisitation, die mit den Pfarrconventen verbunden war, jedesmal auch der Zustand der Schule untersucht wurde, dessen ist gedacht. In der H. Gr. Sponheim war der Schulrector zu Trarbach verpflichtet, im Amte Trarbach neben dem geistlichen Inspector die Schulen zu beaufsichtigen und von Zeit zu Zeit zu visitiren.

---

4. Das Einkommen, der Bildungsstand und die äußere Stellung der Lehrer.

An keiner Schule unsers Bezirks erfreuten sich die Lehrer eines großen Gehalts; es war derselbe meist sehr knapp bemessen und hier und da der Art, daß eine Familie damit nicht durchkommen konnte. In Kreuznach, der Hauptstadt der V. Gr. Sponheim, empfing um's Jahr 1610 der Rector an Gehalt 150 fl. Geld, 1½ Fuder Wein, 20 Malter Korn; der Konrector 80 fl. Geld, 1 Fuder Wein, 15 Malter Korn. Ebensoviel war dem dritten Lehrer, der zugleich Kantor gewesen, zugetheilt. Alle diese Gehälter wurden aus den Gefällen des eingezogenen Karmeliterklosters geliefert. Aus eben diesen Gefällen bezog der vierte Lehrer, der sogenannte Kollaborator, 6 Gulden, der deutsche Schulmeister 40 fl. nebst ½ Fuder Wein und 8 Malter Korn, und jede der beiden Schulfrauen 15 fl. In welcher Weise den letztgenannten Lehrern und Lehrerinnen das Einkommen aufgebessert wurde, daß sie sich durchbringen konnten, kann nicht mitgetheilt werden *).

In Trarbach führte der Rector Wagner häufig darüber Klage, daß der bei Aufrichtung der Schule festgesetzte Gehalt in Betracht der Theuerung des Ortes, sowie der Mühe und Arbeit der Stelle viel zu eng angesetzt sei, und indem er um Mehrung desselben bittet, sagt er, von seinen 80 fl. Geld müsse er mehr denn die Hälfte für Fleisch ausgeben, desgleichen für Holz an 15 fl. Sein Fuder Wein werde ihm im Herbst mit der Trub gebracht und sei beim Ablaß kaum 5 Ohm. Außer den 8 Malter Korns habe er weitern Nutzen nicht, auch nicht eines Pfennigs werth. Es wurde später der Gehalt um 20 fl. Geld und 2 Malter Korn gemehrt; aber als Rhodius nach seiner zeitweiligen Beurlaubung zum zweiten Male mit dem Rectoramte betraut wurde, mußte er sich daran einen Abzug von 40 Gulden und 2 Malter-Korn gefallen lassen **).

---

*) In Simmern, der alten Herzogsstadt, empfing um dieselbige Zeit aus der Schaffnerei Chumbd und Ravengirsburg der Rector der Schule einen Jahrgehalt von 90 fl. Geld, 6 Ohm Wein, 16 Malter Korn, 10 Malter Hafer, 2 Wagen Heu und 100 Gebund Stroh. Der zweite Lehrer, der zugleich Kantor, erhielt dasselbe Maß Heu und Stroh und 70 fl. Geld, 4 Ohm Wein, 14 Malter Korn und ebensoviel Hafer. Der Kollaborator mußte sich genügen lassen an 70 fl. Geld, 2 Ohm Wein, 14 Malter Korn und 7 Malter Hafer. Noch geringer war der Gehalt der Mädchenlehrerin, denn er bestand in 20 fl. Geld, 4 Malter Korn und 2 Malter Hafer. Daneben sollte jede Schülerin 6 Albus Schulgeld an sie zahlen; es geschehe aber dies, heißt es in der Nachweise, selten.

**) Betreffend die Leistungen der Schüler an die Lehrer, heißt es in der Competenz des Rectors in Kirn: Ein Fremder, so in die Schul gehet, soll dem Schulmeister jedes Jahr 1 Gulden geben, ein Junge, so außerhalb dem Flecken Kirn daheim, aber der Rheingrafschaft mit der Leibeigenschaft verwandt, 19 Albs, jeder Knab aus Kirn 6 Albs; daneben soll jeder Knab, „er sei heimbs oder frembs“, ein Viertel Pfund Licht in die Schul geben,

Von den Dorfschulen dürften wohl die in Merxheim und Waldbeckelnheim das größte Einkommen besessen haben, und dieses durch den Umfang der Schulländereien. In der H. Gr. Sponheim hatten die bestgestellten Lehrer der Dorfschulen nur eben für sich und ihre Familie des Lebens Nothdurft, und manche erfreuten sich nicht einmal dieser. Dies war namentlich der Fall bei dem Lehrer der Schule Winterburg. Die Summe seines Einkommens war, wie es am Schlusse seiner Gehaltsnachweise heißt, trotz des Zuschusses aus dem aufgehobenen Spital 6 Malter 6 Sr. Korn und 15 Gulden 17½ Albs Geld. Den Visitatoren des J. 1575 ging dieses zu Herzen. Mit Zustimmung des Oberamtmanns theilten sie dem Lehrer noch 8 fl. aus der Kapelle Winterbach zu und bestimmten zugleich, jeder Schüler soll einen Gulden Schulgeld entrichten. In mancherlei Weise wurden diese kärglichen Gehälter den Lehrern noch geschmälert: manchen schon dadurch, daß sie die zu ihrem Gehalte gehörenden Früchte selber einsammeln mußten und ihnen nicht immer gute Frucht geliefert wurde. Eine andre Noth erwuchs den Lehrern daraus, daß ihnen in manchen Jahren ihr Gehalt nicht vollständig oder nicht rechtzeitig geliefert wurde. Zahlreich sind die desfallsigen Klagen in allen Herrschaftsgebieten unsers Bezirks*).

---

und was nicht in der Schul mit Leuchten verbraucht wird, soll der Schulmeister zu seinem Studiren gebrauchen, und sollen die Lichter alle Michelstage geliefert werden. Item jeder Jung, so außer dem Flecken daheim, soll alle Jahre einen Karch Holz in die Schule geben. Item soviel die Knaben in den beurlaubten Tagen im Sommer zusammentragen, soll dem Schulmeister wie von Alters gestellt, doch der Bürgermeister jedes Jahr darum besucht werden und sie weisen, wo sie ohne Schaden der Gemeind hauen können. Item soll jeder Knab dem Schulmeister uf Neujahr 4 Pfennig zu geben schuldig und damit all anderer Brauch abgeleinet sein.

*) Zu Kreuznach behielt im J. 1586 der Rector gut an Wein 5 Ohm, der zweite Lehrer 2 Ohm. Georg Geßler aus Augsburg, der letzte Kollaborator an der Schule Kirn vor dem dreißigjährigen Kriege, stellte von Bretzenheim aus, wo er Diakonus geworden, im Sommer 1620 den Rheingrafen in einem Schreiben vor: Vielfältig habe er wegen seiner ausstehenden Dienstbesoldung sollizitirt und deßhalb seinen Dienst aufgeben müssen. Bei einem Abgang von Kirn, wo er in die 5 Jahre in der Schul laborirt, habe er von seinem Ausstand an Wein, Korn, Hafer und Geld, der sich an die 100 Gulden erstrecke, von der Wittwe des Kirchschaffners nicht mehr denn

Kärglich war meist der Gehalt der Lehrer und ärmlich ihre Dienstwohnung, wenn eine solche überhaupt vorhanden war. Vom Rector der Schule Simmern ist gesagt, er habe eine niedrige, von allen Seiten den Einsturz drohende Wohnung ohne Garten und Wiese. Viele Jahrzehnte hindurch besaß Birkenfeld kein Schulhaus; erst bei der Visitation von 1608 haben die Visitatoren ein solches vorgefunden. Zu Winterburg hatte man, wie es scheint, zwischen den Jahren 1570 und 1580 ein Schulhaus eingerichtet und zwar durch Umbau des Beinhauses. Zu Enkirch hieß es bei der Visitation von 1581, die Schule sei neu gebaut, und 1608 war am Schulhaus kein sonderlicher Mangel; die Schulstube aber bezeichnete der Schulmeister als sehr enge und bat, dieweil der Jugend sehr viel, um Erweiterung. Die Klage über Enge und Dunkelheit der Schulstube war eine häufige.

An die Gründung von Lehrer-, Wittwen- und Waisenkassen dachte man in der Reformationszeit noch nicht, und war darum das Loos der Lehrer-Wittwen und -Waisen oft ein sehr trauriges. Jedoch wurde auch ihnen, wie den Hinterbliebenen der Pfarrer, in der Regel noch etliche Zeit der Genuß des Gehalts nach dem Absterben des Lehrers belassen*). Ebenso fehlte es in unserer Landschaft dem Lehrerstande an Ruhstandskassen; und wie den Gebietsherrn meist die Mittel fehlten, diesem Mangel abzuhelfen, so war bei den Gemeinden wenig Willigkeit, für einen betagten oder

---

einen Reichsthaler erhalten. Sie sage, sie habe nichts einbekommen, habe aber noch ein Faß Wein, das er nach gemeinem Lauf und Kauf nehmen wolle. Bei der täglichen Indigenz habe seine Gesundheit sehr gelitten, man möge deßhalb mit ihm Erbarmen haben und ihm, wenn auch nicht den ganzen Ausstand, doch etwas geben. Ein jeder Arbeiter sei ja seines Lohnes werth.

*) Die desfallsige Bestimmung in der kurpfälzischen Inspections-Ordnung lautet: Da in Dörfern eine Schul vaciren würde, soll der Pfarrer desselben Orts der Wittib, Kindern und armen Freundschaft zum Besten die vacirende Schule versehen und es förderlich an den Inspector oder Kirchenrath berichten, da dann die Gefälle dem Weib und den Kindern so lange folgen sollen, bis ein anderer (Lehrer) dahin aufgenommen. In Städten aber soll der Inspector nach Gelegenheit, die er am besten ersehen mag, bis zur Wiederbestellung auf des abgestorbenen Schulmeisters leidlichen Kosten dieselbe versorgen.

fortwährend kränklichen Lehrer einen mäßigen Ruhegehalt aufzubringen. Die Tage der alten und schwach gewordenen Lehrer waren häufig hart und trübe. Zu Mannebach ist im J. 1598 bei dem Pfarrconvente „Klag vorkommen wegen Versäumniß der Schule; dieweil aber solches nicht durch Fahrlässigkeit, sondern durch die schwere Leibesschwachheit des Lehrers geschehen, sind Bürgermeister und Aelteste vermahnt worden, daß sie durch Bewegung göttlichen Worts und brüderliche Liebe Mitleid und Geduld mit ihrem schwachen Schulmeister tragen wollen und ihn nicht sobald zurückzuschuppen gedenken, welches ihnen nicht rühmlich und dem Kranken sehr beschwerlich wäre". Bürgermeister und Aelteste widersprachen dem nicht; es wurde aber ihre Geduld auch nicht auf eine sehr lange Probe gesetzt, denn der Kranke ist „seines Lagers nicht ufkommen, sondern verstorben!" In der Nachbargemeinde Diebach brachten die Vertreter derselben im J. 1608 beim Pfarrconvente vor, ihr Schulmeister sei zwar fromm, aber alt, sehe und höre übel, sei auch der lateinischen Sprache unerfahren, darum möge man ihn an einen andern Ort versetzen.

Bei solchen Verhältnissen des Lehrerstandes ist es nicht zu verwundern, wenn manche Lehrer des Schulhaltens bald müde wurden und, wenn es ihnen möglich war, eine andere Lebensthätigkeit wählten. So bat im J. 1592 Magister Daniel Schönwald, der Schulmeister in Kirn, um seine Entlassung, da er im Schuldienste zuseneszieren (zu altern) nicht gewillet sey und andre conditiones erlangen könne. Die Grafen Otto auf Kirburg und Adolph Heinrich auf Dhaun entließen ihn darauf des Schulamts und ertheilten ihm das Zeugniß, daß er sich 8½ Jahr lang bei ihnen als ein treuer frommer Schuldiener verhalten und daneben das Amt eines Notars versehen habe. Wie Schönwald neben der Arbeit in der Schule auch noch als Notar arbeitete, versah an andern Orten der Schulmeister nicht bloß zugleich das Glockamt, sondern auch die Gerichtschreiberstelle.

Der Bildungsstand der Lehrer war ein sehr verschiedener. Lehrer, welche sich für das Schulamt eigens und gründlich vorgebildet hatten, gab es nur wenige; groß dagegen war die Zahl derjenigen, welche ohne mit den erforderlichen Kenntnissen ausgerüstet zu sein, das Amt versahen. Ganz ungebildete Leute haben sich nicht selten um Schuldienste beworben und solche bisweilen auch erlangt. Ob Johann Hektor Stroh, der 8 Jahre lang den Bütteldienst im Amte Winterburg versehen und, dieweil er sich bei demselben mit Weib und Kind nicht mehr ausbringen konnte, die Räthe des Herzog Wolfgang bat, ihm als einem armen Landsunterthanen den Schuldienst in Pferdsfeld allergnädigst zu verleihen, den Dienst erhalten hat, steht nicht fest; dagegen ist es gewiß, daß Leute mit Schuldiensten „begnadet“ worden sind, die dazu vielleicht noch minder befähigt waren, als der genannte Bittsteller. Nicht wenige Lehrer betrieben, weil die Schule sie nicht ernährte, noch ein Handwerk, und Andere haben, um bei dem Betriebe ihres Handwerks sich noch einen Nebendienst zu schaffen, zugleich geschulmeistert. Von den vier Dorfschulmeistern des Oberamts Simmern war der in Argenthal zugleich Schneider, der in Holzbach Leinweber, der in Rheinböllen Schuster und Luca Tunger, der Schulmeister in Klosterchumbd, ein Wollenweber. Die dem Bauern- und Handwerkerstande angehörenden Lehrer waren häufig sehr ehrbare, pflichttreue Männer und in ihrer mit sittlichem Ernste gepaarten Schlichtheit der Jugend oft förderlicher als die, welche bloß Schulmeister waren. Die Letztern beschäftigten sich öfters mit allem Andern lieber als mit der Schule, waren hoffärtig und genußsüchtig, und weil es ihnen selber an Zucht mangelte, verstanden sie auch nicht, die Jugend in Zucht zu halten *).

*) Hierfür bieten die Visitationsverhandlungen in der H. Gr. Sponheim, sowie die Konventsprotokolle der Klasse Bacharach die Belege in reichlichem Maße. Von den vielen untauglichen Schulmeistern, welche zu Enkirch auseinander folgten, gab sich der Eine wenig Mühe in der Schule, desto mehr aber, den Calvinismus seines Pfarrers auszuspüren. Ein Anderer verlegte sich aufs Dichten und ließ seine dichterischen Erzeugnisse sogar im Druck erscheinen. Ein Dritter schickte einen Theil der Jungen häufig in den Wald, für seinen Haushalt Ginstern zu holen, und hörten sich die Jungen einander selbst ab, während er andern Dingen nachging. Zu Mannebach vernahm der Pfarrkonvent im J. 1588 über den Schulmeister die Klage, er sei fahrlässig, namentlich beim Gesang in der Kirche, lasse auch zu, daß die Knaben in der Kirche spielten. Im J. 1606 mußte dem Schulmeister verwiesen werden, daß er sich des Procurirens annehme d. h. den Advokaten spiele. Im J. 1611 wurde über den Lehrer vorgebracht, er sei das Jahr über nicht

Nicht wenige Geistliche unsers Bezirks sind, ehe sie Pfarrer wurden, Schulmeister gewesen, und manche dieser Schulhalter haben sich später als erbauliche Prediger und sorgsame Seelsorger erwiesen. Hier und da gaben die Pfarrer aus ihrem Gehalte etwas ab zur Unterhaltung eines Lehrers, verlangten aber dabei, daß derselbe ein Theologe sei und ihnen im Kirchenamt Hülfe leiste. An manchen Orten hatte der Kaplan oder Diakonus zugleich die Schule zu versehen, und gleicherweise versahen bisweilen die Lehrer einer Stadt den Kirchendienst in nahegelegenen Gemeinden. Der Oberschulmeister zu St. Goar war längere Zeit zugleich Pfarrer der Gemeinde Bibernheim, und umgekehrt arbeitete der Magister Johann Punsch noch einige Zeit an der Schule Kirn, nachdem er auf die Pfarrstelle Meckenbach befördert worden war. Die Kaplane hatten in der Regel wenig Lust, neben dem Kirchendienst auch noch Schule zu halten, und wurde deßhalb von einzelnen Gemeinden dringlichst die Trennung beider Aemter begehrt. Als im J. 1579 der Kaplan Grevenstein zu Kastellaun die Kaplanei in Kirchberg angenommen, sagte der Amtsverwalter Römer in seinem desfallsigen Berichte an den Herzog: Man solle ihn nicht aufhalten, dieweil er der Schule vorzustehn sich keineswegs bedacht gezeigt, wie denn fast alle bisherige Kaplane keine Lust zur Schule gehabt. Deßhalb sei es schon lange der Wunsch und die Bitte der Gemeinde, Se. F. Gnaden möchten auf Wege denken lassen, wie sie mit einem Schulmeister versehen werde.

Wie sich der Schule Manche zuwandten, welche Armuths halben ihre Studien nicht fortsetzen konnten oder aus Mangel an Begabung trotz mehrjährigen Aufenthalts in niedern und höhern Lehranstalten für höhere Aemter die Befähigung nicht erlangten, so wurden bisweilen Schuldienste, in der Regel doch nur die geringern, an Leute übertragen, die sich etliche Zeit zum Schulhalten bequemten, dieweil sie in anderer Weise sich den Lebensunterhalt nicht verschaffen konnten oder wollten. Es haben jedoch an den Schulen unsers Bezirks neben untüchtigen Lehrern auch Leute gearbeitet, welche Schulmänner in vollem Sinne des

---

die halbe Zeit bei den Knaben, bisweilen lasse er sie durch seine Mutter oder seine Hausfrau verhören.

Wortes gewesen, Männer voll Liebe zu ihrem Berufe und die in dieser Liebe die erworbenen Kenntnisse zum Heile der Jugend zu verwerthen wußten. Manche dieser tüchtigen Lehrer hatten, um sich für das Schulfach gründlicher auszubilden, neben guten Mittelschulen verschiedene Hochschulen besucht und auf den letztern sich den Magistergrad erworben. Viele Lehrer haben vor ihrer Thätigkeit an öffentlichen Schulen Hauslehrerstellen bekleidet. Wie Ursinus vor seiner Berufung an die Schule Trarbach Hauslehrer bei dem Amtmann auf Dhronecken gewesen, so war Nikol. Conradi aus Veitsrod, der während 1602 bis 1610 an der Schule Kirn arbeitete, nachdem er seine Studien in Jena vollendet hatte, einige Zeit Präzeptor bei dem in Sötern wohnenden Johann Schweikard, Vogt zu Hunolstein.

Fragt man schließlich nach der sonstigen Stellung der Lehrer, namentlich nach ihrer Stellung in Kirche, Staat und Gemeinde, so ist dem darüber Gegebenen noch Folgendes beizufügen. Die Fürsten und Herrn unsers Bezirks und ebenso die von ihnen geordneten kirchlichen und weltlichen Behörden haben mit wenigen Ausnahmen wie das Gedeihen der Schule überhaupt so insonderheit die Wohlfahrt der Lehrer sich anliegen lassen. Der amtstreue und sich ehrbar haltende Lehrer wurde geschätzt, befördert, in Nöthen unterstützt; und es würden gewiß die solchen Lehrern gewordenen Unterstützungen öfters reichlicher ausgefallen sein, wenn dazu die Mittel vorhanden gewesen wären. Ein großer Uebelstand war es, daß die Lehrer meist auf Kündigung angestellt wurden. Sind auch die Behörden mit der Aufkündigung oder Beurlaubung nicht leicht vorgegangen, so war doch für den Lehrer die Unsicherheit seiner Stellung höchst drückend und wohl geeignet, ihm die Amtsfreudigkeit zu trüben. Unter den Bezirks-Amtleuten gab es rohe, heftige Menschen, und wie durch deren Gewaltthätigkeit manche Geistliche schwer gelitten haben, so auch die Lehrer. Tief verletzend für das Ansehen des Lehrerstandes war es insbesondere, daß man Lehrer, die sich zwar schwer vergangen, doch keines Verbrechens schuldig gemacht hatten, Thurmstrafe erleiden ließ. Auch daran fehlte viel, daß das Verhältniß zwischen Pfarrer und Lehrer überall der Art gewesen wäre, wie es sein sollte, Seitens der Pfarrer ein mild väterliches, Seitens der Lehrer ein ehrerbietiges. Lag davon bisweilen die Schuld mehr an dem einen als an dem andern Theile, nicht selten war sie auf beiden Seiten gleich groß. Der Lehrer war unfleißig in der Schule, nachlässig in seinem Kirchendienst, unordentlich in seinem Wandel und doch dabei dünkelhaft und trotzig; der Pfarrer hochfahrend, eigensinnig, amtsstolz und wollte, obschon er selbst in seinem Thun und Lassen nicht immer die Amtswürde wahrte, diese dennoch von dem Lehrer geachtet wissen. Hier und da war sogar der Pfarrer dem Lehrer ein Verführer zum Bösen, zum Spiel, zum Trunk und Anderem. Ein Pfarrer in Birkenfeld zog den Schulmeister häufig mit sich auf die Jagd und zum Fischfang und hemmte dadurch den Schulunterricht, den er zu fördern verpflichtet war. Was die Gemeinden belangt, so haben diese ihre Lehrer oft wenig geachtet und hart gehalten. In der Kirner Schulordnung heißt es: Die Bürgerschaft soll die Schuldiener nit überfahren oder in Zechen (im Wirthshaus) übel ausrichten, sondern wo sie Mängel haben, solches den verordneten Schul-inspectoribus anzeigen, die alsdann der Sache Recht zu schaffen wissen werden. Bei der Kirchenvisitation von 1575 reichte der Schulmeister von Birkenfeld den Visitatoren eine Beschwerdeschrift ein, worin er sagt: wenn ein Schulmeister in die Gemeinde einziehe, wolle sie einen Gulden für den Einzug erheben und ebenso für den Wegzug. Wenn die Gemeinde sich versammle, solle er auch dabei sein oder er werde gestraft. Nicht bloß müsse er Hirtenlohn zahlen, sondern auch die Mithut der Heerde übernehmen, wenn die Reihe an ihn komme. Seine Beschwerde hatte den Erfolg, daß er des Einzugsgeldes und des „Zubottens" bei dem Schweinhirten gefreit wurde, nicht aber des Hirtenlohns *).

*) Aehnlich stand es auch in andern Gemeinden. Der Schulmeister in Pferdsfeld klagte, er müsse Briefstragens, Fröhnens, Wacht und Hut wegen oftmals ein oder mehrere Tage die Schule versäumen; mitunter geschehe es, daß, während er schon in der Kirche sei und dieselbe mit Gesang und dem andern Dienst versehen helfe, er die Kirche verlassen müsse, um einen Brief über Feld zu tragen. Wollte er nun doch seinen Dienst in der Kirche versehen, müsse er dem, der den Gang für ihn mache, 8 bis 10 Albus geben. Die Kanzlei in Birkenfeld wies den Amtmann zu Winterburg an, die Gemeinde dahin zu bringen, daß sie dem Schulmeister das Brieftragen und andere Dienste erlasse, damit er desto besser dem Glockamt abwarten und die Kinder mit Fleiß unterweisen möge.

Auch die Stadtgemeinde Trarbach suchte die Lehrer an ihrer Schule zu den Gemeindediensten heranzuziehen. Es wurden in ihr jährlich der Reihe nach sechs Bürger zu Weinschrötern bestellt, und mußten diejenigen, welche diese Last nicht in eigener Person übernehmen wollten, mit einem Geldbetrage sich davon loskaufen. Nachdem Justus Rhodius das Rectorat überkommen, forderte der Bürgermeister auch von ihm den Loskauf. Rhodius erkundigte sich wegen dieser Forderung bei seinem Amtsvorgänger, und als dieser ihm mittheilte, ein Rector sei aller Gemeindelasten gefreit, weigerte er die Zahlung. Alsbald versammelte sich die Bürgerschaft und faßte den Beschluß, es solle fortan der Rector an den Gemeindenutzungen keinerlei Theil mehr haben, weder am Backhaus, noch an den Büschen oder sonst an einem Rechte, und auch die Weinschröter sollten ihm keinen Dienst leisten. Rhodius beschwerte sich dieses Beschlusses bei dem Kanzler Zeuger und sagte schließlich: wenn es den bürgerlichen Machthabern gestattet würde, die Litteratoren in solche Nöthen zu bringen, so wäre es besser, Bücher und Feder wegzuwerfen und der Städter Ochsen und Schweine zu hüten. Der Oberamtmann empfing den Auftrag, dem Rector zu sagen, er solle in dieser schweren Zeit sich nachbarlich und mitleidig verhalten.

III. Abschnitt.

Der Gottesdienst.

Der Gegensatz, in welchen die lutherische und die reformirte Kirche von Anfang an darin zu einander getreten sind, daß die erstere in Betreff der Lehre wie der äußern Ordnung nur das ändern und ausscheiden wollte, was sie als unchristlich erkannte, während die letztere sich zur Gestalt der apostolischen Kirche zu erneuern suchte und nur gelten ließ, was die h. Schrift in klaren Worten lehrte, tritt besonders scharf in der Gestaltung des Gottesdienstes zu Tage. Hier verfuhr die lutherische Kirche noch stärker als auf andern Gebieten mehr erhaltend, reinigend und umbildend, die reformirte mehr abschaffend und neubildend. Dieses wird sich uns verdeutlichen, wenn wir uns die Umgestaltung:

1) der Ordnung der Feiertage,
2) des Gottesdienstes im engeren Sinne des Worts,
3) der heiligen Handlungen,

wie sie in Folge der Reformation in den Kirchen unseres Bezirks eintrat, zur Anschauung bringen.

---

1. Die Feiertage.

Herzog Wolfgang sagt in der seinen Fürstenthümern gegebenen Kirchenordnung: Wiewohl der Feiertage halben sich vor Zeiten allerlei Unrichtigkeit in der Kirche zugetragen, so hätten doch die Apostel und ihre Nachkommen klärlich dargethan, daß die christliche Kirche an keinen levitischen Gottesdienst gebunden sei, sondern Freiheit habe, was zur Erbauung des Glaubens an

Christus dienlich, nach Gelegenheit jedes Landes und Volkes zu ordnen. Dieweil nun die Ordnung der Feiertage der Gemeinde dahin dienstlich, daß sie bestimmte Zeit wisse, die Predigt und die h. Sakramente zu besuchen, so wolle er, daß nachbenannte Feiertage verkündet und christlicher Gebühr nach gehalten werden: Ueber die gemeinen Sonntage d. h. außer diesen sollen gefeiert werden die hohen Feste des Herrn Christi, als da sind 1. der Tag Nativitatis oder Geburt Christi sammt dem andern und dritten folgenden St. Stephani, des ersten Märtyrers und St. Johannis des Evangelisten, 2. der Tag Circumcisionis oder der Beschneidung Christi, Neujahrstag, 3. der Tag Epiphaniä d. i. der Erscheinung oder Offenbarung Christi, den man nennt der h. drei König Tag, 4. der Tag der Opferung Christi im Tempel gen. Purificationis Mariae, 5. der Tag Annunciationis Mariae oder Conceptionis Christi, da Christus in der Jungfrau Leib empfangen ist, 6. der Tag Coenae Domini, den man den grünen Donnerstag nennt, da von des Herrn Nachtmahl soll gepredigt werden, 7. der Tag Passionis Christi oder des Leidens und Sterbens Christi, welcher der Charfreitag genannt wird, 8. den Ostertag oder Pascha, der Tag der Auferstehung Christi, sammt dem folgenden Montag und Dienstag, 9. der Tag Ascensionis oder Himmelfahrt Christi, 10. der Pfingsttag sammt dem folgenden Montag und Dienstag, 11. der Tag Trinitatis. Neben diesen Festen sollen auch gehalten werden die Tage der Apostel, der Tag Johannis des Täufers, der Tag Visitationis, da Maria ihre Muhme Elisabeth heimsucht, der Tag Michaelis, an welchem dem Volke die Lehre von den Engeln soll vorgetragen werden. An diesen Tagen soll man Vormittags predigen und, so Communicanten da sind, die Communion halten wie an den Sonntagen. Das Fest, das man genannt hat Corporis Christi (Frohnleichnam) soll ganz abgethan sein, und sollen die Leute ernstlich unterrichtet werden, daß die Umtragung und Anbetung des Brodes öffentliche Abgötterei sei. So heilige Tage einfallen, die man nicht pfleget zu feiern, und ihre Historien im Evangelio beschrieben sind, als da ist der Tag der Bekehrung Pauli, Maria Magdalenä, Johannis Enthauptung, so mögen die Prediger dieselben Historien in dem Werktagsgottesdienst, der solchen heiligen Tagen am nächsten ist, in der Predigt handeln. Unterm 12. November 1561 verordneten Wolfgangs Statthalter und Räthe, die unter 1 bis 11 genannten hohen Feste sollten gleich den Sonntagen des Vor- und Nachmittags gefeiert werden, was aber die übrigen gemeinen Feiertage belange, so solle des Vormittags Gottes Wort verkündet werden und bei einer Strafe von 10 Gulden Niemanden erlaubt sein, vor dem Ende der Predigt Feld- oder andere Arbeit anzufangen, Kramladen aufzuthun u. s. w. *) Vom Jahr 1561 an erhielt Wolfgangs Kirchenordnung auch in der H. Gr. Sponheim Geltung, und wurde in ihr im J. 1591 befohlen, es sollten auch die Feste der Apostel ganz gefeiert werden. Daß diese Verordnung nicht überall zur Ausführung kam, erweist der Visitations-Abschied von 1608, wo es heißt: Es befinde sich in der Grafschaft eine große Ungleichheit darin, daß die Feier- und Aposteltage an etlichen Orten ganz, an etlichen halb gehalten werden. Dieselben sollten aber hierfür in allen Aemtern den ganzen Tag gleich den Sonntagen zugebracht werden mit Predigt und Kinderlehre, wie es die Gelegenheit jedes Ortes erfordere, und soll man keineswegs gestatten, daß an denselben Tagen sich Jemand in anderer Herrschaft, da man nicht feiert, zur Arbeit einstelle und zu Haus die Predigt versäume. Die Rheingrafschaft hatte die Feste und Feiertage mit dem Fürstenthum Zweibrücken gemein, und ein Gleiches gilt wohl von dem Fürstenthum Simmern, bevor dasselbe mit der Kurpfalz vereinigt war. In Hessen wurden mit Vor- und Nachmittagsgottesdienst gefeiert die beiden ersten Tage des Weihnacht-, Oster- und Pfingstfestes, ferner der Neujahrstag, Epiphanien, Mariä Reinigung, Mariä Verkündigung, Himmelfahrt, der Gedächtnißtag Johannis des Täufers und Mariä Heimsuchung, dagegen nur mit Morgengottesdienst der dritte Tag von Weihnachten, Ostern und Pfingsten, sowie die Tage der Maria Magdalena, des Erzengels Michael und Pauli Bekehrung **). Was die Aposteltage betrifft, so wurden dieselben im Oberfürsten-

---

*) Zu den gemeinen Feiertagen zählte der Erlaß die Tage der Apostel Mathias, Philippi und Jakobi des Jüngern, Petri und Pauli, Jakobi des Aeltern, Bartholomäi, Matthäi, Simonis und Judä, Andreä und Thomas, ferner den Johannistag, den Tag Visitationis Mariae, den Michaelistag, sowie die zwei Tage nach dem Christ-, Oster- und Pfingsttage.

**) Vgl. die hessischen Generalsynoden S. 11.

thum Hessen, sowie in der Ober- und Niedergrafschaft Katzenelnbogen so gefeiert, daß des Morgens Predigtgottesdienst stattfand *).

Friedrich der Fromme strebte bei Ordnung der Feiertage die Einfachheit der alten christlichen Kirche an. Von den Marienfesten, welche erst während der spätern Jahrhunderte in Aufnahme gekommen, weiß seine Kirchenordnung nichts. Ebensowenig kennt dieselbe eine Feier der Aposteltage, des Dreikönigentages, der Bekehrung Pauli u. s. w. Neben dem Sonntage sollen nur gefeiert werden: Der Christtag, der Ostertag und der Pfingsttag samt dem nächstfolgenden Tage, ferner der Himmelfahrtstag und der Neujahrstag. Bei dem hohen Werth, welchen Friedrich auf das von Christus am Kreuz vollbrachte Opfer legte, befremdet es, daß er nicht den Todestag des Herrn unter die Feste des Jahres aufgenommen. Doch wollte auch er das Leiden des Herrn gefeiert wissen. In seiner K. O. heißt es: Es mögen auch die Kirchendiener nach Gelegenheit einer jeden Kirche die Historien Passionis auf den Sonntag Invocavit anfahen zu erklären und bis auf Ostern ausführen. Auch macht es das in der K. O. von 1583 enthaltene Charfreitaggebet wahrscheinlich, daß wenn auch nicht schon während seiner Regierung, doch zur Zeit seines Enkels Friedrich die Gemeinden sich am Charfreitag zur Betrachtung des Leidens Christi im Gotteshause sammelten. Theils zur Mehrung der christlichen Erkenntniß, welche allerwärts bei dem Volke noch eine sehr geringe war, theils um den Herzen Gelegenheit zu geben, ihrer Sünden zu gedenken und in gemeinsamem Gebet das Erbarmen Gottes anzuflehen, ordnete Friedrich neben den Sonn- und Feiertagsgottesdiensten Wochengottesdienste an. An den Werktagen in der Woche, bestimmt er, sollen in einer jeglichen Stadt zwo Predigten gehalten werden, am Mittwoch und am Freitag, in den Dörfern aber soll alle Woche auf einen Tag,

*) Wilhelm der Landgraf in Niederhessen billigte diese Feier nicht und schrieb seinem Bruder Ludwig in Marburg, ihr Vater habe in seiner Handbibel zu Richter 8. 27. vermerkt: O Gott! wie leicht geräth ein gut Vornehmen zur Abgötterei. Ludwig antwortete: Nach seinem Ermessen müsse die Frage in Betreff der Aposteltage behandelt werden nach dem Worte des Apostels: Welcher einen Tag vor dem andern hält, der thut es dem Herrn zu Ehren; hier greife die christliche Freiheit Platz; er halte die Gedächtnißfeier der Apostel für gut und wolle sie beibehalten.

welcher jedem Ort der gelegenste ist, eine Predigt aus dem alten oder neuen Testament geschehen, die zur Erkenntniß der Sünde und des Zornes Gottes dienlich, und wo das Volk zum Singen geschickt sei, soll ein Psalm, so zur Buße dienlich, gesungen werden. In der Predigt soll der Prediger anzeigen die gegenwärtige Noth, als da sind: Krieg, theure Zeit u. s. w., und wie die Propheten im alten und die Apostel im neuen Testament beim Volk angehalten haben, ernstlich zu beten und zu fasten, so soll auch jetzt das Volk an den Sonntagen ermahnt werden, in der Woche sich zum gemeinen Gebet zu verfügen, so oft solches ein schweres Anliegen der christlichen Kirche erfordere. Durch spätere Mandate wurde angeordnet, daß ein solcher Bettag in allen Städten, Flecken und Dörfern auf den ersten Mittwoch eines jeglichen Monats stattfinden und dazu männiglich, Jung und Alt, Mann, Weib und Gesinde soviel möglich erscheinen sollen. Auch in den Kirchen Hessens waren Wochengottesdienste üblich, namentlich in der Fastenzeit und neben dem monatlichen Bettag pflegte man einen Jahres-Buß- und Bettag zu feiern. Predigtgottesdienste in der Woche ordnete Wolfgangs K. O. nur für die Städte an, und sollten dieselben am Mittwoch und Freitag des Morgens zwischen 7 und 8 Uhr gehalten werden. In der H. Gr. Sponheim suchte man sie auch in den Dorfpfarreien einzuführen, es dauerte jedoch lange, bis man solches in allen Gemeinden zu Wege brachte, und blieb der Besuch derselben ein schwacher. In der Rheingrafschaft sollte an jedem Mittwoch eine Wochenpredigt und in der Woche, in welche der Neumond fiel, ein Bettagsgottesdienst stattfinden. Traten Feiertags-, Leich-, oder Hochzeitpredigten ein, so konnte die Wochenpredigt ausfallen, fiel in die Neumondswoche ein Feiertag, so wurde auf diesen der Bettag verlegt. Während Herzog Wolfgang Abstand davon genommen, Wochengottesdienste auch in den Dorfpfarreien einzuführen, ordnete er für diese das Sonnabendgebet, die sogenannte Vesper, an und will überhaupt das Früh- und Abendgebet an den Orten, da es bisher bräuchlich gewesen, nicht abgethan haben, vielmehr sollen die Kirchendiener es sich angelegen sein lassen, daß man es verrichte *).

*) In Betreff des Sonnabendgebets lautete die Bestimmung seiner K. O. also: Alle Sonnabend Nachmittags und alle heiligen Abend, wenn

Friedrichs des Frommen sehnsüchtigster Wunsch war es, daß das von ihm regierte Volk mit dem Worte Gottes immer vertrauter und dadurch herzensfrömmer werde. In mannigfacher Weise hat er dieses angestrebt, auch dadurch, daß er in seine K. O. die Bestimmung aufnahm: An den Werktagen allesammt soll in Städten alle Morgen ohne Singen ein Kapitel aus der Schrift verständlich vorgelesen und dem Volk die Summe des Kapitels, sowie die fürnehmste Lehre daraus, so zum Trost, Vermahnung und Erbauung am dienlichsten, kürzlich und einfältig fürgehalten, darauf das Morgengebet mit dem Vater unser und den zehn Geboten vorgesprochen werden, doch also daß Lektion, Vermahnung und Gebet sich nicht über eine halbe Stunde erstrecke. Desgleichen soll der Kirchendiener alle Abend zu gelegener Stunde ein Kapitel verständlich fürlesen, mit angehängter kurzer Lehr und Vermahnung, und darauf das Abendgebet sammt dem Vaterunser und dem Glauben vorsprechen. Auch auf den Dörfern, wo mans mit den Kirchendienern haben könne, soll man am Dienstag, Mittwoch und Donnerstag solch Morgen- und Abendgebet halten. In wieweit man dieser Bestimmung in den Gemeinden nachgekommen, liegt nicht zu Tage.

Noch zu Anfang dieses Jahrhunderts war es in vielen evangelischen Gemeinden Sitte, daß beim Geläute der Abendglocke der Ackersmann auf dem Felde, der Handwerker in seiner Werkstatt mit der Arbeit einhielt, das Haupt entblößte und die Hände zum Gebet faltete. Gleicherweise sah man schon bei der Reformation in dem Morgen- und Abendgeläute nicht bloß das Zeichen, daß man sich zur Tagesarbeit erheben oder von ihr

des andern Tags die Versammlung des Volks geschieht, soll der Klöckner um zwei Uhr zur Vesper läuten, und wo der Pfarrer im Dorfe wohnt, soll er bald nach dem andern Puls in die Kirche kommen. Auch in der H. Gr. Sponheim suchte man die Vesper in Gang zu bringen, aber es ging damit sehr langsam. Im Visitationsabschiede von 1570 wurde verordnet, die Vesper solle nicht unterlassen werden, ob Leute darein kommen oder nicht. Dagegen empfing der Inspector Artopaeus, als er 1613 berichtete, die Vesper könne von wegen des Volks, sowie auch aus Mangel an tauglichen Schülern nicht allenthalben eingeführt werden, den Bescheid: Anlangend die Vesper habe es den Verstand, daß dieselbe an den Orten, da es große Gemeinden gebe, gehalten werden solle.

ablassen solle, sondern einen Weckruf zum Gebet. In der H. Gr. Sponheim wurde bei der Visitation von 1580 verordnet, das Ave-Maria-Läuten solle abgeschafft, dagegen ein Zeichen geläutet werden, das so lange oder noch länger dauere, als die drei Zeichen des Ave-Maria. Darauf hin unterblieb in manchen Gemeinden das Morgen- und Abendgeläute, und auf dem Kloster Wolf fand es nur in der alten Weise statt. Das Eine wie das Andere bezeichneten die Visitatoren des J. 1591 als unevangelisch und befahlen den Amtleuten, darauf zu halten, daß allerwärts das Abend- und Frühgebet mit dem Glockenschlag angestellt werde. Schon im J. 1592 berichtete der Amtmann von Allenbach, in seinem Bezirk thue man früh und Abends einen Glockenklang, damit die Leute zum Beten erinnert werden, woran Mancher sonst in einer ganzen Woche nicht gedacht. Der Inspector Konon schrieb 1595, das Geläute zum Gebet sei nunmehr in allen Pfarreien angeordnet und im nächsten Convent werde er die Pfarrer anweisen, ihre Pfarrkinder zu belehren, daß solches Gebet wegen der Zunehmung des Erbfeindes des christlichen Namens sonderlich nöthig sei *).

2. Der Gottesdienst
im engeren Sinne des Wortes.

In der römischen Kirche ist die Messe der Schwer- und Gipfelpunkt des Gottesdienstes. Die Verkündigung des göttlichen

*) Als man in der Kanzlei Birkenfeld vernommen, daß man in Kastellaun nur des Abends die Betglocke ziehe, wurde dem dasigen Pfarrer aufgegeben, auch das Morgengeläute anzustellen, und solle er das Volk ermahnen, daß es fürder die Betglocke nicht Ave-Maria nenne. Der Pfarrer wollte dem Befehle nachkommen, die Gemeinde aber bat ihn, es damit noch anstehen zu lassen, sonst möge man ihr in dem anstoßenden Papstthum vorwerfen, sie hätte sich, um dem Herrn Markgrafen Eduard Fortunat zu willfahren, bereits wieder zum Papstthum gelenkt. Als der Inspector dieses an Herzog Karl berichtete, fügte er bei, die Gemeinde sei übrigens geneigt, dem Befehle zu gehorsamen, und was das Mittag- und Türkenläuten betreffe, so werde darin bereits Gleichförmigkeit mit den andern Kirchen gehalten. Daraufhin wurde auch in Kastellaun das Frühgeläute eingeführt.

Wortes kann in ihm unterbleiben, und doch gilt er als ein voller Gottesdienst, so nur die Messe in allen ihren Theilen vollzogen wird. Dieses änderte sich mit der Reformation. Die Predigt kam wiederum zu ihrem ursprünglichen Rechte, dem Hauptgottesdienste durfte sie nicht fehlen. Die reformirte Kirche sagte sich von der Messe ganz los, und die lutherische behielt aus derselben nur bei, was sie nicht als dem Evangelium zuwider ansah und für die Erbauung der Gemeinde dienlich erachtete. Wie in den lutherischen Gemeinden das Innere der Gotteshäuser noch längere Zeit eine größere oder geringere Aehnlichkeit mit den Gotteshäusern der römischen Kirche behielt, gleicherweise verhielt es sich mit dem Gottesdienste. Dieses war sogar der Fall in Hessen, wo Lambert von Avignon, ein Theologe der reformirten Richtung, der Gehülfe des Landgrafen Philipp beim Beginne des Reformationswerkes gewesen. In den Kirchen Hessens, berichtet Heppe, stand in den ersten Zeiten nach der Reformation noch überall im Chor der Altar, geschmückt mit Kreuzesbild und Kerzen, und die Geistlichen hatten den Altargesang noch nicht verlernt. Der sonntägliche Morgengottesdienst begann mit dem Gesange eines Psalms, an welchen sich das confiteor anschloß. Häufig ging dem Sündenbekenntniß die Verlesung der zehn Gebote vorher, und jederzeit wurde nach dem Beichtgebet die Absolution ertheilt. Hierauf sang man das gloria in excelsis mit dem kyrie eleison; nach dem Gesange der Sequenz*) folgte die Verlesung des Evangeliums, darauf sang die Gemeinde das Glaubensbekenntniß und nun erst folgte die Predigt. Den Nachmittagsgottesdienst begann die Gemeinde mit Absingung des Glaubensbekenntnisses, des Herrengebetes oder der zehn Gebote. Darnach predigte der Geistliche über einen Punkt der fünf Hauptstücke des Katechismus, und daran reihte sich die Katechisation mit dem jüngeren Theile der Gemeinde. Erst unter Landgraf Moriz gestaltete sich in den an ihn gefallenen Landestheilen, und dazu gehörte die Niedergrafschaft Katzenelnbogen, der Gottesdienst einfacher.

---

*) Die Sequenz ist immer ein Hymnus, und war verschieden nach den Tagen und Festen. So ist in der römischen Kirche die Pfingstsequenz der Hymnus: Veni sancte spiritus et emitte coelitus lucis tuae radium; zu deutsch: Komm heiliger Geist und sende vom Himmel herab deines Lichtes Strahl.

Herzog Wolfgang sagt in seiner K. O: die Päpstlichen verkehren das Amt d. h. den Gottesdienst in Opfermaß und Verdienst, aber die rechten Aemter, die der Herr Christus geordnet hat, sind die Predigt des Evangeliums, die Austheilung des Sakraments, die Nießung desselben im Glauben, die Danksagung und rechte Anrufung in öffentlicher Versammlung. Demgemäß ordnete er für die Sonn- und Feiertage den Morgengottesdienst also: Insofern die Gemeinde nicht sangfähig war, sangen die Schüler einen lateinischen Introitus, auch statt desselben einen oder zwei Psalmen, deutsch oder lateinisch. Nach dem Introitus bekannte die Gemeinde ihre Sündigkeit durch den Mund des Geistlichen und empfing durch denselben die Absolution. Darnach sangen die Schüler oder der Chor das deutsche Kyrie und das deutsche Gloria. Hatte darauf der Geistliche die Gemeinde gegrüßt mit dem Rufe: der Herr sei mit euch! und durch den Chor empfangen den Gegengruß: „und mit deinem Geiste“, so verlas er zunächst eine Collecte, darnach die Epistel und nach abermaligem Gesange eines geistlichen Liedes das Evangelium. Das Amen nach der Collecte sprach die Gemeinde, welcher sich der Geistliche bei Verlesung der Epistel wie des Evangeliums zuzuwenden hatte. An die Schriftverlesung reihte sich das Credo, d. h. der apostolische Glaube, welchen die Gemeinde oder der Chor mit dem Geistlichen sang. Darauf folgte die Predigt und nach derselben die Communion. Fand diese nicht statt, so sang die Gemeinde die Litanei oder andere Gesänge, der Geistliche las nochmals ein Bittgebet und ertheilte der Gemeinde die Benediction mit dem Segen Aarons. Zum Schlusse der Feier sang man: Erhalt uns Herr bei Deinem Wort, oder das deutsche: „da pacem, verleih uns Frieden gnädiglich“. Belangend den Nachmittagsgottesdienst, so wurde derselbe wie in Hessen vorzugsweise der Einprägung und Erklärung des Katechismus gewidmet, und dabei der alte Brauch festgehalten, daß man neben andern Gesängen jedesmal den Lobgesang Mariä, das sogenannte Magnificat sang. Als Herzog Karl die Gottesdienstordnung seines Vaters für die H. Gr. Sponheim erneuerte, wurde dieselbige in einigen Punkten etwas verändert, vornehmlich darin, daß die lateinischen Eingänge und Gesänge mit deutschen Gesängen vertauscht wurden.

Da die K. O. Wolfgangs nur eine Ueberarbeitung und

Erweiterung der K. O. seines Vetters des Kurfürsten Otto Heinrichs ist, so hatte in der Kurpfalz der evangelische Gottesdienst anfänglich dieselbe Gestalt wie im Fürstenthum Zweibrücken, desgleichen im Fürstenthum Simmern und in der Rheingrafschaft, wo Otto Heinrichs K. O. war eingeführt worden. Eine große Aenderung aber trat in der Pfalz ein vom J. 1563 ab mit der Einführung der K. O. Friedrichs des Frommen. Diese beseitigte Alles, was an die römische Messe erinnerte. Der Altargesang des Geistlichen hörte auf und ebenso die Responsorien des Chors. Alle Gebete, selbst das Sündenbekenntniß und die Absolution, welche Stücke nicht der Predigt vorangingen, sondern auf sie folgten, sprach der Prediger auf der Kanzel, ebenso den Segen. Der Altar wurde aus allen Kirchen hinweggenommen, und an dem Tische, der an die Stelle desselben trat, nur die Feier des Abendmahls und der Taufe, desgleichen die kirchliche Trauung vollzogen. Die K. O. Friedrichs enthielt wie die von Wolfgang besondere Gebete für alle Feste des Jahres, desgleichen für die verschiedenen Sonntags- und Wochengottesdienste, es fehlen ihr nur die sogenannten Collecten, d. h. die kleinen Gebete, welche in der lutherischen Kirche der Geistliche am Altare las. In Wolfgangs K. O. findet sich das große Buß- und Bittgebet der alten Kirche, die sogenannte Litanei, verdeutscht und für die Gemeinden, in welchen ihr Gesang möglich war, der Art gefaßt, daß zwei Chöre bald mit einander wechselten, bald zusammen sangen. Diese Litanei mit Wechselgesang kennt Friedrichs K. O. nicht, dagegen enthält auch sie ein ausführliches Gebet, das an den Bettagen nach der Predigt für alle Noth und Anliegen der Christenheit gebetet werden soll. Den Geistlichen der H. Gr. Sponheim ward schon nach der Visitation von 1567 zur Pflicht gemacht, daß sie in der Wochenpredigt an Orten, da sie Schüler haben, die Litanei singen und an den andern Orten sie gebetsweise vorlesen *). Im J. 1594 hatte Herzog Karl ein neues

---

*) Als man bei der Visitation von 1608 eine Ungleichheit darin befunden, daß der Mehrtheil der Geistlichen das Vaterunser, die Litanei, den Segen u. dgl. mit fremden in der sponheimischen K. O. nicht begriffenen Zusätzen zu sprechen oder zu verlesen pflegte, wurden dieselben im Visitationsabschied erinnert, sich solcher Zusätze zu enthalten und in allen heiligen

Gebet wider den Türken als den Erbfeind der Christenheit verfassen lassen, und waren seine Räthe, als sie dasselbe dem Oberamtmann der Grafschaft zusandten, der Meinung, dasselbe solle zwischen dem gemeinen Gebet und dem Vaterunser verlesen werden. Es stehe jedoch bei ihm und Nikolas Jakobi dem Inspector, die Formel zu verbessern oder statt derselben das alte Türkengebet, so in der K. O. zu finden, zu brauchen *).

Alle K.-Ordnungen schreiben unter Berufung auf 1 Tim. 2, 1 die Fürbitte für den Landesherrn und seine Familie vor **). Trat in dem landesfürstlichen Hause irgend ein freudiges oder trauriges Ereigniß ein, so wurde dessen im gemeinen Gebete gedacht. Unterm 27. März 1593 meldete Hans Magnus von Wolframsdorf, der als Amtmann zu Birkenfeld zugleich das Amt des Landhofmeisters bei Herzog Karl bekleidete, dem Oberamtmann der Grafschaft: Des Pfalzgrafen Karl geliebte Gemahlin sei ihrer getragenen fraulichen Bürde mit Gnaden glücklich entbunden, und seien beide fürstlichen Gnaden mit einem jungen Fräulein erfreut worden. Der Fürst habe deshalb befohlen, man solle die Fürbitte für die Fürstin abschaffen und statt dessen die gebührende Danksagung auf der Kanzel verrichten. Diesen Befehl möge er in die Aemter der Grafschaft gelangen lassen.

Nach diesen Mittheilungen über den Gottesdienst im Allgemeinen und über die Liturgie insbesondere ist näher darzulegen, was bei und nach der Reformation in Betreff des Kirchengesanges, der Predigt, sowie der Katechismuslehre angeordnet und ins Werk gesetzt wurde.

Handlungen der K. O. und der Agende von 1591 zu conformiren oder der Herrschaft Straf gewärtig zu sein.

*) Weiter hieß es: Auch wäre es nicht unrathsam, daß man in den Städten und Flecken des Abends und des Morgens dieses gemeinen der ganzen Christenheit Anliegens bei dem Glockenklang eingedenk wäre und daß das Volk hiezu von den Pfarrern auf der Kanzel vermahnt werde

**) In den Kirchen der Kurpfalz wurde gebetet für den Kaiser, den Kurfürsten und dessen Gemahlin, die Kurfürstin Wittwe, sowie für des Fürsten Brüder und Schwestern, wenn solche vorhanden waren. In der H. Gr. Sponheim wurde im J. 1592 der Geistlichkeit aufs Neue eingeschärft, das für die Herrschaft vorgeschriebene Gebet zu observiren.

1. Der Kirchengesang.

Der Gottesdienst der Gemeinde ist nicht in vollem Sinne des Wortes eine Gemeinde-Feier, so lange bei ihm bloß der Geistliche thätig ist. Es gehört zur wahren Feier, daß auch die Gemeinde zum Worte komme. Je tiefer eine Gemeinde ergriffen wird von dem, woran sie das vom Geistlichen gesprochene Gebet erinnert, und was das durch seinen Mund verkündete Gotteswort ihr sagt, desto stärker wird bei ihr der Drang sein, das Gefühl des Herzens auszusprechen, auch ihrerseits in der Versammlung laut zu beten und zu bekennen. „Soll aber", sagt ein großer Lehrer unserer evangelischen Kirche *), „ein gleichzeitiges Reden der Versammelten sich nicht selbst hindern oder vernichten, so muß es harmonisch geschehen und irgendwie Gesang werden." Nun hat es der Kirche in der Zeit vor der Reformation nimmer am Gesange gefehlt und war der Schatz, den sie an tief christlichen Liedern besaß, kein geringer, aber was half dieser Schatz den Gemeinden, so lange sie als solche nicht sangfähig waren und statt ihrer nur ein Chor sang, der an den meisten Orten aus dem Küster und etlichen im Gesange geübten Schülern bestand. Wiederum wie konnten die an sich erbaulichen Lieder die Herzen erbauen, so lange sie in einer dem Mehrtheil unverständlichen Sprache, der lateinischen, gesungen wurden? Deshalb waren die Männer, welche Gottes Werkzeuge bei der Reformation gewesen, auf zweierlei bedacht, einmal darauf, daß in den Gemeinden Jung und Alt im Gesang der kirchlichen Lieder geübt würden, zum andern, daß der Schatz, welchen die Kirche in ihren lateinischen Gesängen besaß, den Gemeinden durch Verdeutschung zugänglich gemacht und zugleich gemehrt werde durch die herrlichen Lieder, wie sie Gott einem Luther und andern frommen evangelischen Männern eingegeben. Zu denen, welche sich um Beides bemühten, gehört Herzog Wolfgang. Er sagt darüber in seiner K. O.: Niemandens christlicher Verstand zweifelt daran, daß in der Kirche Psalmen und geistliche Lieder zu singen seien, aber daß bisher aller Kirchendienst, zum größeren Theil selbst die Predigt, in der

*) Nitzsch praktische Theologie. Bd. II. 2. Aufl. S. 333.

lateinischen, der Gemeinde unbekannten Sprache verrichtet worden, das halte er nicht allein für untauglich, sondern für eine Strafe Gottes. Gleicher Gestalt sei es auch wider den Hauptpunkt christlicher Lehre, daß ein solcher Kirchengesang solle seines Werks und Verdienstes halben Gottes Zorn versöhnen, und von Gott alles Glück erlangen. Deshalb wolle und ordne er, daß die Kirchengesänge in den Kirchen seines Fürstenthums deutsch gesungen und auch die andern Aemter (Gebet, Vorlesung der Schrift, Predigt u. s. w.) in deutscher Sprache geschehen sollen. Die Kirchendiener sollen das Volk ermahnen, daß es die verordneten Gesänge lerne und mit gemeinem Kirchengesang Gott helfe preisen, doch nicht dieser Meinung, als sollte hierin der rechte Gottesdienst vollbracht sein, sondern daß männiglich an Gottes Wort, so in den Gesang gefasset, erinnert und dadurch an rechter Erkenntniß Gottes, an Glaube, Liebe, Geduld und allen andern Tugenden gebessert werde. Es soll aber kein Gesang in der Kirche gesungen werden, er sei denn christlich und in der Schrift gegründet, und solle derselbe nur mit Rath und Vorwissen der Superintendenten zur Besserung der Kirche eingeführt werden. Was Herzog Wolfgang hier ausgesprochen, suchte er auch ins Werk zu setzen, und was der Vater begonnen, waren die Söhne beflissen weiter zu führen. Im J. 1570 konnte der K. O. ein Gesangbuch beigefügt werden, welches 90 Gesänge nebst den Melodien enthielt, und ist diese Zahl um 9 vermehrt worden bei der Auflage der K. O., welche Wolfgangs jüngster Sohn, Herzog Karl, kurz vor seinem Tode veranstaltete *). Herzog Wolfgang sagt in seiner

*) Den Eingang des Gesangbuches bilden die ins Deutsche übertragenen liturgischen Sprüche und Gebete, der Lobgesang Zachariä, das Kyrie mit dem Gloria, das Credo, das deutsche Sanctus, das Vater unser, die Worte der Einsetzung des Abendmahls nebst dem Agnus Dei, ferner die deutsche Litanei und das Te Deum. An diese Gesänge, davon nicht wenige sich in zweifachem Texte mit verschiedener Melodie finden, reihen sich 20 in deutsche Lieder umgewandelte Psalmen, sowie Gesänge, in denen durch Luther der Katechismus kurz gefaßt und ausgeleget ist, nebst dem Liede wider die Erzfeinde Christi und seiner Kirche, den Papst und den Türken, sowie dem deutschen: Da pacem. Hierauf folgen zunächst Tauf- und Abendmahllieder, sodann die Gesänge für die Feste: Weihnacht, Ostern, Himmelfahrt, Pfingsten und Trinitatis nebst der nach den vier Evangelisten gereimten Historie des Leidens

K. O.: Dieweil St. Paulus zu seiner Zeit die fremde, doch Etlichen bekannte Sprache in der Kirche zur Besserung zulasse, so mögen die Schüler zu Zeiten aus der h. Schrift oder derselben gemäß lateinische Gesänge ihnen zur Uebung in der Kirche singen. Daraufhin trugen die Männer, welche für seine Fürstenthümer die geistlichen Gesänge auswählten, kein Bedenken, in die Sammlung auch etliche lateinische Gesänge aufzunehmen, als: In dulci jubilo, wo lateinische Sätze und Worte mit deutschen wechseln *), Puer natus in Bethlehem mit beigefügter Verdeutschung **),

Christi. Den Schluß des Gesangbuches machen Vesper- und Grabgesänge, unter den letztern die Lieder: media vita (Mitten wir im Leben sind), Mit Fried und Freud fahr ich dahin, Nun lasset uns den Leib begraben.

*) Der Wortlaut dieses Liedes ist:

In dulci jubilo
Nun singet und seid froh
Unsres Herzens Wunne
Liegt in praesepio
Und leuchtet als die Sunne
Matris in gremio
Alpha es et o, alpha es et o.

O Jesu parvule
Nach Dir ist mir so weh
Tröst mir mein Gemüthe
O puer optime
Durch alle Deine Güte
Trahe me post te, trahe me post te.
Eia! wären wir da, Eia! wären wir da.

O patris charitas
O nati lenitas
Wir wären alle verloren
Per nostra crimina
So hat er uns erworben
Coelorum gaudia.

Ubi sunt gaudia
Nirgend mehr denn da
Da die Engel singen
Nova cantica
Und die Schellen klingen
In Regis curia.
Eia! wären wir da, Eia! wären wir da.

**) Von Puer natus lauten die drei Verse:

Puer natus in Bethlehem, in Bethlehem
Unde gaudet Jerusalem, Halle- Halleluja
Ein Kind geboren zu Bethlehem, zu Bethlehem
Deß freuet sich Jerusalem, Halle- Halleluja.

Hic jacet in praesepio, praesepio
Qui regnat sine termino, Halle- Halleluja
Hier liegt er in dem Krippelein, Krippelein
Ohn Ende ist die Herrschaft sein, Halle- Halleluja.

sowie das carmen Prudentii in exsequiis, das schöne von der evangelischen Kirche lange werth gehaltene Begräbnißlied *). Von Johannes Huß, dem evangelischen Märtyrer, ist nur ein Lied aufgenommen, und zwar das Abendmahllied, welches in seinem zweiten Verse den Reformirten so anstößig gewesen **). War schon die Sammlung der Lieder, welche nebst ihren Melodien der K. O. Wolfgangs beigefügt worden, mit mancherlei Mühe verbunden, noch mehr Arbeit hatte die kirchliche Behörde, die Gemeinden zu bewegen, daß sie im Gesange sich übten und die Lieder mitsangen. Nach der Kirchenvisitation, welche in der H. Gr. Sponheim während des J. 1580 abgehalten worden, wurde verordnet: Der Gesang solle von Alten und Jungen geübt, und so Jemand, der singen könne, nicht singen wolle, der solle vom Pfarrherrn und den Censoren ernstlich gestraft werden. Es fehlte aber viel, daß man dieser Verordnung allerwärts Folge leistete. Während bei der Visitation von 1591 die Pfarrgenossen in Würrichsbach belobt wurden, daß sie ihrem Pfarrer singen halfen, wurde es im Kirchspiel Brombach scharf gerügt, daß bloß vier oder fünf Gemeindeglieder mit dem Pfarrer sangen ***).

Cognovit bos et asinus, asinus
Quod puer esset Dominus, Halle- Halleluja
Das Oechslein und das Eselein, Eselein
Erkennen Gott den Herren sein. Halle- Halleluja.

*) Diesem Liede, das beginnt mit dem Trostrufe:

Jam moesta quiesce querela,
Nullus sua pignora plangat,
Lacrimas suspendite matres,
Mors haec reparatio vitae est.

ist keine Verdeutschung beigefügt.

**) Das Lied, welches noch holperigt klinget, trotzdem daß gesagt ist, es sei in verbesserter Gestalt aufgenommen, lautet in seinen beiden ersten Versen:

Jesus Christus unser Heiland,
Der von uns den Gotteszorn wand
Durch das bitter Leiden sein
Half er uns aus der Höllen Pein.

Daß wir nimmer deß vergessen
Gab er uns sein Leib zu essen
Verborgen im Brot so klein
Und zu trinken sein Blut und Wein.

***) Der Visitationsabschied forderte, in allen Kirchen solle die Anstellung geschehen, daß die Jugend nächst dem Chor bei dem Pfarrer und nicht in den Winkeln hinter den alten Leuten stehe. Gleicherweise sollen Pfarrer und Schulmeister den Gesang nicht auf der Kanzel, sondern vor dem

Friedrich dem Frommen ward es schwer verargt, daß er wie die Altäre so auch die Orgeln aus den Kirchen wegnehmen ließ, aber selbst mit der letzteren Anordnung hat er in unserm Bezirke den Gottesdienst nicht sehr geschädigt, denn es stehet in Frage, ob von den in der Kurpfalz gelegenen Kirchen Bacharach, Kreuznach und Sobernheim auch nur eine einzige zu jener Zeit eine Orgel besaß. Dagegen ist es zu beklagen, daß der Kurfürst nach dem Vorgange der Reformirten in Frankreich, der Schweiz und den Niederlanden den Psalter als das Hauptgesangbuch bei dem Gottesdienste einführte. Durch die Bestimmung, es sollten daneben auch Luthers und anderer geistreicher Männer Gesänge beibehalten werden, zumal für die Festtage, hat er allerdings den Quell geistlicher Erquickung, welchen das deutsche Kirchenlied in sich birgt, dem Pfälzer Volke nicht verschlossen, aber doch auch nicht in seiner Fülle zugewendet. Ein Feind des geistlichen Liedes war Friedrich nicht, hat er doch selbst ein Lied gedichtet, welches, wenn es auch nicht von hoher dichterischer Begabung zeugt, doch ein beredtes Zeugniß seines tief innigen Christenglaubens ist, und worin sich wie sein innerliches Leben, so auch sein äußerer Erdenkampf auf das treuste abspiegelt *). Friedrich wünschte für seine

Pult dem Volke gegenüber anfangen und vollenden, damit sie das Volk, sonderlich die Jugend singen lehren, und diese die Worte des Gesanges recht verstehen möge. So Etliche, die nicht mitsingen, die Andern verlachten, sollen solche Spötter durch die Censoren und die Amtleute gestraft werden. In Städten und Flecken, wo Schüler seien, möge man in der Kirche alle die Lieder und Psalmen brauchen, die in der K. O. stehen, doch mit dem Bescheid, daß anfangs und vor der Predigt die längsten Lieder, nach der Predigt aber die kürzesten gesungen werden, und damit das gemeine Volk mit vielem Gesänge nicht beschwert werde, sondern desto eher mitsingen lerne, sei von Nöthen, etliche fürnehmste Lieder zum Oeftern und vor anderen schwereren zu gebrauchen. Daß ums J. 1590 wie die Hof- so auch die Dorfgemeinde Birkenfeld im Kirchengesang gute Fortschritte gemacht hatte, ist daraus zu schließen, daß wie für die Schloßkapelle, so auch für die Dorfkirche zu allen Evangelien und Episteln des Jahres besondere Gesänge konnten geordnet werden.

*) Das Lied, in welchem der fromme Fürst seinen Wahlspruch: Herr nach deinem Willen! näher ausführt, lautet:

pfälzische Kirche eine deutsche Uebersetzung der Psalmen wie diejenige, welche die französische Kirche durch Clemens Marot und Theodor Beza empfangen hatte, und zwar mit den von Goudimel, Frankreichs großem Musikmeister, verfaßten Melodien. Er betraute mit der Arbeit Paul Schede, genannt Melissus, der sich

Herr Gott, du lieber Vater mein,
Wie soll ich doch den Namen dein
Gnugsam von Herzen preisen
Für Deine große Güt und Gab,
Die Du mir hast von Oben herab
Durch deinen Geist lassen weisen.
Ich bitt Dich, Du getreuer Gott,
Erhalt dieselb in aller Not,
Die ich noch muß erfüllen.
Des Satans Tück und seiner Braut *),
Dazu die Lüsten meiner Haut
Zerbrich, Herr, nach dein'm Willen.

Deinen Befehl und theures Wort,
Welch's ist der Seelen höchster Hort,
Das hast mir offenbaret:
Zu leuchten in dem Lande mein
Wider des Babstthums falschen Schein,
Darüber nichts befahret.
Obschon die Welt mit ihrem Neid
Mir zugerichtet manches Leid
Mit Dräuen und mit Brüllen,
So hast Du mich doch allezeit
Durch Deinen Schutz und Gütigkeit
Errett, Herr, nach Dei'm Willen.

Nach großer Ehr und hohem Pracht
Ich nie in dieser Welt hab tracht,
Mein's Stand's mich lassen g'nügen,
Darin Du mich gesetzet hast,
Beschweret auch mit keinem Last
Weil mir der nicht wollt fügen,
Bis daß Du mich empor erhebt,
Daß ich in großen Würden schwebt
Viel gute Herzen z' stillen,
Die's G'wissens halben waren krank.
Solch's Alles über mein Gedank
Geschah, Herr, nach Dein'm Willen.

Willen und Lieb zu Deiner Ehr
Laß in mir wachsen täglich mehr
Bis an mein letztes Ende,
Und wann erfüllet seint die Tag,
Daß ich von hie soll scheiden ab,
Mein'n Geist nimm in Dein Hände.
Dein Wort entzeuch mein'm Völklein nit,
Wann es Dein Gnad durch d'Sünd verschütt,
Laß mich in Fried verhüllen **).
Mein Land und Leut nach meinem Tod
Dazu der Christen letzte Not
Regier, Herr, nach Dein'm Willen.

Das Lied fand sich beigeschrieben einem Exemplare der ersten Ausgabe des Heidelberger Katechismus, in dessen Besitz Kirchenrath Abegg in Heidelberg war. Es führte die Ueberschrift: Friedrichs III Churfürsten Reime nach: „Herr nach Deinem Willen". In das Gesangbuch der Kurpfalz ward es nicht aufgenommen, und wie der ungenannte Herausgeber vermuthet, nicht einmal gedruckt.

*) Als des Satans Braut bezeichnet er die Welt.

**) Diese Bitte erinnert an 2 Mos. 32, 30, wo Moses fürbittend für das abtrünnige Volk vor den Herrn tritt.

durch seine deutschen und lateinischen Gedichte einen Namen gemacht, durch engeren Verkehr mit Goudimel seine musikalischen Kenntnisse vertieft und während seines Aufenthalts in Genf, wo er zur reformirten Kirche übertrat, sich vorzugsweise mit dem Psalter beschäftigt hatte. Melissus siedelte zu dem Ende von Genf nach Heidelberg über und es war kaum ein Jahr verflossen, so hatte er die fünfzig ersten Psalmen ins Deutsche übertragen. Dies Werk aber, welches im September 1572 zu Heidelberg im Drucke erschien, entsprach trotz seiner Trefflichkeit in der einen und andern Beziehung den gehegten Erwartungen nicht. Für den gottesdienstlichen Gebrauch wurde es nicht geeignet befunden, und statt seiner die Psalm-Verdeutschung von Ambrosius Lobwasser in der pfälzischen Kirche eingeführt *).

Unter den hessischen Fürsten war es vornehmlich Landgraf Moriz, der sich die Verbesserung des Kirchengesangs angelegen sein ließ. Er war ein Kenner der ernsten Kirchenmusik und übte sie persönlich. Der von ihm für vier Stimmen komponirte Lobgesang der Maria, das sogenannte Magnificat, gilt als ein Meisterwerk in der Harmonie und der künstlichen Satzart. Es wird von dieser Komposition gerühmt, sie sei voll ergreifender Stellen in der Deklamation und wetteifere mit der Hoheit und rührenden Einfachheit des damaligen Wiederherstellers der römischen Kirchenmusik Paläſtrina. Damit hängt es auch zusammen, daß Moriz bei besondern feierlichen Gelegenheiten den Gesang von Motetten zulässig erachtet und nicht wie Kurfürst Friedrich die Orgeln aus

*) Ueber das vielbewegte Leben des Melissus finden sich ausführliche Mittheilungen in der Promotions-Dissertation von Otto Taubert aus Naumburg. Er war zu Melrichstadt in Franken geboren und starb im J. 1602 zu Heidelberg, woselbst er sich 1593 im Alter von 54 Jahren mit der Tochter eines kurpfälzischen Rathes verehelicht hatte. Ambrosius Lobwasser gehörte nicht der reformirten, sondern der lutherischen Kirche an. Er stammte aus Schneeberg im Meisnischen und starb 71 Jahre alt als Professor der Rechte in Königsberg. Er glaubte der deutschen Kirche einen großen Dienst zu leisten, daß er die französischen Psalmen des Clemens Marot ins Deutsche übersetzte. Melissus nannte diese Uebersetzung aquea und aquosa, Hagenbach bezeichnet sie als ein steifes, unpoetisches Machwerk, dessen große Verbreitung man sich nur erklären könne aus der Abneigung der damaligen Reformirten, etwas anderes in der Kirche zu singen als Gottes Wort.

den Kirchen entfernen ließ, sondern erprobte Orgelbauer an seinen Hof zog, um durch sie die Hauptstädte seines Landes mit Orgeln zu schmücken *).

Was den Kirchengesang in der Rheingrafschaft belangt, so heißt es in der Ordnung, welche Rheingraf Johann Kasimir auf Kyrburg in Gemeinschaft mit der Gräfin Juliane auf Dhaun im J. 1617 der Schule Kirn gegeben hat: Zu allen Predigten sollen beide Schulmeister mit den geübtesten Knaben vor dem Pulte stehen und die Gesäng Lutheri und andere gebräuchliche nach dem Tact und mit rechter Expression singen. Auch sollen sie keine ohngewöhnliche Gesäng einführen und allezeit die Gesänge, so auf die Sonn- und andere Predigttage von den Kirchendienern verordnet sind, in der Schule mit den Knaben fleißig exerciren. Die Schulmeister sollen auch dem Organisten zeitlich in der Wochen zu wissen machen, was für Gesänge die Kirchendiener jeden Sonn- und Feiertag zu singen verordnet, damit keine confusiones in der Kirche entstehen. Wo möglich sollen die Schulmeister daran sein, daß alle Sonntag zur Frühpredigt neben dem Choralgesang

*) Moriz hat die mehrstimmigen geistlichen Melodien, deren Satz sein Kapellmeister Valentin Geuk für die Hofkapelle begonnen hatte, persönlich fortgesetzt, und gleicherweise hat er in den andern Kirchen seines Landes durch zwei für die damalige Zeit treffliche vierstimmige Choralbücher den Gesang gefördert. In dem einen ergänzte er die durch Ambrosius Lobwasser nach französischen Reimen und Weisen verdeutschten Psalmen mit eigenen durch die reinste Deklamation sich auszeichnenden Melodien, in dem andern gab er die Lieder Luthers und anderer deutscher Liederdichter mit eigenen in strenger Regel gehaltenen Weisen. Demnach wir, schrieb er im J. 1612 an das Landesconsistorium, vor einiger Zeit weiland des würdigen und hochgelehrten Dr. Martini Lutheri und anderer gottseliger Männer geistliche Gesänge, so viel wir wegen fürstlicher Geschäfte haben abbrechen können, mit vier Stimmen komponirt und mit solchem Werke fertig sind, so haben wir Euch solches andeuten und in Gnaden befehlen wollen, daß ihr, damit in Kirchen und Schulen unseres Fürstenthums eine Gleichförmigkeit gehalten werde, allen und jedem Superintendenten auferlegt, daß sie nicht allein für alle Pfarrkirchen und Filiale, die es bezahlen können, der Exemplare eines kaufen, sondern auch daran seien, daß die Gesänge in unsern Kirchen und Schulen ehestens eingeführt und neben den geistlichen Psalmen Lobwassers zum christlichen Gebrauch und Nutz gebracht werden. Diese Mittheilungen sind entnommen der Schrift von Hoffmeister: „Philipp des Großmüthigen Nachfolger".

eine Motette oder sonst ein musikalisch Stück figurirt werde, zu dem Ende auch in der Schul alle Tage eine Singstunde verordnet ist, und haben sie jederzeit, wann man figuriren will, dem Pfarrer solches zuvor anzuzeigen.

2. Die Predigt.

Mit der Reformation erlangte, wie erinnert worden, die Predigt im Gottesdienste von Neuem die Stelle, welche sie in der apostolischen Zeit eingenommen hat. Alle evangelischen K.-Ordnungen, namentlich die des Kurfürsten Friedrichs III und seines Vetters des Herzogs Wolfgang fordern, daß der Gemeinde an jedem Sonn- und Feiertage im Hause Gottes das Wort Gottes verkündiget werde. Eben diese K. O. bestimmen auch, woraus die Predigten genommen und wohin sie gerichtet werden sollen. Dieweil, heißt es in der K. O. des Kurfürsten Friedrich, Gott sich in seinem Worte zu erkennen gibt, welches in canonicis libris d. i. in den biblischen ungezweifelten Büchern des alten und neuen Testaments vollkommlich begriffen ist, so sollen alle Predigten daraus genommen werden. Und nachdem das Wort Gottes die Lehre dahin pfleget zu richten, daß es die Menschen erstlich zur Erkenntniß ihrer Sünden und ihres Elends führt, darnach sie unterweiset, wie sie von aller Sünde und Elend erlöset werden, und zum dritten, wie sie für solche Erlösung sollen Gott dankbar sein, so sollen die Prediger fleißig auf diese drei Stücke sehen, und wohl Acht haben, daß sie die Arzenei nach Nothdurft der verwundeten Gewissen recht gebrauchen. Auch sollen sie nach dem armen, geringen Verstand des gemeinen Volks ihre Predigten also wissen zu stellen, daß der Artikel des Katechismi, darauf die fürhabende Lehre ländet, mit eingeführt und dem Volk verständlich eingebildet werde. Es sollen auch die Prediger für sich selbst kein Buch der h. Schrift zu erklären fürnehmen ohne Rath und Fürwissen ihrer Superintendenten, welche ein Aufsehens haben sollen, daß solche Bücher, die dem gemeinen Mann am nützlichsten und der Kirche am erbaulichsten sind, fürgetragen und erklärt werden. In der Kirchenrathsordnung verlangt Friedrich: Es solle den Predigern eingebunden werden, daß sie in Auslegung der h. Schrift nicht unnöthige und zur christlichen Erbauung undienstliche materias fürnehmen, sondern daß jeder dasjenige, was der ihm befohlenen Gemeinde gut und zur Seligkeit nutz ist, aus der Bibel erwähle und daraus sie lehre, ermahne, tröste und strafe. Solches Alles habe er zu thun mit rechtem, eifrigem Geist, Ernst und Treue, auch also, daß darin seine fleischlichen Affekte, Rachgierigkeit, Lust und Liebe zum Zanken nicht gespüret werden, desgleichen daß er vermeide alle leichtfertige, unzüchtige, schalkhafte Schmutz-, Schelt- und Spitzworte, dadurch schwache Leute nicht allein unwillig gemacht und von der Lehre des h. Evangelii abgeschreckt werden, sondern die Wahrheit selbst verdächtig und verhaßt gemacht werde. Dies sei jedoch nicht also zu verstehen, als ob Abgötterei, Aberglaube, falsche Lehr, Sünd und Laster nicht sollten tapfer und ernstlich, und nach der Gestalt der Dinge selbst mit rauhen doch der h. Schrift gemäßen Worten gescholten werden, denn welcher wollte denjenigen für einen getreuen Prediger der Wahrheit halten, der aller falschen Religion, Schand und Laster verschonte, dieselben nicht angriffe, vielmehr sie zuzudecken und der Sünd zu schmeicheln und zu zärteln gedächte. Doch soll hierin ein Maß gehalten werden, daß alle Straf, Unterweisung und Lehre mit tapferm Ernst und der Wahrheit göttlichen Worts, nicht aber mit lächerlichem Gespei, Schmuzen, Schumpfiren, Spotten und Schmähen, unbegründetem schriftlosem Hadern und Balgen fürgenommen werde, sondern Alles zu der Ehre Gottes und Auferbauung unseres Nächsten beschehe. Aehnlich spricht sich Herzog Wolfgang aus: Es sollen, sagt er in seiner K. O., die Pfarrherrn und andere Kirchendiener, so das Lehramt führen, allen ihnen möglichen Fleiß mit ernstlicher Anrufung Gottes dahin richten, daß sie die Schrift der h. Propheten und Apostel emsiglich lesen, recht verstehen und alle ihre Predigt im Lehren, Ermahnen und Strafen darauf gründen und daraus bestätigen. Nachdem er darauf dessen gedacht, wie die Schriften der h. Väter wohl in Ehren zu halten, und fleißig zu lesen, aber nicht den Schriften der Propheten und Apostel gleichzustellen seien, gedenkt er auch des mancherlei Mißverstands und Irrthums, der sich in Betreff einzelner Lehren innerhalb der evangelischen Kirche zugetragen, und fordert, es sollten die Prediger, wie in allen Punkten, so insbesondere in den strittigen ihre Lehre sowie die kirchlichen Handlungen nach Inhalt, Anweisung und Erklärung der Augsburgischen Confession verrichten. Weiter bestimmt Wolfgangs K. O., die Predigt habe immer das Evangelium oder die Epistel des Tages auszulegen, an den Werktagen jedoch sollen die Prediger aus der h. Schrift mit gutem Rathe solche Bücher oder Stücke wählen, die vornehmlich zum Unterricht und Trost aller Menschen dienstlich sind *). Wolfgang forderte von den Geistlichen eine sorgfältige Vorbereitung auf die Predigt. Es sollen die Pfarrherrn auf den Dörfern nicht am Sonnabend zu Feld laufen und den ganzen Tag kein Buch in die Hände nehmen, sondern am Sonnabend ihre Lehre und Lektion übersehen. Am Nachmittag sollen sie der Vesper und des Beichthörens warten, dadurch auch die Leute in die Gewohnheit kommen werden, daß sie auf den Abend ihre Beicht und ihr Gebet zu Gott thun, und der Pfarrer selbst sich bereiten wird, des andern Tages wohl zu lehren und sein befohlen Amt treulich auszurichten **). Daß die Gemeinden durch die Predigten ihrer Prediger möchten wahrhaft erbaut und in der Erkenntniß des Heils gefördert werden, war auch das eifrige

*) Die K. O. Wolfgangs gibt sehr ausführlich an, was an Festen und Feiertagen soll fürnehmlich gepredigtet werden. So sollen im Advent neben dem gewöhnlichen Evangelium fleißig gelehrt werden die Verheißungen des alten Testaments von der Zukunft Christi. In der Fasten soll man bald nach Lätare anfangen das Büchlein vom Leiden Christi, so aus den vier Evangelien zusammengezogen, zu lesen; auf dem Palmtag soll man dem jungen Volk die Historien der ganzen Passion vorlesen in drei Abschnitten: Morgens um sechs, sodann bald nach Mittag und in der Vesper. Hernach sollen eben diese Historien am grünen Donnerstag des Nachmittags und am Charfreitag des Vor- und Nachmittags der gesammten Gemeinde ausgelegt werden.

**) Noch schärfer spricht sich hierüber Friedrich der Fromme in der Kirchenrathsordnung aus. Er sagt: Zum letzten soll den Predigern ernstlich auferlegt werden, daß sie für und für in der h. Schrift alten und neuen Testaments fleißig lesen und dieselbe ihnen gemein machen, und nicht ihre Predigten, die Bibel hintangesetzt, allein aus den Postillen nehmen, wie denn bei vielen Kirchendienern der böse Gebrauch eingerissen, daß sie die ganze Woche müßig gehen oder anderen Geschäften auswarten, und wann sie predigen sollen, eine Postill herzucken, dieselbige überlaufen und was sie daraus gefaßt, dem Volke ohne Eifer, Andacht und Unterschied fürtragen, dadurch die Herzen sehr wenig zu Anhörung und Fassung göttlichen Worts angezündet und gereizet werden.

Bemühen der Herzöge Johann von Zweibrücken und Karl von Birkenfeld, welche bei den von ihnen angeordneten Kirchenvisitationen und Pfarrconventen vorzugsweise dieses Ziel im Auge hatten *). Der Visitationsabschied von 1580 bestimmte, die Prediger sollten ihre Predigten dahin richten, daß sie nicht über drei viertel, längstens eine Stunde währten, und im Abschiede von 1591 ward verordnet, die sonntäglichen Frühpredigten sollten nicht über drei viertel, die Abend- und Wochenpredigt nicht über eine halbe Stunde ausgedehnt werden. Bei dem Colloquium, welches Dr. Philipp Marbach gegen Ende der Regierung des Herzog Karl mit der Geistlichkeit der Grafschaft abgehalten, war die Predigt einer der Hauptgegenstände der Besprechung, und wurde besonders ausführlich erörtert, wie durch sie die falschen und irrigen Lehren, wozu auch die Lehre der Reformirten gerechnet wurde, zu widerlegen seien. Auf Grund der von Marbach dabei ertheilten Rathschläge ließ Herzog Karl den Predigern der Grafschaft zuschreiben: „Dieweil man in den strittigen Artikeln die Gegner nennen müsse, damit die Zuhörer wissen, von welchem Gegentheil man handle, so sollten die Pastore, so sie den Gegentheil als Papisten, Wiedertäufer, Schwenkfeldianer, Calvinisten und dergleichen mit Namen nennen, sich doch aller gehässigen Bezeichnungen enthalten, insonderheit an Orten, wo dadurch die hohe Obrigkeit zu großer Verbitterung angereizt und die Kirche nicht erbaut, sondern zerstört werden möge **). Auch sollen die

*) Als bei der Visitation des J. 1575 der Pfarrer von Gebroth sine methodo und zu praecipitanter gepredigt, und dabei seltsame gestus auf der Kanzel gehabt, ist ihm solches untersagt worden. Dem Pfarrer in Roth wurde eingeschärft, er solle in der Kinderlehre nicht so unfreundlich umgehen und auf der Kanzel poltern, die vorhabende Materie nicht ad vitia particularia hinrichten und eine halbe Stunde mit Schelten zubringen, sondern so einzelne Personen zu strafen seien, sie privatim vornehmen und eine Bescheidenheit dabei halten. Gleicherweise wurde es an den Geistlichen scharf gerügt, wenn sie ihre Predigt ex scripto lasen, sich nicht bemühten, ihre böse Pronuntiation und was sonst bei ihrer Predigt unerbaulich war, zu verbessern. Dagegen wurde es belobt, wenn ein Prediger Fleiß auf die Ausarbeitung seiner Predigt verwandte und eines erbaulichen Vortrags sich befleißigte.

**) Es ist damit auf Kastellaun hingedeutet, woselbst der katholische Markgraf Eduard Fortunat seinen Sitz hatte.

Pastore nicht einen und denselben Irrthum in allen ihren Predigten strafen, sondern die Predigt, soviel es der Text mit sich bringt, dahin richten, daß nicht bloß alle Irrtumb, so jetziger Zeit im Schwange gehen, widerlegt, sondern sämmtliche Theile der Lehre mit eingebracht und gleichsam in die Evangelien und Episteln ausgetheilt werden, damit die Zuhörer in allen Hauptpunkten der christlichen Lehre rechte und gründliche Unterweisung empfangen. Und dieweil jetzt nicht weniger, als gefährliche Irrthum hin und wieder ausgebreitet werden, man auch im Leben und Wandel vielfach wider die Gebote Gottes sündige, so wolle es die Nothdurft erfordern, daß nicht allein falsche Lehre, sondern auch die überhand nehmenden Laster alles Ernstes aus Gottes Wort gestraft würden *). Das in den Generalpunkten von 1608 in Betreff der Predigt Gegebene beschränkt sich auf Folgendes: Dieweil der wenigere Theil der Pastore und Diakone bisher ihre Predigten begriffen und aufs Papier gebracht habe, welches in Vielerlei nützlich und bei angehenden Predigern eine Nothdurft, so sollen hinfüro alle Pastore und Diakoni ihre Predigten schriftlich verfassen und die Inspectoren bei den Conventen die Concepte des Pfarrers des Conventortes erfordern, sie nach Nothdurft ersehen und da etwas zu erinnern, den Pfarrern gute Anleitung geben, es zu verbessern. Ob jedoch ein Prediger seines Alters halb nicht

*) Bringe es der ordentliche Text mit sich, heißt es weiter, daß die irrige Lehre müsse widerlegt werden, so sollten die Pastore möglichsten Fleiß anwenden, daß sie die Lehre des Gegentheils mit dessen Worten vorbringen und ihnen nicht vorgeworfen werden könne, sie beschuldigten ihn einer Meinung, deren er nicht überwiesen worden. Die Gründe desselben sollten sie einfach und kräftig mit hellen Zeugnissen der h. Schrift refutiren, damit die Zuhörer durch die Anführung von des Gegentheils Meinung nicht irre gemacht, noch die Verführten in ihrer Meinung bestärkt würden Und weil man in den hohen Geheimnissen Gottes durch gefährliche Phrases leicht ein neues Feuer anzünde und Trennung anrichte, sollen die Pastore sich bemühen, daß sie in der Darlegung der Streitpunkte bei dem Concordienbuch bleiben, nicht fremde und gefährliche Phrases einmischen, dadurch sie sich selbst irre machen und dem Gegentheil Ursache geben ihre Lehre zu verlästern. Letztlich sollen sie ihre Predigt durch Eingebung des h. Geistes und Segen Gottes also anstellen, daß nicht allein die Gläubigen in ihrem Glauben gestärkt, sondern auch der Gegentheil mit aller Sanftmuth möge gewonnen und in seinem selbsteigenen Gewissen nach II Timoth. 2 von der Wahrheit überzeugt werden.

alle Predigten concipiren könne, solle er bei schriftlicher Disposition der Theile gelassen werden, diese aber habe er bei dem Convente aufzulegen und damit zu beweisen, daß er nicht ohne vorhergegangene Meditation auf die Kanzel gegangen.

Wenn die Pfarrer unseres Bezirks in der Reformationszeit nicht selten Ursache hatten einzustimmen in die alte Prophetenklage: Aber wer glaubt unserer Predigt? so ist dieses neben Anderem dem zuzuschreiben, daß zu viel gepredigt wurde, die Prediger wegen der Menge der ihnen obliegenden Predigten ihren Geist dazu nicht immer in rechter Weise sammeln konnten, und eben deshalb ihren Reden häufig der belebende Hauch des göttlichen Geistes fehlte. Einsichtsvolle Geistliche erkannten dieses und sprachen es offen aus. Als Rösner, der ehemalige Superintendent des Fürstenthums Simmern, dem Kanzler Zeuger seinen Dank dafür abstattete, daß er ihm nach seiner Beurlaubung in Simmern zur Pfarrstelle Traben verholfen, bittet er ihn, doch der Vertröstung eingedenk zu bleiben, daß man ihm einen Schulmeister zuordnen wolle, der ihn an den Feiertagen der Nachmittagspredigt sowie der einen Wochenpredigt enthebe. Bei der großen Arbeit in seiner Pfarre müsse es entweder viele hölzerne Predigten geben, darin für die Zuhörer weder Kraft noch Saft sei, oder wenn einer im Predigen Tüchtiges leisten wolle, ungelehrte Pfarrer, weil man daneben nichts Anderes lesen noch studiren könne.

3. Die Katechismuslehre.

Es waren nicht die Katechisationen, die Luther schon während der ersten Jahre seiner Lehrthätigkeit in Wittenberg hielt, durch welche der Reformation der Kirche in unserm Vaterlande Bahn gebrochen wurde, sondern dies waren neben seinen Schriften die von ihm gehaltenen Predigten. Wie leuchtende Blitze drangen diese in die Seelen der Hörer, mit donnerähnlicher Gewalt weckten sie die Geister aus ihrem Schlafe. Das große Gotteswerk war bereits in vollem Zuge, als Luther seinen kleinen Katechismus verfaßte, und erst mit diesem nahm die Katechismuslehre ihren Anfang. Dies mag es rechtfertigen, daß in diesem Abschnitt nicht von der Katechismuslehre, die zur christlichen Erkenntniß den Grund zu legen hat, zuerst gehandelt wurde, sondern von der Predigt. Die

Nothwendigkeit der Katechismuslehre hat man bei der Reformation je länger je mehr erkannt, in der reformirten Kirche nicht minder als in der lutherischen. Herzog Wolfgang hat seiner K. O. Luthers kleinen Katechismus einverleibt, und zwar nebst der Haustafel und der Anweisung, wie ein Hausvater seine Kinder und sein Gesinde lehren soll, des Morgens und Abends sich im Gebet zu segnen, und vor dem Essen das verdeutschte Benedicite, nach demselben das Gratias zu sprechen. Gleicherweise enthält die pfälzische K. O. den Katechismus Friedrichs des Frommen nach seinem vollen Inhalt. Da bei Einführung der Reformation in den Städten nur Wenige und in den Dörfern fast Niemand lesen konnte, so verordnete Wolfgang, jeglicher Pfarrer solle, damit das Pfarrvolk den Katechismus erlerne, demselbigen an jedem Sonntag, in den Städten des Nachmittags, in den Dörfern aber nach jeder Predigt die zehn Gebote, das apostolische Glaubensbekenntniß, das Vaterunser, sowie die Einsetzung der Taufe und des Abendmahles auf der Kanzel vorsprechen oder so deutlich vorlesen, daß Jung und Alt die Worte bei sich nachsprechen möge. Diejenigen, welche meinten, es sei dies eine kindische Verordnung und sollten gelehrte Leute mit solcher Arbeit nicht beladen werden, hätten zu bedenken, wie hoch die Autorität bemeldter Stücke sei. Habe doch Gott die zehn Gebote also hoch geachtet, daß er selbst sie seiner Kirche auf dem Berge Sinai vorgesprochen, und gleicherweise habe Jesus die Jünger das Vaterunser beten gelehrt. Darum solle Keiner, wie gelehrt er immer sei, sich dieses nützlichen Werkes zu unterfahen beschweren, und sollten auch die Alten sich nicht schämen bei solcher Kinderlehre zu sein. Aehnlich spricht sich die reformirte K. O. aus. Sie erinnert an den Befehl Gottes 5 Mos. 6, 7 und sagt: Dieweil im Papstthum das Volk ohne Katechismus sei auferzogen, so sei für nothwendig angesehen worden, daß an den Sonntagen, an welchen das Abendmahl nicht gehalten werde, der Kirchendiener dem Volke etliche Fragen aus dem Katechismus klar und verständig vorlese, also daß der ganze Katechismus durchs Jahr zum wenigsten zweimal ausgelesen werde, in den Städten dagegen solle man in allen Nachmittagspredigten des Sonntags den Katechismus handeln und des Jahres einmal zu Ende bringen. Friedrichs Sohn, Kurfürst Ludwig, beseitigte den Katechismus seines Vaters und führte den von Luther ein. Nachdem aber die

Regierung der Pfalz an seinen Bruder Johann Kasimir übergegangen, ließ dieser es sich die angelegenste Sorge sein, daß seines Vaters Katechismus allerorten wiederum in Gebrauch komme. Dieweil aber in diesem Katechismus „etliche Fragen für den gemeinen einfältigen Mann, sowie für die angehende Jugend etwas zu lang, auch etliche zu schwer“, so ließ er einen Auszug fertigen, den sogenannten kleinen Katechismus, darin die fürnehmsten nothwendigsten Stücke der christlichen Kirche kürzlich und deutlich begriffen sind. Den Erlaß, durch welchen er am 1. Juni 1585 den Gebrauch dieses Auszugs anordnete, schloß er mit dem Wunsche, der Vater des Lichts wolle Allen, insbesondere allen Hausvätern und Hausmüttern Verstand und Eifer eingeben, daß sie ohne Vorurtheil und menschliche Affecten die seligmachende Lehre, so aus dem rechten Brunnen Israels geschöpft worden, von Herzen lieben, treiben und fördern. Kasimirs Eifer für die im Katechismus seines Vaters begriffene Lehre ging auch auf seinen Mündel Kurfürst Friedrich IV über und war bei demselben so groß, daß er auch die Alten zur Katechisation herangezogen wissen wollte, sogar sein Hofgesinde in sechs Klassen theilte, damit dasselbige von den höchsten Hofbeamten an bis zu den niedersten Dienern klassenweise im Katechismus unterwiesen werde. Wie wohlgemeint diese Anordnung gewesen, tiefere Einsicht hätte davon abmahnen müssen, denn den Alten kann nicht angemuthet werden, daß man sie bei der Unterweisung in den Heilswahrheiten den Kindern gleichstelle. Es erhob sich deshalb auch gegen die Anordnung vielfacher Widerspruch und nirgend fand sie willigen Gehorsam. In der H. Gr. Sponheim wurden die Pfarrer schon bei der Visitation von 1567 zum Fleiße in der Katechismuslehre dringlichst ermahnt, und bei der Visitation von 1573 wurde nach den Fortschritten darin sehr genau geforscht. Es wurde jedoch damals bloß mit der Jugend katechisirt und von den Alten nur gefordert, daß sie ihre Kinder sowie ihr Gesinde fleißig zur Katechismuslehre schickten und derselben als Hörer anwohnten. Während darin in manchen Kirchspielen ein löblicher Fleiß gespürt wurde, ward er in andern vermißt. In etlichen Gemeinden fand sich wohl die Jugend des Kirchdorfes zur Kinderlehre ein, die in den Ausdörfern dagegen erwies sich fahrlässig. Im Kirchspiel Brombach kamen weder die Alten noch die Jungen, und wurde deshalb befohlen, es sei ein ernstlich Aufsehens zu haben, daß jeder, der Kinder und Gesinde habe, bei Vermeidung von Gottes und der Obrigkeit Straf dieselben schicke, und damit man wissen möge, welcher Hausvater und welche Hausmutter sträflich, solle der Pfarrer alsbald die Kinder, Knechte und Mägde sämmtlicher Häuser aufzeichnen und solchen Katalogum bei jeder Kinderlehre ablesen und die Abwesenden notiren. Herzog Karl bemühte sich wie sein Vater Wolfgang und sein Bruder Johann aufs eifrigste darum, daß seine Unterthanen durch Predigt und Katechismuslehre in christlicher Erkenntniß gefördert würden, und er war es, der in Betreff der Katechisation die schon im J. 1580 angeordnete Befragung der Alten den Kirchendienern zur Pflicht machte. Beides erweist sein Erlaß an die Amtleute der Grafschaft vom 1. October 1587 *). Der herzogliche Erlaß trug seine Frucht.

*) Bei der letzten Visitation, heißt es in demselben, seien die Kirchendiener erinnert worden, den Katechismus und die Nachmittagspredigten mit sonderlichem Fleiß zu treiben, sie ohne hochwichtige Ursache nicht zu versäumen und unverdrossen die Jugend wie die Alten zu vermahnen, daß sie solche Predigten mit Fleiß und wahrer Gottesfurcht besuchen und mit nichten sich dessen schämen, so sie etwan in der Kinderlehre neben der Jugend aus dem Katechismus examinirt und von dem einen oder andern Hauptstück christlicher Lehr befragt werden. Nun sei ihm zu seinem Befremden berichtlich vorkommen, daß solches von seinen Pfarrern mit etwas Fahrlässigkeit in Acht genommen und die alten Leute mit solcher Examination verschont werden. Daraus erfolge aber, daß alte Personen von 40, 50 und mehr Jahren, wenn sie von den Glaubensartikeln befragt werden, nicht das Geringste zu antworten noch zu erzählen wissen, wie viel Personen in der Gottheit und welche unter denselben sei Mensch geworden und gelitten habe. Selbst den Glauben, die zehn Gebot und das Vaterunser könnten sie nur schlecht recitiren, der Auslegung wolle er geschweigen. Insonderheit habe er erfahren müssen, daß Personen, welche in seiner Herrschaft wegen begangener Uebelthaten vom Leben zum Tode hätten müssen verdammt werden, in tiefster Unwissenheit gestecket und von ihrem Glauben nicht im Geringsten hätten Red und Antwort geben können. Solches sei ihm, der Obrigkeit, wie seinen Pfarrern gegen Gott unverantwortlich und deshalb dahin zu sehen, daß soviel immer möglich, die Alten wie die Jungen im Katechismo Lutheri unterrichtet und befragt werden, auf daß sie in ihrem Glauben mehr begründet werden, fremder unnöthiger Fragen und Bücher müßig gehen und einer christlichen Einfalt sich befleißen. Darum sei sein gnädiger Wille und Befehl, daß sie die Amtleute die Kirchendiener ihres Bezirks aufs eheste vor sich fordern, ihnen dies sein Schreiben

Schon bei der Visitation von 1592 zeigte sich in nicht wenigen Gemeinden größerer Fleiß in Erlernung des Katechismus. Doch nicht allerwärts. Die Visitatoren von 1608 sahen sich aufs Neue veranlaßt, Pfarrer und Gemeinden zum Fleiß im Betreff des Katechismusunterrichtes zu ermahnen, und dieweil sich an etlichen Orten die Eheleute, überhaupt das alte Volk verlauten lassen, die Katechismuspredigt sei eine Kinderlehr und deshalb unnöthig, daß sie dabei seien, wurde den Predigern aufgegeben, die Leute zu berichten, daß der Katechismus die höchsten Sachen unserer Seligkeit betreffe, an welchen wir die Zeit unseres Lebens zu lernen haben, und heiße darum eine Kinderlehr, daß wir von Kindheit auf damit anfahen müßten.

Um die Geistlichen zu größerem Eifer in Ertheilung des Katechismusunterrichtes und die Gemeinden zu mehr Fleiß in Besuchung desselben anzuspornen, wurde auch in der H. Gr. Sponheim das Generalexamen eingeführt. Es geschah dieses nach der Visitation von 1608 auf den Antrag der Visitatoren. In der desfallsigen Verordnung heißt es: Dieweil man befunden, daß in der Grafschaft das generale examen catecheticum nicht herkömmlich, solches aber ein nützlich Werk sei, durch das man erforschen könne, wie Jeglicher in seinem Christenthum studirt, so sollen bemeldt Examen in allen Pfarreien angestellt werden, und weil sich auf die österliche Zeit viel Volks zu dem h. Abendmahl zu verfügen pflege, so solle das Katechismusexamen jährlich in der Fastenzeit gehalten werden, damit die Leute sich zur Abendmahlfeier besser geschickt machen und den Einfältigen zuvor noch weiterer Unterricht zu Theil werde. Zu dem Ende habe jeder Pfarrer ein Haus nach dem andern mit allen dazu gehörigen Personen zu sich oder vor den Diakon zu fordern, in die Kirche oder in seine Wohnung, und nachdem er einer jeden Person

---

vorlesen und sie dabei von seinetwegen erinnern, ihrem Beruf hinfort mit mehr Fleiß abzuwarten und nicht allein die gewöhnliche Katechismuspredigt unversäumlich zu treiben, sondern auch die Frühpredigt dahin zu richten, daß der gemeine Mann einen nützlichen Verstand daraus schöpfen möge. In dem Examen seien die Alten mit der Jugend zu befragen, jedoch mit Glimpf und Bescheidenheit. Das gereiche sowohl den Pfarrern, als ihren Zuhörern zu sonderlichem Ruhm und Wohlfahrt.

Fortschritte in dem Katechismus angehört, habe er den Befund in ein besonderes Buch einzutragen, damit man im nächsten Jahre erkennen könne, was bei dem Einen und Andern sich für Besserung finde, und darnach die nothwendige Erinnerung und Unterweisung statt habe. Auch dieses Examen war ein wohlgemeintes, aber für Pfarrer und Pfarrgenossen höchst lästiges und darum auf die Dauer nicht ausführbares Werk. Es vergingen mehrere Jahre, bevor man damit zu Stande kam, und auch nachher traten allerlei Schwierigkeiten ein. Namentlich daß eines Jeden profectus sollten in ein besonder Buch eingezeichnet werden, hielten die Pastores dafür, daß solches bei einem so weitläufigen Examen zumal in den großen Gemeinden nicht füglich geschehen könne, angesehen es die Zeit nicht leide einen Jeglichen durch alle Stück des Katechismus zu examiniren und daneben auch nothwendige Erinnerung und Unterricht zu thun. In Hessen hatte an dem mit der Hochschule Marburg verbundenen Pädagogium Vultejus, der Rektor desselben, den Katechismus von Andreas Hyperius eingeführt. Die Generalsynode von 1574, auf welcher die Lutheraner das Uebergewicht hatten, erachtete denselben zu calvinisch und beschloß, er solle mit dem Katechismus Luthers vertauscht werden. Landgraf Wilhelm billigte diesen Beschluß nicht. Luthers Katechismus, schrieb er, sei wohl ein fein Büchlein für die Knaben, enthalte aber nicht Alles, was zur Erkenntniß des göttlichen Worts vonnöthen. Auch habe Gott seinen Geist nicht allein in diesen Mann ausgegossen, wie die Leute meinten, so ihn zu deificiren (zu vergöttern) sich unterständen. Darum halte er dafür, man lasse es in diesem Punkt erwinden, wie es zu seines Vaters Zeit gewesen, damit man sich nicht zu Sectirern und Einem Theologo anhängig mache. Dieses vertrage sich weder mit dem Charakter einer Universität, noch mit der christlichen Freiheit. Es sei hoch vonnöthen, daß auch in diesem Punkte vorsichtig gehandelt werde, damit man nicht ein neues Papstthum einführe und in eine noch unerhörte idolatria personalis gerathe. Sein Bruder Ludwig vertheidigte den Beschluß der Synode, aber Landgraf Wilhelm blieb beharrlich und versagte demselben seine Genehmigung. Welch heftigen Widerstand Landgraf Moriz gefunden, als er in den sogenannten Besserungspunkten anordnete, die zehn Gebote sollten in Kirche und Schule gelehrt werden, wie sie in der Bibel stehen, nicht mit Weglassung des zweiten Gebots und mit Scheidung des zehnten in zwei Gebote, ist Abth. I geschildert. Daß er in Betreff dieses Punktes längere Zeit zögernd verfuhr, erweist der Bericht, welchen im J. 1598 der Superintendent Zindel über die in der Niedergrafschaft Katzenelnbogen gehaltene Kirchenvisitation erstattete. Zindel sagt: Obwohl es nicht rathsam erachtet werde, daß man wegen Zählung der Gebote Gottes sich in einen Zank gebe, so wäre es doch Gottes Befehl gemäß, daß der decalogus nicht verstümmelt, sondern vollständig in den Katechismuspredigten vorgetragen werde, sonderlich dieser Oerter, da man mit dem Papstthum nahe grenze und mit Schmerzen sehen müsse, wie das arme Volk vor den Götzen und Bildern niederkniee und ihnen göttliche Ehre erzeige. Der Bescheid des Landgrafen lautete, die Aenderung des Dekalogs müsse durch eine Generalsynode aller Superintendenten angeordnet werden. Dieses geschah auf der Generalsynode zu Kassel im J. 1607, und findet sich die Abänderung in dem sogenannten Kasselschen Katechismus, welcher kurze Zeit nach jener Synode verfaßt worden. Wegen der Aufnahme des Dekalogs nach dem Bibeltext erlitt dieser Katechismus von verschiedenen Seiten her heftige Angriffe, und fand sich Landgraf Moriz dadurch veranlaßt, denselben in einer besonderen Schrift zu vertheidigen. Zindel hatte bereits im J. 1610 berichtet, ausgenommen die vierherrischen und epsteinischen Kirchen werde der neue Katechismus allerwärts in der Niedergrafschaft Katzenelnbogen getrieben. Aber dem war nicht so. Zu Werlau fand sein Nachfolger im Superintendentenamt denselben im J. 1619 noch nicht im Gebrauch und befahl deshalb dem Pfarrer, ihn mit der Jugend zu exerciren *).

---

*) Auch in der Niedergrafschaft Katzenelnbogen mußte hier und da der Besuch der Katechismuslehre durch Drohungen und Strafen erzwungen werden. Als man 1601 bei der Visitation zu Werlau befand, daß der Kirchgang und die Besuchung der Kinderlehre gering, ward, um solchem Unfleiß abzuhelfen, verordnet, wer künftig die h. Versammlung ohne Erlaubniß und Ehehaften negligire, habe, so oft er dessen überführt werde, sechs Albus in den Gotteskasten zu erlegen. Im Visitationsbericht vom J. 1617 sagt der Superintendent, der Katechismus werde in St. Goar fleißig getrieben, und exercire ihn sein College Nordeck der Art, daß Jung und Alt die Fragen fassen könne.

Die Katechismuswirren im Fürstenthum Zweibrücken gegen Ende der Regierung des Herzogs Johann I sind Abth. I geschildert. Was die Rheingrafschaft belangt, so sind es dem wesentlichen Inhalte nach jedenfalls ältere Bestimmungen, wenn es in der K. O. von 1690 heißt: Auf daß Niemand sich der Kinderlehre entziehe, sollen die Senioren ein Register haben, darin Männer und Weiber, Kinder, Knechte, Mägde, Handwerksgesellen, Dienst- und Lehrjungen verzeichnet sind, und sollen die Ausgebliebenen anzeigen, daß sie deßwegen zu Rede gesetzt und mit gebührendem Ernste angesehen werden. Und dieweil wir durch die verderbte Natur und Anregung des bösen Feindes zu den Dingen, so unser Heil betreffen, verdrossen sind, und uns darin sehr unfleißig erzeigen, so soll, um das Volk zum Fleiß in dieser großwichtigen Sache zu erwecken, keine Person, sie sei jung oder alt, als Gevatter zur christlichen Tauf und zum Gebrauche des h. Abendmahls, desgleichen zur Einsegnung der christlichen Ehe zugelassen werden, sie wisse denn ihren Katechismus von Stück zu Stück zu erzählen. In der H. Gr. Sponheim wurde ein Gleiches schon bei der Visitation von 1575 angedroht. In maßen, heißt es in der den Visitatoren gegebenen Anweisung, christlichen Eltern wohl ansteht, ihre Kinder im Katechismus zu unterrichten, so sollen sie ermahnt werden die Katechismuslehre fleißig zu besuchen mit angehängter Drohung, so Alt und Jung die sechs Hauptstücke christlicher Lehre nicht aufs einfältigste gelernt hätten, die sollten zum Nachtmahl des Herrn nicht zugelassen, auch da sie sich verheirathen, nicht verkündet oder eingesegnet werden, bis sie des Katechismus genugsamlich berichtet seien.

3. Die heiligen Handlungen.

An sich ist jeder Gottesdienst ein Handeln, gleicherweise können alle Theile des christlichen Gottesdienstes, Gesang und Gebet, Predigt und Katechismuslehre, der Segensgruß beim Beginne der gottesdienstlichen Feier sowie die Segensspendung am

---

In den Pfarreien kämen Alte und Junge zum Katechismus, und habe er angeordnet, wo solches nicht geschähe, sollten die Pfarrer die Hülfe der Beamten nachsuchen.

Schlusse derselben als heilige Handlungen bezeichnet werden, dennoch hat man diese Benennung vorzugsweise denjenigen kirchlichen Verrichtungen zugetheilt, bei welchen sich zu Rede und Gebet noch das Symbol, ein in die äußeren Sinne fallendes Zeichen gesellt, bei welchem das hörbare Wort zugleich ein sichtbares wird, und nicht bloß der Mund, sondern auch die Hand des Kirchendieners thätig ist. Zu diesen Handlungen gehört zunächst die Taufe, bei der das Wasser das Symbol ist, ferner das Abendmahl, bei dessen Feier Brod und Wein die äußern Elemente sind, sodann die Handlungen, bei deren Vollzug zu Rede und Gebet die Handauflegung kommt, nämlich die Ordination der Diener der Kirche, die Confirmation der Getauften und die Einsegnung der Ehe oder die Trauung. Diesen Handlungen reihet sich das christliche Begräbniß an, dem allerdings, wenn man absieht von der nicht allgemein gültigen Sitte des Erdwurfes auf den eingesenkten Sarg, das äußere Symbol fehlt, das aber dennoch nach seinem äußern Verlauf und seinem innern Wesen ein Handeln ist. Die lutherische und die reformirte Kirche sind darin einig, daß sie im Unterschiede von der römischen nicht die genannten Handlungen alle gleich heilig halten und zu den Sakramenten zählen, den Namen Sakramente erkennen beide nur den Handlungen zu, die der Heiland gestiftet, und in welchen unter sichtbaren Zeichen unsichtbare Gnaden und Güter dargestellt, gegeben und versiegelt werden. Es sind dieses die Taufe und das Abendmahl. Eine Confirmationsfeier, wie sie jetzt in unsern Gemeinden statt findet, kannte die evangelische Kirche anfänglich nicht, gleicherweise war die feierliche Einsegnung der Diener des Worts zu ihrem Amte oder die Ordination nicht in allen Herrschaftsgebieten unseres Bezirks schon in der ersten Zeit nach der Reformation üblich, und was über sie uns überliefert worden, ist Abschnitt I bereits mitgetheilt. Somit sind von den heiligen Handlungen unserer Kirche nur 1. die Taufe, 2. das Abendmahl, 3. die Trauung und 4. das Begräbniß in der ihnen durch die Reformation gewordenen Neugestaltung zu schildern.

1. Die Taufe.

Beide Kirchen, die reformirte wie die lutherische, hielten an der Kindertaufe fest, wie solche in der christlichen Kirche schon in früher Zeit war üblich geworden, und verwarfen die Lehre der Wiedertäufer. In der K. O. des Herzogs Wolfgang heißt es: Es soll der Wiedertäufer Irrthum, welche den unmündigen Kindern den Tauf abschlagen, gänzlich verworfen sein, und sollen die Kinder, die nicht der geringste Theil von Gottes Volk sind, vermöge göttlichen Worts und Ordnung getauft werden. Die K. O. Friedrichs des Frommen spricht sich ausführlicher aus, sie sagt: Dieweil der Christen Kinder in dem Bunde Gottes begriffen sind (Ap. Gesch. 2, 39) so soll ihnen auch der h. Tauf als das Wahrzeichen und Siegel des Bundes mitgetheilt und sie also von der Ungläubigen Kinder unterschieden werden. Ist auch gewiß, daß die Kinder ebensowohl als die Alten den h. Geist empfangen, die aber den Geist Gottes haben, die kann nichts hindern, daß sie nicht getauft werden. Dazu sind die Kinder auch nicht der geringste Theil der christlichen Kirche, welche sammt allen Gliedern durch das Blut Christi erlöset ist und gereiniget wird durch das Wasserbad im Wort Eph. 5, 26. Auch in Betreff des Tauforts und der Taufzeit stimmen beide Kirchen überein. Es sollen, heißt es in der kurpf. K. O. die Kinder zu jeder gebührlichen Zeit, so es von ihretwegen ordentlich begehret wird und sie in die Kirche vor die Diener des Worts gebracht worden, von denselben getauft werden, und soll solches fürnehmlich geschehen auf Sonntag, Feiertag oder sonst in der Woche, wann die Gemein Gottes bei einander ist, auf daß ein jeder seines Taufs sich erinnere und den Namen Gottes über das Kind anrufe. Die K. O. Wolfgangs will gleichfalls die Kinder zur Taufe gebracht wissen an Tagen und in Stunden, da eine Menge Volks in der Kirche bei einander ist. Doch sollen die Kirchendiener und Pfarrverwandten daraus keine Nothdurft machen, sondern jederzeit, sonderlich da die Kinder blöd und schwach sind, willig sein ihr befohlen Amt zu verrichten *). Nach beiden K. O. soll die Taufe nicht aus Verachtung oder irriger Meinung, noch aus sonst einer Ursache

*) Wie sehr auch Wolfgang die Betheiligung der Gemeinde an der Taufhandlung wünschte, erweist sich daraus, daß er sagt: Wir halten auch für nützlich, so außerhalb der gemeinen Predigt oder Kirchenversammlung ein Kind getauft werden soll, daß ein Zeichen mit einer Glocke geschehe, damit andere Leute dadurch ermahnt werden, zum Taufhandel zu kommen.

in die Länge gezogen werden. Herzog Wolfgang will, daß Niemand sein Kind über acht Tage ungetauft liegen lasse, wer das thue aus der Meinung, als sei die Kindertaufe nichts, den will er für einen Wiedertäufer angesehen wissen, und gedenkt ihn ernstlich zu strafen. Nachdem Wolfgang in den Mitbesitz der H. Gr. Sponheim gekommen, suchte man auch in ihr die Bestimmungen seiner K. O. in Betreff der Taufe zur Ausführung zu bringen. Schon im Jahre 1560 wurde verordnet, kranke Kinder ausgenommen, solle die Taufe in der Kirche geschehen, auf dem Altar, da man des Herrn Nachtmahl halte, und sollte man sich dazu eines Taufbeckens bedienen, die alten Taufsteine dagegen aus den Kirchen wegschaffen. Daran, daß die Taufe vornehmlich solle an Tagen vollzogen werden, da die Gemeinde im Hause Gottes versammelt sei, wollten sich die Leute nicht gewöhnen. Die obere Kirchenbehörde erwies sich in diesem Punkte nachsichtig und im J. 1600 befahl sie sogar dem Pfarrer in Winterburg, das Kindtaufen auf einen Werktag anzustellen, damit man Sonntags nicht die Kinderlehre versäume. Strenger verfuhr die reformirte Kirche. Als etliche Kirchendiener der Classe Bacharach die Kinder nicht immer an den Predigttagen tauften, wurde ihnen eingeschärft, außer denselben kein Kind zu taufen, es fordere es denn desselben Schwachheit.

Kurfürst Friedrich war der Ansicht, Christus befehle allein denjenigen das Taufen, so berufen seien, sein heiliges Wort zu predigen; Matth. 28 fasse er beides, Predigen und Taufen, in einen Befehl zusammen, und gebühre derhalben keiner Creatur, diesen Befehl zu trennen und einer Person das Taufen zuzulassen, der das Predigtamt verboten sei. Damit war für die pfälzische Kirche die Jach- oder Nothtaufe durch Frauen, sowie durch Männer, die nicht das Predigtamt verwalten, beseitigt. Herzog Wolfgang blieb befangen in dem Wahnglauben der alten Kirche, nach welchem das Kind, das ungetauft aus der Erdenwelt hinausgeht, nicht eingehen könne in das ewige Leben, während der Heiland den Kindern vor Andern das Himmelreich zuspricht, ohne dabei der Nothwendigkeit der Taufe zu gedenken *). Wolfgangs Tauf-

*) Wolfgang sagt: In Ansehung, daß auch die Weiber Miterben des Reiches Gottes sind und die Noth der gemeinen Regel nicht unterwürfig,

ordnung ging in die Kirchenordnung der Rheingrafen über, und auch Landgraf Wilhelm hat in seiner Agende von 1574 die Jachtaufe beibehalten *).

Was die Taufhandlung selbst anlangt, so stimmen Friedrichs und Wolfgangs K. O. darin überein, daß der Taufversammlung zunächst Grund und Zweck aus der h. Schrift näher dargelegt

wolle er die löbliche und wohlbegründete Gewohnheit, nach welcher zur Zeit der Noth in Abwesenheit der Männer die Hebammen die Kindlein getauft haben, nicht aufheben, sondern in Kraft bleiben lassen. Es sollten aber die Kirchendiener die Hebammen aufs Fleißigste unterrichten, daß sie kein Kind, so noch im Mutterleibe und nicht ganz an die Welt geboren sei, jachtaufen, denn dieweil die Taufe ein Sakrament der Wiedergeburt, sei es erforderlich, daß das Kind zuvor an die Welt geboren sei; darnach, daß sie, wo sie einen Kirchendiener haben mögen, diesen dazu berufen, so jedoch dieses wegen Schwachheit des Kindes nicht sein möchte, sollten die Hebammen oder welches andere anwesende christliche Weib sich des Taufs unterfangen wolle, zwo oder drei der vorhandenen Personen zu Zeugen erfordern, ein Vaterunser beten und darauf das Kind im Namen Gottes, des Vaters u. s. w. mit Wasser taufen. Das Kind, das also getauft sei, soll nicht nochmals getauft werden, sondern, so es am Leben bleibe, solle man es zur Kirche bringen, und wenn der Kirchendiener bei dem anzustellenden Verhör befunden, daß es recht getauft sei, habe er die Taufe in der durch die K. O. vorgeschriebenen Weise zu bestätigen. Würden aber die Leute, so das Kindlein zur Taufe bringen, ungewisse Antwort geben, etwa sagen, sie wüßten nicht, was sie in solcher Noth und Schrecken gedacht, geredet und gethan, so solle man nicht viel Disputirens machen, sondern das Kind taufen wie andere Kinder.

*) Er hatte die Agende seiner Schwester, der Herzogin Christine von Schleswig-Holstein, zugeschickt, um sich bei ihr vom Verdachte des Calvinismus zu reinigen, und diese hatte sie ihrem Beichtvater, dem Hofprediger Paul von Eitzen, zur Beurtheilung übergeben. Als dieser neben Anderem auch das an der Agende tadelte, daß man den Wehemüttern die Verrichtung der Nothtaufe untersagt, schrieb Wilhelm seiner Schwester: Den Weibern die Nothtaufe zu verbieten sei nicht seine Absicht, und werde in der Agende ausdrücklich gesagt, da man den Pfarrer in der Eil nicht gehaben könne, und die höchste Noth vorhanden, sollen die, so dabei seien, unsern Herrgott anrufen, ein Vaterunser beten, darauf das Kind im Namen Gottes, des Vaters u. s. w. taufen, und soll das also getaufte nicht nochmals getauft werden. In der Niedergrafschaft Katzenelnbogen stellte der Superintendent Zintel nach der Kirchenvisitation von 1598 den Antrag, dieweil die Jach- und Weibertauf Gottes Wort zuwider, möge sie abgeschafft werden. Es kann nicht angegeben werden, ob Landgraf Moriz darauf eingegangen.

und darauf in einem längeren Gebete für das Kind und seine Eltern die Gnade Gottes erfleht wird, deßgleichen darin, daß an das Dankgebet nach der Taufe sich eine Vermahnung an Vater und Gevattern sowie an die übrigen Verwandten anreiht. Eine Verschiedenheit aber tritt schon darin hervor, daß nach der K. O. Wolfgangs während des Vaterunser, womit das Fürbittengebet schließt, der Geistliche die Hand auf das Haupt des Kindes legt und die Gevattern niederknien, ferner darin, daß nach der K. O. Friedrichs der Täufer vor der Taufe das apostolische Glaubensbekenntniß spricht und darauf die Gevattern frägt, ob sie begehren, daß das Kind auf diesen Glauben getauft werde und damit die Versiegelung der Kindschaft Gottes empfahe, während nach der Wolfgang'schen Tauforduung der Pathe bei den drei Artikeln befragt wird und antwortet, als wäre er der Täufling selber. Die Wolfgang'sche K. O. bestimmte, es solle das Kind bei der Taufe ausgewickelt und nackend drei Male mit Wasser begossen werden *), die reformirte Tauforduung verlangte nur die Entblößung des Hauptes und die dreimalige Besprengung desselben im Namen Gottes, des Vaters u. s. w. Ein ungleich tiefer gehender Unterschied war der, daß nach Wolfgangs K. O. der Geistliche den Pathen als Stellvertreter des Kindes noch vor der Bejahung der drei Glaubensartikel fragt: Widersagst du dem Teufel und allem seinem Wesen? und der Pathe im Namen des Täuflings antwortet: Ja, ich widersage. Dieses dem Teufel Absagen kennt die reformirte Kirche bei der Taufe der Kinder nicht, und mit Recht wird es von ihr verworfen, denn obschon dasselbe nicht der Exorzismus der alten Kirche ist mit seinem „Fahre aus du unsauberer Geist und gieb Raum dem h. Geist!" so ist es doch, wie Claus Harms urtheilt, die leibliche Schwester

*) Der Herzog bemerkt dabei, daß das Kind in- oder ausgewickelt, ein- oder dreimal begossen, in das Wasser eingetaucht, oder bloß mit Wasser besprengt werde, sei an ihm selbsten mittelmäßig, jedoch weil in der Kirche Alles ordentlich und zur Besserung geschehen solle, habe er bedacht, daß die Kindlein ausgewickelt, doch allerlei Fahr zu verhüten, nicht ins Wasser getaucht, sondern nackend mit dem Wasser begossen werden, es wäre denn ein Kind so schwach, daß es den Luft oder die Kält nicht wohl leiden möcht, alsdann möge es eingewickelt getauft werden.

desselben *). Auch Landgraf Wilhelm hatte dies Widersagen in seiner Agende beseitigt, und war dieses gleichfalls ein Punkt, der den Tadel des Hofpredigers seiner Schwester erfuhr. Derselbe bemerkte, es sei der Exorzismus kein papistisch Machwerk, sondern habe schon zur Zeit Augustins allgemeine Anerkennung gefunden. Wilhelm erwiederte seiner Schwester, der Exorzismus sei nicht den Calvinisten zu Gefallen, sondern um der Wahrheit Willen beseitigt worden. Derselbe setze mit den Worten: Fahre aus, du unreiner Geist! praeexistentiam sathanae voraus, und möchte es einer christlichen Mutter eine schlechte Freude sein, daß sie in ihrem Leibe den Teufel tragen und zur Welt gebären solle.

Was die Gevattern oder Taufpathen belangt, so waren dieselben in der lutherischen Kirche die Vertreter des noch unbewußten Kindes bei der Schließung des Taufbundes, in der reformirten wurden sie mehr angesehen als sponsores d. h. als Bürgen für die christliche Erziehung des Kindes insofern die Eltern dieser Pflicht durch ihren Tod oder aus sonstiger Ursache nicht nachkommen konnten. Herzog Wolfgang fordert in seiner K. O.: Es solle von Eltern und Pfarrherrn Fürsehung geschehen, daß nicht leichtfertige Personen, so in öffentlichen Lastern unbußfertig verhaftet, zu Gevattern genommen und das Sakrament des Taufs durch der Gevattern Unehrbarkeit geschändet werde. In Friedrichs K. O. heißt es: Es soll auch in allwege der Vater des Kindes, so er zuweg ist, den Kirchendiener um den Tauf zuvor ansprechen, oder da er nicht einheimisch, einer von seinen Freunden, damit sich der Prediger möge nach den Gevattern erkundigen und ihn bei Zeiten ermahnen, keine leichtfertigen lasterhaften oder sonst untüchtige Personen dazu zu gebrauchen, damit das h. Sakrament des Taufs nicht verunehrt, noch das Kind durch solche Gevattern an christlicher Zucht versäumt werde **).

---

*) Ein anderer Theologe unserer Kirche sagt: Ein Mensch vom Fleische geboren und der Geburt von Oben noch untheilhaftig, ist darum kein besessener oder dämonischer, und beklagt es, daß ein Brauch, der bei der Taufe der Heiden eine Berechtigung hatte, auf die christliche Kindertaufe übertragen wurde. Nitzsch praktische Theologie Band II 2. Aufl. 432.

**) In der H. Gr. Sponheim wurden in der Regel drei Gevattern genommen und geschah es nicht selten, daß sich diese am Altare vor der

Weder in der Kurpfälzischen noch in Wolfgangs K. O. ist des Ausgangs der Wöchnerin gedacht. Im J. 1599 klagte im Pfarrconvente zu Herstein der Pfarrer Liernur, in Betreff der Kindbetterinnen habe er einen bösen Brauch vorgefunden. Dieselben hielten nämlich ihren Ausgang nicht auf einen Predigttag, sondern, wann es ihnen geliebe, zögen sie ohne Vorwissen des Pfarrers mit etlichen Weibern in die Kirche, und gingen dort um den Altar, ob sie dabei beteten, oder sonst etwas machten, wisse er nicht. Man befragte deßhalb den alten in Ruhestand versetzten Pfarrer, und erklärte dieser, er habe es so funden und werde berichtet, die Weiber beteten ein Vaterunser. Liernur wurde darauf empfohlen, er solle die Leute in der Predigt fleißig unterrichten, um des Gebetes willen sei solcher Kirchgang nicht von nöthen, denn mit dem Gebete seien wir nicht wie die Juden an einen gewissen Ort, den Tempel, gebunden, der Kirchgang solle geschehen, wann die Gemeind bei einander, auf daß die Kindbetterin mit ihrem Erscheinen bezeuge, sie erkenne, daß Leibesfrucht und Gesundheit Gottesgaben seien, und dafür wolle sie in der öffentlichen Versammlung danken, deßgleichen sich und ihre Leibesfrucht sammt ihrem ganzen Hauswesen dem Herrn befehlen und den Segen des göttlichen Worts in der Predigt empfahen. Darum solle der Pfarrer solchen blinden Kirchgang, der speciem operis operati et superstitionis habe, und es zweifelhaft sei, ob die Weiblein heimlich dabei noch alte abgöttische Gebetlein sprechen, nöthigen Falls mit des Amtmanns Hülfe abschaffen.

Die kurpf. K. O. enthält in der Ausgabe von 1684 Formulare für die Taufe von Wiedertäufern und Juden, welche jedenfalls schon im Jahre 1601 im Gebrauch waren. Beide Arten der Taufe wurden in Anwesenheit von dazu erbetenen Zeugen vollzogen. Der Wiedertäufer, wie der Jude mußte sich einen neuen Namen erwählen und denselben vor der Taufhandlung dem

---

Taufhandlung darüber zankten, welcher Name dem Kinde gegeben werden solle. Im Visitationsabschiede von 1591/92 wurde deßhalb bestimmt, des Namens halben sollten sich die Gevattern vor dem Kirchgang bei den Eltern des Kindes vergleichen, und der Visitationsabschied von 1608 machte den Zusatz: der Name, über den sich die Gevattern vergleichen, solle dem Pfarrer angezeigt werden.

Pfarrer angeben. Der Wiedertäufer beugte sich bei der Taufe über das auf dem Tische stehende Becken, der Jude empfing sie mit gebogenem Knie. In der rheingräflichen K. O. ist den Pfarrern zur Pflicht gemacht, Kinder von dem losen, herumstreifenden Gesindel, welches man Zigeuner nennt, wenn dieselben bereits einige Wochen alt seien, nicht zu taufen, ohne dazu die Erlaubniß der Rheingrafen oder des Superintendenten der Grafschaft eingeholt zu haben, sintemal man die Erfahrung gemacht, daß solches Gesindlein mit der Taufe zu spielen pflege, die Kinder des Geldes halben mehrmal taufen lasse und dennoch sie hernach in heidnischer Gottlosigkeit auferziehe.

Eine gottesdienstliche Feier der Confirmation kannte man in der Reformationszeit nicht. Dieselbe ward erst gegen Ende des 17. Jahrhunderts durch Philipp Jakob Spener angeregt. Dennoch trug man Sorge, daß die Getauften nicht an dem Abendmahl Theil nahmen, ohne daß man sich dessen vergewissert hatte, es sei ihnen die Bedeutung dieser Feier zum Bewußtsein gebracht und eine nothdürftige Erkenntniß der Heilswahrheiten von ihnen erlangt *).

---

*) Wir wollen und ordnen auch, sagt Herzog Wolfgang in seiner K. O., so „ein Junges“ das Sakrament des Abendmahls vorhin nicht empfangen, daß es zu demselben nicht zugelassen werde, es sei denn zuvor dem Pfarrherrn fürgestellt, daß es von der Lehre der Religion befragt und berichtet werden möge, damit es das Sakrament nicht mit Unverstand empfahe. Die kurpf. K. O. sagt: „Wenn man das Nachtmahl halten will, soll der Kirchendiener die Eltern und Hausväter vermahnen, daß sie ihre Kinder und ander junges Volk, welches sie zum ersten Mal zum Tische des Herrn wollen führen, mittlerweil unterweisen und dem Kirchendiener anzeigen, auf daß sie vor ihm ihres Glaubens Bekenntniß thun und, im Fall es vonnöthen, ferneren Bericht und Vermahnung einnehmen“. Nicht minder hatten eben diese jungen Gemeindeglieder in öffentlichem Gottesdienste unmittelbar vor der Abendmahlfeier Bekenntniß ihres Glaubens zu thun, und sollte sie dabei der Kirchendiener erstlich die Artikel des christlichen Glaubens, die 10 Gebote und das Vaterunser aufsagen lassen und nachher sie aus dem Katechismo über das Nachtmahl befragen. So Etliche aus Blödigkeit solche Stücke nicht von Wort zu Wort aufsagen könnten, sonst aber unsträflich wären, sollten sie vom Kirchendiener der fürnehmsten Artikel des Glaubens erinnert und nach geschehener Bekenntniß mit der Gemein zum Abendmahl zugelassen werden.

2. Das heilige Abendmahl.

Nach der K. O. von Herzog Wolfgang sollte das Abendmahl gehalten werden in den fürnehmsten Städten alle Monat, oder so es gesein möge, alle 14 Tage, und außerdem so oft Communikanten vorhanden seien und sich zuvor angezeigt haben. Die Kirchendiener sollen das Volk mit Ernst zum Gebrauch des Sakraments vermahnen und ihm desselben Nutz und Nothdurft fleißig anzeigen, daß es sich gern und oft herzufüge. Hierin stimmt die K. O. Friedrichs des Frommen mit der Wolfgangs überein. Nach ihr soll das Abendmahl des Herrn in Städten zum wenigsten alle Monat, in Dörfern alle zwei Monat gehalten werden, namentlich auf Ostern, Pfingsten und Weihnachten, und wo es die Erbauung und Noth der Gemeinde erfordere, sei es christlich und recht, daß es noch öfter geschehe, allewege aber soll es der Gemeine Gottes acht Tage zuvor durch den Kirchendiener verkündigt werden, mit Ermahnung, daß sich die ganze Gemeinde dazu schicke. Nachdem in der H. Gr. Sponheim durch Friedrich den Frommen die Reformation war eingeführt worden, feierte man zu Trarbach das Abendmahl im J. 1558 auf Ostern, Pfingsten und Weihnachten, im J. 1560 außer den genannten Festen noch auf Bartholomäi. In den Landgemeinden wollte das Volk nicht von dem alten Brauche lassen, in der österlichen Zeit das Sakrament des Altars zu empfangen. Bei der Visitation von 1567 erklärte der Pfarrer des Kirchspiels Brombach, mit Empfängniß des Nachtmahls sperrten sich die Leute bis auf Ostern und Pfingsten, und wiewohl er es habe alle 14 Tage halten wollen, seien sie doch nicht kommen. Ums J. 1590 wurde in mehreren Gemeinden das Abendmahl alle 6 oder 4 Wochen ausgetheilt, in andern nur auf Weihnachten, Ostern, Pfingsten, und so es besonders begehrt wurde, was vielfach seitens der schwangeren Frauen geschah. Viele aber hielten die österliche Zeit fest und an nicht wenigen Orten hörten die Visitatoren, auf Gründonnerstag und Ostern komme das Volk mit Haufen. Der Superintendent der Niedergrafschaft Katzenelnbogen berichtete im J. 1617, zu St. Goar sei das Abendmahl früher auf Christtag, Ostern, Pfingsten und Michaelis gefeiert worden, man wolle aber darauf bedacht sein, daß es von 6 zu 6 Wochen ausgetheilt werde.

In Betreff der Vorbereitung zur Abendmahlfeier beschränken sich die Bestimmungen der kurpf. K. O. auf Folgendes: Begehrten welche an der Feier Theil zu nehmen, die in die Gemeinde neu eingezogen waren, so waren sie verpflichtet, solches dem Kirchendiener anzuzeigen und Rechenschaft von ihrem Glauben zu geben. Die Vorbereitung fand immer am Tage vor der Feier statt, und sollte dabei eine Predigt vom rechten Verstand des h. Abendmahls gehalten werden. Nach derselben trat der Kirchendiener vor den Abendmahlstisch und verlas das in der Agende gegebene Vorbereitungsformular. Hatte die Versammlung die darin vorgelegten Fragen bejaht, so sprach er die Absolution und schloß die Feier mit dem Spruche: Der Gott des Friedens heilige euch u. s. w. Hatte Jemand ein sonderliches Anliegen, darüber er sich gerne mit seinem Kirchendiener besprechen wollte, sollte es ihm unverweigert sein. Anders lauten die Bestimmungen der K. O. von Herzog Wolfgang. Sie schloß sich auch darin wieder der alten Kirche an, daß sie die Privatbeichte und die Privatabsolution beibehielt. Sie bestimmte, es solle der Priester am Sonnabend nach der Vesper die Leute, so des folgenden Tages communiciren wollen, Beicht hören, dabei einen Jeglichen nach Gelegenheit der Person freundlich und christlich unterrichten und mit der Absolution trösten. Seien Communikanten vorhanden, so solle der Kirchendiener in der Vesper eine kurze Predigt von dem rechten Gebrauch des Sakramentes thun, und seien derselben sehr viele, so könne er sie auch vor der Vesper und in derselben während des Gesanges der Schüler verhören. Diese Vorbereitungsordnung wollte in der H. Gr. Sponheim keinen rechten Eingang finden. Bei der Visitation von 1567 wurde in vielen Gemeinden erklärt, das Volk komme mit Haufen und wolle nicht einzeln beichten. Sehr genau forschten die Visitatoren von 1575, an deren Spitze der streng lutherische Dr. Heilbronner stand, darnach, wie es um das Beichtverhör stehe, es lautete aber für sie nicht immer erfreulich, was sie vernahmen *). Da um jene Zeit in

*) Der Pfarrer in Enkirch erklärte, er verhöre immer 3, 4 oder 5 Personen zugleich und ertheile ihnen zusammen die Absolution; anders sei es ihm

Trarbach in der Abendmahlslehre viele dem Calvinismus anhingen, hielt Dr. Heilbronner daselbst drei Predigten über das Abendmahl. Im Visitationsabschied wurde allen Pfarrern die Privatabsolution zur Pflicht gemacht und ein Gleiches geschah bei der Visitation von 1591/92. Im J. 1594 berichtete der Inspector Conon: In allen seiner Aufsicht untergebenen Kirchen sei nunmehr die Einzelabsolution üblich, doch also, daß man, wenn viele Communikanten vorhanden, sie nicht von Person zu Person verhöre, sondern etliche mit einander. Es würden so die Leute nicht so lange aufgehalten und durch Zuhören in der christlichen Lehre geübt. Habe der Pfarrer mit einem besonders zu reden, könne es nach Entfernung der übrigen geschehen. Aehnlich lautet der Bericht des Inspector Jakobi. Bei der Visitation von 1608 wurde verordnet, es sei von Nöthen, daß man das Volk, welches zu den österlichen Feiertagen haufenweis das h. Abendmahl gesinne, etlicher Maßen abhalte und desselben nicht mehr zulasse, als man verhören könne, denn unter den Hunderten, die auf Gründonnerstag und Ostern zum Abendmahl geloffen kämen, fänden sich viele, die das ganze Jahr über nicht ein oder zwei Predigten besucht hätten, oft nicht einmal das Vater Unser und die zehn Gebote wüßten. Noch dringlicher fordern die im J. 1608 in die

---

nicht möglich, denn er habe bisweilen an die 700 Communikanten. Die Erklärung des Pfarrers von Bell lautete: Dieweil die Gemeind groß und die Dörfer weit auseinander gelegen, sei ihm nicht wohl möglich, die Beicht mit Allen zu halten, Personen aber, die mit Anfechtung oder öffentlichen Lastern beladen, erfordere er besonders, vermahne sie zur Buße, tröste sie und spreche ihnen absolutionem privatam. Der Pfarrer in Gebroth hatte noch nie Privatabsolution gehabt, und Peter Hofmann, der in seiner kleinen Gemeinde Roth das Nachtmahl jährlich siebenmal austheilte, hielt die Privatabsolotion für bedenklich, dieweil man gedenken möchte, er wolle die Ohrenbeichte wiederum anrichten. Es wurde ihm darauf angezeigt, welch großer Unterschied zwischen der Einzelabsolution und der Ohrenbeichte sei. Erstere werde fürgenommen 1) wegen Unterweisung der Unwissenden, 2) von Sonderanliegen, 3) von wegen derer, die ärgerlich leben oder in einem bösen Verdacht stehen, 4) von wegen des großen Trostes, darauf die Privatabsolution folge. Hofmann wollte sich von der Nothwendigkeit der Privatbeichte nicht überzeugen lassen, hielt die Sache für ein Adiaphoron und wurde in Folge dessen seines Amtes entsetzt.

Pfarreien gesandten Visitationspunkte die Privatabsolution. Den Pastoren und Diakonen wird in denselben mit Ernst auferlegt, an Ort und Enden, da die Privatabsolution in Abgang gekommen, sie wiederum anzustellen, und mit allem Fleiß darob zu halten, daß jeder Confitent seine Beichte selber thue und ihm der Geistliche die Absolution in Sonderheit spreche. Wäre das gemeine Volk so ungeschickt, daß es nicht nach der in der K. O. gegebenen Form beichten könne, solle ihm der Pfarer eine feine nicht gar zu lange Form zu lernen geben. An vielen Orten fand das Beichtverhör in der Sakristei statt, und empfing dieselbe deshalb im Munde des Volks den Namen die Preßkammer *). An des Landgrafen Wilhelm K. O. war seiner Schwester, oder vielmehr deren Hofprediger besonders anstößig, daß man die Privatbeichte abgethan. Wilhelms Antwort war: Niemand werde abgehalten, den Prädikanten sein besonderes Anliegen zu eröffnen, aber es solle auch Niemand zur Ohrenbeicht gezwungen werden. Sein Sohn Moriz verwarf den Zwang in Betreff der Privatbeichte, dieweil sie aber dem gemeinen Manne zum Unterricht und Troste wohl dienlich, wollte er sie nicht gänzlich abrogirt wissen, sondern schrieb im J. 1600 dem Superintendenten Zindel, wie im Niederfürstenthum Hessen, solle sie auch in der Niedergrafschaft Katzenelnbogen im Schwange erhalten werden.

---

*) In den erwähnten Visitationspunkten wurde es gerügt, daß die Pastore bisweilen eigenmächtig ihre Pfarrkinder vom Gebrauch des Abendmahls abgehalten. Da solches an ihm selbst gefährlich, und denjenigen, die dergestalt abgewiesen werden, verkümmerlich sei an ihren Ehren, so sollten die Pfarrherrn dergleichen Fälle, wie die K. O. vorschreibe, an die Inspectoren berichten und derselben Ausschlag erwarten. Es solle ihnen jedoch unbenommen sein, groben und öffentlichen Sündern bis zum Eingange von des Inspectors Bescheid das Nachtmahl zu suspendiren, etwa mit den Worten, sie wollten der Sache weiter nachdenken. Man habe auch, heißt es weiter, erfahren, daß etliche, wenn sie wegen Geld, Gut oder des Leumundes in Rechtfertigung gegen Andere stehen, selbst sich des Abendmahls berauben, in der Meinung, so lange die Thedigung währe, könnten sie nicht zum Tische des Herrn kommen. Da solches unchristlich und schädlich, so sollen die Pastore die in Rechtfertigung stehenden Personen von allen feindlichen Affecten, Zorn, Groll und Widerwillen abmahnen und dahin weisen, daß sie die strittige Sache Gott und der Obrigkeit befehlen, und sollen sie sodann zum Tische des Herrn zulassen.

Noch deutlicher als bei der Vorbereitung zeigt es sich bei der Feier selbst, wie Friedrich der Fromme beflissen war, dieselbe zu ihrer ursprünglichen Gestalt zurückzuführen, während Wolfgang den Brauch der römischen Kirche bestehen ließ, soweit es sich mit dem Geiste des Evangeliums vertrug. Das den beiden Kirchen Gemeinsame war, daß die Feier sich immer an den Haupt- oder Predigtgottesdienst anreihte, der Geistliche unmittelbar vor der Spendung eine Vermahnung und kurzen Unterricht von dem hochheiligen Sakramente gab, nach der Spendung im Namen der Abendmahlgenossen Dank sagte, sowie daß nach dem Brode auch der Kelch gereicht wurde *).

---

*) Nach Wolfgangs K. O. hatte der Geistliche am Schlusse des Predigtgottesdienstes die Leute zu vermahnen, der Communion anzuwohnen und mit den Abendmahlsgenossen Gott anzurufen, daß er seine Kirche bei seinem heiligen Worte und dem rechten Gebrauch seiner Sakramente erhalten wolle. Darauf sollen die, welche des Abendmahls begehren, in den Chor vor den Altar kommen und allda niederknieen, die Mannespersonen an dem einen, die Frauenspersonen an dem andern Orte. Nachdem, insofern sanggeübte Schüler vorhanden, diese das sanctus lateinisch gesungen, oder wo sie das nicht vermochten, das deutsche, d. h. das Lied: Jesajah dem Propheten rc., verlas der Geistliche die in der Agende gegebene Vermahnung und sang oder sprach darauf das Vater-Unser, desgleichen die Worte der Einsetzung. Wurde das Vater-Unser von der Versammlung gesungen, so sollte der Geistliche, nachdem er Brod und Wein vor sich gestellet, die Stiftung des Abendmahls mit lauter verständlicher Stimme verlesen oder singen. Alsbald darauf, heißt es weiter, gehet das Volk herzu, ordentlich und empfähet an einem Ort des Altars den Leib Christi, an dem andern das Blut Christi, zumal wenn der Communikanten viele sind und zween Kirchendiener das Sakrament austheilen. Nachdem gesagt ist, die Elevation solle in allen Kirchen abgethan sein, wird hinzugefügt: Wiewohl beide, Brod und Wein, durch die verlesene Stiftung Christi genugsam geweihet seien, und es derhalben anderer Worte nicht mehr bedurfe, so möge doch der Kirchendiener zu mehrer Ermahnung zu einem Jeglichen ungefähr folgende Worte sprechen, in Darreichung des Leibes Christi: Nimm hin und iß, das ist der Leib Christi, der für dich gegeben ist, und in Darreichung des Blutes Christi: Nimm hin und trink, das ist das Blut des neuen Testaments, das für deine Sünden vergossen ist. Während der Austheilung soll die Versammlung singen die Lieder: Gott sei gelobt und gebenedeiet rc. oder Jesus Christus, unser Heiland, item den Psalm: Ich danke dem Herrn rc. und zuletzt: O Lamm Gottes, unschuldig rc., oder Christe, du Lamm Gottes rc. Seien die Communikanten alle mit dem

Abth. I sind bereits die Verdächtigungen berührt, welche Friedrich wegen der von ihm geordneten Abendmahlfeier erfahren und wie kräftig seine Gemahlin in dieser Sache für ihn eintrat. Ihrem Tochtermanne dem Herzog Johann Friedrich von Sachsen schrieb sie *), wie sie erfahren, habe Albrecht von Rosenberg ihm gesagt, er sei zu Heidelberg gewesen und habe gesehen, daß man beim Nachtmahl des Herrn einen Kuchen auf einen Tisch gelegt und hätten sich da zwölf zu dem Prädikanten an den Tisch setzen müssen und nachdem sie gegessen und getrunken, hätten sie aufstehen und zwölf andere sich hinsetzen müssen, und habe das gewährt, so lange Communikanten da gewesen. Das sei ein erlogen Ding und nur wahr, daß ihr Gemahl zum Nachtmahl nicht mehr die runde Oblate brauchen lasse, sondern eine große Oblate lege

---

Abendmahl versehen, so soll der Kirchendiener die in der Agende gegebene Danksagung sprechen und die Feier mit dem Segen des Herrn beschließen. Die K. O. des Kurfürsten Friedrich bestimmte in Betreff der Abendmahlfeier Folgendes: An dem Abendmahltage soll eine Predigt vom Tod und Abendmahl des Herrn geschehen, darin von Ordnung, Ursache, Nutz und Frucht des Abendmahls gehandelt wird. Nach der Predigt und dem Gebet soll der Diener des Worts bei dem Tische, da man das Nachtmahl halten will, die in der Agende vorgeschriebene Vermahnung verständlich, mit Ausdruck und Würde verlesen und danach sprechen: Auf daß wir nun mit dem wahren Himmelbrod gespeiset werden, lasset uns mit unsern Herzen nicht an dem äußerlichen Brod und Wein haften, sondern unsere Herzen in den Himmel erheben, da Christus Jesus unser Fürsprecher zur Rechten seines himmlischen Vaters ist, und nicht zweifeln, daß wir so wahrhaftig durch die Wirkungen des h. Geistes mit seinem Leib und Blut an unsern Seelen gespeiset und getränket werden, als wir das heilige Brod und Trank zu seiner Gedächtniß empfangen. Hierauf soll der Kirchendiener einem Jeden vom Brod des Herrn brechen und im Darreichen sprechen: Das Brod, das wir brechen, ist die Gemeinschaft des Leibes Christi; und der andere Kirchendiener soll im Darreichen des Kelchs sprechen: Der Kelch der Danksagung, damit wir Dank sagen, ist die Gemeinschaft des Bluts Christi. Während der Communion soll, wie es jeder Kirche am füglichsten und erbaulichsten ist, entweder gesungen, oder etliche Kapitel, so zu der Gedächtniß des Todes Christi dienstlich, als Ev. Johannes 14, 15, 16, 17, 18 und Jesaj. 53 gelesen werden. Zum Schlusse der Feier hatte der Kirchendiener zu sprechen das Dankgebet: Lobe den Herrn, meine Seele &c. und darauf die Versammlung mit dem Segen des Herrn zu entlassen.

*) Kluckhohn I, S. 393.

man auf die Paten, davon breche man und gebe es dem Volk, nachdem man die Worte des Herrn Christi darüber gesprochen habe. Das Brodbrechen aber habe, wie sie höre, auch Lutherus nicht verboten. Crato von Kraftheim, der Freund des Zacharias Ursinus, hat es in einem Schreiben an diesen getadelt, daß man in der Pfalz bei dem Abendmahle statt der Oblaten gewöhnliches Speisebrod in Gebrauch genommen. Ursinus antwortete ihm im August 1563: Das sei doch von keiner großen Bedeutung, denn die Feierlichkeit des Abendmahls beruhe in den damit verbundenen Belehrungen, Ermahnungen, Gebeten, sowie in dem Glauben und der Frömmigkeit der es Genießenden und belangend die äußerlichen Bräuche darin, daß dieselben dem Anstande gemäß, würdevoll und harmonisch seien und mit der Einsetzung Christi zusammenstimmen, nicht aber darin, daß man dabei ein besonderes Brod brauche. Das sei ja nicht vom Herrn befohlen und nicht nützlich deshalb, weil das noch in den Koth der alten Götzendienerei versunkene Volk thatsächlich belehrt werden müsse, der Unterschied des Brodes, welches es daheim an seinem Tisch, und des Brodes, das es am Tische des Herrn esse, bestehe nicht in der Substanz, sondern in der Nießung. So lange das Volk sehe, daß man bei der Feier ein anderes Brod als das gewöhnliche brauche, werde es nicht aufhören, den Unterschied in der Substanz zu suchen, denn die Leute wüßten ja nicht anders, als die Hostie sei ein Herrgott oder es stecke einer darin *).

Wie Abth. I mitgetheilt ist, hatte Codonius, der Hofprediger des Herzogs Wolfgang, bei diesem gegen die Zweibrücker Geistlichen darüber Beschwerde geführt, daß sie, wenn bei dem Abendmahle der Kelch frisch gefüllt werde, denselben nicht von Neuem segneten. Dieser Punkt wurde durch Johann Marbach dahin verglichen, die Einsegnung des Kelchs sei nicht zu wiederholen. Trotzdem suchte in der H. Gr. Sponheim hier und da ein Geistlicher diesen Brauch einzuführen, namentlich der aus Schlesien stammende Pfarrer Cratzer in Kastellaun. Als dieses zur Kenntniß der Birkenfelder Kanzlei gekommen, befahl sie im Namen des Herzogs Karl, diese iteratio verborum consecrationis zu unterlassen, denn obwohl solche Caeremonien für Adiaphora gehalten

*) Kluckhohn I, 447.

werden könnten, so seien sie doch aus allerhand vernünftigen Considerationen bedenklich. Weiter wurde verordnet, die Communikanten seien bei der Beichte sorgfältig abzuzählen, und nachdem deren viel oder wenig, habe die praeparatio symbolorum sacrorum zu geschehen. In Betreff der Consecration wurde bestimmt, wann die Geistlichen bei dem Abendmahl über die auf dem Altar stehenden Symbole die Einsegnung sprechen, sei es billig, daß sie sich von dem Volke ab zu dem Altar und den Symbolen kehren, wo aber der Prediger hinter dem Altar stehen könne, solle er Vorrede, Gebet und Consecration hinter dem Altar stehend verrichten und nach denselben herfürgehen und an den Altar treten, da die Austheilung am füglichsten geschehen könne.

Die Beicht- und Abendmahlordnung der Rheingrafschaft stimmt mit der von Herzog Wolfgang gegebenen in manchen Stücken fast wörtlich überein, doch ist sie hie und da erweitert. So findet sich in der Spendeformel: nehme hin und esse, das ist der Leib 2c., das ist das Blut unsers Herrn Jesu Christi, der (das) stärke und erhalte dich zum ewigen Leben. In Hessen wurde fast durchgehend das Abendmahl kniend empfangen und standen dabei die Aeltesten um den Altar, um darauf zu sehen, daß sich dem Tische des Herrn kein Unwürdiger nahe. Der Gebrauch der Hostien ward beibehalten und der gesegnete Wein aus dem Kelche durch Trinkröhrchen getrunken. In den Städten gewahrte man den Dienst der Chorknaben bei Spendung des Sakraments noch ziemlich häufig. Die Beobachtung des Fastens vor dem Genusse des Sakraments war allgemein und sogar gesetzlich. Auch die Privatbeichte, „der Nerv wahrer Seelsorge", war in den Gemeinden Oberhessens und in andern Gegenden noch kirchliche Sitte *).

3. Die Trauung.

Die lutherische und die reformirte Kirche waren von Anfang an darin einig, daß sie abweichend von der römischen die Ehe nicht zu den Sakramenten zählten. Mit ihrem Begriff vom

*) Dieses die wörtliche Mittheilung Heppes über die Abendmahlfeier in Hessen. Welche Aufregung der Gemüther eintrat, als Landgraf Moriz das Brechen des Brodes einführte, ist Abth. I mitgetheilt.

Wesen des Sakraments konnten sie dieses nicht, denn die Ehe ist ja nicht eine kirchliche Handlung, die ihre Zeit und Stunde hat, sondern ein andauernder Stand, ein Bund, der für das ganze Leben geschlossen wird und erst mit dem Tode sein Ende erreichen soll. Aber wenn schon die mittelalterliche Kirche darauf drang, daß die, welche diesen Bund schlossen, zu demselben im Hause des Herrn feierlich eingesegnet wurden, um wie viel mehr mußten die Reformatoren auf dieser Einsegnung bestehen, denn nicht bloß, daß sie mit den Lehrern der alten Kirche den Stand der Ehe, dieweil der Allheilige selbst ihn geordnet, als einen heiligen Stand ansahen, sie erkannten es auch noch tiefer als jene, daß die Ehe unter allen menschlichen Bündnissen das innigste sei und zugleich die Wurzel aller übrigen geselligen Verhältnisse, namentlich des kindlichen und des geschwisterlichen. Die evangelische Kirche behielt anfänglich für die kirchliche Einsegnung der Ehe die alten Benennungen bei, nannte sie Kirchgang, Ingeleite und erst später wurde die Benennung Trauung die gebräuchlichere *). Der Trauung ging das Verlöbniß, der sogenannte Hienlich oder Verspruch voran. Deshalb ist davon zunächst zu handeln.

In welcher Weise und mit welchen Feierlichkeiten in unserm Bezirke die Eheverlöbnisse anfänglich stattgefunden, ist uns nicht überliefert **), ein Formular für Bestätigung der Eheverlöbnisse

*) Die Heirath wurde noch in der Reformationszeit bisweilen der Brautlauf genannt und hat dieses Wort seinen Ursprung darin, daß wie bei vielen Völkern so auch bei den alten Germanen der Weiberraub stattgefunden. Bei den wilden Stämmen der Halbinsel Malakka werden noch heute Braut und Bräutigam von einem alten Manne ihres Stammes nach einem Kreise geführt. Das Mädchen läuft zuerst herum und der junge Mann ihr aus einer geringen Entfernung nach; wenn er sie erreichen und festhalten kann, wird sie sein Weib, im andern Falle verliert er jedes Anrecht auf sie. Das hier Gegebene ist entnommen Bd. II, 233 der religionswissenschaftlichen Essays von Max Müller.

**) Es liegt nur das zu Tage, daß der Bursche dem Mädchen, mit dem er sich verlobte, ein Geldstück nebst Ring und Gürtel gab, und bei der Verlobung ein Imbis stattfand. Die bei der Verlobung gemachten Geschenke hießen der Trauschatz, was die Vermählten bei der Vermählung von ihren Eltern empfingen der Mahlschatz. Von dem Trauring heißt es in den angeführten Essays Bd. II, 251, er sei ein heidnischer Gebrauch, der als Symbol der Fessel, durch welche die Frau an ihren Mann gebunden, dienen

durch den Pfarrer, wie solches die Sponheimische K. O. von 1721 gibt, findet sich weder in der K. O. des Herzog Wolfgang, noch in der von Friedrich dem Frommen. Dagegen fordern Beide Folgendes: Die, so sich ehelich verpflichtet haben, sollen sammt etlichen Verwandten von beiden Seiten zum Pfarrer kommen und sich eine gute Zeit, ehe sie ihren Kirchgang halten, demselben anzeigen, auf daß man sich möge erkundigen, ob sie nach göttlichen und natürlichen Rechten mögen bei einander wohnen, und daß nicht welche aus Unwissenheit zusammengegeben werden, die man hernach mit Schand und Aergerniß wieder von einander scheiden müsse. Das Verlöbniß mußte mit Vorwissen und Willen der Eltern geschehen, verlobten sich welche heimlich, so traf sie Strafe. Die hessische Generalsynode von 1568 bestimmte: heimliche Verlöbnisse und Winkelehen sollten strenge verpönt und die Einwilligung der Eltern bei Eingehung des Ehebündnisses erforderlich sein, wo dagegen Eltern ihren Consens ohne zureichenden Grund verweigerten, durch die Obrigkeit die Ertheilung desselben bewirkt werden. Gleiche Verbote bestanden in der Kurpfalz wie in andern Herrschaftsgebieten unseres Bezirks, und sollten die, welche der Kuppelei sich schuldig machten, mit schweren Strafen angesehen werden. Als Herzog Karl im J. 1594 aus dem Berichte des Inspector Jakobi ersehen, daß im Amte Trarbach mehrere Winkelehen *) stattgefunden, befahl er dem Oberamtmann, er möge darüber satten Bericht einnehmen und so oft eine Winkelehe vorkomme, und die, so darin lebten, gegen einander klagten, solle er den klagenden Theil und nach Umständen auch den Verklagten einthürmen, zehn Tage lang mit Wasser und Brod speisen, sodann von Amts wegen sie scheiden und darauf halten, daß wenn sie nachher noch zu einander Lust trügen, eines an das andere wie herkömmliche Werbung thue. Immer traf obrigkeitliche Strafe denjenigen Theil, der die Auflösung des Verlöbnisses verschuldete, oder ohne triftigen Grund begehrte. Zu den triftigen

sollte. In England trage allein die Frau die goldne Fessel, in Deutschland sei das Band ein gegenseitiges u. s. w.

*) Mit dem Namen Winkelehen bezeichnete man heimliche Verlöbnisse, nach welchen ohne vorhergegangene Trauung eheliche Beiwohnung stattfand.

Gründen zählte unheilbare leibliche oder geistige Krankheit *). Während der J. 1597/98 berichtete Inspector Jakobi zu wiederholten Malen: Zu Enkirch, Wolf und andern Orten des Amtes Trarbach vergäßen die Wittwer und Wittwen ihrer verstorbenen Gatten gar zeitlich und verheiratheten sich ohne die geordnete Trauerzeit einzuhalten. Es ging darauf allen Pfarrern der Befehl zu: die verordnete Zeit müsse eingehalten werden der Gestalt, daß bei den jetzigen Sterbensläuften ein Wittwer zum allerwenigsten erst ein Vierteljahr nach Absterben seiner Ehegattin sich ehelich versprechen dürfe und eine Wittwe solle angewiesen werden, drei Vierteljahre nach dem Tode ihres vorigen Ehewirths zu warten. Insofern keine Vermuthung uteri gravidi, was nach Ablauf eines halben Jahres leichtlich zu merken, so könne zugelassen werden, daß sie sich im dritten Vierteljahr verspreche und aufbieten lasse, und möge nach Ablauf des dritten Vierteljahrs der Kirchgang vor sich gehen.

In Betreff des Aufgebots verordnen die mehrgenannten K. O. in wörtlicher Uebereinstimmung Folgendes: Jedes Paar soll man auf drei Sonntage in der Kirche also verkündigen: N. und N. wollen nach göttlicher Ordnung zum h. Stand der Ehe greifen, begehren zu solchem ein gemein christlich Gebet, daß sie diesen christlichen Stand in Gottes Namen anfahen und seliglich zu Gottes Lob vollenden mögen; hat Jemand darein zu sprechen, der zeige solches bei Zeiten an oder schweig darnach und enthalte sich etwas Verhinderung dawider fürzunehmen. Gott geb' ihnen seinen Segen. Amen.

In der K. O. des Kurfürsten Friedrich heißt es: Nachdem Gott selbst dem Adam sein Ehegemahl zugeführet, sei es billig, daß neue Eheleute in der Kirche vor der christlichen Gemein eingeleitet werden, damit sie und Andere, die schon zuvor im Ehestande sind, ihres Berufs erinnert, zur Friedsamkeit und Geduld in ihrem Stand aus Gottes Wort ermahnt werden und

*) Zu Wolf begehrte im J. 1593 ein Bräutigam die Auflösung des Verlöbnisses, weil der Braut der Verstand ganz verrückt worden. Dieweil der Augenschein ergab, daß dem so sei, und die Braut „still verzichtet hat", so sind die Verlobten im Beisein des Inspectors, des Pfarrers, der Censoren und des Kirchschaffners mit Verwilligung des Oberamtmanns und der Birkenfelder Kanzlei von einander ledig gesprochen worden.

die ganze Versammlung mit ihnen Gott um seinen Segen über sie anrufe. Aehnlich spricht sich über die Nothwendigkeit der kirchlichen Trauung Herzog Wolfgang aus. Obwohl, sagt er in seiner K. O., der eheliche Contrakt, wie andere rechtliche Contrakte, mochte auf den Rathhäusern oder in andern bürgerlichen Versammlungen geschehen, so sei es doch höchst nützlich, daß die Eheleute in öffentlicher Versammlung der Kirche eingesegnet werden, schon deßhalb, weil bei der ersten Ausbreitung des Evangelii Viele sich funden, so den Ehestand für einen unheiligen Stand gehalten, ferner, dieweil den Eheleuten durch Anstiftung des Teufels, der aller göttlichen Ordnung feind, in ihrem Stande allerlei begegne, darin ihnen die Vergewisserung ihrer göttlichen Zusammenfügung nöthig sei: sodann, damit männiglich vermahnet werde, daß der Ehestand ein Gott wohlgefälliger Stand sei, und die Eheleute betrachten, daß Gott ein Richter ist, der alle Menschen strafet, die den Ehestand nicht recht halten, Ehebruch oder Grausamkeit üben, den Ehestand verlassen und dergl., und endlich, daß die Eheleute, so ihnen oder ihren Kindern irgend ein Unglück begegnet, dadurch zur Geduld und Anrufung Gottes mögen beweget werden. Die kurpfälz. K. O. forderte, es solle der Kirchgang auf keinen Sonn- oder Festtag geschehen, damit man durch die Hochzeitimbs und Anderes nicht von den ordentlichen Predigten abgehalten werde. Daß man in der Pfalz nicht gerne den Freitag für den Kirchgang erwählte, erweist ein Schreiben Friedrichs des Frommen, worin er verlangt, das Beilager des Herzogs Johann Wilhelm von Sachsen mit seiner Tochter Dorothea Susanna solle nicht am Donnerstag gehalten werden, damit der Kirchgang nicht auf den Freitag falle, da dies den Brautleuten zur höchsten Verkleinerung gereichen würde, weil an diesem Tage Henker und Stockknechte ihre Freude ausrichten. Wolfgangs K. O. enthält in Betreff der Hochzeittage keine Bestimmung, dagegen wurde es in der H. Gr. Sponheim schon frühe verboten, die Hochzeiten auf die Sonntage zu legen *).

*) Im Visitationsabschied von 1608 heißt es: An etlichen Orten fängt man an hochzeitliche Kirchgänge am Sonntag zu halten, welches ein heidnischer barbarischer Handel, indem die Frühpredigt mit hochzeitlichem Geläuf: Geigern und Pfeifern verhindert, und der Katechismus mit Tanzen

Was die Trauung selbst belangt, so hatte sie Wolfgangs K. O. folgendergestalt geordnet. Die Brautleute stellten sich nach ihrer Ankunft im Gotteshause in die vorderen Stühle. Wo sanggeübte Schüler waren, sangen diese auf Begehr den 127. oder 128. Psalm. Darauf las der Kirchendiener eine passende Lektion aus einem der vier Evangelien, etwa die von der Hochzeit zu Kana. Daran reihte sich der Gesang des Liedes: „Nun bitten wir den heiligen Geist". Während desselben trat der Geistliche vor den Altar, ließ Bräutigam und Braut auch hinzutreten und verlas die im Formular gegebene Vermahnung. Nach derselben sprach er: Ihr neuen Eheleut, wollet ihr auf solche fürgelesene Stücke euere eheliche Pflicht bestätigen lassen? War diese Frage von Beiden bejaht, so fragte er den Bräutigam: N. wilt du N. hie zugegen zu deinem ehelichen Gemahel haben nach göttlicher Ordnung des Ehestandes? Hatte der Bräutigam und nach ihm die Braut, an welche dieselbe Frage gerichtet wurde, das Ja gesprochen, so nahm der Geistliche Beider Hände, fügte dieselben in einander und sprach: Euer Beider eheliche Pflicht, so ihr hier vor Gott und der h. christlichen Kirche thut, bestätige ich und spreche euch ehelich im Namen Gottes des Vaters rc. Was Gott zusammengefüget hat, das soll der Mensch nicht scheiden. Hatten die Brautleute Ringe, so mochten sie dieselben einander geben. Darauf ließ der Geistliche sie niederknieen zum Gebete, und schloß die Feier mit dem Segen Aarons. Wo man es begehrte, wurde vor dem Segen das Te deum laudamus deutsch gesungen. Wie die K. O. von Wolfgang, so schrieb auch die von Friedrich eine Hochzeitspredigt nicht vor. Hatten die Brautleute nach dem Einzug in die Kirche ihre Plätze in den vorderen Stühlen genommen, so berief sie der Kirchendiener an den Tisch, da man pfleget des

und dergleichen Dingen gar aufgehoben wird. Deßhalb sollen die Beamten solchen einreißenden Gebrauch mit höchstem Ernst abschaffen. Von den Visitationspunkten des J. 1608 lautet der zwanzigste: Hin und wieder ist der böse Brauch in Uebung kommen, daß die Hochzeitleute sehr spät in die Kirche kommen und die Pastores mit Verlierung der Zeit lange auf sie warten müssen. Um solchem Uebelstande zuvorzukommen, sollen die Hochzeitleute des Morgens um 10 Uhr in der Kirche zu erscheinen schuldig sein bei Strafe eines Guldens, so in den Almosenkasten zu erlegen, sofern sie nicht ihres Ausbleibens erhebliche Ursache haben.

Herrn Nachtmahl zu halten, und that die in der K. O. gegebene Erinnerung vom ehelichen Stand. Hatten die Brautleute darauf die Frage bejaht, ob sie willens seien, in dem h. Stande also zu leben, wie sie gehört und ob sie begehrten, daß ihr ehelicher Stand bestätigt werde, so sprach der Kirchendiener: So Jemand in der Versammlung wüßte, daß der Brautleute Eines durch eheliche Pflicht mit einer andern Person verbunden oder sonst eine Verhinderung wäre, so wolle er es jetzt noch anzeigen. Erfolgte ein Widerspruch, so hatte der Kirchendiener die Trauung einzustellen, im entgegengesetzten Falle wandte er sich wieder zu den Brautleuten und sprach: Nachdem Niemand widerspricht und keine Hinderung vorhanden, so wolle unser lieber Herrgott euer h. Fürnehmen bestätigen und euer Anfang sei im Namen des Herrn, der Himmel und Erde geschaffen hat. Hiernach sprach der Kirchendiener zum Bräutigam: Ihr N. bekennet hie vor Gott und seiner h. Gemein, daß ihr genommen habt und nehmet zu euerm ehelichen Gemahl und Hausfrauen N. hie zugegen und verheißet sie nimmermehr zu verlassen, sie zu lieben und treulich zu ernähren, wie ein getreuer und gottesfürchtiger Mann seinem Weibe schuldig ist, daß ihr auch heiliglich mit ihr leben wollet, ihr Treu und Glauben halten in allen Dingen nach dem Wort Gottes und seinem h. Evangelio. Hatte der Bräutigam diese Fragen bejaht, so richtete der Kirchendiener eben dieselben an die Braut mit der Einschaltung, ob sie auch verheiße, ihrem Manne gehorsam zu sein und ihm zu dienen und zu helfen. War von der Braut das Ja gesprochen, so hatte der Kirchendiener Beider Hände zusammenzufügen *) und zu sprechen: Der Vater der Barmherzigkeit, der euch durch seine Gnade zu diesem h. Stande der Ehe berufen hat, verbinde euch mit rechter Liebe und Treue und gebe euch seinen Segen Amen.

Knieend beteten die Brautleute das Gebet mit, in welchem der Kirchendiener Gottes h. Geist für sie erflehte, auf daß sie in wahrem Glauben heiliglich mit einander leben und Gottes Segen

*) Der Vermerk in Wolfgangs Trauordnung: haben sie Ringe, so mögen sie dieselben einander geben, findet sich auch in der des Kurfürsten Friedrich.

erlangen mögen. Vor dem Gebete sollte der Kirchendiener das Evangelium von der Unauflöslichkeit der Ehe verlesen und nach demselben aus Psalm 128 die Verheißung vom Segen gottseliger Eheleute. Nachdem er darauf zu den Vermählten gesprochen: Unser lieber Herrgott erfülle euch mit seiner Gnade und gebe, daß ihr in allem Guten lang und heiliglich bei einander leben mögt, ertheilte er ihnen den Segen mit dem Schlußrufe: Gehet hin im Frieden des Herrn. Daß die Feier durch den Gesang eines geistlichen Liedes zu erhöhen sei, dessen ist nicht gedacht. Den Pfarrern der H. Gr. Sponheim war schon bei den Kirchenvisitationen von 1560 bis 1567 auferlegt worden, Hochzeitspredigten zu halten, und bei den spätern Visitationen ward jedesmal darnach geforscht, ob solches geschehe. Gleicherweise sind auch in den reformirten Gemeinden der Pfalz Hochzeitspredigten üblich geworden und seit dieses geschah, ward auch in ihnen die Feier der Trauung in kirchlichen Gesang eingefaßt.

4. Die Begräbnißfeier.

An die altchristliche Begräbnißfeier hatte sich im Laufe der Zeit eine Masse von heidnischen Gebräuchen angesetzt. Dazu kam das Dogma von dem Fegfeuer und der Erlösung aus demselben durch Seelmessen und Gebet, sowie andere von der Kirche empfohlene Werke. Als die evangelische Predigt in den Gemeinden festen Boden gewann, schwand in ihnen allmählig der Glaube an das Fegfeuer, und damit hörten, wenn auch nicht sofort alle abergläubischen Bräuche, doch die kostspieligen Seelmessen auf, welche dem Begräbniß vorangingen und an dasselbe sich anreihten. Nun trat aber bei der geistigen Rohheit, in welche die Gemeinden in ihrem Mehrtheil versunken waren, hie und da ein anderer Mißstand ein, die Bestattung der Todten fand ohne kirchliche Feier statt, dem trat jedoch schon Luther mit Nachdruck entgegen, er erklärte es als billig und recht, daß man die Begräbnisse in würdiger Weise halte, und sie vollbringe zu Lob und Ehr dem fröhlichen Artikel unseres christlichen Glaubens, nämlich dem von der Auferstehung der Todten und zum Trotz dem schrecklichen Feinde, dem Tode. Eben diesen Gesichtspunkt hielten auch Herzog Wolfgang und Friedrich der Fromme fest, und ihm gemäß ordneten sie für ihre Lande die kirchliche Begräbnißfeier. Die K. O. Wolfgangs führt zunächst aus, daß denen, die in unserm Herrn Jesu Christo aus diesem zeitlichen Leben abgeschieden, unser Dienst auf Erden keinen Nutzen mehr bringe, denn diese Abgeschiedenen seien in der Zahl der Seligen, und ihr Leib, er vergehe, wie er wolle, sei es in der Erde, im Wasser, Luft oder Feuer, werde am jüngsten Tage von den Todten auferstehen. Nichts desto weniger seien unsere Abgestorbenen ehrlich und gebührlich zur Erde zu bestatten, mit Diensten, die den Lebendigen zur christlichen Erinnerung dienen. Derhalben soll männiglich sich hüten vor allen abergläubischen und heidnischen Diensten, so nicht uns selbst, sondern den Abgestorbenen zu Nutz erdacht seien. Damit der Abgeschiedenen Begräbniß uns zum Nutz vollzogen werde, möge man erstlich mit der Glocke läuten, damit die Leute, welche die Leiche zum Begräbniß geleiten wollen, ein Zeichen der Zeit ihrer Versammlung haben. Auch möge man zu mehrer Richtigkeit gewisse Stunden des Tages zu der Begräbniß ordnen. So alsdann die Leich zur Begräbniß getragen werde und Schüler vorhanden seien, mögen diese die Gesänge: Mitten wir im Leben 2c., Aus tiefer Noth schrei ich zu dir 2c. oder dergleichen zu deutsch singen. Sei die Leiche zum Grabe getragen, solle der Kirchendiener dem Volk einen Text aus der h. Schrift vorlesen und hernach erklären. Habe Gott an den Abgeschiedenen in ihrem Leben und Sterben besondere Gnaden erwiesen, und darin uns Exempel des Glaubens fürgestellt, so solle man diese Gnaden zum Preise des Herrn und zur Besserung der Gemeinde mit mäßiger gottesfürchtiger Erzählung melden, doch sollen die Prediger dabei fleißig aufsehen, daß sie nicht den Menschen zu Gefallen reden, sondern aus lauterem Herzen mit dem Preis der Gaben Gottes die Besserung der Kirche fördern. Am Ende der Predigt solle der Kirchendiener die abgestorbene Person der gnädigen Hand Gottes befehlen, sodann die Versammlung um ein christlich selig Absterben und fröhliche Auferstehung mit einem Vaterunser bitten lassen, und sie darauf mit dem gemeinen Segen abfertigen. Schließlich wird bemerkt, wo Jemand auf vorhergegangene Erinnerung der Kirche in öffentlichen Lastern halsstarriglich und gefährlicher Weise verharret hätte und ohne Buß und Bekehrung gestorben wäre, den solle man ihn ohne Caeremonien bestatten. Die K. O. Friedrichs des Frommen stimmt was das Begräbniß betrifft vielfach, theilweise sogar wörtlich mit der des Herzogs Wolfgang überein. Eben so nachdrucksvoll wie diese dringt sie darauf, daß dabei alle papistischen und abergläubischen Caeremonien vermieden werden, desgleichen verlangt auch sie, daß, wo Schüler seien, die Leiche mit Gesang zu Grabe getragen und im Betreff des Geläutes eine Gleichheit mit Reichen und Armen gehalten werde. Am Grabe soll der Kirchendiener eine kurze Predigt thun und sich des Lobens der Abgestorbenen enthalten, damit die Leichpredigt nicht in Mißbrauch gerathe, sondern diejenigen, so die Leich begleiten, daraus verstehen, wie sie christlich leben und seliglich sterben sollen. Die oben berührte Gleichgültigkeit gegen das kirchliche Begräbniß zeigte sich während der ersten Zeit nach der Reformation auch in den Gemeinden unseres Bezirks. Dieses erweisen die Kirchenvisitationen in der H. Gr. Sponheim und die Verordnungen, welche auf Grund derselben seitens der obern Kirchenbehörde ergangen sind. Bei der Visitation von 1567 erklärte der Pfarrer in Brombach, die Leute begrüben die Todten ohne sein Wissen, er könne deßhalb keine Leichenpredigten thun, und noch ums Jahr 1590 wiederholte sich diese Klage an manchen Orten. Im Visitationsabschied von 1592 wurde deßhalb verordnet, die Pfarrer sollten nicht unterlassen bei den Hauptleichen, d. h. bei der Beerdigung von Erwachsenen eine Predigt zu thun, sie möchten dazu erfordert werden oder nicht, und solle auch kein Kind ohne des Pfarrers Vorwissen beerdigt werden *).

*) Im Visitatations-Abschied von 1608 ward dieser Befehl wiederholt, und die Generalpunkte schärften es den Pfarrern von neuem ein, bei allen Begräbnissen ihrer mit Tod abgegangenen Pfarrverwandten Leichpredigten zu thun oder zum wenigsten, wenn junge Leute absterben, kurze Vermahnungen oder Gebetlein. Nur in dem Falle daß die Gottesäcker ihren häuslichen Wohnungen etwas entlegen und sie weit über Feld gehen müßten, sollten sie an die gegebene Ordnung nicht so hoch gebunden sein, nichts desto weniger aber müßte die abgeleibte Person ihnen angezeigt und in das Kirchenbuch unvergeßlich eingezeichnet werden. Daß man in der Grafschaft hie und da die Gemeindeglieder zur Theilnahme an der Leichenfeier zwang, erhellt aus einem Bericht des Winterburger Amtmanns vom J. 1593, wo es heißt: So eine Hauptleiche sei, müsse aus jedem Haus entweder der Mann oder das

Die Kirchenkleidung.

Herzog Wolfgang sagt in seiner K. O.: Etliche Lande, darin das h. Evangelium rein gepredigt werde, hätten in ihren Kirchenämtern (bei Verrichtung der Gottesdienste und kirchlichen Handlungen), die alten gewöhnlichen Kirchenkleider beibehalten, und insofern eine gemeine christliche K. O. vermöge göttlichen Worts vorgenommen werde, wolle er seinestheils gerne der Kirchenkleider halben nichts an ihm erwinden lassen. Dieweil aber die sonderlichen, levitischen und priesterlichen Kleider, welche im Gesetz Mosis verordnet und gebräuchlich gewesen, wie das ganze levitische Priesterthum durch das Licht des Evangeliums abgethan, und weder von unserm Herrn Christo, noch von den Aposteln andere äußerliche Kleider in Verrichtung der Kirchenämter verordnet seien, sondern hierin der Kirche ihre Freiheit gelassen worden, so möge er doch, damit Alles ehrbarlich und erbaulich zugehe, leiden, daß die Kirchendiener in allen Aemtern, so sie in der Kirche verrichten, bis auf seinen weitern Bescheid den gewöhnlichen Chorrock gebrauchen, auch sonst sich allweg einer ehrbaren Kleidung fleißigen, damit nicht allein ihr Wort und Predigt, sondern auch ihre Kleidung, Weise und Gebärde eine Lehre der Tugend sei. Dieser Weisung kamen nicht sofort alle Geistlichen nach. Der Pfarrer von Herstein trug noch im J. 1591 das weiße Chorhemd, und Andere verrichteten den Gottesdienst ohne Amtskleid. Dem Pfarrer von Herstein wurde befohlen das Chorhemd abzuschaffen, und einen längern schwarzen Kirchenrock zu tragen. Gleicherweise wurde denen, die das geistliche Amt ohne Amtskleid ausrichteten, aufgegeben, sich einen Kirchenrock sammt einem Harzkäpplein zu beschaffen, das Harzkäpplein täglich, und den Kirchenrock in actionibus sacris zu tragen. Was bei jener Visitation Einzelnen auf-

---

Weib mitgehen, zum wenigsten einen seiner Dienstboten mitschicken. Kinder unter 6 Wochen sowie die, welche vor dem Kirchgang der Mutter starben, begrub man hier und da nicht in der Mitte der andern Leichen, sondern an einer besonderen Stelle, und zwar neben dem Todtenkärntner d. h. dem Beinhaus. Als bei der Visitation von 1590/92 in den Gemeinden auch wegen dieses Mißstandes Auskunft begehrt wurde, hieß es, derselbe sei abgeschafft.

erlegt worden, wurde in den Generalpunkten des J. 1608 für alle Geistliche angeordnet. Demnach, heißt es in denselben, bei jetzt gehaltener Visitation sich befunden, daß etliche Pastores und Diakoni unangesehen, daß welche schon viele Jahre im Kirchenamt gewesen, noch mit keinen Kirchenröcken versehen sind, sondern mit ihren Mänteln, die etwan ziemlich kurz, auf die Kanzel treten, und andere Gottesdienste verrichten, so solle denselben hiemit befohlen sein, sich mit feinen zierlichen wohlständigen Pfarr- und Kirchenröcken aufs Förderlichste gefaßt zu machen und dieselben in der Kirche, wie sonsten, wenn sie dem Gottesdienste abwarten, zu gebrauchen. Die kurpf. K. O. beschränkt sich auf die Vorschrift, es sollen die Kirchendiener sich in Verrichtung der Kirchenämter wie auch sonst, ehrbarer und züchtiger Kleider bedienen. Den Pfarrern des Amtes Bacharach wurde im J. 1592 auf dem Convente zu Diebach ein im Protokoll nicht näher angegebener Befehl des Kirchenraths wegen der Kirchenkleidung mitgetheilt, und im drauffolgenden Jahre wurden etliche Kirchendiener des genannten Amtes, dieweil sie keinen Kirchenrock hatten, auch sich schämten ein Baret zu tragen, durch den Inspector ermahnt, solche zu kaufen und, dieweil es ihr Stand erfordere, auch zu tragen.

IV. Abschnitt.

Das christliche Leben.

Bei der Reformation der Kirche zeigte sich ähnlich, wie bei ihrer Gründung und ersten Entwickelung, die Wahrheit der zween Gleichnisse des Heilands, in deren einem das Reich Gottes verglichen wird mit einem Senfkorne, aus welchem ein schattenreicher Baum erwächst, und in dem andern dem Sauerteige, welchen ein Weib nahm, und mengete ihn unter drei Scheffel Mehl, bis daß dasselbe ganz durchsäuert ward. Wie aber der aus unscheinbaren Anfängen erwachsene Baum der Reformation seine Aeste nicht über alle Christenvölker ausbreitete, und einzelne Aeste ihm nach kurzem Grünen gewaltsam abgehauen wurden, andere aus Mangel an Saft verdorreten: so blieb auch die Verwirklichung des andern Gleichnisses auf ein bescheidenes Maß beschränkt. Allerdings erwies sich das Evangelium in den Gemeinden, welchen es in seiner Fülle und Lauterkeit verkündigt wurde, und wo die ihm einwohnende Gotteskraft in die Tiefe der Herzen drang, als ein Sauerteig, durch welchen, wie das Seelenleben, so auch der äußerliche Wandel zum Bessern umgewandelt wurde. Es ging jedoch diese Umwandlung sehr langsam vor sich, und oft war sie mehr eine scheinbare als eine wirkliche. Daran fehlte viel, daß gegen Ende der Zeit, deren kirchliche Zustände unsere Schrift darlegt, in allen evangelischen Gemeinden unseres Bezirks die Anbetung Gottes eine Anbetung im Geiste und in der Wahrheit gewesen wäre, und die Mehrzahl ihrer Glieder in dem Lichte gewandelt hätte, mit welchem sie Gott begnadigt hatte. Das hier Gesagte wird sich dadurch veranschaulichen, daß im Nachstehenden geschildert wird:

1) der Kampf mit dem aus dem Heidenthum stammenden Aberglauben und die Andauer der Hexenverfolgungen.
2) Das Verhältniß zur römischen Kirche.
3) Der Zwiespalt innerhalb der evangelischen Kirche. Das Verfahren gegen die Sectirer. Die Behandlung der Juden.
4) Das christlich sittliche Leben.

1. Der Kampf mit dem aus dem Heidenthum stammenden Aberglauben. Die Andauer der Hexenverfolgungen.

Schon die mittelalterliche Kirche hat, wie Th. I ausführlich dargelegt worden, gegen den mannigfachen Aberglauben angekämpft, der sich in ihr aus der Heidenzeit von Geschlecht auf Geschlecht forterbte. Entsprach der Erfolg ihren Bemühungen nicht, so lag die Ursache mit darin, daß sie selber in mancherlei Weise dem Aberglauben Vorschub leistete, insbesondere in ihrer Heiligen- und Reliquienverehrung. Die evangelische Kirche nahm den auch heute noch nicht beendigten Kampf von neuem auf. In der H. Gr. Sponheim war es vornämlich die Kirchenvisitation von 1575, bei welcher man eifrig danach forschte, ob das Volk bei Krankheiten von Menschen und Vieh zu den Segensprechern laufe, überhaupt abergläubische Segen und sonstige Zaubermittel brauche und fast in allen Kirchspielen wurden solche namhaft gemacht. Zu Winterburg berichtete der Censor von Repach, seine eigne Hausfrau gehöre zu den Segensprechern und werde ihre Hülfe häufig gesucht, wenn ein Mensch oder ein Roß den Schenkel oder andere Glieder verrenkt habe. Als darauf die Frau vorgefordert und des Segens halber befragt wurde, sagte sie, sie brauche folgenden:

Der h. Mann St. Simeon
Soll gen Rom reiten oder gan,
Da trat sein Folen uf ein Stein
Und verrenkt ein Bein.
Bein zu Bein, Blut zu Blut,
Ader zu Ader, Fleisch zu Fleisch,
So rhein khomn sie zusammen
In unsers Herrn Jesu Christi Namen.
Also rhein Du aus Mutterleib khomen bist.
Im Namen Gott des Vatters, Sohns und h. Geists. Amen.

Zugleich bemerkte sie, damit ihr Segen Kraft habe, müßten dabei 15 Paternoster, 15 Ave Maria und einmal der Glaube gebetet werden. Zu Enkirch brauchte die Gebärmutter, d. h. die Hebamme, um die Entbindung zu erleichtern, folgenden Segen:

Bärmutter war soltu gahn?
Ich geh über Felt dem sein Herz abstoßen.
Bärmutter, Du solst es nit thun.
Die Messen sind gesungen
Die Messen sind gelesen
Der N. Bauch soll genesen
Sey wahr in Christi Namen. Amen.

Der Frau des Censors wurde gesagt, dieweil ihr Segensprechen wider Gottes Wort, so habe sie bei Vermeidung Gottes und der Obrigkeit Straf davon abzustehn. Solches zu thun hat sie gutwillig angenommen, und auch die Wehmutter zu Enkirch sprach für die ihr gewordene Unterrichtung ihren Dank aus. Wie man besondere Segen bei Geburten und Knochenbrüchen hatte, so gab es solche für kranke Kinder, kranke Kühe, kranke Schweine, wie man denn auch besondere Wurmsegen hatte *). Bei der Visitation von 1580 wurde den Visitatoren zu Wörresbach gesagt: Reußen Käthe brauche für den Brand, der Hirt für die Zungenblattern des Viehs, und Geißen Hans für den Wurm. Sehr gesucht waren die Zaubermittel des Keßlers von Hanenbach bei Kirn und des Beschwörers von Briedel. In Enkirch gingen ums Jahe 1575 Martin Wagner und der Schmidt Rodenbusch mit Pferdesegen um, vor andern war es auch hier der Briedeler Wahrsager, dessen Mittel man brauchte. Als bei der Visitation 1575 der Pfarrer Heinrich Gallus etliche Personen namhaft

---

*) Als das Kind des Pfarrers von Gebroth erkrankt war, wickelte es seine Tante auf Geheiß der Pfarrfrau in einen Mantel, trug es hinaus auf einen Wegscheid, d. h. Kreuzweg, und sprach allda über dem Kinde die Worte:

Ich wieg dich über diese Straßen
Du hast deine sieben Buß dahinten gelassen
Ich wieg dich wieder herüber
Du hast deine sieben Buß wieder.
Im Namen des Vatters ꝛc.

Als sie in den Pfarrhof zurückgekommen, legte sie das Kind zunächst in eine Kuhkrippe und sprach abermals über ihm etliche Segensworte.

gemacht, die den Briedeler Wahrsager gebraucht, wurden dieselben vorbeschieden, waren aber der Anklage nicht geständig. Sie erzählten, vor dem Dorfe Briedel sei ihnen der Wahrsager begegnet, und habe sich neben andern Reden mit ihm auch die zugetragen, daß etliche zu Enkirch ihre Mannheit verloren, und da habe der Wahrsager gesagt, sie sollten sie nur bei Herrn Heinrich ihrem Pfarrer suchen, der habe es ihnen angethan. Des Pfarrers Verantwortung lautete, denen, welche des genannten Uebels halber Hülfe bei ihm gesucht, habe er ein Kraut, Astranz genannt, gegeben, mit der Weisung, es in Wein zu sieden, die Wurzel aber zu pulverisiren und in Wein zu trinken. Als das nicht geholfen, seien sie zum Wahrsager nach Briedel gelaufen, und dieser Erzbösewicht, dessen Schelmerei er zu wiederholten malen der Obrigkeit angezeigt, und den dieselbe darauf gefänglich eingezogen, habe ihm das böse Geschrei gemacht. Er konnte es jedoch nicht vollständig widerlegen, daß er bei seinen Kuren auch abergläubische Mittel angewendet hatte. Winand Gallus, der Pfarrer in Bell, erklärte bei der Visitation, als er auf die Pfarre gekommen, seien etliche mit Segen umgangen, er habe es aber abgestellt. Darin täuschte er sich, es wurden die Segen in der Pfarrei nach wie vor gebraucht. Bei der Visitation von 1591 berichtete sein Nachfolger, es gehe Krämer Clas von Hundheim mit Zaubersegen um und eine Frau von Huben treibe das Gürtel- und Schleiermessen, um zu erfahren, wie viel heilige Gnaden die Preßhaften hätten. In Alterkülz erfuhren die Visitatoren, daß man die eben genannte Frau vielfach bei Erkrankung von Kindern brauche. Nach ihrer Anordnung müsse man diesem oder jenem Heiligen, den sie angebe, zwei Lichter brennen, dabei 15 Vaterunser und 5 Glauben beten. Zu Gebroth wurde der Pfarrer beschuldigt, daß er wie für sein Kind so auch für sich selber, da er krank gewesen, den Teufelsbeschwörer in Dillendorf, desgleichen mehrere andere gebraucht habe, und er war nicht im Stande, von diesen Anschuldigungen sich völlig zu reinigen. Gegen Ende des Jahrhunderts hatte Kistenmacher zu Leusel großen Zulauf von Leuten, die vermeinten, er könne Pferde und Anderes, was ihnen abhanden gekommen, durch sein Beschwören wieder schaffen, oder den Zauber lösen, dem sie das Erkranken ihres Viehs beimaßen. Fast auf allen Pfarrconventen, die um jene Zeit in den Aemtern Allenbach,

Birkenfeld und Herstein gehalten wurden, führten die Geistlichen Klage über des Kistemachers gottlos Treiben und wie die Leute durch ihn immer tiefer in den Aberglauben verstrickt würden. Herzog Carl beauftragte den Inspector Conon, den Beschwörer unter Zuziehung etlicher Geistlichen zu verhören und ihn durch Belehrung und Drohung dahin zu bringen, daß er sein sündiges Leben aufgebe. Dasselbe Ansehen, das um jene Zeit am Hochwalde Kistemacher als Beschwörer hatte, besaß auf dem Hunsrücken und an der Mosel Gossen Henn zu Sohren. Von ihm berichtete Inspektor Jakobi: Bei der pestartigen Krankheit, welche im Jahre 1597 als eine wohlverdiente Strafe das Land durchzogen, hätten verschiedene Einwohner von Traben, Litzich und Enkirch des Teufels Hülf über Gottes Straf erhoben und den Beschwörer Gossen Henn herbeigeholt. Derselbe habe sich in jedem Hause nach seinem Eintritt 30 Pfennige geben lassen und zwar wohl eingewickelt, damit er sie nicht mit bloßen Fingern berühren müsse, weil Christus um 30 Silberlinge verkauft worden. Danach habe er die Leute aus ihren Häusern gehen heißen, und nachdem dies geschehen, sein Teufelswerk darin exercirt. Er habe aber damit den Zorn des gerechten Gottes nur noch größer gemacht, wie es das Steigen der Krankheit bewiesen. In dem an die H. Gr. Sponheim grenzenden Zweibrückischen Amte Lichtenberg, desgleichen in dem kurpfälzischen Amte Bacharach sah es in dieser Beziehung nicht besser aus. An vielen Orten unseres Bezirks war, um das Rindvieh gegen Seuchen zu schützen, das Räderschieben oder das Nothfeuer im Brauch. Als die Visitatoren des Jahres 1575 nach Winterburg gekommen, berichtete der dortige Pfarrer, in den Gemeinden Gebroth und Allenfeld habe man noch ohnlängst Räder geschoben und Nothfeuer gemacht. Pfarrer und Censoren von Gebroth, die man darüber verhörte, theilten Folgendes mit: Die Leute hätten die Nothfeuer am hellen Tage gemacht und zwar in der Weise, daß sie ein Rad in die Erde gegraben, sodann einen Balken von Eichenholz darüber gezogen und Rad und Balken so lange, etwa zwei Stunden, an einander gerieben, bis es Feuer gegeben. Um das Feuer schneller hervorzubringen, habe man in die Nabe Schwefel und Papier gelegt. Als das Holz gebrannt, hätten sie drei Kinder, zwei Mägdlein und ein Büblein, welche ganz nackend gewesen, genommen, und sie mit bloßen Schwertern die ganze Viehheerde der Gemeinde im Namen des Vaters, des Sohnes und des heiligen Geistes durch das Feuer treiben lassen. Die Weiber hätten nicht zusehen dürfen, weshalb man sie während des Vorgangs eingesperrt, sonst sei die ganze Gemeinde dabei gewesen. Um zu erfahren, wie man das Nothfeuer mache, hätte die Gemeinde von Gebroth zwei Männer erst nach Arienschwang und danach gen Dörrenbach gesandt, die zu Allenfeld dagegen hätten es von den Leuten zu Winterbach erlernt. Die Gemeinden Allenfeld und Gebroth wurden wegen dieses ihres abergläubischen Thuns im Visitationsgottesdienste ernstlich gestraft und ihnen angezeigt, daß sie auch noch der Obrigkeit Straf zu erwarten hätten. Von den zwei Männern, welche die Erkundigung eingezogen, wie man die Nothfeuer mache, war der eine Censor, der andre Kirchmeister, und wurden beide ihres Amts entsetzt.

Unter den mancherlei Nachtseiten, welche das christliche Leben unsrer Gemeinden im ersten Jahrhundert nach der Reformation darbietet, ist die dunkelste die grausame Verfolgung der Personen, welche man für Zauberer und Hexen hielt. Während man erwarten durfte, das in die Gemeinden neu einströmende Licht des Evangeliums werde in ihnen den aus dem Heidenthum stammenden Zauberglauben in Kürze überwinden, gewann derselbe über die Geister eine noch furchtbarere Herrschaft denn früher und dieses nicht bloß bei der rohen Menge, sondern auch bei denen, die sich zu den Erleuchteten zählten. Sind doch diesem Wahnglauben in der zweiten Hälfte des sechszehnten und in der ersten Hälfte des siebenzehnten Jahrhunderts in der H. Gr. Sponheim mehr Opfer gefallen, als in dem dunkelsten Jahrhundert der mittelalterlichen Zeit, und weit entfernt, daß die Leiden des dreißigjährigen Krieges in die Verfolgung der Zauberer und Hexen hätten einen Stillstand gebracht, waren es gerade diese Drangsalsjahre, wo die Hinrichtungen sich mehrten. Es zeigte sich längere Zeit die weltliche wie die geistliche Obrigkeit bemüht, Personen, welche der Leute Unverstand oder Bosheit in den Verdacht der Zauberei gebracht, den Leiden zu entziehen, die ihnen in Folge dieses Verdachtes drohten. Sie wurden darin von einzelnen erleuchteten Geistlichen kräftigst unterstützt. Pfarrer Spannagel in Alterkülz wollte bei seiner Gemeinde darum nicht länger bleiben, weil sie von dem Hexenglauben nicht lasse, trotzdem daß er denselben in seinen Predigten und in seiner seelsorgerischen Thätigkeit auf's Eifrigste bekämpfte. Als bei der Visitation von 1591 zu Eckweiler vorbracht worden, des alten Hennen Frau sei der Zauberei verdächtig, haben die Visitatoren die Sache näher untersucht, und nachdem sie befunden, ihr einziger Ankläger sei ihr eigner Mann und stehe dieser im Verdacht, daß er sie habe umbringen wollen, wie er sie denn bereits aus seinem Hause verstoßen, haben sie dem Mann geboten, er solle seine Frau wieder zu sich nehmen, friedlich mit ihr leben, die Predigten fleißig besuchen und der Wirthshäuser sich enthalten. Die Frau ward ermahnt, ihrem Manne zu verzeihen. Aber trotzdem haben schon zur Zeit, da Herzog Johann I. für seinen Bruder Carl die hintere Grafschaft verwaltete, und nachher unter Carl's Regierung im Amte Kastellaun, desgleichen in dem dreiherrischen Gerichte, wo der Kurfürst von Trier die Hauptstimme hatte, Hexenverfolgungen stattgefunden. Im Jahre 1574 zeigte Franz Römer, der Amtsverwalter in Kastellaun, dem Grafschaftsamtmann an, auf ernstlich empfangenen Befehl habe er eine Person seines Amtsbezirks, so Zauberei halben berüchtigt gewesen, eingezogen, und habe diese sich im Gefängniß umgebracht. Unterm 11. Juli 1586 berichtete der nämliche Beamte an Herzog Carl: In Gemäßheit des ihm zugeschickten jüngsten Birkenfelder Abschieds habe man Scheffen Gretchen von Uhler, welche von Niklas Schumacher daselbst Zauberei halben bezüchtigt worden, mit allerseits Beltheimer Gerichtsherrschaft Amtleuten Vorwissen eingezogen, dieselbe auch in ihrer aller Beisein, mit allem Ernst in der Güte auf viele Wege examinirt, aber sie nicht zu einigem Geständniß bringen mögen. Ebenso habe sie nichts bekennen wollen, als man sie nach der h. Reichshalsgerichtsordnung die Tortur erleiden lassen, und obwohl der Nachrichter, wie auch männiglich sie für eine große Zauberin halte, habe doch ihm nicht gebüren wollen, mit der peinlichen Frage gegen sie fortzufahren, und habe er den Ankläger berichtet, daß sie die Tortur genugsamlich ausgestanden.

Von allen, die man in die Sünde der Zauberei verstrickt hielt, nahm man an, sie hätten mit dem Teufel einen förmlichen Bund geschlossen, dabei Gott und dem christlichen Glauben abgesagt, und zu dem Einen wie zu dem Andern habe sie der

Teufel gebracht, als er ihnen in Stunden schwerer Bedrängniß in irgend einer Gestalt erschienen sei. Nicht selten drücke er den Bedrängten Silber und Gold in die Hand oder schütte es ihnen in den Schooß, dieses Gold und Silber verwandle sich aber bei seinem Weggehen in Pferdekoth oder andern Dreck, den sogenannten Teufelsdreck. Wer sich dem Teufel zugesagt, mit dem vermische er sich auch alsbald fleischlich, mit den Frauen vollziehe er den Beischlaf in Gestalt eines Mannes, mit den Männern in Gestalt eines Weibes. Nicht minder reize und dränge er die ihm Verbundenen zu allerlei andern Uebelthaten. Unter seiner Beihülfe müßten sie Frost, Hagel und anderes Unwetter machen, und dadurch auf den Feldern die Früchte, in den Wäldern den Ecker, in den Obst- und Weingärten die Obst- und Weinblüthe verderben. Auf des Teufels Drängen und mit seiner Hülfe schafften sie, daß die Kühe statt weißer Milch rothe geben, stellten sogar die Milch ganz stille, bewirkten aber auch umgekehrt, daß die Kühe ein weit größeres Maß von Milch und Butter als das gewöhnliche lieferten, weshalb die vermeintlichen Hexen häufig Wetter- und Buttermacherinnen gescholten wurden. Zu den mancherlei Uebeln, welche sie auf Anstiften des Teufels den Menschen zufügen sollten, gehörte auch das sogenannte Nestelknüpfen, wodurch junge Eheleute zum Beischlaf unfähig wurden. Die Mittel, von denen man annahm, durch sie würde der Zauber bewirkt, waren mannigfacher Art, Zaubertränke, Zauberpulver, Berührungen mit der Hand, laute und stille Beschwörungen. Wie man von dem Satan annahm, daß er in allerlei Gestalt sich umwandle, durch die Luft fahre, plötzlich an einem Ort erscheine und ebenso plötzlich wieder verschwinde, so glaubte man, alles dies sey auch den von ihm Bezauberten möglich. Allgemein verbreitet war die Meinung, daß der Satan sich gerne in einen Wolf, den Wärwolf verwandle, und daß auch die, welche sich ihm ergeben, diese Gestalt häufig annehmen.

Alle, die man wegen Verdachts der Zauberei in Haft nahm, wurden vor und bei der Folterung über die Tänze und Gelage befragt, zu welchen sie der Teufel gezogen habe, und wurde jedesmal genau erforscht, wann und wo die Tänze gehalten worden, wie sie auf den Tanzplatz gekommen, welche Personen sie bei dem Tanze gesehen, mit wem sie getanzet, wer der Spielmann gewesen, was für Speisen und Getränke nach dem Tanze ihnen vorgesetzt worden, in welcher Gestalt der Teufel dem Tanze und Gelage angewohnt und was man dabei Böses berathschlagt und ausgeführt habe. Eva von Uhler hatte anfänglich erklärt, von solchen Tänzen wisse sie nichts. Man setzte ihr aber immer stärker mit der Folter zu und da sagte sie, sie habe solchen Tänzen angewohnt. Einmal sei sie nach Gammelshausen gekommen, weil aber damals niemand erschienen denn Lauxen Hammens Frau, die wälsche Marie und Hofmanns Greth aus Roth, seien sie ohne Tanz von einander geschieden, zumal auch kein Pfeifer dagewesen. Später sei die wälsche Marie des Nachts vor ihr Haus gekommen mit einem Bock, der sei grau und schwarz gewesen, da hätte die Wälsche sich vornen und sie sich hinten aufgesetzt, und seien mit einander auf die Heide hinter Budershausen *) geritten, wo sie einen ziemlichen Haufen gefunden. Der Pfeifer sei Rösen Dönges von Liech gewesen, und habe der Tanz etwa eine Stunde gewährt, worauf sie sich niedergesetzt und aus Bechern von Blech oder Blei etliche Maaß Wein getrunken. Wegen ihres Schadens am Leib habe sie nicht getanzt. Der Böse habe ausgesehen wie ein Knecht und habe man damals einen Anschlag gemacht, den Eckerich zu verderben, sie habe gebeten, solches doch nicht zu thun, weil man lange keinen Eckerich und deßhalb auch kein Schweinefleisch gehabt, und sei im selbigen Jahr ein ziemlicher Eckerich gewachsen **).

*) Budershausen ist ein Hof ohnfern Beltheim und heißt heute Petershausen.

**) Mehrere in Winningen hingerichtete Frauen hatten auf der Folter ausgesagt: Bei den Hexentänzen am Ippelborn in Leyer Gemarkung, in den Winninger Saalweiden, am Schweinsberg und auf dem Humber, (dem Berge Hummerich bei Plaid), denen sie angewohnt, sei Hans Wilhelm Mölich der Spielmann gewesen und habe auf einem Pferdekopf gepfiffen. Von jeder Hexe habe er dafür 6 Albs bekommen, die aber, welche kein Geld gehabt, hätten ihm die Füße und s. v. den Hintern küssen müssen. Bei den Tänzen in den Winninger Saalweiden habe man den Wein aus goldenen Köpfen (Trinkschalen) getrunken. Auf diese Anklagen hin und weil man ihn beschuldigte, durch sein Zauberwerk habe er auch Ferkel umgebracht, desgleichen bei einer Hochzeit durch die Maden, die in seinem Trinkglase gewesen, die Hochzeitgenossen vergiften wollen, ward er gefänglich eingezogen und nach langer,

Für das Amt Kastellaun war aus Insassen des Amtsbezirkes ein besonderer Hexenausschuß gebildet, und ebenso bestand ein solcher in Winningen. Die Aufgabe dieser Hexenausschüsse war, die Hexen und Zauberer aufzuspüren und sie dem Amte anzuzeigen. Da die Glieder dieser Ausschüsse für das Aufspüren und die Anklage der der Zauberei Verdächtigen sowie für deren Bewachung während der Haft aus dem Vermögen derselben eine reichliche Vergütung empfingen, bewiesen sie großen Eifer in Ausrichtung ihres Amtes und waren sehr verdrießlich, wenn die Angeklagten die drei Grade der Folter überstanden, ohne die ihnen zur Last gelegten Verbrechen zu bekennen, und darauf hin nach den Bestimmungen der Halsgerichtsordnung mußten freigegeben werden. Nicht minder eifrig zeigten sich die Beamten in Aufspürung und Bestrafung des Zauberlasters, und selbst wohlgesinnte Fürsten, wie Pfalzgraf Georg Wilhelm von Birkenfeld und Markgraf Wilhelm von Baden, wähnten milde zu verfahren, wenn sie diejenigen, die bei der Folterung oder schon bei Androhung dieser grausamen Marter sich alles dessen schuldig bekannten, wessen sie angeklagt worden, nicht lebendigen Leibs, sondern erst nachdem sie mit dem Schwerdt enthauptet waren, verbrennen ließen *).

---

schwerer Kerkerhaft enthauptet. Eben dieses Loos haben vor ihm zwei seiner Brüder und eine seiner Schwägerinnen erlitten.

*) Daß es häufig nur bitterer Haß war, wodurch Personen in den Verdacht der Zauberei und in Folge dessen in Kerker und Tod gebracht wurden, und wie arg dabei die Verblendung nicht blos des gemeinen Volks, sondern auch der Rechtsgelehrten und der Geistlichen gewesen, wird sich in Nachstehendem veranschaulichen. Am 7. Dezember 1628 erschienen vor dem Amtmann zu Kastellaun Burkard Dietrich Senft von Sulburg, Henne Jakob, der Schäfer des benachbarten Dorfes Roth, mit seinem Weibe und klagte, daß des Laux Hammen Kinder ihm einen Hahnen lahm geschlagen hätten. Der Beklagte räumte dieses ein mit dem Bemerken, seine Kinder hätten das gethan, weil des Schäfers Weib ihre Mutter, seine Hausfrau Else, eine Wetter- und Buttermacherin, desgleichen eine Zauberin gescholten habe. Des Schäfers Frau leugnete diese Scheltworte nicht und suchte sich dadurch zu rechtfertigen, daß die Gescholtene von jeher im Rufe der Hexerei gestanden habe, und noch ohnlängst, als sie in ihres Nachbars Stall gekommen, dessen Kühen sofort die Milch versiegt sei. Sie habe deshalb, um ihr Vieh zu schützen, sich in einem benachbarten katholischen Dorfe geweihte Palmen geben

Wie es um die Hexenverfolgungen im Herzogthum Simmern und in der Rheingrafschaft stand, kann aus Mangel an Nachricht

---

lassen und dieselben in ihren Stall gesteckt. Obgleich noch ein andrer Einwohner Roths, den der Schäfer mit vor das Gericht gebracht hatte, es bestätigte, daß die Else allgemein für eine Zauberin gehalten werde, und weiter aussagte er selber habe sie ohnlängst eine Hexe gescholten, weil man sie schon seit etlichen Jahren immer, wenn das Korn in der zartesten Blüthe gestanden, im Felde habe umlaufen sehen, beschränkte sich doch der Amtmann darauf, beide Theile zur Ruhe zu verweisen. Um dieselbige Zeit lag wie allerwärts im Amte Kastellaun so auch in Roth fremdes Kriegsvolk, von den Bauern Crobaten (Croaten) genannt. Auch in des Lauxen Haus war ein solcher eingelagert, und als derselbe hörte, in welchem Gerücht die Hausfrau stand, wollte er kein Essen mehr von ihr nehmen, überhaupt nicht mehr im Hause bleiben. Dieweil Else annahm, den bösen Leumund bei dem Croaten habe ihr niemand anders gemacht denn die Schäferin, kamen die beiden Weiber abermals zu so harten Schmähreden, daß der Amtmann, als sie deshalb klagbar geworden, beide mit Thurmstrafe belegte. In Folge dessen steigerte sich die gegenseitige Erbitterung und der Glaube, daß die Else eine Hexe sei, machte sich im Dorfe immer lauter. Der Mann der Else erschien schon nach einer Kürze wieder bei dem Amtmann mit dem Begehren, daß er die Verläumder bestrafe, und äußerte dabei, wenn seine Frau wirklich eine Hexe sei, solle man sie verbrennen, ja sie selber sage, solche Leute solle man nicht leben lassen, die gehörten ins Feuer. Aber auch der Schäfer blieb auf seiner Rede stehen und begehrte, man solle die Else von Amtswegen angreifen und so sie nicht misselthätig sei, solle man ihm selber das Leben nehmen. Der Amtmann legte nun dem Schäfer auf, die Klage einzubringen und zu erweisen. Von den zehn Klagepunkten der Schrift, die der Schäfer darauf einreichte, sind die wesentlichsten folgende: Schon in Hundheim, wo sie bürtig, habe sie einem Mann sein Vieh krank gemacht, und als sie ihren ersten Mann geheirathet, habe ein Hundheimer zu den Burschen aus Roth, die sie als Braut abgeholt, gesagt, Gott möge ihnen Glück zu dieser Person geben, es solle aber jeder in Roth ein Kalb mehr ziehen. Vor einem Jahr sei sie zu Roth in des Mathißen Antheßen Hans kommen und habe ihren Kopf in das Loch gesteckt, durch das man aus der Stube in den Stall sehe, alsbald sei in dem Stall einer säugenden Kuh die Milch versiegt. Butter und Eier verkaufe sie das Jahr hindurch weit mehr als ihr wenig Vieh und Hühner ertragen mögen. Als verschienenen Sommer das Korn in voller Blüthe gestanden, sei sie im Flur mit wunderlichen Gestikulationen an Orten und Enden umhergegangen, wo sie nichts zu schaffen gehabt. Als der Croat von ihr keine Speise mehr habe nehmen wollen, habe sie sein Töchterlein, als es mit seinen Wassereimern an ihr vorübergegangen, der Art ausgescholten, daß

nicht angegeben werden. Daß dieselben auch den kleinern Herrschaften nicht fremd gewesen, dafür folgender Beleg. Im J. 1573

demselben sofort das linke Bein sei lahm geworden. Er habe auf andrer Leute Rath diesen Schaden einigermaßen dadurch geheilt, daß er dem Bösen und seinem Werke zu Spott das Bein mit Menschenkoth bestrichen. — Der Amtmann, der dem Hause Baden mehr zuhielt als dem Hause Birkenfeld, sandte die Klagepunkte nur nach Baden und empfing von dorten in einem von Markgraf Wilhelm gezeichneten Erlasse den Befehl, er solle der peinlichen Halsgerichtsordnung gemäß dem Kläger aufgeben, seine Angaben wegen der gemeinen Beschreiung, der Milchstellung, der Verderbung des Viehs, der Gestikulationen im Flur und der Beschädigung seines Kindes wenigstens mit zwei guten Zeugen zu beweisen. Der Schäfer führte neun Zeugen vor und wurden dieselben in der obern Stube des Amthauses zu Kastellaun in Anwesenheit des Pfarrers Jeremias Orth und zweier Gerichtsschöffen nach vorangegangener Vereidigung durch den Amtmann verhört. Der Mehrtheil der Zeugen erklärte, im Verdacht der Zauberei stehe Else schon seit längerer Zeit und namentlich während der letzten vier Jahre. Ebenso bestätigten zwei Einwohner von Roth, die als junge Gesellen bei ihrer Abholung gewesen, die Rede, die ein Hundheimer über sie als Braut geführt. Mathiß Antheß und seine Frau erklärten, die Verklagte habe wirklich eines Tages ihren Kopf in das Loch gesteckt, durch das man aus ihrer Stube in den Stall sehen könne, und als bald nachher einer ihrer Kühe die Milch versiegt sei, hätten sie gegen die Else einen schlimmen Verdacht gefaßt. Daß des Schäfers Töchterlein am Tage darauf, als die Else es ausgescholten, im Bett gelegen, wollte ein Zeuge gesehen haben, andere hatten es nur von ihrem Gesinde oder ihren Kindern gehört. Pauls Adam theilte mit, vor 15 Jahren, da er noch ein junger Bursche gewesen, sei die Else in Abwesenheit seiner Eltern in deren Haus gekommen, und als er, der eben den Stall gemistet, ihr in die Stube nachgegangen sei, habe sie ihn Verschiedenes gefragt, sei sodann in die Kammer getreten, wo sein halbjähriges Brüderlein in der Wiege gelegen, habe das Tuch vom Sprügel weggezogen und ihn gefragt: Ist das euer Jakoblein, und nachdem er dies bejaht, sei sie aus dem Hause weggegangen. Dieweil nun das Kind nicht lange darnach einen wehen Schenkel bekommen, hätten seine Eltern einen Argwohn auf die Else geschöpft und bei einem Arzt in Ravengirsburg, der mit Heilung zaubrischer Schäden umgangen, sich Raths erholt. Zwei andre Zeugen sagten aus: Zur Zeit der Kornblüthe sei Else auf ihrem eignen Acker am Engelwieschen Baum hin und hergegangen und habe sich gestellt, als ob sie Disteln ausraufe. Als sie, die Zeugen, dieses im Dorfe erzählt, sei die Gemeinde zusammengetreten, und habe die Sache vor das Amt bringen wollen, sei jedoch, dieweil man keinen gewissen Beweis gehabt, wieder davon abgestanden. Auch der Pfarrer Jeremias Orth von

schrieb Ludwig von Schwarzenberg an den Amtmann der Grafen von Falkenstein auf Oberstein, mit welchem er die Herrschaft

---

Kastellaun war als Zeuge geladen und sagte bei seinen priesterlichen Ehren aus: Als die Elisabeth noch ledigen Standes gewesen, habe sie eine geraume Weile bei seinem Bruder, dem Pfarrer in Alterkülz, als Magd gedient und sich in dieser Zeit wohl gehalten. Man habe da nichts Ungebührliches an ihr gesehen, noch gespürt, später aber, sonderlich seit der Zeit des Kriegswesens sei sie in den Verdacht der Zauberei gekommen, namentlich in den, daß sie mehr Butter und Eier verkaufe als ihr Vieh geben könne. Vor ohngefähr 6 Jahren habe er selbst von ihr Butter begehrt und habe sie ihm etwas gelassen, dabei aber verlangt, er solle solches andern nicht offenbaren mit dem Vorwand, die Leute plagten sie so sehr mit Ablaufen.

Der Amtmann sandte die Zeugenaussage nach Baden und empfing von des Markgrafen Statthalter und Räthen die Weisung, er habe die Elisabeth in Verhaftung zu nehmen und sie erst gütlich zu vernehmen, wie sie die gegen sie eingebrachten Klagen ableinen wolle, könne sie mit gebürlicher Entschuldigung nicht fortkommen, so habe er sie durch Androhung der Marter zum Bekenntniß zu bringen, leugne sie halsstarrig, so sei sie an die Folter zu schlagen und dreimal je nach einer viertelstündigen Pause von der Erde aufzuziehen, doch ohne Gewicht. Die Beklagte wurde nunmehr verhaftet und zwar auf gemeinsamen markgräflichen und pfalzbirkenfeldschen Befehl. Denn der Amtmann hatte es inzwischen gerathen gefunden, die Sache auch an den Pfalzgrafen Georg Wilhelm zu berichten. Das erste sogenannte gütliche Verhör fand am 15. Juni statt. Es wurde dasselbe durch den Gerichtschreiber abgehalten im Beisein des Pfarrers Wintz aus Roth und zweier Gerichtschöffen. Else erklärte: Sie wisse sich keiner der Punkte schuldig, deren man sie beschuldige. Als man sie auf dem Felde gesehen, habe sie Kohlsamen unter die Erbsen geworfen, womit ihr Acker bestellt gewesen. Daß sie des Schäfers Töchterlein solle krank gemacht haben, davor solle sie Gott behüten. Desselben Krankheit sei nur ein Vorgeben der Eltern, da sie das Mägdlein mit andern Kindern auf der Misten habe herumlaufen sehen. Butter und Eier habe sie nur einmal an die Bier-Christine verkauft, denn an Butter habe sie selber zum öftern Mangel gehabt und solche bei ihren Verwandten in Uhler entlehnen müssen. Sie könne doch nicht bekennen, was ihr nicht bewußt sei. Ihr Leben lang sei sie „ein fromb und ehrlich mensche" gewesen, habe nie etwas Böses begangen oder auch nur gedacht. Die anders auf sie aussagten, lögen es und seien ihr nicht günstig; sie fiele ja von Gott ab, so sie etwas von sich aussagte, dessen sie nicht schuldig. Bei dieser Erklärung beharrte sie, trotzdem daß sie der Pfarrer ermahnte, die Wahrheit zu bekennen An den darauf folgenden Tagen wurden Pfarrer Orth und ihr Seelsorger, der Pfarrer Wintz von Roth, zu ihr auf das Thor geschickt, wo man sie

Wartelstein bei Kirn in Gemeinschaft besaß, es seien in Wartelstein Zauberinnen in Haft, die er habe foltern lassen, die Urgicht,

gefangen hielt, und gaben dieselben folgenden Bericht ab. Zum zweitenmal seien sie bei der Elisabeth in ihrem Gefängniß gewesen und hätten sie zum Bekenntniß ihrer Missethat ermahnt. Dabei hätten sie ihr nicht bloß der Zeugen eidlich bekräftigte Aussagen in's Herz gerieben, sondern ihr auch gesagt, es sei im ganzen Amt kein Mensch, der das gegen sie ausgegangene Geschrei bezweifele, auch sehe man es ihr an den Augen und ihren Geberden an, daß sie der Bezüchtigung schuldig. Wie sie das gehört, sei sie wie erstarret vor ihnen gestanden und habe erst gefragt, ob denn die Leute wirklich so Schweres von ihr glaubten und ob man es am Gesichte ihr ansehe. Als sie dies bejaht, habe sie die Augen niedergeschlagen und kein Wort mehr geredet. In Summa, schließt der Bericht der zwei Geistlichen, ihr Gesicht, Wort und Geberden geben es, daß sie sich nicht sicher weiß, und ob sie es schon auf der Zunge hat zu bekennen, hält sie der leidige Volant (der Teufel) allewege zurück, denn er weiß, wenn es so weit kommt, daß sie bekennt, daß er verachtet ist und die Thür zu ihrer Bekehrung aufgegangen. Drei Tage nach dem ersten Verhör schritt man zum zweiten, wo ihr mit der Folter gedroht wurde. Ehe man sie aus dem Gefängnisse nach dem Amthause führte, mußte ihr nochmals ihr Seelsorger zusprechen, nicht länger zu leugnen, er konnte aber nichts bei ihr erlangen. Als sie nun auch im Angesichte der Folter und des Nachrichters, trotz nochmaliger Ermahnung erklärte, sie könne kein Bekenntniß machen, hat man sie durch die Folter von der Erde etwas aufgezogen und dieses Aufziehen zweimal je nach einer viertelstündigen Pause wiederholt. Bei dem ersten Aufzug schrie sie laut auf und rief: Gott, wo bist Du? Hilf mir aus dieser Pein! Als man sie, während sie an der Folter hing, auf alle gegen sie eingebrachte Punkte befragte, wiederholte sie etlichemal, so sie sagen sollte, daß sie Zauberei getrieben, würde man von ihr auch wissen wollen, wie sie dazu gekommen, und wer sie es gelehrt, und sie wisse doch darauf keinen Bescheid noch Wahrzeichen anzugeben. Von da ab, heißt es im Protokoll, habe sie nichts mehr gesagt und bei Fortsetzung der Marter nur den Kopf hin und her gewehet. Von dem mitanwesenden Pfarrer Orth hätte man erwarten dürfen, der Angst- und Hülferuf der Gefolterten hätte ihm das Herz durchschnitten und das Wort in Erinnerung gebracht, da Gott der Herr durch den Mund seines Propheten Jesaias ruft: „Laß los, welche du mit Unrecht gebunden hast, laß ledig, welche du beschwerst, gib frei, welche du drängest"; aber weder ihm, noch den Gerichtschöffen wurde das Auge geöffnet, daß sie erkannt hätten, man quäle eine Schuldlose. Schon am darauf folgenden Tage wurde sie, nachdem Pfarrer Orth sie abermals im Gefängniß besucht und zum Geständniß ermahnt hatte, wieder an die Folter gebunden und auf die gegen sie eingebrachten Klagepunkte befragt. Nun sagte

d. h. das Bekenntniß der Gefolterten, füge er bei und bitte er, daß man wegen Entscheidung der Sache baldigst einen Gerichts=

---

sie aus, sie erinnere sich wohl, daß sie zu Hundheim in dem Hause gewesen sei, da das kranke Vieh ihres Vetters gestanden, und daß sie in Anthetzen Haus durch das Loch aus der Stube in den Stall gesehen, aber weder an dem einen noch an dem andern Ort habe sie dem Vieh einen Schaden zugefügt. Den Verhörern, es waren dieses neben dem Gerichtschreiber und dem Pfarrer Orth zwei Glieder des Gerichts, war es aufgefallen, daß aus den Augen der Gefolterten während der ganzen Tortur keine Thräne geflossen. Sie befragten sie darüber und ihre Antwort war, es sei das Leid bei ihr zu groß, im Thurme dagegen habe sie dieser Tage viel geweint, auch viel gebetet, als sie aber im Vater Unser an die siebente Bitte gekommen, habe sie sich derselben nicht entsinnen können, man möge ihr dieselbe doch vorsagen. Als ein Weib, lautet der Schluß des Protokolls, hat sie unter all der Tortur ihr Reden und Antwort gar muthig und herzhaft gethan. Als Pfalzgraf Georg Wilhelm seine Zustimmung zum Verhöre mit Anwendung der Tortur gab, machte er es dem Amtmanne zur Pflicht, unmittelbar nach diesem Verhöre die Verhandlungen nach Weißenburg an Dr. Melchior Koch zu senden, der von ihm kurze Zeit zuvor in Gemeinschaft mit dem Markgrafen Wilhelm zum Rechtsconsulenten für die Grafschaft war bestellt worden. Der Amtmann kam der Weisung nach, aber als der Bote mit den Verhandlungen in Weißenburg ankam, war Dr. Koch in Geschäften nach Gelnhausen verreist. Sofort nach seiner Heimkehr erstattete Koch sein Gutachten und lautete dasselbe also: Der Verdacht gegen die Verhaftete sei allerdings der Art, daß man befugt gewesen, die peinlichen Fragen gegen sie vorzunehmen, nachdem sie aber die Tortur ausgestanden, finde er nicht, wie man mit der Schärfe der peinlichen Fragen weiter gegen sie verfahren dürfe. Neue Indizien seien keine vorhanden und die vorigen also bewandt, daß die Verhaftete sich von denselben durch die ausgestandene Tortur purgirt habe. Wollte man durch Wiederholung der Tortur ein Bekenntniß von ihr erpressen, so sei solches für eine Nullität zu halten, und könne die Beklagte darauf hin nicht rechtmäßig condemnirt werden. Sei sie unschuldig, so sei dies desto besser, wo nicht, so seien doch dem Richter in Betreff der Erforschung der Wahrheit gewisse Grenzen gesteckt, die er mit gutem Gewissen nicht überschreiten könne, und müsse man es Gott anheimstellen, ob er, der gerechte Richter, ihre bösen Thaten an den Tag bringen wolle. Leider rettete dieses Gutachten die Verhaftete nicht. Als der nach Weißenburg geschickte Bote ohne Antwort zurückkam, wirkte der Amtmann in seiner Ungeduld sich zu Baden die Ermächtigung aus, gegen Else den zweiten Grad der Tortur anzuwenden, und erpreßte darauf durch denselben kurz vor dem Eingang des Koch'schen Gutachtens von der Gemarterten das Geständniß, daß sie eine Zauberin sei. Bei dieser

tag ansetze. In der kurpfälzischen Malefizordnung, welche Kurfürst Ludwig, Friedrichs des Frommen Sohn, im Jahre 1582

---

stärkern Folterung fing Else, sowie man sie auf den Stuhl setzte, der Art zu zittern an, daß ihre Füße auf dem Boden klapperten. Ihre Rede war, wenn sie etwas Uebles von sich wüßte, wollte sie es ja gerne bekennen, man solle sie nur mit dem Schwerte hinrichten, daß sie der Marter abkomme, aber sie sei unschuldig und ein fromb Christenkind, hab auf dieser Erde nichts Böses gethan, und sei ihr auch nichts Böses vorkommen. Als man sie darauf an die Folter heftete und etwas aufzog, schwieg sie eine Weile, darnach aber schrie sie laut auf und rief: sie wisse nichts, wisse nichts. Pfarrer Orth ermahnte sie vielfältig, doch zu sagen, durch wen sie verführt worden, aber sie bekannte nichts, selbst als man sie ziemlich hart mit Schnellen und Schnurziehen eines Schuhhochs von der Erde aufzog. Nachdem aber, heißt es im Verhörprotokoll, der Nachrichter die Beinschraube ihr angelegt, habe sie mit den Augen gar freislich, ja grimmig ausgesehen und gar seltsam mit dem Maule geklappert, doch kein natürlich Weinen gethan, wie denn alle Marter und Pein ihr nicht habe an das Herz gehen wollen. Als man ihr jedoch, sonderlich der Pfarrer, immer mehr mit Vermahnen zugesetzt und sie befraget, wer sie zur Hexerei verführt habe, ob ein bloßer Mensch oder der böse Feind, da habe sie endlich losgeschlagen und gesagt: Der böse Feind selber. Das darauf von ihr in fortgehenden Fragen erpreßte Geständniß lautete im Wesentlichen also: Als sie noch jung und thöricht gewesen, noch nicht über 14 Jahre alt, habe sie zum öftern die Pferde ihrer Eltern die Nacht über auf der Weide hüten müssen, denn sie habe einen schnöden Stiefvater gehabt, der sie hart gehalten. Als nun einstmalen die Pferde ihr nicht hätten folgen wollen, hätte sie ihnen geflucht und da sei ohnversehens ein Mann zu ihr gekommen, den sie für einen ihr bekannten Knecht aus Völkenroth gehalten. Der habe ihr angemuthet, sich ihm zu versprechen und ihr der Art zugesetzt, daß sie seines Willens habe pflegen müssen. Nachdem sie mit den Pferden heimgekommen, habe sie sich in ihrer Eltern Scheune niedergelegt, da sei der Böse wieder zu ihr gekommen und in sie gedrungen, sich ihm zu versprechen, und habe auf's Neue Unkeuschheit mit ihr getrieben. Während des ganzen Handels sei sie in großer Furcht gewesen und habe gedacht, es werde keine rechte Sache sein. Nach der Hand aber habe sie sich durch den Bösen der Art verführen lassen, daß sie sein nicht mehr habe loswerden können. Sie wurde darauf befragt, wer in Roth außer ihr zu ihrer Gesellschaft gehöre, und nannte darauf anfänglich nur die alte Wälsche, wie man aber immer schärfer in sie drang, nannte sie mehrere andere Frauen in Roth, desgleichen den verstorbenen Hofmann und einen andern noch am Leben befindlichen Mann. Auf die Frage, was für böse Thaten sie verübt, antwortete sie, man wisse ja wohl, der böse Feind stifte nichts Gutes, und habe derselbe etwa

veröffentlichen ließ, handelt der neunte Titel ausschließlich von der Bestrafung der Zauberei. Inwieweit die darüber gegebenen

---

ihnen zugesetzt, die Früchte zu verderben, böß Wetter zu machen, und Anschläg geben, wie sie sollten den Eckerich vertilgen, Raupen und anderes Ungeziefer an die Bäume machen, das Mittel, das er ihnen dazu gereicht, sei ein seltsam schwarz Ding gewesen, das Niemand gekannt, und hätten sie dasselbe auf die Erde in seinem Namen hinstellen müssen. Er habe sich Gott genannt, doch nicht Herr Jesus. Sie hätten nicht viel Wetter und Frost gemacht, und eigentlich thue der Böse Alles selber, die Seinen bildeten sich nur ein, daß sie es thun. In ihren Häusern sei er nicht viel bei ihnen gewesen, und wenn er gekommen, habe man vermeint, es sei etwa ein Mann aus einem Dorf. Oftmals habe er an sie begehrt, daß sie Menschen und Vieh beschädige, sie habe es aber nicht gethan. Was das Brüderchen von Pauls Adam betreffe, so sei sie in allem Guten zu dem Kinde gegangen und habe zu ihm gesagt: Jakoblein! schläffst du? Hätte sie dabei gesagt: In Gottes Namen, wäre es gut gewesen, aber sie habe gesagt: „In des Teufels Namen liegst du da", und habe es dabei angegriffen. Der Böse habe sie solches nicht geheißen, aber er reize zu allem Bösen. Was die Beschädigung von des Schäfers Töchterlein betreffe, thue man ihr Gewalt und Unrecht. Auf die Frage, in welcher Weise sie sich dem Bösen ergeben und Gott abgesagt habe, war ihre Antwort: Sie habe sich dem Bösen nicht anders verpflichtet, als daß sie ihm versprochen, zu ihm zu halten und ihm gehorsam zu sein. So habe sie, wenn sie zur Kirche gegangen oder was sie sonst gethan, alles in seinem Namen thun müssen, wie er denn begehre, daß, wenn man zur Beicht und zum Abendmahl gehe oder bete, man ganz andere Gedanken und einen Widermuth in sich habe. Er wolle Herr genannt sein, sonst hätten sie ihm keinen sonderlichen Namen geben dürfen. Befragt ob nicht auch ihr Mann dem Hexenwesen ergeben sei, betheuerte sie zum höchsten, er sei ein frommer, ehrlicher Mann, man solle seiner schonen, sie sei bereit zu sterben. Als den Spielmann bei den Tänzen bezeichnete sie den verstorbenen Hofmann, derselbe habe aber kein sonderlich Spiel gebraucht, sondern wie sein Brauch gewesen, mit dem Mund gepfiffen. Die Speise bei den Tänzen sei gering gewesen und der Wein habe geschmeckt, als ob es halb Wasser sei. Die Frage, ob sie bei ihren Zusammenkünften Unzucht getrieben hätten, verneinte sie. Man nahm allgemein an, der Satan besuche die wegen Zauberei Eingekerkerten in ihrem Kerker, um sie im Leugnen zu bestärken und breche bisweilen ihnen das Genick. Deshalb wurde Else auch darnach gefragt, und sagte sie: Etwa vor acht Tagen sei ihr der Böse in einer seltsamen Phantasiegestalt erschienen und habe sie gefragt, ob sie noch standhaftig sei, da habe sie geantwortet: O, lieber Gott, verlaß mich nicht. Man befragte sie, wie sie dazu gekommen sei, Gott anzurufen, und da zeigte es sich, wie sich ihr in Folge der Folterung und der

Bestimmungen in den kurpfälzischen Theilen unseres Bezirks während Ludwigs Regierungszeit zur Ausführung gekommen, kann

fortgesetzten Fragen der Geist mehr und mehr verwirrte. Ihre Antwort war: „Gott ist ein guter Mann, der böse Feind auch."

Nach Vorschrift der peinlichen Halsgerichtsordnung wurde sie später zu wiederholten Malen befragt, ob sie bei ihren Geständnissen verharre, und da nahm sie in Betreff der meisten Personen, welche sie als zu ihrer Gesellschaft gehörend angegeben hatte, ihre Aussagen zurück. Pfalzgraf Georg Wilhelm ertheilte dem Amtmanne einen scharfen Verweis, daß er, ohne das Gutachten des Dr. Koch abzuwarten, bloß auf markgräflichen Befehl hin den zweiten Grad der Tortur angewendet. Der Amtmann suchte sein Verfahren zu entschuldigen und gab neben Anderem an, die Else habe ihre Bekenntnisse gemacht, noch ehe man mit dem zweiten Grade der Tortur ganz zu Ende gewesen. Indem er anfragte, was mit den Personen zu machen sei, welche nach der Angabe der Else gleichfalls mit dem Laster der Zauberei befleckt seien, bemerkte er, die Wälsche stehe schon lange im Verdacht der Zauberei, und dabei sei es, Gott erbarm's gewiß, daß, andrer Orte zu geschweigen, zu Roth ein Wust von solchem leidigen Teufelsding vorhanden und es deshalb gut sei, wenn man, um es auszurotten, auf den Grund komme. Des Amtmanns Anfrage wurde mit dem Bekenntniß der Else an Dr. Koch zur Abgabe seines Gutachtens geschickt und sprach sich derselbe also aus: Die Elisabeth sei auf Grund ihres Bekenntnisses fürzustellen, d. h. vor das peinliche Gericht zu bringen und zum Feuer zu condemniren, aber da er nicht befinden könne, daß sie Menschen oder Vieh am Leben Schaden gethan, sei sie dahin zu begnadigen, daß sie vor der Verbrennung ihres Leibes erst strangulirt werde. Die Wälsche sei mit der Elisabeth zu confrontiren und abzuwarten, ob diese bis zu ihrem Tode auf der Aussage beharre, des Krobben Tochter dagegen sei mit der Confrontirung zu verschonen, weil sie der Zauberei halber nicht diffamirt sei. Die Wälsche schalt Else bei der Confrontation eine Lügnerin, eine Meerhexe, welche sie Luft habe, gleich umzubringen, und vermaß sich, so man sie der Bezüchtigung schuldig finde, solle man sie martern und tödten, wie man wolle. Als man Else nach nochmaligem längeren Verhöre fragte, ob sie auf die Aussage, die sie gegen die Wälsche gethan, sterben wolle, war ihre Erklärung, dieweil die Wälsche das ihr zur Last gelegte leugne, wolle sie dieselbe es verantworten lassen, und darob nicht ihre eigne Seele verdammen. Durch die Folter und lange Kerkerhaft an Geist und Seele geschwächt, begehrte sie immer dringlicher, daß man es mit ihr zu Ende mache. Wie ihre Verwandten, so bat auch des Markgrafen Eduard Fortunat Wittwe, die damals noch das Schloß in Kastellaun bewohnte, man möge ihr die Strafe dahin mildern, daß sie vor der Verbrennung ihres Leibes nicht strangulirt, sondern enthauptet werde. Markgraf Wilhelm

nicht vorgegeben werden. In den einer spätern Zeit angehörenden Conventsprotokollen der Klasse Bacharach finden sich keine Klagen über Zauberer und Hexen. Die Hessische Kirchenordnung von 1543 enthielt auch in Betreff des Zauberwesens Bestimmungen, und wie demselben entgegenzuarbeiten, war auf den hessischen Generalsynoden öfters der Gegenstand sorgfältiger Berathung. Auf der Generalsynode, die im Jahre 1571 zu Marburg vom 9. bis 15. Juli stattgefunden, wurde folgender Beschluß gefaßt: Damit die abergläubischen Kristallseher, Wahrsager und dergleichen

---

bewilligte sofort die Bitte seiner Mutter, und als der Amtmann dieses dem Pfalzgrafen meldete, fügte er hinzu, da an der Malefikantin, wie die Pastores bezeugten und er selber sich überzeugt habe, herzliche Reue zu spüren sei, und sie mit ganz williger Ergebung um ein gnädiges Urtheil bitte, was auch die Bitte ihrer Freundschaft sei, so möchten Sr. Durchlaucht gleich dem Markgrafen die Reuige dahin begnaden, daß sie erst mit dem Schwerte gerichtet und darnach ihr Körper verbrannt werde. Der Pfalzgraf willigte in die erbetene Milderung.

Der Tag der Fürstellung, wo alles nur ein zuvor genau geordnetes Schauspiel gewesen, war der 20. Juli 1629. Nachdem Schultheiß und Schöffen des Gerichts Kastellaun auf dem dasigen Marktplatz sich niedergesetzt hatten, und die Else vor sie in den Kreis gestellet war, trat der Amtmann Dietrich Burkard Senft von Sulburg vor und that die Anklage. Der Amtsschreiber verlas die einzelnen Klagepunkte und die Verklagte war aller Punkte geständig. Darauf trat Dr. Nikolaus Imich, der ihr zum Schein beigegebene Defensor, vor und bat in ihrem Namen um Milderung der Strafe. Nun wurde das Urtheil eröffnet, in welchem Richter und Schöffen auf beschehene Anklag und der Angeklagten Urgicht und Bekenntniß zu Recht erkannten, daß vermeldete Elisabeth, von wegen ihrer unverantwortlichen Zauberhandlungen nach Ausweis der kaiserlichen peinlichen Halsgerichtsordnung zu wohlverdienter Straf und andern zum abscheulichen Exempel mit dem Feuer vom Leben zum Tode nach vorangegangener Strangulirung hinzurichten sei. Nach Verkündigung dieses Urtheils, wobei der Schultheiß den Stab brach, ließ die Verurtheilte nochmals durch ihren Defensor fußfällig darum bitten, daß man sie nicht mit dem Strange, sondern mit dem Schwerte richte. Im Namen der gnädigen Gemeinsherrschaft gewährte der Amtmann die Bitte. Hierauf begann der Zug nach dem Marktplatz des Dorfes Bell, der für das Amt Kastellaun die gemeinsame Richtstätte war. In Anwesenheit des Amtmannes wurde Else hier durch den Meister Nagel von Birkenfeld, den Scharfrichter der H. Gr. Sponheim, unter Beistand des in Uhler ansässigen Nachrichters erst enthauptet, und darnach ihr Körper verbrannt. Nicht lange nachher bestieg auf demselben Platz auch die wälsche Marie das Blutgerüst.

Leute, die mit Segen und andern verbotenen Dingen umgehen, solches ihres Aberglaubens durch Gottes Wort nothdürftig unterrichtet und davon gebracht werden, sollen die Superintendenten ein jeglicher in seinem Bezirk mit Vermahnen und Unterrichten nichts an sich erwinden lassen. Sollte solches bei den verrückten Leuten nichts helfen, so sei man der Hoffnung, die Fürsten würden gegen dieselben sonderlich gegen die Zauberer, Kristallseher und Weissager laut der 1543 ausgegangenen Kirchen-Ordnung zu verfahren wissen *). Auch die letzte Generalsynode,

*) Wie stark der Superintendent Schott von St. Goar im Zauberglauben noch befangen war, zeigte sich auf der Generalsynode von 1575. Landgraf Ludwig, der in Marburg seinen Sitz hatte, verlangte das Gutachten der Synode, wie gegen die Mutter und die Tochter zu verfahren sei, welche sich gegenseitig Zaubersche geschimpft hatten und deshalb nach Marburg waren in Haft gebracht worden. Schott erklärte: Es sei eine gar bedenkliche Sache, einen Zauberer in Betrachtung zu nehmen, denn komme man ihm zu nahe, so thue er plötzlich einen Ausfall wie der Pulverteufel und verursache große Noth. Man möge aber mit den Zauberern Mitleid haben und sie von ihrer Verkehrtheit abzubringen suchen, würden sie jedoch ein veneficium (Giftmord) ausüben und jemanden an Pferden, Kühen und andern Dingen Schaden thun, so müsse man sie an Leib und Leben strafen. Vorliegenden Fall rathe er dem Gericht zu übergeben und ihn da seinen Weg finden zu lassen. Volcius aus Darmstadt, der Superintendent der Obergrafschaft Katzenelnbogen, der in der Regel in seinen Ansichten mit Schott übereinstimmte, äußerte sich diesmal anders. Zauberei, sagte er, sei allerdings im alten und neuen Testament verboten, allein von den in Haft genommenen Personen sage doch nur das Gerücht, daß sie Zauberinnen seien. Man wisse aber, daß der Teufel ein Lügner sei von Anfang und höre nicht auf, unschuldige Leute in Verdacht zu bringen. Deshalb habe man in Betreff der Angeschuldigten die sorgfältigste Untersuchung anzustellen. Während Dr. Victor von Marburg sich dahin aussprach, der Landgraf könne nicht ohne die größte Beschwerung seines Gewissens gegen die beiden Unglücklichen peinlich verfahren, d. h. die Folter anwenden, theilte die Mehrheit der Synode die Meinung des Marburger Diakonus Dr. Helfrich Hoden, man solle die Verhafteten unbedenklich zur Untersuchung und Bestrafung ziehen, und eine christliche Obrigkeit könne hierbei ein gutes Gewissen haben. Nachdem Landgraf Wilhelm in Cassel diese Verhandlungen eingesehen, schrieb er an seinen Bruder Ludwig in Marburg, die Wahrsager und Zauberer, sowie die, welche ihnen Glauben schenkten, seien durch ihren Pfarrer hart zu strafen, dabei seien aber die Leute zu bescheiden, Schaden könne durch die Zauberer ihnen nur dann zugefügt werden, wenn sie durch den Glauben an das Blendwerk sich selbst in Schaden brächten.

die von 1582, beschäftigte sich nochmals mit dem Zauberwesen und lautete ihr Beschluß: An Orten, da solche Gebrechen vorfallen, soll nicht allein insgemein gegen die Zauberei gepredigt, sondern auch das Volk unterrichtet werden, daß nicht Alles, so den Leuten begegnet, der Zauberei zuzuschreiben sei, da gar Vieles aus Gottes sonderlicher Schickung oder auch aus natürlichen Ursachen geschehe, und daß keiner weiter, als Gott verhänge, durch Zauberei könne beschädigt werden. Gegen dieselbe sollten wahre Buße, Gebet und andere christliche, wie auch natürliche Mittel gebraucht und das unchristliche Verleumden gänzlich verhütet werden. Den Anlaß, daß auf dieser Synode das Zauberwesen so ausführlich besprochen wurde, gab die Nachricht, es seien vor 14 Tagen etliche Zauberinnen zu Darmstadt verbrannt worden. Daß man im Gebiete des Landgrafen Georg also verfahren habe, fand Eitel von Berlepsch, der Vertreter des Landgrafen Wilhelm bei der Synodal-Versammlung, um so auffallender, als der alte Herr, nämlich Philipp, der Vater der vier Landgrafen, niemand habe verbrennen lassen.

Als der Jesuit Friedrich von Spee, in dessen Liedern sich nach dem Urtheil eines dazu Berechtigten, ein tiefes, inniges Naturgefühl mit inbrünstiger Liebe zu dem Heiland vereinigt, eines Tages von dem Domherrn Philipp von Schönborn, dem nachmaligen Kurfürsten von Mainz, gefragt wurde, woher es komme, daß er vor dem vierzigsten Jahre schon eisgraue Haare habe, war seine Antwort: Der Gram hat mein Haar grau gemacht, darüber, daß ich so viele Hexen habe zur Richtstätte begleiten müssen und habe unter allen keine befunden, die nicht unschuldig gewesen. Es war aber nicht Friedrich von Spee, der seine Stimme laut und beharrlich gegen die Hexenverfolgungen erhob, sondern dieser Ruhm gebührt Johannes Weyer, dem Leibarzte des Herzogs Wilhelm von Cleve *).

*) Der Kampf des Leibarztes Weyer gegen die Verfolgungen der Hexen ist ausführlich geschildert von Dr. Wollers in der Schrift: Konrad von Heresbach S. 149—155. Ausführlichere Mittheilungen über die Hexenverfolgungen im Amte Kastellaun finden sich vom Verfasser im Evangelischen Gemeindeblatt für Rheinland und Westphalen. Jahrgang 1871. Nr. 13—17.

2. Das Verhältniß zur römischen Kirche.

Wer sich vergegenwärtigt, wie es das Ende des sechszehnten und die erste Häfte des siebenzehnten Jahrhunderts gewesen, da sich die Hexenverfolgungen in grauenhafter Weise mehrten, den wird die betrübende Erscheinung zu derselben Klage drängen, die wir im Eingang des Johannesevangeliums hören, zu der Klage: Das Licht scheinet in der Finsterniß und die Menschen liebten die Finsterniß mehr denn das Licht. Diese Liebe der Finsterniß und der Finsterniß Macht über die Herzen zeigte sich aber auch darin, daß, wie allerwärts, so auch in unserm Bezirk sich das Volk nur sehr langsam der unevangelischen Bräuche entäußerte, an die es sich zur Zeit des Papstthums gewöhnt hatte. Wie auswärtige Katholiken noch häufig die evangelischen Gotteshäuser aufsuchten, zu deren Heiligenbildern sie früher gewallfahrtet waren, so suchten umgekehrt auch Glieder der evangelischen Gemeinden noch oftmals Heilung für allerlei Uebel in katholischen Kirchen, darin nach ihrem Wahn ein wunderthätiges Bild stand. In dem Abschied, der auf die während des J. 1560 im Oberamt Lichtenberg gehaltene Kirchenvisitation ergangen, heißt es: Die Götzen, so in den Kirchen Wolfersweiler und Steinberg stehen, sollen hinweggethan werden, und dieweil man erfahren, daß etliche für das Gegicht zu St. Marzolf gen Zedingen gewallfahrtet, so soll der Landschreiber samt dem Pfarrer darauf Acht haben, ob fürder Jemand solche Abgötterei treibe, damit man ihn mit Ernst strafe. Ebenso sollten in der Pfarrei Achtelsbach diejenigen in Strafe genommen werden, welche der Kinder halben gen Boosen zu St. Willebrod wallfahrten. Nach der Visitation, welche 1575 in demselben Oberamt gehalten worden, wurde verordnet: Das abgöttisch Bild St. Lamberti zu Eckertsweiler, zu welchem aus dem Trierschen großer Zulauf, sei abzuschaffen, gleich den Bildern St. Veltins und Marias in der Kapelle zu Aulenbach, und da die von Nohfelden noch St. Huprecht einen besondern Feiertag halten, desgleichen die Hagelfeiertage, so sollten der Landschreiber und der dasige Keller solches ernstlich verbieten und den, der das Verbot nicht achte, in den Thurm legen, auch das St. Huprechtbild abschaffen. Im J. 1579 konnte der Pfarrer Gudenthal in Wolfersweiler dem

Landschreiber Jost Pfeil berichten, das Bild sei beseitigt und die Hagelfeiertage würden nicht mehr gefeiert. In der H. Gr. Sponheim wurde bei der Visitation von 1580 den Visitatoren mitgetheilt, zur Kirchweihe in Nohen kämen die Leute vom Wald, d. h. aus den katholischen Bezirken des Hochwalds und brächten unser lieben Frauen ihr Opfer dar. Im J. 1593 berichtete der Inspector Jakobi, zu Irmenach seien zwei Weiber Trübsal halben, die Gott ihnen zugeschickt, etliche Meilen weit zu den Ablaßgötzen gewallfahrtet, seien aber deshalb vom Pfarrconvent angesehen worden, und habe man dem Pfarrer zu Kleinich befohlen, neben dem Pfarrer zu Irmenach die Weiber zu unterrichten, was das für eine Verleugnung aller drei Artikel des Glaubens sei. Noch bei der Visitation von 1608 wurde zu Enkirch vorbracht, etliche aus der Gemeinde seien zur Bittfahrt nach St. Barbel bei Heintzert gegangen und ist deshalb an das Volk im Visitationsgottesdienst eine ernste Vermahnung ergangen. Selbst in reformirten Gemeinden kamen Wallfahrten nach katholischen Gotteshäusern noch zu Anfang des 17. Jahrhunderts vor. Im J. 1602 waren etliche Weiber aus Diebach und Mannebach nach der Gotteskapelle im Walde hinter Bingen gewallfahrtet und wurden die Pfarrer der beiden Orte im Convent angewiesen, diesen Leuten ihre Sünde und Irrthum vorzustellen. Noch größere Schwierigkeit fanden die Behörden bei Abstellung der Hagelfeiertage und des Glockengeläutes beim Gewitter. Die Hagelfeiertage wurden in der Zeit vor der Reformation mit öffentlichem Gottesdienste, sowie mit Enthaltung von der Arbeit begangen, und nach dem Gottesdienste zündete man große Feuer auf den Feldern an, in der Meinung, dadurch Saat und Frucht gegen den Hagelschlag zu schützen. Nach Einführung der Reformation wurde diese Fejer untersagt, die Leute aber setzten dieselbe in der Weise fort, daß sie an den Hagelfeiertagen keine Arbeit verrichteten und die Feuer des Abends machten*). In den Gemeinden Diebach und Mannebach blieb es

*) Bei der Visitation von 1575 klagte der Pfarrer von Bell, beinahe in allen Dörfern seines Kirchspiels habe das Volk Hagelfeuer gemacht, trotzdem daß der Amtmann es verboten und er sie deshalb in der Kirche vermahnt habe. Die Einwohner des Kirchspiels Hosenbach hatten im J. 1580 großen

lange im Gebrauch, daß man, wenn Jemand starb, die Glocken läutete und bei der Leiche Lichter anzündete. Bei der Taufe wurde zu Mannebach bisweilen Brod in das Gebündlein gewickelt. Der Pfarrconvent legte den Pfarrern auf, solche Abgötterei in der Predigt zu strafen, auch diejenigen, welche man dessen schuldig befunden, vor das Presbyterium zu fordern, und sollten die, bei welchen die Vermahnung nicht Platz greife, vom Abendmahl ausgeschlossen werden.

Verheiratheten sich Katholiken in evangelische Gemeinden oder kamen welche als Dienstboten in dieselben, so war man bemüht, sie der evangelischen Kirche zuzuführen. Der Pfarrer von Allenbach wußte bei der Visitation von 1608 von keinem Sectirer, als daß des Hebbüttels Weib, so im Stift Trier bürtig, dem Papstthum zugethan sei, es stehe aber zu hoffen, daß sie sich allgemach weisen lasse. Die katholischen Dienstboten nöthigte man zum Besuche der Katechismuslehre und dem Pfarrer von Gödenroth wurde 1591 aufgegeben, sie hierzu mit freundlichen Worten zu vermögen, zur Theilnahme am Abendmahle aber sollten sie nur zugelassen werden, wenn sie zur evangelischen Kirche überträten. Als bei der Visitation von 1575 im Kirchspiel Bell die Censoren klagten, es halte schwer, Dienstboten zu bekommen, und sei die Ursache, daß der Pfarrer sich weigere, denen, die aus dem Papstthum herkommen, das Nachtmahl zu reichen, so sie nicht zusagen wollten, bei der wahren Erkenntniß zu bleiben, wurde der Pfarrer ermahnt, es auch hinfüro also zu halten. Die Fragen, ob Katholiken bei evangelischen Täuflingen zu Pathen erwählt werden und Evangelische bei Katholiken zu Gevatter stehen können, des-

---

Schaden durch Hagelwetter erlitten und meinten, dies sei ihnen deshalb widerfahren, weil sie beim Heranzug des Wetters nicht mehr die Glocken läuteten, und begehrten bei der Visitation, man wolle ihnen erlauben, beim Ungewitter wieder die Glocken zu ziehen. Es wurde ihnen geantwortet, sie sollten die Glocken des Mundes, d. h. des Gebetes ziehen. Aehnliche Vermahnungen ertheilten die Visitatoren auch anderwärts; wie langsam aber dieselben in die Herzen eindrangen, ist daraus zu ersehen, daß noch in den Generalpunkten von 1608 verordnet wurde, die Censoren sollten alle die, welche dem heidnischen Gebrauch der Hagelfeiertage nicht entsagten, zum Besten des Almosens mit einer Strafe belegen.

gleichen wie der Geistliche sich zu verhalten habe, wenn Eltern ihre Kinder ins Papstthum verheiratheten, wurden vielfach erörtert. Ein Pfarrer von Winningen wollte solche Heirathen nicht zugeben und weder katholische Pathen annehmen noch gestatten, daß Glieder seiner Gemeinde bei Katholiken zu Gevatter stehen. Aus der Mitte seiner Gemeinde heraus wurde deshalb bei der Kanzlei zu Birkenfeld Klage geführt; diese holte das Gutachten des Inspector Conon sowie des Dr. Gall ein und ließ darauf dem Oberamtmann folgenden Bescheid zugehn: Des Pfarrers Amt erstrecke sich nicht weiter, als daß er vor papistischer Abgötterei fleißig warne, und so sich Heirathen ins Stift Trier zutrügen, die dahin ziehenden Personen mit allem Fleiß unterweise und zum beständigen Bekenntniß der Wahrheit ermahne. Damit habe er seinem Amt ein Genüge gethan und sein Gewissen salvirt. Ein Mehreres in Betreff der Ehe zu handeln, sei ihm nicht zu gestatten. Wenn der Pfarrer auch dem zuwider sei, daß Evangelische bei den Papistischen oder Papistische bei Evangelischen zu Gevatter stehen, so habe es damit etlichermaßen eine Ungleichheit. Würden Papistische von den Unsern zu Gevattern berufen, so sollten dieselben vom Pfarrer keineswegs amovirt, viel weniger mit Unbescheidenheit angefahren, sondern ganz freundlich angeredet werden, aus Ursache, daß sie bei unserer Taufe sehen, wie wir vom Sakrament ehrerbietig lehren und nicht ein unordentlich Saubad angerichtet haben, wie ihre Pfaffen uns Schuld geben. Wenn umgekehrt Evangelische von Papistischen als Gevatter gebeten werden, könne es nicht schaden, daß sie sich dazu einstellen, sie sollen es aber zuvor ihrem Pfarrer anzeigen, damit dieser sie erinnern könne, wie sie sich dabei zu verhalten haben *).

*) Bei der Generalvisitation von 1608 kamen diese Punkte nochmals zur Erörterung und lautete der Entscheid weniger mild. Als auch, heißt es in dem Abschied, hin und wieder die Papisten zu Gevattern erbeten und zugelassen worden, und etliche sich daran geärgert, auch etliche Pastore deshalb Bescheid begehrt, so sollen die Pfarrverwandten jeden Orts ermahnt werden, hinfüro keine Person, sie sei woher sie wolle, ohne Vorwissen ihres Seelsorgers zu Gevatter bitten. Würde dem Pfarrer eine Person namhaft gemacht, so dem abgöttischen Papstthum oder einer andern Opinion zugethan, so soll er des Kindes Eltern, sonderlich bei der Anzeig dem Vater erinnerlich zu-

Schon im J. 1568 hatten die Räthe des Herzog Wolfgang in Erfahrung gebracht, daß ein Freiburger Professor Doctor Christoph Cassianus, zu Deutsch Käs, so von Trarbach stammte, von Zeit zu Zeit dahin komme und bei seinem Weggang junge Knaben mit sich führe, um sie in Freiburg zu den Jesuiten zu bringen, und erhielt daraufhin der Oberamtmann den Befehl, den Trarbacher Bürgern bei Strafe zu verbieten, ihre Kinder an Orte zu thun, wo sie verführt würden. Trotzdem wiederholte sich solche Wegführung. In Folge dessen wurde der Oberamtmann Philipp von Wunnenberg zum ausführlichen Berichte aufgefordert und berichtete im J. 1578: Er habe befunden, daß die drei Söhne des Bürgermeisters Johannes Käs zu Freiburg im Breisgau seien, der eine derselben sei ein Meßpfaffe, der andere ein Karthäusermönch geworden und der dritte studire noch auf dem Stipendium, das weiland sein Vetter Christoph Cassianus gestiftet. Auf eben dieses Stipendium studirten auch ein Sohn von Hans Jakob Käs und ein Sohn von Simon Hausmann. Schon früher habe er dem Bürgermeister den herzoglichen Befehl vorgehalten und desselben ihn erinnert, als der Meßpfaff mit den drei noch im Studium begriffenen Knaben nach Trarbach gekommen. Der Meßpfaff habe ihm zu verstehen gegeben, er werde bei Markgraf Philipp einen andern Befehl auswirken, und ein solcher sei ihm wirklich zugegangen. In demselben sage der Markgraf, er sei berichtet, daß er der Amtmann die Söhne des Käs von der Schule Freiburg abgemahnt habe, ohnangesehen daß sie dorten „ohne ihrer Oellern Kosten" von einem Stipendium leb-

---

sprechen, daß solche Personen, vornämlich, wenn sie öffentliche Lästerer und Verächter unserer Religion seien, zu solch wichtigem Werke mit gutem Gewissen nicht gebraucht werden können. Dadurch möchte das Aergerniß abgewendet werden und hätten die Pastore alsdann um so weniger Ursache, dergleichen mit öffentlichem Schimpf und Spott von der Taufhandlung abzuweisen. Strenger verfuhr man in den Pfarreien des reformirten Bekenntnisses. Die Pfarrer des Amtes Bacharach faßten im J. 1588 auf dem Convente zu Steeg den Beschluß, es solle kein Papist zur Gevatterschaft zugelassen werden, und da in eben diesem Amt viele Eltern ihre Kinder ins Papstthum verheiratheten, stellten sie 1618 an die Amtleute das Ansuchen, doch zu helfen, daß hinfüro niemand sein Kind ins Papstthum bestate, er habe denn solch Vorhaben dem Pfarrer und der Obrigkeit angezeigt.

ten, so auf ihre Freundschaft gestiftet sei, er befehle ihm darum, sie und ihre Eltern deshalb unangefochten zu lassen. Herzog Johann berieth die Sache mit dem Kanzler Schwebel und Dr. Gall, und wurde darauf dem Oberamtmann zugeschrieben, er möge Nachdenkens haben, wie er eine Abschrift der Cassianischen Stiftung beschaffe, und solle dem Bürgermeister sowie den Verwandten der andern Knaben zu bedenken geben, ob sie das Zeitliche höher achten wollten als das Seelenheil ihrer Kinder. Doch sei es nicht noth, dieserhalb sich mit den Badischen in viel Disput einzulassen. Die Sache ruhete eine Zeit lang; als aber fortwährend Knaben aus der Verwandtschaft des Professors zu den Jesuiten nach Freiburg gesandt wurden, und Pfarrer Jakobi darob den Eltern ernstliche Vorstellungen machte, empfing im August 1593 Senft von Sulburg, der Oberamtmann, von Baden aus ein von Eduard Fortunat unterzeichnetes Schreiben, worin der Markgraf sagte: Es werde berichtet, wie vor etlich Jahren der hochgelehrte Christoph Cassianus von Trarbach, der h. Schrift Doctor und Professor, auf einen Knaben seines Geschlechts, und da ein solcher nicht vorhanden, auf andere Knaben von Trarbach und seines Vaterlandes ein Stipendium gestiftet. Dieses hätten etliche schon zu ihrer Wohlfahrt genossen bis vor wenig Jahren, da der jetzige Pfarrer von Trarbach auf der Kanzel und sonst hin und her die Eltern ausgeschrien und ihnen verboten habe, einen Sohn zu dem Stipendium zu verschicken. Wiewohl nun seine Räthe, die zum jüngsten gemeinen Tage abgeordnet gewesen, dem Pfarrer seine Ungebühr verwiesen, komme doch Klage für, daß derselbe sich dessen nicht müßige. Er der Markgraf trage darob ein ganz gnädig Mißfallen, und dieses um so mehr, als es bisher in teutscher Nation nicht herkommen, daß die eine oder andere Universität verboten, sondern jedem frei gelassen worden, den Studien, wo es ihm gefalle, nach zu ziehen. Deshalb befehle er ihm dem Oberamtmann, denjenigen, so ihre Kinder gen Freiburg verschicken wollen, keinen Eintrag zu thun, und ebenso dem Pfarrer, sich dergleichen Händel zu enthalten und seines Predigtamtes zu warten. Würde sich der Pfarrer gegen die, welche ihre Angehörigen nach Freiburg und andern katholischen Universitäten verschicken wollten, der Einreden und Drohworte nicht enthalten, so würde er der Markgraf nicht umgehen können, ihn mit gebührender Strafe anzusehen. Im darauffolgenden Jahre berichtete Jakobi an Herzog Karl: Bei den Visitationen, die er halte, falle auch die Frage vor, wie mit denen zu handeln, die gut evangelisch sein wollten und doch ihre Kinder in Klöster steckten oder zum Studiren unter die Jesuiten schickten. Deren habe der Pfarrer zu Enkirch etliche und er selbst habe dessen zu Trarbach viel Mühe und Unruhe gehabt. Ein Theil der verschickten Knaben sei in Folge seiner scharfen Ermahnungen zurückgehalten worden, ein Theil dagegen verharre noch an solchen Orten. Er könne das nicht ändern und müsse es Gott anheimstellen. Welcher Bescheid ihm geworden, findet sich nicht, dagegen hat sich aus dem J. 1599 ein an die gesammte Geistlichkeit gerichteter Erlaß des Herzogs erhalten, worin es heißt: Was die Verschickung der Kinder an papistische Orte oder zu den calvinischen Prädicanten anlange, so trage er daran ein hohes Mißfallen. Weil aber in der Grafschaft die Obrigkeit getheilt sei und andere besorgliche Unruhe und Widerwille daraus erfolgen möcht, sollten die Pfarrer den Eltern, bei welchen solche Verschickung stattgefunden oder drohe, vorhalten, in was für eine große Gefahr sie ihre Kinder stecken und welche schwere Verantwortung sie vor dem Richterstuhl Gottes auf sich laden, auch was für Herzeleid ihnen hierüber erfolgen möge. Welcher aber durch solche treuherzige Ermahnung sich nicht warnen lasse, der möge seine Gefahr überstehen. Damit aber die liebe Jugend in der reinen gesunden Lehre besser unterwiesen, auch vor allem Irrthum bewahrt werde, sollten die Herrn Inspectores und Pastores besten Fleißes Achtung geben, daß durchaus kein anderer Katechismus von ihnen der Jugend fürgehalten, noch von sonsther heimlich oder öffentlich eingeschoben werde, sondern allein die forma Catechismi Lutheri, wie sie in der K.-O. begriffen.

Wie die Jesuiten vermittelst des Cassianischen Stipendiums in der H. Gr. Sponheim Boden zu gewinnen suchten, so waren sie bemüht, auch in die hessischen Landschaften einzudringen und fanden dabei einen Helfer an Herzog Wilhelm von Baiern. Dieser Fürst sandte an den Landgrafen Wilhelm eine Schrift des Jesuiten Tetorian mit dem Wunsche, er möge wieder ein guter katholischer Christ werden*). Für den Landgrafen war diese Zuschrift ein

*) Wilhelm erwiederte dem Baiernherzog: Er versehe sich nicht, daß

Grund mehr, in Gemeinschaft mit seinem Bruder dahin zu wirken, daß dieser Feind rechtzeitig von den hessischen Landen abgewehrt werde, und zwar mit den Waffen des Geistes. Unter den Artikeln der fünften Generalsynode, welche im J. 1573 zu Marburg gehalten worden, und der neben vier weltlichen Räthen vierzehn Theologen anwohnten, findet sich folgender: Nachdem ihre gnädigen Fürsten väterlich erwogen, mit wie listigen Praktiken die aufgestandene Secte der Jesuiten sich um die Heerden der christlichen Kirche in ihrer Gnaden Landen gelagert, um mit ihrem sirenischen Gesange die liebe Jugend von der Stimme des Erzhirten Christi zu entwöhnen, und zu ihrer Disciplin und Lehre, und auf diesem Wege endlich in den Abgrund zu ziehen, hätten dieselben an sie, (die auf der Synode versammelten Theologen und weltlichen Räthe), begehrt, diesen listigen Wolf zu beschreien und von der Heerde Christi in ihrem Fürstenthum abzusetzen, auch als wackre treue Hirten dieses Pfirchs die ihrer Hut befohlenen Schäflein von dem gefährlichen Seelenmord dieser papistischen Heuchler zu erretten, und deßwegen hätten sie eine Warnungsschrift an alle treuherzigen Christen des Fürstenthums gestellt. Indem die Synode diese Warnungsschrift dem Landgrafen Wilhelm behufs der Genehmigung vorlegte, stellte sie den Antrag, es möge nicht bloß gegen diejenigen, welche die Kinder den Jesuiten übergeben, sondern auch gegen die, welche sie in die papistischen Stifter stecken, mit allem Ernst verfahren werden. Die Warnungsschrift befriedigte den Landgrafen Wilhelm nicht ganz, sein Bruder Ludwig, gegen den er dieses aussprach, erwiderte ihm: Es sei allerdings manches an der Schrift auszusetzen, doch sei sie geeignet, den Leuten die Augen aufzuthun. Daß die von der Synode gestellten Anträge die Genehmigung der vier Landgräflichen Brüder erhalten haben, ist darum anzunehmen, weil auf

---

Jemand Ursache habe, ihn nicht für katholisch zu halten, denn er bekenne sich zu der von dem auserwählten Rüstzeuge Gottes, dem Apostel Paulus, zu Rom gepflanzten christlichen, nicht zu der durch menschlichen Tand und Sauerteig nachher verderbten Kirche. Je näher er dem Ziel seiner Jahre sei, desto eifriger suche er den Weg des Lebens und der Wahrheit, welchen derselbe Apostel in seinen Briefen an die Römer und anderwärts so verständlich erklärt habe.

Geheiß des Landgrafen Wilhelm unter die Visitationsfragen auch die aufgenommen wurde: Ob in der Gemeinde Leute vorhanden seien, edel oder unedel, die ihre Kinder dem Moloch opferten, d. h. dem Papst, den Stiftern und Jesuiten-Schulen in den Hals steckten. Es geschah dieses besonders häufig Seitens des Adels, aber auch der Bürgerstand gab seine Söhne nach wie vor öfters in die Jesuitenschulen*).

In dem Bezirk, welchen unsere Darstellung umfaßt, war es die Schloßkapelle zu Kastellaun, darin der Gesang der Messe, nachdem er in der H. Gr. Sponheim 40 Jahre verstummt war, zuerst wieder gehört wurde. Es geschah dieses von der Zeit ab, als Markgraf Eduard Fortunat mit seiner Familie und seiner Kanzlei nach Kastellaun übergesiedelt war und daselbst in Karl von Hornung einen Katholiken zum Amtmann bestellt hatte. Michael Spindler, des Herzogs Hofkaplan, versuchte es in mancherlei Weise, neben der evangelischen Gemeinde auch eine katholische zu bilden und hatte dabei eine besondere Stütze in des Markgrafen Gemahlin. Was Hornung belangt, so hat sich derselbe bei Antritt des Amtes Herzog Karl gegenüber verpflichten müssen, die Kirchenordnung der Grafschaft in seinem Amtsbezirke zu handhaben, doch ließ er es geschehen, daß Spindler in der Schloßkapelle Eheleute aufbot und traute, desgleichen Kinder taufte**).

*) Im Visitationsbericht von 1617 heißt es: Simon Stahls Sohn aus St. Goar, welcher nach Mainz zu den Jesuiten gelaufen, studire itzo zu Marburg auf dem Pädagogium, aber Martin Scharters Sohn sei noch in Mainz, es sei jedoch dem Vater befohlen worden, ihn abzufordern und zu Marburg dem Herrn Ephoro zu präsentiren.

**) Wie sich nach dem Tode des Markgrafen Eduard Fortunat und des Herzogs Karl das Verhältniß zwischen den Evangelischen und Katholiken im Amte Kastellaun gestaltet hat, möge sich in Nachstehendem veranschaulichen. Unterm 7. Februar 1601 meldete der frühere Amtmann Römer dem Kanzler Zeuger: Verlittenen Samstag habe sich zugetragen, daß dem Amtmann Hornung ein sechsjähriges Töchterlein, das des Tags zuvor gestorben, nach Beltheim zur Beerdigung sey geführet worden. Dabei habe man die Bürger des Morgens durch die gemeine Glocke zusammen verordnet und ihnen durch den Büttel anzeigen lassen, es solle aus jedem Haus eines mit der Leiche gehen. Solches sei auch geschehen, doch seien einzelne auf der Grenze wieder umgewendet. Etliche Meßpfaffen, die sich in des Amtmanns Haus gesammelt,

Mit dem J. 1607 ging Badens Antheil an der H. Gr. Sponheim an den lutherischen Markgrafen Georg Friedrich über, und

hätten mit ihrem papistischen Gesange die Leiche vorn hinaus zur Stadt geleitet, das sich keineswegs gebühre. Dieses Begräbniß habe bei Fremden und Einheimischen großes Aergerniß erregt, und da am selben Tage ein Herr von Branbach aus Zweibrücken in Kastellaun gewesen, werde es auch Herzog Johann erfahren. Pfarrer Cratzer habe diesen lausen Caeremonien aufmerksam zugesehen, die Sache aber nicht an den Inspector berichtet. Cratzer wurde sofort nach Birkenfeld berufen, um sich wegen seines Benehmens zu verantworten. Seine Verantwortung lautete: Die Frau des Amtmanns, der verreist gewesen, habe ihn zweimal gebeten, ihr erkranktes Töchterlein in das Kirchengebet einzuschließen, und da solches nicht unchristlich, habe er der Bitte willfahrt. Als dieses geschehen, habe sein Amtsgenosse, Kaplan Wiltperger, ihm mitgetheilt, die Amtsfrau habe die heilsamen Mittel der Arznei unterlassen und abgöttische Mittel gebraucht, nämlich ein kohlschwarzes Huhn in die Hofkapelle und ein zweites nebst 3 Albs an den Meßpfaffen in Buch geschickt, Meß darüber zu lesen. Das Mägdlein sei aber des Freitags vor Tag verschieden, und habe darauf die Amtfrau die Nachbarfrauen ansprechen lassen, ihr Kind des andern Tages zum Begräbniß nach Beltheim zu begleiten. Am andern Morgen habe der Bürgermeister die Bürgerschaft durch Geläute zusammenrufen lassen, und da sei er der Pfarrer von seiner am Glockenthurme gelegenen Wohnung nicht durch die offene Straße, sondern auf der Stadtmauer zur Oberpforte gegangen, um zu sehen, in welcher Weise sich seine Gemeindeglieder an dem Begräbniß betheiligten. Da eben Saatzeit gewesen, hätten sich wenig Männer eingefunden, dagegen viele Weiber. Die Leiche des Kindes habe man auf eine abgedeckte Kutsche gestellt gehabt und zu den Füßen des Sarges habe des Kindes Wartfrau, die Witwe des Kaplan Range, gesessen mit einem Gebund Kerzen, die aber nicht gebrannt hätten. Die Kutsche sei von Dorfleuten gefahren worden, die man besonders dazu beschieden, und neben dem Landhofmeister, dem Kanzler, dem Secretär und den Hofdienern seien ihr nur wenige Bürger, aber ohngefähr vierzehn Paar Weiber gefolgt. Da der Hofkaplan abwesend gewesen, hätten der Beltheimer und Bucher Pfaffe die Leiche unter lateinischen Gesängen begleitet, und sei die Amtfrau in einer Kutsche nachgefahren. An der Bach, da sich das Kastellauner und Beltheimer Gericht scheiden, habe der Landhofmeister das Bürgervolk angeredet und ihnen gesagt, es stehe nun bei ihnen, ob sie umkehren oder mit an den Ort des Begräbnisses gehen wollten. Da seien etliche der Weiber mit nach Beltheim gegangen, hätten aber keine Leichpredigt gehört, sondern nur Seelmessen. Nur ein Weib, das des Büttels, sei mit um den Altar gegangen und habe geopfert. Nach der Leichprocession habe die Amtfrau eine Mahlzeit gegeben, zu der sich auch die Weiber der evangelischen Bürger willig versam-

damit nahm Spindlers wie Hornungs Herrschaft im Amte Kastellaun ein Ende, nicht aber der daselbst eingedrungene Katholizismus. Eduards Wittwe behielt ihren Sitz auf der Burg Kastellaun, desgleichen blieben mehrere der Eduardischen Beamten, darunter der Landhofmeister von Orscelar, daselbst wohnen, und bauend auf deren Hülfe, versuchten es die Nachbargeistlichen, welche nach Spindlers Abgang die Messe in der Schloßkapelle lasen, immer aufs Neue, für diese Kapelle und die in ihr sich sammelnden Katholiken Parochialrechte zu erringen. Dieses zu hindern, zeigte sich die Birkenfelder Regierung ebenso eifrig, wie früher Herzog Karl, aber trotzdem ist Seitens der Katholiken das genannte Recht allmählig errungen worden.

Zu den vielen Streitigkeiten, in welchen sich allerwärts die Gemüther der Katholiken und Evangelischen gegen einander erhitzten, kamen noch die Kalender-Wirren. Im J. 1582 schaffte Papst Gregor durch ein Breve den Julianischen Kalender ab und führte den nach ihm genannten Kalender ein*). Kaiser Rudolph II. erließ, ohne die Sache vor die Reichsversammlung zu bringen, sofort ein Edict, nach welchem der Gregorianische Kalender der Reichskalender sein sollte. Aber nur die katholischen Stände kamen dem Edicte nach, die evangelischen sahen in dem

melt, und habe sie dieselben wohl tractirt. Den Schülern sei, dieweil sie fleißig geläutet, auf ihr Anhalten ein Maß Wein gegeben worden. Zu solcher Unordnung habe er keineswegs stillschweigen, sondern bei nächster Censur alles genau erkunden und es im nächsten Convent dem Herrn Inspector anzeigen wollen. Schließlich bittet der Pfarrer um Weisung, wie man sich in dergleichen Fällen zu verhalten habe, desgleichen wie zu verfahren sei gegen diejenigen Weiber, welche in die Hofkapelle zur Tauf und Predigt gegangen. Die Räthe in Birkenfeld, Hans Henrich von Schmidtburg, Zeuger und Koch befahlen dem Oberamtmann, wenn er nach Abhaltung der Weinbeed zu Bruttig und Winningen nach Kastellaun komme, soll er durch Glockengeläute die Bürgerschaft zusammenrufen und ihr im Namen der pfalzgräflichen Vormünder ihr Verhalten gröblich verweisen, auch sie mit ernstlicher Strafe bedrohen für den Fall, so sie sich dergleichen nicht enthielten.

*) In diesem Kalender waren vom 4. October an zehn Tage herausgeworfen und zählte man nach dem 4. sogleich den 15. October. Jedes 100. Jahr, welches nach dem alten Styl ein Schaltjahr war, sollte ein gemeines Jahr sein mit Ausnahme jedes vierten.

eigenmächtigen Verfahren des Papstes und des Kaisers eine Verletzung der Reichsrechte und protestirten. Wie geheim Gregor auch sein Vorhaben zu halten gesucht, hatte dennoch Landgraf Wilhelm von Hessen durch Zuntelinus, seinen Agenten in Venedig, Kunde davon erhalten und theilte, was er erfahren, mehreren evangelischen Fürsten mit. Da er einer der größten Astronomen seiner Zeit war, so verlangten die Kurfürsten von Pfalz, Brandenburg und Sachsen seinen Rath, was in der Sache zu thun. In dem Gutachten, das er darauf abfaßte, hob er in Uebereinstimmung mit allen evangelischen Theologen und vielen Astronomen, deren Bedenken ihm zugesendet worden waren, das Mangelhafte der Verbesserung hervor und setzte dann auseinander, so dem Papst gestattet würde, eine so wichtige Sache ohne Rath und Bewilligung des Reichs vorzunehmen, so würde dadurch ihm eine ungebührliche Jurisdiction eingeräumt, und die Hoheit des Kaisers wie des Reichs geschmälert. Weiter machte er darauf aufmerksam, welche Verwirrung durch die plötzliche Kalender-Aenderung nicht bloß in der Feier der Kirchenfeste, sondern auch in allen bürgerlichen Händeln, Gerichtstühlen, Kaufbriefen, Jahrmärkten, Erlegung der Zinsen u. s. w. entstehen würde. Die evangelischen Fürsten sandten dem Kaiser ihre Bedenken zu, aber dieser beachtete sie nicht und sah sich darin gestützt durch die geistlichen Kurfürsten. Der von Trier, Johann von Schönburg, führte den neuen Kalender in seiner Diöcese schon im J. 1583 ein, und noch eifriger erwies sich Wolfgang von Dalberg, der Kurfürst von Mainz. Einer seiner Amtleute ließ absichtlich einen Dieb auf den Tag hängen, an welchem bis dahin Christi Geburt gefeiert wurde, und nicht bloß in dem mitten im Hessenland gelegenen mainzischen Amöneburg, sondern auch an der Mosel und längs des Rheines mögen sich die Katholiken gerühmt haben, ihr Christus sei schon 14 Tage alt und könne bereits in der Stube umherlaufen, wenn der evangelische erst geboren werde.

3. Der Zwiespalt innerhalb der evangelischen Kirche. Das Verfahren gegen die Sectirer. Die Behandlung der Juden.

Wendet sich der Blick von dem Kampfe zwischen dem Protestantismus und Katholizismus dem Zwiespalte zu, der alsbald inmitten der evangelischen Kirche zwischen Lutheranern und Reformirten ausbrach, so ist es abermals ein betrübendes Bild, das sich dem Auge darstellt. Welche Zerrissenheit und welch bitterer Haß bei denen, welchen die heilsame Gnade Gottes in Christo durch die Reformation so reichlich war geschenkt worden. Mit welch giftigen Reden griffen auch da die Gegner einander an, in welch roher Weise äußerte sich nicht selten ihre Feindschaft. Höchst gewaltthätig erwies sich Johann Casimir, der sonst so edelgesinnte Fürst, bei der Wiedereinführung des reformirten Bekenntnisses im Amte Kreuznach, und an bittern Spottreden fehlte es nicht bei den Abgeordneten, durch welche sein Neffe, Kurfürst Friedrich IV., den Gemeinden des Pastoreibezirkes Kirchberg sein Bekenntniß aufnöthigte. Gleicherweise haben sich die Lutheraner durch Schmähung des reformirten Bekenntnisses vielfach versündigt. Alle Kinder, so bei den Calvinisten getauft würden, seien des Teufels und müßten Zauberer werden, sagte die Zimmer Else von Diebach, eine der Vielen, welche dem Lutherthum anhängig blieben, als Johann Casimir den Katechismus und die Kirchenordnung seines Vaters im Amte Bacharach wiederum einführte. Selbst Herzog Karl von Birkenfeld ließ sich während der ersten Jahre seiner Regierung zu ähnlichen Aeußerungen hinreißen. Als ihm Pfarrer Kassel in Pferdsfeld als des Calvinismus verdächtig bezeichnet worden, und auf die Frage, ob er denn Lust zu dem Heidelberger Gesellen Tossano habe, antwortete, die Schriften der Heidelberger habe er nicht gelesen, aber ebenso gehe ihn auch Luther nicht an, denn seine Seligkeit gründe er nicht auf eines Menschen Lehre, sondern auf Gottes Wort, ließ sich Karl gegen ihn also vernehmen, wolle er zum Teufel fahren, möge er es thun, würde er sich aber in Lehre und Wandel recht halten, solle ihm alles Gute erwiesen werden, und hatten die mit ihm gepflogenen

Verhandlungen das Ende, daß er seines Dienstes in Ungnaden entlassen wurde. Unter den lutherischen Pfarrern der H. Gr. Sponheim war es namentlich der hyperlutherische Pfarrer Andreä in Kastellaun, der in seinen Predigten die Calvinisten verteufelt durchteufelte, und wenn der dasige Amtmann Daniel Schmalkalder die H. Gr. Sponheim verließ und die Amtmannsstelle auf Schloß Veldenz annahm, hatte dies jedenfalls seinen Grund mit in den Anfechtungen, welche er Seitens der Birkenfelder Regierung erlitten, weil seine in der reformirten Kirche erzogene Frau nicht mit der Gemeinde Kastellaun das Abendmahl feierte, sondern mit der reformirten Gemeinde Kirchberg. Zwingler und Calvinisten wurden bei den in der H. Gr. Sponheim gehaltenen Kirchenvisitationen zu den Sectirern gezählt, und wenn sie auch nicht, wie die Evangelischen im Erzstift Trier des Landes verwiesen wurden, so hatten sie doch allerlei Bedrängniß wegen ihres Glaubens zu erleiden. Dem Wirthe Enders Maiheiß in Trarbach, in dessen Hause die dasigen Reformirten ihre Zusammenkünfte hielten, wurde neben Anderm auch das angedroht, so diese Zusammenkünfte nicht aufhörten, würde ihm das Wirthshausschild abgeworfen werden.

Mit besonders großer Strenge wurde in unserm Bezirke gegen die Secte der Wiedertäufer verfahren. Es geschah dieses in Erinnerung an die Gräuelthaten, zu welchen sich ihre Anhänger zu Münster in Westphalen, sowie auch an andern Orten in ihrem Wahnsinn hatten hinreißen lassen, desgleichen darum, weil auch nachher noch sich in ihr einzelne Schwärmer fanden, welche alle menschliche und göttliche Ordnung umkehren wollten. Namentlich ist es Herzog Wolfgang, der im J. 1556 ein sehr scharfes Mandat wider die Wiedertäufer erlassen hat*). Zunächst erinnert er in demselben daran, wie die christliche Kirche in der letzten Zeit durch die Gnade des Allmächtigen derart mit Erleuchtung des göttlichen Worts sei begabt worden, daß Alle den Weg der Seligkeit finden können, die mit rechtem Ernst ihn suchen, doch lasse der alte böse Feind seine Tücken nicht, womit er von Anfang an

*) Er hat dasselbe im J. 1560 erneuert und es auch seiner K.-O. einverleibt. In eben dieser ist zugleich ausführlich dargelegt, in welcher Weise die Prediger die irrigen Lehren der Wiedertäufer zu widerlegen haben.

die christliche Kirche habe verfolgt, vielmehr suche er auch jetzt wieder die unwandelbare Wahrheit des Allmächtigen durch allerlei giftige Opinionen, Rotten und Secten zu verdunkeln. Nicht eine der geringsten und schädlichsten dieser Secten sei die der Wiedertäufer, und obgleich er, als man in seinem Fürstenthum Anhänger dieser Secte vermerkt, dieselben sofort durch dazu verordnete Prediger im Beisein etlicher seiner Räthe habe aus göttlicher Schrift gütlich unterweisen lassen, damit sie ihren Irrthümern entsagten, so habe dieses doch bei Vielen, unangesehen, daß sie ihres Irrthums mit klaren hellen Zeugnissen aus der göttlichen Schrift überwunden gewesen, zu beständiger Besserung nichts verfangen wollen, im Gegentheil nehme die Secte je länger je mehr überhand. Als christlicher Landesfürst erkenne er sich verpflichtet, den verführerischen Irrthum, insonderheit dieweil viel aufrührerische Handlung mit unterlaufe, zuvorzukommen und gebiete deshalb allen und jedem seiner Unterthanen, daß sie sich der verdammten wiedertäuferischen Secte enthalten und ihr in keinem Wege sich anhängig machen wollen. Und dieweil etliche Winkelprediger, so sich Vorsteher der Secte und Aelteste des Volkes nennen, im Lande herumschleichen und die einfältigen Leute mit ihrer Gleißnerei verführen, so wolle er, daß solche Schleicher, Meuchler und Winkelprediger an keinem Ort seines Fürstenthums wissentlich beherbergt und geätzet, noch ihnen gestattet werde zu predigen und ihr Gift unter die Einfältigen auszugießen. Wo solche Prediger betreten werden, sollten die Amtleute dieselben unverzüglich zu Gefängniß einziehen und an seine Kanzlei zu Zweibrücken Bericht erstatten, worauf er solche Verbrecher nach Gestalt der Ueberführung mit Ernst strafen wolle, damit männiglich ein Abscheuens empfange, ohne Befehl sich in das Predigtamt einzulassen. Und dieweil er glaublich berichtet worden, daß solche Winkelprediger die Anhänger ihrer Opinion bei Nacht nicht allein in den Häusern, sondern auch auf den Feldern, und zwar an Orten und Enden, da das Fürstenthum mit andern Herrschaften grenze, versammeln und daselbst oftmal eine große Anzahl Volks von Männern, Weibern, Knechten, Mägden und Kindern, darunter viele mit gewehrter Hand, zusammenlaufen und die Aufwickler in solchen Versammlungen nicht allein predigen, sondern auch die Sakramente reichen, so wolle er, daß seine Unterthanen sich solchen

Zusammenlaufs, es sei auf seinem oder anderer Herrschaften Gebiet, gänzlich enthalten, und dieses auch nicht den Unterthanen aus fremden Herrschaften gestattet werde. Würde er einen oder mehr seiner Unterthanen darin ungehorsam befinden, die wolle er, sie seien, wer sie wollen, Weib oder Mann, Jung oder Alt, zumal wenn sie auf vorhergegangene Unterweisung Besserung versprochen und doch wieder abgefallen seien, nicht in seinem Fürstenthum dulden, sondern als verführerische Glieder der christlichen Kirche von der gemeinen Versammlung abschneiden und auf das wenigste des Landes verweisen. Möchte sich aber einer noch höher vergreifen und aufrührerisch erzeigen, so würde er verursacht sein, ihn vermög gemeiner Rechten und des Reichs Constitutionen an Leib und Leben zu strafen. Schließlich verlangt er von allen Ober- und Unteramtleuten, sie sollten die Pfarrer und sämmtliche Kirchendiener ermahnen, daß dieselben wie auf der Kanzel so auch sonst vor der Secte des Wiedertaufs warnen und alle demselben anklebenden Irrthümer mit wohl begründeten Zeugnissen der h. Schrift abweisen. Betreffend die H. Gr. Sponheim, so kam es auf dem im J. 1567 zu Trarbach gehaltenen gemeinen Tage zur Sprache, wie gegen die Wiedertäufer und gegen die Gotteslästerer zu verfahren sei. In Folge dessen sandten Wolfgangs Statthalter und Räthe die Mandate, welche der Herzog in seinen Fürstenthümern hatte ausgehen lassen, an Markgraf Philibert mit dem Beifügen, so ihm die Mandate gefällig, sollten sie auch in der H. Gr. Sponheim publicirt werden. Des Markgrafen Zustimmung fehlte nicht, und ist es jedenfalls den strengen Bestimmungen dieser Mandate wie ihrer scharfen Handhabung zuzuschreiben, wenn später des Wiedertaufs Verdächtige fast nirgendwo in der Grafschaft gefunden wurden *).

---

*) In solchem Verdacht stand 1575 nur Kessel Adam, der Müller in der Wiltzenberger Mühle im Kirchspiel Brombach, und wurde dem Amtmann von Birkenfeld befohlen, er solle den Müller vor sich fordern, ihn befragen, warum er die Sakramente verachte, ob er etwa dem Wiedertauf anhängig, und da er sich zu demselben bekenne, solle er ihn durch den Pfarrer davon abweisen lassen und wenn er sich nicht belehren wolle, solle er es zur Kanzlei berichten, worauf man vermöge der K.-O. und des ihr einverleibten Mandats mit ihm zu prozediren wisse.

Friedrich dem Frommen lag viel daran, die Wiedertäufer, die sich in nicht geringer Zahl an verschiedenen Orten der rheinischen Pfalz fanden, von ihren Schwärmereien zu bekehren, und in Betracht, daß es meist fleißige, betriebsame Leute von ehrbarem Wandel waren, sie zum Eintritt in die reformirte Kirche zu bewegen. Er ließ zu dem Ende im J. 1571 die Wiedertäufer aus allen Gegenden zu einem Gespräch nach Frankenthal einladen und ihnen freies Geleite wie freie Herberge nebst Speise und Trank für die Dauer des Gesprächs zusichern. Das Gespräch dauerte 19 Tage und stritten in den 37 Sitzungen, die unter dem Vorsitz der pfälzischen Räthe Otto von Hövel, Wenzeslaus Zuleger und Hans Richklau von Landsberg gehalten wurden, fünfzehn wiedertäuferische Lehrer mit den sieben Doctoren der reformirten Kirche, welche dazu verordnet waren *). Was der Kurfürst erstrebte, der Eintritt der Wiedertäufer in die reformirte Kirche, wurde mit dem Gespräch nicht erreicht. Ihre Lehrer erklärten sich zwar in einigen Stücken etwas milder, fügten aber bei, wenn sie auch in der Lehre übereinstimmten, wolle sich doch das böse Leben derer, die sich Rechtgläubige nennten, mit dem ihrigen nicht vereinen. In der auf das Gespräch zunächst folgenden Zeit wurden die Wiedertäufer aus der Pfalz nicht ausgetrieben, dagegen ihren Lehrern das Lehren, Taufen, sowie die Verrichtung anderer kirchlichen Handlungen aufs schärfste untersagt **).

Als Landgraf Wilhelm im J. 1588 auf dem Zollhause zu St. Goar durch seine Bevollmächtigten die Beschwerden der Geistlichen des Amtes Rheinfels erkundete, theilten die Pfarrer von St. Goar mit: Es seien von Neuß herauf Fremde in St. Goar eingezogen, darunter Hans Hasenkamp, ein Seidenkrämer, welcher ein großes Gesinde habe, es besuchten aber weder er noch sein Weib noch seine Kinder die gottesdienstlichen Versammlungen, und deshalb begehrten sie, man wolle die Leute vernehmen, was ihr

---

*) Die letzteren, mehrentheils Niederländer, waren Gerhard Tersteegen, Peter Dathen, Peter von Köln, Franz von der Mosel, Engelbert Faber, Conrad Eubuleus und Georg Gebinger.

**) Ausführliche Mittheilungen über dieses Religionsgespräch finden sich in Struves pfälzischer Kirchenhistorie S. 238—243. Häusser gedenkt des Gesprächs in seiner Geschichte der Rheinpfalz Bd. II, S. 51.

Glaube sei. Es unterliegt keinem Zweifel, daß es Wiedertäufer waren*).

Schließlich werde noch der Stellung gedacht, in welche in unserm Bezirk die Juden nach der Reformation der Kirche getreten sind. Landgraf Philipp war in der Zeit, da er sich von der römischen Kirche noch nicht völlig losgesagt hatte, nicht abgeneigt, die Juden aus seinen Landen gänzlich zu vertreiben. Später änderte er seine Gesinnung und nachdem er im J. 1532 den Juden zu ihrer Bekehrung eine Frist von sechs Jahren gesetzt, gebot er im J. 1539, man solle die armen gutherzigen Juden von denen, welche den gottlosen talmudischen Gedichten folgen, unterscheiden und mit den Ersteren Geduld haben. Als auf der Generalsynode von 1571 vorgebracht wurde, ein Jude habe Jesus Christus, den Heiland, den Sohn Gottes und Mariä, schändlich gelästert, vereinigten sich sämmtliche Superintendenten zu der Bitte an die vier Landgrafen, doch die Verfügung zu treffen, daß die Juden, wo sie nicht gänzlich abgeschafft werden könnten, nur in solchem Maße geduldet werden, daß man ihrer Beschwerung wie ihrer Gotteslästerung gänzlich enthoben sei, deshalb möchte mit Ernst über den Verordnungen von 1539 und 1543 gehalten werden**). Auf den späteren Synoden drangen die geistlichen Mitglieder auf größere Beschränkung der Juden, wünschten sogar ihre völlige Austreibung, und war es auf der Synode von 1574 namentlich der Superintendent Schott aus St. Goar, der laute Klage führte über das Aergerniß, welches die Juden durch ihr Schachern und ihr geräuschvolles Treiben während der evangelischen

---

*) Bei der Kirchenvisitation, welche der Superintendent Zindel im October 1598 zu St. Goar gehalten, lebte dort eine Frauensperson Namens Elisabeth, so mit der Wiedertäuferei behaftet war. Zindel nahm dieselbe, wie er dem Landgrafen schrieb, im Beisein der Stadträthe vor, „berichtete sie mit aller Sanftmuth der rechten Lehre von der Menschwerdung Christi wie auch von der Kindertauf, sie hat sich aber nicht wollen bessern lassen, sondern ist in ihrem Irrthumb verharrt.“

**) Nach der Verordnung von 1539 wurde jeder Betrug der Juden im Handel mit dem Verlust ihres ganzen Vermögens und der Ankauf gestohlener Sachen mit dem Tode bestraft. Zinswucher sollte mit dem Verlust des Kapitals, dem Verlust des ganzen Vermögens und vier Wochen Thurmstrafe geahndet werden u. s. w.

Gottesdienste geben. Die Erklärung der Synode lautete, der Superintendent solle auf Grund der fürstlichen Verordnungen den Juden befehlen lassen, während des evangelischen Gottesdienstes nicht aus ihren Häusern zu gehen, und dieses mit der Erinnerung, wofern sie weiteres Aergerniß gäben, würde man sie im Lande nicht mehr dulden. Bei dem Verhör, welches Landgraf Wilhelm im J. 1588 auf dem Zolle zu St. Goar mit den Geistlichen des Amtes Rheinfels abhalten ließ, stellten diese die Bitte, es möchten die Juden, die wie allenthalben in der Grafschaft, so auch zu St. Goar sich eingenistet, und von denen es kundbar, daß sie Christum unsern Erlöser lästerten, wieder abgeschafft werden, sollte man sie aber leiden müssen, so möge man ihnen die neu eingerichtete Synagoge wehren und ihnen auferlegen, daß sie sich wie auf ihren Sabbath, so auch auf die christlichen Sabbathe einhalten, desgleichen soll man sie, wenn sie sonst ausgehen, nöthigen, ihre gelbe Mütze zu tragen, indem sonst mancher redliche Mann den Hut vor ihnen abziehen und ihnen Ehre erweisen möchte, deren sie nicht werth seien.

Wenn in der H. Gr. Sponheim bis in die neuere Zeit Juden nicht geduldet wurden, so rührt dies daher, daß Herzog Wolfgang eine entschiedene Abneigung gegen sie hatte. Luther hatte die Christen ermahnt, mit den Juden brüderlich umzugehen, damit man sie gewinne, gleich wie die Apostel, welche Juden gewesen, mit uns, den Abkömmlingen von den Heiden, brüderlich umgegangen seien. Aber ein so eifriger Lutheraner Wolfgang gewesen, betreffend die Juden erwies er sich nicht als solchen, in seinem Testamente befahl er seinen Söhnen, die Juden in ihren Fürstenthümern nicht zu dulden. Trotzdem sind in die im J. 1578 veröffentlichte Unterrichtsordnung der H. Gr. Sponheim auch in Betreff des Judeneides Bestimmungen aufgenommen, dieses aber wahrscheinlich nur deshalb, weil die Inwohner der Grafschaft mit den in den angrenzenden Herrschaften gesessenen Juden nicht selten in Verkehr kamen.

4. Das christlich-sittliche Leben.

Wird das christlich-sittliche Leben, wie sich dasselbe nach der Reformation in den Gemeinden unseres Bezirks gestaltet hat, betrachtet im Spiegel des göttlichen Gesetzes, so treten der dunklen Bilder wiederum viele vor das Auge. Wie zahlreich und mannigfaltiger Art die Versündigungen gegen das erste und andere Gebot *) gewesen, hat sich uns bereits veranschaulicht. Nicht minder schwer wurde gegen das dritte Gebot gesündigt. Nicht bloß in den Kirchenordnungen, sondern auch in den Polizeiordnungen unseres Bezirks aus der Zeit von 1560 bis 1600 sind Gotteslästerung, Fluchen und Schwören als schwere Sünden bezeichnet und als Vergehen, welche auch die weltliche Obrigkeit zu strafen habe. Selbst die dem Dorfe Weiler an der Nahe von seinen vier Gerichtsherrn gegebene Ordnung läßt diese Vergehen nicht unberührt und sagt: Fluchen und Schwören soll auf jede Zeit verboten sein. Am schärfsten lautet das Mandat, welches Herzog Wolfgang im J. 1561 wider die Gotteslästerer erlassen hat**); es wurde dessel-

*) Nach reformirter Zählung.

**) Nach demselben sollen die Prediger die Hausväter sowie deren Kinder und Gesinde vor Fluchen, Schwören und jeder andern Art von Gotteslästerung nachdrücklichst warnen. Wer Gott zumesse, was seiner göttlichen Majestät nicht bequemet, oder Gott abschneide, was ihm zusteht, oder sonst lästerliche Worte wider Gott, seine allerheiligste Menschheit oder die göttlichen Sakramente rede, soll nach Gelegenheit der Person und Art der Gotteslästerung am Leben oder mit Benehmung etlicher Glieder bestraft werden. Die solche Gotteslästerung hören, sollen sie alsbald anbringen, wer dies unterlasse, soll härtiglich gestraft werden, ebenso wer mit der Wahrheit zurückhält, wenn er deshalb als Zeuge vor die Amtleute erfordert worden. Da es ferner ganz gemein, daß Jung und Alt, Männer und Frauen, ungeachtet vielfältigen Verbots bei der Macht Gottes, sowie bei dem Leibe, den Wunden, der Marter und den Sakramenten Christi freventlich schwören und fluchen, etliche verruchte Buben sogar neue Flüche brauchen, die wegen ihrer Greulichkeit nicht zu erzählen seien, durch welche die göttliche Allmacht in teuflischer Weise gelästert werde, andere wieder aus Leichtfertigkeit oder böser Gewohnheit die göttliche Majestät, die Menschheit Christi, die Mutter Christi und andere Gottheilige, desgleichen die göttlichen Elemente und erschaffenen Creaturen verächtlich antasten, alle diese seien durch die, so es hören, freundlich zu ermahnen, wer aber solcher Vermahnung nicht nachkomme, solle der Obrigkeit angezeigt

den nicht viel geachtet, denn wie mag der Name Gottes geheiligt werden ohne Heiligung des Herzens, und daran hat es allerwärts gar sehr gefehlt. Unter den Klagen, welche die Pfarrer der H. Gr. Sponheim bei den Visitationen von 1567 und 1575 über ihre Gemeinden führten, stand in der Regel die voran: Schwören und Fluchen sei gemein und bei Jung und Alt im Schwange, schwere Flüche und Schmähungen, Mißbrauch des Namens Gottes und Gotteslästerung würden für keine Sünde gehalten. Leider stand es darin in den andern Herrschaften nicht besser. In dem Abschied, welcher auf die im J. 1601 im Amte Rheinfels gehaltene Visitation ertheilt worden, heißt es: Dieweil zu Werlau und Pfalzfeld das gräuliche Gotteslästern nicht allein bei den Männern, sondern auch bei dem Weibervolke einreiße, so werde befohlen, es sollten alle die, welche mit Fluchen oder sonstwie den Namen Gottes lästerten, wenn sie auf die Ermahnungen des Presbyteriums nicht hörten, der Obrigkeit angezeigt werden und sollten die Seniores auf die Gotteslästerer wohl Acht haben.

Wie der Name Gottes bei Vielen nicht heilig gehalten wurde, so haben auch ihrer Viele des Sabbathtags nicht gedacht, daß sie ihn heiligten. Die Klagen über Entheiligung des Sabbaths und schlechten Kirchenbesuch ziehen sich durch die Protokolle aller in der H. Gr. Sponheim gehaltenen Visitationen. Bei der von 1567 klagte Abraham Gallus, der Pfarrer in Roth: Groß sei des Volkes Fahrlässigkeit im Hören des göttlichen Worts. Habe man irgendwelche weltliche Geschäfte auszurichten, so verschiebe man es auf die heiligen Tage. Die Katechismuslehre werde nur spärlich oder auch gar nicht besucht, ebenso die Wochengottesdienste. Die Obrig-

---

und durch diese mit dem Thurm oder mit Geld gestraft werden. Wer die Warner deshalb schmähe, soll von diesen festgenommen, der Obrigkeit überliefert und von ihr wenigstens 8 Tage mit Wasser und Brod gespeist werden. Gleiche Strafe wurde dem angedroht, der die Anzeige unterlasse. Wer sich in diesen Stücken öfter vergehe, gegen den behielt sich der Herzog härtere Strafe an Leib, Ehren und Gütern vor. Alle Ober- und Unteramtleute, insonderheit die fürstlichen Hofdiener, weß Standes sie sind, sollen sich in Betreff des Verordneten mit ihren Dienern und Ehehalten dermaßen erzeigen, wie es ihr Amt mit sich bringe, damit durch ihr gut Exempel die Ehre Gottes nicht verhindert werde und der Herzog nicht auch sie mit ernster Strafe ansehen müsse.

keit selbst gebe das Beispiel der Vernachlässigung, denn sie verhöre und entscheide Rechtssachen an den heiligen Tagen. Grade an diesen Tagen komme man am häufigsten in den Weinschenken zusammen und halte Gastmahle in den eignen Häusern, wie man denn vorzugsweise an ihnen kegle, fische, jage, kaufe und mit Versäumung des Gottesdienstes bald dahin bald dorthin laufe zu allerlei unzüchtigen Spielen und unehrbarem Tanz. Während bei der Visitation von 1575 die Gemeinde Gödenroth belobt wurde, daß sie im Besuche der Kirche emsig sei und der Pfarrer in Winningen erklärte, das Pfarrvolk, absonderlich der Vogt und die Censoren kämen fleißig zur Kirche, hieß es zu Enkirch: das junge Volk laufe des Sonntags in die Erdbeeren und Haselnüsse und bleibe aus der Kinderlehre. Die Edelleute, so im Flecken wohnten, führen an den Sonntagen jagen, fischen, vogeln und zögen dazu auch etliche Bürger. Der Truchsaß halte an Sonn- und Feiertagen vor, unter und nach der Predigt Tagleistungen ab. An andern Orten wurde den Visitatoren gesagt, das Kirchengehen achteten die Leute wie einen Frondienst und meinten, wenn des Sonntags aus jedem Haus eine Person zur Kirche gehe, sei es genug. Besonders zahlreich und stark sind die Klagen über Feiertagsentheiligung in den Visitationsprotokollen von 1591 und 1592. In Gebroth arbeiteten die Hafner selbst an den hohen Festen, brannten des Nachts ihr Geschirr und trugen es vor der Predigt hinweg. Kamen Fuhrleute aus Wälschland, so leistete man denselben Vorspann und versäumte darob die Predigt. Zu Dill und Birkenfeld wurde der Kirchgang dadurch verhindert, daß um die Zeit, da es zur Kirche läutete, der Viehhirt blies oder die Gemeinde durch Glockenklang zu andern Geschäften berufen wurde. Auch durch die eingeführten Schießübungen litt der Gottesdienst Abbruch. Zu Kastellaun richteten die Schlosser während der Nachmittagskirche die Büchsen zu, zu Birkenfeld kam die Jugend wegen der vielen Schießen, die hin und wieder gehalten wurden, nicht in die Kinderlehre. Dieselbe Leichtfertigkeit, welche in Betreff der Sonntagsfeier herrschte, zeigte sich auch im Gebrauch der h. Sakramente und bei Vollzug anderer heiliger Handlungen*). Visita-

*) Der Taufe der Kinder wohnte nicht immer der Vater an. Die Censoren im Kirchspiel Bell führten bei der Visitation von 1567 Beschwerde

toren und Regierung drangen überall auf Heilighaltung der Sonn- und Feiertage und waren bemüht, hinwegzuräumen, was die Feier hinderte. Schon im Visitationsabschied von 1560 wurde verordnet: Bei 10 Gulden Strafe sollten die Amtleute verbieten, daß unter der Nachmittagspredigt Tänze gehalten würden, auch solle zu dieser Zeit sich Niemand im Wirthshause finden lassen, allda zu fressen und zu saufen. Dieselbe Strafe wurde denjenigen angedroht, die den Sonntag durch Arbeit entheiligten. Anlangend die Baugedinge, so sollten diese erst nach der Nachmittagspredigt gehalten werden*). Aber wie viel auch Pfarrconvente

über ihren Pfarrer, daß er bei der Taufe der Kinder auch die Anwesenheit des Vaters fordere, desgleichen daß sie die Hochzeiten nicht auf die Sonntage halten dürften, und ist ihnen darüber ein guter Text gelesen worden. Abraham Gallus klagte, in seiner Gemeinde fänden sich viele bloß aus Gewohnheit beim Tische des Herrn des Jahrs einmal ein, etliche auch niemals. Die Theilnahme an Hochzeiten oder die Verrichtung anderer Geschäfte zöge man dieser Feier vor, und nur selten komme man nach derselben zur Danksagung in den Nachmittagsgottesdienst, sondern besuche die Weinschenken und treibe allerlei Spiele. In Herrstein klagte der Amtmann, die, welche nicht communizirten, liefen aus der Kirche und trieben vor derselben Geschwätz und Muthwillen, in Winterburg traten Mann und Weib, Söhne und Töchter untermenget zum Tische des Herrn. An manchen Orten kamen die Leute erst in die Kirche, wenn das Klinken mit der Glocke anzeigte, jetzt besteige der Pfarrer die Kanzel, wohnten somit der Liturgie nicht an, an andern liefen, nachdem der Pfarrer das Evangelium verlesen, Männer und Frauen, namentlich die letzteren aus der Kirche weg, die Pfarrer zu Allenbach und Reichenbach erklärten, zu Ende der Predigt seien oft kaum noch drei oder vier Weiber da.

*) Bei der Visitation von 1575 wurde dem Truchsaß zu Enkirch aufgegeben, diejenigen, welche des Sonntags unter der Predigt oder bis tief in die Nacht in Wirthshäusern säßen, solle er um 4 bis 12 Albs strafen, oder, so sie arm wären, ins Narrenhäuschen sperren. Niemand solle an andern Orten als den von der Herrschaft verordneten Schießplätzen seines Gefallens ein Schießen anstellen, indem damit viel Unraths, als Versäumniß der Predigt und Verachtung des Herrenschießens einreiße. Zu Birkenfeld haben die Visitatoren den Bürgermeister vor sich erfordert und ihm aufgegeben, es nicht mehr zu gestatten, daß unter dem Läuten der Hirt blase, auch wurde es unstatthaft erklärt, daß zur Zeit des Gottesdienstes die Gemeinde durch Glockenklang zu bürgerlichen Geschäften berufen werde. Nach der Visitation von 1580 wurde verordnet, die, welche des Sonntags ohne erhebliche Ursach aus der Predigt blieben, oder ihre Kinder und Gesinde nicht zur Kinderlehre schickten, sollten 4 Albs ins Almosen erlegen, und für alle Kirchen der Grafschaft an-

und Kirchenvisitatoren ermahnten und die Obrigkeiten drohten und straften, in der Mehrzahl der Gemeinden trat die Besserung nur sehr langsam ein.

In den Verhandlungen der Hessischen Generalsynode von 1568 heißt es: Dieweil in den früher ausgegangenen Ordnungen, namentlich in der von 1543 die Sonntagstänze und Kirmessen verboten worden, indem sie zur Entheiligung des Sabbaths und allerhand ärgerlichen Lebens gereichten, inmittelst aber bei der Jugend die Ueppigkeit und Leichtfertigkeit je länger je mehr überhand genommen und Gottes Zorn über diese und andere Sünden sich in der überschwänglichen Theurung und andern Strafen sehen lasse, so bitten die Superintendenten flehentlich, die gn. Fürsten wollten es bei den vorigen Ordnungen bewenden lassen. Wie es scheint, wurden in Folge dieser Bitte die Verordnungen in Betreff der Heilighaltung der Feiertage schärfer gehandhabt. Bei einer späteren Kirchenvisitation in St. Goar wurde erklärt, die Kramläden würden am Sonntag nicht geöffnet. Auch in den Konventsverhandlungen der Inspection Bacharach finden sich der Klagen viele über Entheiligung des Sonntags und schlechten Besuch der Predigt, namentlich an den Wochentagen*). Ueberall

geordnet, daß unter dem Gottesdienst zwei Senioren im Ort umherwandern, um zu sehen, ob Jemand im Wirthshause sitze. Die Visitatoren von 1607 forderten, Jung und Alt sollten mit Ernst vermahnt werden, und die Censores fleißig darauf achten, daß sobald man zum drittenmal geläutet, männiglich in die Kirche gehe und Niemand vor dem Segen hinauslaufe, denn das sei ein löblicher Wohlstand, so Gott der Herr in Versammlung der ganzen Gemeinde um seines Wortes Verstand gebeten und ihm dafür gedankt werde.

*) Auf den Konventen des J. 1608 brachten die Pfarrer vor: Die Anhörung des göttlichen Worts werde nicht selten durch das Weinschroten verhindert, auch fange man bisweilen gerade auf den Sonntag den Herbst an. Ebenso arbeite man an den Bettagen vor der Predigt und halte unter derselben die Mahlzeit. Auch gebe es welche, die trügen am Sonntag des Vor- und Nachmittags Holz, Sand, Mehl und Anderes nach Hause. Der Nachmittagsgottesdienst werde häufig dadurch versäumt, daß für den Landausschuß (die damalige Landwehr) die Pauke unter der Predigt umgeschlagen werde. Alle diese Punkte trug der Inspector dem Junker Amtmann vor und empfing darauf der Hauptmann des Ausschusses die Weisung, er solle die Bürger zur Predigt vermahnen und die Pauke nicht eher umschlagen lassen, es sei denn Alles im Gottesdienst verrichtet.

waren es vornehmlich die Wochengottesdienste und die Feiertage, die in den lutherischen Gemeinden neben den hohen Festen gefeiert wurden, bei welchen das Volk unfleißig zur Kirche komme. In Betreff dieser Feiertage vernahmen die Visitatoren hier und da die Aeußerung, man könne ihrer nicht auswarten, es sei genug, wenn man des Sonntags zur Kirche komme, und gewißlich hätten die kirchlichen Oberbehörden weiser gehandelt und neben dem leiblichen Wohl der Unterthanen auch das Seelenheil derselben mehr gefördert, wenn sie, eingedenk des Wortes: „Sechs Tage sollst du arbeiten und alle deine Dinge beschicken", die Wochenfeiertage statt zu mehren gemindert hätten.

Wird gefragt, wie sich in unsern Gemeinden nach der Reformation das Familienleben gestaltet habe, wie es um die Beobachtung des 5. und 7. Gebotes gestanden, so decken uns die Visitations- und Censurprotokolle meist nur die Versündigungen gegen diese Gebote auf, aber gewiß hat es auch in unserm Bezirk in den niedern wie in den höheren Ständen fromme Häuser gegeben, in welchen die Eltern bemüht waren, ihre Kinder aufzuerziehen in der Zucht und Vermahnung zum Herrn und in welchen Seitens der Kinder den Eltern kindliche Liebe erwiesen wurde. Ebenso gewiß waren Ehen vorhanden, da die Ehegatten in der Furcht des Herrn ihre Tage verbrachten und einander, bis der Tod sie schied, eheliche Liebe und Treue bewiesen haben. Aber in die Häuser dieser Stillen im Lande gewähren die angeführten Schriftstücke nur selten einen Einblick, und dieweil man aus diesen Häusern heraus auf den Gassen kein Geschrei hörte, hört man auch von ihnen wenig in den Mittheilungen, die aus der Zeit nach der Reformation auf uns gekommen sind. Friedrich der Fromme, desgleichen die Herzöge Johann I. und II. von Zweibrücken, nicht minder ihr Bruder Karl und Landgraf Wilhelm von Hessen, sowie die Gemahlinnen dieser Fürsten waren in ihrem ehelichen und häuslichen Leben leuchtende Vorbilder für ihre Unterthanen. Hat Herzog Wolfgang seiner Gemahlin gegenüber nicht immer die Offenheit bewiesen, die er ihr schuldete, tief ergreifend sind die Worte, mit welchen er die Söhne in seinem letzten Willen zur kindlichen Treue gegen die Mutter vermahnt*). Es ist seine

*) Zum andern, sagt er, wollet euer geliebten Frau Mutter allen

Vermahnung bei den Söhnen nicht auf steinigten Boden gefallen, sie haben der Mutter bis an ihren Tod, der am 10. Juli 1591 zu Meisenheim erfolgte, ächt kindliche Liebe bewiesen. Neben dieses liebliche Bild stellen sich aber in den Visitations- und Inspectoratberichten der unerfreulichen viele. Im Jahresbericht 1594 klagt der Inspector Jakobi: Es sei vorgekommen, daß Eltern und Kinder, so wegen Uneinigkeit vor der Censur gewesen, während die Censoren in der Sacristei deliberirt, in der Kirche aneinander gerathen seien, und der Vater den Sohn, der bereits bestatet (verehelicht) gewesen, angegriffen habe. Die Censur sei darauf auseinander gegangen und habe man es dem Oberamtmann angezeigt, welcher versprochen, solch groß Aergerniß mit Ernst zu strafen. Die Schmähung der Eltern wurde nicht selten schwer bestraft. Ein Einwohner von Gebroth, der seinen leiblichen Vater geschmäht, wurde in den Thurm gesetzt und acht Tage mit Wasser und Brod gespeist. Gleicherweise wie die Visitatoren bei der Visitation der Gemeinden bemüht waren, die Herzen der Väter zu den Kindern und die Herzen der Kinder zu den Vätern zu bekehren, haben sie auch geforscht nach den drei Dingen, welche Sirach die schönen nennt, ob Brüder einig sind, Nachbarn sich lieb haben, Mann und Weib sich mit einander wohl begehen. Wo sie von argen Bruderzwisten oder bittern Streitigkeiten der Nachbarn hörten, waren sie beflissen, den Frieden herzustellen. Wie den Censoren so brachten auch den Visitatoren die mancherlei Ehezwiste viel Arbeit. Bei der Visitation von 1575 wurde zu Alterkülz vorbracht: Christian Schäfer und sein Weib halten übel Haus, fluchen, schwören und raufen sich; zu Enkirch: Jakob Süß-

---

kindlichen Gehorsam, Ehre, Liebs und Guts erzeigen, wie solches der Befehl Gottes im vierten (5.) Gebot klärlich ausweist, daneben ihr zu Bedacht führen sollt, daß sie mit Schmerzen euch unter ihrem Herzen getragen und zur Welt gebracht, folgends mit vieler Mühe, Sorg und Angst zu der Ehre Gottes, auch zu andern Tugenden und Züchten erzogen, und uns (dem Herzog) die Zeit, die wir im Ehestand bei einander gewohnt, alle eheliche Treue und Ehre erzeigt hat. Derhalben sollt auch ihr sie euch in aller Treu befohlen sein lassen und sie die Tage eures Lebens mit Rath und That, soweit sich euer innerst Vermögen erstreckt, nicht verlassen. So werdet ihr dem Gebot Gottes und unserm eures Vaters Befehl ein Genügen thun, auch dadurch Lob bei der Welt und Belohnung bei Gott empfahen.

mund verfresse und versaufe Alles und schlage die Frau, auch Franz von Erden halte sich mit seiner Frau übel, thue ihr großen Intrag mit Streichen, Aussagen und gottlosen Worten; als er ihn, fügt der Pfarrer hinzu, darob gestraft, habe er ihn schimpflich ausgerichtet, auch habe es wenig gefruchtet, daß man ihn eine Zeit lang vom Abendmahl ausgeschlossen. Aehnliche Klagen hörten die Visitatoren an andern Orten. Oefters gelang es, die Uneinigen zu vereinigen. Zu Trarbach wurden bei der genannten Visitation drei streitige Partheien versöhnt, ein Gleiches war der Fall bei Eheleuten in Roth und in Winningen. Daß sich der Mann von der Frau oder die Frau von dem Manne eine Zeit lang oder auch für immer trennte, war eine häufige Erscheinung, und zeigten sich die Visitatoren auch in solchen Fällen eifrigst bemüht, die Getrennten wieder zusammenzubringen. Bisweilen war die Ursache des ehelichen Zwistes die leibliche Gebrechlichkeit des einen Theils und das damit zusammenhängende Unvermögen, die eheliche Pflicht zu leisten. Solche Fälle gaben in der Regel Anlaß zu sehr weitläufigen Verhandlungen, gleichwie die der Bigamie. Bigamie war Ehebruch, und dieser Sünde war schwere Strafe angedroht. In dem Mandat, welches dieserhalb Herzog Wolfgang unterm 18. October 1563 erlassen hat, sagt er: Er befinde, daß der Ehebruch, welcher nicht das geringste Laster und in der h. Schrift bei Strafe der Steinigung verboten sei, ganz gering geachtet und ohne Scheu begangen werde. Darum habe er als Landesfürst mit guter Vorbetrachtung dem Allmächtigen zu Ehren, sowie seinen Landen zur Wohlfahrt die vorige allzumilde Ordnung geändert und setze fest: Ein jeder Ehebrecher solle auf 4 Wochen in Thurm und Gefängniß eingezogen und bloß mit Wasser und Brod gespeist werden. An den vier Sonntagen solle man ihn herauslassen, damit er die zwei Lastersteine, welche bei jeder Kirche hangen sollen, dreimal um die Kirche trage. Außerdem solle er angehalten werden, zur weitern Strafe 4 Pfund Heller bei seiner Entlassung aus dem Gefängniß zu erlegen. Werde er zum zweiten Mal im Ehebruch begriffen, solle er die Strafe doppelt erleiden. Würde er des Lasters zum dritten Mal überwiesen, so sei er aller seiner Ehren und Aemter zu entsetzen und mit Verweisung aus dem Vaterland ins Elend zu verschicken bei Straf seines Lebens, wo er sich weiter sehen lasse. Schließlich befiehlt der Fürst seinem

Statthalter und Räthen, desgleichen allen Ober- und Unteramtleuten, Landschreibern, Vögten, Schaffnern, Kellern, Schultheißen und Bürgermeistern, ob dieser Ordnung*) strenge zu halten. Demzufolge wiederholt sich in den Visitations-Abschieden häufig der Befehl, die Amtleute sollten auf die, welche des Ehebruchs bezüchtigt seien, gut Achtung geben und gegen sie die gebührende Strafe vornehmen.

Voreheliche Schwängerungen waren an manchen Orten ein Gewöhnliches, namentlich wenn welche sich mit einer Wittwe verlobet. Dem entgegenzuwirken faßte die hessische Generalsynode von 1568 den Beschluß: Damit männiglich sich der unehrbaren heimlichen Vermischung vor der öffentlichen Vollziehung der Ehe enthalte und eines züchtigen Wesens befleiße, soll mit nichten gestattet werden, daß diejenigen, so per carnalem copulam verbunden, öffentlich Hochzeit halten und sollen die Frauenspersonen gemäß Art. 14 der Synode von 1556 ohne Brautkranz zur Kirche gehen. Nachdem auf einer andern Synode vorbracht worden, die den concubitus antizipirt, gingen bisweilen, um der Kirchenbuße sich zu entziehen, zu papistischen Priestern, und wenn diese sie getraut, schlichen sie sich heimlich wieder ein, ließ Landgraf Wilhelm solche mit dem Thurm strafen und hernach des Landes verweisen. Als später bei den Superintendenten Umfrage gehalten wurde, wie es in dieser Beziehung in ihren Diözesen stehe, erklärte Melchior Schott aus St. Goar, er lasse die Schuldigen erst mit dem Thurme strafen und fordere darnach von ihnen die Ablegung der Kirchenbuße. Die übrigen Theologen erkannten dieses Verfahren als das richtige. Den Amtleuten des Fürstenthums Zweibrücken war unterm 22. Januar 1561 der Befehl zugegangen, diejenigen, welche sich nach der Verlobung, ehe der Kirchgang gehalten worden, zusammenlegten, sollten sie um 10 Gulden strafen, und wurde dieser Befehl in der H. Gr. Sponheim dahin geändert, daß die Geldstrafe nach den Vermögensverhältnissen der Schuldigen bemessen werden solle. Herzog Karl hielt strenge darauf, daß diesem Befehl nachgesetzt wurde, und befahl

*) Die Verordnung wurde unterm 15. Mai 1605 durch Wolfgangs Enkel Herzog Johann erneuert.

zugleich, solche Personen nicht ohne sein, des Herzogs, Vorwissen zur Ehe kommen zu lassen.

Das unzüchtige Leben der Jugend wurde, wenn auch nicht erzeugt, doch gefördert durch allerlei aus dem Papstthum stammende Bräuche. Es gehörten dazu zunächst die Fastnachtsbelustigungen. Der Pfarrer Abraham Gallus von Roth sagte bei der Visitation von 1567, Völlerei, Schlemmen und Fressen rechne man sich zum Lobe und besonders zur Zeit der Fasten geschehe vieles gegen die Gebote der ersten und zweiten Tafel. Es trete da oft die schamloseste Ueppigkeit zu Tage, weshalb die Geistlichen des Amtes Kastellaun die Abschaffung der Fastnachtbelustigungen begehrten. Zu Fastnacht, hieß es zu Enkirch bei der Visitation von 1575, sammelten sich die jungen Gesellen mit Trommelen, Pfeifen, Spießen, Büchsen und zögen mit einem Fahnle gen Burg ins Papstthum, äßen und tränken daselbst und stellten viel Leichtfertigkeit an. Die Visitatoren drangen auf Abstellung dieses Brauchs. Einen höchst verderblichen Einfluß auf die Sittlichkeit der Jugend übte das sogenannte Lehenausrufen. Dasselbe bestand darin, daß die jungen Bursche des Orts auf einen bestimmten Tag des Jahrs an einem bestimmten Ort sich versammelten und aus ihrer Mitte einen König und einen Marschalk erwählten. Der erwählte König theilte darauf an die Burschen die Mädchen des Orts aus, in der Regel versteigerte er dieselben um Geld. Des Marschalks Amt war es, jedem Burschen das ihm zugetheilte Mädchen zuzuführen, und durfte darauf dieses Mädchen das Jahr über mit keinem andern Burschen tanzen als mit dem, welchem es war zugetheilt worden. Als in der H. Gr. Sponheim bei der Visitation von 1567 gefragt wurde, welche Unsitten in der Gemeinde herrschten, hieß es allerwärts, das Lehenausrufen sei gemein*), und in den

*) Zu Enkirch wurde bei der Visitation 1575 mitgetheilt: Am Sonntag Quasimodogeniti geben die jungen Gesellen mit spöttischen und schändlichen Worten das Lehen aus, machen König und Marschalk, halten muthwillige Tänze, die Maidlein gehen mit den Burschen zum Wein und sitzen bis in die Nacht, woraus etlichemal Unrath entstanden. An den Truchsaß Wagner zu Enkirch erging im J. 1590 der Befehl, er solle das Lehenausrufen ungesäumt bei Strafe des Narrenhäuschens abschaffen, es fruchtete jedoch dieser Befehl wenig. Auf dem Convent zu Herrstein im J. 1598 brachte der Ortspfarrer vor: das Lehenausrufen, da die jungen Gesellen einen König erwählten, der

Generalpunkten von 1608 lautet der letzte Artikel: Obschon vor vielen Jahren das Lehenausrufen verboten worden, sei doch in vielen Kirchspielen der schädliche Brauch noch in Uebung. Pfarrer und Amtleute sollten es aber strafen, die Eltern, die solches ihren Kindern gestatteten, mit einer Geldpön ansehen und das junge Volk mit dem Thurm zum Gehorsam bringen. Zu Bacharach war das Lehenausrufen noch im J. 1602 im Schwange. In der Niedergrafschaft Katzenelnbogen trug Superintendent Zindel im J. 1598 darauf an, es möchten die Sonn- und Feiertagstänze, Fastnacht und Kirmessen, Lehenausrufen, Eierausheben, Johannisfeuer und dergleichen sündhafte Leichtfertigkeiten abgeschafft und die desfallsigen Mandate executirt werden, aber es verflossen der Jahre noch viele, ehe in der Grafschaft das Lehenausrufen aufhörte, namentlich erhielt es sich in St. Goar, wo die Versteigerung der Jungfrauen auf dem Stadthause stattfand und der Stadtkasse daraus jährlich an 20 bis 30 Thaler zuflossen. Wie in den bisher genannten Herrschaften, so schritt man auch im Fürstenthum Zweibrücken und in der Rheingrafschaft gegen das Lehenausrufen kräftig ein.

Bei der Visitation von 1567 klagten zu Winningen die Censoren, ihr Pfarrer Mylius wolle dem jungen Volk keine Tänze zulassen und deshalb könnten sie kein Gesinde behalten, man solle doch etwa ein oder zweimal im Jahr ehrliche Tänze zulassen. Es wurde dies bewilligt, aber nun kam es an vielen Orten der Grafschaft dahin, daß man fast alle Sonntage tanzte. Bei der Visitation 1592 sagte der Pfarrer in Roth, man tanze auch beim Spinnen, und als er die Tänzer darum gestraft, sei es ihm schier übel bekommen. Im J. 1594 ließ Herzog Karl dem jungen Volk in Enkirch verkünden, er sei es zufrieden, daß es auch fürder auf die gewöhnlichen Tage, — Fastnacht und Pfingstmontag, — tanze, wofern aber Pfarrer und Truchsaß über „unbescheidentliches Wesen klagten, solle das Tanzen ganz abgeschafft werden. Solche Klagen blieben nicht aus. Im J. 1598 klagte der Inspector Jakobi, die

jedem erwachsenen Knaben ein Mägdlein zu Lehen gebe, das er sonntäglich zum Tanz und in die Wirthshäuser führe, und ihm eine Kyrbe um einen Gulden oder auch mehr kaufe, seye eine Zeit lang unterlassen worden, habe sich aber jetzt auf Sonntag Quasimodogeniti erneuert.

jungen Leute mißbrauchten die Tanzerlaubniß also, daß jeder junge Gesell seine Greth zum Wein führe, und in Folge dessen reiße das heimliche Verkoppeln sehr ein*). In den reformirten Gemeinden des Amtes Bacharach waren es vornämlich die Pfingst- und die Kirchweihtage, welche man zur Tanzbelustigung erwählt hatte**).

Als der Inspector Conon im J. 1594 dem Herzog Karl berichtete, es sei in seiner Inspection das Tanzen außerhalb der Hochzeiten und der Fastnacht abgeschafft, fügte er bei, seitdem befinde man mehr Unfleiß im Besuch der Kinderlehre und ein Ueberhandnehmen des gewinnsüchtigen Spielens und Kegelschiebens. Was das Spielen belangt, so bestimmte für die H. Gr. Sponheim schon der Visitationsabschied von 1567, die großen Spiel um Geld sollten gänzlich abgestellt werden, und im Visitationsabschied von 1590—92 heißt es, die Glückshäfen auf den Jahrmärkten seien nicht zu dulden. In Betreff des Kegelns wurden zu Roth schon bei der Visitation von 1592 Klagen laut. Im Sommer, wurde berichtet, kegele man nach der Kinderlehre um

---

*) Als sich in Winningen bei dem Tanzen, — außer den Hochzeiten und Fastnacht tanzte das junge Volk an den Montagen nach Dreikönig und Johannis des Täufers, — allerlei Unrichtigkeit befunden, die Tänze aber wegen der katholischen Dienstboten nicht gänzlich konnten abgeschafft werden, wurde befohlen, ohne Vorwissen der Beamten dürfe das junge Volk keinen Tanz anstellen, auch müsse derselbe immer an dem gewöhnlichen Platz gehalten werden und dürfe sich nie über drei Stunden erstrecken, desgleichen sollten Knecht und Mägd, — so wurden überall in den Landgemeinden die jungen Leute genannt, — ihre Mahlzeit nicht zusammenhalten, sondern an unterschiedlichen Orten mit Ausnahme der Mahlzeit auf dem Rathhause, wo abgesonderte Stuben seien. Die Generalpunkte von 1608 erneuerten die früheren Bestimmungen und sollten außer den Tänzen bei Hochzeiten und um Fastnacht weitere Tänze nicht gestattet werden.

**) Im J. 1602 wurde auf dem Convent zu Bacharach Umfrage gehalten, in welcher Weise in den Pfarreien am vergangenen Pfingstfest sei getanzt worden und wurde mitgetheilt: Die zu Diebach hätten gehabt Pfeifer und Zitterer, die zu Steeg eine Sackpfeife, die zu Mannebach eine Trumm und Pfeife. Der Inspector zeigte solche Entheiligung des hohen Festtags dem Amtmann an, eine Strafe aber erfolgte nicht. Im J. 1606 klagte der Pfarrer zu Steeg über das leichtfertige Tanzen, so 8 Tage vor Pfingsten, wo Steeger Kyrbe gewest, stattgefunden, es habe dasselbe drei Tage nach einander gewährt.

einen Hammel oder Ochsen oder etwas Anderes, und wenn man den Hammel oder Ochsen verzehre, werde bis in die tiefe Nacht hinein große Leichtfertigkeit geübt. Wie sollte aber die Jugend in ihren Vergnügungen Maß halten, so lange die Alten ihre Lust am Spielen und Wirthshaussitzen hatten und keine Gerichtshandlung vollzogen, keine Gemeinde- und Kirchenrechnung abgehalten wurde, ohne daß sich daran eine kostspielige Zeche reihte. Zum öftern wurde verordnet, an Sonn- und Feiertagen sollten während der Gottesdienste die Wirthshäuser geschlossen sein, und in denselben im Winter des Abends nach 8, des Sommers nach 9 Uhr kein Wein mehr aufgetragen werden, nur an Durchreisenden möge man ein Uebriges thun. Aber solchen Geboten wurde nie strenge nachgelebt. Zu Birkenfeld wurde vorgebracht, Landsbürgen, Scheffen, Waldförster und Amtsbüttel säßen stets im Wirthshaus, und sollte man wegen des vielen Saufens doch an allen Orten die Landrechnung im Beisein des Amtmanns thun. Der Amtmann klagte, in Betreff der Gerichtskosten halte man sich nicht an die Gerichtsordnung, die Scheffen gäben vor, sie hätten weit zu gehen. Der gemeine Tag von 1596 verordnete, dieweil an vielen Orten bei Verträg und Augenscheinen ein Zechen sei, durch das die Partheien schwer belastet würden, solle dieses abgeschafft und die Bestimmungen der Gerichtsordnung eingehalten werden, desgleichen soll bei den Schöffenimbsen fortan nur eine Mahlzeit stattfinden und bei dieser nicht mehr denn vier Tische gespeiset werden.

Wie es vorzugsweise die Sonn- und Feiertage gewesen, an denen man den Lustgötzen reichliche Opfer brachte, so waren es auch die heiligen Handlungen der Taufe, der Trauung und des Begräbnisses, vor und nach deren Feier sich die Herzen nicht selten mit Fressen und Saufen beschwerten. In der H. Gr. Sponheim hörten die Visitatoren von 1590—92 allerwärts Klagen über die großen Unkosten bei den Kindtaufen und vielfach wurde der Wunsch laut, es möchte eine gewisse Stunde bestimmt werden, zu welcher die Kindtaufgäste das Wirthshaus, darin das Gelag gehalten werde, verlassen müßten. Es wurde darauf verordnet, bei der Entbindung der Frauen sollten nicht mehr denn vier bis fünf Weiber sitzen, die mit einer ziemlichen Suppe sollten gespeist werden, und bei den Kindtaufimbsen solle den Leuten von dem Pfarrer eine erträgliche Mäßigkeit an die Hand gegeben und darüber gehalten werden bei Strafe etlicher Gulden, so der Herrschaft zu erlegen. Im Visitationsabschied von 1608 wurde diese Bestimmung vervollständigt. Dieweil, heißt es in ihm, mehr und mehr der böse Brauch einreiße, daß mancher arme Hausmann zur Beschwerung nicht vier bis sechs Weiber, sondern die ganze Nachbarschaft mit einer Eiersuppe speise, so sei der Herrschaft Befehl, daß man neben der Hebamme nicht mehr denn höchstens sechs Personen von Verwandten und Nachbarn berufe. Schultheiß, Pfarrer und Censoren sollten hierauf sorgsam achten und die Ungehorsamen strafen. Von den Strafen sollten die Censoren ihr Angebühr nehmen und das Uebrige in den Almosenstock werfen. Daß man, wenn das Kind zur Taufe getragen worden, mit den Befreundeten und Gevattern einen Trunk thue, dabei lasse man es noch zur Zeit bewenden. Dieweil aber dabei der Mißbrauch sei, daß das arme Kind, so etwan in ein entfernt Dorf gehöre, während des Gelags übel verwahrt liege, Hunger und Durst leide, bis die Weiber etwan ziemlich betrunken nach Hause gehen, welches sogar zur Winterszeit bei bösem Wetter und in der Nacht geschehe, so soll hinfüro der Wirth solchen Leuten keinen Wein auftragen, das Kind sei denn auf dem Wege nacher Haus, und könnten die Weiber, so das Kind heim liefern, ihren Trunk mit sich nehmen *).

*) Nachdem die Räthe aus einem Bericht des Amtmanns in Herrstein ersehen, daß man der Verordnung nicht strenge nachkomme, wurde dem Amtmann aufgegeben, dahin zu sehen, daß der Unkosten ermäßigt und die Zusammenkunft der Weiber, welche drei- oder viermal geschehe, eingezogen werde. Der Amtmann antwortete: Die Weiber bäten ganz höchlich, man wolle ihnen nichts abbrechen, ihre Männer hielten sie vor der Niederkunft oft sehr karg und wenn sie nicht in ihrem Kindbett ein gut Essen (Gevatterinnen und Nachbarinnen brachten der Wöchnerin abwechselnd ein Essen, so gut sie es vermochten) nebst einem Trunk erhielten, so könnten sie ihre Kinder vom Wasser nur böslich säugen und die Zeit ihrer Einsetzung mit geringen Kräften genießen. Die Räthe forderten die Aufrechthaltung ihres Gebots. Einige Zeit nachher berichtete ein Schultheiß dem Amtmann, es hätten sich welche gegen der Herrschaft Befehl vergangen und sei daran die Hebamme schuld. Die Bestrafung überlasse er dem Herrn Amtmann, denn er selber sei in der Nachbarschaft und brauche die Leute. Die Hebamme wurde darauf vor die Censur gefordert und mit Geld- sowie mit Thurmstrafe bedroht.

In Betreff der Hochzeitimbse wurde bei der Visitation von 1590—92 in Birkenfeld geklagt, es werde zu denselben zu viel jung Volk geladen, öfters fülle es sich dabei so, daß die Leute weder stehen noch gehen könnten. Daran reihte sich der Wunsch, man möchte eine gewisse Zahl bestimmen, die zu laden wären. In Folge dessen gestattete die Regierung in den Aemtern Allenbach und Dill vier bis fünf Tische, im Amt Kastellaun acht. Dem Hochzeitsimbs ging der Hienlichsimbs voran und bedünkte es den Inspector Conon, die großen Heirathsberedungen, da zwei oder drei Tisch seien, könnten wohl unterbleiben und solcher Kosten zur Hochzeit gespart werden. Da aus vielen Gemeinden die Klage einlief, wegen der großen Freundschaft reiche man mit der verordneten Zahl Tische nicht aus, wurde für alle Aemter der Grafschaft beim gemeinen Tag von 1596 die Zahl der Tische auf acht erhöht. Aber auch daran ließ man sich nicht genügen und erging im J. 1607 nachstehende Verordnung. Unter die zugestandenen Tische solle das junge Volk mitgerechnet und wo es allein sitze, einem Gesellen und seiner Jungfrau durch die Beamten ein Genanntes gesetzt und darüber nichts gegeben werden. Keinem Hausvater solle erlaubt sein, mehr als acht Tische von zehn bis zwölf Personen zu speisen und sollten an jedem Ort besondere Aufseher bestellt werden, welche die Uebertretung anzeigten. Dieweilen aber die Herrschaft vielfältiglich angelangt worden, wegen großer Freundschaft und anderer Ursachen noch etliche Tische zu verwilligen, so solle für jeden von der Herrschaft mehr zugestandenen Tisch eine Steuer ins Almosen gegeben werden*).

*) Von dem 1. und 2. Tische 1 Gulden, von dem 3. 2 Gulden und von jedem weiteren 3 Gulden. Weiter wurde verordnet: Da an etlichen Orten der Mißbrauch einreiße, daß man es nicht bei der gewöhnlichen Verehrung des zweiten hochzeitlichen Tages belasse, sondern den Brauch einführe, daß am dritten oder vierten Tage der Hochzeiterin eine Steuer an Geräthe oder Proviant mit sonderlicher Pracht müsse geliefert werden, so söll solches, weil es für die armen Hochzeitgäste beschwerlich, von den Amtleuten abgeschafft werden. Seien jedoch die Eltern oder vermögende Blutsfreunde gemeint, den neuen Eheleuten eine Steuer zu thun, so sollten sie es zu anderer Zeit unvermerkt thun, um nicht andern Leuten eine Last auf den Hals zu laden. Diese Verordnung erging in Betracht der Last, die auf den Hochzeitgästen damit ruhte, daß jeder sein Gelag zahlen, d. h. einen Beitrag zu den Kosten des Hochzeitsmahles geben mußte.

Auch die Begräbnißimbse, die wie die Tauf- und Hochzeitimbse im Wirthshause gehalten wurden, suchte man zu beschränken. In den Generalpunkten der H. Gr. Sponheim von 1608 heißt es: Nachdem bei den Begräbnissen ein großer überflüssiger Kosten gespürt worden, indem der Abgestorbenen Mann, Weib, Kind oder Freundschaft gleich nach gehaltener Leichpredigt eine Mahlzeit von 2 bis 3 Tischen halten müssen, ein solches aber mehr einem heidnischen Brauch denn einem Wohlstand zu vergleichen, und solches nicht allein dem gemeinen Mann beschwerlich, sondern auch den betrübten Wittwen und Waisen gar nicht zuzumuthen, so sollen solche Mahlzeiten bei 10 Gulden Strafe verboten und nur die Bewirthung der von auswärts gekommenen Verwandten gestattet werden. Was die Personen belange, so das Grab machen und die Leiche zur Erde bestatten, sollten jeder derselben 3 Albs und weiter nichts gereicht werden. Derartige Verbote waren auch in der Kurpfalz ergangen. Bei einem Pfarrconvent zu Breitscheid im Kirchspiel Steeg wurde ein Einwohner vorgefordert, dieweil er zu dem Imbs, das er nach dem Begräbniß seiner Frau gegeben, zu viel Gäste berufen habe, er entschuldigte sich damit, die Gäste seien seine Freunde und zum Mehrtheil aus fremden Orten gewesen. Superintendent Zindel trug nach der im J. 1598 in der Grafschaft Katzenelnbogen gehaltenen Visitation darauf an, es möge zu St. Goar der heidnische Brauch, daß nach dem Begräbniß die Nachbarn zusammen kommen und, wie sie redeten, des Verstorbenen Leich vertrinken, gemäß der früheren Verbote abgeschafft werden.

Sogar die Abendmahlfeier ließen sich Manche einen Anlaß sein, in Wirthshäusern zu zechen. An etlichen Orten, heißt es in den oft erwähnten Generalpunkten, sei die böse Gewohnheit eingerissen, daß die, so sich des hl. Abendmahles gebraucht, am Nachmittage nicht bloß einzelig, sondern etwan auch in guter Anzahl in die offenen Wirthshäuser zum Wein gehen. Dieses sei eine unchristliche Leichtfertigkeit, wovon die Pastores die Leute von der Kanzel abmahnen sollen. Wer der Mahnung kein Gehör gebe, den sollten die Amtleute mit einem Gulden, so in den Almosenstock zu erlegen, unnachlässig strafen. Die vom Rathe Dreyß für die rheingräflich Dhaunischen Lande verfaßte Polizeiordnung sucht wie der Bettelei so auch der Völlerei und den unmäßigen Gastereien zu steuern und dürfte es dieser Ordnung zuzuschreiben sein, daß man in den Dhaunischen Landen die Kyrben nicht kannte.

Lägen die Hochgerichtsbücher unseres Bezirks sämmtlich vor uns aufgeschlagen, man würde erschrecken über die zahlreichen Versündigungen gegen das siebente, achte und neunte Gebot, über die Morde, die in Gemeinden des evangelischen Bekenntnisses begangen, über die mannigfachen Arten von Raub und Diebstahl, die in ihnen verübt, über die Meineide, die geschworen wurden. Waren doch alle die Hinrichtungen vermeintlicher Zauberer und Zauberinnen nichts als Morde. Aber auch abgesehen davon war der Todtschlag im buchstäblichen Sinne des Worts keine seltene Erscheinung und dazu kamen noch Giftmischerei und andere schwere Frevel. Der oft genannte Pfarrer Abraham Gallus führte die Klage: Oeffentlich laufe man zu den Giftmischern und hole bei ihnen Rath *). Zu Winterburg hieß es bei einer Visitation: Die Weiber kochen Tränk zur Abtreibung der Leibesfrucht. Thätliche Mißhandlungen und freche Verläumdungen des Nächsten brachten der weltlichen und kirchlichen Obrigkeit viel Noth. An Leuten, welche des Nächsten Gut mit falscher Waare und Handel an sich zu bringen suchten, fehlte es leider nirgends, die Wirthe führten öfters falsche Kreide, die Geldverleiher nahmen übermäßige Zinsen. In der H. Gr, Sponheim verordneten nach der Visitation von 1590—92 die zum gemeinen Tage versammelten Räthe: So Eltern ihre Kinder mit zu dem Kindtauftrunk nähmen, hätten sie für dieselben wie für eine andere sitzende Person die Urte, d. h. die Zeche zu bezahlen, es solle aber der Wirth die Kannen Wein, die er auftrage, vor den Augen der Gäste an eine offene Tafel oder an die Wand schreiben, damit den Gästen die Urte nicht mit Verdacht abgefordert werde. Bei der Visitation von 1575 klagte der Pfarrer von Winterburg, in seiner Gemeinde seien Wucherer, die über die im Kaiserlichen Reich zugelassenen Zinsen sich von 20 Gulden Kapital noch 1 Malter Korn, von 10 Gulden 1 Malter Hafer geben lassen. Im Kirchspiel Bell gab es nach der Aussage des Pfarrers welche, die ganze Aecker voll Frucht zum Wucher

---

*) Publice acceduntur et consuluntur venefici. Unter den venefici dürften wohl die Leute zu verstehen sein, welche Tränke zur Abtreibung der Leibesfrucht bereiteten.

genommen. Als die Visitatoren die Wucherer vorforderten, hatten sie sich bei Seite gemacht, einer derselben ließ jedoch sagen, was er zu viel genommen, dessen wolle er sich vergleichen.

Fehlte viel daran, daß das religiös-sittliche Leben des Bauern- und Bürgerstandes nach Einführung der Reformation alsbald ein wahrhaft christliches wurde, so findet sich derselbe Mangel auch bei den höheren Ständen. Ums J. 1557 hatten die auf der Burg Martinstein gesessenen Junker in der Nähe des Dorfes Simmern in des Rheingrafen Philipp Franz Gericht und Herrlichkeit behufs Erpressung eines Wegzolls einen Schlagbaum aufgerichtet. Als Philipp Franz desselben ansichtig wurde, ließ er ihn auswerfen. Während der Jahre 1558 und 1559 war der Rheingraf längere Zeit aus seiner Grafschaft abwesend, und geschah es eines Tages, daß sein Amtmann Wolf von Seebach und Matheiß Dreyß, der damals erst Secretär war, mit dem jungen Grafen Hans Philipp und dem auf Dhaun anwesenden kaiserlichen Commissar Hans von Preising einen Ritt nach der auf der Höhe des Soones gelegenen Veste Koppenstein machten. Auf dem Rückweg kehrten sie in Folge eines den Junkern gegebenen Versprechens auf der Burg Martinstein ein. Während des hier gehaltenen Gelags (inter pocula) äußerte einer der Junker, Philipp Franz habe ihm vor einem Jahr den aufgerichteten Schlagbaum auswerfen lassen, sie wollten aber denselben jetzt wieder aufrichten. Der Amtmann und Dreyß baten, sie möchten doch solches unterlassen, da der Platz in ihres Herrn Oberkeit liege, könnten sie es nicht zugestehn. Nachdem sie, berichtet später Dreyß dem Rheingrafen, von den Junkern geschieden, wobei sie allerseits wohl beschenkt gewesen, und vor das Schloß gekommen, hätten die Junker angefangen zu schießen. Fast eine Viertelstunde hindurch hätten sie einen Schuß über den andern gethan, und hätten sie die Rheingräflichen vermuthet, es sei dieses mehr zum Trutz denn aus gutem Willen geschehen. Bald darauf sei eine Gesellschaft, nämlich Hans von Klingelbach, Hans von Ingelheim, Eberhard von Brambach und Konrad Heinrich von Bicken durch Kreuznach gereist und dort im Gasthaus zum Rindfleisch gelegen. Als sie sich gar schwärmerisch gehalten und dem Wirthe die Fenster eingeschlagen, habe sich Junker Dienheimer der Oberamtmann bei ihnen zu Gast geladen und sie gefragt, wo sie hinaus wollten. Ihre Antwort sei gewesen, gen Martinstein zu den Junkern, und da er sie weiter gefragt, was da zu thun, hätten sie gesagt, es sei ums Weintrinken zu thun, es stehe jedoch zu vermuthen, daß die Junker auf Martinstein sie berufen, um von ihnen eine Hülfe zu ihrer Gewaltthat zu haben. Auf Dienstag den 4. Juli 1558, da Wolf von Seebach von Dhaun abwesend gewesen, sei des Nachmittags einer der Martinsteiner Junker mit der genannten Gesellschaft, 8 Pferde stark, vor das Schloß Dhaun gekommen und habe durch Hansen seinen Knecht, den er vorangeschickt, begehrt, den jungen Rheingrafen anzusprechen und bei ihm einen Trunk zu thun. Er Dreyß sei dessen zufrieden gewesen, habe sie freundlich aufgenommen und nach des Hauses bestem Vermögen tractirt. Nach dem Nachtessen seien sie aufgesessen und mehr denn eine halbe Stunde im Schloßhof auf und abgesprengt, als ob sie unsinnig wären. Er habe vermeint, sie seien eben fröhlich und geschehe ohne böse Meinung. Nachher habe er erfahren, daß man mittlerweil zu Simmern einen neuen Schlagbaum aufgerichtet und nun sei ihm klar worden, warum sie so wüthrich gewesen, wie sie denn auch zweifelsohne die Absicht gehabt, wo er wollte Widerstand thun, ihn mit Gewalt davon abzutreiben. Er habe darauf am 6. Juli dem Schultheißen zugeschrieben, angesichts seines Schreibens solle er 4 bis 5 Mann zu sich nehmen, den Schlagbaum auswerfen und ihn an einen Ort bringen, da man ihn nicht sobald finden könne. Da sich der Schultheiß besorgt, die Junker würden mit der bei ihnen noch einheimischen Gesellschaft Gewalt brauchen, sei er Matheß Dreyß samt dem Secretär Ulrich Beuther, Barteln dem Knecht und Dominiko dem Schreiber aufgesessen, hätten 10 Bauern nebst dem Schultheiß zu sich erfordert, den Schlagbaum weggenommen und in die Kirche tragen lassen. Da sei noch am selbigen Tage einer der Junker mit 10 Pferden ins Dorf Simmern eingefallen, habe den Schlagbaum geholt und ihn weiter ins Feld gerückt, so daß man ihn vom Schlosse Dhaun aus habe sehen können. Während man denselben aufgerichtet, seien die Reuter immer um ihn herumgeritten und hätten ihre Büchsen abgeschossen. Er und der junge Herr hätten vom Schlosse aus den Hergang angesehen und da sie nichts dawider hätten thun können, habe er mit der Trompete ihnen dazu geblasen und eine Frohlockung gemacht, worüber sie aber geflucht und Gott gelästert hätten. Als Dreyß diesen Bericht an seinen Herrn abschickte, erließ er zugleich ein Schreiben an einen der fremden Junker, wahrscheinlich an Hans von Ingelheim und sagte diesem: Er wisse, was für Trutz und Muthwillen er neben seiner andern Gesellschaft verschienen Donnerstag in seines gn. Herrn Dorf zu Simmern bewiesen. Anbei schicke er ihm Copey des Lehenbriefs, welchen sein Bruder Junker Marsilius in eignem wie in seinem Namen dem Rheingrafen gegeben und wobei er mit aufgereckten Fingern zu Gott und seinem h. Evangelio geschworen, dem Rheingrafen getreu zu sein. Ein treuer Mann sei verpflichtet seinen Herrn vor Schaden zu behüten und sei ihm dem Schreiber das, was er gethan, leid für ihn als einen jungen Mann, der vom Adel geboren. Zum Angriff hätte er nur Ursach gehabt, wenn er eine Sache hätte wider seinen Herrn gehabt und dieser ihm nicht zu Recht gestanden wäre. Dazu gehe die Sage, er sei es, der einen der Bauern wund geschlagen, alle Wahrzeichen gingen auf ihn u. s. w. Auch die Junker auf Martinstein ließ Dreyß seine Meinung wissen, und schrieb dem, welcher die Gesellschaft auf Dhaun eingeführt hatte: Man habe ihn als einen Nachbarn erkannt, ihm und seiner Gesellschaft Thor und Pforten aufgethan, sie nach bestem Vermögen des Hauses bewirthet und nun werde er berichtet, daß in denselben Stunden, wo er auf Dhaun nachbarliche Freundschaft gefunden, einer seiner Diener einen neuen Schlag und Gesperre in seines Herrn Oberkeit, wo er weder Gebot noch Verbot, noch sonst etwas zu schaffen habe, aufgerichtet. Das sei nicht nachbarlich gehandelt, das Sprüchwort nenne die böse Katzen, die vorne lecken und hinten kratzen. Bei dem Ritt gen Dhaun habe er alle Dinge ausspeculirt, und während man fröhlich zusammen gewesen, insgeheim die Gewalt verrichten lassen. Sie die Rheingräfischen hätten sich dessen versehen, man werde ihren Herrn aufrichtig angreifen und das Licht nicht scheuen. Sie des Grafen Amtleute hätten den Schlagbaum am selben Mittag wegnehmen und in die Kirche bringen lassen, er dagegen sei den Abend spät mit derselben Gesellschaft, wie er sie nach Dhaun gebracht, aus Martinstein ausgefallen, und nachdem sie den armen Leuten zum großen Schaden durch die Frucht gerannt, in ihres Herrn Dorf eingefallen. Daselbst hätten sie theilweise von ihren Pferden herab den Bauern mit ihren Büchsen die Köpf und die Fenster zerschlagen, das geweihte Gotteshaus erbrochen, den Schlagbaum herausgenommen und ihn mit Philippsen Karren und Pferd hinweggeführt. Daran noch nicht ersättigt hätten sie sogar die Drohung ausgestoßen, in der herankommenden Nacht wollten sie den rothen Hahn ins Dorf aufs Dach stecken und hätten so den Landfrieden gebrochen. Wie er der Junker solche Gewalt nicht als offener Feind, sondern ganz unversehens verübt, habe auch seine Gesellschaft gethan. Marsilius der Bruder des Junker Hans sei rheingräflicher Lehenmann und habe erst vor Kurzem sein Lehen empfangen. Die andern, die er nicht kenne, nennten sich Edelleute, so möchten sie denn auch thun, wie vor Zeiten die vom Adel. Welchen Ausgang die Sache genommen, d. h. in welcher Weise Graf Philipp Franz nach seiner Heimkehr den Junkern gegenüber sich Recht verschafft, besagen die diesen Handel betreffenden Schriftstücke nicht.

Am traurigsten sah es in Betreff der kirchlichen und sittlichen Zustände immer in denjenigen Gemeinden aus, wo die Geistlichen ungeistlichen Sinnes und Wandels waren, und leider sind solche in den verschiedenen Herrschaftsgebieten unseres Bezirks keine Seltenheit gewesen. Zu denselben gehörte Peter Holderfeld aus dem Jülicher Land, welcher seine Studien in Düsseldorf gemacht hatte und zu Anfang des J. 1565 mit dem Pfarramt in Allenbach betraut wurde. Nachdem er sich während der ersten Jahre im Amt und Wandel ziemlich wohl verhalten hatte, ergab er sich später immer mehr dem herrschenden Laster der Zeit, nämlich der Trunksucht. Schon im J. 1572 führte Hans von Franken, der Amtmann in Allenbach, bittere Klagen über ihn und bei der Visitation von 1575 lautete desselben Bericht, dem die Censoren zustimmten, also: Der Pfarrer führe ein gar ärgerlich Leben, laufe hin und her auf die Kyrben, und wenn er voll Weins, halte er sich ganz ungebührlich, wie er denn kurz verlittener Tage auf seinem des Amtmanns Bock im Dorfe umhergeritten sei. Im Predigen habe er eine große Unordnung und die Wochenpredigten verrichte er entweder gar nicht oder zur Unzeit 2c. Als von Jahr zu Jahr die Klagen sich mehrten troß der Zurechtweisungen, die Holderfeld geworden, wurde er im Frühjahr 1576 des Amtes entsetzt. Er beschwerte sich darüber nicht, sondern sagte: Längst habe er keinen Gefallen mehr daran gehabt, im Predigtamt zu Allenbach zu verbleiben, auch gespürt, daß er wenig Gutes pflanze, und wenn er in die Kirche gesollt, habe er vermeint, er müsse in ein Feuer gehen. Dieweil er aber im harten Winter aufgezogen, bitte er um die Gnade, daß man ihm das Einkommen des Jahrs vergönne. Diese Bitte wurde ihm gewährt. Ums Jahr 1590 stand Trinkel lat. Bibulus zu Enkirch als Kaplan. Er stammte aus Meißen und war ein Blutsverwandter des Inspectors Conon. Schon bei der Visitation von 1590 wurde die Klage laut: Er predige unverständlich, sei fahrlässig in seinem Amt, ziehe viel umher und ergebe sich mehr und mehr dem Trunke. Mit seinem Weibe lebe er einig, nicht aber mit den Gemeindegliedern. Vor drei Jahren habe er einen Streit mit dem Centner, d. h. dem Gemeindevorsteher gehabt und sei dabei auf dem Rathhause von den Hirten geschlagen worden. Auf diesen Handel habe man ein Gedicht gemacht: „Die Hirten bei dem Weine" im Ton des Lieds: Vom Himmel hoch, da komm ich her ꝛc. Den Verfasser dieses Lieds habe Trinkel die Rathhaustreppe hinunter geworfen und wenn er auch dabei König geblieben, wäre ihm doch der Kopf mit einem Bandmesser gespalten worden, so nicht etliche Bürger es abgewehrt hätten. Als die Klagen über Trinkels ärgerliches Leben sich wiederholten, erfolgte im J. 1592 seine Absetzung. Inspector Conon bat später, man möge den brodlos Umherziehenden, dieweil er wegen seiner bösen Aussprache nicht auf eine Pfarre gesetzt werden könne, mit dem Schuldienst in Enkirch begnadigen, wenn derselbe zur Erledigung komme, zumal die Gemeinde um ihn supplizirt habe, und bemerkte dabei, große Schuld an des jungen Mannes Verderben habe der verstorbene Pfarrer Siderikus. Diese Angabe war begründet, auch des Siderikus Wandel war ein sehr ungeistlicher. Superintendent Zindel und Pfarrer Greif in St. Goar, Pfarrer Cratzer und Kaplan Range in Kastellaun waren nicht die einzigen Amtsgenossen, welche durch ihre Unverträglichkeit großes Aergerniß gaben, es könnten solcher Unverträglichen noch mehrere namhaft gemacht werden. Daß auch zwischen Pfarrer und Lehrer das Verhältniß nicht überall ein freundliches gewesen, dessen ist im Abschnitt II bereits gedacht. Besonders heftig war der Hader zwischen dem Pfarrer Rieneck und Schulmeister Och in Gebroth. Eines Tags schalt der Schulmeister den Pfarrer einen gottlosen Pfaffen und kam es darauf zwischen beiden zur Schlägerei. Nachdem wegen dieser Sache eine gründliche Untersuchung stattgefunden, erging im März 1592 Seitens der Gemeinsherrn an den Oberamtmann der Grafschaft der Befehl: Demnach Pfarrer und Schulmeister ihres Berufs gröblich vergessen und ihrer Gemeind ein so bös Exempel gegeben, daß sie es vor Gott schwerlich verantworten könnten, solle er beide vor sich bescheiden und ihnen ihre Vergessenheit ernstlich verweisen, alsdann den Einen wie den Andern auf dem Schlosse Grevinburg jeden besonders verstricken und sie zween oder drei Tage mit Wasser und Brod speisen, doch in der Stille, daß nicht noch mehr ärgerlich Geschrei deshalb stattfinde. Nachdem sie Besserung gelobt, soll er ihnen vermelden, wofern den Fürsten weiterhin nochmals die geringste Klage vorkomme, würden sie mit Verlierung ihres Dienstes und mit Ausweisung angesehen werden.

Haben sich diejenigen, welche den Acker des Herrn gemeinsam in einer Gemeinde zu bauen hatten, nicht immer der Einigkeit im Geiste beflissen, so war auch das eheliche Leben mancher Geistlichen für die Gemeinde kein erbauliches. Die Verhandlungen über den Ehezwist des Pfarrers Martin Caesar in Traben füllen eine nicht kleine Zahl von Bogen. Die im J. 1592 zum gemeinen Tag in Trarbach versammelten Räthe hielten die Frau für den allein schuldigen Theil und verfügten, dieselbe habe sich zu ihren Verwandten in ihrer Geburtsheimath, der Grafschaft Henneberg, zu thun und so sie nicht binnen der gesetzten Frist aus der Grafschaft wegzöge, sei sie mit dem Thurm zu bestrafen und auf des Pfarrers Kosten zu ihren Freunden zu führen, es solle jedoch der Pfarrer zu ihrem Unterhalt ihr jährlich etwas steuern. Die Frau erhob über dieses Urtheil nach allen Seiten hin bittre Klagen, und als darauf eine nochmalige Untersuchung des Zwistes stattfand, und dabei zu Tage trat, wie auch der Pfarrer in seinem Verhalten viel Aergerniß gebe, wurde wie seinem Weibe, so auch ihm aufgegeben, die Grafschaft binnen 14 Tagen zu räumen. Es nahm ihn darauf Junker Adolph von Wiltperg, der auf Schloß Arendal wohnte, zum Pfarrer seines in der Eifel gelegenen damals evangelischen Dorfes Franken an. Nach etlichen Jahren gelang es dem Verbannten, die Gunst des Herzogs Karl aufs neue zu gewinnen. Im J. 1597 wurde er auf die Pfarrei Irmenach berufen und starb hier gegen Ende des Jahres 1607*). Bd. I, S. 385 ist mitgetheilt, wie der Burgkaplan auf Rheinfels, Johann von Bornich, sich dingen ließ, die zweite Gemahlin des Grafen Philipp von Katzenelnbogen zu vergiften, und wegen dieses Mordversuchs, nachdem er auf dem Domhof in Köln durch mehrere Weihbischöfe seiner priesterlichen Würde entkleidet worden, in der Kesselgrube unter dem Galgen verbrannt wurde. Die Gerechtigkeit fordert es, daß nicht verschwiegen werde, wie auch evangelische Geistliche sich der Sünde des Mordes schuldig gemacht haben. Ob der Pfarrer Johann Vitelsius von Rhaunen, der am 5. Juli 1574 auf der Rhauner Hochgerichtsstätte hingerichtet worden, diese Strafe um eines Mordes willen oder wegen einer andern Missethat erlitten, liegt bis jetzt nicht zu Tage, dagegen hat zu Kellenbach ohnfern Kirn im J. 1590 ein Pfarrer Namens Gerhard seine Frau in schauervoller Weise ums Leben gebracht. Seine Hinrichtung fand in Kreuznach statt und zwar mit dem Rade**).

*) Als die Visitatoren des J. 1608 nach Irmenach kamen, erklärten die Censoren: Ihr Pfarrer selig sey in seinem Amte sehr fleißig gewesen, sie möchten wünschen, daß sie wiederum einen solchen gelehrten und fleißigen Mann bekämen. Er habe selten eine Predigt versäumt, ohnangesehen daß er alle Sonntage dreimal habe predigen müssen, auch die Kinderlehre habe er mit sonderlichem Fleiß getrieben, überhaupt nichts an ihm ermangeln lassen. Er sey gar gerne und christlich gestorben und sey sein größt Bekümmerniß gewesen, daß er ein sehr bös und unverträglich Weib gehabt. Wohin das Weib und die Kinder gekommen, ist in den Verhandlungen nicht vermerkt.

**) In der Limburger Chronik wird bei Mittheilung der Begebenheiten des Jahrs 1590 erzählt: Zu Groningen in Friesland sey ein Patrizier gewesen, der ein Weib aus adlichem Geschlecht gehabt, so der Hoffart sehr zugethan gewesen. Dieweil beide calvinisch geworden, habe man sie aus der Stadt vertrieben. Darauf hätten sie bei ihren calvinischen Landsleuten in der Pfalz Zuflucht gesucht und so lange sie es vermocht, ihrem adligen Stand gemäß gelebt. Nachdem sie in Armuth gerathen, habe der Mann die Prädikanterei an die Hand genommen, die Frau aber habe nach wie vor stattlich leben und insbesondere stattliche Kleider haben wollen. Da der Prädikant das nicht vermocht, habe er folgendes Stück erdichtet. In der Herbstzeit habe er zu seiner Frau gesagt, er wolle in die Frankfurter Messe reisen und bei seinen Landsleuten Sachen ausholen, daß er sie und sich aufs stattlichste kleiden könne. Dessen sei die Frau sehr froh worden und habe sich sehr willig erzeigt, während sie allezeit mürrisch und bös gewesen. So habe

Haben auch nicht wenige Geistliche ihres Berufs, das Salz der ihrer Hut befohlenen Gemeinden zu sein, vergessen und das Salz in sich dumm werden lassen, so gab es doch ihrer Viele, die das Licht, mit dem sie begnadigt gewesen, nicht unter den Scheffel stellten, sondern es leuchten ließen in Lehre und Wandel. Zu den Pfarrherrn, welche in der H. Gr. Sponheim das ihnen befohlene Predigt- und Seelsorger-Amt mit Treue ausgerichtet und die Gemeinde durch ihren Wandel erbauet haben, dürfen gezählt werden die wegen ihrer Neigung zum Calvinismus des Amts entsetzten Pfarrer Aldenhofen in Kastellaun, Abraham Gallus und Peter Hofmann in Roth, desgleichen der Superintendent Henning in Trarbach. An sie reihen sich an, abgesehen von Andern, Jo-

---

sie ihm auf einen Samstag Abend, da er auf seine Predigt studirt, und sich nachher zu ihr schlafen legen gewollt, die Kammer verschlossen, und als er darauf sich auf die Bank gelegt, die Bibel unter dem Haupt und den kahlen Kirchenrock als Decke, sei sie herzugeschlichen, habe ihm den Mantel entzogen und sei dann wieder in die Kammer hineingeschlippert. Nun habe er des Sonntags vor seiner Abreise nach dem Essen befohlen, eine Bude (Bütte) voll Wasser in den Keller zu tragen, was die Frau und die Magd gerne verrichtet. Nachdem er einen Brief geschrieben und der Magd gegeben, ihn zum nächsten Prädikanten zu tragen, in welchem er denselben gebeten, künftigen Sonntag für ihn den Dienst des Wortes zu verrichten, dieweil er und seine Frau gen Frankfurt wollten reisen, habe er die Frau in den Keller berufen, um ihm da etwas heben zu helfen. Als sie dahin gekommen, habe er sie mit einer Axt erschlagen, sodann ihren Leib in der Gegend des Nabels in zwei Stücke zerschnitten, gewaschen und halb in sein Felleisen gethan, das Untertheil eingesalzen und in seiner Frauen Unterrock in eine Kiste geschlossen. Mit dem Obertheil sei er davon gezogen und über den Hunsrück bei Boppard an den Rhein gekommen. Da er hier von den Fliegen heftig bedrängt worden, hätten die Leute vermeint, er habe gestohlene Trauben im Sacke, er habe aber alsbald bekannt, wie er keine Trauben, sondern seine Ehefrau im Sacke habe, darüber männiglich erschrocken. Als man die Wahrheit ersehen, habe man ihn angegriffen und sei er endlich zu Kreuznach auf ein Rad gelegt worden. Der Schreiber der Limburger Chronik wußte den Namen des Thäters nicht zu nennen, sondern beginnt seine Erzählung mit den Worten: „Ein erschröckliches Mordstück begangen ein pfalzgräfischer Prädikant uff dem Hundtsrück bei Kehren (Kirn) an seinem ehlichen Weib, so nit zu verschweigen.“ Aus dem Kellenbacher Hochgerichtsbuche dagegen erfahren wir, daß der Thäter der grauenvollen That der Pfarrer Gerhard in Kellenbach gewesen.

hannes von Essen, Heinrich von Kempen, Georg Mylius, Nikolaus Jakobi und Georg Rösner. Johannes von Essen legte das Pfarramt in Alterkülz nieder, weil seine Bekämpfung des Hexenglaubens in der Gemeinde keinen Erfolg hatte. Heinrich von Kempen verließ die Gemeinde Kastellaun, um unter schweren Kämpfen das Werk der Reformation in der Stadt Essen durchzuführen. Georg Mylius war bereits durch Friedrich den Frommen zur Zeit, da dieser Fürst das Fürstenthum Simmern regierte, nach Winningen berufen worden und dieweil seiner Erudition halben kein Zweifel gewesen, ist bei der Visitation von 1561 das Examen mit ihm unterlassen worden. Er wurde mit vier seiner Kinder ein Opfer der Pest, die während der Jahre 1574 und 1575 so heftig zu Winningen wüthete. Die rastlose Thätigkeit des Inspector Jakobi, sowie seine gediegenen theologischen Kenntnisse sind uns zum öftern vor das Auge gebracht worden, und ist zugleich berichtet, wie ihn der Tod während der Visitation von 1607 den irdischen Mühsalen entnommen hat. Rösner, der frühere Superintendent des Herzogthums Simmern, wurde der Gemeinde Traben nach kurzer Wirksamkeit entzogen, dadurch daß ihn Graf Emich von Leiningen-Dachsburg zum Pfarrer in Dürkheim und Superintendenten der Grafschaft Leiningen berief. Im Dezember 1601 siedelte Rösner aus dem Moselthale an das liebliche Hardtgebirge über und hat sein Grab wahrscheinlich in Dürkheim gefunden. In welch trefflicher Weise im Amte Bacharach die Inspectoren Johannes Crustarius und Paulus de Leonardis die Pfarrconvente geleitet haben, und wie sich bei beiden Männern gediegene Wissenschaftlichkeit mit großer Würde und evangelischer Milde paarte, erweisen die Verhandlungen jener Convente*).

---

*) Käme das von der 14. Rheinischen Provinzial-Synode in Anregung gebrachte Organ für die Rheinische Kirchengeschichte zu Stande und fänden die Bd. I, XIV dieses Buches erwähnten Anhänge darin Aufnahme, so könnte aus der Zeit der Reformation die Wirksamkeit sowie das sittliche Leben der Geistlichen unseres Bezirks näher dargelegt werden.

V. Abschnitt.

Die Armenpflege.

Schon mehrere Jahre früher, als das Werk der Reformation im Herzogthum Simmern und in der H. Gr. Sponheim seinen Anfang nahm und in der Kurpfalz sowie in der H. Gr. Sponheim einen kräftigen Aufschwung gewann, war einer der Trierschen Erzbischöfe bemüht, dem verderblichen Bettel zu steuern und in die Armenpflege seines Erzstifts bessere Ordnung zu bringen. Es war dieses der, dem Geschlechte der Edlen von Metzenhausen angehörende Erzbischof Johann. Die Bettelordnung, welche derselbe unterm 1. Juli 1553 ausgehen ließ*), zeigt große Umsicht, und ist abgesehen davon, daß auch in ihr unter Hinweisung auf Tobiä Kap. 4, 11 und 12, 9 den Almosen eine die Sünde tilgende Kraft beigemessen wird, von ächt christlichem Geiste durchweht. Wenn Johann in seiner Ordnung die Errichtung von Opferstöcken für alle Kirchen des Erzstifts anordnete, so hatte er darin einen Vorgänger in einem der evangelischen Fürsten unseres Bezirks, nämlich in Landgraf Philipp von Hessen. Als dieser Fürst bei Einführung der Reformation in Erfahrung gebracht, wie die Armen, zumal die auf dem Lande, nicht selten aller Unterstützung entbehrten, erließ er im J. 1526 eine Verordnung, durch welche er für alle Orte seiner Lande die Errichtung von Gotteskasten aufs dringenste empfahl. Aus diesen Kasten, welchen neben den Sammlungen in der Kirche auch die Gefälle der Bruderschaften zugewendet wurden, sollten arme und kranke Leute sowie unerzogene Kinder Geldunterstützungen empfangen, desgleichen wöchentlich zweimal eine Gabe an Brod. Das Betteln namentlich Fremder

*) Sie findet sich in Blattaus Statuta synodalia II, 81.

wurde scharf verboten. Landgraf Philipp hatte es den Visitatoren, welche er zur Durchführung der Reformation in die einzelnen Theile seines Landes sandte, ganz besonders zur Pflicht gemacht, aller Orten zu erforschen, wie es um die Armenflege stehe und die Verbesserung derselben sich angelegen sein zu lassen. Zu St. Goar hat er auf den Antrag der Kirchenvisitatoren Adam Krafft und Heinrich von Lüders (den Letztern bestellte er später zum Obervorsteher sämmtlicher in seinem Lande gelegenen Hospitale) im Jahre 1532 einen besonderen Armenvorstand angeordnet, in welchem neben den Geistlichen der Stadt sich vier Raths- und Gerichtsverwandte sowie zwei Glieder der Bürgerschaft befinden sollten. Unter die Aufsicht dieses Armenvorstandes wurde auch das Hospital gestellt und hatte der Hospitalmeister alljährlich demselben im Beisein des Stadtschultheißen und des Amtskellers Rechnung zu legen.

Daß Kurfürst Ludwig V. von der Pfalz, Friedrich des Frommen Sohn, der Landesordnung, die er am 4. April 1582 publiziren ließ, eine Armen- oder Almosenordnung einverleibt hat, dessen ist Abtheilung I gedacht. Es ist diese in zwanzig Abschnitte getheilte Ordnung ein schönes Zeugniß, wie dieser edle Fürst bei seiner religiösen Engherzigkeit ein weites Herz für die Armen seines Landes hatte, und wie bemüht er gewesen, die Noth derselben zu lindern*). Leider kam man den Bestimmungen von Ludwigs Almosenordnung, namentlich denen, die sich auf die Abschaffung des Bettelns beziehen, nicht überall getreulich nach, und sah sich in Folge dessen sein Sohn, Kurfürst Friedrich IV. veranlaßt, sie allen denen, die mit ihrer Ausführung betraut waren, aufs neue einzuschärfen**). Im Herzogthume Zweibrücken

*) Sie findet sich in der zu Heidelberg im J. 1582 gedruckten Churfürstlichen Pfaltz-Landts-Ordnung, Titul II. Fol. 9—24.

**) In seinem desfallsigen an alle Ober- und Unteramtleute, Bürgermeister, Räthe rc., Superintendenten, Pfarrherrn, Schöffen, Spitalmeister rc. gerichteten Erlasse vom 1. Juli 1603 heißt es: Nicht ohne sonderlich Mißfallen erfahre er, wie trotz der vielen ergangenen Befehle die Bettelei und ganz besonders die von Fremden noch mehr denn früher überhand nehme, so daß durch diese Bettler hie und da das Almosen erößet, den Nothdürftigen und Preßhaften entzogen und seine Unterthanen dermaßen beläftiget werden, daß es ihnen unerschwinglich sei. Da es an sich selbsten billig, daß jedes

war es der um die Zweibrücker Kirche so hoch verdiente Kunemann Flinsbach, welcher im Verein mit den Pfarrconventen der

---

Land, Stadt oder Commune nach Ausweis der h. Reichs-Constitution seine Armen selbst versorge, so sei sein ernstlicher Befehl, daß sowohl seine Ober- und Unteramtleute wie alle Andere, denen solches von wegen ihres Berufes gebühre, ihnen nachfolgende Punkte wollen getreulich angelegen sein lassen:

Dieweil der meiste Theil der Bettler daher komme, daß sie entweder nicht zeitlich zur Arbeit angehalten werden, sondern von Jugend auf der Unzucht, Müßiggang und Ueppigkeit sich ergeben, bisweilen auch über dem Betteln zu kalter Winterzeit also erfrieren, daß sie hernach zu keiner Arbeit mehr tüchtig, oder daß viele, wenn sie zu ihrem Alter kommen, die Gaben Gottes verschwenden, das Ihrige in Wirthshäusern mit Saufen und Spielen lästerlich durchjagen und dadurch sich sammt Weib und Kindern an den Bettelstab bringen, so sollten solche Leute bei Zeiten in Acht genommen, über ihre Nahrung ihnen Vormünder gesetzt, und die Wirthe, so ihnen über Verbot etwas geben, unnachläßlich gestraft, die Kinder aber solcher verthunischer Eltern sowie andere vater- und mutterlose Waisen, die mit keinen Leibesbresten behaftet seyen, zur Schule, ehrlichen Handthierungen, Bauers- oder anderer Arbeit, dazu sie tauglich, untergebracht, denen aber, die entweder Krankheit oder anderer Beschwerlichkeit halben Noth und Kummer leiden, nach Ausweis der Almosenordnung die hülfliche Hand geboten, und hinfüro weder Alten noch Jungen auf den Gassen oder vor den Häusern zu betteln verstattet werden.

Betreffend die ausländischen Bettler, die sich bevorab zur Kyrwey und andern Meßzeiten haufenweis einzuschleichen pflegen, so soll ihrer keiner in die Orte des Kurfürstenthums eingelassen, sondern durch Pförtner, Bettelvögt und Taghüter stracks an die Orte, daher sie gekommen, zurückgewiesen, oder da sie sich widerspänstig erwiesen, gefänglich eingezogen werden. Um Gleichheit zu erhalten, sei auch den Unterthanen des Landes einzubinden, des Bettelns an fremden Orten müßig zu gehen.

Da ein ausländischer Bettler fürgeben würde, er sei Krankheit halben Willens, sich in ein warm Bad oder zu seinen Freunden zu begeben, so sollen dergleichen Personen mit Fleiß befragt werden, ob sie einen Schein von ihrer Obrigkeit aufzulegen haben, auch habe man sie zu besichtigen, ob der angegebene Schaden sich an ihnen befinde, und darauf zu achten, ob zu solcher Zeit die Bäder mit Nutzen können gebraucht werden. Da sie in Unwahrheit betroffen würden, sollen sie in gebührliche Straf genommen und ohne Verstattung einiges Umschweifens oder Stillliegens fortgeschafft werden. Ebenso soll kein Gardenknecht oder Hühnerfänger, so sich für Soldaten ausgeben, desgleichen kein Lothringer oder Ungerer, die da fürwenden, sie seien verbannt oder von den Türken gefangen worden, und dessen nicht gewissen Schein auflegen können, ferner kein Zahnbrecher, Tiriak-Wurzel- oder andere Krämer, so in den Dörfern wochenlang unter den Rathhäusern liegen und hausiren,

Oberämter Lichtenberg und Zweibrücken im Jahre 1563 in einer besonderen Eingabe an Herzog Wolfgang die Armensache zur Sprache brachte. Die Almosen, heißt es in dieser Eingabe, seien übel bestellt, nicht wohl sei irgendwo jemand,- der bereit sei, den Armen zu helfen, vielmehr so man den Armen die gestifteten Almosen entziehen könne, thue man es ohne Scheu, und seien das mit die Ursachen der gegenwärtigen Theuerung, des Mißwachses, und anderer Plagen. Nach diesen Klagen wird beantragt, daß man an Sonn- und Festagen in oder nach der Predigt ein Almosensäcklein herumtrage, bei Hochzeiten die Begleitung in Prozession beim Almosenstock vorbeigehen lasse, das Almosen auch bei Leichen hebe, und dieweil in der früheren Zeit die Bettelmönche im Herbst und zu andern Zeiten Wein, Butter, Käse, Brod, Obst und dergleichen gesammelt, wäre es billig, solches für die Armen zu sammeln. Auch aus den Kirchen- und Klostergefällen könne etwas gegeben werden, und seien diese Almosen nicht den Landstreichern, sondern den armen Pfarrverwandten zuzuwenden. Wie der Bescheid des Herzogs gelautet hat, liegt nicht vor, dagegen finden sich in den Generalpunkten, welche den Pfarrern des Amtes Lichtenberg im April 1590 aufs Neue zur Nachachtung zugestellt worden, Bestimmungen auch in Betreff der Armenpflege. Punkt 7 lautet: Die gestifteten Spend und Almosen sollen fürder nicht mit einander auf einen Tag unter Reiche und Arme ausgetheilt

---

daneben aber Dieberei und andere verbotene Sachen üben, auch Zigeuner, welche gemeiniglich Ausspäher und Verächter der Christenheit sind, oder müßiggehende Vaganten, so sich für Schüler und Musikanten ausgeben und mit Singen auf den Gassen dem Bettel nachgehen, noch auch Aussätzige und Sondersieche, so außerhalb ihrer verordneten Häuser hin- und herwandern, fürders geduldet werden. Damit solch faulenzend Gesind, so nicht arbeiten, sondern des Gardens und Bettelns sich ernähren will, und dem armen Manne mit Beschwerniß auf dem Halse liegt, auch bisweilen in offenen Flecken, Dörfern und Höfen mit Feuer anlegen, Stehlen und anderen Bubenstücken großen Schaden zufügt, mit mehr Ernst abgeschafft werde, sollen sich die Ober- und Unteramtleute mit den angrenzenden Herrschaften dahin vergleichen, daß je bisweilen die Straßen durch die Amtleute und andere Reisige beritten, somit eine gemeine Streif, soweit jeder Herrschaft Gebiet gehet, vorgenommen werde, wobei die Verdächtigen zu Rede gesetzt und entweder dahin, woher sie gekommen, zurückzutreiben, oder da man sie strafbar befinde, einzuziehen und der Gebühr anzusehen seien.

und verschwendet, sondern das Jahr hindurch an hausarme Leute der Nothdurft nach durch die Pfarrherrn und Censores ausgetheilt werden, und sollen diese die Ausgabe jährlich den Amtleuten in einem ordentlichen Spezialregister nachweisen. Auf den Hochzeiten sollen die Pfarrherrn die Hochzeitleute zu Almosen christlich vermahnen, und mit aufsehen, daß mit den Hochzeitleuten nicht die geordnete Zahl überschritten, oder da es geschehen, die geordnete Strafe ins Almosen gezahlt werde. Item bei des Herrn Nachtmahl soll auch das Almosen gesammelt und der Ertrag gleich dem Geld, das in großen Gemeinden am Sonntage in das Seckel gegeben werde, der Nothdurft nach ausgetheilt und in die Almosenrechnung gebracht werden *). In der H. Gr. Sponheim erkundigten sich bereits die Visitatoren der Jahre 1560 und 1567 nicht bloß überall darnach, wie die Armen der Gemeinde verpflegt werden, sondern trugen hier und da auch Sorge für die Pflege der Elenden. Im Visit.-Abschied von 1560 heißt es: Der Findling so vor dieser Zeit funden worden, soll in die Clause Trarbach aufgenommen, zur Schul angehalten und aus den Kirchengefällen der Grafschaft gelernt werden. Als die Visitatoren des J. 1567 zu Birkenfeld einen Wahnsinnigen fanden, (es wird derselbe als der närrische Sohn der Katherine bezeichnet,) verordneten sie, es solle zu seinem Unterhalt aus dem Gefälle der Kapelle Ainschiedt jährlich 1 Mltr. Korn gesteuert werden, und dieweil die Besitzer der Eisenhütte **) an die Armen zu Birkenfeld jährlich 3 Gulden

---

*) Nach den Almosenrechnungen der Stadt Meisenheim waren dem Almosen neben den Sammlungen bei den Gottesdiensten verschiedene Strafgelder zugewiesen, desgleichen waren zur Mehrung desselben wie in der Kurpfalz Büchsen in den Wirthshäusern aufgestellt. Im J. 1590 empfing das Almosen 4 Bußen von 13 bis 26 Albus wegen zu vieler Tische bei Hochzeiten. Im J. 1609 ward die Almosenbüchse beim Löwenwirth gestohlen, dagegen wurde in eben diesem Jahre das Vermögen des Almosens durch fünf neue Armenstiftungen gemehrt. Die Ausgabe für Brod, das an fremde Arme während des J. 1578 an der Unterpforte gespendet wurde, belief sich auf 15 Gulden. Größere Spenden fanden alljährlich statt am Gründonnerstag, Allerheiligen und Stephanstage. Im J. 1578 empfingen die Hausarmen 112¾ Ellen Tuch, welche 42 Gulden 7 Albus gekostet. Die Zehrung der Austheiler belief sich auf 4 Gulden 9 Albus.

**) Die Eisenhütte ist wohl die heutige Abentheuer.

austheilen, möge man mit ihnen handeln, daß sie daneben noch einen oder einen halben Gulden für die Unterhaltung des Unglücklichen reichten. Bei der Visitation von 1592, welche Kanzler Zeuger in Gemeinschaft mit den geistlichen Inspectoren abhielt, lief ihm zu Pferdsfeld ein Weib Namens Roanna nach, so mit drei Kindern von ihrem Manne verlassen worden, und bat um ein Almosen. Zeuger meldete dieses dem Oberamtmann mit der Weisung, an die Verlassene 4 bis 5 Gulden aus den Gefällen des Klosters Wolf zahlen zu lassen. Nur wenige Kirchen der H. Gr. Sponheim besaßen Armenstiftungen, am reichsten daran waren die Kirchen des Amtes Trarbach, aber nicht überall war man darauf bedacht, sie zu erhalten und ihrer Bestimmung gemäß zu verwenden. Sehr spät, nämlich erst nach der Kirchenvisitation von 1592 wurde die Sammlung des Almosens bei den Gottesdiensten angeordnet. Bei eben dieser Visitation hörte man in vielen Gemeinden darüber Klage, daß man aus andern Dörfern und Aemtern kranke arme Leute auf Wagen zu ihnen führe, und ein großer Ueberlauf von Bettlern und Landläufern sei. Es wurde darauf verordnet, die böse Gewohnheit, unnützes Gesindel von Dorf zu Dorf auf Wagen zu führen, solle von den Beamten nicht mehr gestattet und an den Zuwiderhandelnden mit Pfändung der Pferde bestraft werden. Inspector Conon berichtete im J. 1594, das Umfahren der Bettler und kranken Leute sei abgeschafft: daß dieses aber nicht überall der Fall war, erhellt aus dem Visitationsabschied von 1608 wo sich die Verordnung erneuert findet.

Wie reich unser Bezirk in dem der Reformation vorangehenden Jahrhundert an Hospitälern gewesen, und wie dieselben innerlich und äußerlich beschaffen waren, ist Theil I dargelegt. Nun ließen die Fürsten, durch deren Hand Gott den Leuchter des Evangeliums wiederum auf seinen Altar bei uns stellte, sich nicht bloß die Erhaltung der vorhandenen Armenherbergen anliegen, sondern um den Elenden jeder Art die ihnen nöthige leibliche und geistliche Pflege zu schaffen, haben sie deren noch mehrere gegründet. Landgraf Wilhelm zog in Erwägung, daß bis zur Einführung der Reformation nicht wenige arme Ritterstöchter ihre Versorgung in den Klöstern gefunden, ferner daß die Klöster und andere geistliche Stiftungen ihre Gründung und Begiftung vornehmlich dem Adel verdankten. Darum hielt er sich verpflichtet, zwei der gefällereichen Stifter seines Landes, nämlich die von Wetter und Kaufungen*), den unvermählten armen Töchtern des Adels zuzutheilen. Den Städten, namentlich den größern, fehlte es nicht an Häusern, darin die arbeitsunfähigen Armen Obdach nebst der andern Lebensnothdurft fanden, dagegen sahen sich die Armen auf dem Lande, so gebrechlich, krank oder altersschwach waren, oft dem tiefsten Elend preisgegeben. Um diesem Nothstand abzuhelfen, errichtete Philipp aus den Gefällen der aufgehobenen Klöster und Stifter vier größere Hospitäler, in welchen die Hülflosen und insbesondere die geistig und leiblich Kranken leiblich versorgt und christlich unterwiesen werden sollten. Während er zu diesem Ende schon im J. 1533 für Ober- und Niederhessen die Hospitäler Merxhausen und Haina gründete, das erstere für Weiber, das andere für Männer, empfing 1535 die obere Grafschaft Katzenelnbogen zu Hofheim unweit Darmstadt und 1545 die Niedergrafschaft in dem in der Nähe von Nastätten gelegenen Kloster Gronau ihr Hospital. Daß das Kloster Gronau so spät aufgehoben und als Grafschaftshospital eingerichtet wurde, daran möchten die Ansprüche schuld sein, welche die Grafen von Nassau an den Mitbesitz der Niedergrafschaft machten. Wie man zur Ausstattung des Hospitals Gronau die Gefälle des Begginenklosters in Braubach verwendete, so mußte auch St. Goar seine Steuer geben und dieß nicht ohne erhebliche Schädigung des eigenen Hospitals**).

Adliche Fräuleinstifte hat Friedrich der Fromme nicht gegründet. Wie er aber einen großen Theil der aufgehobenen Klöster und Stifter mit ihrem Gefälle den von ihm gegründeten Schulen überwies, so verwendete er nicht wenige derselben zu allerlei milden Zwecken. Alljährlich ließ er aus ihren Gefällen an hundert Dürftige seiner Rheinpfalz, desgleichen an hundert arme Knaben, die man zum Studiren tauglich hielt, je 6½ Gulden reichen. Nicht minder hat er Häuser für arme vater- und mutterlose Waisen errichtet, und zugleich bestimmt, wie die in diese Häuser Aufgenommenen erzogen und zu Handwerken oder

*) Wetter liegt in der Nähe von Marburg, Kaufungen ohnfern Kassel.
**) Vgl. Grebels Geschichte der Stadt St. Goar, S. 387.

anderer Arbeit angeleitet werden sollten. Weiter ließ er zwei Hauptspitäler einrichten, das eine zu Heidelberg, das andere im Kloster St. Johann bei Alzei, mit der Bestimmung, daß in denselben die breßhaften Leute der pfälzischen Orte, nicht minder aber auch arme Fremde, so nicht dem Betteln, sondern ehrbaren Geschäften nachziehen durch die dazu verordneten Aerzte sollten geheilt und nach der Heilung zu ihren Geschäften abgefertigt werden. Damit betagte Leute, wenn sie ihre Güter nicht mehr zu verwalten vermögen, desgleichen Blinde, Lahme und Taubstumme, sowie solche, die Verstandes halben zur Arbeit untüchtig, aber dabei noch einigermaßen vermögend sind, einen saubern Ort haben, darinnen sie sich einpfründen mögen, bestimmte Friedrich das ohnfern Worms gelegene Kloster Liebenau, so früher von Dominikanerinnen bewohnt gewesen, ferner das Cisterzienser Nonnenkloster Sommersheim bei Gaudernheim und das Probsteihaus in Germersheim sammt ihren Gefällen zu Pfrundhäusern. Als Kurfürst Ludwig diese Stiftungen seines Vaters bestätigte, verfügte er, wer die Aufnahme in die Pfrundhäuser begehre, habe sie bei ihm dem Kurfürsten gebürlich nachzusuchen, sodann sich mit der Kirchenverwaltung wegen des Einkaufgeldes zu vergleichen, und so er die Aufnahme erlange, sich in Allem der Hausordnung zu unterwerfen. In die andern Hospitale sollten nach der Bestimmung Friedrichs, die sein Sohn bestätigte, Pfründner nicht aufgenommen werden, und dieses darum, weil die Erfahrung gebe, daß durch solche Pfründner die Spitäler ganz verarmen und den wahrhaft Armen, für welche sie gestiftet worden, nicht geholfen werde. Dazu komme, daß die Pfründner, dieweil sie in Müßiggang leben, welcher eine Wurzel aller Laster, viel Unzucht und Unraths anrichten. Vermöge göttlichen Worts solle aber niemanden, der arbeiten könne, der Müßiggang gestattet werden, wie denn auch dieses ganz wider die Natur und Eigenschaft der Spitäler sei. Deshalb sollten in solche Spitäler nur arme kranke und schwache Leute, die sonst keine Hülfe haben, aufgenommen und darin erhalten werden, bis sie wiederum gesund sind, in welchem Falle man sie mit einer kleinen Zehrung abfertigen soll. Auch die in Betreff der Spitale von Friedrich dem Frommen und seinem Sohne Ludwig gegebenen Bestimmungen kamen leider nicht allerwärts zur Ausführung. Einen Beleg hiefür liefert das sehr wohlhabende Hospital der kurpfälzischen Stadt Sobernheim. Dasselbe war jedenfalls dazu erbaut, daß in ihm die Armen der Stadt, insbesondere die, welche altersschwach, krank oder gebrechlich waren, Obdach und Pflege fänden, es wurde aber troß der kurfürstlichen Vorordnungen je länger je mehr ein Pfründenhaus. Ueber den Zustand der Hospitäler in Bacharach, Meisenheim und Kirchberg können aus der Zeit, auf die sich unsere Darstellung beschränkt, keine Mittheilungen gemacht werden, und über das Bürgerhospital in Kreuznach nur die, daß dem Stadtrathe zur Wiederaufbringung desselben auf Anordnung des Kurfürsten Friedrich V. von der Pfalz in den J. 1616 und 1619 2125 Gulden aus den Gefällen der Klöster Schwabenheim, Sponheim, St. Peter und St. Kathrinen sind geliehen worden und zwar 5 Jahre lang ohne Zinsen. Ueber das Hospital zu Simmern hat sich aus der Regierungszeit der Herzoge Georg und Reichard keinerlei Nachricht erhalten, dagegen läßt sich aus der Spitalmeister-Bestallung vom J. 1618 erkennen, in welcher Weise nach der Vereinigung des Herzogthums Simmern mit der Kurpfalz die Armenpflege in der Stadt Simmern gehandhabt wurde.

In der H. Gr. Sponheim fanden sich bei Einführung der Reformation drei Hospitäler. Es waren dieses die Klause zu Trarbach, das h. Geisthospital zu Enkirch und das Armenhaus zu Winningen. Das Letztere bewohnte im J. 1575 der Kuhhirte von Winningen mit der Verpflichtung, wenn fremde Arme in den Flecken kämen, denselben darin Unterschleif zu gestatten. Des Hauses Einkommen betrug nicht über 20 Gulden. Davon wurde Brod gebacken und an gewissen Tagen des Jahres unter einheimische wie fremde Arme vertheilt. Was die Armenklause in Trarbach anlangt, so wurde, wie bereits mitgetheilt ist, in das Klausengebäude die für die H. Gr. Sponheim errichtete Lateinschule gelegt. Ihr Gefälle jedoch wurde nicht der Schule zugetheilt, sondern wie das Einkommen des h. Geistspitals zu Enkirch mit dem Gefälle der vor dem Flecken Enkirch gelegenen Liebfrauenkirche vereinigt, als man in dem Hause, darin früher die diese Kirche bedienenden Geistlichen wohnten, ein Hospital für die Grafschaft einrichtete. Es waren die Hintersassen des Amtes Trarbach, welche die Errichtung desselben im J. 1571 bei den in Trarbach zum gemeinen Tag versammelten Räthen beantragten. Den Herrn

Räthen, heißt es in ihrer Eingabe, werde wohl berichtet sein, was für ein Nutzen das Haus Unser lieben Frauen zu Enkirch dem ganzen Lande sein könne, wenn es für ein Spital und Uffenthaltniß der Alten, Armen und Schwachen, so nicht mehr arbeiten können, gebraucht würde. Dieweil man eines solchen Hauses bisher in Mangel gestanden, hätten sich hin und wieder welche in das Erzstift Trier begeben und dort sich eingepröbert, wodurch der Grafschaft nicht ein geringes Geld entzogen worden. Die Bitte fand Gehör und war es wohl das Jahr 1575, in welchem das Grafschaftsspital seine ersten Insassen erhielt. Nach der dem Hause gegebenen Ordnung sollten in dasselbe aufgenommen werden alle, die in der H. Gr. Sponheim Unvermöglichkeit ihres Leibes oder Alters halben ihr Brod nicht erwinnen oder sonstwo Unterhalt haben könnten. Damit das Haus nicht beschwert werde durch leichtfertige Leute, so ihr Gut unnützlich verschwendet oder sich von Jugend an des Müßiggangs beflissen, also daß sie muthwillig zu Verderben und Armuth gerathen, soll der Oberamtmann fleißig Erkundigung einziehen, weß Standes, Wesens und Wandels der sei, der in das Haus wolle aufgenommen werden entweder aus Gnade der Herrschaft oder durch Einkauf. Es sollten zwei Tische geführt werden. Wer sich zum ersten Tisch einkaufe, sollte, so er 60 Jahre alt wäre, 200 Gulden zahlen, bei einem Alter von 50 Jahren 300 und bei einem Alter von 40 Jahren 400 Gulden. Die solches nicht zahlen könnten, sollten sich wegen der Einkaufssumme mit der Obrigkeit vergleichen und am zweiten Tische speisen. Außerdem mußte jeder Pfründner sein Bett mit allem Zubehör stellen und ebenso seine Kleidung. Beides verblieb im Falle seines Todes dem Hause. Wenn des Sonntags nicht im Spital gepredigt werde, (die Predigten in demselben lagen dem Kaplan in Enkirch ob,) sollten sich alle noch wegfertigen Leute in die Pfarrkirche zur Predigt verfügen. Auf jeden Werktag sollten sich alle, welche zu des Hauses Nutzen noch etwas thun können, im Sommer des Morgens um 6, im Winter um 8 Uhr in der Präbendenstube finden lassen, damit ihnen ihre Arbeit in Haus, Feld oder Weinberg angewiesen werde*). Das Haupt der Geist-

*) Die Weiber, so noch arbeiten konnten, sollten sich zur Küchen-, Garten- und Weinbergsarbeit, wie zum Waschen, Spinnen und zur Viehpflege gehorsam erzeigen; von den Männern wurde gefordert, daß sie neben der

lichen, durch welche in der Zeit vor der Reformation die Liebfrauenkirche bedient worden, führte den Namen Probst, und dieser Titel wurde auch dem Vorsteher des Spitals gegeben. Die Anstalt selbst wurde die Probstei, häufiger jedoch die Klauß von Enkirch genannt. Der erste Probst war Matthias Prinz. Bei der Kirchenvisitation des J. 1575 führten die, welche sich in das Spital eingekauft hatten oder Armuths halben in dasselbe aufgenommen waren, keine Klage über ihre Verpflegung, dagegen beschwerten sich bei der Visitation von 1580 fünf Pfründner vom zweiten Tische, daß sie nicht nach der Hausordnung gespeist würden, statt der vier Fleischtage der Woche hätten sie nur zwei und an den Fischtagen empfingen sie statt des verordneten Fischwerks gelbe oder weiße Rüben. Der Probst und seine Hausfrau Suse wußten über die Präbender keine sonderliche Klage, ohne daß etliche derselben zänkisch seien, solchem Mangel aber müsse man zusehen, in Ansehung, daß es alte unverträgliche Leute seien. Die Visitatoren vermahnten die Präbender, sich fleißig zu Gottes Wort zu verfügen und ihr Leben in Einigkeit zu vollführen, dem Probst wurde eingeschärft, seinem Amte zum fleißigsten auszuwarten und sich am zweiten Tische ebensowohl als am ersten der Hausordnung gemäß zu verhalten. Als nach dem Tode von Prinz das Amt des Probstes übergegangen war an den Truchseß Johann Wagner, den früheren Rektor der Lateinschule in Trarbach, mehrten sich die Klagen der Pfründner über schlechte Verpflegung und steigerten sich zuletzt dahin, daß Markgraf Eduard Fortunat davon Anlaß nahm, eine andere Einrichtung des Spitals in Vorschlag zu bringen. Mit derselben war es aber nicht auf Besserung des Spitals als vielmehr auf Mehrung des markgräflichen Einkommens abgesehen. Herzog Karl und seine Räthe erkannten dieses sofort, und während sie den Vorschlag zurückwiesen, erachteten sie es nöthig, daß die Zustände der Anstalt gründlich untersucht würden. Bei dieser Untersuchung brachten die Präbender der Klagen viele

---

Arbeit auf den Feldern und in den Weinbergen Hotten, Reutzen, Körbe, Besen, Rechen und dergleichen zu des Hauses Nothdurft machen. Die Alters oder Krankheit halben der Wartung bedurften, sollten diese empfangen durch die Starken, welche der Spitalmeister dazu bestimme, wie denn überhaupt diesem die Pfründner sich gehorsam erweisen sollten in allen billigen Sachen bei Verlierung ihrer Präbend und der Herrschaft Ungnade.

gegen Wagner vor*) und dieser hatte wiederum viele Klagen über sie. Er bemühte sich ihre Anschuldigungen zu widerlegen und that dieses mündlich und schriftlich**). Auch während der nachfolgenden Jahre wiederholten sich fortwährend die Beschwerden der Präbender und denselben gegenüber die von Wagner. Er bot Alles auf, sich im Besitze des Probsteiamtes zu erhalten, doch sah man es im J. 1602 für gut an, ihn mit einer Gnaden-Besoldung zu entlassen***). Justus Rhodius aus Annweiler, Wagners Nachfolger im Rektorat der Schule Trarbach, wurde auch sein Nachfolger im Probsteiamt. Das J. 1603, in welchem Rhodius das Amt antrat, war in Folge des Mißwachses ein Nothjahr****), selbst an Wein hatte die Klause großen Mangel und

*) Darunter folgende: Der Probst sei gar zu stattlich und zu weltlich für ein solches Spitalhaus und habe keine Anmuthung und Liebe zu ihnen. Er schmähe und schlage sie, speise und tränke sie nicht nach der Tischordnung, dagegen habe er oft Gäste, mit welchen gar viel aufgehe. Er verreise oft und versäume der Probstei Güter und Geschäfte. Die Schafe der Probstei kämen in Abgang, vier habe er seiner Tochter geschenkt. Wenn die Präbender absterben, sehe man nicht, wohin die Kleider kommen, sein Wachsthum an Wein lege er zu den Weinen der Klaus und habe im Herbst etliche Fuder verkauft. Sie dürften nicht alles klagen, er habe ihnen solches „uf's Schlagen" verboten.

**) Seine schriftliche Verantwortung schließt mit dem Reime:

Viel Lügen, viel clagen,
Viel Neiden, viel Plagen,
Viel Flöhe, viel leyß,
Viel Ratten, viel Meyß
Such im Spitall
Findst's überall. —

***) Näheres darüber ist gegeben in der Festschrift zum 300jährigen Jubiläum des Progymnasiums Trarbach. Wagner hielt es nach dem Antritt des Amtes nöthig, daß in die Artikel der Hausordnung aufgenommen werde: Wenn ein Präbender Nachts, wann Jedermann schlafe, über die Mauer in die Klause einsteige, aus den Wirthshäusern toll und voll komme, rumore, zanke und fluche, er seine Präbende ohne Gnad verwirkt habe und daneben der hohen Obrigkeit gebührliche Leibesstraf. Im J. 1602 wünschte er den Hausartikeln inserirt, daß der Probst ermächtigt werde, die Widerspänstigen mit Straf des Narrenhäusleins zu nöthigen, sich der Hausordnung zu unterwerfen. Das Narrenhäuslein war ein großer vergitterter Käfig, darein man die Ungehorsamen setzte und zum Spotte der Leute eine Zeitlang umdrehte.

****) Was die Noth des Hauses damals sowie in den folgenden Jahren

wurde dem Verwalter Anleitung gegeben, wie er zu gutem Bier gelangen möge. Ueberhaupt fand Rhodius die Beschwerden des Amtes größer als er sie sich gedacht hatte und kam schon im J. 1605 um seine Beurlaubung ein. Nachdem ein Sohn des vielgenannten Dr. Gall Tuschelin einige Jahre hindurch nicht ohne mannichfache Klagen der Präbender das Probstamt bekleidet hatte, trat Rhodius aufs Neue in dasselbe ein und verwaltete das Spital bis zu seinem im J. 1623 erfolgten Tode. Als das Gefälle des h. Geisthospitals von Enkirch dem Grafschaftspitale zugewiesen wurde, verblieb das Haus der Gemeinde behufs der Verpflegung ihrer dürftigen Kranken und der Beherbergung von durchreisenden Armen. Bettung und andere Nothdurft sollten dem Hause aus dem Grafschaftspitale geliefert werden. Es klagten jedoch die Vertreter der Gemeinde bei der Visitation von 1608, der Probst reiche nicht, was sich gebühre.

Die Zeit, auf welche unsere Darstellung sich ausdehnt, wurde nicht selten einzelnen Familien und ganzen Gemeinden schwer getrübt durch zwei Krankheiten, die eine derselben war der Aussatz, die andere die Pest. Der Aussatz, der sich zur Zeit der Kreuzzüge aus dem Morgenland in das Abendland eingeschleppt hatte, war in unserm Bezirk noch nicht völlig überwunden, es wurden bald hier, bald dort Personen von ihm ergriffen, obwohl es, wenigstens für den Verfasser dieses, nicht ganz klar ist, ob, was zur Zeit der Reformation Aussatz genannt wurde, in Wirk-

---

mehrte, war die Vorenthaltung der Pfalz-Simmern'schen Kornrente. Herzog Reichard hatte im J. 1579 von der Probstei die 800 Gulden geliehen, welche für den von der Klaus Trarbach beigebrachten Hof in Cröv erlöst worden waren. Er verpfändete dafür dem Spital den Ravengirsburger Hof in Enkirch und verpflichtete sich alljährlich als Zins 15 Malter Korn zu liefern. Als nach seinem Tode das Herzogthum Simmern an Kurfürst Friedrich IV. fiel, sträubte sich dieser die Schuldmasse zu übernehmen, mit welcher Reichard sein Fürstenthum belastet hatte und in Folge dessen hörte die Lieferung des Kornes auf. Herzog Karl ließ es nicht an Vorstellungen bei seinem Freunde fehlen, und nach seinem Tode übernahm es sein Schwager Graf Emich von Leiningen, die Sache persönlich in Heidelberg zu vermitteln. Als er nichts ausrichtete vereinigten sich 1608 sämmtliche Vormünder von Karls Kindern zu einer Vorstellung an Kurfürst Friedrich. Welchen Erfolg dieselbe hatte, kann nicht angegeben werden, sondern nur daß sich im J. 1609 der Rückstand auf 180 Malter belief.

lichkeit derselbe Aussatz war, an welchem in den Tagen des Herrn so viele im jüdischen Lande gelitten. In welcher Weise man in der Zeit vor der Reformation den Aussätzigen oder Sondersiechen, wie sie meist genannt wurden, Hülfe zu schaffen und der Ausbreitung des Uebels vorzubeugen suchte, ist Th. I dargelegt. Unter den Fürsten, welche in unserm Bezirk nach Einführung der Reformation sich bemühten, den Aermsten der Armen zur Heilung oder doch zur angemessenen Pflege zu verhelfen, stehen wieder oben an Friedrich der Fromme und sein Sohn, der Kurfürst Ludwig. Die von Letzterem veröffentlichte Almosenordnung handelt in ihrem zehnten Abschnitt ausschließlich von den Sondersiechen*). Das einzige Sondersiechenhaus unseres Bezirks war das Gutleuthaus bei Kreuznach. Die Mittheilungen über dasselbe

*) Nachdem in demselben dessen gedacht ist, wie sein Vater und er zu den Häusern, die bereits für die Pflege der Sondersiechen in den kurfürstlichen Landen bestanden, noch neue geordnet und dieselben mit Gefällen versehen haben, wird Nachfolgendes bestimmt: Sobald eine Person sich der Seuchten verdächtig zeige, solle sie von der Gemeinde, darinnen sie wohnhaft, mit Zehrung versehen und zu Fuß, oder, so sie das nicht vermöge, mit einer Fuhre nach Heidelberg abgefertigt und dort durch die Aerzte der Universität besichtigt werden. Werde sie von diesem als mit der Seuchten behaftet erkannt, solle sie in das ihrem Amtsbezirk nächstgelegene Siechenhaus gewiesen und dorten aufgenommen werden. Sie solle in demselben sich selber unterhalten, sofern ihr Vermögen dazu ausreiche. Sei von zweien Eheleuten das eine mit der Seuchten behaftet, das andere aber gesund, so soll dem Kranken von dem Gesunden tägliche Steuer geschehen, und zwar in der Höhe, wie sie das Haus nach Erkenntniß der Obrigkeit zu leisten vermag. Erstreckte sich das Vermögen der Eheleute nicht soweit, daß daraus der Kranke unterhalten werden könne, so soll das Fehlende aus den Gefällen des Siechenhauses gereicht, dagegen aber nach beider Eheleute Tod, so sie nicht Kinder hätten, all ihr Gut dem Siechenhaus eingeräumt werden. Den Sondersiechen soll es nicht gestattet sein, zum Betteln auszuziehen, noch weniger, fremde Landfahrer in das Haus einzuschleifen und darin zu beherbergen und zwar bei Vermeidung der Strafe, daß sie selber der Wohnung und Unterhaltung in dem Hause verlustiget werden. Die Aufseher des Siechenhauses sollen die Almosenpfleger der nächst gelegenen Stadt sein, und sollen sich diese darum bemühen, daß Seitens der Pfleglinge des Hauses recht und christlich gehauset werde, zu dem Ende sollen sie eine gesunde Magd oder andere Personen verordnen, welche den Kranken Handreichung thun. Schließlich heißt es: All Nebenstraßen-Häuslein, da sich die Sondersiechen einzuschleichen und zu betteln pflegen, sollen durch die Amtleute hinweggeschafft werden.

aus der Zeit vor der Reformation Th. I. sind den Rechnungen des Hauses entnommen, und ebenso sind es wieder nur diese Rechnungen, welche uns über seine späteren Zustände Auskunft geben. Wie die Stadt Kreuznach, so stand auch das Gutleuthaus, weil auf dem Boden der V. Gr. Sponheim erbaut, nicht ausschließlich unter kurpfälzischer Hoheit, sondern unter der Gemeinsherrschaft von Pfalz und Baden. Diesem Verhältnisse ist es mit zuzuschreiben, wenn in demselben nicht alle Bestimmungen der kurpfälzischen Almosenordnung bei den Sondersiechen zur Geltung kamen. Auch wurden in ihm nicht bloß die Sondersiechen der V. Gr. Sponheim und der kurpfälzischen Aemter Bekkelnheim und Bacharach verpflegt, sondern man nahm in es auch die Aussätzigen der benachbarten Herrschaften, der pfalzzweibrückischen, rheingräflichen und ritterschaftlichen Orte auf, wenn sie in das gefällearme Haus sich mit der geforderten Summe einpfründeten. Im Januar 1577 waren dreizehn Pfründner in dem Hause. Die in Geld- und Naturalzinsen bestehenden Gefälle des Hauses waren gering, den Hauptposten der Einnahme bildete jederzeit das Pfründgeld, welches inder Regel in Jahreszielen, öfters aber mit einemmale entrichtet wurde *). Die pfarramtliche und seelsorgerische Bedienung der Insassen des Hauses war dem evangelischen Pfarrer in Rüdesheim zugewiesen, der dafür einen Jahresgehalt von 5 Gulden bezog. Der Bader, der die Kranken schröpfte und auch sonst sie ärztlich behandelte, mußte sich den Lohn für diese Mühewaltung bittweise bei den Einwohnern von Kreuznach sammeln, vom Jahre 1577 ab empfing er ihn aus den Gefällen des Hauses **).

---

*) Wie es scheint mußten die Kranken aus fremden Herrschaften eine höhere Summe zahlen, als die landesherrlichen Orte. Sidonie von Unkenbach, einem zweibrückischen Orte bei Ober-Moschel, mußte für ihre Aufnahme 95 Gulden geben, Kathrina von Treisen ohnfern Kreuznach nur 80 Gulden. Auch wurden der letztern wieder 50 Gulden zurückbezahlt, als sie geheilt zu den Ihrigen zurückkehrte. Dem Hause verblieb, was die in ihm Verstorbenen hinterließen, nicht selten aber kauften die Erben es wiederum an sich. So lösten die Erben des im Hause verstorbenen Schultheißen von Meddersheim mit 5 Gulden ein, was derselbe an Bettung und Geschirr hinterließ.

**) Item, sagt der Zinserheber des Hauses in der Rechnung von 1577, 3 Gulden dem Bader der Aussätzigen vom Stadtrath verordnet, damit er sich des Stadtbettelns enthalte. Item, heißt es weiter, 19½ Albus für

Was die Pest anlangt, die von uns als das andere Leiden bezeichnet worden, durch welches sich die Zeit, deren Schilderung diese Blätter gewidmet sind, für so viele zu einer jammervollen gestaltete, so hat man sich unter ihr nicht die orientalische Pest zu denken, sondern es wurden mit dem Namen Pest, pestis, alle ansteckenden Krankheiten, insbesondere die ruhrartigen bezeichnet, wie denn für die Krankheit auch noch andere Namen im Gebrauch waren, als böse Luft, sterbende Luft, geschwinde und gefährliche Sterbensläufte. Wie häufig die Ortschaften der H. Gr. Sponheim von den Pest genannten Krankheiten heimgesucht wurden, weisen neben den Kirchenvisitationsprotokollen die Berichte der geistlichen und weltlichen Behörden nach. So berichtete der Oberamtmann von Trarbach im Sommer 1564 an des Herzogs Wolfgang Räthe in Zweibrücken, es reiße die sterbende Luft fast allenthalben ein, und wenn auch das Amt Trarbach noch zur Zeit davon frei sei, so stehe doch zu besorgen, daß es durch die damit befleckten Orte auch angesteckt werde, wie denn das Uebel allbereits zu Enkirch angefangen. Daß im J. 1575 abermals eine pestartige Krankheit durch die Städte und Dörfer der Grafschaft zog, und dadurch die Lateinschule zu Trarbach einen für sie höchst nachtheiligen Stillstand erlitten, ist bereits mitgetheilt. Die Seuche wüthete bis zum J. 1577 und erlagen ihr manche amtstreue Geistliche, so zu Trarbach der Magister Stephan Ruhelin, nachdem er kaum 2 Jahre in der Gemeinde als Pfarrer thätig gewesen, zu Winningen der Pfarrer Georg Müller, dessen Mund der

---

messingene Schröpfköpfe in die Badstube. Den Haushalt führte die Siechenmagd. Neben der Beköstigung empfing sie einen Geldlohn von $2^1/_2$ Gulden, und außerdem 5 Albus für Schuhe, 5 Albus für den Schleier und ebensoviel zum Weinkauf, wann sie gedingt wurde. Später wurden alle Dienstbesoldungen erhöht. Nach der Rechnung von 1624 empfing der Pfarrer von Rüdesheim 10 Gulden, die Siechenmagd 14 Gulden nebst 15 Albus für den Schleier und der Zinsheber Daniel Rieken 20 Gulden statt der 15 Gulden, die sein Vorgänger bezogen. Daß auch die Aussätzigen der H. Gr. Sponheim im Gutleuthause bei Kreuznach untergebracht wurden, ist daraus zu schließen, dieweil, als bei der im J. 1598 gehaltenen Kirchenvisitation zu Alterkülz mitgetheilt wurde, der Glöckner stehe im Verdacht, daß er aussätzig sei, der Inspector verordnete, er solle bei dem Amtmanne zu Kastellaun ein Vorschreiben an die Aerzte in Kreuznach nehmen und sich allda besichtigen lassen, damit nicht noch Andere angesteckt würden.

dortigen Gemeinde wohl zuerst das reine und volle Evangelium verkündiget hat. Es flüchteten damals viele Einwohner Winningens nach anderen Orten, darunter auch der Vogt Boos, der sich nach seiner Stammburg Waldeck zurückzog. Eine besonders schwere Zeit war wiederum die der J. 1597 und 1598*). In Winningen raffte die Pest von Jubilate bis Weihnachten 206 Menschen hin, darunter den Pfarrer Konrad Andreä.

Nicht besser sah es in den andern Herrschaftsgebieten unseres Bezirkes aus: die Rheingrafen haben in ihre Kirchenordnung eine ausführliche Anweisung aufgenommen, wie es zur Pestzeit in ihren Gemeinden zu halten sei und stimmt diese Anweisung in ihren wesentlichen Punkten mit dem Mandate überein, das seiner

---

*) Als der Inspector Jakobi Herzog Karl am 5. Juli 1598 seinen Visitationsbericht einsandte, schrieb er: Den Bericht sende er darum so spät, weil länger denn ein Jahr hin und her geschwinde und gefährliche Sterbensläufte gewesen. War es, sagt er, in Trarbach gut, so war dagegen böse Zeit und Luft in drei, vier und mehr Nachbarorten, ließ es anderswo nach, so fing es in Trarbach wieder an. Auch habe er, (man war nämlich der Meinung, auch durch Briefe könne die Ansteckung sich weiter verbreiten,) Bedenken getragen, während solcher gefährlichen Zeiten an Se. Durchlaucht Schreiben zu senden. Schon damals mußten die an der Krankheit Leidenden sich längerer Zeit nach ihrer Genesung in ihren Häusern halten, und durften nicht zum Gottesdienste in die Kirche kommen, wie denn auch, wenn die Seuche sehr heftig auftrat, der Gottesdienst ganz still gestellt wurde. Bei der Visitation des J. 1598 theilte der Pfarrer zu Traben mit, es habe keiner 10 oder 12 Wochen aus seinem Hause gedurft, wenn er krank gewesen, oder Kranke gehabt habe, während dieser Zeit hätten solche, wenn sie zum Gottesdienste gekommen, hinter der Kirche gestanden, und erst nach der angegebenen Zeit hätten die Leute auf ihr Anhalten von der Gemeinde Erlaubniß empfangen, wieder in die Kirche zu kommen. Nach der Beerdigung des Corfeyer Hoffmannes, berichtet der Pfarrer weiter, hätten die Liziger, so noch von der Seuche frei, nicht gelitten, daß Pfarrer, Schulmeister und Sänger dem Leichenimbs in Lizig anwohnten, sondern hätten diese ihr Imbs in einem Wirthshause zu Traben gehalten. Der Flecken Winningen litt aufs Neue schwer durch die Pest in dem J. 1611, wo ihr der dasige Pfarrer Merkator mit seinen 4 Kindern erlag, uud noch schwerer im J. 1623, wo an ihr der Pfarrer Conrad Greulach starb. Derselbe war im J. 1613 von Sien, wo damals auch die Plage herrschte, nach Winningen übergezogen, und war die 106te Leiche von den 143, die man 1623 zu Winningen beerdigte. Man zählte damals die Todten nur und war verdrossen, sie aufzuschreiben.

Zeit Herzog Wolfgang für das Fürstenthum Zweibrücken erlassen*). Kurfürst Ludwig von der Pfalz verordnete im neunten Abschnitt seiner Almosenordnung, es sollten bei den fürnehmsten Städten, da es geschehen könne und nicht bereits angestellt sei, besondere Häuser bestimmt und mit aller zugehörigen Nothdurft versehen werden, darin in Sterbensläuften und gefährlichen Seuchen die damit Behafteten gepfleget und so die Gesunden verschont werden.

Es ist im ersten Theile dieser Schrift nicht unberührt geblieben, wie traurig es auch in unserer Landschaft die ganze mittelalterliche Zeit hindurch um die ärztliche Behandlung der Kranken stand, und was in dem vorangehenden Abschnitte über die Hexenverfolgungen mitgetheilt ist, erweiset zur Genüge, daß darin selbst noch zu Anfang des 17. Jahrhunderts eine geringe Besserung eingetreten war. Die mit dem Namen Pest bezeichneten Krankheiten ausgenommen, schrieb man fast alle schweren Leiden bei Menschen und Vieh der Behexung zu und suchte eben deßhalb auch nur Rath bei Leuten, die im Rufe standen, daß sie den Zauber lösen und diejenigen, welche durch ihre teuflische Kunst das Leiden bereitet hatten, bannen, d. h. nöthigen könnten, es wieder wegzunehmen. Außer diesen Wunderdoktoren gaben sich

*) Das von Herzog Wolfgang erlassene Pestmandat bestimmte: Nach vorhergegangner Betrachtung des göttlichen Wortes soll männiglich die gefährlichen Versammlungen der Menschen, besonders die Tanzversammlungen meiden. Wer von sterbenden Orten an den Hof komme, habe sich bei den Portnern zu melden und vor der Pforte die Antwort zu erwarten. Jeder Hausvater soll den Seinen befehlen, in die Häuser der Kranken keinen Zugang zu suchen, noch bei ihrem Vergraben zugegen zu sein, deßgleichen Niemanden aus Orten, die mit der Seuch behaftet sind, in sein Haus aufzunehmen, selbst nahe Verwandte nicht. Wer gesunde, solle noch 4 Wochen in seinem Hause bleiben, doch habe mit den Armen sowie mit den Handwerksleuten, die ihr Brod außerhalb des Hauses suchen müssen, in den Städten der Rath, auf dem Lande der Amtmann ein Einsehens zu thun. Die Insassen der Häuser, in welche die Krankheit gedrungen, sollen sich der öffentlichen Bäder müssigen und in denselben nicht zugelassen werden. Auch sollen an den Enden, da die Pestilenz herrsche, weder Kleider und Betten, noch einiger Hausrath aufbehalten, sondern verbrannt werden. Die Amtleute wollten diese Pestordnung dahin ausdehnen, daß auch die Geistlichen die Pestkranken nicht besuchen sollten, der Pfarrconvent des Amtes Lichtenberg erhob aber hiergegen zu wiederholtenmalen ernstliche Einsprache, insbesondere im J. 1573, wo die Pest im Herzogthum Zweibrücken heftig wüthete und ihr manche Geistliche erlagen.

mit Heilung innerlicher Krankheiten meist Leute ab, welchen der Name Quacksalber mit Recht beigelegt worden und waren wissenschaftlich gebildete Aerzte nur an sehr wenigen Orten unserer Landschaft vorhanden. Nicht bloß das Städtchen Kastellaun, sondern selbst Trarbach, wo die Oberbeamten der H. Gr. Sponheim ihren Sitz hatten, hat im J. 1598 einen Arzt noch nicht besessen. Ein Grafschafts-Scharfrichter war vorhanden, aber daran dachte man nicht, zur Beaufsichtigung und Beförderung des Heilwesens einen wahrhaft heilkundigen Mann in die Grafschaft zu ziehen. Kurfürst Ludwig von der Pfalz, Friedrichs des Frommen Sohn, ließ sich auch nach dieser Seite hin die Wohlfahrt seiner Unterthanen anliegen. Wie er seiner Landesordnung eine Apothekerordnung einverleiben lassen, in welcher die Einrichtung und Beaufsichtigung der Apotheken, sowie die Pflichten und Rechte ihrer Inhaber sehr genau bezeichnet sind, so bestimmt diese Landesordnung auch, welchen Personen zuzulassen sei in innerlichen Leibeskrankheiten zu rathen und Arznei zu verordnen. Nachdem man bei der in H. Gr. Sponheim in den J. 1590 und 1591 abgehaltenen Kirchenvisitation in Erfahrung gebracht hatte, daß in den Aemtern Birkenfeld und Winterburg beeidigte Wehemütter oder Hebammen gar nicht vorhanden, zu Kastellaun die Wehemutter eine alte lahme Frau sei, und man zu Roth die Wehemutter aus dem Papstthum d. h. aus den benachbarten katholischen Orten hole, wurde es im Visitationsbericht als ein großer Mangel gerügt, daß man in etlichen Aemtern keine beeidigte Wehemutter habe sondern zu fremden unter anderer Herrschaft gesessenen Frauen laufe, auch bisweilen zu verdächtigen Weibern, dadurch oft Mutter und Frucht zu Schanden gebracht würden. An diese Rüge reihte sich die Weisung, es sollten die Amtleute, deßgleichen Pfarrer und Censoren darauf bedacht sein, daß aufs eheste in den einzelnen Aemtern eine oder mehrere Weibspersonen zu Wehemüttern oder Hebammen erfordert, informirt und beeidigt werden, auch sollten die Kindbetterinnen ihre gebräuchliche Zeit von sechs Wochen halten und sich vor derselben nicht herauswagen. Diese Verordnungen kamen indessen sehr langsam zur Ausführung*).

*) Inspector Conon sagt zwar 1594 in seinem Jahresbericht, die Hebammen seien von den Amtleuten in Pflicht genommen, auch von den Pfarrern ihres Amtes oft erinnert und zu sorgfältigem Fleiß und Gebet bei den

Alle Kirchenordnungen der Reformationszeit machen es den Geistlichen zur Pflicht, sich in ihren Gemeinden als treue Gehülfen des großen Seelenarztes Christi zu erweisen, die Kranken fleißig zu besuchen und die äußerlich sowie die innerlich Angefochtenen mit dem Worte Gottes zu stärken. Wie in Wolfgangs Kirchenordnung so findet sich auch in der rheingräflichen ein besonderer Abschnitt vom Trost wider den leiblichen Tod, und wider die weltliche Schande, auch ist in der letzteren Belehrung ertheilt, wie mit den Gefangenen, welche nicht verzeihen wollen, zu verfahren, desgleichen wie die Missethäter unter dem Ausführen d. h. auf dem Gange zur Hinrichtung zu trösten seien. Bei der Kirchenvisitation, welche in der H. Gr. Sponheim während der Jahre 1591/92 gehalten wurde, empfingen fast alle Geistliche das Zeugniß, daß sie die Kranken fleißig besuchen. Zu Enkirch besuchte der Pfarrer die Kranken im obern Theil des Fleckens, der Kaplan die im untern. Inspector Conon berichtet 1594, in seinem Aufsichtsbezirke würden die Kranken von den Geistlichen besucht und getröstet. Im Visitationsberichte des J. 1599 sagt er: Des armen angefochtenen Mannes halben von Mörschied habe er bei der Visitation zu Herrstein Nachfrage bei dem alten und jungen Pfarrer gehalten, und hätten dieselben erklärt, es werde von ihnen nichts unterlassen in der Besuchung dieses Armen, auch geschehe für ihn das gemeine Gebet und ihrerseits das tägliche. Zuweilen halte sich derselbe gar wohl, falle dann aber wieder in schwere sorgliche Gedanken und wolle an Gottes Barmherzigkeit verzweifeln. Nachdem Conon mitgetheilt, wie er beide Geistliche ermahnt, den Leidenden oft zu besuchen, sonderlich Herrn Johann, den er werde besser vermögen als den jungen, fügt er hinzu: Ist aber des Morgens, da wir über der Suppe gesessen, Botschaft kommen, daß er ganz still und ruhig verschieden.

---

gebärenden Frauen ermahnt worden, wie auch dazu, daß sie bei der Geburt kein faul leichtfertig Geschwätz gestatten, fügt aber hinzu, zu Reichenbach, Würrichsbach und Herrstein sei keine Frau, die sich als Wehmutter wolle gebrauchen lassen und müsse man die Wehmutter aus den Nachbarorten, ja selbst gegen das Gebot aus fremden Herrschaften holen.

Der geehrte Leser wird gebeten zu lesen:

Seite	4	Zeile 19	v. o.	Ganerben statt Gauerben.
„	33	„ 1	„ „	denn statt dem Johann von Schönburg.
„	41	„ 5	„ „	Philibert statt Philipp.
„	43	„ 6	v. u.	beholfen statt befohlen.
„	70	„ 1	v. o.	1608 statt 1607. Derselbe Irrthum ist zu verbessern auf Seite 169, 395 u. 416.
„	76	„ 3	„ „	zeitlichen statt zeitigen.
„	140	„ 12	v. u.	Umschau statt Ueberschau.
„	174	„ 9	v. o.	an die Gebietsherrn.
„	216	„ 6	„ „	sich schwer verschuldet.
„	227	„ 8	v. u.	fürgelaufen statt fürgelassen.
„	269	„ 4	„ „	Grebel statt Goebel.
„	284	„ 3	„ „	Bei seinem Abgang.
„	320	„ 21	v. o.	fundirt statt studirt.
„	339	„ 17	„ „	nach den Worten: „Jesu Christi, der" Zusatz.
„	347	„ 1	„ u.	so solle man statt den solle man.

Berichtigungen und Ergänzungen.

Wenn Bd. I, S. 165 gesagt ist, in der mittelalterlichen Zeit habe man den Zeitpacht nicht gekannt, so ist dieses unrichtig. Bei fortgesetzter Forschung hat der Verfasser gefunden, daß herrschaftliche Güter, seltener jedoch Kirchengüter auf eine bestimmte Zahl von Jahren verpachtet gewesen.

Die Bd. II auf dem Vorblatt gegebene Berichtigung kann zurück genommen werden. Markgraf Philipp, der dritte Sohn des Markgrafen Christoph von Baden, war auch einige Zeit Gemeinsherr in der H. Gr. Sponheim. Den Beleg dafür geben die Bd. II S. 54 erwähnten Verhandlungen wegen Verleihung des Marienaltars in Senheim, wo Herzog Johann II. von Simmern im J. 1520 dem Canonicus Eych schreibt, der Altar sei von Alters her durch ihn und seinen Schwager Markgrafen Philippsen geliehen worden.

Nach dem ohnlängst von Dr. August Kluckhohn veröffentlichten Testament Friedrichs des Frommen von der Pfalz theilte derselbe in Betreff der Juden die Gesinnung von Herzog Wolfgang. Er will mit Berufung auf die letztwilligen Verfügungen seiner Vorgänger in der Kur und auf das Unheil, welches die Juden durch ihren Wucher anrichten, diese öffentlichen Verderber der armen Leute, Landbeschädiger, Verräther, gefährliche Prakticirer und Gotteslästerer, für ewige Zeiten von der Pfalz fern gehalten wissen. Sein Urenkel Friedrich V. (der Böhmenkönig) wird von jüdischen Schriftstellern als ein Gönner ihrer Glaubensgenossen gepriesen.

Das Wort Gardenknecht, das Bd. III S. 419 in der Anmerkung erscheint, wurde von arbeitslosen Handwerksburschen gebraucht, die auf dem Bettel umherziehen und öfters frühere Landsknechte waren. Das Garden, das von dem alten Worte Gard oder Wache kömmt, ist gleichbedeutend mit dem heutigen Fechten der Handwerksbursche. In gleicher Bedeutung kommt auch Gardenbruder vor. — Hühnerfänger nannte man die Leute, welche für die Herrschaften die Zinshühner einsammelten, wozu man öfters ehemalige Landsknechte brauchte.

Bonn, Druck von Carl Georgi.